教育部哲学社会科学研究重大课题攻关项目

《荣氏家族与无锡民族工商业资料收集、整理与研究》

（项目批准号：20JZD037）成果之一

江南大学江南文化研究院、历史研究院系列成果

本书得到上海唐君远基金会和江南大学历史研究院的出版资助

五世其昌的工商望族

——唐氏家族无锡创业史料

汤可可
王建华
刘大禹
尤学民
整理

凤凰出版社

图书在版编目（CIP）数据

五世其昌的工商望族 / 汤可可等著. -- 南京 : 凤凰出版社, 2023.9
ISBN 978-7-5506-3897-6

Ⅰ. ①五… Ⅱ. ①汤… Ⅲ. ①纺织工业—工业企业—企业史—无锡 Ⅳ. ①F426.81

中国国家版本馆CIP数据核字(2023)第163034号

书　　名	五世其昌的工商望族
整　　理	汤可可　王建华　刘大禹　尤学民
责任编辑	王淳航
装帧设计	陈贵子
责任监制	程明娇
出版发行	凤凰出版社(原江苏古籍出版社) 发行部电话025-83223462
出版社地址	江苏省南京市中央路165号,邮编:210009
照　　排	南京新洲印刷有限公司
印　　刷	金坛古籍印刷厂有限公司 江苏省金坛市晨风路186号,邮编:213200
开　　本	652毫米×960毫米　1/16
印　　张	55.25
字　　数	769千字
版　　次	2023年9月第1版
印　　次	2023年9月第1次印刷
标准书号	ISBN 978-7-5506-3897-6
定　　价	388.00元 (本书凡印装错误可向承印厂调换,电话:0519-82338389)

编辑说明

本书为无锡纺织业世家——唐氏家族的创业史料，分为概述篇、实业篇、社会事业篇、人物篇、家族篇等五部分：概述篇收录的文章，研究了唐氏家族的经营历史、工厂情况及发祥宝地等；实业篇收集了关于唐氏庆丰厂、丽新厂、丽华布厂、协新毛纺厂的大量资料；社会事业篇主要研究唐氏家族的公益事业和对教育的贡献；人物篇介绍了唐懋勋到唐英年五代人的生平经历；家族篇则收录唐文治、唐齐千等人所撰写的关于唐氏家族中人物的传记、墓志铭等。五位一体、各有侧重地勾勒了唐氏家族的多个方面，填补了无锡近代工商业唐氏家族研究资料的空白。

一、收录资料的时间范围。无锡唐氏家族从经商起家，在 20 世纪初开始投资新式工业，至今已有 100 多年历史。本书辑录的企业史料，自 1910 年唐氏家族开办第一家工厂起，讫于 1954 年企业实行公私合营止，对无锡唐氏家族历史和杰出创业者生平则适当保留回溯和延续的相关资料。

二、收录资料的空间定位。无锡唐氏家族的创业发展，以无锡为起点，相继扩大到上海、香港，以及北美、南美、东南亚等地，本书主要辑录其无锡地区创办企业的史料。但也以无锡企业为基点，兼顾总、分机构投资和经营关系，涉及到抗战期间在上海等处的救亡图存和抗战胜利后转向香港发展。

三、收录资料的主要内容。为了反映无锡唐氏家族工商创业的全貌，本书辑录史料包括唐氏家族创业伊始即分别形成的资本和经营各自独立的两个系统，即以唐保谦、蔡缄三为首的九丰、庆丰系统，又称唐蔡集团；和以唐骧廷、程敬堂为首的丽新、协新系统，又称唐程集团。对这两个系统以外的唐氏家族的工商经营情况仅略有反映。

四、收录资料的来源。本书辑录的史料，以唐氏企业、无锡市档案史志馆、无锡市政协文史资料室保藏的档案、资料为主，以报刊和书籍发表的有关资料为辅，此外也少量收录相关个人收集、保存的一些资料，包括相关档案馆、图书馆馆藏档案、书刊资料。每件档案、资料的来源，在文末予以标注。

五、资料细分类及整理方法。本书收录资料，对于档案、家谱、文书、函电等原始资料，均按原文照录，以保持史料原貌。对于后人记叙、综述、回忆、报道等，则有所取舍、删节，在必要处加以说明。对于某些空缺较多的统计报表、申报报表，考虑到篇幅，放弃原表格形式，仅提取其中的数据信息和相关说明文字。

六、校勘处理的基本办法。收录资料中原文中的错别字，将正字加注在“[ ]”内；对漏字的补正用“〈 〉”标明；对原文无法辨识的字以相应“□”代替。对不规范通假字、人名谐音字等，以及明显由于笔误和错排造成的差错，则直接予以更正。

七、文字标点的处理办法。本书辑录的文书档案，有一些为手写原件和繁体、竖排印本，不分段落、无标点或只有简单句逗，编入时根据正式出版物的要求，一律改为横排格式、简体字（个别人名除外），并加以规范的标点。

八、数据表格的处理办法。原文数据既有中文数字，又有阿拉伯数字。凡文书档案一律按原文照录；凡统计报表、财务报表、股东名册等以及后人整理、编撰、综合的相关资料和记述，为便于辨认、比较、计算，尽量使用阿拉伯数字。

九、纪年和姓名字号处理办法。原文纪年体例不一，本书对文中署名处的纪年一般以公历时间体现在原文标题；叙述中则随文注明公元年份。对货币名称、计量单位以及人名称谓（姓名、字、号）、单位名称、外文译名等，均按原文照录。

十、原稿中注释处理办法。本书辑录史料，原有注释有文末注和页下注，统一改为页下注，并注明“——原注”。编者注也统一标于当页页下。原文无标题或标题有变动的，统一以页下注予以说明。

目　录

概述篇

实业篇

一、庆丰厂

(一) 综述

(二) 股份资本和工商登记

(三) 财务和统计资料

(四) 日军侵华战争中遭受破坏及善后救济

(二) 厂基土地

(三) 日本侵华战争中遭受破坏

(四) 工商登记和税收

(五)规章制度

(六) 经营管理与劳资关系

(七) 公私合营

三、丽华布厂

(一) 综述

(二) 土地和工商登记

(三) 规章制度

(四) 其他

四、协新毛纺厂

(一) 综述

(二) 股权、财产和税收

(三) 规章制度

(四) 其他

(五) 九丰(大丰)面粉厂,润丰油饼厂,利农砖瓦厂

社会事业篇

人 物 篇

家族篇

概述篇

无锡民族资本家唐保谦父子经营工商业简史

黄厚基

唐保谦的家世

19世纪初叶，外国经济侵略的触角，还没有伸入我国农村，东南一带的农村几乎家家户户从事纺纱织布。当时无锡县有四家著名的大布庄，即唐时长、李茂记、张信盛、胡孟英。农民上庄以布换花；布庄贩卖成品，获利十分优厚。每日清早，农民都已赶到城镇，等候布庄开门营业。舟车群集，水陆交通为之阻塞。唐时长原名恒升布庄，系唐氏祖先开设，它是在唐保谦的祖父时代改名的。

出1860年6月，太平军攻克无锡，唐氏全家由城迁居到距离县城四十余里的严家桥，在双板桥桥堍造了几间平屋，开设春源布庄。由于唐子良（唐保谦的父亲）经营土布业的经验丰富，因而营业兴盛，年获厚利。积累所得，在新建布庄房屋四进以后，又于南面造了五开间四进的唐氏仓厅，并把原来的春源布庄移到这里营业。春源的原址，于1919年开设了同济典当。第四进建有仓库，储存米、麦和棉花、纱布。

唐保谦，字滋镇，生于1866年，卒于1936年。其兄郛郑和大弟若川，都中举入仕。在清代，凡是中举的，就可称为“老爷”，因此社会上戏称唐保谦为“夹板老爷”。四弟早故。五弟申伯，笃信佛教，经管严家桥的同济典当。六弟纪云，曾长期与唐保谦父子合作。

唐保谦有三个儿子。长子肇农，于中学毕业后即协助乃父经营工商业，早年去世。次子星海、季子晔如，继承父业，并有所发展。

唐保谦父子所办的工商业

唐保谦进入工商界，是从钱庄习业开始的。他对终日和银钱、算盘打交道，颇感乏味。那时，唐时长已在北塘财神弄口恢复营业（即庆丰、九丰批发处的前址），就决定回到自己店中。不久，为了掌握更多的业务知识，回到了严家桥的春源布庄，经常跟随办花人员调查土壤、气候和农作物收成的关系，向当地的农民和织户了解情况。他看到中国自鸦片战争以后，门户洞开，外货倾销，土布的销路越来越小，农村的家庭手工业已濒临绝境，决心举办工厂。但要办工厂，必须有雄厚的资金，而自己的力量有限，于是他就和邑绅蔡缄三合伙，于1905年左右在北塘小三里桥沿河开设永源生米行，以此作为进一步创办工厂的基础。永源生以专做“绍兴帮”出名，所谓“绍兴帮”，是浙江绍兴酒坊派来采购原料——糯米的客商形成的一个帮口。当时绍兴一地，酒坊林立，绍兴黄酒，驰誉天下，每年冬季，“绍兴帮”到永源生采办的糯米，达10万石之巨。但唐保谦志不在此，他利用这一基地，广交朋友，筹集资金，培养办麦人才，弄清面粉行业的来龙去脉，诸如小麦的产地、品质，出粉率以及市场动态、销粉渠道等。他在主持永源生米行期间，还聘请一位年近六旬的“孙仙人”作为左右手（当时行内外都这样你呼他，他的真实名字，大家反而不知道了）。此人白面长髯，道貌岸然，专门为唐保谦收集经济情报。“孙仙人”积累了几十年的气候变化和各种农作物丰歉关系的详细记录，正确运用这些资料，随时向唐提供决策方针，唐保谦的信用他，原因也就在于此。唐保谦一生十分重视收集资料工作，真可谓是处处用心，不厌求详的。

关于办厂的资金，唐保谦又请蔡缄三出面邀集一定实力的钱银业巨子、知名人士，如夏子坪、钱赞卿、江导山、邓星伯、蔡有容、陈湛如等等一起商议，其中夏子坪是麻饼沿河义泰永米行的行主，是“镇扬帮”在无锡的代表人物，有雄厚的资金，对办厂有兴趣，首先同意出资入股。经过两年的酝酿，唐氏终于筹集到资金10万两，创建了九丰面粉厂。当时九丰每股为1万两，而唐保谦仅有5 000两，缺少的5 000两还是向本邑名医邓星伯借来的。当时唐的年龄已四十开外了。此后，唐保谦为了集中精力办好九丰，便把永源生米行盘给族人唐勤禹。唐勤禹一直经营到解放前夕才闭歇。

唐保谦父子经营的工业，有面粉、榨油、缫丝、砖瓦、纺织，以及亦工亦商的仓库，下面根据这些企业创办的先后顺序，逐一叙述。

一、九丰面粉有限公司

九丰面粉厂创办于1910年(清宣统二年)，股东有蔡缄三、唐保谦、夏子坪、唐锡九等九人。其中蔡缄三有两股，其余都是一股，因为合股的是九人，就取名为九丰。商标“山鹿”，因厂址蓉湖庄在惠山和锡山之麓，“山鹿”即山麓之谐音。公推蔡缄三为经理，唐保谦、夏子坪为协理。1912年，夏子坪辞去协理职务，由唐单独任协理。蔡和唐是儿女亲家，唐的长女适蔡的长子君植。唐和蔡的交谊是十分亲密的，终其一生，合作无间，这在旧社会是少见的。

九丰的厂址面临大运河，西傍惠山浜，毗邻为益源仓库，水道运输十分便利，新麦货源涌到时，可以随到随卸。由于运输费用节省，粮食业乐于把小麦卖给九丰，就是面粉用户也欢迎到九丰出粉。

九丰从建造厂房到安装机器，为一年半时间，工程进度是快的。唐保谦的六弟唐纪云，熟悉国外工业情况，又有丰富的机械知识，能说流利的英语，与外商签订合同，考虑得十分周密，一切厂房设计，机械安装都有详尽的图纸。并规定出售机器的洋行，要委派技师驻厂指导，从建厂起到试产止，待办好交接手续以后，方能离厂。其间营造厂虽曾把主厂房少造了一层，但为唐纪云及时发现，立即纠正，所以没有影响工程进度，到1911年就正式开工生产。

当时九丰的主厂房只有一座，安装钢磨12部，是用450匹的水汀引擎作为传动的，日产面粉5 000包左右。第二个主厂房是在1918年添建的，加装了钢磨15部，以电动机传动，省去不少投资费用。日产量增加到8 000包左右。起初聘面粉师冯岐山专管粉路，但是他非常保守，只知道按设计能力维持原状，从没有提出一点改进意见。后来唐星海从国外回来，请他的同学罗庆藩到九丰主持技术工作。罗是在美国学汽车制造的，虽然对制粉技术是外行，但对机械原理十分精通。经过一年的摸索，熟悉了各道工序，对粉路大加改革，因而日产量提高到1万包左右，质量也有所提高。罗后与唐星海意见不洽，不久就离开九丰，赴沪创办五和织造厂。

一个企业要取得经济上的巨大效益，除提高技术外，还须力求供、产、销的综合平衡和加强人事、业务、财务管理。唐保谦是一个实干家，他首先抓了质量，决心和茂新的兵船粉争地位。他了解了白麦的粉色较好，拉力较差，而紫麦则相反，拉力强，粉色次。他和办麦主任季郁文一再研究，决定各种原麦的配搭比例；还把每天的部分成品送到面店试用，亲自走访，向用户征求意见；并规定批发处的早餐吃面，让大家品尝，发现缺点，随时调换拼麦比例。经过一段时期的实践，获得了正确的搭配比例，从此山鹿粉打开了销路，为广大用户所欢迎，以后山鹿粉在本埠几乎达到独占的地位。

第二步，唐又制订好采购原麦的年度计划，保证面粉质量的稳定。在新麦登场以前，就派员到产地去调查有关资料，把这些资料和办麦人员一起研究，决定全年的采购方针。由于旱收成的麦质好，就一次吃足全年用量；潮收成则陆续采购，因为贩运客户堆在仓库里的小麦含水率高，很容易发生霉变，到那时“货催人”，不得不忍痛出售，他就可以廉价买进了。

在解放前，无锡是一个著名的粮食集散地。本地所产的杜麦，品质优良，且不含杂质，最为粉厂所欢迎。但是当时除了无锡各粉厂采办外，外地如福新、阜丰等厂也都在无锡设庄采购，以致供不应求。于是九丰在苏北溱潼、黄桥、姜堰、泰兴等地设立分庄(附设在当地米行内)，派员常驻当地采办，名曰“水客”。其余津浦路南段蚌埠一带，和陇海路的徐州、开封、郑州等地所产的花白麦，粉色和拉力都是上品，但缺点是因地处山区，原麦中混有细小石子，虽筛选亦难分离，这是面粉生产中的大忌。九丰派员到上述各地巡回调查，并不设庄，看到不混杂石子的就随即洽购。至于销售，除了供应本地外，以浙江的杭、嘉、湖、宁、绍等为主要运销地。九丰还在杭州设立销售庄口，总理在浙江的销售事宜。

九丰的人事安排，力求精干。全厂包括批发处人员在内，不过37人。其中麦务处的职工，人数最多。厂内分管技术、财务、总务（包括劳力调配和工资核算在内），以及物料保管等部门，不过10余人，批发处亦仅5人。

九丰在名义上，蔡缄三为经理，唐保谦为协理。但因蔡在当时有蔡半塘（指拥有半个北塘的房地产）之称，颇具地方势力，忙于应付政商各界，所以厂内一切经营管理大权。都掌握在唐的手中。唐于业务具有专长，对各方面情况熟悉，决策果断，记忆力强，往往事隔多年，还随时能提出事件经过和列举具体数字。

九丰设批发处于北塘财神弄口，这是一个总管理机构。另外，还在上海北京路四四四号设立申庄。申庄每天早晚用号信向总管理处提供上海交易所行情和国际经济情报，遇到市场大涨大落，还随时用长途电话报告（当时主其事者为周亚轩），因此，总管理处的消息十分灵通，给九丰的供、产、销提供了正确可靠的资料。九丰的一整套管理制度，总的说来，就是产、供、销集中管理，分工负责。一切供销和财权，都集中在批发处，厂内只负生产、劳动和原材料保管的责任。粉仓凭出货单发货，物料和工资支付，由有关部门造表向批发处领款，财货分离，规定十分明确。每天的产量、出粉率，以及原料、成品、物料的库存数，由工厂填写日报表送批发处备考。每天还要抽取粉样，一同送去，供给销售人员分析。唐、蔡两人每天上午在批发处会晤商量，看号信、日报，摸清情况，以便在全年计划的基础上，根据变化情况，决定当天的进销数量。接着便召集有关人员指示交代清楚。

九丰创立3年之后，在经济上已站定脚跟。1914年第一次世界大战爆发，帝国主义忙于战争，无暇东顾，不但外粉绝迹，相反要向中国采购军需用粉，粉价因此暴涨，从每袋3元左右上涨到5元，相等于一石小麦的价格。在此期间，九丰获利之巨，最多年份达60万元，为以后兼营纺织业奠定了基础。当时无锡社会上都说，“买到了九丰的股票，就好比着了头彩”，可见九丰获利之巨和分红之多。由于九丰资力雄厚，所以尔后庆丰纺织厂在缺乏流动资金时，往往由九丰垫付，垫款常在二、三百万元左右。九丰于抗日战争期间被日军占领，受到极大损失，因而抗战胜利后未能复业。

二、仓库业和碾米厂

益源堆栈(那时称仓库为堆栈)的前身是恒裕堆栈，本为地主集团控制的慈善机构所有，由唐保谦出资购入。唐购入后承新翻造，并大为扩充，其兴造是与九丰面粉厂同时进行的。唐的打算有二：一是考虑到九丰流动资金的周转，如果自建仓库，就不可能出栈单向金融界贷款，周转金会遇到困难。二是使九丰的原麦只能堆放在益源，益源可以终年满仓，收益可观。蔡缄三虽于小三里桥内河设有复生栈，但那里河道狭小，交通不便，九丰虽有部分原料存放，但需支出一笔过驳费用，增加成本，因此只好把大量原麦存放在益源。大家认为这步棋是唐的妙招。当时九丰的股东夏子坪对此很不满，屡次在董事会上提出争议，但事实上唐已全部控制了九丰附近的土地，九丰实无余地可以建造仓库了。而且益源又是按照当时规定的仓租、力资向九丰收费，并不是白白取得的，论情论理，终究驳不过唐。而蔡缄三认为唐经营九丰很有成绩，功不可没，不能为了益源问题加以责难。夏子坪虽无可奈何，但内心上则认为是排挤"镇扬帮"。

益源是唐保谦经营的一切企业汇总的机构。所有他个人的投资及其收益情况，都记录在益源的账册上，连他家里的开支也由益源支付记账。他自己经常来查核(我早年有一个很长时期在益源管账)。益源附设碾米厂，代客加工，后于1925年出租给杨翰庭经营。同时由于益源信用卓著，吸收存款在50万元以上，利率一律8厘，放款利率按银钱业规定，平均在月息1分左右。仅这一笔差额，岁入就达万金。另外还设门市部，经营九丰厂的麸皮。当时，苏北黄桥、泰兴等地用船运到申锡销售的生猪，经过黄埠墩关卡纳税以后，顺便就到益源买些猪食回去。益源的这项买卖，每年也可获利5 000元左右。加上碾米厂的加工费和仓库的仓租、力资，一年就有盈利5万元，是全市20余家仓库中收入最多的一家。益源大小职工仅5人，从朝到晚，事务纷繁，没有一点空暇。

唐保谦经营的第二个仓库叫福源。它本来是陆丼陆培之所有，由于陆在上海经营纱厂失败，为了偿还债款，才以 6 万元的代价转让给唐保谦的。福源占地很广，仓储容量达 12 万石，比益源大二成左右，水路交通便利，6 万元的代价是十分便宜的。根据唐星海的规划，拟将福源改建为一家新式的大型缫丝厂，以便与薛南溟、薛寿萱父子争衡，曾派陶心华之妹若钰赴日本留学，专攻缫丝工艺，后以抗战军兴而未果。唐保谦临终时，指定这份产业归其三子晔如继承。

福源的人事安排，悉用陆培之的旧人。原来的主管人员周友兰，出身农村，老成持重，俭朴勤恳，唐多次和他谈话以后，感到满意，因此除了徐重镇一度调至益源工作外，其余悉仍其旧，不过派我每星期到福源去查核一次账目，遇有情况，随时汇报而已。

三、润丰榨油厂

润丰油厂的厂址，在本市南尖，由邑人杨翰西等于 1914 年集资创办，翌年即转让与唐保谦等人经营，唐自任经理。当时城乡已有大小油厂 27 家，但动力都是原始的牛力带动，机制油厂润丰实为无锡第一家。以后浦文汀于 1920 年创办恒德油厂，拥有机磨 96 部，规模远胜润丰，润丰才于竞争中处于劣势。当时唐保谦正以全力倾注于九丰，润丰的业务已由其内侄陈湛如负责，而实际经营业务的是陈的弟弟陈进立，唐仅居于顾问地位。唐保谦逝世以后，唐星海、唐晔如就不再过问，由陈氏独自经营了。

四、锦丰丝厂

锦丰丝厂创始于 1919 年，厂址在周山浜，资本 10 万两，拥有坐缫车 480 台，由唐保谦独资开设，自任经理。由于锦丰丝厂资力雄厚，经营灵活，又有唐氏自设的严家桥德仁兴茧行和蔡缄三在石新桥开设的蔡合昶茧行（两行双灶达 66 副）专为该厂收茧，所以在当时的同业中，条件是比较好的。

当时锦丰全厂职员不过 20 人，为收茧而成立的茧务处，人员从唐氏其他企业中抽调，主要是从庆丰办花人员中临时抽调来的。因为办花和收茧都有季节性,春秋蚕茧登场,收花已经落令,忙闲调剂,节约劳力。

以后,唐保谦又请邹季皋担任主管,进一步增强了管理力量。邹曾在清末中过秀才,长于文墨,善于稽核,处事谨慎,管理厂务既勤奋又周到,实为唐的得力助手。例如新茧烘干进仓,他亲自检查干燥程度,分别编号,按老嫩排列加工次序,因此从未出现过干茧霉变事故。技术方面,开始时的总管车为季云初,但季华而不实,业务知识也不够,不久就被唐辞退,改聘王云生继任。王系湖州人,工务熟练,处事有条有理,在生产上发挥了一定作用。销售方面,由于唐纪云和外商熟悉,通过关系,和洋行直接挂钩,不受上海丝号的中间剥削。锦丰厂就是凭借以上这些有利条件,每年都有盈余。但到了 1923 年日本大地震,丝价暴涨暴落,从每担 1 100 两上涨到 1 900 两,一星期后又跌进 1 200 两大关,而当时正值秋茧登场,茧价每担达 100 元,成本很高。唐一贯坚持稳健经营。因此力主少收,宁愿赔贴茧行包烘费用。那时无锡各丝厂对国际市场上的丝价涨落,消息极不灵通,在高价时锦丰虽然抛出了一批厂丝,但洋行因为亏本关系,就一再延期收货,经过多次交涉,又在质量上百般挑剔,收了一些就借口不合规格而退货。当时各丝厂没有生丝检验仪器,色泽匀度、条纹(即纤度)只是凭肉眼和手触检验,没有严格标准,合格与否,悉凭洋行任意决定,厂商没有充分根据向洋行交涉,退货只好自认晦气。那年锦丰在春茧期收购的原料,价格虽然较低,但年终结算,还是略有亏蚀。唐保谦因此感到缫丝工业不能掌握自己的命运,产品销售依赖洋行,质量不能自己检验,盈亏全靠"碰运气",不能发挥自己的经营特长。而且当时庆丰成立不久,唐亦无暇兼顾,于是在 1924 年决定改组,更名为德兴丝厂,推邹季皋为协理,由邹全面管理。在此后的 4 年间,由于邹的稳扎稳打,德兴厂还是每年略有盈余。

1923 年唐星海回国,看到德兴的设备陈旧,厂丝销售又操纵于外商之手,特别是车间的劳动条件比其他工业要差得多,工人为了争取改善劳动条件,提出了不少意见,因此力主出租。1928 年由苏州人史馨生承租,厂名也更改为德大裕。由于史不善经营,更遇上资本主义国家经济危机的影响，到 1932 年初，史馨生的 7 万元资本亏蚀殆尽，德大裕也就此闭歇。

以后由于庆丰纱厂增建第二工场，德兴丝厂原址即并入庆丰，德兴丝厂也不再存在了。原来德兴的职员，大部分由唐派到庆丰、九丰任职。

五、利农砖瓦厂

无锡的砖瓦生产，已有悠久的历史。据说秦、汉时代已经设窑，大部分集中在南门外伯渎港一带，代代相传，历久不衰。但生产工艺很少改革，流程缓慢，加以企业规模很小，所以产量有限，越来越不能满足市场上日益增长的需要。在无锡，甚至可以说，在我国南方地区首先使用近代轮窑生产砖瓦的，当推 1920 年内由唐保谦经营的利农砖瓦厂为第一家。利农的厂址在严家桥蠡涸浜口，资金 3 万元，由唐保谦等合伙开设，建有 26 门哈德门式的红砖窑一座，日产红砖 3 万余块。后来严家桥当地人又集资在通墅开设利工砖瓦厂，当地人简称利农为北窑，利工为南窑。

唐保谦生前和我谈过，他幼年时在严家桥蹲的时间很长，当时河岸高耸，两侧都是高田，农民戽水灌田，须用两部水车接着引水。遇到旱年，戽水更加困难，所费人力很多，因此蠡涸浜口的土地大都荒芜。他思想上早有打算，准备因地制宜地利用高地的泥土制砖，改高地为平地，变荒田为良田。但看到无锡和查家桥的砖窑，每月只能出一窑，产量少，成本高，经济上极不合算。当时庆丰又正在筹备阶段，建造厂房需要大量砖瓦，因此决心在该处创设一座新式的砖瓦厂，并从天津聘请了熟悉轮窑生产的郭好禄、高殿芳，以及一批技术工人来锡建厂。投产以后，他们仍旧留在厂内，作为利农的一支技术力量。

利农的规章制度比较切合实际，如在劳动工资方面，凡是可以采用计件包工办法的，就尽可能实行计件包工等等，以及严格经济核算、重用专业人才，使产品品种日益增加，质量精益求精，颇为用户欢迎。因而它规模虽小，但经济效果很好，每年盈利可达 3 万元，一年就把投资额全部收回，这是唐氏所办的企业中少见的。

利农砖瓦厂最初由唐肇农全面负责，唐肇农病故以后，由秦若臣、唐晔如相继兼管。抗日战争期间，由于乡间情况复杂，才歇业停产。

六、庆丰纺织漂染公司

(一) 庆丰纺织漂染公司的创立

庆丰由唐保谦、蔡缄三、薛南溟、孙鹤卿、唐纪云等人发起创建。建设厂房、安装机器，都由唐纪云和唐肇农主其事。1922 年 7 月正式投产。当时资本额定为 100 万元，而实收只有 80 万元，开工之初，仅有纱锭 14 800 枚，布机 250 台。

庆丰初创期间，由薛南溟任董事长，唐保谦任总经理，蔡缄三任协理，唐纪云任总管(相当于厂长)。总管以下设稽查、总务两处。稽查处负责全厂的劳动管理和生产管理，由唐肇农、唐云亭任稽查。总务处由丁馥初(唐保谦的连襟)负责，有关厂内财务、工资、物料等等都由丁总理其事。总之，企业的主要部门大都控制在唐保谦及其亲属的手里(实际上是掌握在唐保谦一个人的手里)，对企业的管理也基本上是家长式统治。唐肇农于 1922 年 10 月病故以后，唐保谦即电召其次子唐星海回国。唐星海当时正以自费在美国留学，专攻纺织，1923 年 7 月回国后，便进庆丰接替乃兄的稽查之职。旋又升任副总管(即副厂长)。不久，唐纪云因与唐星海意见不洽而去职，唐星海从此独掌大权，改总管为厂长，并自任厂长。1936 年 12 月，唐保谦去世，唐星海又继任父职(总经理)，时蔡缄三仍任协理。越年，蔡亦病逝。

(二) 庆丰纺织养成所

唐星海回国以后，决心对全厂进行技术改造，提高产品质量，因而于 1931 年创办庆丰纺织养成所，多方聘请工程技术人员作教师，培养专业人才。

养成所设在广勤第二支路，即以前华盛顿饭店的对河。第一届招收高中毕业生 36 名。入学前必须缴纳保证金银元 50 元和觅具 2 家铺保。入学后一律供膳宿，还给一些零用钱，当时招收的 36 名学员中,大都是贫苦家庭出身的子弟,筹措保证金和觅具铺保都非易事。根据一位在养成所第一届毕业的老工程师回忆,当时他为了找保人,真的连一双布鞋的鞋底都跑穿了,最后总算由一位交通银行行长的同乡人愿意作保,才办妥入学手续。在旧社会里弄饭吃真难啊!至于缴纳的保证金,厂方规定要在学员毕业并留厂工作3年后才无息发还,据说这是为了防止学员学成后"跳厂"而规定的,但却增加了学员的经济负担。

养成所十分强调基础知识和专业技术。第一届到第三届都是学的纺织专业。教师有英国留学生骆仰之、钱钟韩、王时雨、薛××等,他们对纺织专业都是有真才实学的。电气工程由范谷泉任教。此外,养成所还聘请唐文治和吴敬人来所讲学。唐文治讲国学,教材都是那些"子曰""书云"。吴敬人讲伦理学,那时的伦理学就是所谓"道德哲学",是专门灌输封建道德的。

养成所的管理制度极为严格,在第一届的36名学员中,因触犯所规而被除名的就有6人。但许多同学都认为严有严的好处,由于兢兢业业,力求上进,所以纪律观念较强,专业知识也学得扎实。当时有这样一句口头禅:"吃了养成所三年苦,到了别厂都不怕。"这是有一定道理的。

养成所的第四届学员学的是印染专业,第五届是财务会计。后因抗日战争,在这些学员学习还没有期满的时候,养成所便停办了。养成所规定学生在所学习三年,就读年后即边学习、边实习(在庆丰厂实习),使学生既有理论知识,又有实践经验,这就为庆丰尔后的技术改造培养了一批技术力量。唐星海还在毕业生中选拔了一些人,如陶之谦、关振民等,赴日留学深造,为庆丰培养高一级的技术人才。

(三) 引进国外先进设备和对老厂技术改造

当时各厂的机械设备,大都向上海洋行订货,经过中间剥削,价格昂贵,而到货之后必须如期交款,机械质量也没有保障。唐星海经过多年调查,对国外纺机情况十分熟悉,决定亲赴英国直接向厂商订购纺锭5万枚,布机400台,约定货款在5年内付清,由庆丰派员去英国检验机械合格后方装箱托运。这对庆丰的资金周转有很大好处,机械质量也有了保证。庆丰的第一工场至1930年已发展到纱锭3 200枚,布机400台。在养成所成立以后,又着手筹建第二工场,在骆仰之等工程师领导下,进行整体设计,学员在实习时进行安装。第二工场正式投产时,有纱锭32 000枚,布机420台。先后不到五年,第一、第二两个工场共拥有纱锭64 768枚,布机820台。并由范谷泉主持增加安装2 000千瓦发电机两组(原来已有1 000千瓦和1 600千瓦的发电机各一组),电力成本每度仅1分6厘,比戚墅堰电厂低两倍以上,还有剩余电力可供九丰面粉厂和益源仓库的碾米厂应用。1935年,庆丰又增辟漂染车间,与其他各厂相比,庆丰的发展速度是很快的。这是唐星海勇于创新和重视培养技术人才取得的显著效果。按唐星海原来的计划,还想添建印花车间,与丽新厂竞争,后为其父唐保谦所力阻而未果。

由于第二工场狠抓技术管理,车间技术员又大都是养成所的毕业学员,掌握应有的专业知识,因此纱、布的产、质量大大超过了第一工场。在第二工场取得成效以后,唐星海便接着改造第一工场,骨干力量也都是从养成所学员中选拔出来的。同时还在全厂进行体制改革,撤销了稽查处,成立了主要由工程技术人员组成的工务处,从此各车间的技术大权都掌握在技术人员手中。加快了车速,增加了产量,降低了成本,质量方面不仅条干均匀,拉力强,纱疵少,光洁度也有显著改善,拈度也适当,因而庆丰的产品颇著声誉,为沪宁路沿线及其邻近各县所乐用。当时第一工场所产的"双鱼吉庆"牌棉纱,每件售价比其他厂的高二、三元;第二工场的"鹿鹤同春"牌棉纱可以多售6元左右。这是庆丰经过技术改革后取得的经济效果。

(四)庆丰的总管理处和供销情况

庆丰的总管理处设于北塘财神弄口。另外在上海北京路444号设立申庄。在唐保谦生前,有关庆丰的财务调度、经营管理、供销指挥以及收集经济情报等等,全部集中在这里,成为庆丰的神经中枢。

它的办花机构,由与唐保谦素有交谊的长阴沙人顾叶秋负责。顾曾在长阴沙开设花行,通晓各产棉区的情况,对鉴别棉花质量具有特长。那时检验原棉质量尚无仪器,花色和干湿程度仅凭肉眼和手感鉴定，纤维长短则靠手拉尺量。庆丰在长阴沙、太仓、常熟等地均设有办花庄口，三处的棉花质量以长阴沙为最好，可纺 16～21 支纱，其次是常熟、太仓，一般只能纺 10～16 支纱。庆丰有时还分赴陕西、河南、山东等地采购，质量比本省的好，可以纺 20～32 支纱。以后苏北大中集改良棉种，于是也派专人驻该处采购。由于顾叶秋熟悉业务，从而使庆丰厂需用的原棉不论在数量上、质量上都得到了保证。顾逝世后，由张秋舫继任。当时各庄运花到厂，规定由仓库主任季兰初抽样检查，季认真负责，道道把关，分别纤维长度，花衣优劣，编号入库。为纺部清花车间拼花提供了可靠依据。销售由张星玉负责。当时庆丰生产的各支棉纱、白坯绒布、双鱼细布以及各色哔叽和香妃竹布等等，都是热销产品，深为用户欢迎。财务方面由邹季皋负责。

（五）唐星海参加棉统会的情况

唐星海的续弦温金美，系北洋军阀时代曾任海军部长的温树德的侄女，也是美国留学生。经过温的介绍，唐星海和国民党政府的宋子文发生了联系，于 1934 年出任资源委员会委员。1935 年和大生纱厂的李升伯组织棉统会，他们企图垄断原棉，掌握江苏各厂的原料分配大权，同时便于套购外汇，向国际市场订购美棉以自肥。但此事为上海和内地各厂坚决反对，因此棉统会成立未及一年，就无形解散了。

（六）抗战前夕的庆丰

1937 年秋，唐星海及其胞弟晔如鉴于无锡即将被日本侵略军侵占，曾多次由申来锡，并和我交谈两次，他们认为形势日非，提出三点主张：1. 不在无锡继续经营；2. 去上海另设新厂；3. 向国外投资。接着，唐星海召集全厂职工开会，说明为了保存庆丰实力，照顾职工今后生活，要求全厂职工同心协力，把庆丰的机器设备尽量拆运上海另立新厂。当时职工出于爱国热忱，日夜三班，从“七・七”事变起直到 9 月 18 日止，在两个多月时间里一共拆卸纱锭 6 120 枚，去上海创办保丰纱厂（以后又称庆丰第二厂），部分职工也调往上海工作。

在无锡沦陷以后，唐星海又以董事会名义，在无锡庆丰拆运纱锭 4 000 枚，去常熟支塘、太仓沙溪等原棉产地与人合办家庭、安泰小型纱厂。由于厂址在农村，不受日伪侵扰，而当时又值纱贵花贱，所以获利较多。1955 年，即无锡庆丰公私合营以后的一年，这 4 000 纱锭仍旧归并庆丰。

（七）庆丰在沦陷前夕和被日伪占领时期

庆丰厂址在火车站附近，因此在沦陷以前，屡遭日机轰炸，损失极为严重。当时除运出的一小部分设备、物资外，其余大都在沦陷前后焚毁、破坏或劫走，其中包括 28 448 枚纱锭的成套设备，377 台布机的成套设备；全部漂染设备；共 6 600 千瓦的发电机三组；房屋建筑 4 679 平方米；以及存棉、存纱、存布等等，损失总值约合订购时原值 500 万元左右。

无锡沦陷以后，庆丰即被日本侵略军长谷川部占领。1938 年 8 月宣布军管，由日商大康纱厂经营。经过修理，于 1939 年 5 月开工生产。当时投入运转的设备有细纱机 70 余台，约计纱锭 28 000 枚：布机 300 台，雇佣职工 1 000 余人。后因棉花、燃煤等原材料供应不足，生产规模有所缩减。在厂职工因不甘忍受亡国奴生涯和日商的威胁、压迫，有的自动离厂，有的消极怠工，有的暗中让机器开空车或损坏机件，以示抗议。因此当时的产量既低(一个细纱工只看二、三百锭，每日 12 小时的产量仅 7 个亨司)，质量又差，日商派驻的厂长虽然想尽办法，但仍无济于事。太平洋事变以后，日本军国主义曾屡次采用威胁、利诱的手段，去上海向唐星海劝降(当时庆丰的总管理处已迁至上海北京路 444 号原庆丰申庄)，要求合作，但唐并未屈从，相反，到昆明去筹建新厂。1942 年，日本侵略者改变侵略手法，由汪精卫政府出面将日伪占领各厂发还原主，庆丰则因唐星海曾拒绝和日方合作，改由汪伪实业部另组庆丰管理委员会，交庆丰管理委员会接收；并指名唐晔如为经理(唐晔如曾走汪伪实业部次长袁应俭的门路)，过持志为厂长。按协议规定应付日商大康纱厂的“复旧费”亦由唐晔如、过持志负责偿还。1943 年 6 月，汪伪政府改组，唐星海深恳大权旁落，又通过实业部次长陈君慧的关系，同时，唐晔如筹划巨额“复旧费”亦有困难，因而另由唐纪云、蔡漱岑、华俊民、唐淞源等人出任庆丰管理委员会委员，庆丰亦由原厂长过持志移交给唐星海、陈湛如(当时任伪商会主席)经管,应交付给日商大康纱厂的"复旧费"伪中储券623万元,亦由唐星海等负责偿还。庆丰发还以后,又经过一年多时间的整理,始于1944年秋开车复工,但当时运转设备不多,生产规模很小。

(八)抗战胜利后的庆丰

抗战胜利以后,唐星海提出了复兴规划。当年的棉纺织厂确曾有过一段极其短暂的所谓黄金时期,庆丰亦积极恢复并迅速扩大生产规模。1946年初,庆丰仅开纱锭22 000余枚,布机124台,到1946年底,已有纺锭50 000枚,布机364台投入生产了(尚有布机300余台未投产)。1947年又增添纱锭12 700余枚,再加上常熟、太仓两厂的4 000枚,生产规模已超过战前。此外还添购6台柴油机,以供自己发电之用。后来由于被日本侵略军搬走的发电机仅追回一座1 600千瓦的,所以又添购了4 000千瓦的发电机一套。

但是好景不长,1946年9月,国民党政府经济部纺织管理委员会先后采取了调查存棉、限制纱价、管理外汇,以及以低价强行收购用进口原料纺制棉纱的半数,因而使整个纺织工业走上了下坡路。此后国民党政府又规定由行政院善后救济总署以花易纱,进行代纺,但工缴极低,庆丰亏蚀甚多。接着,反动派又颁布了一套所谓"经济戡乱"的政策,对工商企业的控制越来越严,庆丰同所有棉纺织厂一样,更加一蹶不振了。当时唐星海曾和同业公会代表同去南京政府请愿,要求放宽限制,但毫无结果。相反又分摊到美金205 000元的"美金建设公债",这笔公债在解放前抽签还本两次,其余大部分债券,都随国民党政府的崩溃而成为废纸。1948年8月,国民党政府发行"金元券",强购黄金、美钞,庆丰存储的棉纱、棉布,也全部按照限价出售。同年11月取消限价,币值狂跌,物价猛涨,庆丰元气大伤。唐星海鉴于国民党政府日暮途穷,就抽调庆丰锡、沪两厂的大量资金,套购外汇,到香港去办南海纱厂了。香港南海纱厂创建时的资本总额为港币2 000万元,庆丰投资港币800万元,占资本总额的40%。

（九）解放以后的庆丰走上了社会主义改造的光明大道

1949年4月23日无锡解放，上海庆丰总管理处派原任庆丰锡、沪两厂的厂长范谷泉来锡主持厂务。由于唐星海在解放前抽逃了两厂的大量资金，因而企业资金枯竭，并且还有在解放前抛空的2817件棉纱亟待清偿。范来锡后一筹莫展，颇感难以为继。以后在人民政府驻厂工作组的支持下，成立了工会筹委会，团结资方，维持生产，职工群众更是热情高涨，撙节开支，共渡难关。经过短时期的努力，庆丰的生产情况就迅速恢复并有所发展。党的领导和自己的亲身经历，使私方人员都受到了深刻的教育。1953年党提出了过渡时期的总路线后，庆丰的董、监事就在上海召开联席会议，决定锡、沪两厂分别向上海、无锡两地人民政府申请公私合营。两厂的申请先后于1954年10月（无锡）和1955年9月（上海）批准。从此庆丰走上了社会主义改造的光明大道，在厂的私方人员也都量才录用，让他们发挥自己的专长，并且在政治上给予优厚的安排照顾。经过多年来的锻炼和考验，现在他们和全国的资方人员一样，其中的绝大多数人已成为自食其力的劳动者了。

（原文载《无锡文史资料》第4辑，1982年9月）

庆丰和丽新概况

朱复康

庆丰厂

庆丰纱厂的创办,也是在第一次世界大战结束以后。1920 年开始集资筹备,原始资本 80 万元,订购纱锭 14 800 枚,布机 250 台,蒸气动力 654 马力。直至 1922 年才安装了 6 000 锭开始生产,原动力改用电力发动。1924 年后纺机全部装齐。主要资本家为唐保谦(经理)、蔡缄三(协理),孙鹤卿、薛南溟(董事长),其他还有陈湛如和唐保谦的兄弟唐郛郑、唐申伯、唐纪云,也有较大股份。

唐保谦的祖辈,世居无锡东南乡严家桥,以开设唐时长布庄起家,收买常熟一带农民手织土布,运销镇扬等地。到他父亲唐子良手中就开设粮行兼营砖瓦窑。后来迁到无锡城区居住。唐保谦和蔡缄三合伙开设永源生米行,1907 年合资开设益源堆栈,1909 年又合资创办九丰面粉厂。唐蔡二人 10 多年来,几度合作,在粮食堆栈和面粉厂中获利很厚,积累了一定资金才合议创设庆丰的。

庆丰开设初期,遇到欧战后不景气的影响,境况比较困难,主要依靠九丰面粉厂来调度维持。1927 年后,唐保谦的儿子唐星海从美国留学回来,担任厂长。他为人精明强干,到厂后对企业进行整顿改革,有一整套办法。如建立工卡制度,全厂设置子母钟,注意对机器的维修保养,引进新机器新技术。对女工实施操作奖惩制度,夜班时经常亲自下车间查察,遇有懈怠,动辄严惩。唐保谦的六弟唐纪云,原任庆丰总管,对他意见不合,愤而辞职到九丰任事。庆丰就由唐星海独揽大权。

庆丰建厂后几年间,几乎没有增加设备。直到 1928 年才增添布机 100 台。唐星海主持厂务之后,锐意革新,不断添置新设备,聘请技术人员,进行技术改革,举办庆丰职员养成所,培训技术人才。1929 年增加纱锭 11 600 枚;1930 年又增 4 800 枚,布机 70 台;1931 年增线锭 1 504 枚;1933 年增辟第二工场,添锭 31 000 枚;1934 年扩建整理漂染设备,这时共有纱锭 62 200 枚,线锭 4 120 枚,布机 720 台,并全套染整机器。

庆丰生产的棉纱,大多行销于常州、宜兴、溧阳、江阴、常熟一带布厂。并受常州等地布厂特约纺制盘头纱,直接运往布厂上机作经纱用。漂染色布主要销售西安、洛阳、开封、郑州等地,均用邮包寄递。此外,运沪后销售香港南洋一带者也不少。

抗日战争发生,庆丰曾受敌机轰炸,日军侵占无锡后,厂里一度驻军,损失很大。1939 年由日军委托日商大康纱厂代管经营,并要唐星海合作,他始终拒绝。唐星海在沪以庆丰投资的名义,创办了一个保丰纱厂。抗战胜利后,恢复了庆丰上海厂的名称。

1936 年唐保谦在无锡病故,唐星海又掌握庆丰的经营大权,后来与他的弟弟唐晔如矛盾很大,互不相让。可是对于与唐家有合作关系的蔡缄三和他儿子蔡漱岑、蔡稚岑等还是始终保持合资,没有发生纠纷。

丽新厂

丽新也是一个纺织印染全能厂,可是它的发展过程与庆丰恰恰相反。庆丰开始主要是纺棉纱,而后发展布机,再扩充漂染整理,再进一步添印花设备而成为全能厂。也就是说:庆丰是先发展纺纱,后发展织染,丽新是先发展织染,后发展纺纱。可是从这两个厂的原始资本积累来看,倒是有相同之处。前者是从接近农村的土布庄积累起来的;后者是从设于城区闹市的绸布店转化而来的。

丽新还是我国民族棉纺织工业中最早成为自纺、自织、自印染整理的全能厂,也是国内首先使用电力织机的一个厂。大家知道,丽新主要创办人是程敬堂和唐骧廷，可是如果追溯到它的最初发起人，却是一个从事织布的少女，名叫荣茹。她出身于贫寒之家，父母早亡，依靠老尼为生。在尼庵里吃素念经之外，利用空余时间，做些手工织布作为副业。老尼去世后，荣茹继承了尼庵的产业，那时她才 28 岁。不久，发生辛亥革命，无锡光复后，民智渐开，荣茹知道依靠念佛诵经，日后不足以资生活。于是添了几台手织木机，招一些同伴，共同织布，售给贩布商人，生意倒很不差，逐渐增加到 12 台布机。她在卖布过程中结识了一些绸布商人。20 世纪初期，无锡城市经济日臻发达，绸布商看到织布工业有利可图，本轻利重，纷纷设立棉织厂。其中有个吴仲炳，愿意和荣茹合伙，投资经营，布机增到 20 台，定名冠华布厂。

在第一次世界大战发生的头三年，无锡工商业都获得不同程度的发展。北大街的九余绸庄，连年获有巨额利润，愿向织布工业投资。九余的主要资本家就是程敬堂、唐骧廷和邹颂丹。他们就与荣茹协商，把冠华扩充改组，集合股本 1 万元，改名为丽华布厂。

1917 年丽华开工后，在大战期间，业务发展很快，第二年资本就增了一倍。这因程、唐都是经营多年的绸布商，积累一定经验，比个吃素女子当然了解市情，精明得多，所以获利更大。不久，增设丽华二厂，资本增为 4 万元。1919 年程敬堂鉴于印染花布，市上销路畅旺，与同伙诸人商定创办一个兼有印染整理设备的织布厂，从事新的经营尝试。

1920 年 10 月丽新召开创立会，在丽华利润内抽出部分资金并吸收一些新股本，总资本定为 30 万元。设备有动力织机 100 台，以及蒸汽引擎和染整设备全套。生产方针是织成本色坯布，经过漂染整理，然后出售。约计每日产布 200 余匹，初期品种，仅有提花布、丝光条格、线呢、泰西缎等 10 多种。

丽新开办初期，也经过一段曲折历程。1922 年后，由于外国棉纺织品向国内倾销，洋布价贱货多，我国纺织厂无法与之竞争。加上坯布供应不足，印染设备往往停工待料，得不到充分利用。丽新在 1923 年又添英制电力织机 200 台，以增加坯布产量。同时又购置上光机、精元机、折布机和全套染色新设备，每天可增产量3吨。丽新产品销路，初见好转。1925年“五卅”事件发生，全国开展抵制日货运动，丽新产品畅销，大为获利，营业额迅速上升，企业大踏步扩展。1930年添置自纺设备，购进旧纱锭16 000枚，线锭6 000枚，资本增至100万元，1931年又在抵制日货运动中获得大好机会，资本增为120万元；1932年又大获盈利，1934年增资为240万元，1935年又添印花设备两套，并增加司马来纱锭18 000枚。1936年购进瑞士立达梦纱锭4 000枚，日本大牵伸纱锭2 000枚，线锭6 400枚。1937年资本增至400万元。在六、七年间资本增长为400%，发展之快，这在全国范围内也是少见的。而且有些年头，正是市场不利，一般同业衰退的时候，它却依然有利可图，因此有人说它是“不倒翁厂”。

同时随着生产设备和资金的增加，生产力也大幅度增长。它在建厂初期，日产布仅200匹；1930年增达1 400匹；1936年日产坯布已达2 000多匹，还能印染整理色布3 000至5 000匹。品种从1928年的十多种，增至1937年的百余种。职工人数，1923年是1 400余人，至1936年已有近3 500人。尤其是产品质量提高很快，有些甚至压倒当时的一些外国产品。例如丽新的“长胜王”精元华达呢和直贡呢，战胜了日商内外棉织品“四君子”精元；“九美图”和“鸳鸯”府绸战胜了德国府绸。“鲤星”府绸和麻纱深为南洋群岛一带所乐于采用。丽新灯芯绒的织制比常州生产还早。它从自设纺部以后，并买进了全国第一套精梳设备，纺制高档产品就获得了优势地位。民族纱厂在30年代能纺高档细支纱的唯有丽新一家。1933年日本《朝日新闻》竟称丽新厂为日本棉纺织工业的“劲敌”。

丽新的业务所以能够这样兴旺，而且形成一个独特的发展道路，与它的经营管理模式是分不开的。它的经营方式主要有以下几点：(一)注重花色品种，以销定产；(二)迎合乡镇人民的需要，设计农民喜爱的花样；(三)注意销地市场的民风习俗，而生产相适应的产品；(四)注意销售季节，翻改品种；(五)工艺操作生产时刻注意一个“新”字。

同时，丽新资本家对于职工的使用，非常精明，剥削有术。它在开办初期，雇用的工人大多是当地农民。丽新厂基，本是黄巷一带佃农所有，资本家在建厂时就用笼络手段，结好黄巷的一位女族长，通过她来说服农民卖地，以让农民进厂做工为诱饵，这样就压低了地价；而资本家雇用了他们，又压低了工资，两面沾光。

另外，丽新的人事配合和勤俭办厂的精神，也值得一提。

丽新主要资本家是绸布商人出身，企业的人事组织虽沿袭着旧式的一套，但是他们配合恰当，权力集中，调度灵活，能收到“指臂相使”之效。在创办初期，并不专设厂长，车间管理人员直接向经理汇报，后来范围逐渐扩大，才以唐骧廷的儿子唐君远为厂长。他懂外语，与外商联系购置设备等就由他一手办理；经理程敬堂总揽企业的生产、财务、人事以致采购、工务等一切对内对外事宜，总经理唐骧廷只过问大事，董事长邹颂丹虽然是挂挂名，却也能出些主意。

他们几人的性格、作风多有不同，然而，对待企业的目标则完全一致。“唐骧廷稳扎稳打，程敬堂长袖善舞，唐君远刻意经营。”三人分工合作，配合默契，使企业蒸蒸直上。

办厂的节约俭朴也是丽新成功的重要因素。程、唐都是经商老手，精打细算，是一贯的作风。他们办企业从不大手大脚，不讲排场，不事铺张，用人紧凑。程敬堂一向主张“用一个人不光派一个人的用场，要顶两个人或几个人的用场”。全厂机构精简用人少，工资压得低。开办初期，在订购机器设备时，祥兴洋行介绍一位洋工程师，全年工资 6 280 元。而这一年全部职工工资包括经理在内也不过 5 000 元左右（根据丽新纺织票染公司民国 11 年份账册）。资本家感到太不上算，就加紧培养优秀职工作替代准备，等到洋工程师合同期满，立刻辞退。所以丽新早期不设工程师，就凭技工们来解决技术上的问题。

丽新的机件物料也大部分由经协理直接控制掌握，因此，一切浪费极少。至于非生产性开支，就抓得更紧了，这对稳定企业基础起了很大作用。他们是以经商的经验加入了适应工业生产的新条件和要求而成的一套经营管理模式；勤俭办企业能更多积累资金，重视提高产量质量，增加花色品种，使生产始终处于活跃状态，必然使企业能不断发展。后来丽新资本家还从事毛纺织工业，创办了著名的协新毛纺织厂。它的产品，也受到中外人士的好评。

（摘自《抗战前无锡棉纺工业概况》，标题由编者另加，《无锡文史资料》第 7 辑，1984 年 5 月）

唐骧廷、程敬堂与丽新纺织印染厂

朱复康

丽新纺织印染厂是我国民族纺织工业中自纺、自织、自印染整理的全能厂，也是国内首先使用电力织机的织布工厂。20 世纪 20 年代初，从在无锡创建织布厂开始，于短短 20 多年的时间里，由 1 个厂发展到在上海和无锡共有 4 个厂；生产设备从 100 台人工手织机发展到拥有纺锭 6 万余枚、线锭 15 000 枚、电力织机 750 台，全套印花、漂染、整理机各 2 套的大型机器生产全能厂。特别是在 30 年代里，中国棉纺工业受到世界资本主义经济危机的袭击，出现了长期花贵纱贱的局面，不少棉纺织厂停工减产、甚至倒闭易主，规模最大的申新厂也免不了几乎"搁浅"。而丽新厂却能与众不同，产品行销全国各地，远及南洋群岛、新加坡、菲律宾等地，企业盈利高涨，规模不断扩大，成为当时棉纺行业的一朵奇葩，在我国民族棉纺织工业中也占有一定的地位。

企业的产生和创建过程

丽新的前身是清代末期无锡的一个家庭手工织布工场。从事织布的是一名少女，名叫荣茹。她出身贫寒，父母早亡，依靠一位老尼为生，在尼庵里念佛诵经，业余时间搞一些手工织布作为副业。老尼去世后，荣茹便继承了尼庵的一份产业，那时她才 28 岁。不久，辛亥革命，民智渐开。她深知依靠尼庵不足以资维持生活，于是增加了几台手织机，招来一些同伴，共同协作，织成布匹，拿到布商那里去卖。由于生意还不差，就逐渐增加到 12 台布机，有时还加班做夜工。所织制的产品，也从狭幅的白土布发展到色织改良布。这个初步组织起来的手工织布工场，定名为“新盛”。

新盛织布工场经营了2年多，由于流动资金不足，周转困难，因而面临困境。荣茹曾向人透露过：“车上1根纱，要有5根纱的本钱，才能周转。”她经常带着产品到布行求售，结识了一些绸布店的商人。这时无锡的城市经济逐渐繁荣起来，布商们看到织布工业有利可图，愿意投资和荣茹合伙。增添了资金，扩大了规模，织布机增加到手工20多台，发展成为一个比较像样的小布厂，定名为“冠华布厂”。

冠华布厂从1913～1916经营了3年，因股东内部意见不合而拆股歇业。荣茹虽然保有工厂设备，但因缺少流动资金，一时未能继续生产。此时适值第一次世界大战爆发，帝国主义暂时放松了对中国的经济侵略，中国民族工商业都有了不同程度的发展。九余绸布庄也连年获得巨额盈利。九余股东唐骧廷、程敬堂等，看到新式工业蓬勃发展，就有意思向工业投资；经过居间人撮合，决定与荣茹合作，凑集资本1万元，在原有冠华布厂的基础上扩大经营手工织布工业。新厂定名为“丽华印染织布厂”，扩建了厂房，增加了设备，改进了生产品种，1917年正式开工。

两年中，丽华的业务发展得很快，股东分得红利之外，再将资本照原股增加1倍。这固然是因为大战期间，布销俏利，营业鼎盛。但这个厂加入了资力雄厚且有丰富管理经验的绸布商人，也是原因之一。荣茹在股权上既不如九余资本，在经营管理上也不如唐骧廷、程敬堂精明干练，因此业务大权当然掌握在九余主要股东手中，荣茹只是负责部分工厂的管理工作。不久，增设丽华二厂，资本再增到4万元。在短短二三年内，资本扩大4倍，据1923年《无锡年鉴》的记载：是年丽华一、二厂共有木机152台、铁木机42台。它的规模比以前两个阶段有很大发展，但其生产方式实际上还停滞在手工工场阶段。

丽华生产品种，主要是各种花线呢、格子布、自由布等，当时一般称作“改良布”。它的质量比土布稍高，比进口洋布又大不如。丽华的经营者便从加放产品的长度和阔幅方面着手，以招揽生意，并注重实销，打开市场。丽华布的尺码准足，取得用户信任，所以虽然售价略高，但销路很好，连年获得高额利润。同时，他们也想仿制洋布。

1919年,在唐骧廷、程敬堂的主持下,丽华股东大会做出如下决定:一方面,以丽华所得利润中的一部分用于扩大再生产,保持原来的经营门路,仍然生产色织棉布;另一方面,从丽华利润中划出一部分,另外再吸收新资,另建丽新布厂,从事新的经营门路的尝试,织制本色坯布,漂染整理后出售。

此后,开始了新厂的筹备工作。购地建厂房,向祥兴洋行订购引擎、锅炉和染整设备以及动力织机100台。1920年10月召开筹建会,资本定为30万元,除一部分是从丽华的资本积累中移植而来之外,还吸收了绸布、纱商、粮食、槽坊等等其他行业的商业资本,其中绸布商业占比重最大。1921年,丽新开工试产。1922年,丽新正式开工,每天产布200匹,有各种提花布、丝光条格及线呢、泰西缎等。这年年底,丽新所出产品,经江苏省地方物品展览会审查,获得一等奖章,并列为上海总商会陈列所最优等产品。为了便利运销,丽新在上海北京路和南京下关设立发行所,办理销售业务。

在困难中求发展

丽新厂开工不久便陷困境。第一次世界大战结束后不数年,洋布重新铺天盖地而来,价贱货多,华厂无法与之竞争。加之坯布供应不足,工厂经常停工待料,印染设备得不到充分利用。同时流动资金不敷,周转困难。通过股东垫款、商号贷款和吸收零星散户的存款,并利用丽新厂原来声誉较好的"双飞童"牌商标尽力推销产品,才解决了资金周转问题。尽管如此,丽新从1921～1927年还是不能保证按年发付公司章程规定的1%的股息。为了解决生存问题,丽新当事人不得不考虑从技术设备上改进,以提高产品质量,降低成本,打开销路。然而,由于大量的更新、增添设备,也给丽新带来了危机。

丽新建厂时,经营者们曾规定了一个"以厂养厂"的原则。这一条原则实际内容是:力求投资少、效率高、利润多,在积累资金后逐步发展,扩大再生产。但是在外货倾销的压力下,丽新厂不能等待到积累资金后再逐步发展了,必须及早更新和增添设备。于是在1923年向外国洋行购置了新式英国电力织机 200 台，以取代老式木机；购置了英制的布上光机、精元机、浆纱机、折布机，以及每天 3 吨产量的全套染色设备，350 匹引擎 1 台，30×8 尺锅炉 2 台，使漂染部具有全套新设备。这些设备当时在我国民族纺织工业企业中是寥寥无几的。

大量的设备更新，特别是漂染设备的全面更新和添置，一方面使丽新建立了完整的织布、漂染、整理生产结构，成为国内有数的染整织布联合工厂，得以根据市场需要发展花色品种，在竞销中争取优势；但在另一方面，它冲破了“以厂养厂”的既定原则，工厂资金又发生了困难。定购新设备时，丽新只付了少数定洋，机器到埠后无力取货。最后，只得通过关系，以丽新的全部厂房、设备等产权凭证，抵借了 20 万元，才得付款提货安装。

1924 年，丽新刚刚勉强渡过了资金危机，又逢齐卢之战，其在无锡的批发所被焚掠一空，损失 10 多万元。职工大多四散避难，厂内停工达半月之久。于是，有些股东对投资工业感到失望，提出停闭拆伙的建议。唐骧廷、程敬堂等几个掌权股东办厂志坚，在危机面前，一面劝说股东夏伯周等垫款 30 万元以资应付，一面召开股东会，报告营业情况，宣布发放股息。这样才扭转了那些动摇股东的情绪。

抵制外货爱国运动带来了生机

1925 年，“五·卅”运动爆发后，全国掀起了轰轰烈烈的抵制外货运动，给我国民族资本企业带来了生机，丽新厂多年积压的产品销售一空。丽新利用这时机，一面派人参加抵制日货委员会，参与“抵制仇货”、“振兴国货”的爱国运动；另一面又依靠丽新在无锡独有的漂染设备，以织制高档货必用细支纱原料而国产细纱则不敷供应为理由，公开买进较廉价的英、日纱线，织制成高档的国产花色布上市销售，大为获利，同时也给丽新产品闯出了牌子。1928 年抵制外货运动又起，丽新在交纳救国基金的有利条件下，得以在沪照常购买日厂纱线进行生产。这年，丽新营业额比上年增加了 87%，从而弥补了历年亏损，发了过去几年的股息。1929 年开始有红利分发给股东。

此后,丽新又大规模扩大生产。1930年,增添纺锭16 000枚,增资为100万元,成为全国唯一的纺、织、染、整俱备的全能性生产企业。

在1931年抵制外货运动中,丽新又获得畅销产品的机会,增资为120万元。次年又获大量盈利,1934年增资为240万元。1935年添置印花设备,增加纱锭22 000枚。1937年增资为400万元。

从上述资本数来看,丽新在六七年间,资本增长为400%,其实还远远不止此数。因为当时丽新在年终盘存时,存棉、存纱、存布和机物料、设备等都大大打了折扣,一般存布仅作每匹3元计算,而实际时价在6～10元之间。

20世纪30年代丽新产品的销售地域,北至北平、天津,南达闽粤及南洋群岛,西南至贵州,西北至西安、兰州。

与此同时,丽新生产力也大幅增长。建厂初期,日产坯布仅200匹,1930年增达1 400匹,1936年已达2 000多匹;另外还能印染整理色布3 000～5 000匹(其日产坯布不足部分,大多向申新三厂购买);又日产细支纱40余件;品种从1928年的10余种增到1937年的100多种。全厂职工人数,1923年有工人1 420人,职员80多人;1936年增至工人2 940人,职员110人;至1937年抗战前夕,全厂职工已有3 500余人。

由于丽新产品质量优,花色品种多,有些甚至压倒了一些外国厂产品。例如:丽新的"长胜王"精元华达呢和直贡呢,战胜了上海的日商内外棉厂的"四君子"精元布;丽新的"九美图"、"鸳鸯"府绸战胜了德国府绸。1933年日本《朝日新闻》称丽新厂为日本棉纺织工业的"劲敌"。因而引起了日本棉纺垄断资本的嫉恨,以致在"八·一三"事变后,成为被重点破坏的对象。

抗日战争期间,无锡丽新和丽华两厂都遭到严重破坏,生产停顿。当时丽华有国外定购的织机250台运到上海,丽新有存货在上海、汉口陆续售出,可以收回一部分资金。于是两个企业合作,在上海思南路租赁基地6亩余,自建厂房,安装织机250台;续在江宁路自置基地8亩余,建造厂屋,装置印染设备,合伙开设昌兴纺织印染厂,于1939年开工;又在长寿路购置基地10余亩,自造厂房,开办纱厂,装置纱锭11 400枚,1940年正式开工。后由于资金不足,另招汉口帮等投资,改组为昌兴纺织印染股份有限公司,产品仍使用丽新商标,资本额为300万元,于1940年3月收足,丽新占资本总额的70%。

同一时期,丽新又向英商信昌洋行建议,以丽新尚欠信昌机器货款未曾付清为借口,由信昌出面至日军占领下的无锡拆迁纱锭2万枚到上海。丽新即以这批机器的一部分作为资本,与信昌合作,组织协和纱厂,议定丽新投资90%,信昌投资10%,挂英商招牌,在香港注册。正待建厂的时候,恰好太平洋战争爆发,上海形势起了变化,建厂中止。

抗战胜利后,无锡丽新和丽华两厂相继复工,陆续修理被损坏的机器,投入生产;但直到无锡解放为止,未能全部修复。上海昌兴厂因未受战火影响,继续生产。此时,丽新和昌兴两个企业在形式上虽然分别经营,实际上早就合而为一,由一个统一的经理部门领导。最后,两个企业统一用丽新名称,总公司设于上海,下属分支机构有:上海一厂(纺纱),上海二厂(织布),上海三厂(印花、漂染、整理),无锡厂(包括纺纱、织布和印染、整理)、无锡办事处(联系工作和机物料采购)、无锡接洽处(收购坯布和产品运销)及汉口分公司(采购原棉和推销成品)。

资本组成与经营方向

丽华的企业资本是由商业资本转化而来的,原始资本1万元,由绸布商店股东或从业人员5个人合伙平均出资。

丽新的原始资本30万元,其中丽华投资约30%,绸布业商人投资约37%,其他商人投资约10%,非商业资本约23%。成立初期的董事和监察16人中,商人12人,投资额占全部资本60.8%;非商人4人(电灯厂职员2人,纱厂职员1人,医生1人),投资占10.7%。

丽华和丽新都以产销色布为经营方向。丽华开办时以买进丝光纱线和染色纱线为原料，专门织造花色布。丽新开办时，手工织机和土洋结合的染色加工设备，也以生产色织布为主；在发展成为纺织印染连续生产的全能性企业以后，仍以产销印染色布为主；最后为了满足织布所需要的细支纱线，才扩充纺纱设备，自行纺纱。由于丽新以产销色布为经营方针，所以只买进坯布而不卖出坯布，在它添设纱厂后，也是只买进纱线而不卖出纱线。因为色布利润远高于坯布、纱线利润，所以在全厂生产设施的配备中，印染车间是主要车间，织布车间和纺纱车间都是为主要车间服务的，实际上只是起了准备车间的作用。

丽新还注意向高档产品发展。开办初期着重生产色织棉布，由于未能和洋布媲美，推销困难，不能获利。为了改变这一情况，开始仿制西洋进口的加工布。经过一段摸索过程，取得了仿制进口英国货高级府绸的经验。在此基础上，继续仿制他种高档漂染布和染色布，最后仿制印花布。这些产品，都能长期在市场上保持比较好的销路。

经营管理

在一般同业衰退的年代里，丽新的规模不断扩大，利润不断增加，因此有人说它是“不倒翁厂”。这与它的经营管理模式是分不开的。现在把它特殊的地方，择要叙述。

一、洞悉市场需求，生产适销产品

不断翻改新品种，按市场需要来调节生产，是丽新一贯的经营方针。丽新的经营者都出身于绸布商人，转入产业资本后，仍在沪、锡、宁等地推销产品、收购原料，对市场情况比较熟悉。他们认为要与进口纱布、同业产品竞销，必须毫不放松地注重产品质量，不断翻新花色品种，并以此作为安排生产的首要任务。为了在市场上打开销路，他们经常留心考察各地市场，摸清各类消费者对花色品种的不同需求,按城市、乡村和南北地区的爱好差异,生产不同的花色品种。

(一) 生产高档品,试制新产品,适应市民需求

丽新的经营者为了翻花样,经常到上海南京路观察洋人的穿着,如有新颖的花色就记录下来,供厂里参考。工程技术人员对翻改花色品种也钻研颇深。其所生产的鸳鸯府绸、泡泡纱等,都是市场上的抢手货,经久不衰。1940 年无锡厂停工以后,上海昌兴厂靠泡泡纱赚了不少钱。丽新灯芯绒也是他们到日本参观后引进的,比常州灯芯绒生产还早。在自设纺部买进了全国第一套精梳设备后,以纺高档细支纱获得了优势地位。同时其独家生产的高档花色布,更是利多易销。如惠泉山府绸的成本,每匹不过 7 至 8 元,而售价可达 12 元。

(二) 迎合乡村需要,设计农民喜爱花样

丽新的经营者注意到我国人口中绝大多数是农民,农村有广阔的市场。他们在经营绸布商业时就注意农村销路,熟知农民心理是最重实际的。在丽新开办初期,市面上布匹规格尺码一般都不准足,每匹名为 5 丈,实际只有 4 丈 7~8 尺;门幅号称 2 尺,实际只有 1 尺 9 寸。而丽新产品特别注意尺码准足,因此获得了用户信赖。

(三) 注意地区差异和不同需要

丽新的经营者深知,各地用户由于地理位置、气候环境、风俗习惯和时尚的不同,所需要的棉布花色品种也就大有区别。他们不仅着眼于当地和邻近各县的市场,还着眼于全国各地甚至远达南洋群岛和欧美诸国。例如:我国北方人大多喜爱花色比较热闹、绚烂而质地厚实的棉布,丽新就生产印花哔叽、印花直贡呢和白斜纹布,在华北等气候较冷的地区销路最广;南方人则爱好花色恬静、浅淡而质地比较光洁柔滑的纱布,丽新生产的鸳鸯府绸、印花麻纱、条子漂布,在两广、香港、南洋等气候较热的地区特别受欢迎;其他如西部高原地区和东部沿海地区,人们的爱好也存在着显著差异,丽新都能随着市场的需要而生产适合的花色品种。在远销国外与外商产品竞销时,丽新便仿制国外产品,但又避免与外商正面交锋。如仿制比较高级的欧美产品,质量比同类日本货为高,而售价则比欧美货较廉。

(四) 注意产品销售季节

丽新的经营者懂得,要与其他厂竞争,必须一马当先,抢在别人前面,才能稳占上风。他们时常留心产品的季节性需求,早作准备,一到时令,即风行市上。如在元旦起就织制浅色品种,以备夏令市场供应;在夏至后就开始做深色产品,以供冬令市场之需。

丽新产品的主要销售渠道有两条:一条是通过上海市场上棉布号、客帮等中间商的环节,趸批销售;一条是通过本市和各地绸布店的分批交易,直接售给消费者。这是当时一般纺织染厂通行的做法。此外,丽新还自设门市部,经营零售业务。这是他们在吸取了过去经营绸布商业的经验后独创的做法。自设门市部可以与消费者经常保持接触,听取他们对产品的意见,掌握市场动向,作为借鉴参考,从而可以根据市场需要确定生产方向,制订生产计划,做到产销结合。同时,丽新在接受加工时,也十分迁就客户。当时一般中小印染厂都规定 1 件(40 匹)起接,而丽新则不论多少都可接受。客户批购,可以 1 匹起售,根据需要拼箱装售。这就给各帮客商、布号和绸布店带来了不少便利,也给丽新带来了生意兴盛的局面。

二、工艺操作,注意一个"新"字

丽新特别注重设备更新,使用新式机器,引进新技术、新工艺以及新的操作方法。例如:在初期采用硫化元染料染色,产品质量很差,色内泛出红光,不受用户欢迎;靠轧光车整理织物,技术不过关,光彩呆滞。于是即添购了阿尼林染料车和丝光机,在技术方面摸索前进,并通过对日本棉直贡和英国府绸等一系列货品的仿制,取得了一定的成就。在 1933 年扩展纺部购进电机、锅炉时,采用当时国内最先进的自动加煤设备,其他厂还很少采用。

当时瑞士"里妥尔"细纱锭制造比较先进,丽新经营者在抗战结束后一看到样品就购进了 2 台。染部的三辊轧府绸整理机,也是当时进口的唯一新型染整设备。购进后,所加工的产品,手感柔软,受到顾客欢迎。另外,丽新还购进精梳机、印花机、灯芯绒机,都是为了力求一个"新"字。这个"新",不仅是设计水平"新",而且是敢于引进一般工厂所未引进的设备技术。

为了这个“新”，丽新的经营者们特别注意同英商、德商、美商、瑞士商等洋行搞好关系，以便从中获得“新”的情报。按惯例，华商向洋行定货，可得一笔“回佣”，而丽新放弃了这笔“回佣”，同时还不断请客送礼，以“小钱不去，大钱不来”的手法，来取得洋商的满意。洋行方面，因丽新生意大，每月使用大量染料和烧碱，所以也愿意向丽新提供情报，一有新品种问世，就先通知丽新。例如那时一般蓝布往往易于褪色，而德孚洋行染料“海昌蓝”就不易褪色，丽新首先使用，因而出品的海昌蓝布便风行一时。又如，德国最初发明的一种增白剂，在漂白粉液中加入少许，可使布质格外洁白光亮。丽新获得消息后，在这种增白剂刚到香港试销时，就首先试用，效果很好，随后大批投产。每匹细布的成本仅增加 1 角几分，而售价提高 2 元。等到其他厂得知这个奥秘，丽新早已获得不少盈利。

为了使自己能保持“新”，丽新对外采取严格的技术保密，规定职工不得与外厂参观人员交谈泄露生产技术；精梳车间开设较早，对外从不开放，碰到有人参观，就用布把进口精元车遮罩起来。

三、生产管理，力求节省

丽新的经营者一贯重视勤俭办企业，采取“以厂养厂”的方针，扩大再生产。初办时所用的木制手织机和铁木织机，都是自办木料及铁件，自雇工匠制造，节约了 1/3 开支。开办后第二年向祥兴洋行订购机器时，该洋行介绍了一位外国工程师到厂，其全年工资 6 280 元；而这一年全厂职工包括经理在内，共计工资仅 4 999 元。丽新经营者感到太不上算，在合约期间抓紧培养优秀职工准备替代，到合约期满，即将其辞掉。丽新早期不设工程师，靠从上海英商怡和、纶昌等纱厂挖雇熟练技工来解决技术管理问题，以节约开支。后来，随着企业的逐渐扩展，才建立起一支技术队伍。雇用工人也极力精打细算。建厂初期，他们通过黄巷的一位女族长，说服当地农民将土地售给丽新，同时吸收农民进厂做工，既降低了土地的卖价，又获得了廉价劳力。

丽新的大部分机物料都由总公司集中采购，由经协理直接控制，因此厂内使用比较节省。在生产设备和技术操作方面，虽然不惜工本力求新颖，但对非生产性开支抓得很紧，不讲排场，不事铺张。总公司一直设在江西路三和里弄堂内，因陋就简，几十年的旧楼房，经营者们安之若素。这种艰苦朴素的作风，为稳定企业基础起了很大作用。

四、吸收游资，发展生产

丽新在20世纪20年代曾不止一次遇到资金周转上的困难。经营者们吸取教训，1925年起设立丽新储蓄部，用月息10～20‰的高利率来吸收社会游资，作为企业的流动资金，获得营运周转上的便利，渡过了企业的困难。1931年以后，丽新业务逐步发达，社会信誉也相应提高，他们通过各种关系，如股东和职工的亲友、往来的号家等等，吸收的存款越来越多，最多的年代几乎超过资本的一倍以上。对原棉、原纱、坯布的收购，伺机而动，择优先得；对制成产品的出售，待价而沽。这样，在增添设备扩大再生产时，就不用为资金无着而担忧。

五、权力集中，调度灵活

开办初期，企业管理机构和作为生产机构的工厂设在一处，不设专任厂长，由经理直接负责。业务人员不满10人，分别担任账务、出纳、记账、采购处理一般性事务工作。虽然分工，却并无规定的职称，经协理可以事事过问插手。各个职能部门和各个车间之间的联系，主要依靠经理一个人维系。车间管理人员都直接对经理负责和请示汇报。

后来企业规模逐步扩大，人手相应地略有增添，但始终没有明确的职责分工。在唐君远担任厂长后，因他懂得外语，所以除了管理一切厂务外，对于洋行订机、订货等事也一手办理。会计部不仅负责财务工作，而且还兼办总务以及一部分属于人事、供销等部门的业务。工务主任除负责工务外，对业务、财务、人事、采购等事务也要过问。

这样，不但企业可以节约开支，而且几个主要负责人配合得当，灵活机动。

丽新几个主要负责人的相互默契、密切配合，是企业获得发展的主要因素。总经理唐骧廷、经理程敬堂、厂长唐君远，虽然三人性情各异，作风不同，但经营企业的目标完全一致。唐骧廷性格温和，寡言少语，“唐菩萨”，善于稳扎稳打，过问大事，把好全局；程敬堂精明干练，善抓时机，洞中窥要，人称“关老爷”，善于大刀阔斧处理要务；唐君远年轻有为，知识面广，对企业有一整套的改革管理计划，精细能干，刻意经营。

总的说来，丽新的这套经营管理模式，是以经营商业的经验作为基础，吸收新的方式方法，以适应新的条件和新的要求作为补充。对内勤俭节约，积累了一定的资金，对外则以提高产品质量，掌握市场动向，增加花色品种，做到来源出路，节节灵通，使企业的生产能力经常处于活跃状态，得以蓬勃发展。后来，丽新经营者不但在棉纺织工业上取得良好成就，还进一步从事毛纺织工业，创办了著名的协新毛纺织厂。

（原文载寿充一等编：《近代中国工商人物志》第二册，中国文史出版社，1996 年版）

解放前有关申新、庆丰、丽新、振新等厂情况的片断回忆(1946～1948 年)

李惕平

抗战前后各厂的基本情况

抗日战争发生前,无锡有 7 家纱厂,即:业勤(1894 年创办,经理杨伯庚)、振新(1905 年创办,当时为上海银行代营)、广勤(1917 年创办,经理杨翰西)、豫康(1921 年创办,经理杨冠常)、申新(1919 创立,1921 年开工,经理荣德生)、庆丰(1922 年创办,经理唐保谦)、丽新(1922 年先办印染,至 1935 年添办纱厂,经理唐骧廷,协理程敬堂)等家。生产设备,合计有纱锭 235 832 枚,布机 3 146 台。每年生产棉纱 111 800 件,资本额合计 1 516 万元,职工人数合计 11 279 人。这些厂所出纱、布的销售区域至为广阔,除行销本省各地外,如安徽、湖北、湖南、广东、广西、陕西、河南等省并及南洋及香港,都有销路。自"九·一八"事变后,国难日甚,东北、华北广大市场相继失去,经济呆滞,陷于危境。在 1934 年,各厂亏蚀甚巨,如申新各厂,几致破产。直到 1936 年,纱布市面稍见好转,但日寇入侵,步步逼紧,"八·一三"事变发生后,由于蒋介石采取不抵抗政策,卒至无锡沦陷于敌,各纺织厂无不遭到严重的破坏。

无锡沦陷时,业勤纱厂首先被敌人焚毁,继之广勤、豫康两厂也被烧掉。所幸存的申新三厂、庆丰、振新、丽新等厂均被日寇侵占,宣布为军管理。其时各厂资本家,都避居上海,亦无可如何。虽日寇一再派员引诱与之合作,都表示拒绝,因此,各厂失却主权,陷入停顿状态。后庆丰由日寇委日商大康株式会社开工经营,振新由荣广明用辛泰公司名义与日寇合作，由日商“上海纱厂”开工经营，所有各厂的生产设备都遭到了严重的破坏。如庆丰靠近火车站，连遭日机轰炸，破坏惨重，所有发电设备 6 600 千瓦，连同蒸汽锅炉，悉被日寇抢走，其中有一座 1 000 千瓦的发电机，运到浦口后即不知下落。丽新厂原有每天可以印染 4 000 匹的全套漂染印花机件，由于抗战前在国内将出品夺掉了日货的销路，日寇怀恨在心，攻占了无锡后，将该厂纺织印染原动等设备，雇用大批流氓，用铁锤击毁，损失惨重。申新三厂向有 4 000 匹马力的发电机，日寇到锡时，把发电间连同装有 500 台布机的车间放火烧掉(纺纱车间因系钢筋水泥结构未波及)。三个厂都可以说得上损失惨重。尚缺振新一厂资料，据说所有 12 000 枚纱绽[锭]及全套设备，和大部分房屋，也遭到日寇的破坏。

太平洋战争未爆发前，上海还存在租界，日寇不敢侵入，无锡各厂资本家，即以残余资金，另招新股，在租界中创办中型纺织厂。如申新三厂在上海办的合丰厂，有纱锭 5 000 枚，布机 178 台。丽新在上海所办的昌兴纺织印染公司有纱锭 2 万枚，布机 300 台，并有日产 3 000 匹的印染设备一套。庆丰厂在上海办了保丰纱厂，规模只有无锡本厂的三分之一。靠了这些厂，在艰苦的岁月里，保持了一些基础，才能在抗战胜利后有条件把无锡各厂恢复。

1942 年太平洋战争爆发后，日寇自顾力量不足，采取亲善政策，以缓和我国人民情绪，对被占工厂通过汪伪实业部，以缴纳一笔巨额“复旧费”为条件，于 1943 年陆续发还华商纱厂产权，由企业原业主接收经营。如庆丰纱厂当时曾交出偿还大康株式会社“复旧费”伪中储券 623 万元。无锡各厂发还后，申新派谈家枨，庆丰派陶心华，丽新派张佩苍，先后至无锡从事修复生产设备，并试开一部分纱锭。由于日寇统制原棉和纱布甚严，所有原棉要寻找门路，设法偷运，既极困难，又多风险，因此都只开纱锭一部分，亦有陆续增开的，如庆丰，由 4 000 绽[锭]增开到近 2 万锭。振新在 1945 年 10 月即先修复纱锭 2 000 枚进行复工，1946 年增开至 5 000 枚左右。其后各厂基本情况相同。丽新则仅开 4 000 纱绽[锭]。当时各厂负责人有一个联谊会组织,经常集会磋商一切,据谈、陶、张诸人谈过:"在日寇失败之前,社会秩序更坏,即使在开工日子,负责人不敢到厂,只以电话和厂中联系,天天提心吊胆,怕出乱子。出了一些问题,就要托人贿赂敌伪人员,设法疏解。当时各厂曾利用在日本高等工业学校毕业的孙维嘉,在出了乱子以后,从中与敌人斡旋的。到了是年9月,日寇投降,国民党卷土重来后,各厂满心以为拨云雾而见天日,但事实并不如此。正在各厂打算把车间倾倒、机器破损的情况逐步从事修理时,反动政府经济部突然派其"特派员"吴闻天(苏州人,是国民党元老叶楚伧的表弟)到无锡,认为各厂都与敌方有关系(其实只有振新与日寇合作过,庆丰是被占用而非合作),不分皂白,一律要接收。各厂资本家大哗,由他们直接向经济部理论,这事方才作罢。同时从地下钻出来的伪县长范惕生,也想向各厂勒索好处,采取杀只鸡给猴看的策略,把常州大成纱厂无锡办事处(地点在北塘)所堆存的纱、布指为日寇物资,予以查封,并拘押其负责人华纯安。其实,这是毫无根据的,引起常州人的公愤,立即由常州人担任江苏省监察使的程沧波,采取接受控告到锡彻查的方式,训斥了范惕生一顿,把查封的东西全部发还。范惕生讨了没趣,只得不再胡搞。

当时,除掉振新由荣广达、荣序馨出面,抬出国民党的反动头子潘公展担任董事长,从日寇手中接收回来继续开工外,其他各厂积极把千疮百孔的生产设备修复起来,陆续开工,并不是一件容易的事。所以到1946年初,各厂只整理好一部分纱锭和布机投入生产。最困难的是动力问题,除庆丰的发电机被日寇抢去外,其他各厂或须扩充(如申新的4 000千瓦发电厂供自己用绰有余裕,问题是在沦陷时,为敌伪的华申电气公司霸占,胜利后的初期,为官僚资本戚墅堰电厂继续占用,拖欠不还),或须修复(如丽新),各厂不得不仰赖戚墅堰电厂供给(如庆丰则用添购的柴油发电机发电),但该厂电力不足,供不应求,因此所供电力有限,使各厂开工率无法提高。

受原料、燃料、税捐重重威胁的情况

无锡的四个纺织厂在复工以后，对外联系原有一个联谊会的组织，大家密切合作，工作做得很好。到了抗战胜利后，各厂资本家为了应付复杂错综的各项问题，特地联络常州、江阴两地同业，在无锡学前街41号设立"第六区棉纺织同业公会锡武澄办事处"（当时国民党政府划定的同业区域，包括苏、浙、皖、京、沪的三省两市）作为应付各项问题的同业机构（即申新、庆丰、振新、丽新、大成、民丰、利用等7厂合组）。从1946年5月起成立，直到解放前，这一个机构一直在讨论的问题，主要涉及原料、燃料、税捐等方面。具体情况如下：

（1）抗战前，各厂原棉向系直接向常熟、太仓、南通、灵宝、陕县一带采购的。胜利以后，交通尚难畅通，只能采购一部分，绝大多数的原棉，主要由棉花掮客介绍。这些掮客倾轧和竞争，常使各厂在业务上不易掌握，这就在同业中必须统一收进价格，避免盲目抢购。到了后来，美帝占据了中国市场，"美援"棉花源源而来，在"伪善后救济总署"支配下，有所谓"代纺"的办法。这是可以套取巨额利润的，如发生到期迟交时，对于原有处罚的规定，这就需要同业机构寻找理由（如电力供应不足等）代为证明免罚。

（2）至于各厂在无法自行发电的情况下，原无需采购燃料，但那时的戚墅堰电厂，已属于国民党四大家族之一的宋子文的扬子企业公司，完全是官僚资本系统中的垄断机构，倚仗势力，独断独行。戚墅堰电厂从1946年起，订出"以煤易电"的办法，如各厂无法解煤，即停止供电，条件至为苛刻。事实上，苏南地区工业用煤，向由淮南煤矿所供应，而此矿亦属于扬子企业公司，由煤矿和电厂内部调拨至为便利，但他们却要各纺织厂缴款向淮南购进，再解送电厂，这分明是双重榨取。而且易电的煤量，远远超过了发电所应消耗的用煤量，这不但在手续上增加了不少麻烦，还使生产成本上大大地增加起来。各厂关于这个问题，一再文电交驰，向伪经济部呼吁，但有什么用？

有一次各厂来代表和电厂负责人在锡武澄办事处谈判,由于对方态度蛮横,使得申新等厂代表们忍无可忍,向着电厂负责人拍桌大骂,表示抗议,几成僵局。但是尽管这样,还是非以煤易电不可,还是要按电厂的规定供电不可。

(3) 几年中另一个问题就是税捐。纺织厂负担的有货物税、所得税、营业税、印花税等等。这还不算数,反动政府把县商会当作账房,警察局做制服要捐布,卫生部门要捐垃圾车,公教人员发公粮要由各业发粮,甚至过往无锡的反动官吏的招待费,都伸手向县商会要捐。而县商会那时的靠山,主要是各纺织厂,这笔额外负担远远超过正税(根据作者回忆,在 1947 年中,各厂分摊这种额外负担达白米 1 000 石左右)。

边开工、边修理,恢复了生产

申新、庆丰、丽新、振新四厂在破残的基础上,边开工,边修理,直到一九四七年,才基本上恢复了旧观。为了应付反动时期复杂的处境,各厂都把人马分作两路,一路对内,一路对外。申三由郑翔德对内,谈家栋对外;庆丰由范谷泉对内,陶心华对外;丽新由张佩苍对内,李惕平对外;振新由荣序馨对内,蒋宪基对外。关于恢复生产方面,由于电力不足,受了严重的限制,其情况如下:

厂名	原设备锭数	运转纱锭	百分比
申新	90 000 枚(修复 50 000 枚,新添 40 000 枚)	71 080 枚	79%
庆丰	60 000 枚	52 228 枚	87%
丽新	35 000 枚	30 240 枚	86%
振新	25 000 枚	19 200 枚	77%
合计	210 000 枚	172 748 枚	82%

在这时,荣氏另创的天元厂也有棉纺部分,已开工,设备纱锭为一万枚,仅运转 6 960 枚。至于各厂布机的开工情况,略如下表:

厂名	设备布机台数	运转布机	百分比
申三	1 576 台	960 台	61%
庆丰	720 台	620 台	86%
丽新	650 台	540 台	83%
振新	250 台	220 台	88%
合计	3 196 台	2 340 台	73%

上列统计数字，指 1947 年恢复生产后，平均运转数而言，和抗战刚胜利的 1946 年初的情况比较，那就相差甚远了。1946 年初的情况，各厂只有部分纱锭，和布厂投入生产(其中只有丽新还没有把布机修好尚未投入生产)。而纱锭的运转数至为可怜，列如下表：

厂名	原设备纱锭	运转纱锭	百分比
申新	90 000 枚	12 000 枚	13%
庆丰	60 000 枚	10 000 枚	17%
丽新	35 000 枚	4 000 枚	11%
振新	25 000 枚	5 000 枚	20%
合计	210 000 枚	31 000 枚	15%

这一时期的运转纱锭只占设备纱锭 15%。但是，不到两年工夫(1947 年还是边开工、边修理)所有全部纱锭加以整理和修复，即陆续投入生产，开工率达到 82%，布机则从部分不运转，达到了有 73% 投入生产。这一种演变是需要大量资金的。这些资金从何而来，必有其一定的因素。下节准备提供一些资料，说明这个问题。

一些业务投机性的事例

依照资本主义的一般规律，有多少生产资料和生产力，就可获得一定的利润。它可是累积起来的资金，总有一定的正常比例。各厂在 1946～1948 年，不仅恢复了将达 6 倍的生产设备(包括修复机器，改建厂房，原物料和其他支出)，各厂所累积起来的资金，还不止此

数。就我个人了解,具体的情况如下述:

(1) 各厂仓库中,都储存大量的原棉、物料、五金、器材、建筑器材等。各厂的原棉储存量,大概是足够3～6月的消耗数量。

(2) 在金元券未实行以前,各厂在上海各银行的保险库内,都储有大量的黄金、美钞。在实行金元券时,才被迫出售与伪中央银行。

(3) 各厂资本家在工业生产的同时,均在上海另设专做投机活动的公司行号,这笔资金也是从企业中抽出的。

这几笔资金的总和相当大,除掉各厂主要负责人外,旁人很难加以估计。上述情况还是一般性的,有些厂的情况并不止此。就我个人了解:如庆丰厂的唐星海,1946年在香港创办的南海纱厂,就有2万枚纱锭的设备,虽然有一部分外股,他自己负担的外汇,就极为可观,此其一。各厂在这三年中的发展,并不限于厂的本身,还扩展了不少其他事业。例如申新三厂,那时还创设开源机器厂,还修建梅园,开办江南大学等等,所需大量经费,什之五六属于申新三厂负担,此其二。各厂储存的原棉、钢筋、水泥、五金器材,占资金的绝大部分,数目非常庞大。例如丽新厂的原棉储存量,常达6万担以上,可以纺成棉纱15 000件左右。申新、振新的钢筋、水泥,往往以数千吨计。

要搞清楚这个问题,根据上述基本情况,内容并不简单。从当时的社会特征,可以找出它的因素和规律的。当时的社会特征是:第一,由于国民党反动派横征暴敛,造成了通货膨胀,物价猛跳,广大农村,陷于破产。第二,一般人利用通货膨胀的罅隙,投机倒把,相沿成风。第三,大家为了保障币值,盛行物工交换。第四,地主和资本家竞购黄金美钞,并购储其他外汇。因此,在这个时期,各厂的业务方针,是针对上述的社会特征而决定的。各厂利用当时的社会特征,攫取空前未有的暴利,成为当时各纺织厂业务上的特征。兹将无锡各纺织厂在1945～1949年间,采取投机取巧的各种方法方式,加以归纳并说明如下:

(1) 利用城市物资缺乏,产品又急于求售的矛盾,进行物工交换,攫取暴利——在抗日战争胜利的前夕,敌伪统治加紧搜括物资,各厂原陷于半开工状态。胜利以后，恢复生产的纱锭，还只有生产设备七分之一。因此，市场上缺乏棉纱成为“奇货可居”，于是，一般棉花商人，一面向棉农廉价收进棉花（棉农为了生产需要，急于求脱棉花，换取粮食和日用品），一面向各厂兜揽以棉花调换棉纱，以便攫取双倍的利润。于是各厂乘机压抑棉花价格，通常规定每一件20支棉纱交换棉花平均比率为7～8市担，最高时达10担。如棉花品质较差，要达到12担左右。抗战前，棉纱价格决定于棉布，棉花价格决定于棉纱。胜利后，其关系即反常，棉布和棉花价格，却从属于棉纱了。它的原因，是由于棉纱栈单在市场上买进卖出，具有代替通货的性质。这样物工交换的方式，最吃亏的是棉农，最占便宜的是各厂。这种交换比率是异乎寻常的。抗战以前，纱花正常的交换率，是一件20支棉纱，相等于5担半到6担棉花。以1945年为例，每一件20支棉纱的市场价格是40万元，照当时的棉花价格加上电费、物料及工资、货物税和其他开支，它的成本只有32万元，因此，每件棉纱可以攫取暴利8万元之巨（这项资料，根据上海出版的“纺织周刊”第七卷第一期）。这说明当时各纺织厂利用物工交换、攫取暴利的一种方式。

（2）勾结官僚资产阶级，套购外汇，订购机器和原物件；利用通货膨胀，抛售少数物资，完全清偿银行欠款——无锡某些纺织厂和国民党官僚资产阶级是有深切关系的（如申新结交洪□友①、孙科、雷震等人；庆丰的唐星海与宋子文有关系；丽新方面与上海市政府秘书长何德奎有交情）。利用这种关系，可以向管理外汇的中国银行结到大量外汇，甚至结到官价外汇。胜利时，黑市外汇与官价外汇相差甚巨，到了1948年，几乎相差到七、八倍之多。各厂即运用这些外汇，向国外订购机器和原物料。亦有储存在香港或国外银行的。除掉当时各小型纱厂无此资格外，各大纱厂的情况大致如此。又过去各厂流动资金，一直仰赖银行贷款，其中以申新三厂所欠最巨，抗战以前，愈积愈多，几乎无法清偿，成为冻结债务。但到了胜利以后，账面欠

---

① 洪□友，疑为“洪兰友”。

数不变，而通货膨胀，币值贬落，只消抛出一小部分物资，立即将所欠债务完全清偿了。至于各厂所套购到的外汇有多少，如以申新三厂为例，不仅本厂以外汇向国外订购了新的纱锭和布机、机物料，荣一心所创办的开源机器厂所有全套机器，即以申新三厂的外汇购进的。他如庆丰、丽新、振新三厂，当时，各厂所存的外棉总数达 4～5 万担左右，都是外汇购进的。即在解放以后，尚从香港将从前用外汇购进的外棉，先后陆续内运了约有 2 万担左右。至于所欠银行债务，也以申新三厂为例，当 1934 年，尽人皆知，申新各厂所欠中国银行的债务，曾引起宋子文企图接收申新各厂作为抵偿，可见债务数额的庞大了(荣德生的《乐农行年纪事》中曾叙述此事经过)。振新纱厂在 1936～1937 年，也发生过因欠偿上海银行债额 85 万元(其他债款尚不在内)，曾为该行接管过的事实。这些都是可以说明这一个问题。

(3) 利用反动政府公布的“生活指数”发放工资，降低工人实际所得工资——这是直接剥削广大工人阶级的主要方式，使他们长期陷于贫穷的境地。1946 年起，物价不断上升，而无锡各厂工资，一直根据上海市公布的“生活指数”计算的。所谓“生活指数”虽依据几种主要物品的价格核算，实际上是不尽符合的，可以说是虚假的。无锡本来也有本地的“生活指数”，由于计算标准尚高于上海，即以此理由采用上海的生活指数，按照上海计算。最初时期，工人吃亏尚少，后来通货恶性膨胀，物价疯狂上跳，工人们的吃亏就极大了，往往一期工资收入无法购得要吃的米粮。还有上海是每 10 天发给工资一次，日子短，则变化少，工人吃亏较小。而无锡各厂，要 15 天才发给工资一次，并且先做后付，处在那种情况下，工人群众的困苦可知。而在各厂来说，在这几年之中，从这一方面所剥削的，为数是极其庞大的。如以“生活指数”和米价来比较，1945 年底到 1948 年底，仅仅增加 600 多倍，而米价则实际上涨 2 500 倍，相差 4 倍多。如以工人群众实际所得工资，在每件 20 支棉纱成本中所占比例来看，1936 年占 16%，1948 年底，只占 5%，这仅仅按发放工资数字来说明。当时物价上涨，一天要有好几次变化，因而使工人群众遭受损害，尚难计算在内。资本家残酷剥削工人的方法方式是多种多样的。再举一些例子:①各厂工资有底数的,例如原动部工资最高,最高工资为2元4角,其余全厂几千工人中只有一二人达到这个标准。绝大多数的工资,只在1元以下。②各厂资本家通知车间管理人员,对抗不服从厂方的工人,常借口不遵守纪律,或生产次品,立即处罚工资。

(4) 利用所谓"美援纱"抛售大批栈单,在市场投机活动。国民党反动派出卖国家权利,换取了大批的"美援物资",其中有大量的美棉,由伪行政院善后救济总署支配交给上海各厂接收的日本纱厂(即当时所称中纺各厂)代纺,称之曰"美援纱"。后来,私营厂起而力争,始分配一部分给私营厂代纺,无锡各纱厂(包括小型纱厂在内)也分配到一定的数额。各厂利用这批"美援纱",在纺成后并不立即交货,却堆存在仓库里,一方面向银行押款,套进原棉,一方面在市场抛售大量栈单,将货款再立即套进原棉。由于当时的棉纱栈单,客户囤积,并不提货,已起着代替通货的作用,只在市场内像"踢皮球"般的滚出滚进。因此某些厂看透这点,只要补得进原棉,开些栈单是有恃无恐的。只要准备一些供给大小布厂的实用纱,就足以应用了。至于应缴的美援纱,数目是巨大的。其中以申新三厂所欠最多,丽新厂所欠较少。小型纱厂中以新中(即新毅)所欠最多。当时伪行政院善后救济总署对于欠缴美援纱,原有处罚的规定。但由于该署经办人接受了各厂的贿赂,只要由各厂取具证明函件,说明电力供应不足等等理由,要求展期交货,即可安然无事。这一笔欠缴的美援纱,直到解放时,尚欠缴达四五千件之多。总之,当时各厂曾经利用过美援纱攫取暴利。而这种投机活动助长了市场物价的狂涨,最后吃亏的还是广大的工农群众。

上面列举过1946年初,每一件20支纱的成本只为32万元,实际售价却为40万元,成本占售价的80%,因此,另一个因素,不能不加以注意。各厂在沦陷时所办上海的新厂,如申新三厂的合丰,庆丰的保丰,丽新的昌兴,都是完整而正常生产的工厂。它累积起资金的速度是飞跃的,例如上海的昌兴,有纱锭2万枚,布机300台,印染整理机件一套。就纱锭二万枚来计算,每天要纺成20支棉纱50件,每月开 26 天，可纺棉纱 1 300 件，按上述获利标准，通扯以一年计算，每日盈利占生产件数 80%，即每月纯盈棉纱 576 件，全年共盈利可得棉纱 6 912 件。每件 20 支棉纱约值美金 80 元，折合美金 43 万余元，这笔资金足以增添纱锭 4 万枚左右。如以陆续修复的机件再投入生产，其获利的数目就越来越大了，这虽是一种估计，但和事实上亦相差不多。

（原文写于 1963 年 10 月，其中某些材料、数据及看法不尽确切，原件存于无锡市政协学习文史委资料室。）

唐氏家族发祥的风水宝地

吴维忠

严家桥，地处原无锡县东北乡，锡、澄、虞三县边缘处。这里地理位置偏僻，交通相对闭塞，但土地肥沃，物产丰富，民风敦厚，四乡殷实，市集繁荣。这在当时战乱频仍的时代，可说是一处富而不露、不易受外界干扰、安宁清静的世外桃源。也就是在这里，衍生出了一个辉煌的姓氏——唐氏。

唐氏先祖，就是从躲避战祸来到严家桥，又因祸得福，由布商起家，从经商到办实业，从这块风水宝地发祥，不断发展壮大，终于成为无锡地区名闻海内外的民族资产阶级家族之一。《中国工商界的四大家族》一书盛赞唐氏家族说："这是一个神奇而又庞大的家族，他们似乎具有擅长经商的遗传基因，他们的许多子孙成了海内和海外、过去和现在的著名实业家。"如今，唐氏子孙大多居住在海外，他们的许多人现在资本雄厚，创业雄风更是青出于蓝而胜于蓝。

回顾过去，作为唐氏祖业发祥地的严家桥，唐氏家族曾在这里繁荣过。从春源布庄、唐氏仓厅等旧址，我们依稀可以触摸到唐氏艰苦曲折的创业史，从某种意义上来说，严家桥，是唐家的根。

唐氏从严家桥发祥

一、"避战火，须向有两个口的地方才是吉祥之地"——创业艰辛避乱东北乡

唐氏祖籍常州武进，明末清初因避兵祸，第 11 世中的一支迁来无锡，谱称"无锡东门支"。到唐懋勋，已是第 16 世，为"无锡石皮巷

支”的一小支。唐懋勋，号景溪，善于经商，生于清嘉庆五年(1800年)，逝于同治十二年(1873)。有8个儿子，其中有的经商，有的从政，有的务农，有的早逝，只有六子唐洪培(子良)、七子唐福培(竹山)一直跟随父亲经商。

大约在道光年间，唐懋勋先后在无锡东门及北塘开设“恒升布庄”经营土布，专销六合、浦口等地。由于唐懋勋为人忠厚干练，又加经营得法，质量负有盛名，因而生意兴隆，为安徽巨商所看重，书赠“时长”二字，表示愿意“时时贸易，长久合作”。后来唐懋勋就把“恒升布庄”改名为“唐时长布庄”，营业因此更加鼎盛，成为当时无锡著名的四大布庄之一(唐时长、李茂记、张信盛、胡孟英)，名扬苏南苏北。

正当唐懋勋生意越做越兴旺时，却遇到了曲折。据《无锡文史资料:无锡北塘商市》记载，唐懋勋“还曾包过清政府土布捐税”，称为“贡布捐”，后无锡、金匮两县地主的最高机关“恒善堂”为了夺取其包捐利益，控告其“侵夺捐款”。这一飞来横祸，使唐懋勋几致破产。后来唐懋勋虽然重振旗鼓经营“唐时长”，但不久又一场灾难却迫使景溪公不得不离开了无锡城。

清咸丰十年(1860)，当太平军与清军在江南鏖战，战火自西向东烧来，太平军直向常州、无锡、苏州地区胜利挺进时，作为最怕战火烧身的商人唐懋勋，为了逃避战乱，他带着随同他一起经商的两个儿子:唐子良、唐竹山，携妻儿老小一起来到严家桥。据现在耄耋老人回忆，他们听过祖辈讲唐氏先祖来到严家桥的情景:两个二十上下的苍毛头小青年，身背黄布包，他们一路风尘从战争的烟雾中走来，身后跟着唐老汉一家老小……当时大家都亲热地喊唐懋勋为“唐佬佬”或“唐老汉”。

唐懋勋来到严家桥，看着这片既陌生、又熟识的土地:陌生，是历经了艰辛曲折的创业路，又经过九曲十八弯才好不容易踏上这片土地;熟识，是这里的人亲切友好，加上环境优美——家家枕河而居，户户门前垂柳，大河横贯，小桥流水，百来户人家已初具乡村集镇规模。再想到来严家桥路上穿村过巷一路听到的“啪啪”机杼声，他看在眼里喜在心里。他以商人特有的眼光和经验意识到，这里地理位置可进可退，不显眼也不闭塞；河道虽然曲折，但四通八达，交通也还方便。他不知不觉脱口赞叹起来："是这里，是个好地方……"据说，唐懋勋在逃离无锡时，曾作过一梦，梦中弄剪，失手剪豁了嘴。请详梦先生推详，说要"避战火，须向有两个口的地方才是吉祥之地。"所以唐懋勋选中了无锡东北乡的严（嚴）家桥这块风水宝地。其实，当时的严家桥地区，手工业已很发达，几乎户户纺纱、家家织布，唐懋勋选上这里不是巧合，而是他熟悉纱、布情况使然。

唐懋勋一家老小先在庙前弄三川桥边，面对六介泾墩，租赁了程姓的五间平房居住下来。

二、"唐春源布庄"与"双板桥"

人们提到唐氏祖业的发祥，都要提到严家桥的唐春源布庄，都会想到严家桥的双板桥，会说景溪公唐懋勋选择双板桥堍开设了春源布庄，遇上了好风水。

双板桥堍的确是严家桥的好地段。当时严家桥枕河而居的百十来户人家已初步形成西、东、南、北四条街和一条庙前弄。市河—永兴河自北向南流来，先在镇上北街梢黄石坝墩汇集，然后贯穿严家桥市镇，流至镇南端往六介泾墩汇流后再向南奔去。而贯穿集镇的河面上，当年已有三座桥：一是连通西街和北街的"石桥"（即"严家桥"，当时已由木桥改建成石桥），二是市镇中市口连通桥湾里的"双板桥"（由两块大木板搭建而成），三是连通南街和庙前弄的"三川桥"（由三块大木板搭建成的木桥）。当时，处在"肉心地段"的双板桥堍原先有一家"周长元布庄"，是西杨木桥周姓所开（周家原是无锡米行老板）。时值战乱方殷，一日数惊，周姓老板早已无心经营布庄，又加平时管理乏术，布庄面临倒闭，意欲出盘。唐懋勋一思严家桥四乡农村殷富勤劳，民风朴实节俭，当地习俗吃粮靠种田，日常开销靠纺纱织布换钱，老百姓早有纺纱织布的习惯；二思严家桥虽地处三县边界，但永兴河南通运河、太湖，北连长江，东经常熟可达东海，无锡—常熟的班轮，严家桥是必经之地，而且也是最捷之径，交通并不阻塞；三思自己经营土布庄，是驾轻就熟的旧业，又有许多老客户，虽在战乱中，仍可经营图利以安定生活。于是他当机立断，仅以 10 多串铜钱（每串 1 000 枚）就盘下了周长元布庄，改名“唐春源布庄”。从此，“春源布庄”这块金字招牌，开始长久留驻在严家桥这块风水宝地的史册上；同时也标志了唐氏由此发家，跨出了坚实的第一步。

唐懋勋父子经营唐春源布庄，凭着丰富的经商经验，加上为人忠厚老实，待人热情诚恳，买卖公平合理，讲求信誉质量，很快得到人们的信赖和尊敬。在当时的战乱年代里，严家桥周边数十里所有布庄，都因战火影响不景气而先后倒闭，唯独唐春源布庄生意兴隆越做越好，原因之一是当时严家桥地区家庭棉织业仍相当兴盛：周边布庄倒闭后，周围农民都愿到这个“世外桃源”来换花交布；二是沿长江沙地的棉花产地和苏北未经战火的土纱布产销市场仍很兴旺；三是原先许多与唐春源布庄有联系的苏北、安徽客商又纷纷慕名来到严家桥换纱换布。唐懋勋坐中经营，唐子良、唐竹山走南闯北到产销地“坐庄”收花，又以花换纱，再放纱换布，收回土布后又把布销往苏、锡、常以及苏北、安徽等地，甚至北到山东、天津，南到浙江一带，也有与唐春源布庄有生意往来的。这样经过花、纱、布交叉销售、返回，一石三鸟，一店多销，因而获利特别丰厚，为唐氏家族日后发展积累了大量资金。正如《无锡史话》所称：“春源布庄，在当地农民日夜的机杼声中，加快了发财致富的步伐。”

唐春源布庄营业蒸蒸日上，来往客商川流不息，有一年竟然把双板桥挤坍了，因此人们交布换花都要从三川桥堍转弯朝北走近百米才到桥湾里，很不方便。当地民众希望在布庄前筑一砖场，在“双板桥”原址重建一座石桥，以便利交通和活动。唐氏父子亦有此心愿。于是决定在卖布的每个土布所得中扣下一枚铜钱，投入店堂中特设的毛竹积钱筒里储存，准备积累三年后用此钱重建石桥。据说后来仅积了一年多，就由唐家出资补足费用造了一座双石板大桥。由于造桥资金是从大家所卖土布中扣钱集资而来，是众人做好事，因此取名“万善桥”；又在布庄前铺设了一片砖场，大家称之为“布庄场”。从此“双板桥”、“布庄场”的名声响彻大江南北，“双板桥堍春源布庄”也由此深入人心。这是同治年间的事。如今“万善桥”(即“双板桥”,人们至今还习惯称“双板桥”)还在,布庄场还在,而唐氏当年以土布起家及热心公益、乐为公众做好事办实事的事,更是代代相传。

三、“唐氏仓厅”、“唐家码头”及木行、茧行、栈房、典当……——唐氏事业对严家桥经济文化的影响

唐氏在严家桥经营布庄得手,年年盈余,不久便成为当地的首富。

从前的人,都把土地、房产看作是创业的根本,是传子传孙的基业。要想在当地立脚扎根,就非置田产、房屋不可。唐懋勋父子也没有跳出这个圈子。他们决心扎根于这块风水宝地。首先,把原先租赁的程姓房屋买下;又抓住太平天国战乱后人口锐减,清政府财政空虚,急需低价卖掉荒芜的大片国土以补充国库的机会,大量购进土地;接着又进一步在住宅四周收购房屋,建立唐氏宅院。不到几年,就先后在严家桥四乡置田 6 000 多亩,还大兴土木,把房屋翻建成唐氏仓厅,以供囤积粮食和作住宅之用。

唐氏仓厅门面九开间,面河朝东,头造是柜台、账房及仓库;第二造是“唐德忠堂”大厅三间,两边侧厢房;第三造是住宅楼房七开间上下,两旁另有陪(备)弄通厨房及后大园,以及仓库、厥间;仓厅前面朝市河还建有大码头、石驳岸和百米长廊。这就是远近闻名的“唐氏仓厅”和“唐家码头”。

唐氏家族宅院—唐氏仓厅布局紧凑、宏伟,除正中三造房舍建筑外,两边还有护庄河:北侧是烧香浜,直通到庙前弄西端的城隍庙前;南侧是田基浜,深入到仓厅后门及所办的同济栈房大门;东面是市河——永兴河。整个宅院三面环水,南北两座小石桥进出,桥后都有“巷门楼”关锁,气势十分壮观。此时的唐氏,已成为无锡东北乡首屈一指的头面人物,四邻八乡唯其马首是瞻了。

唐子良、唐竹山兄弟俩都是少读经史的国学生,但迫于生计无缘科举,只能跟随父亲经商,成为父亲的得力助手。兄弟俩继承父业后,更是经商有道营业有方,青出于蓝而胜于蓝。他们除了经营春源布庄、建立唐氏仓厅外,还在仓厅南面跨过田基浜,建造了德仁兴茧

行，紧靠茧行后西面造了同济栈房，南面正对六介泾墩中心开设了同兴木行（后改名公裕木行），又在双板桥春源布庄后面、正门面对西街建造了气势恢宏的同济典当（典当后门与唐春源布庄相连通）。多种多样的经营活动使唐氏集地租、利息、商业利润于一身，一方面更加快了唐家财富的积聚，为后来的更大发展准备了条件，另一方面也大大促进了严家桥地方经济的发展和市场的繁荣。如茧行，当时除唐家的德仁兴外，不久就又有了须煜泉的瑞康茧行和李聘珍的泰昌祥茧行。唐仓厅还直接帮助李惠卿在严家桥桥堍开设了万象春药店。在东、南、北三条街的街面上，更是出现了许多店铺，如茶馆、酒店、面饭店、南北货日杂商店、粮行以及客栈、戏院、书场、诊所、药铺等等，加上清晨的临时摊贩、“小菜篮”上市，一个具有一定规模的乡镇集市已自然形成并达到相当水平。

严家桥本来就是由诸多外来姓氏和多种人才混合组成的社会群体，唐氏的到来和兴盛，又进一步引进和吸引了更多的人才来严家桥，为集镇增添了许多新鲜血液。如唐仓厅总管马逸良、虞栋材，财务施少青，同济典当经理吴鉴堂，同济栈房经理葛松泉以及同兴木行负责人黄尚官等。他们来自不同地方，有的是羊尖人，有的是太仓人，有的是无锡人，有的是黄土塘人，也有的是本地人。这些人不仅都有一技之长，而且有的还是绝活巧手。如黄尚官做木行，能一枪篙从一大捆刚解开的木排中抽出你需要的任何一根木料，还能在飘浮于水面的独木上行走，稳如平地。唐氏用人任人唯贤，量才录用，不仅影响严家桥人更加重视人才的培养和品德教育，而且进一步发扬了兼容各类人群共同创造美好生活的好传统，使严家桥的发展又步入了新的时期。

“活龙地”飞出金凤凰

一、六介泾坝及“梓良桥”

严家桥从严、顾、汤、周带一程的小村落，经过 200 多年的沧桑变化，到咸丰末年，已发展成商业繁荣、人口众多、具有一定街市规模的乡村集镇。此时，原先的严姓已不知去向，程、李、须、唐、周、顾、朱、许、徐、汤及许许多多的外地姓氏不断向这片“净土”集聚而来，用各自的智慧和辛勤的劳动与当地人一起共同创造着小镇的经济、文化和历史，谱写了一曲曲崭新的歌。

人们说，严家桥是个风水宝地，是藏龙卧虎、发财致富的好地方。

光绪十年间（大约在1884年前后），地方人士曾请常熟著名风水先生来严家桥相勘。传说这位名地舆大加赞赏严家桥是“龙之势”。你看：北面大河（永兴河）进入市镇入口处，有程姓的“长松岗”为龙角；岗对岸——大河东岸，从黄石坝一条通往港下的大路，一条通往王庄的大路是龙须；大河水自北流入黄石坝墩漩汇，而黄石坝墩的上浜是深入二里之遥的上、中、下三岔河，尤其下岔河中部弯折处有一大墩，风水先生说：“此乃龙取水的龙宫也。”——因此后来人们都叫这里为龙宫墩，一直传至今日。永兴河自北向南贯穿严家桥市镇（所以市镇房屋都枕河而居），出镇南端，有一六介泾墩，当时那位常熟风水先生称，六介泾堤坝若能移进三十丈，使北来之水再在六介泾墩洄流一下，风水上对严家桥更是财源兴顺。要是再在墩外造一座桥，使六介泾墩之水洄漩，龙之势就更活了，“对朝墩的人家必子孙昌盛发达”。

风水先生的话当然是迷信，而且明显是为奉承唐家。但开挖六介泾墩，使镇南、镇北水域加大，对市镇河道的蓄水、洄流及预防水旱灾害，确实有着很大好处。于是在不久，就由当时的青年程子章、朱锡良、唐保谦、唐屏周等发起，在南、北二墩中打木桩、砌石、植柳成墩心，并动工挑挖六介泾坝，按照风水先生要求，足足搬迁进100公尺——即成今日之六介泾坝。

此时唐仓厅在大宅院南边跨过田基浜，早已建造了德仁兴茧行（正门在城隍庙庙场南）同兴木行、同济栈房，所以要在六介泾墩南流口造一座桥，这不仅在风水上对唐氏家族子孙昌盛发达有利，而且直接对当时唐家佃户挑粮交租，对茧行、木行、栈房在商业运营上更是方便。传说当时唐子良、唐竹山兄弟俩曾约定共同建桥，不知何故，造桥的事一直拖到光绪三十年(1904)才建成。其时唐竹山早已去世,唐子良也在桥建成之前去世,唐浩镇(郛郑)、唐济镇(若川)、唐明镇(镜圆)已去京城做官,唐滋镇(保谦)、唐渠镇(水成)、唐殿镇(骧廷)等也已开始到无锡经商。唐氏子孙为纪念先祖,桥名题为"梓良桥",除纪念唐子良外,更含有对家乡的眷顾。至今,当年在桥墩上凿刻的白石桥联还清晰可见,南联曰:"故里近依瞻亲舍,新梁普渡化慈航。"北联曰:"北接梁溪怀祖泽,南通虞麓谒先型。"其怀念故里故居、思念先祖先辈之情,溢于词联之外,深切敦厚,感人肺腑。

而唐氏"子孙昌盛",早在唐懋勋带领唐子良等到严家桥后,仅仅过了 20 多年,到 19 世纪 80 年代,就已"子孙满堂"了。时第二代"培"字辈(17 世)虽然只有唐洪培(子良)、唐福培(竹山)两人在严家桥经商,但唐子良就生育 6 子 2 女,唐竹山也生了 4 个儿子。12 个子女全都在严家桥生养成长,他们的名字是,唐洪培一族:1864 年唐浩镇(郛郑)出生,1866 年唐滋镇(保谦)出生,1869 年唐济镇(若川)出生,1870 年唐明镇(镜圆)出生,1878 年唐圻镇(申伯)出生,1885 年唐莹镇(纪云)出生,2 个女儿是唐宝琳、唐霁霞;唐福培一系:1862 年唐熙镇(敬臣)出生,1866 年唐渠镇(水成)出生,1868 年唐藩镇(屏周)出生,1880 年唐殿镇(骧廷)出生。这就是第三代的"镇"字辈(18 世)。到 20 世纪初,第四代"源"字辈(19 世)子孙也大多出生,其中有不少人也是在严家桥长大的,如唐谷源(肇农)、唐炳源(星海)、唐廷源(早逝)、唐煜源(晔如)、唐溥源(早夭)、唐淞源、唐炜源(煜平)、唐忻源(早夭)、唐汉源(经国)、唐澍源(佐国、雨皋)、唐燮源(斌安)、唐增源(君远)等等。第五代"千"字辈(20 世),虽不是在严家桥生养,但有不少人多次到过严家桥,现在则遍布海内外。据有人粗略统计,总数不会少于 54 人——可见早已是万紫千红、子子孙孙"兴旺昌盛"了。现在的后辈则已是"年"字辈(21 世)、"盛"字辈(22 世)了。①

---

① 无锡唐氏祠堂有一副对联:"勋培镇国千年盛,积德传家百世昌。"自 16 世起即作为子孙以后排行的依据。"源"字辈的排行本应为"国"字,后因"镇"字属"金","金"生"水"而改为"源"字。但有一些兄弟仍以"国"排行,为别号。后至下一辈仍以"千"字作排行。至"盛"字以后,尚有 7 个字可用作 23 世至 29 世排行之用。——原注

二、“活龙地”飞出金凤凰——从经商到投资现代企业

唐氏家族不仅子孙昌盛，人丁兴旺，而且还个个“发达成才”。

景溪公临终曾嘱咐子孙：“我期望子孙后代读书中举，但如读书无成，便应学习一业，庶不致游荡成性，败坏家业……”唐氏后代遵循祖训确实坚持严格要求从小抓起，重视教育培养，因而子孙个个有很高的文化素质，做到学有所长，事业有成。如第三代 10 个“镇”字辈男儿，除唐熙镇（敬臣）早逝外，就有 2 人中举，3 人到京城为官：唐浩镇（郛郑）曾任工部、商部、农工商部主事及军机处要职，民国后还担任过总统府秘书长及掌印官等：唐济镇（若川）曾任贵州司、山东司主稿，户部主事及北档房帮办等职；唐明镇（镜圆）也在乡试中被挑取誊录赴京做官。有 3 人是国学生：唐圻镇（申伯）、唐渠镇（水成）、唐藩镇（屏周）都是国学生，曾先后在外任过职，后回锡城经商成为商界要人。

另外唐滋镇（保谦）、唐殿镇（骧廷）及唐莹镇（纪云）虽未中举人秀才，但也都从小读过经史，精国学、善经营。唐纪云还接受过新式教育，通晓英语，谙熟外国工商业行情，后来在经商活动中能深入调查研究，在实践中丰富知识增长才干，终于成为各具一格的著名工商企业家。到第四代“源”字辈，他们接受文化教育、专业教育的层次更高了，在 24 个男儿中（另有 9 人幼殇或早逝），有一大半达到了大学毕业或到国外留学水平，如唐毓源、唐寿源（寿国）、唐经源（靖国）、唐炳源（星海）、唐煜源（晔如）、唐发源、唐淞源、唐熊源、唐森源、唐奎源、唐炜源（煜平）、唐汉源（经国）、唐澍源（雨皋）、唐增源（君远）、唐达源、唐宏源（希曾）等等。这些人后来都成了海内外著名厂长、专家、学者、教授或企业家、实业家。

毛泽东在《中国革命和中国共产党》一书中指出：“由于外国资本主义的刺激和封建经济结构的某些破坏，在十九世纪的下半期……就开始有一部分商人、地主和官僚投资于新式工业。到了同世纪末年和二十世纪初年……中国民族资本主义便开始了初步的发展。”唐氏从经商到后来投资现代企业，从农村到城市，从无锡到上海，从国

内到国外，就是顺应了这一历史潮流，从而创造出一个又一个的辉煌。

当19世纪末大量洋纱洋布输入我国冲击手工业、家庭纺织业，城乡差距变化越来越大时，严家桥唐氏在家乡积累了一定资金后，开始了从农村向城市的发展。19世纪90年代中、后期，唐水成、唐屏周、唐骧廷就先后在无锡财神弄口、老北门口开设杨万和布庄、九大布行、唐瑞成夏布庄及九余绸布庄等。唐保谦于1902年到无锡与蔡缄三合作，先在北塘开设永源生米行，1910年又集资开办九丰面粉厂，以后又独资兼营益源、福源堆栈并从事金融活动，1914年创办润丰油厂、锦丰丝厂，到1922年，又与蔡缄三、唐纪云等集资100万元创立庆丰纺织漂染公司，从此跻身现代工业，成为纺织界的重要巨头之一，被誉为是"中国第一代民族资产阶级代表人物"。1923年唐保谦之子唐星海从美国学成归来后，更是如虎添翼，成为新一代企业管理专家。在他担任庆丰总经理后，积极推行技术改造，改革工厂管理制度，到1936年，庆丰纱厂资本已增至投资资本的8倍，并在上海设立了庆丰总公司。与此同时，唐骧廷与程敬堂合作，也于1916年创办了无锡丽华布厂，1919年又开办丽华二厂，1920年，唐骧廷又与程敬堂、唐经国等集资，先后投资100多万元创建丽新染织整理股份有限公司——丽新纺织印染厂。到1936年，丽新已发展成仅次于申新、庆丰的第三个大型纺织企业。唐骧廷之子唐君远担任丽新厂长后，又于1935年与父亲唐骧廷、叔父唐纪云、堂弟唐熊源以及程敬堂等合作，集资创办了协新毛纺织染厂——这是"中国第一家精梳全能毛纺织厂"。从唐氏创业中，我们可以看到：①唐氏善于积累和利用资金；②重视采用新技术、新设备、创一流水平；③长于经营、管理，坚持不断发展，不自满，不固步自封。

唐氏在无锡投资企业成功后，又不断把资产扩展到上海，在上海办起了一个又一个唐氏工商企业。特别在抗战时期，唐氏坚持爱国原则，"宁为玉碎，不为瓦全"，拒绝与日本侵略者合作。在无锡厂被占、被毁后，又在上海租界投资，先后建立了上海保丰纺织厂、昌兴纺织印染股份有限公司（后改为上海丽新纺织印染厂）、兴昌毛纺织厂

(后改为上海协新毛纺织厂)以及元丰毛纺厂、肇新纱厂等等,充分表现了中国民族工商业者热爱祖国、威武不屈的凛然正气。抗战胜利后,无锡厂先后恢复了生产,到解放后,又得到人民政府的支持进一步获得发展。

还在1946年,唐星海就开始投资香港开办南海纱厂;1948年,创办南海纺织制造有限公司;1949年春,他又抽调上海保丰、无锡庆丰大量资金去香港发展南海纱厂,使之成为香港规模最大、设备最为完善的棉纺织企业之一。由于历史的原因,唐氏第五代"千"字辈大多在海外读书深造,学成后也大多留在海外,有的在国外大学执教,有的开办纺织公司,有的经营橡胶、石油,有的成为海外著名专家、学者或资本雄厚的企业家、实业家,创造了更加宽广的新天地。

——"活龙地"飞出了金凤凰,现在唐氏子孙不仅在国内负有盛名,而且遍布中国香港、中国台湾、巴西、加拿大、美国、欧洲等地,名震海内外。

难忘故乡土,难表赤子心

一、描绘蓝图——未圆之梦

唐氏从严家桥发祥、在严家桥发家后,19世纪末20世纪初又顺应历史潮流逐步从农村向城市发展,在无锡建立了众多的唐氏工商企业。与此同时,他们还一直有心在严家桥地区办企事业,帮助家乡做些实事以造福乡里。

1920年,唐滋镇(保谦)在经营九丰面粉厂获利的基础上,准备进一步实现自己在青年时代的理想——继承祖业,办纺织厂,以实业救国。在筹建庆丰纱厂时,唐保谦考虑到建厂需要大量砖瓦,向别的窑厂购买,不仅受人牵制,而且又要化许多资金,使肥水外流。他想到老家严家桥是个高乡头地区,自己正有一批农田因灌水困难而荒芜着,不如在那儿造个新式窑厂,就地取土,一来可改高地为平地,变荒田为良田,二来也可给家乡办个企业实体,为"老家"农民做件好事。于是他选定在严家十八湾的龙头上——蠡涸浜口，投资3万元，创建一座具有26门的哈德门式红砖窑厂，取名“利农砖瓦厂”（又称北窑）。还从天津聘请了熟悉轮窑生产的郭好禄、高殿芳以及一批技术工人来厂指导技术并承包生产。由于重用专业人才，严格经济核算，再加规章制度健全，切合实际，投产后日产红砖3万余块，而且品种多质量好，深为用户欢迎，第一年就盈利3万元，一年就把投资收了回来。利农砖瓦厂最早由唐保谦长子唐肇农任经理，肇农病故后，又由唐保谦幼子唐晔如兼管，直到抗日战争时因乡间情况复杂才歇业停产。

唐氏家庭除第三代人（“镇”字辈）在严家桥开设利农砖瓦厂外，第四代人物（“源”字辈）唐炳源（星海）还曾想在严家桥组建砖瓦联营集团公司和庆丰纱厂严家桥翼农分厂——庆丰布厂。

1936年10月，时任上海庆丰总公司总经理的唐星海，电约无锡庆丰总务主任朱文沅，唐仓厅经理虞栋材和严家桥翼农蚕种场经理程元熙等到南窑会晤。唐自无锡乘自备汽车至锡沪公路廊下站后，沿河步行两华里到南窑。该窑厂是严家桥民间集资所建，建成后仅烧了三窑（约半年时间），就因资金短缺、管理无方，在1925年停业，一直荒芜着。唐星海通过实地考察，进一步了解南窑设备、经营过程及停业原因后，想把南窑盘下重新开业，还打算把南窑、中窑、北窑联合起来组建成砖瓦联营集团公司，在上海苏州河畔建栈场直接打入上海市场。唐、朱、虞、程会晤后四人又沿蠡河步行到中窑（唐氏独资），再到唐氏家族集资创建营业鼎盛的北窑——利农砖瓦厂。唐星海反复详谈了来年建立窑业集团的打算。在回严家桥途中经过翼农蚕种场（唐仓厅也是股东之一）时，唐星海又详细察看了翼农四周的环境、房屋、设备，询问了翼农的营业、工人情况。唐氏看到除春、秋二季蚕期外，蚕种场大量储桑室都白白空置着；四、五百男女工人，也只有四分之一是长期工。如何充分利用空置房屋和发挥另外四分之三男女工人的作用，唐星海提议可在蚕种场旁建一布厂，除春、秋二蚕期外，蚕种场短期工可进布厂做工转为布厂长期工，大量储桑室也可充分利用。当时程元熙还担心办布厂自己是外行，尤其对筒子、花色一窍不通。唐星海当场拍板:由庆丰和翼农各半投资,名义上是无锡庆丰的子厂;筒子、花色全部由庆丰负责做好后,每天由严家桥班轮多拖一条船上下。唐星海约定,准备明年春天办理好盘购南窑,建立三窑联营集团公司的事;下半年与蚕种场签订协议,确定合办布厂事宜。

谁知来年(1937)国事日非,"七七"卢沟桥事变日军大规模侵华,八一三淞沪抗战爆发。到 11 月份,江南沦陷,日寇到处奸、淫、烧、杀,占领、抢掠,唐氏不得不避入上海租界办厂,早先在严家桥办的茧行、木行、栈房、典当等等则先后关闭,而进一步在严家桥故乡投资开发、造福乡梓的美梦,就此也成泡影矣!

二、"纪念先人,怀念乡亲"——忘不了的祖国,割不断的乡情

19 世纪 60 年代到 90 年代,是唐氏家族在严家桥发祥的年代,是唐氏家业的初创期;20 世纪前后,唐氏开始从严家桥逐步向无锡发展,从经商到投资办企业,走上了发展民族资本的道路;20 世纪 30～40 年代,唐氏家族更为活跃,不仅在无锡,而且到上海,不断地办起了一个又一个唐氏工商企业,使唐氏家业获得了更大的发展;随着历史的演变和发展,20 世纪 50 年代起,唐氏第四代"源"字辈特别是第五代"千"字辈之后,除少数仍留在国内外,又大部分离开故土故乡,到海外寻求发展,并且取得了新的辉煌。

唐氏子孙"五世其昌",遍布海内外,不仅是唐氏家族的荣耀,也是我们严家桥的骄傲。小小严家桥飞出了金凤凰,出了这样一个名门大族——无锡严家桥唐氏——这是何等的光荣!

由于历史的原因,严家桥与唐氏家族曾一度时间疏远了。

然而人为的隔阂并不能阻断严家桥人和唐氏家族彼此之间的思念之情。当严家桥人看到眼前的"梓良桥"、"唐家码头"、"永兴桥"、"双板桥"时,都会自然想起祖辈们一代代讲述的唐氏先祖在严家桥创业初期的故事,"唐家的人现在怎么样了?他们还好吗?""唐子良的后辈现在在哪儿?唐竹山的后代留在国内的几个都好吗?"怀念、回忆、惦记……割不断的种种思绪,甚至连一个普普通通的、只是曾

经给唐氏小辈当过奶妈的农村妇女，也在日夜叨念自己的奶孩子。

而远在外地的唐氏子孙，更是想念自己的祖国，自己的家乡。“上海现在是什么样子了？无锡现在怎么样了?”一些后代儿孙更在问：“我们的老家根在什么地方呢?”“那里的环境好吗？生活好吗?”“……”30 多年的隔离，30 多年的无奈，“独在异乡为异客，每逢佳节倍思亲。”阻隔越大，想念越深，盼望越切。

1978 年 12 月，一个特大喜讯在世界各地传开了，中国共产党第十一届三中全会，如滚滚春雷，宣告了冬天即将过去，坚冰开始融化。实事求是、解放思想、改革开放、拨乱反正……汹涌的春潮，引来了春风春雨，滋润着春苗春花。唐氏海内外家族，终于又走到一起来了；唐氏几代儿孙，都迫不及待地一批批回国参观访问，探望亲人、家族，看望故居、乡亲：唐氏在海外办实业的赤子，更是坐不住了，他们带头纷纷回国投资，支援祖国建设，为振兴中华争作贡献。

唐翔千先生率先回国。唐翔千很早就是香港知名实业家、纺织专家，可是他身在香港，心里却时时不忘祖国，不忘在祖国的父母兄弟姐妹。祖父唐骧廷、父亲唐君远曾谆谆教导他不要忘记自己是炎黄子孙，不要忘记根在中国，不要忘记故乡故土。因此，当春风吹开第一枝花的时候，唐翔千先生再也坐不住了，几十年的思念、等待，终于一家人可以团聚了。当他接到父亲的信后，立刻从香港飞回上海，与老父亲、兄弟姐妹一起共叙天伦之乐。他遵循父亲的教导，第一个准备在无锡投资办厂；接着又率先在上海投资，与上海合资兴办上海联合毛纺织有限公司，先后设立了 10 个分厂，成为上海第一家合资企业集团；不久，又投资新疆，与新疆合办天山毛纺织有限公司，新建了毛涤厂、精纺厂，亲自担任总经理：又在广东投资建立中南纺织有限公司，亲自出任公司董事长。为报效祖国立下了第一功。

唐凯千先生不甘落后。唐凯千是巴西著名实业家，虽然他离开祖国时只有三岁，但从未忘记自己的根在中国、家在无锡；他在国外学会了英语、法语、西班牙语，虽没有学习过汉语，也不认识汉字，但会讲一口流利的无锡话，这是父亲唐晔如、母亲项亚南长期言传身教的结果。当改革开放的春风吹绿祖国大地的时候，唐凯千先生立刻陪同思乡心切、84 岁高龄的老父亲从巴西赶回祖国大陆，与亲戚聚首，与亲朋会晤，并不甘落后组织巴中工商总会，积极为祖国建设牵线搭桥，出谋划策，还投资上海爱建公司，捐款上海、无锡教育事业、福利事业，为国家、为故乡争作贡献。

唐宏源先生紧紧跟上。唐宏源是 1979 年改革开放伊始去香港创办实业的，后又去加拿大和儿子唐衡千一起办针织有限公司。他以自己的行动给海外带去了祖国春天的讯息，也向世界宣告了中国现在已经是春光明媚。唐宏源先生从改革开放的祖国走向世界，又从海外联合唐氏家族积极回国投资。他在无锡带头投资建立了中外合资中萃公司、佳福国际贸易大厦、太平针织有限公司等，为无锡的经济发展作出了很大贡献，被授予无锡市荣誉市民称号。

在海外赤子中，唐氏家族对无锡的投资可以说是最早的，也是最大的投资者之一。当唐氏故乡的人——严家桥人听到唐家人回祖国投资，到无锡办厂的消息时，心情的激动是可想而知的。“唐家”又回来了！从唐翔千、唐凯千、唐宏源等人身上，我们仿佛又看到了老一辈的爱国主义光荣传统，看到了新一代人热爱祖国、热爱家乡的赤诚之心。“人情重怀土，飞鸟思故乡”，何时唐氏儿孙能回“老家”来看看他们祖先创业的地方呢？

1992 年 3 月 14 日，严家桥也终于盼来了唐氏亲属唐宏源先生。当唐氏家族回严家桥探望的喜讯在镇上传开后，唐家的近邻、年过 80 高龄的徐粹秀老太太不胜欣喜，急匆匆踮着蹒跚的小步来到唐仓厅梓良桥，正巧遇到刚下汽车的唐宏源从桥上走下来。唐先生一把紧紧握住徐老太的双手，只见徐老太先是一愣，接着抬头凝视了对方几秒钟，突然“啊”的一声，反过来一把抓住唐宏源先生，嘴里呐呐喊叫起来：“你——你不是宏源少爷吗？”“是的，我是唐宏源，我就是唐宏源。”徐老太不待对方回答完，又关切地、连珠炮似地发问：“唐四小姐、唐二小姐好吗？他们还健在吗？还有抱牌位做亲的阿大（严家桥人有的称姊姊为阿大、阿哥）……”唐宏源一一回答她，四小姐、二小姐、阿大等都已去世了,阿大活了 90 多岁;四小姐是前几年才去世的,六小姐在香港……率直、简要的一问一答,表达了乡亲们和唐家的亲密关系,也表达了家乡人对唐家的深切关心和思念。

1993 年冬,羊尖镇和严家桥有关领导按照唐宏源先生意愿,为唐氏家族修复了已近损坏的“梓良桥”,修旧如旧,保存原样,并受唐宏源先生委托,题写了“纪念先人,怀念乡亲。梓良桥建于光绪三十年,唐氏后人于 1993 年 10 月重修”字样,以留纪念。

以后几年,唐宏源先生又多次回故乡探望,还带领子女亲属一起到严家桥,教育后代不忘故乡,不忘先祖创业的根。唐翔千先生夫妇也带领海外唐氏亲族故乡参观团一行到过严家桥“老家”。1998 年底唐星海先生百年诞辰时,唐翔千先生更特地带领唐星海家四个儿子中的三位到严家桥访问故居,参观唐星海先生童年时生活成长的地方,教育后代不忘“老根”,不忘先祖艰苦创业的历史和精神。

唐氏后辈万里寻根,不忘故乡情;严家桥人也从未忘记过唐家。1993 年重修“梓良桥”,1994 年无锡城市建设需要拆除城内部分古老建筑时,家乡人听说复兴路有一座唐家的“花厅”要拆,为了保留唐氏文物,羊尖镇镇政府不惜花重金到无锡把“花厅”按原样全部搬回重建在羊尖镇街上(可惜未能直接搬迁到严家桥去)。严家桥的“梓良桥”、“唐家码头”、“永兴桥”、“双板桥”等与唐氏家族有关的历史和文物建筑,现在也已受到省、市、区各级有关部门的关注,开始收集整理资料,并要求适当保护文物。羊尖镇党、政领导和严家桥村委领导更是亲自关怀、支持并参与了这一工作。

严家桥人殷切期望唐氏后人能经常“回家来看看”他们祖先的发祥地,盼望他们能回家来投资,办企业办事业,帮助家乡描绘新的蓝图,圆 60 多年前未圆的梦。——这是本文作者的心愿,也是羊尖镇政府和严家桥人的共同心愿。万紫千红春满园,让祖国永远是春天,我们盼望唐氏家族能“回家”来再创新业,再造辉煌,让家乡变得更加绚丽多彩。

(“严家桥回忆录”编写组吴维忠执笔整理)

(原文载《小镇春秋:无锡严家桥史话》,主编李树勋,方志出版社,2004 年 3 月。本编为节选。)

实 业 篇

一、庆丰厂

（一）综述

江苏无锡第二棉纺织厂（原无锡庆丰纺织厂）厂史稿

第一篇　筹建、创办时期(1920年～1930年)

第一章　办厂起因

庆丰纱厂筹建于1920年3月，1922年7月开工生产。创办的主要发起人为唐保谦、蔡缄三。

第一节　唐、蔡概况

1. 唐保谦家世

唐保谦（名滋镇，字保谦），生于1866年，卒于1936年。祖上由常州武进迁居无锡。唐祖父唐景溪①在北门塘上开设恒升布庄，后改名为唐时长布庄②。1860年，太平军攻临无锡，唐家又迁居无锡东门乡下严家桥，为生计，于双板桥堍开设了春源布庄，由唐保谦之父唐子良经营以花换布生意。因营业兴旺，频频获利，先后置田地（达6 000余亩），造仓廪、建"义庄"，还陆续开设了同兴木行、同济典当、德兴茧行等，遂成当地一大财主。

唐保谦兄弟六人，其为老二，其兄唐郛郑和大弟唐若川，先后在1893年（光绪十九年）、1894年（光绪二十年）中举入仕。清代举人被称为"老爷"。唐保谦自幼不喜读书，夹在其中，被人戏称为"夹板老

---

① 唐景溪，名懋勋。其二子名洪培，乃唐保谦之父。——原注

② 某年，凤泗布商至恒升布庄办货，见唐景溪自托菜看殷勤待人，深为感动："今后业务发达，可以预卜。"临别赠"时长"二字。恒升布庄旋更名为唐时长布庄。唐景溪逝世后，布庄归其长子唐俊培经营。——原注

爷”。其笃信家教之一:“期望子孙后代读书中举”,“如读书无成,使各习一业,庶不致游荡成性”,“败坏家业”,志于从商。他先至同济典当习业,后代其父经营春源布庄。由此,他常跟随办花人员去棉花产地,熟悉业务。在接触棉花、纱、布的进出之中,积累了鉴定棉花、纱布质量和经营纱、布生意的实际经验。后又于蔡缄三合办了永源生米行、九丰面粉厂。还独资办了益源堆栈(1910 年),和他人开设了润丰油厂(1914 年),独资开设了锦丰丝厂①、利农砖瓦厂(1920 年)②。

2. 蔡缄三其人

蔡缄三(名文鑫,字缄三),世为无锡人,生于 1868 年,卒于 1938 年。其早年经商,先经营复生堆栈,旋因开设茧行获利,乃与他人合资在上海开办缫丝厂,是当时无锡北门塘上的殷实绅士,有“蔡半塘”之称。且被人誉为“度量宽宏,谦逊退让”,处事颇受信用,素有声望。他除 1902 年起与唐保谦合作经商外,还独资开办了蔡氏义塾、济阳学校,和他人合资开设了信成商业储蓄银行、耀明电灯公司等。

蔡缄三不仅经商,社交活动较为广泛,具有一定的社会地位。他先后担任过锡金商会总务、协理;江苏都督府庶务科长、总务科长;巴拿马太平洋万国产品博览会、赛会出品协会名誉经理;县商会监察委员、常务委员;县救火会会长;县纱厂联合会主席;县棉纺织同业公会主席;县储栈业公会主席。在 1906 年,还与人同赴日本考察工商业以及经营储蓄银行等事宜。且著有《无锡实业志略》一书。

3. 合作经商

唐保谦、蔡缄三是“世代交谊和亲戚关系”③。他们是经营工商业的合作者,还是儿女亲家(唐之长女嫁于蔡之长子)。1902 年,蔡缄三与唐保谦之父唐子良等人合资在无锡北塘三里桥沿河开办了永

① 锦丰丝厂设在现二棉初中一带。开厂时资金 10 万,设有座蝶车 480 台。1924 年改名德兴丝厂。1928 年出租给苏州人经营。1932 年初停业。厂房厂基租借给庆丰纱厂使用。1948 年 7 月作价卖给庆丰纱厂。——原注

② 该厂由唐保谦长子唐肇农(名谷源)经营。厂址设在严家桥蠡涸浜口。所产红砖为锡地首创。唐肇农病逝后由益源堆栈职员秦若臣经营。——原注

③ 蔡缄三之子蔡稚岑先生之语。——原注

源生米行。先由唐子良经营,后为改善经营,由蔡缄三、唐保谦同时入行办事。

永源生米行主要为当时清廷承办"皇粮",故得利不小。唐保谦在其《行述》中写道:"曾设永源生于三里桥……日后各种事业之繁荣实权舆于此。"永源生亦成为当时北塘有名的一爿米行。

永源生米行虽有大宗收入,但唐保谦并不就此而止。1907 年,与蔡缄三商量扩大经营范围,集资开设面粉厂。经两年准备,由蔡邀集,定资 10 万两,分 9 股,每股 1 万两。蔡缄三自认 2 万两,唐保谦自有 5 000,借 5 000,凑成一股。合其他股东共 9 人,开设了九丰面粉股份有限公司,公推蔡为经理,夏子坪①任协理。后因夏与唐保谦不和,经蔡调停,夏退为董事,唐遂任协理。九丰厂址设蓉湖庄,营造一年,正式开业。九丰批发处设在北塘财神弄口。与此同时,唐保谦将原由自己购入的蓉湖庄之土地,除一部分供九丰厂用之外,另一部分则利用购进的恒裕堆栈,紧靠九丰,独办益源堆栈。这样,既可解决九丰不必(也无地)再建仓库,有利资金周转,又可使自家堆栈终年满仓,收益可观,以便图谋自己事业进展。

在唐蔡合作经营期间,唐保谦利用其对经营的精明和情况的熟悉,主管内部事务及业务往来,掌握聚财大权。蔡缄三则利用其当时的社会地位和声望,对外斡旋,两人配合尚为得体。纵然出现矛盾,亦总以蔡方退让而告终。两家所办之事业,呈兴隆之势,成为创办庆丰纱厂的重要资金来源地。

第二节 客观条件

1. 历史之影响

自鸦片战争以后,清政府和帝国主义列强签订了一系列的丧权辱国条约。我国门户洞开,外国资本大量侵入中国,中国逐渐沦为半殖民地半封建社会。这"一方面,破坏了中国自给自足的自然经济的基础,破坏了城市手工业和农民家庭手工业;又一方面,则促进了中国城乡商品经济的发展",因此"给中国资本主义生产的发展造成了

---

① 夏子坪是麻饼沿河义泰永米行行主,是镇扬帮在无锡的知名人物。——原注

某些客观条件和可能”[①]。至 1870～1900 年间，随着我国民族资本主义工业的产生，出现了反映新兴资产阶级利益的改良主义思想，主张中国不仅要对外国资本主义“兵战”，而且应当发展民族工商业，同他们进行“商战”。例如，郑观应[②]等人主张商办企业，针对当时洋务派办企业的腐朽性质，提出“官办不如商办”的口号。南通张謇极力宣扬“棉、铁救国论”。在 1895 年中日甲午战争后的三、四年内，先后有无锡的业勤、苏州的苏纶、南通的大生等纱厂开设。唐保谦之兄唐郛郑，1915 年任黎元洪的秘书长[③]，曾奉命赴日本考察工商业发展情况。回国后寄语称：“通商者此往彼来，而今何如舶货云集。有无无以易，出入不相备，漏卮涓涓，积久势涸，如人贫血，骨立形销。虽有善者，亦何能救而起衰。有道必在实业，酌盈济虚极之”[④]。加之其目睹宦海内幕，官僚倾轧激烈，常告知其弟唐保谦，“办企业比入仕途保险”。这一切，不能不给青年时代的唐保谦有所影响。

另外，唐保谦本人承其祖业，做花、纱、布生意，对经营棉纺织业积累了丰富的经验。故而在具备一定的条件后，唐保谦由经商逐步转为实业，并以办纱厂为其目标，并不是偶然的。

2. 现实之可能

“第一次帝国主义世界大战期间，由于欧美帝国主义国家忙于战争，暂时放松了对于中国的压迫，中国的民族工业，主要是纺织工业和面粉工业，又得到了进一步发展”[⑤]。

第一次世界大战前，帝国主义的纺织品大量倾销我国市场。欧战爆发后，帝国主义交战国都忙于战争，纺织工业制品不能继续运销我国，纱、布进口量大大减少。

---

① 毛泽东：《中国革命和中国共产党》。

② 反映新兴民族资产阶级利益的改良主义派人物，有王韬、薛福成、马建忠、郑观应、何启、胡礼垣等人。——原注

③ 黎元洪(1864～1928)，袁世凯死后，其继任北洋政府大总统。——原注

④ 摘自《唐保谦先生墓志铭》。——原注

⑤ 毛泽东：《中国革命和中国共产党》。

年份	进口棉布(匹)	进口棉纱(担)
1913	15 165 243	2 685 363
1918	8 676 722	1 114 618
减少%	42.8%	58.5%

虽然我国棉纺织进口率大大减少,出口率相应地增加,但是国内市场对棉纺织品的需求并没有减少,因而棉纱、棉布供不应求,纱、布价格猛涨。“1914年棉纱价每包为19.58元,1919年增加至每包价70.56元,提高将近四倍。”同时,在欧战期间,我国气候稳定,风调雨顺,原棉收成较好,市场上出现了“花贱纱贵”的现象,无锡地方要12担棉花换1件纱。鉴于“花贱纱贵”,各地纱厂纷纷创办以追求高额利润。1913年至1920年,全国先后开办了244家纺织厂,纱锭由1913年的651 676枚,猛增至1 179 012枚,增加了81%①。无锡地方纺织工业在此期间也有很大的发展,纱锭由44 150枚(业勤、振新等厂)增至132 316枚(广勤、豫康、丽新等厂),增长了199.7%;布机由327台增加了3倍,至1 308台。

另一方面,第一次世界大战爆发后,各交战国国内粮食减产,不但无力输出,而且要从国外大量采购,以弥补战争的需要。我国面粉价格低廉,产品较多,自然成为他们的主要采购对象。从面粉进出口来看,1912～1914年每年入超都在200万担以上;从1915年起开始出超,1915年出超19 000余担,至1917年出超增至10万担以上,而1918年出超竟达200万担以上。那时外国商人采购面粉,不论粉色、不论牌子都要,面粉常常被抢购一空,价格由3元一包,猛涨至5元一包(相当于当时1石小麦价钱)。

唐保谦、蔡缄三合办的九丰面粉厂也时来运到,生意兴隆,进益不少。据蔡漱岑(蔡缄三之子)说,“欧战期间是九丰的‘黄金’时代”。由于面粉畅销,九丰库存面粉袋全部用完,外商催货急促,只能改用麻袋放面粉。五年欧战,九丰共赚了70万银元。一方面面粉业生意

① 《中国近代史》。

兴隆,面粉袋脱节,一方面纺织业"花贱纱贵",纱、布销路畅通,促使唐保谦、蔡缄三决定筹建、创办庆丰纱厂。当然,九丰面粉厂的大量获利,为筹建、创办庆丰纱厂打好了厚实的资金基础。

第二章　建厂经过

第一节　集资招股

由于纱厂规模、机械设备不同于其他工厂,工序多,资金周转时间长,故兴办纺织厂需要三笔本钱:一笔本钱用于采办原棉;二笔本钱用于库内棉、纱、布之搁置;三笔本钱用于各道工序半成品运转。

庆丰纱厂筹建时,初定股金为一百万银元。这对唐保谦、蔡缄三来说,虽有九丰的基础,但也是相当可观的一笔巨款。唐蔡合办九丰面粉厂时资金仅10万元,第一次世界大战期间获利70万银元,故当时的九丰面粉厂资金也不足百余万银元。为了拼凑创办庆丰纱厂之资金,唐蔡从九丰面粉厂抽出40万银元资金投资庆丰纱厂,并四方拉股。在唐氏家族中,唐郛郑、唐申伯、唐纪云、唐慕潮、唐凤岱等纷纷投资庆丰,上海铁行巨头唐晋斋亦出资10万。并且,唐蔡还通过各种途径,招募外股,也有散股。最后,原定100万资金并未招足,以5万一股,凑足80万开始办厂。1920年3月21日《新无锡》报载:"……蔡缄三、唐保谦等发起开办庆丰纱厂,已在火车站后面周山浜购置基地,额定股本洋八十万元,由发起人认定四十万,……现在准备工作积极进行云。"

1921年4月,投资庆丰纱厂之股东,在锡集会,推举庆丰纱厂之董事、监察、董事长,成立庆丰纺织股份有限公司董事会。投资金额满5万银元可推举为董事,投资金额满3万银元即可推举为监察。(每股金额可自行相约数人凑满,推举一人当代表,也可当选董事。)经推举,薛南溟、蔡缄三、唐保谦、唐晋斋、唐纪云、孙鹤卿、华艺珊、陈肇卿、敖颂安、邹颂丹、李砚臣、唐肇农、蔡君植①等13人为董事,唐凤岱、唐慕潮为监察。薛南溟以他的社会声望,被推举为董事长。同时推定由唐保谦任庆丰经理,蔡缄三任协理。4月15日,由董事、监

① 蔡缄三之长子。——原注

事联合具文，附带注册费 130 银元，呈请无锡县署，转至北洋政府农商部注册登记，出示布告，告知于众。

第二节　订机备料

唐保谦、蔡缄三在庆丰筹建时期其主要精力仍是经营九丰，筹建庆丰纱厂的具体事务，均委托唐纪云、唐肇农经办。

当时，大部分纱布厂机械陈旧，设备落后，生产效率低，花费成本大，产品质量差。1920 年初，唐纪云、唐肇农跳过专做纺织机械投机生意的掮客，免让他人转手获利，利用自己善操英语之特长，亲赴上海英商洋行，直接向英国道勃生厂定购了道勃生细纱机 37 台，计纱锭 14 800 枚。又向英国迪更生厂定购了迪更生平布织机 150 台，斜纹织机 100 台，以及与此纱锭、织机相配套的其他纺织机械设备和英国 GE1000 千瓦汽轮发电机一座。全部订购之机械设备，均属当时之新型，还节省了一笔购机款。

同年，唐保谦在其老家严家桥，开办了利农砖瓦厂，一举两得。1. 唐在严家桥拥有田地 6 000 余亩，部分高田戽水灌溉甚费人力，利用高地泥土制坯烧砖，既不用花钱买原料，又可图利，又可改高地为平地。2. 当时锡地砖瓦生产能力极低，所生产之砖瓦，仅能供应民用建筑，大批工业用砖都得靠嘉兴、嘉善、南京等地运来。故而不但砖瓦价格昂贵，而且常常无法如期到货。自办砖瓦厂既解决了庆丰之建房用砖，又摆脱了砖瓦商的从中获利，节约了购砖用款，保证了用砖之质量。

利农砖瓦厂是由唐肇农经营主持的（故取名为“利农”）。利农开办时仅投资 3 万银元，由于经营管理得法，一年盈利便收回来所有资本，所出之砖瓦质量也较有名气。其中二寸二分红砖，因厚薄统一，砖身比一般砖大、厚、质量好、价格低，堆砌时省工省料，强度好，而更为著名，销路极畅。庆丰建厂时的用砖及开厂后逐渐扩大、修复工程都采用此砖。

第三节　选址施工

1920 年，唐保谦、蔡缄三委托当时的惠山图董陈韶琴①购得周

---

① 相当于后来的保长的职务，家住周山浜北新桥境。——据原注订正

三浜、广勤路一带田地40余亩。其选址购田原因有三方面因素。一是购地紧靠运河,河面开阔,水道畅通,交通便利,水质好,工业用水极为方便。二是庆丰地基紧靠唐保谦独资开办的锦丰丝厂,建厂后可以互相照应便于管理。三是认为该地紧靠运河主流和支流交叉处,从北新桥方向淌流下来之河水至交叉处产生漩涡,是块"聚财"宝地。建厂时唐保谦特地斜建厂门直对交叉处,"钱财汇聚,源源流入厂内"。

营造庆丰厂房并非一帆风顺,尽管蔡缄三、唐保谦也较有名望,但也受到来自各方面的刁难和压制。

1. 购地曲折

当时购买地基十分困难。一般地主不但要价昂贵,还要提出种种苛刻要求,不愿出售,而且地方恶霸趁机敲诈勒索。唐保谦选址购田中央有一块地皮[①]系属三里桥一面店老板所有,屡经磋商、疏通,迟迟不得成交。唐只能将该地圈在外面,而后四周造房围之。在庆丰开工生产两年后,对方才以高价售给庆丰。

2. 地基纠纷

1921年春,厂房破土动工。厂房结构由无锡实业建筑公司工程师江应麟[②]设计,并由该公司承包施工。庆丰纱厂委派唐锡康负责监造。

11月26日庆丰厂围墙砌至图丁巷时,广勤纱厂称其在一三图丁巷上购置的玄字272号田地被庆丰砌围墙时圈入四分田,即派该厂人员单涌泉、江绍芬等4人前往庆丰施工现场,将所砌围墙推倒一段。庆丰监工唐锡康,便与单、江等4人发生争执,双方互不相让,以至发生斗殴。县警察第三分所巡警赶至现场弹压,旋将各方受伤者带至分所。无锡县知事赵锡芬看到庆丰厂唐保谦、蔡缄三与广勤厂杨翰西,均是本地绅士,各有势力,不敢得罪任何一方,力主"和平方

① 即系现汽车库之停车场。——原注

② 江应麟系当时本地建筑专业人士,庆丰厂房的拓展和修复均由其设计。——原注

法”了结，暗示审理员各打五十大板，训斥双方当事人，“就是你们喜欢生事冲突”，草草收场。

但风波并未此止。唐肇农在南京，以省议会议员身份电谓无锡县署，称第三分所“捕逮无辜，铁链锁押，滥用职权，请予撤究”。杨翰西得知后，也以单涌泉、江绍芬伤势严重为名具文县署，提出刑事诉讼。事态再行扩大，争执又趋激烈。后因唐保谦看到周三浜、广勤路一带属杨翰西势力范围，恐结了冤家以后对开厂经营不利，便由庆丰董事长薛南溟出面调停。薛势力胜于杨，杨看到薛出面调停，不得不买面子，顺水推舟，私调了结。

3. 电杆交涉

庆丰厂所用之电力，计划时即自购发电设备以求自足。所置GE1000千瓦汽轮发电机一座，发电量供应庆丰开厂设备之用绰绰有余。拟将多余之电量架专线送供九丰面粉厂用。九丰地处黄埠墩对面，离庆丰较远，沿途电杆产权不属于本厂所有，便具文向无锡县路局申请架线。县路局极力反对，经各方交涉无效。唐保谦通过其兄唐郛郑在京活动，疏通了国民政府电力部门，以上压下。无锡县路局被迫同意庆丰架设2 300伏高压专线通往九丰面粉厂。1922年6月30日《新无锡》报称：“电杆交涉一案，大致亦有端倪，闻已双方解决。广勤路、通惠路一带计有电杆七十余根，该厂愿在沿途装置电灯，作树立电杆之交换条件。至铁路区域须有电杆三根即可，路局业已允许，每年略纳租金。唯有电杆现拟装置水门汀杆。”

至1922年初，庆丰纱厂厂房建筑全部竣工。

第三章 开厂立业

第一节 规模

厂房竣工后，因订购的机器设备到厂稍迟，至1922年6月30日，纺织机械设备方安装就绪。7月2日纺部各道工序试车成功，首开8 000纱锭。继后，其余纺纱机与织部各机及发电机陆续试车成功，8月20日正式开张对外营业。

庆丰纱厂开办时，全厂主要设备拥有道勃生细纱机37台，计纱锭14 800枚，迪更生平布织机150台，斜纹织机100台，刮绒机2台，英国GE1000千瓦汽轮发电机一座。

当时，生产的产品，品种比较单一，纺部纺12^{S}、14^{S}、16^{S}、20^{S}粗支纱为主，织部以织16磅（12^{S}经×12^{S}纬）为多，品种有粗细平布、斜纹绒布、漂布竹布、士林蓝布①。所用商标：正牌为双鱼吉庆②，副牌为牧童。双鱼、牧童商标有红、蓝之别，红双鱼、红牧童商标用于棉纱类，蓝双鱼、蓝牧童商标用于棉布类。双鱼、牧童不但质量、价格上有区别，而且包装数量上也不同，如正牌双鱼吉庆棉纱每包重10.625磅，还要外加2小绞纱，副牌牧童棉纱每包重10.50磅。

开厂时，工人有1 000余名，80%是女工，其余部分是男工，部分是童工。工人大都来自无锡周围农村，少数是浙江籍。运转分为“庆”字、“丰”字两班，纺部工作12小时，日夜两班，交接时间为早晨6点及傍晚6点。织部工作12～14小时，仅开白班，如市场销售好，或开16小时，早上4点半至晚上8点，或开日夜两班。

工资计算：宕官（头脑、拿摩温）等以上者是以月计算，工人一般按日、按件计算。清花、钢丝、粗纱、细纱、经纱、浆纱，开工时是以日计算，后与筒摇、布机一样，先后改为以件计算，以亨司、车、匹为计量单位。

工资待遇：一般挡车女工日工资由2角几至4角2分不等，皆有领班安排。男工日工资大致相仿，机工稍高一点，极少数也有五角一天的。个别技术好的机工，资本家还给予一定数量的“暗贴”，笼络人心。刚进厂的生手日工资1角2分，童工的工资更低，每日8分，做满3年后开工资，得先向拿摩温、工头送礼，开的工资最高者仅为1角2分。工资逢农历月半、三十前每半月付一次，职员每月三十付工资。农历每月初一、初八、十五、廿三为礼拜天。

庆丰在这一时期，厂里没有宿舍和食堂。工人上班，每天租雇五、六只“纱厂船”，半夜开始四乡接送。乘船的工人每月交付5角乘

---

① 当时厂内无印染设备，所产色布均由丽新（现三棉）加工。——原注

② 据老工人传说：开工时，水箱内发现两条鱼。唐保谦讨吉利，故取商标为“双鱼吉庆”。也有说，双鱼，意为九丰、庆丰双双有裕。——原注

船钱。自带饭菜。车间里设有几只“淘饭缸”,供工人用开水浇泡饭用。夏天因车间温度高而常吃馊泡饭,食菜大都是咸菜、萝卜干。领班、工头则调班吃饭,由厂方供伙。工人工资的低薄,生活本已贫困,逢年过节,还得向工头、拿摩温送点礼,盼望工资加快点,工作派好点,免得找差错、多调动。

车间劳动条件极差,根本没有什么劳动保护和温湿度控制。车间温度常常高达40℃左右。布机间更差,浆水满地淌,女工只得在鞋底上钉了木掌进行工作。伏天工人中暑,抬至广场树荫下,有人针灸苏醒后即进车间干活。也没有保健站,车间只设保健箱。有的女工怀孕后,为了生活,将绷带把肚子束紧,忍着痛苦多干几天。因为厂方一旦发现女工怀孕,劳动效率低,就要退人。车间内各种机械设备也没有安全保护装置,特别在清、钢工段,常常发生伤、亡事故。

工人要受到严格的限制。上班进厂后,需将“金折”到工账房换成筹,进车间后挂在车头上,或等“头脑”来拿。一般工人进厂后不准出门,可以出门的也要开门票,否则门警一律不予放行。就如工人们所说:“头回声叫,二回声到,三回声进监牢”①。当时厂内还实行以下几种制度:

1. 存工制。刚进厂的工人第一个月做满30天,只能拿到16天的工资,余14天工资则作为“存工”扣在厂方。如工人被解雇或自己离厂,14天“存工”就被没收。如一直在厂工作,这笔工资也就一直存下去。这样无异厂内每个工人实质上为资本家白做14天。据1925至1927年庆丰纱厂“账略”结算,三年中工人给资本家扣除的“存工”总计达29 434元。按每个工人每月工资12元计算,合204个工人白干一年。

2. 所谓“有赏有罚”。厂方资本家常称对工人“有赏有罚”。但据老工人、老职员回忆及查阅当时庆丰“账略”,是只有罚而难以有赏。厂方资本家认为领班、工头谁罚的工资多,就是谁管理得好。要赏,也只赏给这些“管理得好的人”。厂内因而罚款名目繁多,罚款之

---

① 亦称“波罗”,即工厂汽笛声。

事无日不有，工人稍有差错，便要受罚。例如女工过爱仙因热天把饭单挂在车头上，被领班看见后便罚工资 2 角(其一天工资为 4 角)。1925 到 1927 年间，工人被罚工资共有 3 675 元[①]，如按每个工人每月工资 12 元计算，每年有 8.5 个工人分文全无。(注：根据上述数据计算应该是 25.5 个工人)

3. “工资尾数”。每次发工资，厂方只发给工资整数，尾数延至下月尾数相加为整数后再发，如结算后仍有尾数则续延，以此类推。直至 1928 年工人举行罢工后，才改全发。

4. “洋水”。当时市场上银元兑换是十二位制计算，小洋 12 角合大洋一块。但是厂方在发付工人工资时却采用十进位制计算，10 角小洋合一块大洋。例如，一工人每期工资大洋四块半，按理要付 4 块银元 6 角小洋，但是资方却只发付给 4 块银元 5 角小洋，从中获利 1 角小洋[②]。

5. “抄身制”。庆丰开厂至解放一直实行“抄身制”。工人每天下班要经过一条只能行走一人的“抄身弄”抄身。女工有“抄身婆”，男工有警卫全身抄搜。

第二节 体制

庆丰创办后，经理为唐保谦，协理为蔡缄三。虽职务与九丰不同，但两人分工，一如既往：一为内务、经营，一为社交周旋。

厂外机构：在北塘三里桥财神弄口设立庆丰纱厂批发处(后改称为事务所、总公司)，由唐保谦、蔡缄三掌握。这里是庆丰厂经营的神经中枢，专门负责庆丰纱厂的财务进出，业务调度和供销指挥。后随着庆丰生产规模的逐渐扩大，在江阴、常州、南京、靖江、上海等地开设了分事务所。另外，在常熟、江阴、沙洲、太仓、南通等地设立收花处，负责采办原棉以供厂内之生产。

厂内机构：由总管(相当于厂长)负责全厂各事。下设账房间(内设事务、总务、工帐)、稽查、栈务、物料、原成等处，具体负责厂内原

① 据该年间庆丰“账略”计算。——原注

② 当时其他纱厂如申新(现一棉)亦是如此，但此做法为期不长。——原注

料、成品的进出,人员调动,工调结算,生产管理。各车间设有领班、工头、拿摩温(体制情况详见附表)。厂内各权均掌握在唐保谦的氏族人员和至亲好友手里。厂务总管唐纪云,总稽查唐肇农,稽查唐云亭是其族人,总务丁馥初是其连襟,物料主任唐凤岱是其侄儿。纺织技术由业勤纱厂出身的吴锦云主持,电气由陆法曾主持。

这一时期厂内管理方法基本是采用封建家长式的管理,根本没有技术管理。如摇格林、调车速均掌握在工头手里。设备也无保全保养,坏车、断罗拉由值班师傅来换。每礼拜加一次皮辊油,需关车,加好后再开车。车间内人员调动均有领班负责,挡车女工生产由拿摩温负责。这种管理方法,极大的约束了生产效率和浪费劳动力。1925 年庆丰开纱锭 16 000 枚,布机 250 台,工人却雇用 3 310 人。

1922 年 10 月 23 日,庆丰纱厂总稽查唐肇农患伤寒病故。唐保谦为了加强对庆丰厂的控制,一面命令其三子唐晔如从上海弃学返锡进厂掌管业务,一面又发电美国召其二子唐星海回国。唐星海毕业于北京清华大学①,1919 年唐保谦为办纺织厂,自费送其赴美麻省理工学院专攻纺织工业。1923 年 7 月,唐星海在美获纺织前纺硕士、纺织企业管理硕士两个学位,学到了一套欧美资本主义管理方法。该年 10 月到厂后,任庆丰纱厂付总管兼纺织部工程师。唐星海接手庆丰事务后,逐步感到庆丰所行的一套管理方法陈旧,生产效率低,获利少,因而几次想对厂内管理进行改革,但因一些原因,改革甚为缓慢。

当时庆丰厂内大权是掌握在总管唐纪云手里。唐星海要进行管理改革,必然要任用一些技术人员进行"调统班"②。他先后把纺织工程师骆仰之、电气工程师范谷泉、以及钱仲伟、薛桂伦、黄如义等聘请来厂,为自己准备力量,组织人员。唐纪云必然要巩固自己的统治

---

① 唐星海生于 1900 年,在清华大学时,学业平庸,因此只能自费去美国留学。在学业上得到邹季皋之子邹忠耀的帮助。处事精明,待人刻薄。所用之人,时过境迁,就当别论。——原注

② 当时厂内任用某一高级技术人员,就要带来一批下级技术人员,称为"调统班"。——原注

地位，要纠集自己的亲信班底。唐星海进行一些初步的改革，当触及一些原有人员的利益，往往会有一些领班、工头经常以“摇班”[①]相挟。这种情况与其他争权夺利之矛盾绞在一起，因而叔侄之间矛盾日趋尖锐，权力之争十分激烈。1925年7月24日《新无锡》报刊载：“……唐星海自美回锡后，唐纪云坚留其在该厂任工程师，后又改任稽查、总管，后由某某之挑拨，叔侄间感情日恶。”协理蔡缄三多次出面调解均无效。1926年唐纪云被唐星海彻底击败，告退离厂，后在九丰面粉厂任厂长。在唐星海搞成“一统天下”后，即使协理蔡缄三之子大学毕业欲进庆丰也予以阻碍，使其回至九丰。

1924年7月24日，唐星海称工头华阿桂私调撑头牙，要将其开除，同时要调换部分工人。纺部工人听说后，为自己的生计，于7月25日举行罢工。因此，一些亲于唐纪云的工头、拿摩温也乘机参加罢工。罢工者每人点燃一把香，聚集在厂门口，称“啥人来上班就烧死啥人”。为调停此事，薛南溟等人也出面提出折衷办法，蔡缄三亦要唐纪云插手解决。唐纪云托词，“以工人方面虽有平素感情可以使之就落，但由于某一方面之不知悔过，殊觉难以调解，婉言谢绝。经蔡君一再情商，始勉强应允”[②]。工人罢工进行了4天，迫使唐星海退让，调换人员的想法未能实现。1928年9月，唐星海要废除各车间的“栏凳”[③]。9月9日，女工首先起来反对，关车罢工。随后全厂响应，提出恢复“栏凳”，改善工人待遇条件。唐星海请求县警察局派警长带兵至厂弹压，工人并未后退。后由高级职员唐祖荫出面和工人商量“和平办法”，改善待遇，罢工才告结束。

第三节 经营

庆丰厂初期，因基础不固，资金不足，在社会上信用未孚，因此生产和经营情况单一。棉布质量好的对外出售，次布、坏布则供九丰面粉厂做面粉袋。棉纱本厂仅用四分之一，其余均供销厂外，营业范围

---

① 当时，工人均由该班工头招来。这种“摇班”（亦即罢工），大都由领班、工头控制。——原注

② 1925年7月22、23、24日《新无锡》报载。

③ “栏凳”置于每台车车头边，可坐人。工人吃饭时坐的。——原注

主要为常州、江阴、无锡本地。以后，因经营得法，生产发展，纱、布质量提高，营业范围逐步扩大至上海、南京、蚌埠、汉口、广州等地，在竞争中生存、成熟。至1924年，庆丰资本由80万元增加到100万元，1928年为120万元，1929年为140万元。盈利基本是逐年增加，其原因主要是两个方面。

1. 注意原棉选配

当时纺织生产，根本不讲究工艺条件，仅把好原棉这一关。庆丰纱厂用棉，主要采用富有盛名的“常阴沙”①棉花。随着生产规模的扩大，也逐步购进太仓、南通、陕西、河南、山东等地产的棉花及进口少部分美棉。为了采购充足的生产用棉，唐保谦利用原为经营布庄而设立的花庄，特在常、阴、沙一带产棉区设“收花行”(办事处)，先后聘请顾叶舟、张秋舫等人为常、阴、沙一带办花处主任，统管采办事项。当时收花的花色、干潮程度，仅凭眼观、手触鉴定，纤维长短全靠手拉尺量。而这批人通晓各产棉区情况，对鉴别棉花质量富有经验，在当地农村中也有一定影响。并且选择适当人员充任各收花行办花人员，规定各地“收花行”要经常用号信向公司汇报收花情况。唐保谦本人也时常去产棉区观察，了解棉情，掌握第一手资料以供决断。故当时庆丰用棉不但数量上有保障，而且棉花质量也较好。新棉上市的9至12月份，收购全年用量的70%，翌年开春2至5月份，再由产地收购农民囤户，作原料补充。原棉收购后则在当地轧成皮棉后运到厂。各地到厂的原棉，均得有栈房主任亲自抽包检查，分类编写入库待用。

2. 注意产品质量

庆丰厂甚注意所出纱、布产品之精良，以产品质量打开销路，取得声誉。开厂初期，庆丰厂经销的双鱼布，同时由本厂职员试穿，职员要随时将试穿情况告诉唐保谦。并且，将购回当时较有名望的豫康纱厂月娥牌棉纱，召集领班，进行实物对比。由于注意了产品质

---

① 即常熟、江阴、沙洲产的棉花(常阴沙应该是位于常熟、江阴、沙洲三县交界处的一地区名，而不是这三县的简称)。——原注

量，庆丰所出之产品很快打出销路。双鱼、牧童棉纱，以拉力强、条干匀、色泽好而深受各地用户欢迎。双鱼、牧童平布也同样如此。庆丰另产双鱼白绒布，因绒长、绒厚，更有各地纱号、布庄纷纷争购。据说，庆丰产品经常供不应求，一些纱号、布庄自动提价索买，有的还采用先付钱、后取货的方法订货。

庆丰开创至1930年间经营虽获成功，但也曾屡经波折、濒于困境，甚至被迫关厂。

(1) 庆丰筹建时原定股金100万银元，但实招只有80万银元便开厂投产，故开厂后即资金匮乏。又因庆丰厂创设时实际上是中国民族工业的"黄金时代"接近终了，慢性危机开始露头，外国帝国主义战争结束，又开始向中国市场经济侵入，生产的竞争更趋激烈。所以，如比庆丰早几年开办的业勤、广勤纱厂先后搁浅停业，初开厂之庆丰也处逆境之中。

(2) 1927年，由于内地军阀混战，运输船只常被征用，运输极不正常，内地棉花无法运出，沿海一带的棉花均被日商购买一空。庆丰因无原材料曾于当年农历八月十五日起停产关厂15天。

(3) 1930年遇世界性的经济危机，各种商品价格一跌再跌。唐星海欲趁机低价购进棉花，去美国订购了一大批原棉。不料雇船被外商垄断，船期迟迟不能解决，定货到期，无法提货。唐星海只得忍痛在美了结此事，损失达30万元之多。唐保谦认为此事是违背了自家"稳重办事"的宗旨，招此损失。

庆丰纱厂在上述困境之中，一是依靠蔡氏经营的九丰面粉厂为其后盾。当时九丰面粉厂仍是比较殷实的工厂。庆丰缺乏资金或有九丰调剂，或凭借九丰之信用向各方贷款。查原庆丰"账略"，经常结欠九丰二、三百万元，故当时声称九丰面粉厂是庆丰的"大本营"。如庆、九两丰资金互相调剂：小麦上市时，庆丰资金便调至九丰供收购小麦使用，棉花上市，九丰的资金便拉到庆丰供采购棉花使用，资金交替，互相受益。二是利用常阴沙办花主任顾叶舟等人在当地的名望，采用欠花的办法，从农民手中不花钱欠得棉花，加工生产后再付给所欠原棉钞票，或以纱、布结算。三是招募外股，通过关系求得苏州放款集团的资助。四是以产品质量取得声誉,使双鱼、牧童棉纱、布畅销市场获利。

综观这一时期,庆丰纱厂在纺织业生产的剧烈的竞争中已站稳了脚跟。庆丰纱厂日益成熟,规模逐年扩大。纱锭由开厂时不足万枚,至 14 800 枚,又增加至 31 200 枚。布机由开厂时的 250 台增加至 320 台,发电能力由原来的 1 000 千瓦增加至 2 600 千瓦。生产能力逐年增加,产品质量享有盛名,销路极畅,获利至厚。据庆丰纱厂账略,1925 至 1930 年每年纯盈余见下表:

年份	盈余(银元)
1925	22 194 元
1926	83 831 元
1927	81 288 元
1928	436 455 元
1929	493 545 元
1930	319 506 元

第二篇　扩充兴盛时期(1930 年～1937 年)

第一章　开设第二工场

庆丰厂从开厂至 1930 年,生产发展很快,产品已有较大的销路,“双鱼”牌棉纱誉满沪宁一带。资本额由开厂时的 80 万元增至 142 万元。生意日益兴隆。这时,唐星海已掌握庆丰大权,将总管改为厂长并自任厂长。此前,他力图改革落后的管理体制和经营方法,但终因种种阻力,迭遭失败。同时,日本在华纺织厂纱锭已有 127 万枚,占国内纱锭总数的 36.7%,市场上纱布以日本货为多。随着全国人民抵制日货运动的日益高涨,日货滞销,国货畅销,华商纺织业十分赚钱。为此,唐星海下决心筹建第二工场,扩大生产规模,并借此机会达到改革落后的封建管理制度、提高竞争能力的目的。

第一节　培训人员

唐星海借鉴欧美资本主义国家的办厂经验。在开办第二工场之前，就注重培训人员。

1930年9月，在第一工场附近开设了私立无锡纺织人员养成所，聘请了纺织总工程师骆仰止，电气工程师范谷泉，以及薛桂伦、朱文渊、吴敬人等任教师。由骆仰止任所长，并负责招生考试事宜。养成所开设数、理、纺织、印染、电气等课程。学制为3年全日制。如遇厂里人手紧张时，就半工半读或白天劳动、晚上学习。招收对象为高中以上的未婚青年，特别是招收当时高中毕业而找不到工作的穷学生。唐星海之所以考虑招收这些学生：一是他们勤奋好学，有进取心，没有家庭连累；二是养成所不收学费，供给食宿，毕业后还安排工作，大多数家境贫寒的学生就无其他更多要求；三是自己培养，便于今后使用和管理。

养成所招生条件极严格。考试除进行一般的理论测验外，还要观察了解应试者身材、相貌、谈吐、穿着打扮和家庭情况。主试均由唐星海和骆仰止负责。考生经初试、复试后决定录取与否。每个被录取者要有2个有实力、有地位并经养成所同意认可的人作保。保人要填写养成所发给的保证书。学员进养成所前，先要交50元保证金(在学员毕业并为庆丰厂服务3年后无息发还)。唐星海规定学员"学3年、保3年"，即在养成所学习3年，毕业后再为庆丰厂服务3年。否则即按保证书规定："倘有中途辍学或毕业之后派厂服务未满3年私与他厂及其他任何机关订立服务契约者，所有养成期内学膳等费，准由保人如数偿还"，学员的保证金也全部没收。

当庆丰厂在无锡、上海等地招收第一届养成所学员的广告发布后，前来报名的青年逾千人。复试后只录取了36名学员。

学员在学习期间，每月有少量"月点"(零用)钱。每周学习6天，劳动1天，通过考试、期满毕业后留用。工资底薪分10元、9元、8元三个等级，加上还有2.72倍工资系数，实际每月工资在20元到30元之间。

养成所制度严格，规定学员在学习期间：1.不准结婚；2.全部住宿，外地学员每2周允许外出2小时，本地学员每2周允许回家4小时；3.每天要早操运动，清扫宿舍、教室；4.不准迟到、早退。

唐星海还经常突击检查学员情况，对违犯规定者轻则训斥，重则开除。首届学员中先后被开除6人，至1932年毕业时，只有30人。第二届有700余人报考，仅录取24名，至1934年毕业时不到20人。

养成所自1930年到1937年的8年中，先后开办了三届棉纺织班，一届漂染班和一期3个月的财会训练班，第四届棉纺织班因抗战爆发中途停学。养成所的学员毕业后，分派到全厂除第一工场外的各个部门，参加生产或行政管理。他们当中的大多数人后来成为纺织行业的技术骨干和管理干部。

为了开办第二工场，唐星海一面培训管理技术人员，一面开始对工人进行技术培训。1933年第二工场开设前，他仿效日本纱厂的办法，开办养成工训练班。招收对象大多是无锡、江阴、宜兴等地15～20岁的农村女青年，进厂先缴保证金10元，还要找2个"店保"。招收条件除考试外，还要进行相貌、体重、身高、头脑和手脚灵敏度等项目的检查考核。学习期限3个月。养成期中除供给吃、住外，还发给少量零用钱。毕业后有1年预习期，其中前3个月工资分别为15元、19元、24元。养成工如在养成期和预习期内自退，厂方要向"店保"追索所有费用。

唐星海所以要招用和培训养成工，其目的有三点：1.年轻幼稚便于控制，经过培训，能掌握先进的操作技能。2.养成工没有结婚，没有产假和家庭顾虑。3.劳动力价值低，可获取更多的剩余价值。

养成工的待遇很低，但逢年过节还要向拿摩温送礼。送礼重则金戒指、人参，一般的罗缎丝绸等。谁不送，拿摩温就要找麻烦。培训期间，养成工不能随便外出。如遇急事，不但要找老工人担保，还要用贵重物品抵押，方能得到宿舍管理员的门票外出。宿舍管理上也极为严格。平时把养成工暂时不穿的衣服均由厂方统一保管储藏起来，拿取时要通过管理员。宿舍规定养成工在热天不能穿满3个"领头"，冬天不能穿满5个"领头"。这些都是防止工人多穿衣服逃走。唐星海为了更好地控制这些养成工，第二工场建成后，在新老工场之间砌一堵墙，隔绝新老工场的工人往来。

唐星海为培训养成工。于1932年去英国订购了一套养成车，其中有钢丝车、并条车、粗纱机、细纱机各 2 台，供养成工练习使用。养成工班由技术员负责。由熟练工培训。他还把从日商企业学到的工人操作规程在养成工班中推行，将巡回线路、操作方法、接头方法、工具堆放制成图表挂在养成工间，要养成工对照学习。养成工 3 个月后要进行考试，及格者安排到第二工场预习劳动，不及格者则继续学习。养成工训练班从 1933 年起除抗战期间外，断断续续办到解放前夕。

唐星海这种注意培训管理技术人员和技术工人，向他们传授资本主义经营管理和生产操作方法，这在当时不能不说是一种先进举措。

第二节 建办经过

唐星海在培训管理技术人员的同时，抓紧着手第二工场的各项筹备工作。

1931 年，唐星海在苏州青旸置地 200 亩作第二工场地基，并初步动工，开挖了一些河道，平整了一部分地基。准备大兴土木。唐星海之所以在此地建办第二工场，其初衷出于以下三点考虑：首先，苏州靠近常熟、江阴、沙(洲)、太仓等产棉区，花源比较充足，运输便利，又不远离无锡；其次，可以不受第一工场影响，使他的一套管理制度得以顺利推行；第三，建办分厂，逐步向外发展，加强在各地的竞争。但在 1932 年"一·二八"淞沪之战后，唐星海考虑到苏州青旸离上海较近，怕日本人肇事生非，只好放弃这块地基，另在周山浜第一工场旁边置地 80 多亩，筹设第二工场。

1932 年，第二工场及同时建筑的发电机房，均由无锡实业建筑公司设计师江应麟负责设计，上海新营记营造公司承包施工，采用当时国内先进的锯齿形结构，为无锡地区最新式厂房。施工期间，正值养成所第一届 30 名学员毕业，他们被分配到建筑工地，与江应麟及其公司人员一起对施工质量进行监督，每天向唐星海汇报工程进度、质量、用料等情况。由于对工程质量严格监督验收，使承建公司严重亏本。当第二工场基建竣工时，新营记营造公司已濒于倒闭。因此，第二工场建筑质量比老工场质量要好。

第二工场建成后,以 100 件纱的资金建造办公大楼(每件纱约 300 银元)。随即又建造了可容纳 870 余人的 50 幢职工宿舍,以供第二工场工人住宿。同时,还为高级职员建造了保健站。

第二工场的设备是唐星海去英国订购的。唐星海在第二工场建造前,就计划要买新型的、价格低廉而质量又好的机械。1930 年他到英国去,选购了 33 000 枚纱锭的全套棉纺设备和 200 台狄更生织机,并专派工程师去英国验收。1932 年又向日商购进约 200 台旧织机,货款分 5 年还清。为使电力供应与设备扩充相适应,又到瑞士购买了 4 000 千瓦 B.C 透平发电机设备一套。

第二工场的机器排列由骆仰止总工程师设计,养成所第一届学员参加安装。经过一段时期试车,于 1932 年全部投产。据庆丰《账略》记载。第二工场共耗资大洋 48 910 元。

第二工场开工后生产 60 支至 80 支的多种棉纱和各种股线花线,棉布为线呢、直贡、哔叽、府绸、洋纱、麻纱等。商标正牌是“鹿鹤同春”,副牌为“人马”。当时的《新无锡》报以“华纱商不景气声中,庆丰厂力谋扩展”为正题。“机械新颖、出品优良、管理纪律化”为副题报道:“……锡山通讯社记者昨日赴该厂参观,始知该厂近又正在力谋扩充。际此纱业不景气声中,该厂独能积极进展,此诚本邑实业界之好消息也。爰纪其情如下:……其第二工场清花机为最新单程式,系英国道勃生厂出品;精、细纱机均为英国好华特及立达厂出品;棉条机有电气制止运动,细纱机用车头马达,各机排列适合科学管理。出货之效率,出品之优良,人工之节省,非旧式机械所能企及……”第二工场建成后,与第一工场以及后来的漂染工场互不往来,各自为政,行政上由厂长和总工程师负责。

第二章　改革管理方法

第一节　体制方面

随着经营范围和生产规模的逐步扩大,1930 年 10 月成立了庆丰纺织公司。庆丰纱厂改名为庆丰纺织厂。原董事长薛南溟已逝世,由公司总经理唐保谦任董事长。蔡缄三仍任协理。第二工场建成后,唐星海开始有步骤、有计划地推行留美学到的欧美管理体制。

一方面任用第一、二届养成所培训人员;另一方面高薪聘请工程技术人员担任第二工场各部门领导;取消稽查处,成立以工程师为中心的工务处。全厂管理体制除第一工场保持原状外,其他各部门已有初步改革。他继续自任厂长。总务由吴敬人负责。下设六个科。骆仰止仍任纺织总工程师,负责工务,下设纺、织、机电三个部。纺部工程师由骆仰止兼,织部工程师吕师尧,机电部工程师范谷泉。第二工场纺部分前纺车间、后纺车间;织部分准备车间、布机车间;机电部分原动车间、机修车间;车间下面设考工。

由于管理制度不同,第二工场的生产效率明显地超过了第一工场。唐星海几次想对第一工场的管理体制进行改革,结果遭到工头们竭力反对。他曾从上海请来李汉卿、陈崇礼两个工程师管理第一工场,工头们挑唆工人把他们赶出车间。面对这种情况,唐星海也无可奈何。因此庆丰纺织厂在抗战前是封建管理制度同资本主义管理制度同时并存的混合物。

唐星海在实行改革中,对职员要求十分严格,所以庆丰厂职员的业务技术水平要高于其他厂。当时在技术人员中曾流行着这样一句话:“庆丰出来的人不愁没饭吃。”外厂听说是庆丰出来的职员,不需考试就收用。唐星海于 1934 年在新造的办公大楼上,树立了“忠实勤奋”四字匾额作厂训,以为全厂人员的行为规范。

唐星海在改革中对原来落后的管理设施作了更新。从国外购置了记时钟和更表。原来职员上班由工账房签到,往往容易弄虚作假。使用记时钟后,职员上班时只要把卡片放到记时钟里打一下,在卡片上就能准确记录进厂时间。工人们进厂门仍然是把考勤单投进桶里由工账房考勤。更表则是为检查门警是否准时巡夜而设置的记录工具。巡夜门警必须通过厂内各偏僻处设置的不同钥匙才能转动随身携带的更表,以记录下到每一处的时间,从而证明其按规定的路线巡夜。

唐星海在庆丰厂的改革之举,在无锡地区一直处在领先地位。嗣后豫康、业勤等厂的改革,均以庆丰为借鉴。

第二节　技术方面

唐星海在第二工场实行管理体制改革的同时,对技术管理亦进行了一系列改革。在前纺、后纺车间和准备、布机车间增设保全科，分设技术员。前纺车间清花工段设1名技术员，钢、条、粗工段设2名技术员；后纺车间细纱工段和筒摇工段各设2名技术员，各工序分设保全技术员1名；准备车间设2名技术人员和1名保全技术员；布机车间各设技术员和保全技术员2名；原动车间和机修车间分别增设了2名技术员。保全科设科长，担负日常纺织机械维修和技术改革任务。1935年，保全科技术人员在普通织机上添装了断头自停装置，采用了一些其他技术措施。每人由原来挡2台车增加到挡4台车至6台车。这项技术改革当时在无锡是首创的。

在技术培训和技术改造上，庆丰也走在其他厂前面。1934年开设艺徒训练班，第一批招收12名艺徒，都是小学毕业或具有同等学历的17至19岁男青年。学制2年，学习期间膳宿由厂方供给。2年后升为艺工，到车间劳动。考艺徒与考养成工一样，也要保人和交10元保证金。1937年初，唐星海针对第一工场使用的道勃生细纱机是双滚筒、固定钢令板，车速慢、断头多、效率低的问题，要求技术人员按照好华特的单滚筒、升降钢令板进行改造。首先改造了生产20支纱的2台车，使前罗拉由原来的156转/分提高到168转/分，质量亦有改善。正想大面积推广时，由于"八·一三"事变而未能实现。

在这一时期里，唐星海多次外出考察，了解、学习先进技术。他先后利用采购机械之便，到英国、日本、瑞士的纺织机械厂、纺织厂、发电设备单位学习，注重于企业管理。1934年，南通大生纱厂李升伯赴日考察归来后，在给唐星海的信中说："弟此次东行，触目惊心之事虽多，应注意者为配换机械之造购及职工之训练二点。"可见他们已十分重视技术改革和技术培训。1937年6月，唐星海专门去欧美等国家实地考察，约期为2个月。在英国考察途中，国内抗日战争形势发生骤变。庆丰董事会电召他中途回国，没有达到考察的预定目的。他还曾安排技术人员到日商厂学习、考察，以掌握先进技术为己所用，并对要求去日本留学的养成所毕业学员给予经费帮助。

第三节　工艺方面

当时，细纱格林间是极保密的地方，车速改快改慢、纱支改粗改细，全由工头一人负责，领班也不能作主，这种落后的工艺管理方法严重地阻碍了劳动生产率和产品质量的提高。第二工场开出后，唐星海改格林间为试验科，设科长和三名技术员，兼训练养成工，工艺改动实行由下而上的逐级审批制。这一改革使工艺管理体系逐渐完备，推动了生产发展。

唐星海重视生产工艺和产品质量，对各道工序的质量抓得较紧，尤其是原棉的质量，经常亲自过问。当他得知常熟、太仓等地的办花机构同当地花商一起抬高市价、以次充好的消息后，秘密带领办花人员和财会人员到各地办花处检查，查出了许多货账不符、缺花少银、质次花劣等问题。他在按情节轻则警告、重则开除的同时，制订了严格的办花制度，要求各办花处遵照执行。通过这次整顿，棉花质量得到了保证。他还经常到清花间检查混配棉情况，为了使纱布质量超过其他老牌产品，不惜用生产 20 支纱的棉花生产 16 支或 18 支纱，因而纱布质量不断提高。到 1932 年，“双鱼”纱被定为无锡标准纱，各厂的纱价均视“双鱼”纱价格涨落而定。以下是 1932 年 5 月 25 日“双鱼”纱成为无锡地区标准纱的第一天价格与其它纱价对比，以 16 支纱为例：

厂名	商标名称	价格(元)
庆丰	“双鱼”	229.1
豫康	“月娥”	225.2
振新	“织女”	222.2
申新	“人钟”	215.5
广勤	“球鹤”	215.5
业勤	“升平”	216

唐星海对新工艺、新技术的引进十分重视。他在参观日商纱厂时，看到皮辊按日调换对纱支条干均匀大有好处，同时还可节约大量皮革，就以半年 3 000 元高薪的合同请了一位日本工程师，专门教授改进皮辊方面的技术。1934 年，他看到日本的 ONA 皮圈大牵伸和英国卡氏皮圈大牵伸比较好，就分别向日、英厂商要来 2 台样机安装

于第二工场,通过试验对比后,向英国订购了 30 000 锭卡氏皮圈大牵伸,在第二工场改装了 26 720 枚。

当时,检验棉布质量不是以经纬密度作依据,而是以称重为标准。厂家为了赚钱,棉纱上浆率高达 20%,因而使织造断头率高,只得采用喷雾提高湿度的办法来解决这个问题。但由于喷雾设备差,车间天天像下小雨。为了改善工人劳动条件,1934 年在清花间、粗纱间、细纱间、布机间安装了少量摇头喷雾器,后又购买了德国制造的冷水蒸汽混合喷雾器。1937 年 3 月又在第二工场旁打了一口深井建造空调室,后因抗战爆发没有竣工。这些设施在当时的无锡都属先例。

庆丰纺织厂通过初步改革,生产水平不断提高。特别是第二工场实行新的管理制度,采用新技术、新工艺后,生产水平超过第一工场。下面是两个工场同期生产情况比较:

内容 车间	棉纱产量 (20 支纱前罗拉转速)	正牌棉纱市价	织部看台数
第一工场	156 转/分	180 元/件	1 台/人
第二工场	180 转/分	184 元/件	4 台/人

第二工场生产的“鹿鹤同春”棉纱价格,在市场上要比无锡地区“双鱼”标准纱和上海地区的“双马”标准纱价格分别高出 4 元和 8 元,同“双鱼”纱一样畅销于沪宁线一带。当时农村用户反映,用庆丰厂的纱织布可以“夜不点灯”(表明纱质量好、断头少,夜里不用点灯照样可以织布),因而经常出现供不应求的局面。正如 1935 年《新无锡》报道的那样:“自第二工场开幕以来,其鹿鹤同春商标虽不如双鱼商标有悠久的历史,然以其产品特优行销至广,各色花线及 42 支以上各种股线尤脍炙人口。”

由于产品畅销,要求工人加班加点生产。1937 年春节,厂里以摸彩刺激工人加班,规定凡加班工人可以摸彩获奖,一等奖 1 只金戒指,二等奖 1 条绸被面,三等奖 1 件旗袍。由于经营得当,生产兴隆。1936 年利润就比 1935 年增长近 10 倍。1937 年的利润又有大幅度增长。下面是庆丰厂《账略》整理的1930年至1936年7年纱布盈利、产值情况表：

项目＼年份	1930年	1931年	1932年	1933年	1934年	1935年	1936年
盈利（万元）	31.950 6	61.057 1	46.891 7	0.156 2	8.230 3	11.994 4	110.085 2
产值（万元）	514.167 8	619.849 7	660.436 0	707.354 6	903.755 7	978.509 7	1 143.579 8

第三章　筹划全能工厂

第一节　唐星海的设想

在庆丰厂几次渡过危机，逐步走向昌盛时，唐星海为了扩大生产规模，提高生产能力，意识到除扩大纺织规模外，还须在印染上打开局面，开展竞争，最终把庆丰厂建成纺、织、漂、染全能企业。他设想先建第二工场，再建漂染印花工场，为增强漂染加工能力，再增建第三工场，使庆丰厂最后摆脱单一的生产结构、落后的生产管理局面。

促使唐星海加快实现这一设想的还有如下一些因素：

首先是产品销路的转机。1930年在全国人民抵制日货浪潮的推动下，国货销路极佳，纱布业尤以漂染布最为赚钱，丽新纺织印染厂的库存在这一时期一销而光，获利甚巨，资金由30万元激增到100万元。在这一黄金时期里，唐星海感到实现计划的紧迫性。

其次是与丽新厂矛盾的加深。当时，无锡丽新纺织印染厂是本地唯一的一家纺织印染设备俱全的联合企业。庆丰纺织厂在丽新纺织漂染整理股份有限公司也有一部分股金，两厂曾约定由丽新厂每月代庆丰厂漂染2 000匹白坯布。庆丰第二工场开工后，纱布产量猛增，要求丽新厂每月增加2 000米代漂染白坯布，遭到拒绝。求人不如求己，唐星海感到开设漂染工厂具有必要性。

把庆丰厂办成纺、织、漂、印全能厂的设想经过董事会决议通过后，唐星海便直接向英国麦闪泼拉脱及杰姆挪顿厂定购了一套最新印染设备，并在财力和物力上作好了全面准备。

第二节 漂染整理工场投产

庆丰漂染整理工场建在开办第二工场所置的80亩地基内，1933年开始施工，1934年上半年竣工。据当时《新无锡》报载："该厂业务方面，最近扩充漂染部，工厂已建筑完竣，新自英国订购全部漂染整理机器业已装置就绪，不日正式开工。印花部分亦拟于最短期间筹备实现。至此则纺织漂染整理印花各项工作全部完成。"漂染工场于1934年年底正式投产。全工场分漂白工序、染色工序、整理工序。漂白主要设备：煤气、电板烧毛机各1台，2吨煮布锅2只，3吨煮布锅4只，洗布机10台，丝光机2台，双幅烘机1台，普通烘机2台。染色主要设备：精元机、安口蓝机各1台，染缸10对。整理主要设备：拉幅机3台，轧光机2台，码布机3台。日漂染白坯布3 000匹，主要产品为淡士林、深士林、黑布、漂白布等。商标为"决胜图"、"香妃图"、"庆丰图"，此时，庆丰纺织厂改名为庆丰纺织漂染整理厂，庆丰纺织公司易名为庆丰纺织漂染股份有限公司。

唐星海在技术管理人员上早有准备。筹建漂染工场之前，他就招收第三届养成所学员，专攻印染专业，为漂染印花培训技术、管理人员。1936年这届学员毕业后，立即被分配到漂染工场从事技术、管理工作。他以高薪从丽新纺织印染厂聘请应元栽为漂染工程师，掌握技术、管理大权，考工为周家骏。他对漂染工艺和其它技术十分保密，规定任何外人不得进入漂染工厂，对外来参观者都拒之门外，故漂染工厂的生产情况外人很少知道。

第三节 全能厂的夭折

1934年底漂染工场投产后，唐星海就着手扩建印花工场，并打算与丽新厂争一高低。当时其父唐保谦只主持庆丰纺织公司事务，对厂内事务不多过问。董事会决议开办印染工场事宜时，唐保谦患病在家，详情不明。事后，唐星海告知开办印染工厂，其父主张印花工厂暂缓筹建，认为漂染布能适销对路，而印花布有时间性、适应性，时兴花色能畅销，过时品种就积压，没有漂染稳妥。唐星海认为筹建印花工场是发展趋势，要办成"全能工厂"非设印花工场不可。父子俩在家中展开一场争执，最终由于唐保谦力阻，"全能厂"设想未实现。唐星海无奈地把订购的全套印花设备转运到上海保存,以图将来在沪发展。

1937年中,唐星海在梨花庄龙舌尖置地25亩,在汉口也置了一部分地,准备筹建第三工场,设备是在1936年底向日本丰田机器厂订购的192台自动织布机,并已派了织部2名技术人员去日商厂家培训。后因抗战爆发,这一计划也未实现。

从1930年至1937年,庆丰厂由于初步推行了欧美资本主义管理制度,有力地促进了生产力的发展,使生产规模和产品质量一跃至无锡地区的前茅,产品已誉满沪宁一带,受到客户的欢迎。这些都是徘徊在旧有落后管理制度的企业所望尘莫及的。至抗战前该厂有纱锭64 768枚,线锭4 120枚,布机917台和全套漂染设备,另有3台透平发电机,共计6 600千瓦。全厂日产棉纱约177件,棉布900余匹,日漂染整白坯布3 000匹。厂基占地面积155亩。厂房总面积6 770平方米,职工3 551人,资本由1930年的142万元增至300万元,固定资产570余万元。经营范围甚广,东起上海、西止陕西,北自徐州、南到广州。这一时期为庆丰厂的兴盛时期。

第三篇　沦陷、损失时期(1937年~1945年)

第一章　应变"方针"

第一节　战事波及

1937年"七·七"事变后,日军全面发动侵华战争,8月13日攻占上海,国民党军队节节败退,战火向无锡蔓延。庆丰纺织漂染股份有限公司因战事逼近,辗转迁到上海北京东路444号(即原庆丰公司驻沪办事处)。

时任总经理的唐星海正在外国考察,被董事会电召回沪。在董事会召开的紧急会议上,讨论并通过了"三条应变方针":1. 购结外汇,存备复兴时添置机件继续使用;2. 将厂存各货分装外埠及城乡;3. 拆机装箱迁运内地。围绕这三条方针,他们四出活动,八方准备,千方百计减少损失,以备复兴再图经营。

随着战争蔓延,无锡岌岌可危。庆丰厂职工人心浮动,无心生产，职员留职停薪纷纷外出避难，工人自动离厂疏散，工厂生产停顿。第二工场有数十名男工自动留下，向负责善后事务的工程师请求拆车，并说只要把机器保下，拆车费可以不要。这个工程师将工人的请求向上海汇报，并出于对工人的同情，要求每台拆车费30元。上海方面听到汇报后，正合他们心意，对拆车费的要求也一口答应。这些工人与留下处理停厂善后工作的部分职员一起，日夜拆车抢运。

不久日机沿沪宁线狂轰滥炸，战火烧到无锡。10月8日，火车站一带工商业集中地区遭到轰炸，庆丰厂内挨了3颗炸弹，印染工场全被炸毁。根据1938年10月9日董事会记录："房屋类被毁者：(子)第一工场计第二、三、四、十、十三、十五、十六号栈房七处，物料处、经纱间、浆缸间、大包间、拣花间、打包间。(丑)第二工场计，公事房、厨房至人事科一带，第一、二布厂，经纬间、浆穿间、漂染部、盘头间、新物料栈成包部……，第一二两工场毁损房屋机器约三分之一。"全厂惨景目不忍睹，大部成为废墟。

庆丰厂被炸后，白天已不能拆车，工人和职员白天就到城郊睡觉，晚上冒险继续拆车，随时都有被炸的危险。至11月中旬，日军兵临无锡城下，最后一批拆车人员将最后一批拆卸机件装船撤离无锡。原定运往汉口、芜湖、泰州，由分事务所保存或在原已置地基上再建厂，但由于日机空袭频繁，沿途日军封锁，使机件在运输途中散失一部分，运到泰州时只有11船。

第二节　保产求生

全面抗战爆发后，唐星海为保存企业实力，有计划地汇集现款。如将无锡庆丰总公司筹集的现款运往上海；将厂存纱布物资运往汉口、广州销售，以货款汇沪；分别电知庆丰驻其它各地事务所销售存货，把现款汇集上海。

在庆丰厂将库存的纱布纷纷装运外埠销售，将原料、燃料疏散到无锡城郊四乡之际，曾乘机打开中南银行专为堆存庆丰抵押品的中南栈房，将所借中南银行140万元抵押物资计棉花10万担、棉纱1 500件等同时向四乡抢运，这些物资最后变为庆丰所有。

"八·一三"事变不久，沪宁铁路中断。唐星海自沪放小汽车来锡，将庆丰总公司的现钞绕道京(宁)杭国道运到上海，然后再由其妻温金美坐自备汽车到英商汇丰银行套购外汇。他不仅将庆丰、九丰的公款套购外汇，而且将两厂所有私人存款也全部套购外汇。当存户来提款时，靠陆续脱售存货分期支付。据唐星海在《庆丰纺织漂染整理股份有限公司事变以来经过状况》一文记述："沪上债权猬集，综计本公司负债额共达五百万元之巨，百孔千疮，风雨飘摇，不得已将运沪货物逐渐变值，计一百九十余万元，偿付旧欠。"由于物价飞涨，币值低落，存户拿到手的钞票已打很大的折扣，因此导致庆丰、九丰许多存户包括唐氏家族中唐晔如、唐纪云、浦叔云(唐瑞千之母)、唐凤岱的不满。特别是其弟唐晔如与唐星海之间的原有矛盾加剧。当其父唐保谦在1936年12月临终时，看到兄弟之间不睦，互争权势，就招五弟申伯、六弟纪云嘱托说："星海刚愎自用，心胸狭窄，晔如年幼经验不足，非其敌手，我终不放心。我亡之后，俩弟要多加关照晔如。"因此，以这些人为一派，开始了向唐星海进行争权夺利的斗争，他们之间原有的宿怨进一步加深。1940年4月5日，在上海保丰厂内召开的董事会上，双方矛盾发展到白热化的程度。后来，唐星海曾洋洋自得地说："要不是我在抗战之前冒着被人辱骂的丑名声，保丰哪有今天这一日？"

第三节 创办保丰

庆丰厂关闭，使庆丰总公司成为有名无实的空架子。为保全这个家业，1937年8月15日董事会决定，在上海筹建新厂，取名为保丰。厂名有两层意思：一是取创办人唐保谦姓名的中间一字，即是纪念唐保谦之意；二是保丰系庆丰厂的一支脉，保丰的筹建资金的大部分来自庆丰，为此，要保牢庆丰产业。筹建由唐星海负责，他向中华劝工银行租借延平路申园跑狗场原址地基30亩，租期15年，优先权10年，如期满不愿继续办厂可拆屋还地。为早日投产，节省资金，厂房建筑比较简陋，建厂初始由庆丰公司拨150万元作资本，后又追加到200万元。

保丰厂机器设备的主要来源：

1. 棉纺设备一部分是从庆丰厂拆运到沪的机件，一部分是从英国订购的好华特细纱车。在日军未占据无锡前，唐星海就把庆丰的大量物资和机器抢运转移；无锡沦陷后，他又通过日伪翻译孙维嘉和他的舅父庆丰董事、无锡商会会长、第一区区长陈湛如打通日军宣武班门路，将锡地抢运到的物资陆续运到上海。据1939年5月24日董事会记录，从庆丰厂拆到泰州有11船机件“经辗转运到上海。搬运到上海时共245箱，114件，约可凑成粗纱车两部，细纱车十余部”。

2. 布机：1937年由庆丰厂从英国订购的372台布机转运到上海，保丰开工后，先付机器款的十分之二，其余亦在40个月中陆续偿还。

3. 漂染设备：大部分向源兴昌机器厂购买，少数国内不能制造的机件向英国厂商订购。国内的机器造价比外货造价便宜三分之二，产品既廉价，交货又迅速。另外，原庆丰厂的一套印花设备也为保丰厂所用。

从1938年8月开始筹建至1939年4月，保丰厂织部建筑竣工，机器安装就绪，先开布机364台。5月漂染部投入生产，9月纺部开始运转。日产棉布800多匹，棉纱35件，漂染布2 000匹。保丰的行政领导、经营管理仍由庆丰总公司负责。

保丰开工后，为避免日军干扰，唐星海便向美国有关部门注册。将厂里的房屋建筑、机器设备向美商大通银行商栈押款，并由该银行指定两人为保丰董事，对外厂名为“美商纺织漂染整理有限公司”。

尽管如此，保丰还是难免厄运。1941年年底太平洋战争爆发后，英美对日宣战，日军冲击了英美在华租界，保丰被日军军管，同庆丰厂一样，解散职工，停厂关门，直到1943年由日军发还。

1946年，保丰扩大生产规模，共有纱锭16 640枚，织机412台，以后逐年又有扩充。

1950年保丰并为庆丰纺织印染公司第二厂，1954年公私合营。1970年纺部织部支援“三线”建设，内迁福建三明市，为三明市纺织厂，印染部与其它小厂合并为上海第六印染厂。

第二章 日军军管

第一节 日商经营

1937年11月25日无锡沦陷，庆丰厂被日军长谷川部所占据。

1938 年 5 月,日军无锡地区军管会将庆丰厂转交给日商大康纱厂经营(该厂设在上海)。同年 7 月 6 日,大康纱厂派员到厂整修,筹备恢复生产。

当时,庆丰厂遭受日机轰炸和日军占领焚掠,损失惨重,境况凄凉。查日本大康纱厂所著《无锡庆丰纱厂经营状况》一文,声称其接收庆丰时:"工厂房屋均为日本军作宿舍,军马数百匹系于场内,荒废之极,竟有难于着手之感,又工厂为炸弹及火灾之损坏,实有悲惨之情况。"由于庆丰厂损失严重,修复需用大量资金,加上大康纱厂此时还要接收上海、江阴等地的中国纺织厂,因而一时在人员、资金上都存在问题。于是日方便玩弄花招,于 1939 年 1 月 30 日由大康纱厂经理大和藤七出面,发信给庆丰总公司经理唐星海,提出共同修复、合作经营庆丰厂之建议。信中称:"贵无锡庆丰工厂虽因火灾大部分遭焚毁,而其所残存部分应修理,上由宝厂与敝厂合办营运。"合作经营条件:"一、敝厂由流动资金出资营运;二、修理费用应由宝厂负担;三、进益则由双方均分。"唐星海于 5 月 24 日将该信提交庆丰董事会讨论,到会董事认为:大康提出的合作经营条件苛刻,庆丰厂权不能独立自主,以暂缓讨论而告终。

日大康纱厂在提出合作修复、经营庆丰厂的同时,便四处招雇工人,整修厂房和机械设备。唐星海乘日商招工之际,派遣原庆丰纱厂职员薛宗杰等 3 人投考进厂以作内线,注意厂内日商动态,随时汇报,以及时掌握情况。

1939 年 2 月 23 日,日商将庆丰厂整修后正式开工生产,厂名改为"大日本纺织株式会社大康纱厂无锡工厂庆丰纱厂"。所出产品的商标均改为"大宝牌"。厂长由日本人田中担任,后改由白田担任。各正领班为日本人。正领班以上职员也都由日本人担任。副领班、工头、拿摩温由中国人担任,具体负责各车间日常生产。

开工生产时招到工人 1 000 余名,其中一小部分是原庆丰厂工人,其余都是从四乡新招雇的。工人一般都是用一定数量的钱、物作为酬劳费给招工头(中国人)才得进厂。

当时庆丰厂共有纱锭 58 648 枚,线锭 4 024 枚,布机 847 台,但机械设备大多残缺不全，仅开纱锭 6 800 锭，布机 117 台；后经逐步整理，增开至纱锭 10 643 枚，线锭 2 099 枚，布机 194 台。

由于第一工场在日军占据时细纱机车脚均被敲坏，第二工场布机间被日机炸毁，所以第一工场只开清花、钢丝、粗纱、布机；第二工场只开细纱、摇纱、成包。

日商经营期间，管理手段十分残暴。厂房四周都架设电网，第一工场粗纱间走弄口还增设了铁门和木栅。日本领班跑车间时都带有手枪，动不动就将工人拳打脚踢，厂内还专门设有刑房吊打工人，工人在日本人眼里不过是为其效力的牛马。

工人对日商这种法西斯统治非常痛恨，经常用磨洋工、开空车等来反抗，日籍职员不在车间时就轮流放哨打瞌睡、聊天，见其进车间时则由步哨作暗号，大家便立即干活，不露破绽。因而生产效率极低，一般细纱挡车工每人每天看纱锭 210 枚，纺的粗支纱每天 12 小时生产仅纺 8 个亨司；布机挡车工每人每天看布机 1 至 2 台，产品质量也很低劣，尽管日商想尽种种办法，也都无济于事。

日商曾对庆丰厂的厂房作过整修，并在被炸的第二工场布机间的部分空地上建造织部准备工场，在被炸的风棚间空地上建造了变电所，建筑面积共 397.7 平方米。

第四节　工人生活

驻厂日军在日商经营庆丰厂期间，将厂内仓库、宿舍占为军营，对外清乡扫荡，对内镇压工人。每次清乡扫荡总要从四乡捉回无辜百姓，在厂内日夜拷打，成批杀害，把尸首抛进“万人坑”。厂内工人经常可听到被日军残酷拷打及被狗撕咬而传来的惨叫声。工人们上班提心吊胆，度日如年，夜里不敢行走，整个厂区笼罩在一片白色恐怖之中。

当时，工人工资要比华商办的纱厂低。普通工人每月工资仅能购米 3～5 斗，到领班一级职员的工资可购米 2～3 石，正领班以上职员每月工资可购米 6 石左右，日籍技术人员和高级职员所得工资就更高。工资每两个星期发放一次。工人及中国职员发的都是伪“储备票”，那时通货膨胀，物价变动很大，刚拿到手的工资转眼便打了七、八折。日籍人员工资都发日本“军票”，一般可不受物价上涨影响。日商对中国副领班、工头常施行小恩小惠，请客吃饭，到年底也分给几天工资作为“年赏”，以通过他们进一步加强对工人的压迫和控制。工人进厂仍要扣除 14 天的工资作为“存工”，凡工人辞职或被开除，“存工”工资照被日商没收。

日商经营期间，对工人的抄身制度更为严格，每天放工时便由日本人牵着狼狗在旁监抄，发现有人夹带东西出厂，轻者罚款 1～2 元，重者鞭打狗咬，开除出厂。后因常有日本军人被杀于庆丰厂附近的北新桥堍一带，对工人防范就更严，不仅出厂时要遍体抄搜，进厂时也要抄身，以防夹带爆炸物品和抗日传单进厂。

当时，厂内劳动安全设备很差，伤亡事故经常发生。工人患病或工伤都得自己设法治疗。女工怀孕分娩便被开除出厂。日籍职员打骂无辜工人更是常事。很多工人因不愿承受种种非人待遇而含愤自动离厂。工人们在日军铁蹄统治下只能在死亡线上挣扎着生活。

第三章　接收前后

第一节　发还

从 1942 年起，侵华日军开始发还军管统治的工厂产权。1943 年 5 月，日商将庆丰厂移交给汪伪实业部。不久，庆丰总公司接到发还庆丰厂的通知书。

鉴于当时唐星海、唐晔如兄弟之间为争夺庆丰产权归属问题矛盾日深，汪伪实业部以改组名义发出通知：“日方以该公司正当权利人有非协力之态度，故不直接交还正当权利人，决以移交本部另组织管理会接收整理。”7 月 21 日，由孙祖基、章骏、陈中、唐纪云、蔡漱岑、华俊民、唐淞源组成庆丰纺织公司管理委员会，孙祖基为主任。24 日，汪伪实业部将庆丰移交管理委员会暂行管理。经过两个多月，管委会认为“接收纱厂整理大致就绪，无继续存在之必要”。9 月 29 日，管委会解散，汪伪实业部指名唐晔如任庆丰厂经理，过持之任厂长。

唐星海对此心里很不服气，同年下半年，乘汪伪政府改组之机，他加紧活动，通过汪精卫老婆陈璧君的胞弟、伪实业部次长陈君慧、王树春的门路，要求收回产权。一场争夺庆丰产权的官司打得难分难解，由于主客观原因，最终唐晔如认输。

日商在发还庆丰厂时，不仅不归还掳去的大量物资，而且再度敲诈勒索，列出了名目繁多的“庆丰厂偿还账目”如下：

流动资产增价金额	7 101 元
固定资产增价金额	171 224 元
火灾保险费	3 794 元
水电燃料费	997 元
制造及营业费	89 603 元
制造贩卖利益及权益金	118 832 元
合计	391 551 元

至此，日商还不罢休，要庆丰偿还大康纱厂管理期间复旧费 1 123 065 日金，折合中储券 623 万元。唐晔如一方面要偿还外债，另一方面又借了 476 700 万元国币整理庆丰厂。他认为：自己身为经理，理应早点开车生产，免得受到董事会的指责和唐星海的讥笑。但是，政治上的官场失意，经济上的负债累累，使唐晔如自认不是唐星海的对手。1943 年 11 月 14 日下午 2 时，由前厂长过持之出面，监交人实业部工业司帮办许庆潼到场，将庆丰厂移交唐星海、陈湛如。唐晔如离锡到上海，和唐淞源等另创源丰毛纺厂、肇新纱厂。就这样，唐家兄弟之争以唐星海取胜而结束。

第二节　整理

抗战期间，庆丰厂损失惨重，根据资料记载，列表如下：

炸毁机器	数量	损失时价值(国币元)
细纱纱锭	1 920 枚	1 558 027.70①
布机	65 台	1 625 000.00②
漂染机及附件	全套	10 189 825.00
原动部及机修间附件	全套	11 089 275.00

① 据其他资料，庆丰厂仅美制道勃生纺纱机就损失 2 万枚纱锭，价值 16 229 500 元。

② 据其他资料，庆丰厂战时损失织布机 527 台，价值 6 248 200 元。

炸毁建筑物	数量(平方尺)①	损失时价值(国币元)
织厂平屋	379 400	1 222 000.00
织厂楼房	295 000	602 200.00
漂染厂	917 400	4 249 975.00
仓库	125 816	475 000.00
整备间	187 500	2 508 475.00
男工宿舍	12 144	37 500.00
工厂办公室	162 250	896 250.00
白铁棚	4 954	74 250.00
走廊	11 100	166 500.00
其它	47 225 615	1 689 800.00
合计	48 483 775	11 921 950.00

损失项目	数量	损失时价值(国币元)
花衣	23 268.91 担	20 476 640.80
棉线	30.60 件	428 400.00
棉纱	836.13 件	9 030 204.00
棉布	890.00 匹	712 800.00
涂色布	24 648.50 匹	17 746 920.00
绒布	2 443.00 匹	1 978 830.00
坯布	38 892.00 匹	21 001 680.00
脚花	883.05 担	441 527.50
物料		14 596 390.50
煤屑		69 991.00
合计		86 483 383.80

唐星海接管了这副烂摊子后，着手进行了三个方面的工作。

一是人员整理。唐星海聘请原戚墅堰发电厂经理吴玉麟任庆丰厂厂长。聘请南通纺织学院高材生、中国十大纺织著名工程师之一王云揆任副厂长兼总工程师。1943 年 12 月 18 日，王云揆正式任

① 加总数据有出入，原件如此。

职，同来的还有纺部工程师夏拜言、清棉科长叶笑仙、粗纺科长许燮耕、精纺科长张省三、女工宿舍管理员陶若华等20余人。他们到职后，对第一、第二工场统一采用了当时先进的管理方法。为了和日本人打交道，厂方还函聘了菊池忠荣为庆丰厂庶务员。

对于招收工人，唐星海亲笔批示人事科："招用工人决不因老工人即以感情用进"，摒弃招收年老女工。对招收进厂的750名工人都要严格审查，逐个登记入册。并规定全厂51名职员要重填保单，老职员填正式保单，新职员填试用保单，保人一律要经过庆丰总公司核准履历。

二是机械整理。厂方集中一批工程师和工人，专门清理和出卖掉各工厂废铁16吨，疏通了厂道、工厂走弄。收集了全厂被战火烧毁的596.05匹马力坏马达，以每匹卖价2 300元储备币与上海电器厂订立卖买合同，为避日伪耳目，借修理为名运往上海出售。

同时，由专门人员整理被毁的纺部、织部机器，挨机逐台编号登记炸损拆散的机部件，设法配齐重新使用。因受战争创伤，机器厂生产的产品供不应求，加上价格昂贵，交货时间长，唐星海便以90%的资金与原上海源兴昌机器厂老板傅鹤卿合办了源丰机器厂，专门为庆丰、保丰生产纺、织工场及漂染工厂的各种机配件。

1944年初，唐星海与浙江兴业银行经理竺森生、上海银行经理朱茹唐合办了建安实业公司。同年3月，唐星海通过董事会将庆丰厂经过整理修配的2 000枚纱锭，与建安实业公司在常熟小东门外陈家市东仓镇裕丰厂旧址，合办了家庭纺织工业社。他当时出于以下考虑：1. 就地购棉，原料保证；2. 节省运输，方便管理；3. 以旧复用，收利颇盛。唐见家庭工业社发展甚快，7月，再以庆丰厂停开的2 000枚纱锭与建安实业公司在太仓项桥合办了永丰纺织工业社。时隔不久，又将经过整修的6台旧细纱机（SACOLOWEW 1921年产）出售给新毅布厂。

三是资产整理。唐星海指定工程师龚缵模清查全厂炸毁物资和现有资产，分门别类造册入账。并不惜工本化了2件纱的代价，撰编了中英文并著的“战事损失调查表”，拍摄了炸毁的厂房、工厂及一切被炸毁的现场。

为了及时掌握和控制庆丰厂的情况，唐星海还规定了“号信分类”、订立了“工作日志”制度。

“号信分类”，即庆丰厂与总公司每天的信件来往分三大类：

1. “锡工”，关于庆丰厂生产情况，即工务方面；

2. “锡业”，关于庆丰厂销售情况等，即事务方面；

3. “锡总”，包括人事及一切不属业务、会计、工务等其他方面。

“工作日志”，分工务、事务、修机三部分，由各部门负责人具报。

与此同时，唐星海为庆丰厂的发电机器四处奔忙。战前，庆丰厂有1 600千瓦、1 000千瓦、4 000千瓦3台发电机。唐晔如接收时，因无力偿还日方复旧费，日商提出以1 600千瓦发电机先作价偿还，双方签订了协定。唐星海接管后，认为发电机是工厂的命脉，不能轻易动弹，要求收回协定，照价清算。但是，当时日本帝国主义对中国的交通运输、原料动力扣管很严，非但拒不答应唐的要求，而且变本加厉提出要拆迁庆丰厂另外2台发电机，作为日商经营时期的管理费。唐星海提出抗议，日本人不予理睬。当时有个日本人渡边密告：“其余二透平如不允拆，本用无法对抗，则大使馆将令华中停止供电。同时，永远停止煤斤配给。”唐星海只得求救社会势力。经实业部陈慧君、县商会会长陈湛如等人多方交涉，日商以贷借为名，于1943年12月将1 600千瓦发电机拆迁蚌埠日商华中水电公司。此后，又将4 000千瓦、1 000千瓦发电机拆迁山东日商华北水电公司。

1944年1月28日，经过两个月的整理，庆丰厂逐步开车，由于第二工场细纱机一部分在战前已拆迁，另一部分在日军撤走时被敲坏了车脚，因此，当时仅开了第一工场清花、并线、粗纱机，第二工场4 000枚纱锭及196台布机。每天开一个日班12小时，用电由华中水电公司限制供给，用棉由上海花栈供给。

同年5月，日商军部要求各纺织厂接受“代纺”，否则封锁其用电用棉，规定庆丰厂以1万锭代纺，并限定代纺10支、20支各215件制成品,10 支每件用电 202 度,20 支每件用电 280 度,限于 6 月底交货。

第四篇　徘徊、收缩时期(1946 年～1949 年)

第一章　图谋复兴

第一节　初步计划

1945 年 10 月 13 日,唐星海在董事会上报告说:“按照目前人力、物力、财力状况,分为三期逐步整理:第一期整理纱锭至 36 000 锭;第二期整理至 50 000 锭;第三期整理至 66 000 锭。布机部分拟将效力薄弱者逐渐淘汰,更换精良自动布机,恢复至战前状态。至于漂染整理机件,因战事厂房被毁,损坏极重,刻拟添建厂房,并与源兴昌机器厂合作另组机器厂,添置修理机件,积极设法恢复。被敌方攫去之发电机 3 座计共 6 600 千瓦已查明地点,拟设法交涉收回。”唐星海的报告得到董事会的一致赞同,称之为“复兴计划”。它的产生是由当时社会条件决定的:

1. 1945 年 8 月 14 日,日本帝国主义宣布无条件投降。庆丰厂结束了“代纺”差使,彻底摆脱了日商压榨。

2. 市场原棉充足。抗战胜利后,美国曾以“国际联合救济总署”的名义赠送给中国大批原棉,国民政府以廉价投放市场。

3. 庆丰厂以保丰作为后备基地。上海保丰厂在抗战时期损失甚小,加之纺、织、漂、印、染设备齐全,流动资金周转快,获利可观。唐星海借用保丰经济实力,调资援助庆丰厂。

4. 提高庆丰厂在全国纺织业中的地位。当时全国纺织行业有个托拉斯集团,规定参加者要拥有 20 万纱锭。唐星海准备通过“复兴计划”的实现,达到加入这一集团的目的,并以此巩固和提高自己在纺织界的地位。

第二节　具体做法

围绕“复兴计划”,唐星海步步为营,积极实施,竭力使庆丰厂东山再起。

增添机械设备。庆丰厂一方面加紧修复被炸机器,另一方面积极筹备资金，购置机械设备。1946 年 4 月，唐星海在董事会上提出“锡沪两厂整顿成本加重，资金周转困难，生产前景不佳”，要求全体股东各自摊认，增加资本 10 800 万元。随后，他订购和添置了一批纺织机以及漂染、发电设备，计有瑞士立达厂纱锭 10 500 枚，英国纱锭 20 000 枚，中国纺织机械厂纱锭 26 720 枚；粗纱机 4 台；回丝废花车 2 288 锭；英国布机 500 台；玛萨拍拉脱漂染整理印花机全套；瑞士勃卜维利厂 4 000 千瓦透平发电机 1 座，450 千瓦柴油引擎机 2 台及其锅炉设备。与此同时，源丰机器厂也为庆丰厂生产了细纱机、织布机、整经机等设备。

扩大经营范围。由唐星海出房屋，竺淼生出流动资金，严永祥（大隆机器厂老板）出机器，3 人合伙在上海开设了规模较大的公永纱厂。与建安实业公司合作开办了庆源号、大华、利达等花、纱布庄、宝丰堆栈、北新隆农场以及无锡永信化工厂、昆山永润油厂等。唐星海还私人投资马迪汽车公司、通惠冷汽公司。1943 年 3 月又以庆丰总公司名义与香港南洋商顾兴本公司合作经营。

整理工作规则。抗日战争时期，庆丰厂原有的一套生产工作法、管理规则都受到破坏。1946 年 3 月，实业部颁布指令，要求“统一纺织行业操作管理规则”。唐星海提请董事会通过了《各项办事细则案》。继后，对全厂各工种规定了 56 条工作法，并拍摄了细纱、筒子、浆纱、整经、织布等主要工种的接头、操作、交班等具体示范动作，用挂图法首先在养成工中推行，然后挂在车间里让每个工人对照执行。

唐星海在整理原有工作法的同时，还具体规定了 9 项制度。内容有《养成工简则》、《膳所规则》、《住厂男女宿舍约则》、《织布坏布赏罚规则》、《添雇工友手续》、《暂定电力限制期间内职员工作时间及延长办法》、《职员规则》等。工作法和各项制度公布后，唐星海经常在半夜亲自到车间突击检查执行情况。有几次被他捉住差错，领班受到训斥，拿摩温、女工则受到责罚。

为了恢复庆丰漂染工场，1947 年 8 月 15 日，唐星海在上海开办“印染工程艺徒训练班”，亲自招考学员 24 名，规定学制 6 年，即学习

3 年,帮师 3 年,学习课程有印染学、漂染学、染色学、印花学、整理、化验、英语等内容。

第三节　最后结果

1946 年以后,唐星海的“复兴计划”大部分得到兑现,庆丰厂曾经有过“纺织黄金时代”,但这只是短暂的昙花一现。

机械情况:1946 年初,庆丰厂仅开纱锭 22 000 枚,布机 124 台;4 月,厂方派了大批工人,修整了被日军敲坏的第二工场细纱机车脚,重新排车安装了新机。7 月,第一工场细纱纱锭,第二工场清、并、粗全部开车生产。年底纱锭猛增到 50 000 枚,布机增开到 364 台;以后,纱锭开到 69 248 枚,同时还增开了 168 台日本丰田自动织布机,超过了战前规模。

用电情况:庆丰厂安装了一套 4 000 千瓦透平发电机,6 台柴油引擎机。1947 年 5 月又从蚌埠追回了一座 1 600 千瓦发电机,另外在淮南煤矿专门设立购煤栈,购买煤块自发电,原来向日商买电每度是 0.06 元,自发电每度折合成本 0.016 元,不仅用电自足,而且每月还出售 10 万度电至九丰面粉厂。

原棉情况:国民党统治集团为了阴谋策划内战,一面压价收购农村棉花,一面又以“联总”救济棉充实市场,因而出现了“花贱纱贵”的状况,600 斤棉花才可换一件纱。1946 年 5 月,市场棉花每担 89 000 元,“联总”的救济棉每担 70 000 元,如果不生产一转手就可赚 19 000 元,而且购棉可以分期付款,唐星海即多方设法大量抢购棉花。一是私人办花行,贱买贵卖,从中取利;二是加入棉统会,垄断原棉,控制各厂棉花的分配大权;三是租借堆花站,以庆丰厂的布匹作抵押品,向中南银行借租仓库堆放棉花。当时庆丰纱厂有储棉量 4 万多担,为开厂后的最高记录。

供销情况:抗战时期,庆丰厂 8 个事务所中断了经营。1947 年初,无锡北塘财神弄口、上海、广州、汉口、江阴、徐州、南京、蚌埠等事务所相继恢复经营,并在常州、江西、北京等地新设了事务所。

与此同时,改变战前只采用常熟、江阴、沙洲等地区的原棉搭用小量美棉的状况,开始混用美国、埃及、巴西、印度、巴基斯坦等国的原棉。“双鱼牌”纱、布不仅销售江、浙、津、粤、川等地，而且远销于南洋群岛一带。

特别是按照统一工作法和各种制度规定生产的“双鱼牌”纱、布质量，名声不减当年。据1947年9月10日《大锡报》记载，当时庆丰厂生产的成品是“深夜纱布得势，双鱼涨风独起——纱布入市常州。实销数坚强，纱市已见盛时，客帮无从补进，故布行弄内纱布工业热闹已见”。

这一时期，庆丰厂确实时来运转，大有起色。全厂开足所有设备，日夜2班加紧生产。中纺公司颁布了“实行十小时工作制”通告，唐星海指令工人每班仍旧劳动12小时，2小时作为加班另结工资。细纱日产达65 284磅，棉布日产达728匹，庆丰厂获利可观。根据“1947年财政部江苏地区直接税局第一类营利事业所利得额报告表”：庆丰投入资金：28.18亿元；净计纯益：14.22亿元；所得利合资本定额50%以上。

然而好景不长。1947年12月底，经济部纺织品企业管理委员会为配合“戡乱政策”，改组为“纺织事业调节委员会”，后又改为“花纱布管制委员会”，对棉花实行“统购统销”，限制原料来源，强行收购进口原棉。同时对纺织行业实行“代纺代织”政策，使纺织业转而走向下坡，各纱厂日趋陷于困境。唐星海曾和同业公会的代表多次去南京向国民政府行政院、经济部等请愿，非但没有得到丝毫照应，反而被中国银行财阀按锭数向同业公会摊派了一笔可观的“黄金建设公债”。庆丰派购了20.5万美元公债，唐星海只得以产品抵押出售来缴纳公债。后来这笔公债曾抽还过两次，但大部分债券随着国民党政权的垮台而化为废纸。

由于国民党当局的腐败统治，民族资本的发展受到压抑。唐星海原拟恢复漂染工场，增加纱锭至20万枚的计划始终没有实现。

第二章 转向海外

1948年下半年，庆丰纺织漂染厂因原棉短缺、资金枯竭，三天开车四天停工，生产难于发展，经济危机加重。唐星海对摇摇欲坠的国民党统治集团感到失望的同时，提出了“放弃无锡，保住上海，发展国外”的权宜之计。

第一节　香港办厂

1948年7月24日，唐星海提请董事会通过庆丰纺织公司以总资本的40%计800万元港币的价值，投资香港南海纺织公司筹备处，在香港九龙荃湾建办南海纱厂。同月，唐星海带领庆丰厂几名高级职员赴香港选择厂址，重金聘请了两个留美建筑工程师全面负责设计、施工、建造厂房，并委派一位有经验的外国管理人员做监工。

南海纱厂建筑速度很迅速，按照唐星海的计划先造仓库后造厂房。1948年底，庆丰厂的5 000枚纱锭先在南海纱厂仓库内运转生产。随即，又马上建造了纺织部大车间。1949年春，唐星海把1945年为庆丰订购的10 500枚英国泼拉脱纱锭和500台英国布机，运到南海纱厂，作为固定资本，并从无锡、上海抽调了部分养成工，从广东招收了部分工人，开始转入正常生产。

同时，唐星海为了办好南海纱厂，在人员上也作了准备。1948年8月，他在无锡开办"纺织机电艺徒训练班"。9月15日，报考学员经过庆丰厂厂长范谷泉、副厂长陶心华、锡沪两厂总工程师吕师尧以及其它工程师、职员的当面口试、笔试，以13∶1的比例，正式招收艺徒40名。其中20名学纺，学制1年，毕业后要到香港做工；20名学织，学制2年，帮师1年，毕业后留在本厂织部做工。训练班设庆丰厂内，每个艺徒录取后都要有店保，以防今后跳厂。唐星海亲自挑选艺徒班教员，规定课程。具体安排是：校长范谷泉，名誉主席吕师尧，训管处主任叶绳武，副主任瞿立干，班主任王洪墀。职员王槐、瞿立干、韩景仁、吴汪乾、郑英石、钱钟鲁、余贤定等，分别任教棉纺、棉织、机械制图、电工、物理、珠算、数学、英语等。

艺徒班制度相当严格。每个艺徒编号，记入登记册。规定他们每天早上5时30分参加早锻炼、早自修，白天跟师傅进车间实习，学纺的艺徒从清花、粗纱到细纱，道道工序都要学习；学织的艺徒参加新布机间排车安装，另外在教室后面还有2台普通织机、2台换梭机，专供他们拆装实习。晚上6时开始上3小时课，课后要做作业，准备考试。每次考试都作记载，列入登记册。每周要写周记，汇报自己的学习、实习情况。星期天上午要进车间做"礼拜天"，下午自由安排,但要到训管处领了牌子才能出厂。唐星海经常到班对艺徒训话,检查纪律和学习情况。

艺徒的生活情况是:每人每年热天发卡其短裤、汗衫、衬衫,冬天发一身学生装和一双球鞋。膳食由厂方包管,仅次于职员。工资每月6.05元金圆券。

由于局势发生变化,13名纺部艺徒只学习了一个学期,于1949年2月即去南海纱厂就业,其余27名艺徒在1950年9月17日结业。

第二节 转移资金

1948年8月19日,全国发行金圆券,并用以强制收兑民间金银外币,实行限价政策。9月间,蒋经国以私套港币的罪名逮捕了国大代表、申新公司总经理荣鸿元,特刑庭判处其徒刑6个月,缓刑2年。当时上海各界曾流传蒋经国要逮捕唐星海,而唐正在美国考察即将回国。总公司即专派他的秘书谢绍佐去香港等候,要他暂时避避风头。唐星海受惊不小,认为自己在上海地界是个有地位的人,现在身份大失,名利俱败。在他的心里萌动了向海外发展的念头。

与此同时,中国共产党领导的人民解放战争,取得了辽沈、淮海、平津战役的伟大胜利。国民党政府败局已定。唐星海感到惶惶不安,认为自己和宋子文是亲戚,蒋家王朝垮台,共产党是不会放过他的,于是打定主意要在海外发展,并利用各种途径加紧转移资金。

1. 用向国外订购机器物料为名的资金套购外汇,或者把订购的机器设备及棉花从庆丰纱厂转账运到南海纱厂,并通过纱布外销委员会公开出口纱布运往香港,搞所谓"南运物资""华侨合作",把其账目一并转入南海纱厂。

2. 利用广州事务所靠近香港之便,把庆丰厂的纱布贷款套汇去香港,或直接以港币作价,并将汉口事务所所有的纱布运往广州事务所集中转移香港。

3. 通过宋子文,利用官价套购受政府严禁控制的外汇,派遣亲信在国内外市场私购美钞、港币。

唐星海还将庆丰纱厂私人厂基(原锦丰丝厂)34.425亩作价103 275元卖给庆丰厂,并以私人厂房作价59 580元卖给庆丰总公司。

根据1949年3月份香港账册记载，除已付的机器定银(即转拨南海厂使用的机器设备)不计外，另计存有：美金638 963.56元，港币4 939 340.34元(庆丰投入南海纱厂的现款及存港的花纱布)。

以上两项如按20世纪50年代前期新人民币折算，总计折合人民币3 898 195元，如按锡、沪两厂公私合营清产定股的全部资产20 925 000元推算，占企业全部资产的15.7%。其时，南海纱厂纱锭发展到30 000多枚，布机500台，在同行业中相比，经营较稳健，资力相当雄厚。

第三章　工人斗争

抗战胜利后，工人们刚从日寇魔掌下解脱出来，又掉进了国民党统集团的虎口，生活相当贫困。

第一节　职工生活

工资方面：当时工人工资有“论货制”和“论工制”两种结算方法。

“论货制”：就是按不同工种或品种的生产产量计件结算工资。例如，钢丝以“台数”，粗纱、并条以“亨司”，细纱以“木杆”，细纱落纱以“几袋纱”，筒子以“车面”，穿经、分头以“每轴”，整经以“千码”，络经、织布以“每码”，络纬以“每板”，打包以“包数”来结算。规定粗纱、并条0.07元一个亨司，细纱0.20元一个木杆。1948年4月布机间论货工资列表如下：

品种	络经	络纬	整经
21^s纱	0.010 6元		0.055元
23^s纱		0.088元	
31^s纱	0.015 6元	0.090元	0.059元
34^s纱	0.016 6元		0.059元
40^s纱		0.103元	

品种	穿经	分头	织布
12磅细纱	0.336元	0.242元	0.012 1元
坯布	0.467元	0.338元	0.014 2元
府绸	0.554元	0.401元	0.015 6元

“论工制”：不能计件的，根据不同工种作工时结算。例如，纺、织部的扫地工、加油工、平车工、织部的浆纱工、评布工等都以“论工制”结算。

1949年3月布机间“论工制”列表如下：

工种	每月底薪	工种	每月底薪	工种	每月底薪
拿摩温	1.90元	浆后车	1.75元	换梭	0.72元
平车头	2.00元	浆前车	1.40元	揩车	0.70元
平车机工	1.85元	评布	0.98元	加油	0.88元
平车小工	0.95元	修布	0.91元	扫地	0.86元

1946年，第六区机器棉纺工业同业公会锡武办事处颁布了“全市统一工资标准”。这个标准虽然比原来的工资标准稍高一些，但是当时的工资结算是工资底薪结合生活指数对算的。

实际月底薪＝[338＋(X－25)×8/5]×309

实际工资＝月底薪×生活指数

生活指数是当时上海每月颁布的市场米价、日常用品之总和，根据市场价格而变更。由于生活指数本身有不少弊病，每月1日公布上个月的生活指数，一经公布，市场价格就像断线风筝扶摇直上。而厂方要过5日才发工资，还要搭发“横浅支票”(要隔3至5天才能兑现)、“本票”(对外不通用)等，经过折腾，工人到手的工资已贬值35%。

按照当时每月100元底薪的工资计算，仅可买米4斗，为了挣钱养家糊口，工人们不得不延长劳动时间，甚至连星期天都没有，以此来换取每个月的4个升工和礼拜工。

厂长、工程师、职员的工资则根据他们的技术特长、服务态度定月薪。列表如下：

职务	每月底薪	职务	每月底薪
厂长	500元	领班	290～190元
工程师	600元～470元	总务职员	300～120元
考工	300元	工务职员	320～130元

职员的工资要比工人提前半个月发，一般都是在生活指数公布前预付的。

除工资外，全厂职员、工人有年奖。工人一年不停工发1丈5尺士林布，职员发一匹深士林布。职员停工6小时内可发一匹淡士林布。

生活待遇：抗战胜利后，庆丰厂规定全厂职员、工人一律在厂就膳、住宿。宿舍内的被褥全部由厂方租给，租金从每人每天工资中扣除1分。

全厂有职员、男工、女工3个饭堂。职员6人一桌，每人每月6元伙食费。工人8人一桌，每人每月4.2元伙食费。每逢端午、中秋、冬至等传统节日，加几道菜，逢到年底关车、春节后开车招待一顿。

厂方对职员，冷天发一身卡其制服，热天发2元钱西瓜费、2条毛巾。婚丧喜事有4～14天假期。1947年，唐星海亲自制订了《同仁婚丧大事送礼规定》，职员遇到婚丧喜事，厂方都要送礼。具体办法是根据职员每月底薪，50元以下送20元，50～150元送30元，150～300元送40元，300元以上送50元。如职工生育有一个月产假，工资照给。女工生育可以请假，不给工资。

劳动条件：当时厂里的安全设施、劳动条件很差。马达上没有防护罩，车间里没有通风设备，工伤、死亡事故时有发生。逢到夏天，工人们要在40多度的高温中劳动。特别是织布车间更是又热又闷。车间里烟雾腾腾，地面上面粉、浆水一片泥糊，男女工人只能穿着木屐做工。

（以下略）

（原无锡市国棉二厂档案室藏档，1984年油印稿）

1930年代庆丰纱厂之沿革

一、庆丰创设

邑人唐君保谦、蔡君兼三有鉴于纺织事业之大有可为，于民国九年发起创设庆丰纱厂，筹集资本80万元，购置纱锭26 400枚，即于民国十年告成，与豫康同时开工，由唐君保谦任经理，蔡君兼三任协理。民国十六年，唐君星海（保谦之子）自海外研究纺织事业归来，遂由该厂聘为工作主任。就任后积极改进，并添布机，以符纺织原旨；创办纺织养成所，培植人才；增加资本，以厚实力，营业由是蒸蒸日上，较之邑中先进各厂，实有后来居上之势。其资本额于十九年增为180万元，1933年又增为250万元；同时于厂旁添设新机，名曰第二工厂。目下第一工厂已有纱锭34 200枚，布机300台；第二工厂有纱锭20 000枚，线锭6 000枚，布机320台。每日出纱约90件左右，若全部开齐，犹不止此数。其所出之双鱼棉纱，价格高昂，实为锡地各厂之冠也。

（中国银行无锡支行《无锡纺织事业之沿革》，原载《中行月刊》第7卷、第4期，1933年10月出版，摘自《江苏省工业统计资料（1927～1937）》，南京工学院出版社1987年版，第69页）

二、庆丰开工

庆丰纱厂在北门外周山浜。民国十年，由唐君保谦、蔡君兼三、孙君鹤卿等集资创办，股本100万元。现有美国纱锭62 200枚，线锭4 120枚，商标为双鱼、牧童。布机部民国十三年开工，现有布机720架，织品为平绒布。原动力用电动机。经理唐保谦。

（《无锡纺织业最近状况调查》，原载《中行月刊》第9卷、第5期，1934年11月出版，摘自《江苏省工业统计资料（1927～1937）》，南京工学院出版社1987年版，第71页）

三、庆丰纺织公司下设两个工厂

庆丰纺织公司第一工厂

（一）组织情形

庆丰纱厂（旧厂）创办于民国十年。厂址在周山浜，厂地面积约65亩。现任厂长唐星海，资本250万元（与新厂合计，即与第二工厂合股），为股份有限公司。

盈亏状况　民国二十年盈61万元，廿一年盈46万元，廿二年盈1 500元（与新厂合计），历年共计公积金11万余元。

厂屋　厂屋约占地30亩，纺纱间系钢骨平顶楼房，织布间系锯齿式平房，于民国十年建筑，总值53万元。

（二）机器设备

1. 原动机　蒸汽透平发电机2座，一系1 600启罗瓦特，一系1 000启罗瓦特，瑞士B. B. C厂造。蒸汽引擎2座，柴油引擎1座，锅炉4座（Babcock式3座，Stiring式1座）。该厂原动力系供给新旧两厂之用，计第一工厂有马达60余部，第二工厂有马达100余部。

2. 作业机　与第二工厂合并计算，已详二厂报告内。至两厂纱锭数，一厂有26 400枚，二厂有32 000枚，新旧两厂合计共58 400枚。

（三）工人与工资

男工462名，女工1 690名，童工66名，共计2 218名。

男工工资，计时者有425名，其最高工资，每月74元，最低工资，每月9元6角，普通工资，每月24元。计件者有37名，其最高工资，每月30元，最低工资，每月12元。普通工资，每月18元。

女工工资，计时者有291名，其最高工资，每月30元4角，最低工资，每月9元，普通工资，每月15元。计件者有1 399名，其最高工资，每月33元5角，最低工资，每月10元5角，普通工资，每月18元。

童工工资，计时者有10名，其最高工资，每月8元1角，最低工资，每月6元，普通工资，每月7元5角。计件者有56名，其最高工资，每月16元4角，最低工资，每月7元8角，普通工资，每月12元

4角。

（四）关于工人福利事项

有专工小学一所，专供工人子弟入学者，至工人补习教育未办。

女工分娩时期，给假一个月，假期内不给工资。

工人分配盈余，即于年终营业结算盈余项下提取6.5%，交工会发给工人。

（五）关于津贴及抚恤

因公伤病，由厂方担负医药费；因公残废，酌给津贴；因公死亡，视其状况，酌量抚恤。照过去的事实，如前年有某工人因公死亡时，给以丧葬费100余元，恤金250元。惟此款系存厂取利，俟其子成人后，方可提本。

（六）关于卫生设备方面

有工人食堂，男女工分开，可容600人。工房可容2 500余人，由工人向厂方租赁自理。纺纱间女工，有换衣室，由女工保管。工人医药由厂方负担，兄弟医院为特约医院。

庆丰纺织公司第二工厂

（一）组织情形

庆丰第二工厂创办于民国二十二年。厂址在周山浜，与第一工厂（旧厂）毗连。厂地面积约五十亩，厂长系唐星海兼，实缴资本250万元（新旧两厂合计），即与第一工厂合组，为股份有限公司。

盈亏状况　与第一工厂合并结算，其盈余数与公积金已详第一工厂报告内，兹不赘列。

厂屋　厂屋约占地25亩，纺纱间系锯齿式钢骨水泥楼房，织布间系锯齿式平房，建于民国二十一年，总值约50万元。

（二）机器设备

1. 原动机　由第一厂供给电力及蒸汽。

2. 作业机　拆包机4部，松花机4部，纱头机2部，垃圾机4部，一、二、三号清花机18部，梳棉机238部，棉条机25部，一、二、三号粗纱机125部，细纱机152部队，摇纱机370部，打包机12部，经纱机9部，纬纱机9部，上浆机3部，织布机720部。

上列各项机数,系与第一工厂合计,两厂纱锭共有 58 400 枚,内有 32 000 枚系第二工厂纱锭。

(三) 工人与工资

男工 281 名,女工 1 008 名,童工 60 名,共计 1349 名。

男工工资,计时者有 281 名,其最高工资,每月 60 元,最低工资,每月 10 元 2 角,普通工资,每月 32 元 6 角。

女工工资,计时者有 80 名,其最高工资,每月 26 元,最低工资,每月 10 元 2 角,普通工资,每月 15 元 6 角。计件者有 928 名,其最高工资,每月 38 元 3 角,最低工资,每月 11 元 7 角,普通工资,每月 16 元 9 角。

童工工资,计件者有 60 名,其最高工资,每月 17 元 5 角,最低工资,每月 11 元 7 角,普通工资,每月 14 元。

(四) 关于工人福利事项

该厂对于工人福利事项,由人事课,庶务处,女工宿舍办事处 3 部之负责人,特组惠工处办理之,经费由厂方补助。

寄宿厂内之女工,均须补习教育,即每星期上课 4 小时,日夜班轮流教授。工人奖金之分配办法,与第一工厂同。

(五) 关于津贴及抚恤

如因公伤病,除医药费由厂方负担外,工资亦可照给,其余办法,与一厂同。

(六) 关于工人赏罚事项

每届 2 个月考核工作成绩一次,旷工在 2 个星期以上者除名,如告假 1 个月以上者,暂行除名。

(七) 关于安全设备方面

该厂纺织机械,为西历 1932 年之最新式者,大都购自英国道勃生及好华特厂。纺纱机之危险部分,有防险设备,如清花机前面置有保护罩。

厂房各部通车之门,用铁皮包钉,可随时隔绝,以防火灾有蔓延之虞。在工作地板下部,藏置太平桶,以防小火灾。消防队,系职员与工人合组,厂内备有警铃帮浦救火机。

（八）关于卫生设备方面

梳棉间是用空气抄钢丝厂（Vacuum Stripping System），为该厂独有之设备，其利点为保护钢丝，及有益工人卫生，此项设备费，约需万余元。粗纱间，有调节温湿设备，系德国制造，有加温加湿加冷三种作用，装在一起（Heating Humidity and Cooling）。其加温原因，因为纺纱技术上关系，然加冷装置，同时可调节气温，有益工人环境卫生也。用空气送花法（Pneumatic Cotton Conveyer），可减少棉尘飞扬之弊害。场内装绿色玻璃摇窗，可保护目光。专任医生及女护士各一人，普仁为特约医院，遇时疫全体工人注射防疫针。有食堂4所，可容600多名，女工宿舍可容800名（有女职员3人管理之），浴室盥洗室换衣室均有。

场内各部，于每星期大扫除1次，工作场所有痰盂。

（《无锡纺织业工厂概况》，原载《江苏建设月刊》第2卷、第5期《报告》，1935年5月1日出版。摘自《江苏省工业统计资料（1927～1937）》，南京工学院出版社1987年版，第81～85页）

（二）股份资本和工商登记

庆丰纺织股份有限公司注册执照(1921年4月28日)

庆丰纺织股份有限公司股东薛翼运等为申办注册，呈文无锡公署注册所。

经中华民国十年四月十三日农商部批字等504号

中华民国十年四月二十八日无锡县知事公署行政批字第28号

发给庆丰纺织股份有限公司注册执照

知事　赵①　印章

(上海市档案馆藏档，档案号：Q199-20-1)

庆丰纺织股份有限公司辛酉年股东名册(1921年)

户名	代表名	住址	股份数	已缴股银数(元)
唐保记	唐保谦	无锡	600	60 000
唐谦记	唐保谦	无锡	100	10 000
谦　记	唐保谦	无锡	250	25 000
顾嘉记	顾翼之	无锡	50	5 000
博　记	秦仲宽	无锡	20	2 000
丰　记	顾颂武	无锡	10	1 000
赵浣记	赵浣生	无锡	10	1 000
颂　记	秦颂石	无锡	5	500
秦岐记	秦岐臣	无锡	5	500
夏三余	夏伯周	无锡	40	4 000
裘菊记	裘菊廷	无锡	30	3 000
储业公所			20	2 000
华维清	华维清	无锡	5	500

① 赵汝梅(字雪岑)，河北玉田人，民国9年9月至12月4日任无锡县知事。曾任江苏都督府秘书、溧阳县知事。

（续表）

户名	代表名	住址	股份数	已缴股银数(元)
华起鹏	华起鹏	无锡	5	500
华于记	华叔琴	无锡	50	5 000
华豹记	华叔琴	无锡	50	5 000
华荫绪	华叔琴	无锡	50	5 000
华维清	华叔琴	无锡	50	5 000
燧　记	顾康伯	无锡	10	1 000
源　记	顾康伯	无锡	15	1 500
程楚记	程楚材	无锡	10	1 000
华实记	华汝洁	无锡	5	500
华连记	华叔琴	无锡	10	1 000
陈济记	陈湛如	无锡	30	3 000
陈盈记	陈湛如	无锡	40	4 000
陈湛记	陈湛如	无锡	80	8 000
朱雪记	朱雪帆	无锡	20	2 000
陶珠记	陶珠霞	无锡	5	500
杨兴记	杨祥荣	无锡	10	1 000
顾沅记	顾石仲	无锡	5	500
杨晋记	杨海泉	无锡	10	1 000
王鑫记	邵苣亭	无锡	10	1 000
德泰记	邵苣亭	无锡	5	500
秦澄记	秦澄之	无锡	10	1 000
陆金记	陆颂卿	无锡	2	200
陈颂记	陈仲化	无锡	60	6 000
朱祖熄	朱梅生	无锡	5	500
朱楚记	朱梅生	无锡	10	1 000
谢竹记	谢竹良	无锡	5	500
刘兰溪	刘兰溪	无锡	5	500
陈琳记	陈子琳	无锡	10	1 000
陈寿记	陈湛如	无锡	10	1 000
陈景记	陈湛如	无锡	10	1 000
顾璧记	顾璧臣	无锡	18	1 800

（续表）

户名	代表名	住址	股份数	已缴股银数(元)
张联辉	张联辉	无锡	5	500
张联芳	张联芳	无锡	5	500
张德记	张敬生	无锡	2	200
张礼记	张敬生	无锡	2	200
张诗记	张敬生	无锡	2	200
张光记	张敬生	无锡	2	200
章德记	章德斋	无锡	10	1 000
丁利记	陈湛如	无锡	6	600
顾贞记	陈湛如	无锡	4	400
浦拯记	浦心雅	北平	5	500
钧　记	唐水成	无锡	10	1 000
钱镜记	钱锦平	北平	5	500
张敦厚	张光宁	上海	5	500
张兰记	张光宁	上海	20	2 000
孙镜记	孙镜秋	无锡	10	1 000
顾清记	顾涤清	无锡	25	2 500
陈康记	陈福康	无锡	5	500
唐敬安	唐慕潮	北平	300	30 000
彭云记		上海	10	1 000
傅纬记	傅纬平	上海	10	1 000
蔡松记	蔡松如	无锡	40	4 000
胡君复	胡君复	上海	10	1 000
庄　记	胡君复	上海	5	500
赵华记	赵华□	上海	4	400
城通记	胡君复	上海	5	500
城遵记	胡君馥	上海	5	500
方叔远	方叔远	上海	20	2 000
顾叶记	顾叶舟	无锡	200	20 000
庄保记	庄宗福	上海	20	2 000
唐升韫	唐申伯	无锡	25	2 500
唐松记	唐申伯	无锡	50	5 000

(续表)

户名	代表名	住址	股份数	已缴股银数(元)
唐申记	唐申伯	无锡	120	12 000
唐闰生	唐闰生	吴江	10	1 000
唐荃生	唐荃生	吴江	5	500
周奎荪	周奎荪	上海	10	1 000
周士荪	周士荪	上海	10	1 000
杨子芳	杨子芳	上海	5	500
马宪记	马宪章	无锡	3	300
李源远	李念澄	无锡	50	5 000
唐三源	唐惠甫	无锡	100	10 000
李栋成	李栋成	无锡	5	500
王赋梅	王赋梅	苏州	10	1 000
余贻清	余殿英	无锡	10	1 000
李慎德	李慎德	无锡	10	1 000
过定余	过宝裕	无锡	10	1 000
华补过	华叔琴	无锡	9	900
华同善	华叔琴	无锡	9	900
徐正记	徐杏甫	无锡	20	2 000
唐□记	唐凤岱	无锡	20	2 000
王积记	王积卿	无锡	5	500
王源记	王克盛	无锡	10	1 000
杨心栽	杨心栽	无锡	10	1 000
唐安逸	唐肇农	无锡	50	5 000
丁慎德	丁馥初	无锡	20	2 000
唐霞记	唐星海	无锡	70	7 000
唐岷记	唐岷春	无锡	10	1 000
李寿记	李慎德	无锡	10	1 000
程展记	程云达	无锡	10	1 000
程翥记	程云达	无锡	10	1 000
李郁素	李郁文	无锡	10	1 000
敦　记	虞燕山	无锡	15	1 500
本　记	虞燕山	无锡	15	1 500

(续表)

户名	代表名	住址	股份数	已缴股银数(元)
邵苣记	邵苣亭	无锡	10	1 000
邹季记	邹季皋	无锡	40	4 000
郑秉衡	郑秉衡	口岸	10	1 000
阮济宽	阮济宽	口岸	10	1 000
许文记	许文伯	无锡	5	500
唐晋斋	唐晋斋	上海	350	35 000
唐字培	唐字培	上海	200	20 000
唐鸿基	唐鸿基	上海	200	20 000
唐韫如	唐韫如	上海	50	5 000
唐菊英	唐菊英	上海	100	10 000
沈长福	沈长福	无锡	50	5 000
沈长生	沈长生	无锡	50	5 000
张善记	张秀石	无锡	10	1 000
钦心培	钦心培	无锡	60	6 000
薛传记	薛乃传	无锡	7	700
薛子安	薛子安	无锡	8	800
顾时望	顾时望	无锡	10	1 000
张子佩	张子佩	无锡	20	2 000
福　记	祝尹才	上海	50	5 000
王干臣	王干臣	北平	30	3 000
吕汉云	吕汉云	北平	20	2 000
王金元	王金元	天津	20	2 000
单束笙	单束笙	上海	20	2 000
唐凌记	唐凌阁	无锡	10	1 000
唐福记	唐凌阁	无锡	30	3 000
唐凤记	唐凤岱	无锡	20	2 000
唐□记	唐凤岱	无锡	20	2 000
唐雁记	唐凤岱	无锡	20	2 000
唐孙记	唐星海	无锡	20	2 000
李静记	李静安	无锡	10	1 000
王朝阳	王朝阳	南京	15	1 500

（续表）

户名	代表名	住址	股份数	已缴股银数(元)
品　记	周润民	太仓	10	1 000
蔡焕记	蔡禹门	无锡	20	2 000
杨达权	杨达权	苏州	3	300
彭清贤	彭清贤	苏州	2	200
祝素行	祝素行	苏州	2	200
汪素福	汪素福	苏州	1	100
顾谷绥	顾谷绥	无锡	1	100
凌文记	凌文之	上海	10	1 000
顾卫如	顾卫如	无锡	10	1 000
范漱记	范补程	无锡	10	1 000
秦平记	秦平甫	无锡	5	500
郑平记			5	500
刘永济	刘永济	无锡	6	600
吴谷记	吴谷宜	苏州	5	500
周雍甫	周雍甫	南京	20	2 000
费锦记	费锦章	镇江	10	1 000
费贻谷	费贻谷	常州	6	600
杨信之	杨信之	上海	50	5 000
华定记	华凝之	无锡	20	2 000
云　记	曹云溪	无锡	30	3 000
陈　记	曹云溪	无锡	10	1 000
福　成	曹钰如	无锡	10	1 000
福　寅	曹钰如	无锡	10	1 000
张兴记	张福山	上海	25	2 500
张瑜记	张福山	上海	25	2 500
张钧记	张福山	上海	25	2 500
侯采记	侯采南	无锡	6	600
永　记	蔡缄三	无锡	30	3 000
盖子善	蔡缄三	无锡	10	1 000
盖叔范	蔡缄三	无锡	10	1 000
曹渭记	曹子敬	无锡	10	1 000

(续表)

户名	代表名	住址	股份数	已缴股银数(元)
张雪记	张雪梅	无锡	5	500
孙镜记	孙镜秋	无锡	10	1 000
孙□记	孙镜秋	无锡	10	1 000
孙渠记	孙镜秋	无锡	10	1 000
顾纪超	顾纪超	无锡	30	3 000
正　记	夏伯周	无锡	15	1 500
壬　记	夏伯周	无锡	15	1 500
夏翼记	夏伯周	无锡	15	1 500
承　记	夏伯周	无锡	15	1 500
奚萼蘅	奚萼蘅	上海	10	1 000
奚萼蘅	奚萼蘅	上海	40	4 000
孙文记	孙某泉	无锡	10	1 000
孙茗记	孙某泉	无锡	10	1 000
周文记	周辛伯	无锡	20	2 000
郑鼎臣	郑鼎臣	无锡	10	1 000
敖宇润	敖宇润	上海	70	7 000
蒋雨记	蒋雨人	上海	20	2 000
宏　记	周雅轩	无锡	10	1 000
余鹿余	余鹿余	无锡	20	2 000
唐骧廷	唐骧廷	无锡	20	2 000
吴耕记	吴耕堂	无锡	10	1 000
丁仲威	丁仲威	无锡	5	500
胡世卿	胡世卿	无锡	3	300
陈叔寅	陈叔寅	无锡	1	100
季宏馨	季宏馨	上海	10	1 000
顾仲耀	顾仲耀	无锡	3	300
邵望记	邵望溪	无锡	2	200
蔡□记	蔡佩秋	无锡	4	400
许士记	许荣泉	无锡	20	2 000
张青记	张青云	无锡	3	300
蔡岐记	蔡岐卿	无锡	5	500

（续表）

户名	代表名	住址	股份数	已缴股银数（元）
杜经记	杜经成	上海	50	5 000
徐余记	徐杏甫	无锡	20	2 000
胡源记			10	1 000
胡兰卿	胡兰卿	上海	20	2 000
罗敦义	罗敦义	上海	5	500
孙鹤记	孙鹤卿	上海	20	2 000
孙祥记	孙鹤卿	上海	5	500
赵仲记	赵仲平	上海	10	1 000
罗　记	赵仲平	上海	10	1 000
江辅记	江辅廷	上海	20	2 000
黄亦记	黄亦蕃	安庆	10	1 000
江伯记	江辅廷	上海	10	1 000
朱安记	朱梅生	无锡	10	1 000
梅　记	朱梅生	无锡	5	500
朱□记	朱梅生	无锡	5	500
朱淑记	朱梅生	无锡	5	500
黄明记			10	1 000
王　记			1	100
张镜记	张镜州	无锡	5	500
张文廷	张文廷	无锡	5	500
邓福培	邓栽岑	无锡	5	500
维　记	邓栽岑	无锡	20	2 000
冯岐记	冯岐三	无锡	40	4 000
饶聘卿	饶聘卿	天津	20	2 000
张雪梅	张雪梅	无锡	5	500
唐纪记	唐纪云	无锡	100	10 000
张春记	张春霖	无锡	10	1 000
周庆记	周庆舫	苏州	40	4 000
沈品之	沈品之	苏州	30	3 000
华安记	华纯安	无锡	10	1 000
李鼎记			10	1 000

（续表）

户名	代表名	住址	股份数	已缴股银数(元)
陈卓记	陈卓良	无锡	5	500
郁耀记			3	300
杨拱记	杨拱辰	无锡	20	2 000
裘桴记	裘葆良	上海	30	3 000
曹润余	曹润余	无锡	7	700
敖万九	敖万九	汉口	90	9 000
秦小良	秦小良	无锡	10	1 000
黄心记	黄维清	彰德	20	2 000
洪肇生	洪肇生	奉天	20	2 000
敖士洲	敖士洲	上海	100	10 000
吴俊卿	吴俊卿	汉口	10	1 000
杨怀谷	杨怀谷	无锡	25	2 500
吴秀林	吴秀林	汉口	20	2 000
王若洲	王若洲	汉口	20	2 000
唐杏卿	唐杏卿	汉口	20	2 000
敖寰洲	敖寰洲	上海	60	6 000
孙鹤卿	孙鹤卿	无锡	200	20 000
华孚记	华实孚	无锡	45	4 500
王次记	王次青	无锡	10	1 000
薛纬记	薛纬亮	无锡	12	1 200
余步升	余步升	汉口	15	1 500
徐锦记	徐锦荣	上海	30	3 000
薛南记	薛南溟	无锡	120	12 000
范楚记	范楚卿	无锡	35	3 500
王言记	王念萱	无锡	2	200
薛慈记	薛慈明	上海	60	6 000
赵田卿	赵田卿	上海	10	1 000
宋晋记	宋晋斋	无锡	10	1 000
蔡缄记	蔡缄三	无锡	200	20 000
金唐节孝	唐慕潮	北平	5	500
张澹记	张澹如	南浔	30	3 000

（续表）

户名	代表名	住址	股份数	已缴股银数(元)
廉维记	廉继之	无锡	10	1 000
秦采记	秦采南	无锡	240	24 000
吴锦记	吴锦云	无锡	10	1 000
钱宝琳	钱赞卿	无锡	10	1 000
瑞　记	徐眉轩	上海	10	1 000
周建於	周建於	上海	50	5 000
钱稚远	钱稚远	无锡	5	500
储慧记	储慧英		10	1 000
唐蔚记	唐蔚如	无锡	5	500
胡粹士	胡粹士	上海	5	500
张贡九	张贡九	上海	30	3 000
周肇记	周肇甫	无锡	100	10 000
邵德记	邵毓初	无锡	20	2 000
张剑心	张剑心	上海	15	1 500
余干记	余干卿	无锡	20	2 000
张孝记	张孝若	南通	30	3 000
胡启堂	胡启堂	无锡	10	1 000
静远堂	杨翰西	无锡	30	3 000
贾果记	贾果伯	无锡	20	2 000
杨兴记	杨祥荣	无锡	10	1 000
善同记		无锡	10	1 000
薛芸窗	薛芸窗	无锡	10	1 000
薛凤喈	薛凤喈	无锡	20	2 000
朱鸿记	朱鸿惠	无锡	14	1 400

注 1　此为 1921 年庆丰纱厂股东名册，1931 年重新编制。——原注

注 2　股金 80 万元，8 000 股，每股 100 元，股东 284 人。——原注

（上海市档案馆藏档　档案号：Q90-1-864）

庆丰上海分公司登记表(1940年5月23日)

厂名及厂址　庆丰纺织漂染整理股份有限公司上海分公司
事务所　上海北京路444号
厂址　延平路123号

厂长或经理　经理　唐星海　无锡籍
厂长　范谷泉　无锡籍

主任技师　纺部　魏紫德　浙江诸暨　南通学院纺织科毕业历任永安一厂大生八厂工程师

姓名履历　织部　吕师尧　浙江永康　南通学院纺织科肄业历任永安一厂申新九厂工程师
漂染　应元栽　浙江鄞县　沪江大学化学系学士曾任纶昌漂染部主任

资本金额　总公司资本金额250万元正

登记时间　总公司创于民国8年　分公司于28年4月开工

原　　料　棉花　采用通州、常熟、上海、太仓、常阴、东台、东沟、下沙等国产棉花
兼用美国、印度、巴西、秘鲁等国外棉

年用量　42 000担,约5万市担

年需价　13 000万元

生产设备　纱　　锭　15 120枚　220万元

织　　机　372台　110万元
漂染整理　全套　50万元
土　　地　30亩　租赁

行　　销　本国各地及南洋各处。约2 000万元销售额
月需制造营业财务捐税等费约60万元

职　　员　公司38人　工厂71人

工　　人　男300人　工资最高1.7元　津贴1.2元
最低0.58元　津贴1.2元
女940人　工资最高1.65元　津贴1.08元

最低 0.5 元　　津贴 1.08 元

童 10 人　工资最高 0.66 元　　津贴 1.02 元

最低 0.45 元　　津贴 1.02 元

备考:公司创于民国 8 年,厂址在无锡北门外周三浜。民国 26 年无锡沦陷,全部厂产尽被日商占据,损失重大。为另图生产起见,于上海创立分厂出品制造,藉维一线生机。

上海分公司核准登记文号　经济部商字 60763 号

上海分公司于 29 年 5 月 23 日核准登记发执照

(上海市档案馆藏档　档案号:Q199-20-5)

庆丰历年资本变更情况

1. 开办时登记
2. 1937 年登记 300 万元
3. 1946 年登记 27 000 万元
4. 1947 年 10 月登记 90 亿元
5. 1948 年 6 月更改名登记
6. 汉口分事务所登记
7. 1943 年向汪伪政府登记 900 亿元
8. 1944 年向汪伪政府登记 900 亿元

(注:原件为便条,无标题。)

(上海市档案馆藏档,档案号:Q199-20-1)

庆丰增加资本决议案(1926 年 3 月 27 日)

民国 15 年 3 月 27 日开第五届股东会。

到会股东 65 人,共计股权 5 583 权,公推唐保谦为主席。

董事蔡缄三等提议,因公司扩展业务,有增加资本之必要。拟推广股额 6 000 股,计洋 60 万元,合计股份总额 14 000 股,计洋 140 万元。敬请公决。

议决准照原案,增加资本 60 万元。(公司印章)

(上海市档案馆藏档　档案号:Q199-20-1)

庆丰纺织漂染整理股份有限公司无锡工厂全部资产估价证明书(1944年1月3日)

径证明者:承委托估计贵公司无锡工厂全部资产事

兹经查得:

厂基　155.83亩　　估值　国币　壹千万元

　　　　　　　　　占市值　50.00%

建筑　4 613.32平方　估值　国币　壹万肆千万元

　　　　　　　　　占市值　42.17%

机器　纺锭36 320枚(尚有21 328枚在整理中)

织机　364台(尚有437台在整理中)

连同马达附件等　　估值　国币　弍万壹千万元

　　　　　　　　　占市值　48.75%

共计　估值　国币　叁万陆千万元

　　　占市值　43.27%

今按贵公司意见,再按照估值十分之一,以叁千陆百万元列为资产,仅占市值4.33%,殊属确当。除分别另具估价清单外,特此会同证明。此致

庆丰纺织漂染整理股份有限公司

估计者　实业建筑事务所建筑工程师　江应麟

　　　　泰利制造机器厂机械工程师　严庆龄

证明人　王家栋　会计师

中华民国33年1月3日

(上海市档案馆藏档,档案号:Q199-20-1)

庆丰纺织漂染整理股份有限公司增资调查报告书(1944年3月17日)

具报告人钱基厚、唐纪云。

今遵照《公司法》第194条规定,业将本公司增资账目根据证书类调查竣事,兹将调查结果报告如下:

一、本公司原有资本 900 万元，确实相符。

二、按照 2 月 3 日呈请实业部核准增资办法，募集中储券计增资 4 500 万元，确属相符。

三、按照 2 月 3 日呈请实业部核准增资办法，将锡厂收回资产增值计中储券 3 600 万元转作股本，确属相符。

总计本公司资本总额为中储券 9 000 万元，分为 90 万股，每股 100 元，所有各款俱属确实。特此报告。右致

庆丰纺织漂染整理股份有限公司股东会

检查人　钱基厚（印章）　唐纪云（印章）

证明人　王荣荣（印章）

中华民国 33 年 3 月 17 日

（上海市档案馆藏档，档案号：Q199-20-1）

为变更登记换颁执照事由呈上海市社会局文（1946 年 6 月 17 日）

代庆丰纺织印染整理股份有限公司呈：

为调整资本、变更章程、选任董监，检具文件仰祈转经济部准予补行变更登记换颁执照由。

窃商公司资本总额，原为法币叁佰万元，分为叁万股，每股壹佰元。于民国三十年九月六日呈准经济部，领有新字三三九号增资执照在案。嗣在上海沦陷期内，被迫以一对一比率，将原法币资本折成伪币叁佰万元，复经增资伪币捌仟柒佰万元，资本才得改为伪币玖仟万元，分为玖拾万股，每股壹佰元。兹已依照《收复区各种公司登记处理办法》之规定，除原领执照呈请钧局印验讫，并将伪执照缴呈销毁外；所有法币资本叁佰万元，亦已依法恢复法币为单位；新增伪币资本捌仟柒佰万元，经按照规定收换比率折成法币肆拾叁万伍仟元。同时将增资后所购置及增置之财产，延请专家估计，并请会计师证明，酌按法币估值，增值法币捌仟陆佰伍拾陆万伍仟元，平均摊算各股东，计旧股叁万股，应得法币贰佰捌拾捌万伍仟伍佰元，如数转作公积金；新股捌拾柒万股，摊得法币捌仟叁佰陆拾柒万玖仟伍佰元，

连同原缴伪币资本折成法币肆拾叁万伍仟元，合共法币捌仟肆佰拾壹万肆仟伍佰元；较原伪币资本原额短缺法币贰佰捌拾捌万伍仟伍佰元，征得旧股东同意后，已由各新股东如数以现金补足。商公司经整理资本暨估值后，资本总额计为法币玖仟万元，分为玖拾万股，每股分别壹佰元，一次收足。当于本年五月念七日召开股东会，由董事监察人出具调查估价报告书，经到会股东照案追认通过，依法讨论修改章程，选举董事监察人，并蒙钧局监督员签名于股东会决议案及董事监察人调查估价报告书各在案。理合开列登记事项表，检具各项文件费币，并撤销旧执照。恳祈钧局鉴核，转呈经济部，准予补行变更登记，换颁执照，实深公感。

再，商公司兹为适应实际需要，并谋增加产量，经同日股东会决议，拟再增资法币壹万柒仟万元，一待增资就绪，即当另案呈请变更登记，合并陈明。谨呈

上海市社会局

附件

一、登记事项表

二、公司章程

三、股东会决议案

四、股东名簿

五、董事监察人调查估价报告书

六、会计师证明书

七、合法董事监察人名单

八、重行选任董事监察人名单

九、经理人名单

十、旧执照

十一、登记费法币四万三千五百元，执照费伍佰元，印花税费贰佰元

十二、代理人委托书

具呈人 庆丰纺织印染整理股份有限公司

全体董事监察人

董　事:唐星海(章)　唐纪云(章)
薛汇东(章)　蔡松如(章)
陈景武(章)　钱基厚(章)
蔡漱岑(章)　唐晔如(章)
唐瑞千(章)　唐骥千(章)
华俊民(章)　孙钟海(章)
唐凤岱　唐淞源(章)
唐鸿基(章)

监察人:蔡稚岑(章)　唐慕汾(章)

地　址:上海北京路四四四号

代理人:立信会计师事务所

会计师:陈文谕

地　址:上海江西路四〇六号

登记事项表(1946年6月)

公司名称　庆丰纺织印染整理股份有限公司

本店所在地　上海北京路四四四号

所营事业　纺织漂染整理

资本总额　国币九千万元

股份总数及每股金额　分为玖拾万股,每股国币壹佰元

已缴股数　全数缴足

公告方法　以通信或登载申锡两处报纸为之

设立年月　中华民国十年六月

原领登记执照号数及发给年月日　新字第三三九号
民国三十年九月十六日

董事姓名住所号室

唐星海　上海茂名南路三六九号

唐纪云　上海南海路福履新邨十一号

薛汇东　上海广元路云裳邨

蔡松如　上海复兴路一八四弄五号
陈景武　上海西康路五二九弄八号
钱基厚　上海复兴中路六〇九号
蔡漱岑　上海西康路一九六号
唐晔如　上海北京东路三五六号五〇七
唐瑞千　上海祁门路六六〇弄一一号
唐骧千　上海茂名南路三六九号
华俊民　上海永康路一〇九弄七号
孙钟海　上海新闸路新乐邨三三号
唐凤岱　上海江宁路三六三弄八八号
唐淞源　上海延庆路七〇号
唐鸿基　上海正阳路同福里六号

监察姓名住所
蔡稚岑　上海长乐路五八四弄一号
唐慕汾　北平东斜街六三号

庆丰纺织印染整理股份有限公司章程
（1946 年 5 月 27 日修正订立）

第一章　总则

第一条　本公司依照《公司法》股份有限公司之规定组织，定名曰：庆丰纺织印染整理股份有限公司。呈请经济部登记给照。

第二条　本公司专营纺织漂染整理事业。

第三条　本公司工厂设在无锡周三浜及上海延平路，并在上海北京路四四四号设立事务所。必要时并于各地设立收花处及分事务所，呈请经济部登记，发给支店执照。

第四条　本公司以通信各股东或登载申锡两处报纸为公告方法。

第二章　股份

第五条　本公司股份总额定为国币玖仟万元，分为玖拾万股，每股国币壹佰元。一次缴足。

第六条　非中华民国公民,不得成为本公司股东。

第七条　本公司开业后,董事会议有增资必要时,得召开临时股东会议决行之。

第三章　股票

第八条　本公司股票由董事五人以上签名盖章发行。

第九条　本公司不得转让及抵押与非中国人。

第十条　本公司股票如有转让情事,应由转让人或受让人邀请保证人,于股票背面双方签名盖章,送交本公司。经认可后,缴纳过户费,注册过户。

第十一条　本公司股票如因继承关系须换户或分并,应具证明书,连同股票,送由本公司认可后,纳费更换。

第十二条　本公司股票如有遗失,应将户名、号数通知本公司挂失。一面按照《公司法》一切手续办理完备并登报。经一月后,如无异议,再具确实保证,向本公司纳费,申请补给。以后倘或发生纠葛,仍由保证人及失主负责清理。

第十三条　本公司股票或有抵押情事,收抵人欲转户时,应凭原户及保证人签名盖章通知,方可注册。如有纠葛,由原户及保证人负责。

第十四条　本公司股东常会开会前三十日内,临时会开会十五日内,均停止股票过户注册。

第十五条　股东之姓名、地址、印鉴,须向本公司报明,其有变更时亦同。

第十六条　各股东转让、过户、挂失,概凭印鉴。如印鉴遗失,应即随时登报,并向本公司声明作废。一面备具保证,另送新印鉴存记。在旧印鉴未经本公司注销前,仍由失主自行负责。

第四章　股东会

第十七条　股东会分常会、临时会两种。常会于每年三月内,由董事会于一月前通告召集之。临时会由董事会认为必要时,或监察人依据《公司法》,及由股份总额二十分之一以上之股东声明理由请求董事会开会时，得随时召集，于十五日前通告召集之。

第十八条　股东会之表决权，确定为一股一权。

第十九条　股东会之主席由董事中推定之。

第二十条　股东会议决之事项，须载明于议决录，由主席签名盖章，并附存出席股东签名簿。

第二一条　股东不能出席股东会时，得委托代理人行使其议决权。但须于开会前用原存印鉴提出委托书，呈明公司存留为证。

第二二条　股东会开会，除《公司法》特别规定外，以代表股份总额半数之股东出席，以出席股东表决权之过半数同意行之可否。同数时，取决于主席。

第五章　董事监察人

第二三条　本公司董事额设十五人，监察人二人，均于股东中互选之。

第二四条　董事任期三年，监察人任期一年，续选连任。如遇缺额，应即补选。

第二五条　董事监察人均名誉职，不支薪俸。惟公司中得酌送相当之车马费及花红。

第二六条　董事会会议细则另定之。

第六章　职员

第二七条　本公司设总经理一人，副总经理一人，事务员若干人。总经理、副总经理均由董事会选任之，事务员由总经理、副总经理会商任用之。

第二八条　总经理总揽一切事权，并督饬全体员司，处理各项事务。副总经理辅佐总经理执行一切业务，并有管理全体员司之责。事务员秉承总经理、副总经理之命，处理公司事务。

第二九条　本公司办事职员概须觅有殷实保人，并不得自营与本公司相同之事业。

第七章　会计

第三十条　本公司会计年度，每年定国历一月一日起至十二月底止。翌年须将账目结算清楚，由董事依法造具各项书表，交监察人查核副署后，依法由董事提出于股东会，请求承认。

第三一条　本公司每年除各项开支及折旧外，如有盈余，先提公积金十分之一，再行分派股息及红利，其分派方法由股东会议决之。

第三二条　本公司如无盈余，不得以本作息。

第八章　附则

第三三条　本章程除前列规定外，悉照《公司法》办理。如有未尽事宜，由董事会提出，股东会依法议决修正，呈请经济部备案。

第三四条　本公司办事细则另定之。

第三五条　本章程由股东会议决，经经济部核准之日施行。

（上海市档案馆藏档　档案号：Q199-20-1）

庆丰纺织印染整理股份有限公司股东会决议案（1946年5月27日）

日　　期　中华民国三十五年五月二十七日下午三时

地　　点　上海香港路五十九号银行俱乐部

出席股东　四〇二人，计六六八九六六股，合六〇二四七二权。

股东总数八五四人，计九〇〇〇〇〇股，合八一〇八五四权。

一、开会。上海市社会局彭英杰专员莅会监督。

二、公推薛汇东董事为主席。

三、行礼如仪。

四、主席报告出席股东人数、股数及权数，均已超过法定数额。宣布正式开会。

五、唐董事兼总经理星海报告抗战期内经过及业务概况。无异议，通过。

六、主席提出三十四年度账略。由监察人唐慕汾委托立信会计事务所李鸿涛会计师宣读请承认案。议决通过。

七、主席提出三十四年度董事会支配盈余数额，请示承认案。决议通过。

八、主席报告：遵照《收复区各种公司登记处理办法》，整理本公司资本为法币玖仟万元，分为玖拾万股，每股壹佰元，业经董事监察人调查竣事，出具估价报告书。由唐董事瑞千当众宣读各股东讨论案。决议照案通过。

九、主席说明：董事会按照新《公司法》，修改章程各点，将修改草案逐条宣读，请讨论公决。决议修改通过。

十、主席报告：董事会提议增加资本，请唐董事星海宣读提案，提请增加资本壹万捌仟万元，由全体股东按照股数摊认。连同原有资本玖仟万元，共计贰万柒仟万元。请讨论公决。决议一致赞成。通过授权董事会定期实施处理。

十一、选举董事监察人。推钱基厚、程敬堂二君为监票，何焕霖、糜慰曾二君为唱票。选举结果如左：

当选董事十五人。

主　席　薛汇东

上海市社会局监督员　彭英杰

（上海市档案馆藏档　档案号：Q199-20-1）

为派员监督股东会事由呈上海市社会局文
（1946年5月15日）

代庆丰纺织印染整理股份有限公司呈：

为调整资本、修改章程、更选董监召开股东会，依法申请派员监督以符规定由。

窃商公司设于本市北京路四四四号，兹订于本年度（民国三十五年）五月二十七日下午三时假座香港路银行俱乐部召开股东临时会议，讨论调整资本、修改章程及更选董监。依照《收复区各种公司登记处理办法》第六条之规定，理合备文，恳祈钧局鉴核，届时派员莅会监督签证，以符规定而利进行。实深公念。谨呈

上海市社会局

附呈代理人委托书

具呈人　庆丰纺织印染整理股份有限公司（章）

代表董事　唐星海（章）

代理人　立信会计师事务所

主任会计师潘序伦

住　址:上海市江西路四〇六号

卅五年五月十五日

委托书

兹委托立信会计师事务所潘序伦会计师为本公司呈请上海市社会局派员监督股东会之代理人。此证。

立委托证　庆丰纺织印染整理股份有限公司(章)

代表董事　唐星海(章)

中华民国三十五年五月

调查庆丰纺织漂染整理股份有限公司资产估价账目证明书(1946年5月15日)

经证明者:查庆丰纺织漂染整理股份有限公司原登记资本法币叁佰万元。嗣因沦陷期内被迫改以伪币为通用货币,遂将原资本以一对一折合伪币叁佰万元,继复增资伪币捌仟柒佰万元,连同原有资本共计伪币玖仟万元。现依收复区各种公司登记处理办法之规定,将原有法币资本叁佰万元恢复原额;所增伪币捌仟柒佰万元,依照规定收换比率,折成法币肆拾叁万伍仟元。同时将增资后所购置之基地、建筑及机器三项,分别由实业建筑事务所及泰利机器公司酌按市价重估,计基地估增法币壹佰陆拾柒万叁仟肆佰元,建筑估增法币伍仟陆佰陆拾玖万贰仟玖佰万元,机器估增法币贰仟捌佰壹拾玖万捌仟柒佰元,合计增值法币捌仟陆佰伍拾陆万伍仟元。查见实业建筑事务所及泰利机器公司估价证明书,证实上列各资产增值后之价值,仍较市价为低。特此具书证明。

立信会计师事务所主任会计师　潘序伦

副主任会计师　陈文谕

中华民国三十五年五月十五日

(上海市档案馆藏档,档案号:Q90-1-249)

庆丰纺织漂染整理股份有限公司董事监察人调查估价报告书(1946年5月27日)

具估价调查报告书董事监察人唐纪云等。

兹依照《收复区各种公司登记处理办法》第七条之规定,关于本公司整理资本暨财产估价之账目凭证均已调查竣事。特将所得结果报告如后。

一、本公司资本原额法币叁佰万元,分为三万股,每股法币一百元,一次收足。曾呈准登记,领有执照在案。嗣因沦陷期内被迫改以伪币为通用货币,只得将原资本额法币叁佰万元,以一对一改折为伪币叁佰万元。兹已恢复以法币为单位,资本额仍计为法币叁佰万元整。

二、本公司在沦陷期内增加资本伪币捌仟柒佰万元。兹依照规定收换比率,折成法币肆拾叁万伍仟元。同时将增资后所购置或增置之财产酌按法币估计,总计增值法币捌仟陆佰伍拾陆万伍仟元。经查阅,估价证件无误。

三、本公司股份总数共计玖拾万股。现以财产估价增值法币捌仟陆佰伍拾陆万伍仟元,平均摊算,计新旧股每股摊得法币玖拾陆元壹角捌分叁厘叁毫,旧股东计占叁万股,合计为法币贰佰捌拾捌万伍仟伍佰元,应如数作为公积金。新股东计占捌拾柒万股,合计为法币捌仟叁佰陆拾柒万玖仟伍佰元,应按股数分派与新股东。

四、本公司新股东依上条计算派得法币捌仟叁佰陆拾柒万玖仟伍佰元,这同原数伪币资本折成法币叁拾叁万伍仟元,合共法币捌仟肆佰拾壹万肆仟伍佰元,较原有伪币资本原额尚短贰佰捌拾捌万伍仟伍佰元①,已由新股东如数以现金一次补足,业经股东认证通过。

五、本公司经整理资本暨估价后,资本总额计为法币玖仟万元,分为玖拾万股,每股法币壹佰元,一次收足。

---

① 以上数据原文如此。

以上各款具属翔实，并无冒滥情事，特此报告。右致
本公司股东会

董　事　唐纪云　蔡松如　蔡漱岑　唐星海　唐晔如　唐淞源
薛汇东　孙国英　华俊民　唐鸿基　唐瑞千

监察人　唐慕汾

上海市社会局监督员　彭英新

中华民国　三十五年五月二十七日

（上海市档案馆藏档，档案号：Q90-1-249）

庆丰纺织漂染整理股份有限公司增资公告（1946年5月28日）

本公司于本年5月27日股东大会决议，增加资本壹万捌仟万元，由全体股东按股摊认。连同原有资本玖千万元，共计资本总额贰万柒千万元。兹定自6月19日起至20日止，办理认股缴款事宜。除函达外，特此公告。

董事会启

（注：原件为毛笔竖写，无日期、印章。估计草拟于1946年5月28日）

（上海市档案馆藏档）

支配本届盈余案（1946年4月23日）[①]

本公司于四月二十三日开临时董事会，讨论支配本届盈余案，当经议决，照章分配等情记录在卷。

查本公司本届纯益额壹仟柒百捌拾壹万叁仟陆佰捌拾玖元贰角捌分，照章先提公积十分之一，次就余额中提盈利所得百分之二十，计共余洋壹仟贰佰捌拾贰万伍仟捌佰伍拾陆元贰角贰分，按照十四成二分派，股东得十成，计玖佰零叁万贰仟贰佰玖拾叁元壹角，加上

① 本件原件无年份，根据《沦陷期内历届决算概况报告书》数据推断本届为1945年，董事会会议召开为1946年。

年盈余滚存股记洋陆万陆仟叁佰玖拾捌元伍角，共计玖佰零玖万捌仟陆佰玖拾壹元陆角，拟以玖佰万元发给股东股利外，其余仍收入股记项下，并入下届计算。此外，董监及经理各得一成，各友得二成，相应录案，并将支配办法提请公决为荷。此致

本公司股东会

庆丰纺织漂染整理股份有限公司董事会（章）

（上海市档案馆藏档　档案号：Q199-20-1）

庆丰厂非指定代纺纱厂登记表
（1948年4月11日）

厂名：庆丰纺织漂染整理厂

地址：无锡北门外周三浜　电话120。

事务所地址：上海北京路444号　电话92816。

设立年月：民国10年6月

负责人姓名：总经理　唐星海　厂长　范谷泉

公会会员证区别号数：第六区棉纺织同业公会第44号

共有纱锭数：65 248枚　开工纱锭数：52 228枚

出品棉纱支数：10^s，16^s，20^s，21^s，22^s，32^s，40^s，42^s，60^s

产品牌号：双鱼吉庆。

每月平均出品数量：

10^s 384.23件　16^s 197.02件　20^s 2 439.53件

21^s 164.15件，22^s 151.11件　$32/2^s$ 5.20件

40^s 128.37件　$42/2^s$ 104.5件，60^s 18.91件

共3 593.02件

每月平均需用原棉：　14 476.75市担

填表日止厂存原棉总净量：　9 747.60市担

其中　国产7/8吋及以上美棉种：　1 985.59市担

国产土棉：　3 071.62市担

外　棉：　4 690.39市担

每月平均产生可以和用回花数量　146.626市担

每月平均产生不能和用下脚花数量 1 302.67 市担

填报厂商 庆丰纺织漂染整理厂 负责人 唐星海

民国 37 年 4 月 11 日填报

（上海市档案馆藏档 档案号:Q199-20-180）

保丰厂非指定代纺纱厂登记表(1948 年 4 月 11 日)

厂名:保丰纺织漂染整理厂

地址:上海延平路 123 号 电话 37454

事务所地址:上海北京路 444 号 电话 92816

设立年月:民国二十七年十一月

负责人姓名:总经理 唐星海 厂长 范谷泉

公会会员证区别号数:第六区棉纺织同业公会第 44 号

共有纱锭数:27 140 枚 开工纱锭数:20 840 枚(在陆续装置加开中)

出品棉纱支数:20^s,21^s,23^s,31^s,34^s,40^s,42^s,60^s

产品牌号:双鱼吉庆图

每月平均出品数量:

20^s 409.82 件 21^s 81.36 件 23^s 87.96 件 31^s 89.39 件

34^s 85.38 件 40^s 52.92 件 60^s 16.63 件 共 823.46 件

每月平均需用原棉:3 442.06 市担

填表日止厂存原棉总净量: 2 566.78 市担

其中 国产 7/8 吋及以上美棉种: 293.96 市担

外棉美棉: 1 180.70 市担

其他棉类:埃及棉 428.83 市担

印度棉 663.29 市担

每月平均产生可以和用回花数量 37.86 市担

每月平均产生不能和用下脚回花数量 306.35 市担

填报厂商 保丰纺织漂染整理厂 负责人 唐星海

民国 37 年 4 月 20 日填报

（上海市档案馆藏档,档案号:Q199-20-180）

庆丰纺织印染股份有限公司调整资本方案(1951年12月15日)

本公司1950年12月31日实有财产,已依照《私营企业重估财产调整资本办法》及上海无锡两市实施办法各规定办理重估竣事,备具重估财产报告表及有关估价与查核文件,送请上海无锡两市评审委员会审查。兹就重估财产所得增值额,根据上开办法第十八条及上海市实施办法第十八、十九条之规定,参照过去实收资本数额与现在的业务及财务情况酌定比例,拟规定调整资本数额,其不转作资本部分列入公积,作成调整资本方案如左:

一、本公司1950年12月31日账面原资本额为人民币叁百陆拾亿元,股份总数分为玖千万股,每股金额人民币肆百元。

二、本公司1950年12月31日实有财产办理重估价值后,计得重估财产增值额贰千伍百玖拾亿零叁千捌百伍拾贰万玖千叁百叁拾肆元伍角贰分,据以百分之四八、二二六计人民币壹千贰百肆拾玖亿贰千贰百捌拾肆万伍千叁百伍拾肆元转作资本,其余百分之五一、七七四,计人民币壹千叁百肆拾壹亿壹千伍百陆拾捌万叁千玖百捌拾元伍角贰分,列入公积。前项重估财产增值额,尚未包括投资科目项下企业投资户内大部分企业单位之增值数字,俟对方办理重估竣事,决定资本额后,再按本公司所投资之比例计其增值额,列入公积。

三、本公司1950年12月31日所列调整资本准备人民币壹百玖拾亿零柒千柒百壹拾伍万肆千陆百肆拾陆元。拟全数转作资本。

四、前列二、三两项转作资本部分共计人民币壹千肆百肆拾亿元,连同帐面原资本额人民币叁百陆拾亿元,调整资本总额为人民币壹千捌百亿元,股份总数仍为玖千万股,每股金额调整为人民币贰千元。

附注:关于第二项的重估财产增值额及公积额数字经股东会通过后,复由董事会根据股东会授权依照审定额修正。

庆丰纺织印染股份有限公司

蔡漱岑(印) 唐瑞千(印)

公元1951年12月15日

(上海市档案馆藏档)

庆丰纺织印染股份有限公司
监察人查核报告书(1951年12月)

查本公司1950年12月31日所有之各项财产,业经根据《私营企业重估财产调整资本办法》及上海无锡两市棉纺织工业同业公会评审分会所规定之估价标准,分别予以重估,账外财产亦并予列估计:

一、固定资产:原账面额人民币贰百柒拾贰亿陆千肆百捌拾捌万捌千叁百柒拾肆元贰角柒分,重估现值人民币贰千柒百壹拾捌亿玖千伍百叁拾贰万伍千叁百壹拾壹元柒角肆分,增值额人民币贰千肆百肆拾陆亿叁千零肆拾叁万陆千玖百叁拾柒元肆角柒分。

二、流动资产:原账面额人民币叁百柒拾伍亿叁千玖百肆拾捌万伍千壹百捌拾捌元玖角叁分,重估现值人民币伍百壹拾肆亿陆千肆百壹拾叁万伍千叁百玖拾元陆角玖分,增值额人民币壹百叁拾玖亿贰千肆百陆拾伍万零贰百零壹元柒角陆分。

三、其他资产:原账面额人民币贰拾捌亿捌千捌百零伍万柒千柒百贰拾叁元,重估现值人民币叁拾叁亿柒千伍百陆拾玖万肆千捌百贰拾贰元,增值额肆亿捌千柒百陆拾叁万柒千零玖拾玖元。

四、短期负债:原账面额人民币玖拾陆亿伍千叁百陆拾壹万柒千柒百叁拾贰元零伍分,重估现值人民币玖拾陆亿伍千叁百陆拾壹万柒千柒百叁拾伍元柒角陆分,增值额人民币叁元柒角壹分。

五、账外财产:经重估后账外资产列估人民币壹拾伍亿伍千陆百伍拾壹万肆千贰百陆拾玖元。

其重估财产增值额共计人民币贰千伍百玖拾亿零叁千捌百伍拾贰万玖千叁百叁拾肆元伍角贰分①,下期损益调整数人民币肆百壹拾玖万肆千玖百元,所有各项重估财产根据本公司账册及估价标准与有关文件,均经逐项检查,其重估价值认为确当,合具报告书如上。

庆丰纺织印染股份有限公司

---

① 原文如此。

监察人:唐慕汾(章) 蔡稚岑(章)

公元1951年12月

(上海市档案馆藏)

重估财产报告表(1951年12月27日)

业别:棉纺织 申请日期:1951年12月27日

1. 公司商号名称:庆丰纺织印染股份有限公司

负责人:蔡漱岑 唐瑞千

地 址:上海市北京东路444号(黄浦区)电话:98140

2. 经营业务:纺织印染

3. 组织方式:股份有限公司

4 工商登记证字号:登 59982

5. 加入同业公会名称:(1) 上海市棉纺织工业

6. 创设年月:1921年6月

7. 总机构名称及所在地:上海市北京东路444号

8. 分支机构名称及所在地:庆丰纺织印染股份有限公司第一厂无锡周三浜

9. 重估财产增(减)值额:285 049 360 705.54元。

(1) 1950年12月31日重估财产前数额项:

甲、资产总额:67 692 431 286.20。乙、负债总额:9 653 617 732.05。丙、资本总额:36 000 000 000.00。丁、公积,准备:19 077 154 646.00,累积盈余或亏损:2 961 658 908.15。

(2) 1950年12月31日重估财产后数额:

甲、资产总额:352 745 986 895.45。乙、负债总额:9 653 617 735.76。丙、重估财产前净值:58 038 813 554.15。丁、重估财产增(减)值款:285 049 360 705.54(内计账外财产总额:556 514 269.00,下期损益整理:4 194 900.00)。

10. 申报文件:

(1)估值前后资产负债表及各科目明细表共168纸;(2)监察人或检查人查核报告书共2纸;(3)其他有关估价应备文件如:房屋估

价说明，共2份。

公司或商号：庆丰纺织印染股份有限公司（盖章）

负责人蔡漱岑（签章）

主办会计吴（签章）

（上海市档案馆藏档）

庆丰公司《重估财产报表》关于无锡一厂的附注

我公司所属无锡一厂部分之资产负债重估数字，业经苏南区无锡市私营企业重估财产评审委员会审核改正。兹已根据其改正数字加以更正。其重估后财产总额为1 716亿6 610万2 877.18元，重估增值额为1 514亿0 234万7 830.21元。

庆丰纺织印染股份有限公司　蔡漱岑（章）　唐瑞千（章）

（上海市档案馆藏档）

庆丰公司重估财产报表（1952年）

重估时遗漏估入之机器及设备（业已重估入册）

机器名称	数量	重置价值	折旧金额	现值	备注
三辊轧光车	1	180 000 000	54 000 000	126 000 000	
烘布车车架	1	46 000 000	10 350 000	35 650 000	
大锡林	3	8 731 500		8 731 500	重估前售出按售价估
小锡林	3	4 367 340		4 367 340	同上
细纱车	6	1 288 300 000		1 288 300 000	同上
洋板车	1	128 000 000		128 000 000	同上
三道粗纱车	4	500 000 000		500 000 000	同上
大打包机	1	180 000 000		180 000 000	同上
牙齿滚床	1	35 000 000		35 000 000	同上
冷帮帽钉车	1	13 000 000		13 000 000	同上
电动机	1	8 600 000		8 600 000	未使用

（续表）

机器名称	数量	重置价值	折旧金额	现值	备注
油坦克	1	46 242 000		46 242 000	重估前售出按售价估
锅炉	1	197 000 000		197 000 000	同上
合计		2 635 240 840	64 350 000	2 570 890 840	

庆丰纺织印染股份有限公司（章） 蔡漱岑（章） 唐瑞千（章）

1952年6月26日

未入账之国外资金

（1952年6月26日）

资金名称	经手人	原币金额	折合率	人民币金额
美汇	唐星海	487 812.80	6×3 880.00	11 356 281 984.00
英汇	唐星海	33 406.90	62 350.00	2 082 920 215.00
生铁6万磅				60 000 000.00
合计				13 499 202 199.00

庆丰纺织印染股份有限公司（章） 蔡漱岑（章） 唐瑞千（章）

（上海市档案馆藏档，档案号：Q30-4-136）

庆丰纺织印染股份有限公司公私合营申请书

（1954年3月21日）

我们在学习了国家过渡时期的总路线以后，深切的认识到，只有把我们的企业从现在的国家资本主义中级形式提高到高级形式，才能更加发挥生产力，更加为国家效力，也只有如此，才能得到改造，进入光明的前途。我们的意见已经获得了企业董事会的一致同意，特正式具函申请，准予公私合营，恳赐批准。

我们的企业——庆丰纺织印染股份有限公司是经营棉纺织印染工业的，创立于1921年，已有33年的历史，总公司设在上海，设工厂两处，第一厂在无锡，第二厂在上海。公司资本人民币壹千捌百亿元，分为九千万股，每股二千元，内公股、代管股、冻结股共约占百分之三、六六；一九五三年年底的资产净值是肆千贰百余亿元。

无锡第一厂设在周三浜，设备纱锭五八，五八八枚，线锭八，三四〇枚，布机六二五台，并有发电设备四千瓦（现因锅炉较小，只发电二千二百瓦），1953年全年生产棉纱折合廿支五，〇一七件，各种布四九一，二一九匹。职工三，六四四人，内工人三，四三二人，职员二一二人。

上海第二厂设延平路一二三号，设备纱锭二四，三六〇枚，线锭二〇，六二八枚，布机四一二台，印染设备漂白、染色、印花均备。每月出布八万余匹。1953年全年生产棉纱折合廿支一九，〇九一件，各种坯布二六三，一六七匹，各种印染色布七五一，五四六匹。职工一，八六九人，内工人一，七二四人，职员一四五人。

根据本公司董事会的决议，推派我们为全权代表，分别向公司及工厂所在地区主管机关申请公私合营，除分函申请外，为特先行摘要陈述公司及两厂情况，藉供参考。敬候批示祗遵。此致

上海市工业生产委员会

庆丰纺织印染股份有限公司

副总经理：蔡漱岑　唐瑞千

经理：王子建　二厂厂长：魏亦九

抄送中共上海市委员会统一战线部

1954年3月31日

（上海市档案馆藏档，档案号：B133-2-4-147）

庆丰纺织印染公司董、监事及资方代表股份情况表（1955年6月11日）

职务	姓名	本人股份	家属股份	合计股份	备注
常务董事	钱孙卿	96 000股		96 000股	
常务董事	蔡漱岑	1 045 000股	300 000股	1 345 000股	
常务董事	唐瑞千	2 100 000股	1 000 000股	3 100 000股	
常务董事	唐星海	4 045 000股	12 351 000股	16 396 000股	不在国内
常务董事	唐纪云	100 000股	631 000股	731 000股	

（续表）

职务	姓名	本人股份	家属股份	合计股份	备注
董事	唐晔如	500 000 股		500 000 股	
董事	孙钟海	750 000 股	1 185 000 股	1 935 000 股	
董事	薛汇东	401 000 股		401 000 股	
董事	蔡禹门	76 000 股		76 000 股	
董事	唐淞源	945 000 股	852 000 股	1 797 000 股	
董事	范谷泉	59 000 股	16 000 股	75 000 股	
董事	席德镁	25 000 股	50 000 股	75 000 股	
监察人	唐慕汾	555 000 股	214 500 股	769 500 股	
监察人	蔡稚岑	458 000 股	100 000 股	558 000 股	
合计		11 155 000 股	16 699 500 股	27 854 500 股	
占全部股份百分比		12.39%	18.56%	30.95%	
锡厂资方代理人	顾士朴	1 240 000 股		1 240 000 股	
	陶心华	37 000 股	90 000 股	127 000 股	
	薛桂伦		9 000 股	9 000 股	
合计		1 277 000 股	99 000 股	1 376 000 股	
占全部股份百分比		1.42%	0.11%	1.53%	
上海二厂资方代理人		无			

1955 年 6 月 11 日抄

（注：总资本额人民币新币 1 800 万元，共计 9 000 万股，每股 0.2 元）

（上海市档案馆藏档）

庆丰公司 1950～1955 年盈余分配情况调查表

企业名称：公私合营上海庆丰棉纺织印染厂

负责人：孙建三　填表人：吴仲侯

表一　基本情况

1. 企业组织形式：公司
2. 目前主要产品名称：(1) 21 支、32 支棉纱　(2) 7 000 西布　(3) 凡拉明蓝布，花哔叽
3. 1954 年生产总值 11 258 293.17 元
4. 1954 年年底职工人数 1 962 人
5. 1954 年全年职工工资 1 344 073.80 元

（续表）

	1950 年	1951 年	1952 年	1953 年	1954 年	1955 年 8 月
6. 股东人数	1 297	1 254	1 229	1 158	1 099	1 111
7. 在职股东人数	2	2	2	2	2	2
8. 无股份的资方代理人人数	4	4	4	4	4	4
9. 在职股东及无股份的资方代理人 薪金不包括各项津贴 以新币元为单位	36 897	32 330	32 375	32 162	32 147	21 488

表二　历年资产负债表　　金额单位:新币元

	1950 年	1951 年	1952 年	1953 年	1954 年	1955 年 8 月
(一) 资产总额	8 302 983	8 839 305	9 296 051	10 886 267	12 338 476	12 253 933
1. 固定资产	5 761 821	5 830 009	5 233 300	5 720 443	6 048 951	6 076 949
其中(1) 机器设备	4 797 560	4 815 373	4 096 289	4 770 932	4 407 765	4 364 554
(2) 福利设施	130 766	146 871	388 931	447 492		
2. 流动资产	2 523 217	2 981 956	2 836 449	2 105 306	2 651 131	3 063 000
其中(1) 存款	2 357	3 534	4 421	2 717	440 396	495 473
(2) 存货	1 966 577	2 967 191	2 830 851	2 098 077	2 171 648	2 567 527
3. 其他资产	17 945	27 340	1 226 302	3 060 518	3 638 394	3 113 983
其中(1) 公债					430 000	444 650
(二) 负债总额	140 939	215 768	237 713	211 442	225 575	131 003
其中(1) 对外负债				19 539	10 709	11 748
(2) 对内负债				191 903	214 866	119 255
(三) 资产净值	8 162 044	8 623 537	9 058 338	10 674 825	12 112 901	12 122 930
1. 资本额	6 000 000	6 000 000	6 000 000	6 000 000	6 000 000	6 000 000

（续表）

	1950 年	1951 年	1952 年	1953 年	1954 年	1955 年 8 月
2. 公积金				872 742		
3. 总公司增拨资金	2 162 044	2 623 537	3 058 338	4 674 825	4 200 653	3 136 280
4. 历届盈余滚存（亏损）	96 704	1 306 399	2 738 999	4 942 540		
5. 本届盈余（亏损）	96 704	1 209 695	1 432 600	2 203 541	1 912 248	201 660

表三 历年各项支出表 金额单位：新币元

	1950 年	1951 年	1952 年	1953 年	1954 年	1955 年	1950～1953
1. 实缴所得税	48 415	471 875	438 432	707 103	679 051	—	1 665 825
2. 公积金				872 742		—	872 742
3. 资方所得合计		96 000	96 000	364 800	303 147	—	556 800
其中（1）股息红利		96 000	96 000	252 000		—	444 000
（2）资方代理人酬劳				16 500		—	16 500
4. 劳方所得合计				153 600		—	153 600
其中集体福利及奖励金				153 600		—	153 600
5. 五反退补			120 000	221 229		—	341 229
6. 劳方年奖或年终双薪	96 643	107 033	115 739	127 092	137 489		446 507
7. 资方年奖或年终双薪	4 049	4 160	4 155	4 013	4 029		16 377
8. 董监事车马费		7 500	6 445	8 549	7 905	5 967	22 494
附：未分配盈余	96 704	1 209 695	1 432 600	2 203 541	1 912 248	201 660	

（上海市档案馆藏档，档案号：C48-2-1270-4）

庆丰公司历年增资目录摘要

1921 年 6 月 17 日农商部发执照“庆丰纺织股份有限公司”总股银 80 万元,每股已缴银 40 万元。设立年月:民国 10 年 4 月。

同年 11 月呈准注册在案,股东资本 8 000 股,合计 80 万银元,每股 100 元。

(档案号:Q90-1-864 号)

1926 年 3 月第五届股东会议议决,增资 60 万银元,旧股 8 000 股,新股 6 000 股,合 14 000 股,计股银 140 万银元,每股 100 元。

(档案号:Q90-1-864 号)

1933 年 3 月增资 110 万元,旧股 14 000 股,新股 11 000 股,合 25 000 股(2.5 万股),计股银 250 万元(国币),每股 100 元。

同年 5 月江苏省政府批文:核准登记给照。

(档案号:Q90-1-621 号)

1934 年 6 月公司更名:原名“庆丰纺织股份有限公司”更名为“庆丰纺织漂染整理股份有限公司”。

(档案号:Q90-1-621 号)

1937 年 4～5 月增资 50 万元,旧股 2.5 万股,新股 0.5 万股,合 3 万股,计股银 300 万元(国币),每股 100 元。

(档案号:Q90-1-1075 号)

1942 年 11 月庆丰重行登记中储券。登记事项:中储券 900 万元,分 9 万股,每股 100 元中储券。原登记发给日期民国 30 年 9 月 6 日,由前经济部发给。上述填表日期为:民国 31 年 11 月 30 日。

(档案号:R13-1-301-1 号)

据 1942 年 10 月股东会决议:股本以中储券计,股份以二对一折股,即以旧股的三倍折成现股,将 1937 年的 3 万股演变为 9 万股中储券,实际没有增资。在股东名册最后一页添加备注:民国 31 年 11 月 25 日,以资产增值计股,故缴款年月日栏从略。所以股份数 9 万股,计股银 900 万元(中储券),每股 100 元。

(档案号:R13-1-301 号)

1944年2月庆丰公司章程：股东会修正股份，本公司股份总额定为国币9 000万元，分为90万股，每股国币100元，一次缴足。

（档案号：R13-1-301-1号）

1944年3月17日庆丰公司增资调查报告第三点：按照2月3日呈请实业部核准增资，依法将锡厂收回资产增值计中储券3 600万元转作股本，确实相符。总计本公司资本总额为中储券9 000万元，分为90万股，每股100元。所有各款俱属确实。

在附件七的股东名册中，旧股9万股，新股81万股，合90万股，计中储券9 000万元。而个人股东的股本数即以旧股数扩大10倍计。

（档案号：R13-1-301-1号）

1946年5月27日资本变动据档案号Q90-1-249号序号1,64/100页显示：旧股3万股（1921.6～1937.4止），新股87万股，合90万股，计9 000万元（法币）。股东人数为834人。另外据增资监察人报告：一，旧股300万法币，一对一改折为伪币300万元，兹以恢复以法币为单位，资本额仍为300万元整。二，本公司在沦陷期内增资本伪币8 700万元，兹依规定收换比率折成法币435 000元及购置财产酌按法币估计总计增值法币86 565 000元，经查无误。三，本公司股份总数共计90万股，新股东计占87万股。

（档案号：Q90-1-249号）

1946年7月8日增资18 000万元（国币），旧股90万股，新股180万股，合270万股，计27 000万元（国币），每股100元。股东人数841人，旧股90万股（1921.6～1946.5.27）。

（档案号：Q90-1-249号）

1947年7月增资873 000万元，旧股270万股，新股8 730万股，合9 000万股，计90亿元（法币），每股100元。股东人数858人。

（上海市档案馆藏档，档案号：Q90-1-249号）

（顾纪瑞根据上海市档案馆藏档整理）

（三）财务和统计资料

庆丰账略[①]

第一届账略壬戌年(1922)

计开

该股本洋 828 900 元

该往来各户洋 2 039 246.133 元

该棉纱定款洋 12 350 元

该棉子定款洋 2 600 元

该下脚定款洋 1 050 元

该分租永盛、协茂顶首洋 800 元

该工房租洋 1 726.448 元

该工存洋 6 759.927 元

该包索回例洋 1 160.76 元

该本届车马费洋 1 900 元

该本届盈余洋 77 425.985 元

(说明)右数系壬戌年底盈余数目,本应支付壬戌年股息,现因第三届董事会为减轻机工起见,提议趁此纱销平常、纱锭价值低落之际,添购纱锭 5 200 枚,即以是项盈余暂行移作添锭之用,所有壬戌年股息俟下届补发。

以上共该洋 2 973 919.253 元

---

① 无锡庆丰纺织公司第一届账略(1922 年)至第十五届账略(1936 年),共 12 册(缺 1929、1931、1932 年 3 册),其中 6 册收藏在无锡博物院,另 6 册系私人收藏,由汤可可搜集扫描后存放于无锡市历史文献馆,现根据扫描件整理。文中金额由中文数字改为阿拉伯数字。

存基地房屋洋 423 841.27 元

存机器洋 1 051 778.299 元

存生财洋 6 075.042 元

存开办费洋 15 846.655 元

存垫本、活期息洋 140 655.827 元

（说明）前项垫本息系辛酉九月十五日至股东垫本息，计洋 53 964.751 元，活期息系壬戌六月底未开机以前因预结金镑活用庄款息，计洋 86 691.076 元。合如上数。

存项首洋 2 640 元

存现款洋 358.808 元

存工房洋 58 130.279 元

存往来各户洋 462 829.434 元

存备存物料洋 18 256.077 元

存备存煤屑洋 5 068.5 元

存货款洋 788 439.062 元

以上共存洋 2 973 919.253 元

营业彩结

收售出棉纱洋 1 004 388.015 元

收售出棉布洋 14 865.8 元

收售出下脚洋 47 967.286 元

收厂存子花洋 247 749.8 元

收厂存花衣洋 380 048 元

收厂存棉纱洋 141 163.412 元

收厂存棉布洋 15 615.59 元

收厂存脚花洋 3 862.26 元

收棉业交易所盈余 18 006.896 元

收九丰电租洋 7 014.338 元

以上共收洋 1 880 681.397 元

支办进子花洋 688 595.46 元
支办进花衣洋 814 281.266 元
支物料洋 21 923.172 元
支煤屑洋 35 760.14 元
支保险洋 17 153.591 元
支利息洋 79 662.257 元
支驳运洋 19 471.861 元
支税捐洋 13 888.307 元
支车马费洋 1 900 元
支薪俸洋 11 156.5 元
支工资洋 76 013.895 元
支福食洋 4 808.807 元
支杂用洋 5 553.649 元
支房租洋 220.6 元
支修理洋 1 178.14 元
支太行开支洋 5 352.918 元
支常行开支洋 3 982.315 元
支申庄开支洋 1 638.965 元
支宁庄开支洋 713.569 元
以上共支洋 1 803 255.412 元

收支两抵,净余洋 77 425.985 元。
右系壬戌年账略,业经监察人查核无误,照章签字。此注。

第二届账略癸亥年(1923)

计开
该股本洋 828 900 元
该壬戌盈余洋 77 425.985 元
该九丰公司洋 811 050.179 元
该各存户洋 638 933.393 元

该棉纱定款洋 4 541.93 元

该下脚定款洋 4 942.935 元

该分租永盛、协茂顶首洋 800 元

该存工洋 10 389.13 元

该包索回例洋 2 620.567 元

该车马费洋 1 900 元

该各船公积洋 124.7 元

本届盈余洋 73 070.704 元

以上共该洋 2 454 699.523 元

存基地房屋洋 428 784.89 元

存机器洋 1 099 782.597 元

存生财洋 6 392.866 元

存顶首洋 2 940 元

存工房洋 58 130.279 元

存开办费洋 15 846.655 元

存垫本、活期息洋 140 655.827 元

(说明)前项垫本息,系辛酉 9 月 15 日止股东垫本息,计洋 53 964.751 元。活期息系壬戌年 6 月底未开机前因预结金镑活用庄款息,计洋 86 691.076 元。合如上数。

存往来各户洋 24 693.145 元

存现款洋 16 797.93 元

存备存物料洋 25 935.944 元

存备存煤屑洋 5 257.83 元

存货款洋 629 481.56 元

以上共存洋 2 454 699.523 元

营业彩结

收售出棉纱洋 2 353 407.56 元

收售出棉布洋 531 945.24 元

收售出下脚洋 70 156.773 元

收电租洋 29 886.743 元

收工房租洋 6 381.364 元

收存工截留洋 1 477.511 元

收厂存花衣洋 295 361.4 元

收厂存子花洋 107 106.86 元

收厂存脚花洋 4 247.925 元

收厂存棉子洋 630 元

收厂存棉布洋 99 004.5 元

收厂存棉纱洋 123 130.875 元

以上共收洋 3 622 736.751 元

支壬戌存货洋 780 439.062 元

支办进子花洋 592 924.104 元

支办进花衣洋 1 594 669.579 元

支物料洋 57 476.315 元

支煤屑洋 85 428.017 元

支修理洋 1 386.069 元

支保险洋 3 695.523 元

支利息洋 184 614.108 元

支驳运洋 14 070.897 元

支税捐洋 27 728.869 元

支花纱布上下力洋 2 028.358 元

支福食洋 6 896.008 元

支杂用洋 8 487.467 元

支薪水洋 17 145.781 元

支工资洋 156 495.183 元

支驳运机器物料洋 667.069 元

支捐项洋 2 160.777 元

支布号回佣洋 7 682.795 元

支房租洋 938.187 元
支栈租洋 54.08 元
支蒲包绳索洋 2 777.799 元
支车马费洋 1 900 元
以上合计共支洋 3 549 666.047 元

收支两抵净盈余洋 73 070.704 元
右系癸亥年账略,业经监察人查核无误,照章签字。此注。

第三届账略甲子年(1924)

计开
该股本洋 910 560 元
该九丰公司洋 759 994.79 元
该各存户洋 580 169.065 元
该棉纱定款洋 27 802.356 元
该下脚定款洋 2 072.215 元
该分租永盛、协茂顶首洋 800 元
该存工洋 15 731.28 元
该包索回例洋 4 871.926 元
该车马费洋 1 900 元
该各船公积洋 334.849 元
该本届盈余洋 183 423.483 元
以上共该洋 2 487 659.964 元

存基地房屋洋 458 826.675 元
存机器洋 1 132 382.218 元
存生财洋 6 973.296 元
存顶首洋 3 140 元
存工房洋 58 130.279 元
存垫本、活期息洋 87 790.427 元

存往来各户洋 28 112.355 元
存现款洋 6 154.535 元
存备存物料洋 16 494.847 元
存备存煤屑洋 12 199.247 元
存借漕洋 4 429.8 元
存货款 673 026.285 元
以上共存洋 2 487 659.964 元

甲子年营业彩结
收售出棉纱洋 2 366 109.523 元
收售出棉布洋 737 237.883 元
收售出下脚洋 81 645.585 元
收电租洋 32 048.302 元
收工房租洋 4 103.385 元
收杂收洋 1 348.714 元
收厂存花衣洋 254 998.9 元
收厂存子花洋 228 708.06 元
收厂存脚花棉子洋 10 159.875 元
收厂存棉布洋 47 800 元
收厂存棉纱洋 131 356.45 元
以上共收洋 3 895 516.677 元

支癸亥存货洋 629 481.56 元
支办进子花洋 769 754.172 元
支办进衣花洋 1 775 527.992 元
支物料洋 48 900.589 元
支煤屑洋 79 053.988 元
支修理洋 1 649.915 元
支保险洋 202.949 元
支利息洋 168 316.651 元

支驳运洋 16 983.743 元

支税捐洋 26 046.245 元

支花纱布上下力洋 2 550.379 元

支福食洋 5 852.692 元

支房租洋 1 104 元

支杂用洋 4 924.543 元

支薪水洋 15 733.396 元

支工资洋 138 376.727 元

支蒲包绳索洋 4 530.783 元

支栈租洋 960.992 元

支捐项洋 2 175.866 元

支布号回佣洋 8 472.708 元

支申庄开支洋 436.39 元

支宁庄开支洋 444.724 元

支第一收花处开支洋 4 030.508 元

支第二收花处开支洋 2 710.384 元

支第三收花处开支洋 1 971.298 元

支车马费洋 1 900 元

以上合计共支洋 3 712 093.194 元

收支两抵净盈余洋 183 423.483 元

(说明)右系甲子年底盈余数目,经第五届董事会决议,将是项盈余补发壬申年 9 月 16 日起至癸亥年底止官息 1 年零 3 个半月,共计洋 107 066.25 元。其余洋 76 357.233 元悉数收入垫本息项下,以厚基础。

甲子年账略业经监察人查核无误,照章签字。此注。

第四届账略乙丑年(1925)

计开

该股本洋 993 520 元

该甲子年股息洋 68 292 元
该乙丑年股息洋 95 204 元
该辛酉年九月十六起壬戌九月半止全年官利洋 2 853.893 元
该壬戌九月半起年终止三个半月官利洋 1 339.189 元
该癸亥官利洋 4 640 元
该甲子三个半月官利洋 1 285 元
该九丰公司洋 998 855.405 元
该各存户洋 543 839.418 元
该棉纱定款洋 16 700 元
该棉布定款洋 9 000.618 元
该棉子定款洋 836 元
该脚花定款洋 505.255 元
该分租永盛、协茂顶首洋 800 元
该车马费洋 1 900 元
该存工洋 10 173.38 元
该罚工洋 1 115.334 元
该各船公积洋 648.835 元
该包索回例洋 3 672.662 元
该本届盈余洋 22 194.319 元
　以上共该洋 2 777 375.308 元

存基地房屋洋 458 926.675 元
存机器洋 1 158 870.657 元
存生财洋 7 693.813 元
存垫本、活期息洋 32 155.694 元
存顶首洋 3 940 元
存往来各户洋 70 140.292 元
存未曾交来辛酉九月十六起壬戌九月半止息股洋 2 810 元
存未曾交来癸亥息股洋 4 640 元
存工房洋 58 130.279 元

存货款洋 935 926.405 元
存备存物料洋 18 025.109 元
存备存煤屑洋 6 059.853 元
存现款洋 20 056.531 元
以上共存洋 2 777 375.308 元

营业彩结
收售出棉纱洋 3 124 107.119 元
收售出棉布洋 1 033 727.342 元
收售出棉子洋 86 679.86 元
收售出脚花洋 77 871.823 元
收工房租洋 4 739.954 元
收杂收洋 49 991.193 元
收厂存花衣洋 546 627.84 元
收厂存子花洋 198 539.93 元
收厂存棉纱洋 144 883.41 元
收厂存棉布洋 36 936 元
收厂存棉子脚花洋 10 189.225 元
以上共收洋 5 314 293.696 元

开销总汇
支甲子年存货洋 673 023.285 元
支办进子花洋 1 204 868.88 元
支办进花衣洋 2 517 135.552 元
支各号棉子洋 1 250 元
支车马费洋 1 900 元
支甲子年官利洋 68 292 元
支乙丑年官利洋 95 204 元
支杂用洋 9 321.364 元
支福食洋 6 577.698 元

支房租洋 1 723 元

支修理洋 1 319.926 元

支保险洋 3 490.09 元

支利息洋 215 536.474 元

支捐项洋 3 825.548 元

支佣金洋 12 484.047 元

支栈租洋 1 012.436 元

支驳运洋 29 431.363 元

支税捐洋 43 548.165 元

支花纱布上下力洋 3 347.766 元

支工资洋 171 720.65 元

支薪水洋 19 554.908 元

支物料洋 70 502.796 元

支煤屑洋 114 546.463 元

支蒲包绳索洋 6 683.932 元

支第一收花处开支洋 8 103.004 元

支第二收花处开支洋 3 588.17 元

支第三收花处开支洋 2 844.879 元

支申庄开支洋 598.718 元

支宁庄开支洋 664.263 元

以上共支洋 5 292 099.377 元

收支两比净余洋 22 194.319 元

(说明)右系乙丑年底盈余数目,经第六届董事会议决,将是项盈余如数收入垫本息项下。

乙丑年账略经监察人查核无误,照章签字。此注。

第五届账略丙寅年(1926)

计开

该股本洋 1 076 480 元

该历届官利洋 9 143.855 元
该本届官利洋 105 574 元
该存户洋 223 568.345 元
该九丰公司洋 696 550.788 元
该往来各户洋 407 963.138 元
该各号定款洋 11 313.522 元
该铁路税所洋 886.812 元
该车马费洋 1 900 元
该各船公积洋 969.63 元
该包索回例洋 24.37 元
该存工洋 11 875.58 元
该罚工洋 1 143.966 元
该本届盈余洋 83 831.974 元
以上共该洋 2 631 226 元

存基地房屋洋 464 360.675 元
存机器洋 1 229 913.823 元
存生财洋 8 492.433 元
存垫本、活期息洋 9 961.375 元
存顶首洋 3 560 元
存息股洋 5 430 元
存往来各户洋 172 533.562 元
存税务所洋 3 009.04 元
存借漕洋 700 元
存纺织厂联合会洋 333.333 元
存工房洋 58 130.279 元
存货款洋 604 992.447 元
存物料洋 24 190.784 元
存煤屑洋 9 468.745 元
存现款洋 36 149.504 元

以上共存洋 2 631 226 元

营业彩结

收售出棉纱洋 2 588 507.625 元

收售出棉布洋 986 124.031 元

收售出绒布洋 9 190.959 元

收售出棉子洋 69 814.22 元

收售出脚花洋 35 546.505 元

收存工截留洋 1 713.25 元

收工房租洋 5 045.258 元

收电租洋 33 611.505 元

收蒸汽洋 9 503.875 元

收冷水洋 384.233 元

收厂存子花洋 193 011.45 元

收厂存花衣洋 182 875.972 元

收厂存棉纱洋 188 735.7 元

收厂存棉布洋 26 838 元

收厂存棉子洋 270.5 元

收厂存脚花洋 13 260.825 元

以上共收洋 4 344 433.908 元

开销总汇

支棉业交易所亏洋 36 041.667 元

支乙丑年存货洋 935 926.405 元

支办进子花洋 762 880.315 元

支办进花衣洋 1 727 404.006 元

支车马费洋 1 900 元

支官利洋 105 574 元

支杂支洋 8 227.867 元

支福食洋 7 582.456 元

支房租洋 1 207 元
支修理洋 1 804.563 元
支保险洋 4 070.596 元
支利息洋 181 828.228 元
支捐项洋 4 082.837 元
支佣金洋 11 840.235 元
支栈租洋 246.484 元
支驳运洋 23 674.465 元
支税捐洋 40 726.925 元
支上下力洋 2 945.412 元
支工资洋 179 885.702 元
支薪水洋 18 141.419 元
支物料洋 80 125.533 元
支煤屑洋 102 327.713 元
支包索洋 4 791.378 元
支第一收花处开支洋 7 876.744 元
支第二收花处开支洋 4 053.883 元
支第三收花处开支洋 2 863.644 元
支靖庄开支洋 774.179 元
支申庄开支洋 504.962 元
支宁庄开支洋 1 293.296 元
以上合计共支洋 4 260 601.914 元

统计收支两比净余洋 83 831.994 元

右系丙寅年账略，业经监察人查核无误，照章签字。此注。

第六届账略丁卯年(1927)

计开
该股本洋 1 076 480 元
该公积洋 3 693.531 元

该折旧洋 3 693.531 元
该历届官利洋 10 523.939 元
该丁卯官利洋 107 648 元
该股记洋 52 201.904 元
该存户洋 276 728.436 元
该九丰公司洋 1 203 762.224 元
该往来各户洋 159 758.962 元
该各号货物定款洋 24 565.583 元
该各号暂存洋 756.303 元
该税务所洋 491.784 元
该铁路税收洋 438.326 元
该车马费洋 1 900 元
该各船公积洋 1 382.486 元
该存工洋 7 386.9 元
该本届盈余洋 81 288.871 元
以上共该洋 3 012 700.78 元

存厂基洋 56 579.4 元
存房屋洋 407 781.275 元
存机器洋 1 239 687.45 元
存生财洋 8 642.733 元
存历届息股洋 3 660 元
存各号暂欠洋 8 232.015 元
存震华租电保证金洋 225 元
存纺织厂联合会洋 1 333.333 元
存工房洋 58 130.279 元
存顶首洋 3 860 元
存国库券洋 2 002.34 元
存货款洋 1 160 869.04 元
存物料洋 23 886.813 元

存煤屑洋 18 877.768 元
存现款洋 18 933.334 元
　以上共存洋 3 012 700.78 元

营业彩结
收售出棉纱洋 2 603 473.515 元
收售出棉布洋 798 918.501 元
收售出绒布洋 145 243.637 元
收售出棉子洋 96 937.98 元
收售出脚花洋 38 924.24 元
收代售廿支双喜余洋 568.552 元
收纱布交易所余洋 16 209.33 元
收存工截留洋 719.867 元
收工房租洋 4 998.066 元
收电租洋 42 224.689 元
收冷水洋 208.918 元
收厂存子花洋 238 020.8 元
收厂存花衣洋 759 781.66 元
收厂存棉纱洋 95 759.05 元
收厂存绒布洋 30 915 元
收厂存棉布洋 26 272 元
收厂存脚子花洋 555.24 元
收厂存脚花洋 9 565.29 元
　以上共收洋 4 909 296.335 元

开销总汇
支丙寅存货洋 604 992.447 元
支办进子花洋 936 463.35 元
支办进花衣洋 2 404 025.949 元
支车马费洋 1 900 元

支官利洋 107 648 元

支杂支洋 16 118.911 元

支福食洋 9 180.019 元

支房租洋 2 781 元

支修理洋 3 415.951 元

支保险洋 3 565.595 元

支利息洋 178 808.052 元

支杂捐洋 8 054.841 元

支佣金洋 9 477.96 元

支栈租洋 1 088.75 元

支驳运洋 31 836.588 元

支税捐洋 63 944.202 元

支上下力洋 3 958.167 元

支工资洋 198 419.88 元

支薪水洋 19 135.29 元

支物料洋 84 992.361 元

支煤屑洋 111 435.313 元

支蒲包绳索洋 6 588.551 元

支第一收花处开支洋 6 902.358 元

支第二收花处开支洋 5 660.607 元

支第三收花处开支洋 3 182.35 元

支第四收花处开支洋 2 511.64 元

支通庄开支洋 511.679 元

支申庄开支洋 517.59 元

支宁庄开支洋 890.063 元

以上合计共支洋 4 828 007.464 元

计收支两比净余洋 81 288.871 元

第七届账略戊辰年(1928)

计开

该股本洋 1 183 630 元

该公积洋 7 743.531 元

该折旧洋 7 743.531 元

该历届官利洋 4 616.694 元

该戊辰官利洋 115 684.25 元

该丙寅丁卯红利洋 2 101 元

该存户洋 381 794.157 元

该九丰公司洋 1 175 240.701 元

该往来各户洋 162 644.932 元

该各号货物定款洋 14 468.792 元

该各号暂存洋 583.1 元

该车马费洋 1 900 元

该各船公积洋 1 358.248 元

该本届盈余洋 436 455.252 元

以上共该洋 3 495 964.188 元

存厂基洋 56 579.4 元

存建筑洋 424 661.275 元

存机器洋 1 286 446.491 元

存生财洋 8 947.133 元

存历届股息洋 2 170 元

存各号暂欠洋 3 292.9 元

存国库券洋 952.16 元

存公债券洋 1 660 元

存戚墅堰电厂洋 1 000 元

存纺织厂联合会洋 1 333.333 元

存往来各户洋 83 531.617 元

存股记洋 5 946.872 元

存预支戊辰官利洋 266.25 元
存顶首洋 3 860 元
存工房洋 40 453.088 元
存物料洋 41 878.755 元
存煤屑洋 10 022.164 元
存货款洋 1 513 598.16 元
存现款洋 9 364.59 元
以上共存洋 3 495 964.188 元

营业彩结
收售出棉纱洋 3 321 701.247 元
收售出棉布洋 1 207 142.895 元
收售出绒布洋 307 283.729 元
收售出棉子洋 96 059.61 元
收售出脚花洋 78 972.857 元
收代售九狮纱余洋 564.26 元
收蒸汽洋 6 907.756 元
收冷水洋 101.136 元
收电租洋 40 924.509 元
收工房租洋 5 433.7 元
收存工截留洋 1 041.951 元
收厂存子花洋 157 183.7 元
收厂存花衣洋 1 153 003.61 元
收厂存棉纱洋 132 664.4 元
收厂存平、绒布洋 64 577.25 元
收厂存棉子、下脚洋 6 169.2 元
以上共收洋 6 579 731.81 元

开销总汇
支丁卯存货洋 1 160 869.04 元

支办进子花洋 940 684.298 元

支办进花衣洋 2 964 468.399 元

支车马费洋 1 900 元

支官利洋 115 684.25 元

支杂支洋 15 457.625 元

支福食洋 9 672 元

支房租洋 2 791 元

支修理洋 30 968.481 元

支保险洋 5 765.418 元

支利息洋 192 343.684 元

支捐项洋 5 825.711 元

支佣金洋 16 822.747 元

支栈租洋 1 203.85 元

支驳运洋 32 827.966 元

支税捐洋 72 271.256 元

支上下力洋 4 519.271 元

支工资洋 242 106.7 元

支薪水洋 22 174.928 元

支物料洋 128 077.596 元

支煤屑洋 147 416.692 元

支包索洋 8 158.916 元

支第一收花处开支洋 4 759.12 元

支第二收花处开支洋 5 372.077 元

支第三收花处开支洋 3 044.13 元

支第四收花处开支洋 5 054.83 元

支靖庄开支洋 1 084.811 元

支申庄开支洋 591.75 元

支宁庄开支洋 1 360.012 元

以上合计共支洋 6 143 276.558 元

收支两比应余洋 436 455.252 元
提 1/20 公积金洋 21 822.762 元
提 1/20 折旧洋 21 822.762 元
统计净余 392 809.728 元

第九届账略民国十九年(1930)

计开
该股本洋 1 432 500 元
该股记洋 27 671.16 元
该公积洋 54 253.544 元
该折旧洋 54 253.544 元
该历届官利洋 1 799.105 元
该本届官利洋 143 250 元
该历届红利洋 3 395.619 元
该存户洋 692 284.108 元
该九丰公司洋 1 684 229.745 元
该往来各户洋 189 172.521 元
该各号洋 126 096.118 元
该各船公积洋 1 439.85 元
该车马费洋 1 700 元
该本届盈余洋 319 388.783 元
　以上共该洋 4 731 434.097 元

存厂基洋 58 990.4 元
存建筑洋 475 780.275 元
存机器洋 1 609 953.709 元
存生财洋 9 451.573 元
存往来各户洋 151 003.048 元
存各号洋 100 663.108 元
存纺织厂联合会洋 1 333.333 元

存二五库券洋 985.57 元
存油布洋 149.255 元
存顶首洋 3 400 元
存工房洋 49 726.978 元
存货款洋 2 097 770.555 元
存物料洋 94 544.916 元
存煤屑洋 11 022.358 元
存现款洋 66 659.019 元
以上共存洋 4 731 434.097 元

营业彩结
收售出棉纱洋 3 877 697.49 元
收售出棉布洋 1 263 981.79 元
收售出绒布洋 399 787.475 元
收售出棉子洋 72 780.51 元
收售出脚花洋 118 154.554 元
收电租洋 22 344.781 元
收工房租洋 5 135.3 元
收厂存子花洋 234 781.76 元
收厂存花衣洋 1 656 389.545 元
收厂存棉纱洋 71 622.4 元
收厂存棉布洋 33 576 元
收厂存绒布洋 94 980 元
收厂存脚花洋 6 420.85 元
以上共收洋 7 857 652.455 元

支己巳存货洋 1 315 255.225 元
支办进子花洋 793 074.41 元
支办进花衣洋 4 260 225.175 元
支津浦货栈火灾损失洋 7 888.8 元

支平粜洋 4 701.455 元
支车马费洋 1 700 元
支官利洋 143 250 元
支薪水洋 18 820.379 元
支杂支洋 14 014.903 元
支福食洋 10 868.314 元
支房租洋 3 023.35 元
支修理洋 15 234.19 元
支保险洋 1 719.392 元
支利息洋 191 297.987 元
支杂捐洋 6 019.93 元
支佣金洋 18 248.43 元
支栈租洋 5 986.46 元
支驳运洋 38 527.875 元
支税捐洋 81 869.617 元
支花纱布上下力洋 5 294.741 元
支工资洋 267 989.964 元
支物料洋 160 013.719 元
支煤屑洋 145 252.497 元
支包索洋 10 309.188 元
支二行开支洋 5 199.028 元
支三行开支洋 3 603.54 元
支四行开支洋 6 071.179 元
支申庄开支洋 1 447.91 元
支宁庄开支洋 1 356.014 元

以上合计共支洋 7 538 263.672 元

收支两比应余洋 319 388.783 元
按照第九届股东会议决案提折旧 1/10 洋 31 938.878 元

计余洋 287 449.905 元

提公积 0.8/15 洋 15 330.661 元

共余纯益金 272 119.244 元

提花红 4.2/15 洋 80 485.974 元

提工人花红 6.5%洋 17 687.75 元

以上各项提净后，各股东净得洋 173 945.52 元，除以半数洋 86 972.76 元收入股记外，其余一半经董事会议决，每股照发现金 0.006 元，计洋 85 950 元。尚余洋 1 022.76 元，一并收入股记户。

第十二届账略民国 22 年(1933)

计开

该股本洋 250 万元

该公积洋 118 322.531 元

该折旧洋 247 249.592 元

该未换股息洋 80 元

该垫本息洋 685.34 元

该历届官红利洋 3 217.5 元

该本届官利洋 250 000 元

该九丰洋 2 645 698.529 元

该存户洋 1 054 640.597 元

该往来各户洋 756 536.38 元

该往来各号洋 41 429.091 元

该押租洋 700 元

该学员保证金洋 2 400 元

该工人储金洋 886 元

该各船公积洋 1 801.28 元

该车马费洋 1 700 元

该本届盈余洋 1 562.053 元

以上共该洋 7 626 908.893 元

存厂基洋 225 574.12 元

存建筑洋 1 033 553. 105 元
存机器洋 2 894 042. 553 元
存原动部垫本洋 217 663. 41 元
存生财洋 10 394. 873 元
存顶首洋 2 805 元
存股记洋 4 857. 307 元
上届股东红利应余洋 1 773. 488 元,提工人花红 0. 06%,
计洋 6 630. 795 元。结该如上数。
存往来各号洋 30 058. 835 元
存往来各户洋 99 186. 787 元
存货款洋 2 997 932. 1 元
存物料洋 80 661. 264 元
存煤屑洋 14 989. 492 元
存现款洋 15 190. 047 元
以上共存洋 7 626 908. 893 元

营业彩结
收售出棉纱洋 5 436 550. 454 元
收售出棉布洋 1 636 996. 398 元
收售出绒布洋 465 822. 811 元
收售出棉子洋 34 799. 06 元
收售出脚花洋 48 705. 095 元
收工房租洋 5 226. 16 元
收电租洋 29 155. 378 元
收厂存子花洋 138 772 元
收厂存花衣洋 2 126 823. 06 元
收厂存棉纱洋 504 054. 53 元
收厂存双股线洋 4 676 元
收厂存棉布洋 170 685. 64 元
收厂存绒布洋 43 964 元

收厂存脚花洋 8 956.87 元

以上共收洋 10 655 187.456 元

支 21 年存货洋 2 651 830.05 元

支本届官利洋 250 000 元

支车马费洋 1 700 元

支采办子花洋 379 455.83 元

支采办花衣洋 5 330 744.842 元

支薪水洋 33 066.292 元

支福食洋 19 326.801 元

支房租洋 2 519.855 元

支修理洋 27 167.04 元

支保险洋 7 694.78 元

支利息洋 337 718.454 元

支杂捐洋 5 664.608 元

支佣金洋 42 321.32 元

支驳运洋 77 664.14 元

支栈租洋 8 570.22 元

支统税洋 315 111.828 元

支上下力洋 8 041.585 元

支工资洋 439 136.741 元

支物料洋 347 273.175 元

支煤屑洋 224 107.175 元

支包索洋 28 029.588 元

支杂支洋 33 588.359 元

支申庄开支洋 1 843.96 元

支宁庄开支洋 5 659.511 元

支蚌庄开支洋 1 460.03 元

支二行办花开支洋 6 516.867 元

支三行办花开支洋 3 372.31 元

支四行办花开支洋 3 004.05 元
支东台办花开支洋 313.52 元
支秦潼办花开支洋 478.83 元
支第二工场开办费洋 48 910.309 元
支中国棉业公司洋 10 000 元
支纺织厂联合会洋 1 333.333 元
以上合计共支洋 10 653 625.403 元

收支两比应余洋 1 562.053 元

第十三届账略民国二十三年(1934)

计开
该股本洋 2 500 000 元
该公积洋 118 322.531 元
该折旧洋 247 249.592 元
该未换息股洋 80 元
该历届官红利洋 4 590 元
该垫本息洋 56.31 元
该本届官利洋 250 000 元
该九丰洋 2 835 149.027 元
该存户洋 1 290 308.009 元
该往来各户洋 1 507 184.143 元
该往来各号洋 45 248.823 元
该押租洋 700 元
该学员保证金洋 2 820 元
该工人储金洋 5 208 元
该工人保证金洋 276 元
该船户公积洋 1 717.68 元
该车马费洋 1 700 元
该上届盈余洋 1 562.053 元

该本届盈余洋 82 303.57 元

以上共该洋 8 894 475.738 元

存厂基洋 230 590.82 元

存建筑洋 1 159 620.105 元

存机器洋 3 256 143.528 元

存生财洋 10 394.873 元

存原动部垫本洋 157 152.986 元

存股记洋 4 857.307 元

存顶首洋 4 920 元

存棉种洋 2 722.36 元

存往来各户洋 207 804.234 元

存往来各号洋 4 873.93 元

存货款洋 3 790 802.57 元

存物料洋 40 635.88 元

存煤屑洋 9 199.73 元

存现款洋 14 757.415 元

以上共存洋 8 894 475.738 元

营业彩结

收售出棉纱洋 7 235 541.31 元

收售出棉布洋 1 802 016.395 元

收售出绒布洋 459 108.571 元

收售出棉子洋 21 176 元

收售出脚花洋 108 661.095 元

收电租洋 14 748.379 元

收厂存子花洋 130 742.82 元

收厂存花衣洋 2 852 394.734 元

收厂存棉纱洋 553 356.45 元

收厂存棉布洋 234 874.25 元

收厂存绒布洋 13 024 元

收厂存棉子洋 1 536.12 元

收厂存脚花洋 4 426.2 元

收厂存花线洋 448 元

以上共收洋 13 432 054.324 元

支 22 年存货洋 2 997 932.1 元

支本届官利洋 250 000 元

支车马费洋 1 700 元

支积余记洋 18 236.799 元

支工房租洋 2 348.445 元

支采办子花洋 283 316.68 元

支采办花衣洋 7 371 839.09 元

支薪水洋 39 779.273 元

支福食洋 21 191.837 元

支房租洋 816 元

支修理洋 34 962.576 元

支保险洋 8 142.791 元

支利息洋 408 621.595 元

支杂捐洋 9 394.544 元

支佣金洋 46 559.82 元

支栈租洋 11 166.284 元

支驳运洋 94 360.116 元

支统税洋 426 063.395 元

支上下力洋 9 482.862 元

支煤屑洋 265 755.406 元

支包索洋 20 329.275 元

支工资洋 507 635.864 元

支物料洋 444 185.438 元

支戚厂电费洋 2 965.28 元

支杂支洋 40 309.199 元
支申庄开支洋 9 047.395 元
支宁庄开支洋 4 515.023 元
支蚌庄开支洋 1 516.38 元
支徐庄开支洋 1 782.66 元
支二行办花开支洋 7 399.717 元
支三行办花开支洋 2 474.81 元
支四行办花开支洋 3 464.16 元
支陕庄办花开支洋 852.68 元
支东台办花开支洋 516.71 元
支秦潼办花开支洋 972.48 元
支靖江办花开支洋 114.07 元
以上合计共支洋 13 349 750.754 元

收支两比应余洋 82 303.57 元

第十四届账略民国二十四年(1935)

计开
该股本洋 2 500 000 元
该公积洋 122 348.081 元
该折旧洋 255 636.152 元
该股记洋 15 817.583 元
该未换息股洋 80 元
该历届官红利洋 2 414.5 元
该本届官利洋 250 000 元
该九丰洋 2 745 767.52 元
该存户洋 1 080 006.688 元
该往来各户洋 2 148 541.621 元
该往来各号洋 117 783.493 元
该押租洋 995 元

该学员保证金洋 2 230 元
该工人储金洋 8 203 元
该工人保证金洋 348 元
该船户公积洋 1 224.58 元
该车马费洋 1 700 元
该本届盈余洋 119 944.003 元
以上共该洋 9 373 040.221 元

存厂基洋 230 623.82 元
存建筑洋 1 161 340.105 元
存机器洋 3 372 171.968 元
存生财洋 10 394.873 元
存原动部垫本洋 80 533.868 元
存顶首洋 8 900 元
存棉种洋 222.36 元
存往来各户洋 660 881.727 元
存往来各号洋 21 501.3 元
存货款洋 3 572 160.3 元
存物料洋 211 656.103 元
存煤屑洋 31 256.54 元
存现款洋 11 397.257 元
以上共存洋 9 373 040.221 元

营业彩结
收售出棉纱洋 7 701 006.72 元
收售出棉布洋 2 084 097.703 元
收售出漂色布洋 643 207.938 元
收售出绒布洋 244 415.615 元
收售出脚花洋 150 595.699 元
收电租洋 25 820.118 元
收工房租洋 170.39 元

收厂存花衣洋 2 409 981.6 元
收厂存子花洋 71 611.83 元
收厂存棉纱洋 589 222.12 元
收厂存双股线洋 61 950 元
收厂存棉布洋 163 919 元
收厂存漂色布洋 273 345 元
收厂存绒布洋 1 396 元
收厂存脚花洋 734.75 元
以上共收洋 14 421 474.483 元

支 23 年存货洋 3 790 802.57 元
支本届官利洋 250 000 元
支车马费洋 1 700 元
支采办子花洋 270 889.33 元
支采办花衣洋 6 863 053.98 元
支外办坯布洋 122 584.83 元
支外办纱线洋 253 153.3 元
支积余记洋 17 013.283 元
支薪水洋 49 821.731 元
支杂支洋 34 684.273 元
支福食洋 22 186.653 元
支房租洋 572.975 元
支修理洋 36 191 元
支保险洋 17 241.643 元
支利息洋 540 762.566 元
支杂捐洋 6 540.02 元
支佣金洋 47 498.4 元
支栈租洋 13 497.806 元
支驳运洋 63 948.41 元
支税捐洋 479 428.1 元
支上下力洋 10 007.308 元

支煤屑洋 290 617.978 元
支包索洋 6 789.66 元
支工资洋 572 310.293 元
支物料洋 473 567.95 元
支戚厂电费洋 40 744.1 元
支申庄开支洋 5 309.46 元
支宁庄开支洋 2 781.57 元
支蚌庄开支洋 1 677.896 元
支徐庄开支洋 2 565.21 元
支粤庄开支洋 1 790.78 元
支二行办花开支洋 4 308.895 元
支三行办花开支洋 1 518.42 元
支四行办花开支洋 2 551.09 元
支秦潼办花开支洋 317.73 元
支东台办花开支洋 2 594.51 元
支大中集办花开支洋 506.76 元
　以上共支洋 14 301 530.48 元

收支两比应余洋 119 944.003 元
上列账略经检查核对相符，此注。
监察　唐侯峰印　唐凤岱印

第十五届账略民国二十五年(1936)

计开
该股本洋 2 500 000 元
该公积洋 133 143.041 元
该折旧洋 267 630.552 元
该股记洋 27 921.291 元
该未换息股洋 80 元
该历届官红利洋 1 393.5 元

该本届官利洋 250 000 元
该九丰公司洋 2 522 238.212 元
该存户洋 1 249 034.387 元
该往来各户洋 2 296 276.874 元
该往来各号洋 106 220.642 元
该押租洋 995 元
该学员保证金洋 3 110 元
该工人储金洋 10 173 元
该工人保证金洋 615 元
该船户公积洋 959.58 元
该车马费洋 1 700 元
该本届盈余洋 1 100 852.541 元
以上共该洋 10 472 343.62 元

存厂基洋 231 253.82 元
存建筑洋 1 202 850.105 元
存机器洋 3 829 785.268 元
存生财洋 10 394.873 元
存原动部垫本洋 40 155.016 元
存顶首洋 29 180 元
存棉种洋 222.36 元
存往来各户洋 97 222.395 元
存往来各号洋 30 763.81 元
存货款洋 4 588 818.93 元
存备存物料洋 364 813.433 元
存备存煤屑洋 5 377.05 元
存现款洋 41 506.56 元
以上共存洋 10 472 343.62 元

营业彩结
收售出棉纱洋 9 782 841.36 元

收售出棉布洋 1 652 957.255 元
收售出漂色布洋 3 131 481.665 元
收售出绒布洋 327 389.523 元
收售出脚花洋 211 018.195 元
收电租洋 31 049.541 元
收女工宿舍租洋 3 918.07 元
收整理费洋 6 700.5 元
收厂存子花洋 63 051.28 元
收厂存花衣洋 3 519 461.02 元
收厂存棉纱洋 266 470.6 元
收厂存双股线洋 53 640 元
收厂存棉布洋 29 343.2 元
收厂存绒布洋 19 325.25 元
收存厂漂色布洋 624 663.2 元
收存厂坯布洋 14 838 元
收厂存脚花洋 7 192.2 元
付未出棉子脚花洋－9 165.82 元
　以上共收洋 19 736 175.039 元

支 24 年存货洋 3 572 160.3 元
支本届官利洋 250 000 元
支车马费洋 1 700 元
支采办子花洋 286 149.58 元
支采办花衣洋 9 785 806.583 元
支外办纱线洋 616 604.15 元
支外办坯布洋 728 601.44 元
支积余记洋 4 070.458 元
支薪水洋 55 185.949 元
支杂支洋 46 332.324 元
支福食洋 24 292.72 元
支房租洋 686.5 元

支修理洋 38 732.885 元

支保险洋 28 733.117 元

支利息洋 602 141.024 元

支杂捐洋 7 146.79 元

支佣金洋 61 411.88 元

支栈租洋 16 527.535 元

支驳运洋 65 383.3 元

支税捐洋 496 959.18 元

支上下力洋 13 563.186 元

支煤屑洋 349 152.832 元

支包索洋 4 564 元

支工资洋 612 249.998 元

支物料洋 876 099.165 元

支戚厂电费洋 57 384.29 元

支申庄开支洋 10 621.54 元

支宁庄开支洋 2 244.01 元

支蚌庄开支洋 841.25 元

支徐庄开支洋 2 488.66 元

支粤庄开支洋 3 333.62 元

支二行办花开支洋 3 660.31 元

支三行办花开支洋 1 794.27 元

支四行办花开支洋 2 434.99 元

支东台办花开支洋 2 262.97 元

支合德办花开支洋 3 384.932 元

支大中集办花开支洋 616.76 元

以上共支洋 18 635 322.498 元

收支相比应余洋 1 100 852.541 元

上列账略经检查核对相符，此注。

监察：唐凤岱（印）　唐慕汾（印）

庆丰公司资产负债表(1922～1936)

单位:元,%

年份	资产总额 (1)=(2)+(3)	固定资产 (2)	流动资产 (3)	负债总额 (4)=(5)+(6)	负债 (5)	所有者权益 (6)	实收资本 (7)	资产负债率 (%) (8)=(5)/(1)	资产与所有 权益比(%) (9)=(1)/(6)
1922	2 973 919.253	1 539 824.890	1 434 094.363	2 973 919.253	2 067 593.268	906 325.985	828 900.000	69.52	228.13
1923	2 454 699.523	1 593 090.632	861 608.891	2 454 699.523	1 475 302.834	979 396.689	828 900.000	60.10	150.63
1924	2 487 659.964	1 656 312.468	831 347.496	2 487 659.964	1 393 676.481	1 093 983.483	910 560.000	56.02	127.39
1925	2 777 375.308	1 683 621.424	1 093 753.884	2 777 375.308	1 588 046.907	1 189 328.401	993 520.000	57.18	133.35
1926	2 631 226.000	1 760 897.210	870 328.790	2 631 226.000	1 356 196.151	1 275 029.849	1 076 480.000	51.54	106.37
1927	3 012 700.780	1 770 821.137	1 241 879.643	3 012 700.780	1 677 171.004	1 335 529.776	1 076 480.000	55.67	125.58
1928	3 495 964.188	1 817 087.387	1 678 876.801	3 495 964.188	1 737 989.930	1 757 974.258	1 183 630.000	49.71	98.86
1929	缺								
1930	4 731 434.097	2 203 902.935	2 527 531.162	4 731 434.097	2 694 922.342	2 036 511.755	1 432 500.000	56.96	132.33
1931	缺								
1932	缺								
1933	7 626 908.893	4 381 228.061	3 245 680.832	7 626 908.893	4 505 791.877	3 121 117.016	2 500 000.000	59.08	144.36
1934	8 894 475.738	4 813 902.312	4 080 573.426	8 894 475.738	5 690 311.682	3 204 164.056	2 500 000.000	63.98	177.59
1935	9 373 040.221	4 855 064.634	4 517 975.587	9 373 040.221	6 106 799.902	3 266 240.319	2 500 000.000	65.15	186.97
1936	10 472 343.620	5 314 439.082	5 157 904.538	10 472 343.620	6 191 322.695	4 281 020.925	2 500 000.000	59.12	144.62

资源来源:庆丰纺织公司1922～1936年账略(注:实收资本年平均为1 389 400元)

庆丰公司资产损益表(1922～1936)

单位:元

年份	收入合计 (1)=2+3	营业收入 (2)	营业外收入 (3)	支出合计 (4)	其中:原材料支出 (5)	其中:工资性支出 (6)	官利 (7)	利息 (8)	驳运费 (9)	佣金 (10)	收花行开支 (11)	当年盈余 (12)=1−4
1922	1 880 681	1 855 660	25 021	1 803 255	1 560 560	93 879		79 662	19 472		9 335	77 426
1923	3 622 737	3 585 011	37 726	3 549 666	3 110 937	184 465	补 107 066	184 614	14 071	7 683		73 071
1924	3 895 516	3 858 016	37 500	3 712 093	3 302 718	164 413	68 292	168 317	16 984	8 473	8 112	183 423
1925	5 314 294	5 259 563	54 731	5 292 099	4 581 327	203 101	95 204	215 536	29 431	12 484	14 536	22 195
1926	4 344 434	4 294 176	50 258	4 260 602	3 608 664	210 455	105 574	181 828	23 674	11 840	14 794	83 832
1927	4 909 296	4 860 576	48 720	4 828 007	4 141 909	232 593	107 648	178 808	31 837	9 478	18 257	81 289
1928	6 579 732	6 524 759	54 973	6 143 277	5 341 516	280 373	115 684	192 344	32 828	16 823	18 230	436 455
1929	缺											
1930	7 857 652	7 830 172	27 480	7 538 264	6 673 821	309 375	143 250	191 298	38 528	18 248	14 874	319 388
1931	缺											
1932	缺											
1933	10 655 187	10 620 806	34 381	10 653 625	8 933 411	501 271	250 000	337 718	77 664	42 321	13 686	1 562
1934	13 432 054	13 417 306	14 748	13 349 751	11 363 029	579 790	250 000	408 622	94 360	46 600	15 795	82 303
1935	14 421 474	14 395 484	25 990	14 301 530	12 064 670	656 026	250 000	540 763	63 948	47 498	11 797	119 944
1936	19 736 175	19 701 207	34 968	18 635 322	16 214 574	706 992	250 000	602 141	65 383	61 412	14 154	1 100 853
合计							1 742 718	3 281 651	508 180	282 860	153 570	2 581 741

资产来源:同前表。说明:角、分、厘已四舍五入。

(原文载《无锡堰桥顾氏家族与庆丰纱厂》,广陵书社 2015 年 8 月,由该书主编顾纪瑞根据庆丰账略整理而成)

庆丰公司资产负债表(1937 年 12 月 31 日)

资产	
现　　金	2 030.052
外帮存款	1 030 000.000
行庄存款	126 087.726
各户欠款	214 706.390
应收账款	40 667.600
存　　货	2 926 238.050
减战区存货损失准备	—1 580 559.270
煤　　屑	12 130.220
减战区存货损失准备	—1 399.820
物　　料	391 288.538
减战区存货损失准备	—302 570.858
救国公债	53 107.000
存出押租	29 960.000
生　　财	10 394.873
机　　器	4 143 713.768
建　　筑	1 307 920.105
厂　　基	272 388.820
亏　　损	362 137.449
合　　计:	9 038 240.643

负债及资本	
行庄透支	154 727.980
应付账款	11 780.000
应付工资	3 283.770
预收货款	96 704.319
各户存款	79 045.544
暂时存款	24 691.886

九　　丰	2 682 438.653
存　　项	1 111 232.650
抵押借款	942 862.090
存入押租	1 545.000
存入证金	5 380.870
学　　员	4 020.000
工　　人	486.000
船　　户	874.870
工人储金	9 759.000
历届官红利	2 751.500
折旧准备	465 715.806
股　　本	2 500 000.000
暂收股款	496 000.000
公　　积	243 228.295
特别公积	116 217.719
原动部垫本	42 500.705
保　　安	24 289.440
没收定洋	12 829.295
备善记	36 598.279
盈余滚存	90 875.561
合　　计：	9 038 240.643

沦陷时期营业报告书、资产负债表、损益表

庆丰纺织漂染整理股份有限公司

三十一年度上期营业报告书

本公司本年度于1月8日，由日领事馆通知停止营业，解雇职工，委派会计监督官前来监督以来，营业工作均告停顿。当经提出各项××华商证明文件，一再剖陈，至5月22日始蒙允准发还。截至6月底止，工作甚暂，营业无几，幸各项货价增涨，除去开支外，尚获盈利，此则堪为各股东告慰者也。兹因币值变更，各种情况不同，特

于6月底止，办理本年度上期决算一次，所有资产负债及损益计算，另详附表。特此报告。右上

庆丰纺织漂染整理股份有限公司股东会

总经理　唐星海（章）

资产负债表

（1942年6月30日）

负　债	
股　　本	1 500 000.00
公　　积	281 103.80
折　　旧	397 897.10
棉花栈单	13 050.00
棉纱栈单	348 650.00
色布栈单	289 231.25
银钱往来	119 518.34
活期存款	7 114.87
暂时存款	354 982.04
客户往来	156 774.86
未付款项	134 417.51
本年损益	3 735 490.07
负债合计	7 338 229.84
资　产	
押　　租	18 265.46
机　　器	1 903 719.32
建　　筑	406 064.81
生　　财	10 512.34
内部往来	855 703.07
暂记欠款	363 863.49

备存物料	567 193.59
备存煤屑	23 635.35
未出货品	650 931.25
棉花整存	1 028 573.00
棉线整存	183 800.00
棉纱整存	138 750.00
棉布整存	19 654.50
色布整存	808 400.50
坯布整存	168 435.00
半制品整存	149 100.80
下脚整存	6 791.20
现　金	34 836.16
资产合计	7 338 229.84

损益计算表

（1942 年 6 月 30 日）

损失金额

销纱成本	180 946.00
销线成本	24 636.46
销色布成本	197 007.65
薪　水	6 301.50
福　食	13 738.70
房　租	1 983.35
保　险	4 670.12
印刷文具	1 837.75
邮　电	1 907.50
佣　金	6 355.00
应　酬	9 161.23
驳　运	202.00

上下力	111.28
捐　项	26 385.80
工　资	1 020.50
杂　项	48 735.58
利　息	131 164.68
贴　现	22 972.64
折　旧	75 000.00
统　税	10 318.49
杂损益	218 193.82
(存货增值	982 650.05)
纯　益	3 735 499.07
合　计	4 718 149.12

利益金额

销售棉纱	949 600.00
销售棉线	30 875.00
销售色布	2 266 773.50
存货增值	1 470 900.62
合　计	4 718 149.12

经理　唐炳泉(章)

(上海市档案局藏档 R13-1-301)

庆丰纺织漂染整理股份有限公司三十一年度下期报告书

本公司本年度上期国币各种情况不同,曾于6月底止办理本年度上期决算一次。兹自7月1日起至年底止,下期内工作方面,产纱线1 063件,棉布22 975匹,加工棉布24 002匹。本期内营业方面,计划销纱526件,半线19件,加工棉布19 894匹,半下脚266担40斤,共计营业收入6 495 249.57元。除去开支折旧外,计纯益2 540 451.45元。

所有资产负债表及损益计算书,另详附表,特此报告。谨请察核。

董事会具

资产负债表

(1942年12月31日)

资产类

押　　租	18 265.46
机　　器	6 803 719.32
建　　筑	1 320 004.51
生　　财	22 012.34
内部往来	755 937.83
暂记欠款	4 123 501.48
备存物料	785 171.10
备存煤屑	50 843.49
未出货品	1 283 798.00
棉花整存	315 303.29
棉线整存	265 000.00
棉纱整存	370 500.00
棉布整存	18 923.50
色布整存	1 963 042.00
坯布整存	783 732.50
半制品整存	164 973.00
下脚整存	8 063.00
外办棉纱	55 000.00
现　　金	44 272.42
资产合计	19 152 063.24

负债类

股　　本	9 000 000.00
公　　积	654 652.80
折　　旧	562 897.10
棉花栈单	60 000.00
棉纱栈单	499 400.00
色布栈单	724 398.00
抵押借款	4 301 374.48
银钱往来	1 752.33
活期存款	14 286.97
暂时存款	521 857.53
客户往来	12 419.86
未付款项	258 572.72
本年损益	2 540 451.45
负债合计	19 152 063.24

损益计算表

(1942 年 12 月 31 日)

损失金额

销纱成本	1 388 481.06
销线成本	34 310.35
销布成本	114.00
销色布成本	1 571 362.21
下脚成本	7 104.00
薪　　水	8 316.00
福　　食	34 092.00
房　　租	3 683.35
保　　险	4 370.08
印刷文具	6 946.64

邮　　电	4 217.74
佣　　金	15 230.00
应　　酬	43 866.97
驳　　运	12 544.00
上下力	1 865.30
捐　　项	86 029.50
栈　　租	6 122.85
工　　资	1 018.00
杂　　项	41 693.55
津　　贴	89 806.00
利　　息	571 520.68
贴　　现	100.00
折　　旧	165 000.00
统　　税	72 553.06
纯　　益	2 540 451.45
损失合计	6 710 798.79

利益金额

销售棉纱	2 825 431.80
销售棉线	296 250.00
销售棉布	1 221.00
销售色布	3 301 828.77
售出下脚	70 563.00
杂损益	215 504.22
利益合计	6 710 798.79

庆丰纺织漂染整理股份有限公司三十二年度营业报告书

本公司本年度工作方面因上年配给原料未足，本年尚未领得1、2及7、8月。稍事运转，计产纱409件，棉布8 603匹，加工布27 175

四。本期内营业方面,上半年稍有售出,至8月9日商统会宣布实施收买纱布后,销售即告停顿。

本年沪市物价继续增高,本公司营业收入无多而各项开支随之逐渐递增,年终决算除去各项开支及摊提外,纯益802 182.15元。11月24日锡厂收回后,因转运大康修理费及转到锡两厂,双方营运周转,故年终负债总额计达1 200余万元。故于三十三年1月4日董事会议为巩固基础及加强生产起见,有增资案之提出。兹编造具资产负债表、损益计算书等,请察检。

董事会具

资产负债表

(1943年12月31日)

资产类

押　　租	18 265.46
机　　器	6 811 856.82
建　　筑	1 567 005.21
生　　财	22 012.34
银钱往来	485 516.82
暂时欠款	9 318 765.58
借存物料	689 490.30
借存煤屑	600 015.65
未出货品	2 759 597.00
棉花整存	88 356.59
棉线整存	522 500.00
棉纱整存	1 364 000.00
棉布整存	71 585.00
色布整存	6 841 777.50
坯布整存	12 870.00
半制品整存	196 650.00

下脚整存	68 025.00
现　　金	46 844.52
资产合计	31 485 133.79

负债金额

股　　本	9 000 000.00
公　　积	992 324.48
折　　旧	982 897.10
棉花栈单	672 872.00
棉纱栈单	331 400.00
色布栈单	1 755 325.00
抵押借款	9 127 935.35
活期款款	3 035 983.91
暂时存款	561 564.73
内部往来	4 056 777.38
客户往来	12 419.86
未付款项	153 451.83
本年损益	802 182.15
负债合计	31 485 133.79

损益计算表

(1943年12月31日)

利益金额

销售棉纱	517 500.00
销售棉线	834 934.50
销售棉布	9 600.00
销售色布	1 865 125.00
售出下脚	208 552.50
杂损益	3 025 521.70

利益合计	6 461 233.70

损失金额

销纱成本	520 619.60
销线成本	305 428.00
销布成本	3 840.00
销色布成本	1 105 553.22
下脚成本	215 775.00
薪　　水	20 844.00
福　　食	95 589.00
房　　租	3 400.00
保　　险	86 629.00
印刷文具	38 962.00
邮　　电	7 436.96
佣　　金	14 725.00
应　　酬	83 445.40
验　　运	8 534.80
上下力	2 289.20
捐　　项	54 086.00
栈　　租	1 283.80
工　　资	3 960.00
杂　　项	194 738.45
津　　贴	428 022.00
驳运费用	1 084 013.86
利　　息	1 096 911.75
折　　旧	210 000.00
统　　税	72 964.52
纯　　益	802 182.15
损失合计	6 461 233.70

（上海市档案馆藏档，档案号:R31-1-301）

资产负债表
(1944年12月31日)

资产

库存现金	568 483.13
行庄往来	7 537 836.03
暂记欠款	84 705 335.55
存棉花	463 300.00
存人造丝	1 560 000.00
存物料	40 342 163.35
存下脚	157 725.00
存毛巾坯	299 600.00
存半制品	19 206 308.00
存煤屑	1 687 000.00
存坯布	760 125.00
存毛巾	1 332 167.00
存色布	23 964 210.00
存棉毛布	25 755.00
存棉布	238 620.00
存棉纱	7 975 000.00
存棉线	1 540 000.00
存未出货品	24 928 050.00
预付锡厂修理费	6 239 250.00
存出证金	1 407 537.50
押　租	391 765.46
生　财	530 895.34
机　器	39 079 250.18
建　筑	19 172 096.01
	(58 782 241.53)
减折旧准备	—3 982 897.10
厂　基	3 391 194.41

资产合计：	283 520 769.86

负债

活期往来	16 475 041.81
活期存款	52 718 890.11
暂时存款	70 505 441.67
未付款项	2 496 536.28
内部往来	1 539.23
客户往来	12 419.86
未出棉纱栈单	260 900.00
未出棉线栈单	110 000.00
未出色布栈单	22 840 150.00
未出毛巾栈单	1 717 000.00
预收锡厂废件收益	7 378 029.85
股　　本	90 000 000.00
公　　积	1 072 542.69
本期纯益	17 932 278.36
负债合计：	283 520 769.86

庆丰纺织漂染整理股份有限公司
沦陷期内历届决算概况报告书

本公司沦陷期内帐目约分三期：(一)自 26 年无锡沦陷迁移来沪后，当将各处带出帐目分别收集，从事整理。计自 26 年起至 28 年止，为本公司旧账整理时期。(二)沪厂创立，定名美商保丰纱厂纺织漂染整理厂，应付特殊环境。继复取消美商名义，改为庆丰公司保丰纱厂，完全由本公司旧帐划出资金，以保丰名义另立帐册，经营时期会计独立。计自 28 年起至 32 年止。(三)32 年冬，锡厂收回，当将锡沪二厂资产帐目并合为一。计自 33 年起至 34 年度止，为本公司锡沪二厂并合经营时期。本公司在以上各时期内，除呈准经济部，遵照《非常时期营利法人维持现状暂行办法》第五条规定，将历届决算连同本会决议录，以可能方法分别报告各股东并提请随时签署在案外，兹幸抗战胜利天日重光，各股东重集一堂，特将历届资产负债总额及盈余数额分别列表，择要报告于后。诸希鉴核为荷。

一、本公司旧帐整理时期

年份	资产负债总额	盈余数额
民国26年份	10 515 351.542元	1 477 660.899元

就帐面结算，存货损失尚未详查，未办决算。

民国26～27年份	9 853 338.51元	1 570 639.638元

（注：与上年合计，就帐面结算，存货损失尚未轧除，未曾结算。）

民国26～28年份	9 938 995.303元	1 692 805.044元

（注：除战事损失1 911 609.38元计，轧亏238 804.894元。有29年7月16日立信会计师事务所《二十六、七、八年并合查帐报告书》。）

二、本公司保丰纺织漂染整理厂单独经营时期

民国28年度	5 961 398.95元	457 941.98元

（注：29年3月18日立信会计师事务所有《二十八年度查帐报告书》）

民国29年度	8 737 522.07元	1 572 643.94元

（注：有30年3月13日立信会计师事务所《二十九年度查帐报告书》）

民国30年度	10 080 157.94元	3 591 489.96元

（注：有31年7月3日立信会计师事务所《三十年度查帐报告书》）

民国31年度上期	7 338 229.84元	3 735 490.07元

（注：有31年11月9日立信会计师事务所《三十一年度上期查帐报告书》）

民国31年度下期	19 152 063.24元	2 540 451.45元

（注：有32年4月22日立信会计师事务所《三十一年下期查帐报告书》）

民国32年度上期	22 636 479.56元	836 265.47元

民国32年度下期　31 485 133.79元　802 182.15元

（注:有33年2月9日立信会计师事务所《三十二年度上下期查帐报告书》）

三、本公司锡沪二厂并合经营时期

民国33年度　287 503 666.96元　17 932 278.36元

（注:有34年4月24日立信会计师事务所《三十三年度查帐报告书》）

民国34年度　588 582 408.77元　17 813 689.28元

（注:有35年5月16日立信会计师事务所《三十四年度查帐报告书》）

庆丰纺织漂染整理股份有限公司董事会谨具

（上海市档案馆藏档，档案号:Q199-20-1）

抗战胜利后资产负债表、损益表

资产负债表(1946年12月31日)

资产

现　金	8 383 890.37
行庄往来	141 286 745.14
暂记欠款	3 747 111 414.47
活期欠款	124 473 178.21
客户欠款	7 520 000.00
内部往来	144 004 245.96
存棉花	3 517 389 000.00
存棉纱	1 440 000.00
存棉线	1 258 750.00
存棉布	26 644 320.00
存色布	49 136 660.00
存人造丝	240 000.00
存毛巾	881 167.00

存半制品	111 747 800.00
存下脚	1 931 400.00
存物料	1 460 474 264.54
存煤屑	27 495 841.50
存燃料	63 157 917.00
未出货品	1 132 714 491.23
存出证金	543 404.00
押　　租	34 387 902.02
生　　财	530 895.34
机　　器	939 131 302.86
建　　筑	561 377 775.12
	(1 501 039 973.32)
减折旧准备	—21 890 614.40
	(1 479 149 358.92)
厂　　基	18 304 955.97
企业投资	86 005 000.00
资产合计:	12 185 681 706.33

负债

活期存款	421 812.18
活期往来	2 891 642 272.32
行庄透支	696 129 084.01
未付款项	366 257 135.60
抵押借款	797 999 999.00
存入证金	6 325 000.00
内部往来	5 520 437.00
暂时存款	1 856 190 660.10
未出棉纱栈单	959 150 716.50
未出棉线栈单	550.00
未出色布栈单	166 136 524.73

未出毛巾栈单	1 950.00
未出下脚栈单	7 424 750.00
棉纱盘存	335 300 000.00
股　　本	270 000 000.00
公　　积	4 681 197.78
本期纯益	3 822 499 617.11
负债合计	12 185 681 706.33

资产负债表(1949 年 12 月 31 日)

资产

现　　金	5 275 369.76
行庄往来	123 169 937.86
应收账款	51 282 150.00
存　　货	26 713 959 386.50
暂付款	932 286 594.15
预付费用	1 526 426 776.50
存出保证金	477 483.00
长期投资	4 054 126 882.80
器具(减折旧)	82 190 000.00
基地房产(减折旧)	8 702 324 750.00
机　　器	19 390 846 720.02
备存机器	4 871 984 883.00
房地产投资	950 700 702.00
内部往来	812 333 340.59
联系往来	257 350 936.09
客存货品	2 032 422 005.77
本期纯损	19 046 210 583.15
资产合计	89 553 368 501.19

负债

应付未付款	1 590 420 095.57
短期借款	322 500 000.00
暂收款	1 049 491 760.03
资　　本	36 000 000 000.00
公　　积	313 462 662.93
未出栈单	2 032 422 005.77
存货调整准备	36 719 274 757.87
折旧准备	11 525 797 219.02
负债合计：	89 553 368 501.19

资产负债明细表(1949年12月31日)

资产之部	欠
锡厂基地	302 655 500.00
一厂建筑	6 436 069 250.00
二厂建筑	1 963 600 000.00
一厂机器	13 279 215 805.62
二厂机器	6 111 630 914.40
备存机器	4 871 984 883.00
一厂生财	22 841 000.00
二厂生财	24 126 000.00
总公司生财	352 236 000.00
电力押租	100.00
方棚押租	100.00
申厂自来水押租	100.00
锡办事处押租	100.00
锡职员宿舍押租	100.00
汉庄房屋押租	100.00
汉庄电表押租	100.00

房地产投资	950 700 702.00
锡厂顶首	100.00
锡厂电费保证金	10.00
锡厂电话保证金	476 583.00
一厂客存货品	637 617 379.23
二厂客存货品	1 394 804 626.54
客户往来	
汉庄客号往来	52 920 000.00
常庄客号往来	37 150.00
吴庄客号往来　存	－1 675 000.00
企业投资	
源丰机器厂	270 000 000.00
大中华茶叶公司	100.00
中国纺织机器公司	78 226 988.00
公信会计用品社	100.00
中国工业银行	100.00
德昌烟草公司	100.00
建国药房	100.00
中国棉麻公司	100.00
九丰面粉公司	252 462 406.80
南海纱厂	3 200 000 000.00
家庭纺织工业社	122 667 044.00
永丰纺织工业社	130 769 844.00
存　　货	
备存物料	6 617 251 231.50
备存燃料	928 553 874.00
备存煤屑	131 851 650.00
棉籽盘存	14 048 205.00
棉花盘存	2 371 160 786.00
棉线盘存	247 607 500.00

棉布盘存	2 472 730 380.00
色布盘存	13 250 349 630.00
半制品盘存	2 440 589 000.00
下脚盘存	335 157 700.00
毛巾盘存	161 670.00
棉纱盘存　存	2 095 502 240.00
内部往来	
二厂	6 202 267.37
一厂	130 753 017.73
粤庄	4 332 960.00
汉庄	1 553 281.00
宁庄　存	−3 256 250.41
港庄	585 165 610.00
常庄	46 611 673.90
琴庄	1 113 200.00
太庄	1 177 070.00
东庄	20 431 916.00
乌庄	11 347 550.00
郑庄	736 964.00
和庄	4 813 481.00
吴庄	1 350 600.00
联系往来	
源丰	199 781 000.00
益漂栈　存	−1 565 687.00
利农厂	14 777 184.00
滋记	7 622 612.06
唐和药堂	29 243 532.00
唐义庄　存	−0.01
常荆祠　存	−0.01
南海	3 799 820.00

宝丰栈	1 041 305.26
静记	2 651 169.79
银钱往来	
上海往来	397 199.75
浙兴往来　存	—5 226.00
劝工往来	1 268 600.00
新华往来	746 472.00
国华往来	781 403.00
交通往来　存	—31 143 414.00
中南往来	67 664.00
大陆往来	940 006.00
联合往来	2 308 017.00
中实往来	596 437.39
中国往来	2 122 924.00
福源往来	102 330.00
仁昶往来	1 171 519.40
福康往来	290 554.00
志裕往来	551 436.00
顺康往来　存	—2 080 412.00
鼎康往来户	37 102.49
国安往来户	89 134.00
四明往来户	1 320 771.00
浙商往来户	676 464.00
谦泰往来户　存	—715 476.00
永亨往来户　存	—6 516 726.00
茂华往来户	655 638.00
中贸往来户	1 128 000.00
上海信托往来户	1 407 001.07
浙商第一往来户	392 526.00
中国人民往来户	3 124 088.00

中国乙户	240 000.00
浙兴乙户	8 134.00
香港信行公司	265 861 375.00
无锡浙兴	3 073 291.44
无锡永恒丰	56 479.79
无锡上海	20 612 122.07
无锡新华　存	－21 300 022.03
无锡中国	2 184 353.10
无锡国华	670 161.46
无锡太仓	0.01
无锡交通	376 034.12
无锡田业	33 853.94
无锡通商	1 273 675.00
无锡复元	67 665.00
无锡人民	1 010 314.00
无锡实业	1 839 177.00
无锡交通往来户	100 000.00
无锡定期押款　存	－131 000 000.00
常庄东源钱庄	83 342.00
常庄志诚钱庄	197 860.00
常庄盈泰钱庄	355 882.00
常庄人民银行	86 007.00
无锡定期存款　存	－720 000.00
溪庄大仓	49.90
郑庄中州农民	3 601 850.00
郑庄人民银行　存	－438 618.00
东庄人民银行	3 233 462.00
合德人民银行　存	－15 599 621.00
汉庄正泰	3 314.60
汉庄新华	35 155.18

汉庄祥和盛	1 976 924.00
汉庄和成	8 385.70
汉庄大孚	25 707.56
汉庄美丰	9 393.00
汉庄祜农	8 980.90
汉庄恒孚	4 606.00
汉庄长裕	1 676.50
汉庄浙兴	10 787.32
汉庄金城	33 909.20
汉庄豫康	4 388 078.00
汉庄中国	7 500.00
汉庄川康	7 565.00
宁庄长和	27 094.00
宁庄祥丰	900 000.00
宁庄人民银行	100 000.00
暂记欠款	
总公司暂欠款	66 632 999.02
总公司栈存米	9 260 000.00
总公司福记	4 200 000.00
总公司票户	268 069 493.00
应收货款	4 300 000.00
九丰借款	37 309 166.02
新通公司	47 841 400.00
联合购棉处	194 580 745.00
中国银行外币户	11 197 750.00
二厂暂欠款	24 795 026.98
二厂存米	6 720 301.04
二厂膳食股	19 589 460.76
二厂员工消费合作社	1 132 413.00
一厂暂欠款	50 455 670.58

一厂存米	20 158 034.46
一厂膳食股	28 277 030.26
无锡庆记　存	—87 070.44
一厂工资米　存	—144 812 500.00
一厂零售部　存	—1 029 125.00
无锡联营处	274 945 800.00
郑庄暂欠款	650 000.00
东庄暂欠款	3 875 000.00
太庄暂欠款	1 200 000.00
和庄暂欠款	3 025 000.00
预付款项	
纺织机器总经理	221 020 800.00
中国纺织机器公司	150 000 000.00
拔白菖锅炉公司	1 109 370 449.00
新通公司	15 543 450.00
合中公司	2 483 910.00
山德士	14 805 000.00
祥泰洋行	1 540 000.00
信孚公司	9 400 000.00
信昌洋行	1 828 347.00
克拉克	434 820.50
现金	5 275 369.76
纯损	19 046 210 583.15
资产合计：	89 553 368 501.19
负债之部	**存**
股　　本	36 000 000 000.00
存货调整准备	36 719 274 757.87
公　　积	313 462 662.93

折旧准备	11 525 797 219.02
未出栈单	2 032 422 005.77
暂时存款	
总公司暂存款	833 663 550.00
代扣职员所得税	146.00
上海妇女协会	0.01
同人福利基金	696.00
棉业基金会	0.03
股　　记	17.18
代扣经纪人营利所得税	305 262.00
合中公司	142 930 891.35
申厂暂存款	679 805.84
锡厂暂存款	45 280 000.00
借入款项	
合　　记	82 500 000.00
联合另户	20 000 000.00
劝工另户	20 000 000.00
仁昶另户	20 000 000.00
中实另户	30 000 000.00
浙兴另户	20 000 000.00
四明另户	20 000 000.00
上海另户	10 000 000.00
国华另户	10 000 000.00
新华另户	20 000 000.00
茂华另户	10 000 000.00
大陆另户	10 000 000.00
永亨另户	10 000 000.00
中南信托户	40 000 000.00
同仁存款	
星　记	18 962 588.62

瑞　记	6 855 176.00
漱　记	813 627.00
未付款项	
未付年赏	1 396 364 238.00
二厂未付电力	53 392 607.57
一厂未付物料	116 400.00
一厂未付工资米	6 123 600.00
一厂未付工资	134 423 250.00

负债合计:89 553 368 501.19

损益表(1949 年 1 月 1 日起 8 月 31 日止)

销货收入总额	
棉纱	1 820 556 707.57
棉线	252 561 502.32
棉布	459 195 237.73
色布	1 016 000 413.88
毛巾	723 411.67
下脚	7 109 993.33
计	3 556 147 266.50
销货成本	
棉纱	895 290 464.53
棉线	78 559 324.29
棉布	224 279 468.26
色布	241 790 927.86
毛巾	32.07
下脚	3 531 112.00
计	1 443 451 329.01
销货毛利	2 112 695 937.49

各项费用

总公司费用	176 888 302.45
锡厂费用	813 174 219.54
沪厂费用	483 550 334.01
办花费用	44 192 203.28
分庄费用	47 593 840.10
财务费用	57 792 736.31
统　　税	166 045 506.80
杂损益	12 348 983.57
计	1 801 586 126.06
本期纯益	311 109 811.43

（本期纯益已于年终决算时结转公积户）

损益表(1949 年 9 月 1 日起 12 月 31 日止)

销货收入总额

棉　　纱	11 349 332 390.00
棉　　线	916 274 000.00
棉　　布	2 243 238 822.50
色　　布	8 092 897 143.90
毛　　巾	249 000.00
下　　脚	172 226 850.00
计	22 774 218 206.40

销货成本

棉　　纱	6 222 478 212.65
棉　　线	1 625 945 544.52
棉　　布	3 472 516 073.24
色　　布	11 790 797 357.67
毛　　巾	1 056 023.20
下　　脚	—253 700 881.28
计	22 859 092 330.00

销货毛损	84 874 123.60
各项费用	
总公司费用	515 312 628.32
厂务费用	6 059 601 459.17
办花费用	304 975 896.90
分庄费用	319 736 358.30
财务费用	851 243 542.62
统　　税	1 232 821 400.00
折　　旧	415 123 000.00
期初原物料调整数	13 074 959 671.47
减原物料期末调整数	−5 582 615 576.56
为	7 492 344 094.91
杂损益	1 770 178 079.33
计	18 961 336 459.55
本期纯损	19 046 210 583.15

损益计算表(1950 年 1 月 1 日至 11 月 30 日)

收入之部	
销　　货	133 819 799 299.00
代纺工缴	11 264 502 895.00
代织工缴	827 570 501.00
代染工缴	716 835 000.00
杂损益	1 807 573 199.78
收入合计	148 436 280 894.78
支出之部	
销货成本	72 784 591 907.32
总公司费用	3 994 831 143.19
一厂费用	29 441 803 655.49
二厂费用	22 347 345 174.25

办花费用	1 437 895 076.40
分庄费用	563 207 151.00
财务费用	1 677 940 809.90
折　　旧	1 176 670 220.93
税　　款	11 863 958 301.61
纯　　益	3 148 037 454.69
支出合计	148 436 280 894.78

资产负债明细表(1950年11月份)

资产类	欠
厂基	
一厂基地	302 655 500.00
建筑	
一厂建筑	7 385 220 531.00
二厂建筑	1 963 600 000.00
机器	
一厂机器	13 818 507 716.32
二厂机器	6 111 630 914.40
备存机器	
备存机器	3 625 728 683.00
生财	
一厂生财	22 841 000.00
二厂生财	24 126 000.00
总公司生财	35 223 000.00
押租	
锡办事处押租	100.00
锡职员宿舍押租	100.00
电力押租	100.00
方棚押租	100.00

二厂自来水押租	100.00
汉庄房屋押租	100.00
汉庄电表押租	100.00
公债	
人民胜利折实公债	3 999 342 376.00
存货	
备存物料	5 118 190 168.33
备存煤屑	43 283 542.00
备存燃料	630 438 840.00
棉线盘存	10 875 000.00
棉布盘存	2 713 809 750.00
色布盘存	5 790 214 125.00
下脚盘存	141 650 500.00
半制品盘存	2 100 566 000.00
棉花盘存	1 364 276 920.00
棉纱盘存　存	—1 074 500 000.00
现金	59 766 989.53
企业投资	
源丰机器厂股本	270 000 000.00
大中华茶叶公司	100.00
中国纺织机器公司	78 226 988.00
公信会计用品社	100.00
中国工业银行	100.00
德昌烟草公司	100.00
建国药房股本	100.00
中国棉业公司	100.00
九丰面粉厂	252 462 406.80
南海纱厂	3 200 000 000.00
家庭工业社	122 667 044.00
永丰纺织厂	130 769 844.00

国棉联购处股本	3 682 800 000.00
存出证金	
一厂顶首	100.00
一厂电费保证金	100.00
一厂电话保证金	5 976 583.00
客存货品	
客存货品	6 704 417 097.72
客户往来	
中国花纱布公司	503 079 420.00
无锡花纱布公司	4 745 877 000.00
国棉联购处	118 246 183.00
银钱往来	
上海往户	16 081 946.00
浙兴往户　存	—27 414 018.00
劝工往户	144 425 882.00
联合往户	3 928 504.00
通商往户	26 647 260.00
中国往户	8 366 185.00
交通往户	56 982 199.00
国华往户	65 073 334.00
新华往户	397 865.00
中实往户　存	—11 226 232.61
中南往户	1 162 832.00
大陆往户	835 652.00
四明往户	7 858 378.00
永亨往户	14 754 812.00
茂华往户	42 949 592.00
浙商往户	491 464.00
仁昶往户	9 081 485.00
顺康往户	9 406 488.00

志裕往户	1 113 698.00
谦泰往户	68 330.00
福源往户	138 186.00
福康往户	9 719 625.00
鸿祥往户	7 702 529.00
正明往户	10 524 796.00
国安往户	214 020.00
金城往户	17 600 000.00
中国人民往户	45 730 771.00
上海绸业往户	874 308.00
浙商第一往户	1 775 060.00
上海信托往户	17 864 001.07
中国农工往户	7 689 817.00
浙兴乙户往户	12 035.00
香港信行公司	265 861 375.00
中国银行外币户	3 639 875.00
无锡上海	47 854 649.00
无锡无锡	509 713 275.00
无锡浙兴	55 019.00
无锡国华	18 469.00
无锡通商	50 397 790.00
无锡实业	64 331 276.00
无锡交通	52 827 276.00
无锡人民	166 391 701.00
无锡人民专户	305 698.00
无锡永恒丰	1 079 111.00
无锡复元	82 415.00
无锡慎馀	78 334.00
无锡新华申户	971 107.00
无锡实业申户	2 096 800.00

无锡通商申户	1 577 140.00
内部往来	
一厂	34 590 352.61
二厂	18 715 058.87
粤庄	609 000.00
特约寄售处	5 553 600.00
暂记欠款	
总公司暂欠款	236 320 773.00
总公司栈存米	4 070 000.00
总公司福记	1 410 000.00
新通公司	385 311 940.00
九丰借款	37 309 166.02
福家洋行	11 214 939.00
一厂暂欠款	153 700 035.00
一厂膳食股	87 481 592.36
一厂预付所得税	192 910 905.00
二厂暂欠款	18 733 072.02
二厂膳食股	13 377 180.76
二厂存米	56 708 793.04
二厂定银	52 860 000.00
二厂员工消费合作社	1 132 413.00
二厂预付所得税	142 941 427.00
乌庄暂欠款	6 932 440.00
应收票据	300 715 200.00
预付款项	
纺织机器总经理	223 576 058.00
中国纺织机器公司	150 000 000.00
拔白葛锅炉公司	1 140 773 123.00
新通公司	15 543 450.00
合中公司	10 671 791.00

山德士	14 805 000.00
祥泰洋行	4 405 500.00
信孚洋行	9 400 000.00
信昌洋行	9 496 574.00
卜内门洋行	130 934 453.00
汽巴洋行	92 813 125.00
房地产投资	
房地产投资	950 700 702.00
资产合计	80 138 335 255.25①
负债类	**存**
股本	36 000 000 000.00
调整资本准备	17 986 526 837.65
折旧准备	12 695 310 639.95
未出栈单	6 704 417 097.77
借入款项	
劝工另户	100 000 000.00
联合另户	100 000 000.00
国华另户	100 000 000.00
新华另户	100 000 000.00
中实另户	200 000 000.00
茂华另户	100 000 000.00
通商另户	100 000 000.00
暂时存款	
总公司暂存款	19 051 700.00
上海妇女协会	0.01
棉业基金会	0.03

① 加总数据有出入，原件如此。

股记	17.18
膳记	12 676 720.00
代扣经纪人营业税	320 200.00
合中公司	142 930 891.35
一厂暂存款	22 471 020.00
二厂暂存款	1 995 565.84
二厂未领工资	1 101 707.00
联系往来	
九丰公司　欠	－628 963 589.75
保丰栈　欠	－1 598 969.26
源　　丰　欠	－942 954 334.00
利农厂　欠	－22 423 884.00
唐和乐堂　欠	－26 951 832.00
滋　　记　欠	－4 952 301.06
常荆祠	0.01
唐义庄	0.01
南　　海	2 715 179 893.00
同人存款	
同人各户	426 997 540.00
未付款项	
一厂未付款项	25 411 848.00
一厂未付电力	4 841 200.00
一厂未付工资	590 156 299.00
一厂未付营业税	218 411 141.00
二厂未付电力	196 353 141.83
二厂未付营业税	53 989 251.00
纯益	3 148 037 454.69
负债合计	80 138 335 255.25

庆丰锡厂机器设备值(1951年6月底止账面数字)

一厂

原动部建筑	947 048 905.00
纺部建筑	3 303 670 000.00
织部建筑	1 048 270 000.00
杂项建筑	1 365 230 000.00
原动部机器	3 218 129 506.70
纺部机器	9 541 166 188.00
纺部附件	100 798 710.00
织部机器	1 259 608 624.80
织部附件	13 95 7 208.50
机器设备	1 138 355 100.82

(原无锡国棉二厂档案室藏档,手写便条)

中国国货联合营业股份有限公司工厂调查表(保丰厂)

民国28年11月24日填

厂　　名　保丰纺织漂染整理有限公司

设立年月　民国28年4月

组　　织　有限公司

资　　本　50万元

总事务所地址　北京路444号　电话92816　电报挂号4722

总厂地址　上海延平路123号

经理人姓名　唐星海　籍贯无锡

工程师姓名　应元庆　籍贯浙江鄞县

魏崇德　籍贯浙江诸暨

吕思尧　籍贯浙江永康

商标名称　双鱼吉庆,牧童,鹿鹤同春,香妃,决胜,庆丰,人马图等

出品名称　棉纱,棉线,棉布,染色匹头

每月平均出品数量　棉纱棉线合计700件之谱，用自纺纱线织成布匹约2 000匹左右

主要工具　纱锭10 500枚　电力布机373台

主要原料　棉花　产地　全国产棉各地

国货证件　华商纱厂联合会证明书，经济部国货证明书在请领中

（上海市档案馆藏档）

庆丰公司保丰纱厂资产表(1944年6月30日)

一、流动资产

1. 现金 315 513.42

2. 行庄存款

中南银行	7 633.80
浙兴银行	18 176.31
丰业银行	21 690.26
正金银行	1 541.77
中国银行	42 733.60
大华银行	2 109.42
实业银行	4.28
利达银行	2 648.07
上海工业银行	20 731.14
汇源银行	17 575.12
新华银行	6 654.81
福源钱庄	54 189.69
仁昶钱庄	28 304.58
慎余钱庄	8 109.36
盛大钱庄	39 635.35
滋康钱庄	20 958.70
嘉昶钱庄	31 203.26
共计	323 899.52

3. 应收账款

五和织造厂	1 074.09
朋染公司	8 377.50
卜内门	6 532.55
美安洋行	3 345.41
共计	19 329.55

4. 原料(品名、数量)

甲	棉花	2 141 担
乙	杂织维	4 430 担
丙	人造丝	1 300 磅

5. 制品(品名、数量)

甲 10^s 纱 39 件 20^s 纱 6 件 32^s 纱 42 件

40^s 纱 5 件 60^s 纱 5 件 $60^s/2$ 线 8 件

共计 105 件

乙 棉坯布 2 258 匹

丙 人丝交织布 596 匹

丁 棉什品毛巾 1 190 打

二、固定资产

1. 房地

延平路 123 号厂基一方,占地面积 30 亩(向中国劝工银行租赁)

延平路 123 号厂房一所,房屋占地面积 1 903 平方米

2. 机器

甲 纺锭 15 120 枚及其附属机件等

乙 线锭 758 枚及其附属机件等

丙 织机 372 台及其附属机件等

丁 漂染整理机全套及其附属机件等

(上海市档案馆藏档 档案号:S30-1-221-72)

上海保丰纱厂三十三年度生产状况表

项目		单位	一月	二月	三月	四月	五月	六月	上半年合计
运转机数	纱锭	锭	2 520	420	420	420			3 780
	线锭	锭	768	768	768	768	768	768	4 608
	布机	台		40	60	48	56	75	279
工作人数	男工	人	32	32	43	42	51	53	253
	女工	人	37	57	84	103	132	145	558
开工日数	日工	日	13	21	23	26	25	24	132
使用电量		度	15 120	15 600	15 840	15 200	16 080	16 320	94 160
生产棉纱	20 支	件							
	32 支	件	15	5	5	2			27
生产棉布	吉庆呢	匹			46	211	139	70	466
	吉祥呢	匹							
	丝条绸	匹				60	497	968	1 525
	素府绸	匹		424	820	272	65		1 581
棉杂品	123 毛巾	打					1 874	1 111.5	2 985.5
	444 毛巾	打					3 819		3 819
	棉毛巾	打							

项目		单位	七月	八月	九月	十月	十一月	十二月	全年合计
运转机数	纱锭	锭			2 100	4 200	4 620	2 520	17 220
	线锭	锭	768	768	768	768	768	768	9 216
	布机	台	78	40	32	32	60	83	604
工作人数	男工	人	49	48	57	72	75	78	632
	女工	人	155	119	105	167	193	299	1 596
开工日数	日工	日	26	28	24	27	25		262
使用电量		度	15 840	12 720	14 160	48 000	58 560	19 840	263 280
生产棉纱	20 支	件			5	25	70	14	114
	32 支	件				2	47	1	77
生产棉布	吉庆呢	匹	20	24	502	922	1 091	588	3 613
	吉祥呢	匹				378	767	376	1 521
	丝条绸	匹	1 453	1 310	435				4 723

(续表)

项目		单位	一月	二月	三月	四月	五月	六月	上半年合计
	素府绸	匹							1 581
棉杂品	123 毛巾	打	1 621						4 606.5
	444 毛巾	打	459	652					4 930
	棉毛巾	打				10 394.75	9 056.5	2 675	22 126.25

(上海市档案馆藏档,档案号:Q199-20-8)

(四) 日军侵华战争中遭受破坏及善后救济

庆丰厂房屋机器损失情形记录(1938 年 7 月 9 日)

(二十七年七月九日董事会议记录)

甲、房屋类

一、未毁者:(子)第一工场。计第一、五、六、七、八、十一、十二号栈房七座,中南一、二号栈房两座,白铁皮物料栈,零售部,公事房南四间、北七间,男女工膳房,轧花间,修机间,原动部,刮绒间,女工宿舍。(丑)第二工场。计练习生教室两对面,艺徒宿舍医务室一带,试验间,女工宿舍,职员住宅,第三布厂,大饭堂,漂染部物料栈。(寅)二工场纱厂部因系钢骨水泥建筑未毁。

二、被毁者:(子)第一工场。计第二、三、四(物料栈)、十(企斯间)、十三、十四、十五、十六号栈房八座,物料处,经纱间,浆缸间,大包间,拣花厂,打包间。(丑)第二工场。计公事房,厨房至人事科一带,第一、二布厂,经纬间,浆穿间,漂染部,盘头间,成包部。

乙、机器类

一、未毁者:(子)第一工场。(1)清花间。头道车一台,二道车四台,三道车五台,垃圾车二台,纱头车二台,松花车一台。(2)粗纱间。计头号棉条车十三套,二号粗纱车三台,三号粗纱车五台。(3)细纱间。计细纱车六台。(4)摇纱间。计摇纱车三分之二。

(5)其余着水车、轧花车、刮绒车均完好。(丑)第二工场。(1)清花间。计垃圾车二台。(2)粗纱间。计棉条头道车四套。(3)细纱间。计细纱车三十八台。(4)其余抄钢丝、吸风机、洋线车、企斯车、摇纱车、第三布厂布机均完好。(寅)各部马达多数完好,原动部尚无大损。仅透平上略受捶击。

二、被毁者:(子)第一、二工场清花间各车虽经烧过,只须整理,均尚可应用。(丑)漂染部被毁。

丙、统计第一、二两工场毁损房屋、机器约三分之一。

(上海市档案馆藏档)

日军高桥大佐关于发还工厂的谈话记要(1940 年 7 月 24 日)

二十九年七月廿四日下午三时在礼查饭店招待申锡通海沙(纱)厂业谈话纪要

主席高桥大佐发表意见谓:

(一)发还工厂系本屡次声明,其主旨在巩固新中央政权,繁荣中日经济,应合力促成。如有意见及阻碍,请尽量陈述。

(二)日本政策以扶持南京新中央政权为中心。切勿徘徊两途,坐失时机,致取不利。

(三)战后工厂散佚,由军部委托专门商人代管。所以军部及工厂方面,对该商人应同表感谢。

(四)发还工厂:(1)不得利用第三国。(2)自行直接交涉,无庸第三者掺入。(3)代管费用公平估计。(4)如已订有合约,应调查明处理。(5)其与军事有关之一部暂缓办理。自八月一日起,开始由军部命令商人依次各个发还。

当有某君起立,以译述间有未明,请求将以上谈话在中日报纸发表。后由工商部陆荣圻复述一遍。续由高桥阐述一切。

(五)组织及接洽办法。军部发还工厂委员会系由派遣军海陆、双方大使馆、兴亚院等联合组织,并得国内工商部及各界之同意,完全一致办理。其委员长为派遣军参谋长樱井少将,高桥大佐及光田中佐(大使馆随员)、某少佐等,均属办理此事人员。设立办事处于东和洋行三楼。如有接洽事宜，或向工商部办事处，或向东和洋行直接接洽，或由工商部会同转向军部接洽，当尽量接受，命令商人交还。所以，对于商人如有不便之处，可向军部陈述，绝对不要客气。

（六）声请及其他种种。发还工厂以填具声请为第一先决问题。若不声请，则此外种种，概不受理。声请书及填具表格共计三种。声请工厂绝对代守秘密。如有人捣乱，力予保护。在中日提携原则之下，互相讨论，决无强迫情事。接洽之人应推定二人，不得时相更换，并随带董事长或总经理之委托书。军部本屡次声明，心口如一，说还即还。故调查之际，或须求其精密细确，略有稽迟，发还则极其快速。望各位充分提出意见，并转知未到各厂。

（上海市档案馆藏档）

查检日商管理期间建筑设备情况（1940年8月）

二十九年八月查

养成室改建日人食堂及休息室。

养成车现移置第二工场粗纱间。

新厂物料间改建皮辊间，设备完善。

新厂细纱间楼梯下工务员休息室改建冷磅间（冷磅一只是第二工场第一布机间搬来）。

新厂细纱间冷气装置洋铅皮拆去二段，该做日用品。

洋线车现已完全排好（早先拆去改摇纱间，今已复原）。

新厂自动布机间及准备间一段新建平房作为浆缸间及整理室（自动布机现装箱存厂）。

打包间已修理完成。

老厂大厅及人事课以及楼面现改为物料间。

老厂工务处、工账房，现改为木管间。

老厂摇纱间现装锁口皮带车八十台左右。

老厂细纱车移至新厂者三十台。现在新厂可开车者H式车五十台，R式六台，D式十八台。装配未完成者，尚有十四台，缺少锭子、线盘等物件。

老厂钢丝间新添钢丝车地位,移置有磨钢丝盖板车四台。

实业部接收日军管理工厂委员会批(字第45号)

原具呈人:庆丰纺织漂染整理股份有限公司董事会

呈一件。呈为公推代表接收发还工厂,恳赐鉴核由。

呈悉。查该公司经与日方洽商,以该公司正当权利人有非协力之态度,故不直接交还正当权利人,决以移交国民政府接收之。此案已由实业部基于洽商之结果,另组管理委员会接收整理矣。仰即知照,此片批。

中华民国三十二年八月十一日　委员长　梅思平

(三十二年九月三十日自南京发十月一日下午四时上海收到)

庆丰纱厂管理委员会第五次会议记录(1943年9月29日)

日　期　中华民国三十二年九月二十九日

地　点　愚园路六六八弄三〇七号实业部驻沪办事处

出席者　华俊民(华叔琴代)　唐纪云(淞源代)　唐淞源　章骏陈中(章骏代)　沈同(孙祖基代)　孙祖基

主　席　孙祖基　　记　录　汪介丞

行礼如仪。

报告事项:

一、本会接收纱厂经过暨历次会议录及选任经理情形,已呈奉实业部工字二九七七号指令准予备案。

二、庆丰厂发电机三部,本会迭请部方予以保全。除1 000 kW及1 600 kW两部经唐星海君允出售,已无法挽回外,其余一部部方已竭力设法保全。

三、实业部驻沪办事处函送移交终结证书,中日文各一件。

四、本月十八日奉部电,饬将日方垫付之修理费日金伍拾玖万壹仟四百玖拾四元(已除去发电机一千及一千六百kW价金)筹付。当即通知唐经理、唐纪云、唐淞源、华俊民、蔡漱岑委员等共同筹付。

五、本月二十四日,奉实业部工字二一二四号训令并抄发移交终结证书,及日方追加账略各一份,已送唐经理等遵照。

六、本会及实业部驻沪办事处代垫接收及历次开会用费共计国币七千五百九十九元,业据唐经理将款送还。

讨论事项:

一、本会自成立以来已有两月,业经接收纱厂并选任唐经理后,将厂中整理大致就绪,本会已无继续存在之必要。前经孙主任委员签呈实业部请示办法,兹奉袁次长代传部长谕示:"奉谕庆丰纱厂管理委员会着即结束,该厂暂由该公司董事唐纪云、唐淞源、华俊民、蔡漱岑会同经理唐晔如接管后,移交该公司董事会妥慎办理"等因,应如何移交结束案。

议决:

(一)无锡纱厂原已由唐晔如经理接管,故即作为本会移交,毋须再行点交。

(二)所有本会保管之各种重要文件

甲、工厂返还引继书壹件

乙、财产目录壹件

丙、复兴明细书壹件

丁、建物配置图等五件

戊、移交清算终结证书中日文各壹件

己、机器概况表等陆件

(三)以上交接情形由本委员会即日报部备案。

二、唐淞源委员提议,日方购置一千及一千六百 kW 发电机两具,价金尚有磋商必要,应如何交涉案。

议决:由该厂接管董事及经理径向日方交涉。

三、委员唐纪云、唐淞源、华俊民,经理唐晔如提议,奉部令催缴日方修理费,现拟由唐经理设法筹付。请予备案。

议决:准予备案。

孙祖基　沈同(祖基代)　陈中(骏代)　华俊民(华叔琴代)

唐纪云(淞源代)　唐淞源　唐晔如

(以上几件均为上海市档案馆藏档,档案号:Q199-20-4)

庆丰锡厂致唐星海的函(1943年12月23日)

星海先生钧鉴:

谨启者:叠奉第十九、廿、廿一号大教,均经诵悉。附下交协利装锡物料细单两纸亦收到,容物料到锡,凭回单往取是耳。兹告各务如下:

一、今日又托汇源银行电汇上储币五拾万元,请检收入册为荷。

二、昨大驾返沪,谅早安抵。当托带申锡办事处十一月十一日起至廿三日止账单一页,及锡厂十一月廿四日起至十二月廿日止传票廿七本,请交吴仲侯先生阅夺。如有修正之处随时示及,以便凭以登账。

三、张扶云先生因沪地尚有未了之事,并须向达记方面疏通,故于今午回沪一行。渠极愿在此间任事。据云南京李君纵能辞去原职,来此担任,恐亦难有耐心也。

四、纺织部所需各种工具,尤以戳治最急用,又修机间工具及钢丝卷请速带下。余如车油牛油亦在急用,只好在锡先办少许应用,请即装小听装下若干为要。

五、接电事未知有无解决?现车间中待电接通即可以陆续试车矣。

六、坏马达照范凤源第二次来复看,结果前开之价似不肯再加,我方仍嫌太吃亏。未知渠等回沪后曾否前来接洽?究开价若干?此间亦有三家来厂看过,嫌全数统购为数太多,只肯吃价每匹一千七百元。惟内有华中公司华职员奚君所介绍者,拟购一百余匹,每匹肯出价三千元。敝意似可照此价先行脱去若干。如何之处,请夺示。

七、顷据陈韶琴及顾建章电话报告,今日上午,棉花公库事在上海纱厂开会。公大纱厂派来代表三人,内有两人须常川驻锡,一名大桥,担任副库长,总管一切,一名福冈,任会计。将来大权恐将悉操诸两人之手。我厂所派三人,陈韶琴为库长,顾建章为检验,陈衡九为司磅。申新管理之库本在东台,现因同业关系,特于丽新名下让一额与申新。丽新方面所派之职,一为联络,一为检验,一为帮办会计。

上海纱厂二人，一为验花，一为搬运。下午勘定潘仲宣宅（即旧张桐宅）为办事处，原为苏南公司办事处，定明日上午十时全部成立，房租一节将归上海谈判。仓库地点则勘定兴仁栈，内有仓廒六十只，约可储棉八千包，租金每月索叁万元，现拟定一万六千至二万元云云。陈韶琴先生约后日到申面陈详情。

八、沪厂纺纱部现用各种报单表格，请嘱厂中每种各检寄二百份，以便现在应用。耑肃敬请

钧安

瑞千先生均此

锡厂谨启

庆丰公司无锡办事处就日商拆运锡厂设备物资等致唐星海函

（年份不详）

5月7日发第1号

总理钧鉴：

谨启者：昨日奉五日手教，敬聆一一。兹告：

一、自水塔装至铁路水管，业已拆完，闻堆存广勤路小木桥附近保安队长申镜寰公馆之内。经请湛如先生向申询问何人寄存，据云为东部队临时堆存，并关照须见该部凭条方可动取。只得听之。

二、前日据报，以前新厂自职员厨房装至养成所宿舍之水管，亦已拆卸，并丝厂内小粉池旁破屋塌倒四、五间，且已雇有二小船候下等情。立即往请湛如先生电话吴一帆，托向大班声明，此项管子及屋料，均系我厂旧物。旋询得回音：当保存。结果未曾下去。惟前日下出台凳器具一小船。闻厂中尚雇有木匠数人，在内续做木箱。

三、查厂中自上月廿日将一应工人解散后，无复机会再行进去，以致各事隔膜，难得确实根据。除非能派人进厂，方得切实监察，现在只有传闻及四周眼见动情是实。一面托吴一帆关心通报。

四、吴一帆君于当地颇有势力，只得联络利用。查此人系辅仁出身，昨四箴先生亦招彼一晤，托渠关切矣。

五、电话事接洽颇费周折，昨始见有眉目。今日填报移动声请

书,如手续顺利,二、三日内即可派工移装。暂时只可仍用华德利名义,俟六月底换印电话簿时,由原经手人办理过户手续。心华急待电话办妥即行返申。

六、四月底止日流附上登册。

七、小娄巷门牌为23号,惟进出多由后门。以后请寄福田巷底100号可也。肃此顺请

钧安。诸翁均此。

又:锡市生铁每担已涨至650元。

无锡办事处谨启

再启者:四箴先生嘱告:有人拟脱去股票30股,索价1 700元,约1 500元外些或肯出售。如需要请即示及,可与论定价格,并望附寄空白让股书二、三纸。又胡和泉交来还去年借款1 000元,利息100元,请向迁乐先生支取,嘱付锡册可也。又及。

5月11日发第2号

总理钧鉴:

谨启者:七日发上第壹号函想早察及。兹告:

一、前日电匠陈阿听(现在华中申三发电所任事)来报,华中公司已派人来锡,拟将申三老引擎间透平即日雇工动拆。当嘱详细探听确实再来报告。而我方未有消息。昨日因闻厂中又雇船装箱,即赶往周三浜探询。悉华中昔来我厂将1 600透平及老炉子打样之,两日人又已来厂,并招蒋老五进去,嘱老五即日雇工十人,今日先将炉子间管子等零件整理下船,然后再要相帮拆透平及炉子等云。同时,大班二班及菊池均在座,云中国老板如何慢来些,迄不讲明军票交割,我们快要解决开路云云。返城后,适吴一帆亦来报告湛如先生云:今日要开始拆透平。晚间陈阿听探得实情来告,系华中托由振盛洋行前来包拆,限期两个月完毕。申三者系搬至淮南煤矿应用。又我方者,前闻有搬至龙潭之说,未知沪上对于此事有无接洽?如何情形?湛如先生嘱即由长途电话报告。适昨晚守至今晨加急,亦不空为怅耳。

二、昨日厂中又雇内河公司船两艘装货。据吴一帆报告，上午装第一船，船号19381，计装木管箱34只，火炉9只，罗丝12箱，药品10箱。下午装第二船，船号25333，计装机件两台，内一台系昔日丽新拆来者，一台系我厂冷磅机(大约是第二布厂者)，又铁皮水箱两只，铁梯三张，弯头管子、凡而盘各十余件，俱属我方之物。已托吴一帆向大班声明，未知有无用场也。

三、昨日下午装船之际，有打水船乘机联络内部出小货，带出水汀、出勒泼等零件两麻袋，约重担许。经工房内保长查阿二闻悉赶到，适警局密探亦闻风到来，即将船伙押进城中第一分署。已请湛如先生往署饬办矣。

四、邓姓房屋已于前日晚上做字移装电话，亦向内部洽妥，约今晚付款，日内即可移装。耑肃顺请
钧安。诸翁均此。

无锡办事处谨启

再启者：顷又接李荣林电告，今日已在工房附近以拉物料名义招去十余人，而进去后又嘱拆炉子，并诱尤阿二等拆好后再介绍生意。而尤阿二等深知此物一动，将来势必不能开厂，故多数不愿工作，而一部分人仍要乘机生发，主张不一。并闻有搬往徐蚌之说。又及。

5月12日发第3号

总理钧鉴：

谨启者：顷奉十日第一号及十一日第弍号教示，均经诵悉。兹告：

一、湛如先生嘱告，准于本星期五、六一定到申不误。请决定下星期一、二召开会议，并先行通函各董事可也。不再另函奉复矣。

二、自水塔至铁路拆下之管子，当存申队长公馆之内。查该屋系部队没收之逆产，申队长亦不过借用。至此项水管，根据昔日所知，我方占一小部分，约计二十根左右，还是汤浅来锡开办时所装，现

且无人可以证明。经与湛如先生洽商,认为只可放弃矣。

三、昨日厂中招进工房附近小工十余人。向探悉,先嘱将老炉子间内堆存之火砖、管子、零件搬至新炉子间。后因与小工争论工价,未能接近,于下午二时即行解雇。今日又招进十余人,将住居宿舍内,行李等物搬至方宅。闻大班关照,于明后日内,所有家眷行李一律撤至方宅居住。又日人曾扬言,如我方延不解决,即将厂物拆卖,满欲而走云云。

四、所有前日内河公司装出两船,业于昨日开行。湛如先生托吴一帆向大班申明一节,一帆因此时当任事该方,不愿多所启齿。现探悉,冷磅机确系喷雾发动机。至于水箱 2 只,系约 2 尺、1½尺大小之马桶间自落水箱,又铁梯三张及管子、凡而等,均为我方之物,务望进行交涉。

五、打水船刘阿三,趁机所窃零件,昨午已将赃物吊进。随即请湛如先生书片,持向警署领回。现存小娄巷办事处,约重七八十斤。

耑肃顺请

钧安。诸翁均此。

无锡办事处谨启

附告:沈振夏先生老太太患中风,于今日午后二时许逝世。

顾建章致唐星海函

星海先生大鉴:

径启者:顷据舍弟锡麟由常熟来信云:最近常阴沙苏南公司有非法举动,连(联)络地头特工队,挨户搜查各花行存数。已登记者,抽买(卖)三成价,作每担七百五十元。未登记者,意欲没收。丰记名下未登记者,幸于事前得知消息,漏夜赶速补登记。而抽买(卖)三成之办法,诚恐为黑幕举动。因悉江上达有花衣数百包存在常阴沙,仅以赖志泉私人证明函件,即可免抽三成。谨恳先生向苏南当局设法。想江君与先生交谊颇深,彼此同一环境,当能相互帮忙也。或先生另有其他办法,亦乞相机进行。总而言之,须苏南当局证明文件方有效力,数目在三百担上下(因戴行花在常阴沙卖出)。舍弟近与各行家

连(联)合一起向当局力争,有无效验,容后告。此布,敬请

台安

弟 顾建章手上

四月廿九日

星海先生大鉴:

敬启者:昨日陶先生返申,想已安抵为慰矣。兹告:本厂透平,顷悉已有多数工人进厂从事拆卸。所陈湛如先生在锡托吴铁凡君之事,大约不易达到目的。余容再告。专此布达。敬请

筹安

弟 顾建章

五月十六号

星海先生大鉴:

径启者:昨奉尊函,谅荷台洽。兹告:吴铁凡君与菊池二位终日在外奔忙,另外谋干他项发展。故欲招伊接洽,颇非易事。今日突于报上发现大康启事,语气中大部分即欲离锡。鄙意湛如先生开会后,及心华兄等提早返锡为是。一切还乞裁夺为祷!

附上启事一纸,至祈鉴收。专此敬请

大安

弟 顾建章手上

五月十七日

总号大鉴:

敬复者:顷奉星钰兄携下尊示,敬悉一一。建本应即日就道,迅赴目的地,从事进行一切,俾敷尊望,而达尊拟之主旨。而建再(最)近为体力衰殆,据医生诊断云:须谢绝一切,休养半年,庶可复原云云。敬此奉复。即请

筹安

顾建章上

星海先生大鉴：

敬复者：奉到十三日尊来平快示，敬聆种种。夏艺人处所存旧铁四拾担，拟欲照市售出等云。遵即照理。按：近来此间正在登记，故买卖均止。至市价一节，顶大时到过百拾元左右，九月一号夏君售出百廿担，价九〇元。近乏市价。建各处扦售，有一冶坊，大约有些意〈思〉，今天又与晤洽云。倘能移动即谈之，否则乏意。后由来头人去经济局疏通，倘能达到目的，即照大市成交。约须迟四五天回音。

敬此奉复，顺颂

秋安

瑞千先生均照

弟　顾建章上

九月十七

陶心华等就日商经营锡厂情况往返函

就应约到厂与日商会晤并视察等情况致唐星海函

星海先生钧鉴：

谨肃者：晚昨晚抵锡后，即住宿于湛如先生府上。今晨适接钉丸嘱吴一帆自厂中来电话云：伊定今日午车赴申，务请湛如先生随即带同翻译到厂一晤。晚即随同湛如先生立即到厂会晤。

据钉丸云：今日沪上举行各厂交还实部仪式，伊到申向上峰请示交替日期等事。隔两日仍须返锡。并因近日外间屡有搬出马达等件，流言甚多，殊属痛心。故特请我方到厂，陪向厂内各处视察，表明心迹。至于近日装出之零件物料，均系大康自办剩余之物，亦不过搬取一部分，认为沪厂可以应用者云云。

遂由钉丸及吴一帆陪往各车间详为指点，见内部均已收拾清洁，车上皮带大多完全。钉丸并指示筒管箱内满储筒管云。装申者甚多，留此者亦属不少。老厂细纱车上拆下零件预备整理者，均堆置于靠清花厂一隅。皮辊间各机亦完全，橱门一一开看，新旧皮辊包好皮者及备货均有。又保全间各橱亦启视，各种备件均有。又指示藏有停开各车上之皮带、牙齿间内分储好华特、道勃生、利妥司应用之中心牙、轻重牙等甚多，并云足够随时调用。格令间内各种试验机器，亦均完全。第二布厂烧残之整部布机及大小机件、盘头等等，均收储于新厂粗纱间内。其余准备间、评布间、织布间，各机亦均完善。惟各机了机后，未曾揩好，在黄霉天之前务要整理耳。透平 1 000 及 1 600 均可开车，惟 4 000 未曾试开。八号楼亦启视，堆置大小马达、地轴及漂部紫铜滚筒等等。轧花部下面满储管子挂脚及各种机件。老厂公事房现做物料处者，当有许多物料准备装箱。计在厂中两小时半，只漂部未曾去看。一切情形大致尚好。旋即感谢而别，并与言，俟伊沪行返锡，再往拜访，藉可探听情形。

刻据闻，有下月四、五日交替之说，未知确否？又有准备将各物尽下月四、五日前搬清，一律到方宅暂行寄顿云云。湛如先生嘱用长途电话报告。适今日例假，托由赵文敏先生转告。想早洽悉一切。谅沪上即有端倪。湛如先生嘱附告，不妨相机放松一步，务求早日解决。否则，钉丸个人虽是正中，恐难制其部属，加之附近一般宵小联络，乘风打劫，防不胜防也。

所有夏艺人处生铁四十担，事隔多日，彼又认为放弃。刻经两度交涉，始谈定偿价壹万贰仟元，收回已属不易，如此则每担只合三百元，较市便宜多多，现已约定明日付款，由夏艺人出立保存据。计老称四十担，将来我厂收回后，即可向彼取回。耑肃顺请

钧安

谷泉、瑞千先生均此

教晚　陶心华谨上

四月廿九灯下

就日商经营锡厂情况致范谷泉函

谷泉先生赐鉴：

卅日上星海先生一函想已察及。昨由尤松麟带到手教诵悉一一。派人照顾一事，日间耳目众多，有李荣林等注意。又悉阿末亦住工房之内，已嘱勿发表，业经录用，可易得消息。夜间亦已派定尤阿二、蒋老五两人佩戴自卫团袖章梭巡。将来当酌给报酬。至派人进厂一节，亦与湛如先生商量，即使提议，恐未必允许。不过以能入厂

看守较为切实，似与责任问题又有顾忌耳。

所前闻之马达八只，有被大班发觉后未曾运出之说。兹又据闻因大班发觉系下属一、二人串同所为，故而阻止。旋又协议索性运沪，公开出售分拆，并由沪上招来装箱工数人，于上月廿五、六日亲自动手装箱。据说于廿七日下船。有重箱十六只，每只用八人扛抬，定系马达，恐还不止八只云云。因无一锡人在场，不能探知底蕴为憾。所有下船日期、箱数、船号，另纸录奉。

又吴一帆昨向湛如先生报告，菊池说，昔日部队所装由水塔通至铁路警备队水管，现由部队来拆去，勿再发生误会云云，其实系电气部竹中串同鸟居洋行之宫本去拆。前闻此项水管，一部系用本厂者，一部分由部队向别处取来，然亦无人知其详细矣。

以上二事要否报告前次来锡之日人处？即祈酌夺为盼！

今午湛如先生设宴酬谢警务人员，晚与建章先生同往招待。吴一帆亦请来作陪。询悉大班已于昨晚返锡，他无所知。杨四箴先生返锡，昨晚相晤，今日曾来办事处一看。至于邓姓房屋，日前已先付定洋。电话事，自与胡竹平君接洽。彼极熟悉，局内存机无几，均留供紧要之用，绝对不肯外装，只可外面想法。而华德利几次变卦，经会同邓老太太与华德利老板娘娘恳切商量，并声明已向电话局日人接洽，绘进图样，不能再弄白相，看来大致无问题。现静待接洽之回音，办妥手续即行搬装做字矣。耑复顺请

筹安

星海先生前请安

瑞千先生均此

教晚 陶心华谨上

五月二日灯下

四月廿七，装内河公司船号 6380，物料、木管四箱，重箱十六箱(闻系马达)。

四月廿八，装内河公司船号 8382，4005，物料、木管八箱(重)，物料廿箱(轻)。

四月卅，装内河公司船号6434，磅秤十四只，商标纸七十箩，蒲包贰佰念捆。

又装内河公司船号2846，煤壹佰拾箩，三寸铁管卅根，一寸至三寸半铁管大小一百廿七根（此项管子当大班陪看时云：系大康所办进，要装去。看看多数是新货未经应用者）。

现以上船只已派日人押来申。

薛宗杰就日商经营锡厂情况致唐瑞千、陶心华函

瑞千、心华先生台鉴：

在锡蒙赐教言，晚当印之在心。昨日电话花园饭店，知已赴申，当快函奉上。最近于前日厂方准备试车，是否良好？可否缺少机件？于清花厂试车，查得荷花缸弹子及铜壶水均行遗少，日人愤怒，即将清厂头目捉拿到厂，当场行刑，然未招出。至晚关于房间内。待日人不测，即将门损坏，即行逃走。此事尚未解决。据日人云，此车勿试，还给华人，华人东翁定说日人自己拆去也，哪知华人偷去等言。又钢丝圈一事，系东日货K（此字）商标，3%原封三厘，18%一厘，此钢丝卷尚可应用，未知先生要否？并示每匣价目、往何处付款？祈速示明。此物已在晚家中，大概合用，请收下，以便将来应用。又锭带十部，待开车时再行购收。先生意以为如何？余无何变化。即候回示。专此。即请

财安！

并请星公、谷泉先生前代候。

晚薛宗杰谨上

四月廿六号

宋瑞书就日商经营锡厂情况致唐星海、唐晔如函

星海、晔如先生钧鉴：

久未问安，甚歉！辰维起居，纳祜为颂！

敬启者：事变以还，株守在乡。奈家无绿壤，囊乏黄金，各方亲友，皆已告贷。际此米珠薪桂，不禁山穷水尽，一家七口，十分为难。

迫不得已，于八月二日进入大康。目覩钧座建筑基业半数毁尽，抚今追昔，实堪痛心。忍泪工作，大非本怀所愿，实因秋云世态，将伯谁呼，无人援手，殊深感叹。为解决生机问题，不得不出此下策。此层应请原谅。然望诸君去不忘燕，廉将军老犹思赵，古人风义，晚尚慨焉慕之。回思追随钧座十六年，爱护之隆，何尚去怀。所以暗中晓义各工友，暂行敷衍，贮藏物件，悉探明白，所冀将来重见青天白日，得聚一堂也。

兹将最近厂内情形报告：每班有日本人总领班，常日班每日到车间二、三次，小工多用不少。回丝尽多不问，用拣花女工二十多人，计工算，每天敷衍闲坐，所出卷子轻重不等。粗纱生条单头极多，以故细纱生活难做，抽落三号纱不知多少。摇纱间开冷磅，水汽太重，所以霉落有十余件纱，每包份量只有十之六五轻重。三多不关，事无大小，惟领班之命是从。现晚与孙维钧对班，归摇纱、筒子、打包，薛宗杰、陈玉珊对班，归细纱。我辈四人工作，厂方尚称满意。并非吃日本人饭要好，亦为顾全庆丰职员起见，毋为日本人讥笑。所有工友大都西门三厂及业勤厂，我厂旧有工友不过十分之二。现下新厂粗纱间及老厂细摇间，均积极整理，限十月底要开车。第三布厂及经纬间、浆缸间承包七万元。方棚间亦造好，预备六万元。闻汤浅之夫于十日动身到东京，为接洽布机间一切机器，大约要三星期返锡。预计来年二月开车。

但晚有些意见贡献。结果河山定属我有，目前只望他们逐渐整理完好，将来垂手而得，实钧座之大幸。然谈非容易，其中必要经过相当时间及相当手续方可实现。晚观汤浅之夫，此人很讲交情，极有手面。以目前而论，拳落他人手，先要结欢其心，不可怀恨此辈侵略置之不问。应托顾建章先生衔钧座之命，预先往还，时常请宴，或送些古器（因汤浅性喜古器），以重交情。所费预备千元，亦看得见，将来定有商量，区区千元，总归值得。愚见如此，不识钧意若何，是否可行？伏祈裁夺。

临书上达，不尽依依。谨请

钧绥

阖府均此候安
凤岱、瑞千先生前均候不另

晚宋瑞书百拜
八月十四日寄

再如有教言，请函顾建章先生转咨可也。又及。

陈韶琴就庆丰厂遭日军破坏致唐星海函

星海先生钧鉴：

在申拜别，本拟乘星期一下午四时车返锡。不料适值是班来客极度涌(拥)挤，再三挣扎，竟然仍未轧上登车，以致延迟到昨晨早车回锡。抵锡后，星钰兄未曾晤面。随至建章先生处面晤，并将尊嘱之详情转告建章先生。惟据伊所云，兹为近因身体不健，不能赴通，将由星钰兄将顾先生之亲笔函奉呈。一切情形谅早洞悉矣。通州之事即祈裁夺是荷。余容后详。草此。敬请
钧安
诸翁先生均此

晚陈韶琴顿首
卅二年十一月三日

再启者：周三浜丝厂内，晚前日曾先自前去，开门入内观看，车间内之房屋塌坏至不堪设想，有随时倾倒之虞。后面宿舍房屋，尚觉完好，头造屋内亦糟蹋之不堪入目。因前一度驻马队，所以败坏之如此之地步。顺以附禀。此请
星海先生再鉴

晚韶琴附启

战事损失及善后救济呈文和批件(1946年1月)

唐星海就战事损失调查报告呈经济部苏浙皖区特派员文

呈为具奉战事损失调查报告，仰恳鉴核，转呈汇编统计，以利清算而资赔偿事。

窃敝公司自民国十年六月成立，向在无锡设厂，经营纺织漂染整

理业务。领有钧部新字第339号登记执照在案。溯自二十六年抗战军兴,首遭敌机轰炸。及国军西移,又饱受敌军焚毁劫掠。此后历经敌军驻守、敌商经管及伪组织管理。尤痛心者,除厂屋损失三分之一、机器货物损失在半数以上外,复于伪府管理期内,将敝厂全部发电机3座、锅炉4座、及其附属机件6600基罗瓦特发电设备,听从敌方意旨,尽数拆去。迨至无可搜刮,始将残存厂于三十二年无条件发还敝公司接管。回忆8年以还,遭受疮痛威逼,笔难罄述。今幸寇氛殄灭,痛定思痛,用将敝公司物质损失着手调查,造具战事损失调查表,编订成册。兹特备文,具奉3册,呈请鉴核。恳赐分别转呈汇编统计,以利清算而资赔偿,俾敝公司一线生机得昭来苏,实为德便。谨呈

经济部苏浙皖区特派员张

附呈战事损失调查表3册

具呈人　总经理唐星海

三十五年一月八日

(注:1946年1月8日,唐星海就战时损失调查报告分别呈文经济部苏浙皖区特派员、行政院驻沪办事处和善后救济总署,内容基本一样,现选列一件。)

(上海市档案馆藏档Q199-20-11)

善后救济总署苏宁分署复庆丰公司函
(镇赈字第246号)

三十五年一月八日来呈及损失调查表均悉。兹检附本署《办理善后救济工作纲要》1份,希即查照规定,由贵同业公会证明损害情形及救济范围,转报本署核定可也。此致

庆丰纺织漂染整理股份有限公司

附送本署工作纲要1份

善后救济总署苏宁分署启

中华民国卅五年元月廿三日

唐星海就重填财产损失报告单呈经济部苏浙皖区特派员文

案奉一月十四日发字第4041号钧批,内开:"呈件均悉。所具损失报告不合规定格式。兹附发财产报告损失单(表式2)一份,仰即依式样填。以凭转呈经济部汇转抗战损失调查委员会核办。此批件存。"等因。

奉此,敝厂遵即按照规定格式,分别建筑、机器、货物三项,另再造具损失报告表一式二份。所有各项损失细目,业已造具战事损失调查表,附列地图、照片,汇订成册,于本年一月七日先行具呈检奉,足资参证。特再遵令具奉财产损失报告单一式二份备份,呈请鉴核。恳赐转呈经济部汇转抗战损失调查委员会核办。实为德便。谨呈经济部苏浙皖区特派员张

附呈:财产损失报告单二份计八页

具呈人　总经理唐星海

三十五年三月二十日

财产损失报告单(总表)
(民国三十五年三月)

单位:国币元

损失项目	购置时价值	损失时价值	附注
建筑	476 878.00	11 921 950.00	详损失报告单(一)(二)(三)及战时损失调查表
机器	2 123 039.00	53 075 975.00	
货物	2 509 093.83	86 483 383.80	
总计	5 109 010.83	151 481 308.80	

受损失者:无锡庆丰纺织漂染整理厂

填报者:唐星海　本公司总经理　通讯地址上海北京路444号

财产损失报告单(一、房屋)(缺)

财产损失报告单(二、机器)

损失项目	购置时间	数量	购置时价值	损失时价值	证件
美制道勃生纱锭及附属机器	1921	20 000 枚	649 180	16 229 500.00	
美制罗佛尔纱锭及附属机器	1930	1 728 枚	56 089	1 402 225.00	账
英制好华特纱锭及附属机器	1933	6 720 枚	316 678	7 916 950.00	
普通打手式织布机	1932	367 台	233 928	5 848 200.00	
丰田自动式织布机	1937	160 台	16 000	400 000.00	册
漂染设备及附件	1937	全部	407 593	10 189 825.00	
原动部及修机间机器及附件	1932	全部	443 571	11 089 275.00	
合计			2 123 039	53 075 975.00	

受损失者:无锡庆丰纺织漂染整理厂

填报者:唐星海　本公司总经理　通讯地址上海北京路 444 号

财产损失报告单(三、货物)

损失项目	购置时间	单位	数量	购置时价值	损失时价值	证件
花　衣	1937	担	23 268.91	1 279 790.05	20 476 640.80	
棉　线	1937	件	30.60	10 710.00	428 400.00	
棉　纱	1937	件	836.13	225 765.10	9 030 204.00	账
棉　布	1937	匹	890.00	11 880.00	712 800.00	
漂色布	1937	匹	24 648.50	295 782.00	17 746 920.00	
绒　布	1937	匹	2 443.00	32 980.50	1 978 830.00	
坯　布	1937	匹	38 892.00	350 028.00	21 001 680.00	册
脚　花	1937	担	883.055	8 830.55	441 527.50	
物　料	1937		不及备载	291 927.81	14 596 390.50	
煤　屑	1937	吨	不及备载	1 399.82	69 991.00	
合计				2 509 093.83	86 483 383.80	

受损失者:无锡庆丰纺织漂染整理厂

填报者:唐星海　本公司总经理　通讯地址上海北京路 444 号

（五）1944～1955年董事会会议记录

1944年3月6日

民国33年3月6日下午3时在上海北京路444号本公司开临时董事会，到会董事：陈湛如、薛汇东、唐星海、唐纪云、蔡漱岑、孙国英（漱岑代）、唐瑞千、蔡松如（湛如代）、唐宝昌。

出席董事已足法定人数，依法开会。公推董事陈湛如为临时主席。

一、报告上届议决增资方案实施办法案

查本公司全体股东762人，股份9万股，计81 566权。兹自2月21日起截至3月5日止，股东签名赞成者共624人，股份80 780股，计73 214权，业经大多数签名赞成。

议决本案已经全体股东三分之二以上签名赞成，依照公司法第一百八十六条之规定，自可作为股东会之決议，应即依照上届本会决议办法随即实施。

二、推举检查人案

议决依照公司法第一九四条第二项之规定，推选股东钱基厚、唐纪云为检查人，即日通知执行职务，并提交股东签名表决。

三、增资新股在未经呈准登记前依法不得转让案，议决通过。

四、增资临时收据签署案

议决依照上届办法由全体董事内5人轮流签署至正式股票，互推唐董纪云、陈董湛如、蔡董松如、薛董汇东、蔡董漱岑、唐董星海、唐董瑞千7人签署。

五、唐董星海、唐董纪云、陈董湛如报告征用透平交涉情形，所有1 600启罗瓦特发电机一座借贷契约草案，业经双方修正签订至1 000及4 000启罗瓦特发电机两座，亦经根据上届议决案尽力交涉，无如华北轻金属股份有限公司因紧急工场建设急于成立，大使馆方面提出双方买卖契约决定总价为中储备券750万元，俟时局许可得以原价买回，迫令签署。究应如何办理，请公决。

议决在比较有利条件下推举唐董星海签署。

六、报告拟与建安实业公司在常熟合组家庭纺织工业社案，兼总经理唐董星海报告，最近建安实业公司为发展业务起见，向本公司提议利用锡厂一小部分目前停置纱锭 2 000 枚，计细纱机 5 部，连同一切附属机件，移至常熟就地收花纺纱。本厂以机器作价 2 000 万元为资本，建安以现金 2 000 万元为资本，合成 4 000 万元，利益双方各半，俟后双方同意，结束即行依照清单所列收回机件并附合伙契约草案及机器清单，请公决。议决通过。

临时主席　陈湛如

蔡松如（湛如代）　唐纪云　薛汇东　唐星海　蔡漱岑　孙国英（漱岑代）　唐瑞千　唐宝昌

（无锡市档案史志馆藏档）

1944 年 8 月 18 日

民国 33 年 8 月 18 日下午 3 点在上海北京路 444 号本公司开临时董事会。

到会董事：（签名）唐纪云　唐瑞千　蔡漱岑　唐宝昌　孙国英（漱岑代）　唐淞源　薛汇东　陈湛如　蔡松如（湛如代）　唐星海

到会董事已足法定人数，依法开会。公推陈董湛如为临时主席。

1. 报告 7 月 20 日各董事提议预借股利案（附提案）。无讨论。议决：准予追认通过。

2. 报告本公司增资一案已蒙实业部批示照准，并给发业字第 471 号登记执照案。无讨论。

3. 兼总经理唐董星海报告锡厂沪厂及与建安实业公司合作常熟家庭纺织工业社情形案。无讨论。

4. 提议拟与建安实业公司在太仓项桥合组小型纺织厂案。议决：依照常熟办法，公推唐董星海全权接洽办理。

临时主席陈湛如及到会各董事签名

1945 年 4 月 7 日

民国 34 年 4 月 7 日下午 3 点在上海北京路 444 号本公司开临时董事会。

到会董事:【如上 10 人签到】

到会董事已足法定人数,依法开会。公推陈董湛如为临时主席。

(甲) 报告事项

一、兼总经理唐董星海报告 33 年度锡厂沪厂及常熟与建安合作之家庭工业社营业状况。无讨论。

二、报告常熟项桥与建安合作之永丰纺织工业社甫于本年 1 月份开工,所有营业状况下届报告。无讨论。

三、报告本公司 33 年度账略,1、资产负债表;2、损益计算书;3、财产目录。议决通过,依法交监察人查核。

四、报告申请出卖纱布除应得保留额外,因当局拆运透平关系,奉令核准免除收买 500 件案。无讨论。

五、报告购存瑞士法郎向瑞士勃郎濮维利厂定购 40 kW 透平以资补充原动设备案。议决通过。

六、报告委托安泰铁厂修置纺织机件,以备他日复兴案。议决通过。

七、报告在静安寺路小纱渡路转角合置房地产案。议决准予合置,庆丰占二分之一。

八、报告锡沪两厂本年度设施及工作状况以及今后方针案。无讨论。

(乙) 讨论事项

一、支配本届盈余及给发日期案。议决发给股利 1 分,定于 4 月 17 日起开始发给。

临时主席陈湛如及到会董事签名

1945 年 10 月 13 日

民国 34 年 10 月 13 日下午 3 点在上海北京路 444 号本公司开临时董事会。

到会董事:唐纪云　蔡漱岑　孙国英(漱岑代)　陈湛如　薛汇东　唐瑞千　唐淞源(纪云代)　蔡松如(湛如代)　唐星海　唐宝昌

到会董事已足法定人数,依法开会。公推陈董湛如为临时主席。

(一) 报告6月11日及9月7日各董事提议预借股利案。附签名决议案。议决准予追认通过。

(二) 报告与建安公司合办之常熟家庭工业社及项桥永丰纺织社派到本年上期股利案。附试算损益表。无讨论通过。

(三) 唐董星海报告锡厂战时损失机件整理情形案。拟按照目前人力物力财力状况,分三个时期逐步整理。第一期整理纱锭至36 000枚;第二期整理至5万枚;第三期整理至68 000枚。布机部分拟将效力薄弱者逐步淘汰,更换精良自动布机。均拟恢复至战前状态。至漂染整理机件,因战时厂房被毁,损坏极重,刻拟添建厂房,并与源兴昌合作,另组机器厂,添置修理机件,积极设法恢复。至被敌方攫去之发电机3座,计共6 600启罗瓦特,现已查明1座在蚌埠,2座在博山,均拟设法交涉收回。议决纱锭、布机、漂染整理机准予逐步整理,透平设法收回,务达战前原状为止。

(四) 唐董星海报告添购纱锭1万枚案。议决通过。

临时主席陈湛如及到会董事签名

1946年1月11日

民国35年1月11日下午3点在上海北京路444号本公司开临时董事会。

到会董事:唐纪云　薛汇东　唐淞源　蔡漱岑　蔡松如(淞源代)　孙国英(漱岑代)　唐星海　唐瑞千　唐宝昌

到会董事已足法定人数,依法开会。公推薛董汇东为临时主席。

甲、报告事项

一、唐董星海报告锡沪两厂工作情形案。兹因锡厂燃煤缺乏,电力不足,拟移纺锭6 000枚、布机40台至沪,并尽量整理机件,俾增生产。业务方面尚属良好,堪以告慰。无讨论。

二、唐董星海报告与建安合办之家庭、永丰两小型厂情形案。

上年决算尚无结好，兹拟先将家庭提出盈余 2 500 万元、永丰 1 500 万元，两共 4 000 万元拨交本公司。无讨论。

乙、讨论事项

一、提议发给 34 年度股利案。议决通过，定于本月 21 日起开始发给。

临时主席薛汇东及到会董事签名

1946 年 12 月 30 日

民国 35 年 12 月 30 日下午 3 点在上海北京路 444 号本公司开临时董事会。

到会董监：唐纪云　钱孙卿　薛汇东　唐淞源　蔡松如（淞源代）　蔡漱岑　孙钟海（漱岑代）　唐星海　蔡稚岑　陈景武　华俊民（唐纪云代）　唐瑞千　唐宗郭

到会董事已足法定人数，依法开会。公推钱董孙卿为临时主席。

甲、报告事项

1. 兼总经理唐董星海报告锡沪两厂整理扩充情形：

（一）装置 450 kW 柴油引擎两部增加锡厂动力，现已开机。

（二）纱锭之增开，现经整理两厂由 4 万余枚增开至 7.2 万余枚。

（三）布机之增开，现经整理两厂由 636 台增至 776 台。

（四）向纺织机器总经理定粗纱机 4 部，细纱机 31 部，及纱锭 26 720 枚。

（五）向玛萨拍拉脱定漂染整理印花机全套。

（六）向中国纺织工程公司定回丝废花车计 2 288 锭。

（七）向汉口购置厂基约 40 余亩。

（八）向英国订购 1950 年纱锭 2 万枚。

决议：根据以上各项及口头补充报告均属切要，应即通过。

2. 兼总经理唐董星海报告最近业务状况：

（一）纺管会管制情形。

（二）恢复汉口、蚌埠两分事务所业务并拓展至西安、天津两处。

（三）本公司增资至 27 000 万元案，已由经济部核准登记给照。

决议:关于一、二两点,应即由会存查。其第三点增资部分,兹先就原有股票暂行分别加戳为凭。

乙、讨论事项

1. 拟订本公司组织大纲及各项办事细则案。

决议:推薛董汇东、蔡董漱岑先行审查、酌签意见,俟下届会议提出报告。

2. 筹借股利及定期给发案。

决议:仍照旧例筹发,自 1 月 13 日开始。

临时主席钱孙卿及到会董事监察签名

1947 年 5 月 28 日

民国 36 年 5 月 28 日下午 3 点在上海北京路 444 号本公司开董事会。

到会董事监察(签到):唐纪云　华俊民(纪云代)　蔡漱岑　蔡稚岑(漱岑代)　陈景武　薛汇东　唐慕汾　唐淞源　钱孙卿　唐晔如(淞源代)　唐星海　蔡松如(汇东代)　唐骥千(星海代)　孙钟海(瑞千代)　唐瑞千

到会董事已足法定人数,依法开会。公推钱董孙卿为临时主席。

甲、报告事项

一、兼总经理唐董星海报告 35 年度营业状况(另具书面存会备查)。无讨论。

二、唐监察慕汾报告 35 年度账略:1、资产负债表;2、损益表;3、财产目录。议决通过。

三、兼总经理唐董星海报告扩充沪厂厂基、订购茂昌、萃众厂屋及地上权案,附各项契据,请唐监察慕汾即席查核。议决通过。

四、兼总经理唐董星海报告交涉收回透平案,已将 1 600 kW 蚌埠一座装回无锡。无讨论。

五、兼总经理唐董星海报告申新、永安、中纺、新裕、统益暨本公司共同投资购置犹太总会房屋案,附契约,请唐监察慕汾即席查核。议决通过。

六、报告购定汉口厂基计约 82 亩案。议决通过。

乙、讨论事项

一、提议增加资本案。

议决:根据国防最高委员会议决,工矿运输事业重估固定资产价值调整资本办法,兹增加现金定为 90 亿元,俟召集股东大会决定办理。

二、支配本届盈余及定期发给案。决议照章发给,定于 6 月 14 日开始。

三、定期召开股东大会案。决议定于 7 月 1 日召开股东大会,地点另定。

临时主席钱孙卿及到会董监事签名

1947 年 12 月 19 日

民国 36 年 12 月 19 日下午 3 时在上海北京东路 444 号本公司开临时董事会

到会董监(签到):钱孙卿　唐慕汾　薛汇东　陈景武　唐纪云　蔡漱岑　唐星海　孙钟海(纪云代)　唐瑞千　蔡松如(漱岑代)　唐骥千(星海代)　唐淞源　蔡稚岑

出席人数已足法定人数,依法开会。公推钱董孙卿为临时主席。

甲、报告事项

一、兼总经理唐董星海报告纺织业之近况。政府对于花纱布管制特设全国花纱布管理委员会,实行代纺代织,统购统销,配合经济戡乱政策。

二、兼总经理唐董星海报告锡沪两厂情形。锡厂设备:纺部已渐可恢复战前状态;原动部明年亦可装置完备;布厂部分将来拟改为自动配备,现有布机 692 台,已开 364 台。沪厂厂基由 30 亩扩展至 41 亩,拟将瑞士定购纱锭 10 500 枚装配。惟上海日电目前时有停电之虞,已定购柴油引擎两部,备作将来自给自足计划。

三、主席报告投资九丰面粉公司 25 亿元案。决议追认通过。

乙、讨论事项

一、预借股利及定期发给案。决议仍照向章办理,定于本年12月26日开始发给。

临时主席钱孙卿及到会董监事签名

1948年5月14日

民国37年5月14日下午3时在上海北京东路444号本公司开临时董事会

到会董监(签到):唐纪云 唐慕汾 薛汇东 蔡漱岑 陈景武 蔡松如(漱岑代) 孙钟海(纪云代) 蔡稚岑 唐星海 唐骥千(星海代) 唐淞源(瑞千代) 唐瑞千 钱孙卿 唐宝昌

出席人数已足法定人数,依法开会。公推钱董孙卿为临时主席。

甲、报告事项

一、兼总经理唐董星海报告锡沪两厂最近状况暨36年度营业状况。

(子)工厂情形

1. 锡厂。纺部现有纱锭52 228枚,添装31部细纱车计13 020枚,加小型厂4 000枚,共计69 248枚,较战前64 768枚已经超过。织部现有织机692台,已开364台,将来拟增加至934台,逐渐改为自动配备。漂染部在计划整理恢复中。原动部4 000 kW透平1座,建筑完竣即可装置完成。

2. 沪厂。厂基已由30亩扩充至41亩。纺部除原有16 640锭外,由瑞士定购10 600枚已分别装到,正在陆续装置中。漂染部填装印花机已完成自纺自织自印染之一贯工作。

(丑)全年产量。本年度两厂产量计棉纱42 703件,较上年度之29 593件增44.3%。棉布491 065匹,较上年度之223 940匹增51.59%,漂色布437 838匹,较上年度之264 900匹增65.28%。惟因锡厂纺织两部尚未全开,漂染部尚未恢复工作,沪厂新锭亦未装齐,至全部产量尚未达到预定目标。

(寅)全年营业。本年度营业共销棉纱线27 608件,棉布58 927

匹，漂色布 423 965 匹。本年度因纺管会之收购、纺调会之代纺、行总之交换等，其成本及工缴常感不敷，致营运日形困难。

（卯）原料问题。本年度原料因国棉出数既感不敷，外棉输入又遭管制，致愈做愈短，存底日薄，故原料问题极端严重，诚恐生产发生影响。

无异议。

二、兼总经理唐董星海报告 36 年度账略。1. 庆丰；2. 源丰；3. 家庭及永丰纺织工业社。以上分具账略由出席董监公同审阅，俟开股东大会另提正式报告。

乙、讨论事项

一、兼总经理唐董星海报告合作筹组南海纺织厂，请予核定办理案。决议：应根据本年 3 月 9 日本会决议，仍授权唐兼总经理星海代表本公司与对方参加之简鉴清、郑铁如二君积极磋商，本公司所占资本总额假定为百分之四十，并在此范围内妥议手续，随时报告本会备核。

二、支配本届盈余及定期预付案。决议：照章分配，定于本月 21 日开始发给。

三、变更本公司名称案。决议：应按本公司营业方针变更为庆丰纺织印染股份有限公司，并报股东会追认。

四、定期召开股东大会案。议决应即通知各股东定于本年 6 月 15 日召集股东大会并登报公告。

临时主席钱孙卿及到会董监事签名

1950 年 5 月 2 日

1950 年 5 月 2 日下午 3 时在上海北京东路 444 号本公司开临时董事会

到会董监（签名）：钱孙卿　唐纪云（钱孙卿代）　孙钟海（钱孙卿代）　陈景武　唐骥千（陈景武代）　唐星海（瑞千代）　唐瑞千　唐淞源　唐晔如（淞源代）　华俊民　蔡稚岑　蔡漱岑（稚岑代）　唐慕汾

出席董事已足法定人数，依法开会。公推钱董孙卿为主席。

甲、报告事项

一、报告民国37年度账略及营业状况暨盈余分配案。由出席董监共同审阅，无异议。

二、报告1949年度账略及营业状况。由出席董监共同审阅，无异议。

三、报告自五月一日起将本公司锡厂更名为庆丰纺织印染公司第一厂，沪厂（原名保丰）更名为庆丰纺织印染公司第二厂。无异议。

乙、讨论事项

一、拟将本公司资本额自伪法币90亿元调整万人民币360亿元，另具调整方案。决议通过，再提请股东会决定。

二、拟修改公司章程案。决议修改如下，并提请股东会决定。

第一条　本公司定名曰庆丰纺织印染股份有限公司，呈请主管机关登记给照。

第二条　本公司设第一厂在无锡周山浜及第二厂在上海延平路，并在上海北京东路444号设立事务所，必要时并于各地设立收花处及分事务所，呈请主管机关登记给照。

第五条　本公司股份总额定为人民币360亿元，分为9 000万股，每股人民币400元，一次缴足。

第六条　非中华人民共和国人民不得为本公司股东。

第十七条　股东会分常会、临时会两种。常会于每年3月内由董事会于1个月前通告召集之。临时会由董事会认为必要时，或监察人依据法令及由股份总额二十分之一以上之股东声明理由，请求董事会开会时，均得随时召集，于15日前通告召集之。

第二十二条　股东会开会，除法令特别规定外，以代表股份总额过半数之股东出席，以出席股东表决权之过半数同意行之可否，同数时取决于主席。

第三十四条　本章程除前列规定外，悉遵政府法令办理，如有未尽事宜，由董事会提出，股东会依法议决修正，呈请主管机关备案。

第三十六条　本章程由股东会议决，经主管机关核准之日施行。

三、定期召集临时股东会议案。决议：应即以书面及登报通告各股东，定于5月20日在上海召集临时股东会，报告上年度账略及营业状况，并讨论调整资本方案及修改公司章程等事宜。

临时主席钱孙卿及到会董监事签名

1951年12月15日

1951年12月15日下午3点在上海北京东路444号本公司召开董监联席会议

到会董监(签名)：钱孙卿　唐慕汾　蔡漱岑　唐淞源　陈景武　蔡稚岑　唐瑞千　唐纪云(淞源代)　孙钟海(漱岑代)　唐星海(瑞千代)　薛汇东(景武代)

出席董监已足法定人数，依法开会。公推钱董孙卿为主席。

报告及讨论事项

一、蔡董兼副总经理报告本公司本年来概况(详附表)。无异议。

二、蔡董兼副总经理报告，本公司于1945年10月与傅鹤庆君合伙组织源丰机器厂，以便修理本厂纺织染各部机器，兹因私营企业暂行条例第廿八条规定，公司组织企业不得投资为无限责任股东，故已与傅君商谈，改组为有限公司。该厂重估1950年12月31日实有财产计增值额为人民币2 307 721 838.09元。经商定，以其中15亿元转作资本，连原有资本3亿元，调整资本为18亿元，本公司占九成，计16.2亿元，其余增值额8.07余亿元列入公积。正申请为变更登记中。无异议。

三、蔡董兼副总经理报告：本公司办理重估1950年12月31日实有财产已经竣事，计重估增值额人民币285 049 360 705.54元，原有调整资本准备户计人民币19 077 154 646元，应如何调整资本？请公决。监察人报告：本公司重估财产报告书，经与各种有关表报查核无误，出具报告书在案。决议以(一)重估增值额43.825%计人民币124 922 845 354元转作资本，其余56.175%计人民币160 126 515 351.54元列入公积；(二)调整资本准备户人民币19 077 154 646元转作资本;(三)上列(一)(二)两项转作资本部分计人民币 1 440 亿元,连原有资本额 360 亿元,调整资本总额为 1 800 亿元,仍分 9 000 万股,每股人民币 2 000 元,俟制成调整资本方案提请股东会讨论。

四、讨论修改本公司章程案。决议照草案通过,待提请股东会修正。

五、定期召开股东会,讨论调整资本、修改章程、改选董监等事宜。决议定于本月 31 日下午在上海举行。

临时主席钱孙卿及到会董监事签名

1952 年 12 月 26 日

庆丰纺织印染股份有限公司董事会记录

日期:1952 年 12 月 26 日下午 2 时

地点:上海长乐路 189 号 12 楼 16 室

出席董监(签名):蔡漱岑　蔡禹门　薛汇东(漱岑代)　席德媄　唐晔如(漱岑代)　钱孙卿　蔡稚岑　唐瑞千　唐慕汾(稚岑代)　唐纪云(瑞千代)　唐淞源　唐星海(瑞千代)　孙钟海(淞源代)　陈景武(谷泉代)

出席董事已足法定人数,依法开会。公推钱董孙卿董事为主席。

报告事项

蔡董兼副总经理报告

一、本公司 1951 年度账略及营业情况。按本公司 1951 年决算,盈余额为人民币 13 516 382 909.53 元,经委托立新[信]会计师事务所查核,出有查账报告书、相应检附资产负债表、损益计算书,请各位董监审核。又上海市人民政府税务局曾查核本公司账目,查定盈余额为人民币 19 001 823 935.53 元,给有查定报告书,以为计缴所得税之标准。最近税务局又号召"自查补税"运动,将再依靠群众进行彻查以符税政,查定数额容后变动再行报告。无讨论。

二、据本公司投资之香港南海纺织公司函送 1948 年至 1951 年度经李卓权会计师查核之决算一表,请审核。无异议。

三、本公司重估 1950 年底财产,计得重估增值额 285 049 360 705.54

元，制成调整资本方案，报经1951年12月31日股东会通过，授权本会依据评审委员会审查增减数字负责处理一案。兹查重估财产清册尚在评审委员会审核之中，所以重估增值额迄未确定，而调整资本为1 800亿元后亦不克声请登记。无讨论。

四、报告本年政府号召展开伟大的反行贿、反偷税漏税、反盗窃国家资财、反偷工减料、反盗窃国家经济情报运动，本公司在上海及无锡两地的总分支机构分别在市增产节约委员会领导之下进行，计总公司及第二厂坦白总数为9 465 992 008元，第一厂坦白12 410 505 282元。蒙政府宽大处理，定总公司为基本守法户，核定退财补税341 229万元，第一厂为守法户，退财补税6 099 831 047元。至11月底止，共已退款46亿元。漱岑等经此运动教育良深，此后保证在国营经济及工人阶级领导下发展生产，杜绝“五毒”。无异议。

五、本公司第一厂原有1 600 kW透平发电机1座，于胜利后自蚌埠运回后，因已使用4 000 kW新透平，迄未将1 600 kW透平装置发电。本年1月以新疆建设国家需要，本公司亦得以报闲之机械变值增加周转资金，于7月30日经华东工业部证明，以44.5亿元之代价售予新疆军区钢铁厂，除将全部机器交运外，并已收得机款40亿元，余照合同规定，须俟全部机件运抵新疆装置完毕时付清余款4.5亿元，但不得逾1953年7月30日。无异议。

六、本公司两厂生产在逐步恢复发展之中。依12月份生产计划，第一厂纺部使用57 830锭，占设备60 208锭的96%，内代纺47 768锭，占使用锭82.6%，布机开足652台，内代织592台，占使用台数90.8%。第二厂纺部运转24 760锭，占设备26 000锭的95.2%，内代纺12 000锭，占运转锭的48.5%，纺机开足412台，内代织120台，占运转布机的29.1%，锭扯台扯均见增高。第二厂染部11月产布创超过6万匹之新纪录。第一厂于8月份起，奉令改为三班8小时工作制，第二厂于9月至10月间在政府领导之下完成民主改革补课运动。无异议。

七、为适应生产需要，第一厂原设备纱锭62 728枚，线锭4 200枚，经将纱锭2 520枚改装为线锭，故设备纱锭减为60 208枚，线锭增为6 720枚；第二厂染部添装丝光车及安蓝车各1台，借以配合生产，并遵政府号召，分别装设降温吸棉及安全卫生等设备。无异议。

八、为增进职工福利起见，第一厂在对河龙舌尖建造工人宿舍3列，并架桥通往对岸，已将桥墩筑就。第二厂疗养所已落成，于本年7月1日开幕。又因二厂厂址不敷，近又在织部南首租到天然厂基地2亩余，另有毗连地约1亩，亦在洽租中。以织部厂房年久走动，为防止意外及配合生产计，拟将织部扩充重建，以资一劳永逸。无异议。

九、为服从国营经济领导，执行计划生产，经拟具1953年度两厂生产计划，检请讨论。无异议。

十、本会董事于去年12月31日股东会当选董事就任后，其中华定一董事于本年2月18日来函称已声请加入工会为会员，未便担任董事，恳请辞职；又华云澄董事于本年2月23日来函称已任职公私合营企业经理，照章不得兼任其他企业任何职务，具函恳辞，旋华云澄董事于本年上半年去世，因此现任董事中已有缺额2人，应如何处置请公决。决议待本届董事任期届满时补选足额。

十一、主席提请依照公司章程第21条规定互选常务董事5人。选举结果以钱孙卿、唐纪云、唐星海、蔡漱岑、唐瑞千当选为常务董事。

十二、主席提请依照公司章程第26条规定选任总经理1人、副总经理2人。选任唐星海为总经理，蔡漱岑、唐瑞千为副总经理，并议决以唐总经理现在香港负责南海纱厂，照章程第27条之规定，暂由副总经理代行其职权。又以明年国家展开大规模经济建设，本公司以沪锡两厂为重心，一致通过由出席董监会函请唐总经理即日返国，迎接国家大建设。

十三、蔡董兼副总经理漱岑提议，拟聘唐瑞千兼任本公司业务经理、范谷泉任工务经理、王子建任总务经理、马赞旺任总务副经理，又范谷泉兼任第一厂厂长，陶心华任第一厂副厂长，魏亦九任第二厂厂长，请核聘。决议通过如拟聘任。

十四、主席提议董事监察人车马费应如何规定致送，请议决。

决议董事监察人每月每人车马费100折实单位,常务加倍,每3个月致送1次。

十五、主席提议本会今后应如何定期开会,请公决。决议每3个月举行常会1次,必要时再照章召开临时会。

十六、主席提请拟制1951年盈余分配方案,并据各股东纷纷请发股息以维股东权益,请公决。决议1951年度盈余因税务局号召自查补税尚未竣事,实付税额迄未确定,且“五反”退款如何入账亦待政府指示,关于股东请发1951年股息事暂照原资本额360亿元按百分之六垫发,即每股人民币24元,合计垫发人民币21.6亿元,由总经理、副总经理筹款,尽1953年1月内定期通知各股东发付,须由股东出具收据加盖原存印鉴,贴足印花税票。

主席钱孙卿(签名盖章)

1953年8月12日

庆丰纺织印染股份有限公司董事会记录

日期:1953年8月12日下午2时

地点:上海南京西路722号上海棉纺工业资方代理人联谊会

出席董监(签名):钱孙卿　蔡稚岑　蔡禹门　唐慕汾(蔡稚岑代)　席德媄　唐淞源　陈景武(唐淞源代)　范谷泉　蔡漱岑　唐瑞千(蔡漱岑代)

公推钱常董孙卿为主席

报告事项

蔡常董兼副总经理报告

一、本公司1952年度账目已经委托立信会计师事务所查核竣事,特检具查账报告书,请审核。

二、税务局派员来查核本公司1952年账目,经查定所得额为27 938 164 544元,扣除减征额后应缴所得税8 740 535 797.30元,除已缴7 453 626 519元外,应再补缴1 286 909 300元,加迟纳金436 764 100元,共计应补缴1 723 673 400元,拟遵限于本月24日缴纳。当局号召工商户进行自查补报工作,整饬纳税纪律,本公司当再作深入检查以重税政。

三、本公司于1951年12月31日股东会决议,调整资本为人民币1 800亿元,已承中央工商行政管理局核准颁给总公司股限字第1622号执照,第二厂股限支字第1036号分公司执照,第一厂部分已凭总公司执照向就地主管机关申请中。

四、据上海市棉纺织工业同业公会传达上级关于"五反"退财补税如何列账及所得税、职工福利基金等问题的处理办法检附笔录备督。又据上海市增产节约委员会通知,退回五反退款中所得税部分的退还款215 940 000元,无锡部分尚未得通知。

五、上次本会报告解放前未清偿存款问题,经函询同业公会后,据复"应由企业与存款人根据当时情况及不妨碍企业经营,并适当照顾存款人利益原则下协商解决,政务院颁布之《关于解放前银钱业未清偿存款给付办法》在双方自愿原则下乃作协商之参考。如协议不成时,仍得向法院申诉"等云,经已照此精神办理。

六、为了适应广大人民生活上的需要,本公司两厂根据主管机关指示,将部分纱锭改装为线锭,已分别于七、八月间改装竣事,兹将改装前后纱线锭设备数目列后:

	原有纱锭	原有线锭	改装线锭	现有纱锭	现有线锭
第一厂	60 208	6 720	1 620	58 588	8 340
第二厂	26 000	768	1 260	24 740	2 028

七、报告两厂今年第二季度生产情况

	四月份	五月份	六月份
一厂运转锭	59 920锭	59 920锭	55 995锭
产各支纱	2 907件	2 786件	2 908件
内代纺	2 482件	2 319件	2 653件
二厂运转锭	24 942锭	23 665锭	23 688锭
产各支纱	1 226件	1 145件	1 117件
内代纺	534件	536件	485件

（续表）

	四月份	五月份	六月份
一厂运转布机	652 台	641 台	636 台
产各种布	53 157 匹	48 863 匹	50 494 匹
内代织	48 533 匹	44 689 匹	46 262 匹
二厂运转布机	412 台	412 台	409 台
产各种布	22 616 匹	23 280 匹	21 611 匹
内代织	5 556 匹	5 557 匹	5 428 匹
二厂染部产色布	57 734 匹	57 701 匹	60 223 匹
内代染	32 649 匹	26 743 匹	34 903 匹

今年以来，普遍存在重量不重质现象，所以，保证产量，提高质量为当前生产上的中心任务。

八、本公司和傅鹤庆所合伙的源丰机器厂重估 1950 年 12 月 31 日实有财产，经上海市私营企业财产重估评审委员会核定，增值额为 2 289 673 414.09 元，经决定，调整资本为 18 亿元，仍按双方原出资比例计本公司占九成，计 16.2 亿元，傅鹤庆占一成，计 1.8 亿元。并为符合私营企业条例精神，经榆林区人民政府核准，解散合伙，改组为有限公司组织。仍请原任厂长蒋学庸、工务主任傅鹤庆继续任源丰机器厂有限公司厂长及工务主任职，并添聘唐颂良、马燮文为资方代理人。该厂 1951、1951 年账目已委托同信会计师事务所查核，出具查账报告书，请审核。

以上报告各项由本会列案备查。

讨论事项

一、主席提议，本公司调整资本为 1 800 亿元，已承中央工商管理局核准给照，应否另换新股票以便股东执业案。决议这次调整资本，股额并不变动，每股金额自 400 元调整为 2 000 元，应先在原发股票上加盖橡章，俟将来手续齐全后定期换发新股票。

二、主席提议，依照私营企业条例，补发 1951 年股息 2 厘及 1952 年应发股息 8 厘，请公决。决议：本公司调整资本为人民币 1 800 亿元，甫于本年 6 月奉中央工商行政管理局核准颁给执照在案，本公司1951年及1952年股息应仍照原资本额360亿元分别发给，依照私营企业条例，1951年已发6厘，应再补发2厘，1952年应即照发8厘，在本年9月15日以前定期通知发给。

主席钱孙卿（签名盖章）

1954年10月27日

庆丰纺织印染股份有限公司董事会记录

日期：1954年10月27日上午11时

地点：本公司

出席董监（签名）：钱孙卿、蔡禹门、蔡漱岑、席德媄、蔡稚岑、唐瑞千、唐淞源、范谷泉

公推蔡常董兼副总经理漱岑为主席

一、主席报告本公司前和建安实业公司合伙经营的常熟家庭纺织工业社于解放后因建安实业公司放弃经营，由政府领导职工组织生产管理委员会，本年度5月底登报找寻股东。经本人数度赴虞联系，决定申请公私合营，经常熟市人民政府批准，于8月14日由本人代表公司和公方代表在常熟签订公私合营协议书。当时因接到核准通知和签订协议书间的时间极匆促，来不及召开董事会讨论，且因公私合营为每一个工业企业的光明大道，所以由本人代表先行签约。现在附将家庭纱厂公私合营协议书提出报告，请求讨论审查，并推定本公司的私方代表。决议追认通过，并推定蔡常董兼副总经理漱岑为公司代表。

二、主席报告，本公司无锡第一厂前经申请公私合营，后经范董谷泉在锡与政府多次协商，已蒙无锡市人民政府批准，自11月1日起公私合营，定于本月29日在无锡签订协议书，请推定代表以便签订。随附协议书稿，请审查。决议一致拥护公私合营，并推钱孙卿、蔡漱岑、唐瑞千三位常务董事及范谷泉董事代表本公司签订公私合营协议书。

三、主席提议，在本公司无锡厂公私合营后，请推定私方代表在公方代表的领导下参加企业的经营管理工作。决议推范董谷泉及陶

心华为无锡厂公私合营后的私方代表，由常务董事代表董事会出具委托书。

四、主席报告，上次会议议决由各董监仿照大成纱厂办法和公私合营大生纱厂交换股份以增加公股成分一事，已经和大生纱厂张敬礼经理约定，待将来双方清产核资后办理。

五、主席报告，本年 9 月底止，本公司的公股、代管股、合营股及冻结股的情况如下：公股 1 634 000 股，代管股 1 538 000 股，合营股 10 000 股，冻结股 135 000 股，合计 3 317 000 股，占资本总额的 3.69%。

六、主席报告，本公司 1953 年所得税自 5 月 28 日自查补报及续于 6、7、8 三个月继续自查，补报补缴税额如下：6 月 26 日缴一厂 338 819 100 元；7 月 24 日缴一厂 2 676 100 元，二厂 89 044 800 元；8 月 4 日缴一厂 15 684 500 元，二厂 99 084 400 元。

七、主席报告，本公司遵照政府估征 1954 年 1～9 月底所得税的号召，于本月 9 日及 12 日先后缴清，分列一、二厂税额如下：估征所得税一厂 12 384 255 000 元，二厂 7 251 765 100 元；地方自审经费一厂 619 212 800 元，二厂 362 588 300 元；合计一厂 13 003 467 800 元，二厂 7 614 353 400 元。

八、主席报告，为遵照上次会议议决，并结合改善经营管理起见，已于本年 8 月 1 日起，将二厂会计独立，直接和中国人民银行开户往来，并将公司业务处撤销，在二厂设立营业科。

九、主席报告，本公司两厂自 5 月至 9 月底止的生产情况：

	一厂(内代加工)		二厂(内代加工)		
	纺(件)	织(匹)	纺(件)	织(匹)	染(匹)
5 月	3 473(2 881)	49 257(44 565)	1 135(206)	23 405	72 802(47 800)
6 月	3 512(2 973)	48 732(44 463)	1 171(194)	23 320	72 957(46 992)
7 月	3 375(2 861)	49 242(45 789)	1 184(209)	23 455	70 551(47 525)
8 月	3 559(3 009)	50 822(47 796)	1 180(199)	21 929	65 323(42 415)
9 月	3 159(2 585)	46 255(41 685)	1 118(199)	23 480	63 836(39 652)

以上各案分别存查。

十、主席报告，1953年度账略已造具竣事，特提请审查。决议先交监察人审核盖章，待后报请股东会通过。

主席蔡漱岑（签名）

1955年3月17日

庆丰纺织印染股份有限公司董事会记录

日期：1955年3月17日下午2点

地点：本公司

出席董监（签名）：蔡禹门　钱孙卿（谷泉代）　唐淞源　唐瑞千　蔡漱岑　蔡稚岑　席德媄　范谷泉

公推蔡常董兼副总经理漱岑为主席

一、主席报告，去年10月27日，本会决议推钱常董孙卿等代表本公司到无锡签订锡厂公私合营协议书，当就于10月29日签订就绪，11月1日实行公私合营，从此企业性质及生产关系改变，气象一新，随检协议书副本，报请存查。范董谷泉报告，锡厂合营后，经公私协商，关于协议书第5条，原准备和公私合营大生纺织公司交换公股办法，决定改由政府投资现款旧币100亿元及布机100台。

二、主席报告，自本会决定拥护总路线，争取进入国家资本主义最高形式后，二厂方面，正逐步根据生产发展，积极对经营管理进行必要的改革改造工作，如制订生产计划，推行财务计划，健全厂务会议，以提高质量，节约原材料，降低成本为中心，开展增产节约运动，达到按时按质按量完成国家加工订货任务，为公私合营创造条件。并于本年1月7日再函呈请上海市工业生产委员会请求公私合营，至今未得批复。

三、主席报告，本公司投资的源丰机器厂有限公司也于去年4月6日向有关机关申请公私合营。该厂另一投资人傅鹤庆，原有股份占10%，去年8月，经工商行政管理局批准，以其所有股份的70.906%，即总股份的7.0906%交公，作为其个人的“五反”退款。因此该厂也有了公股成分，今年1月14日续函申请公私合营。

四、主席报告，截至 1954 年底止，本公司股份性质的情况如下（今年尚无变动）：

公股 1 607 886 股，占 1.79%；代管股 1 538 000 股，占 1.71%；合营股 10 000 股，占 0.01%；冻结股 135 000 股，占 0.15%；未登记股 167 000 股，占 0.19%；私股 86 542 114 股，占 96.15%。

五、主席报告，二厂 1954 年生产总结：

全年总产值旧人民币 332 477 174 000 元，其中加工品产值 205 342 324 000 元，统购收购产值 127 134 850 000 元

全年产棉纱混合数 13 661.56 件，折合标准品 19 751.23 件

其中交付加工品 2 623 件，又 4 398.10 件

全年产棉线混合数 2 795.5 件，又 2 810.05 件

其中交付加工品 2 897.93 件，又 2 914.04 件

全年产本色棉布 270 873 匹，合 8 622 500 公尺

其中交付加工品 930 匹，合 24 020 公尺

全年产色布 836 487 匹，合 28 102 940 公尺

其中交付加工品 570 636 匹，合 19 375 970 公尺

六、主席报告，二厂 1954 年汇算清缴工作已结束，计账面盈余旧人民币 19 279 836 025 元，其中包括总公司 644 663 700 元，课税盈余为旧人民币 19 936 567 633 元，其中包括总公司部分 651 609 200 元，俟税务局查核再与去年所缴估征税额轧算。兹将账面盈余决算表检请审核。决议：先请监察人审核盖章，待后报请股东会通过。

七、主席报告，二厂为适应生产需要，解决女工宿舍拥挤，改善劳动条件，向陈洁昌购置坐落新闸路 1765 弄 15 号，即静安区 20 号 16 乙坵基地 0.731 亩，及地上三开间假三层楼房一所，作为女工宿舍之用。去年 10 月 28 日签订预约，产价旧币 4.8 亿元，今年 1 月底交割，现正在修缮中。

八、主席报告，本公司 1953 年账目已就无锡一厂及上海二厂分别办理决算。依照同业公会指示，决定对各厂的盈余分配问题分别在无锡及上海进行公私及劳资协商。二厂方面已于 1954 年 12 月 31 日遵照上海市工商行政管理局 1953 年 12 月《关于私营企业盈余

分配的几项规定》及中国纺织工会上海市委员会与上海市棉纺织工业同业公会所签订《上海市私营棉纺织业1953年度盈余分配协议书》的原则，并结合本厂具体情况，经第22次劳资协商会议，取得协议，由劳资双方签订协议书。无锡部分，尚在协商之中。特先检将二厂协议书提请处理，再送接各股东函电催询发付日期，并请公决。决议：二厂部分，依照劳资协议书办法，先行转账分配，股东股息利润项下（包括董监及代理人酬劳）现金部分，转户存储，连同公债暂归董事会保管。待锡厂决定支配办法后，合并处理。

九、主席报告，本公司于解放前置有南京□和路35号坵号53434号基地72.90方，连二层楼住宅一所，因于业务上并无需要，且保管需费，已经委托南京市房地产交易所估定价值为新币5 000元，拟即委托该所代为出售，除再征求公私合营无锡厂公方及二厂劳方意见外，特提请公决。决议：原则决定出售，俟征求无锡厂公方及二厂劳方意见后，再行函复南京市房地产交易所。

十、主席报告，政府自3月1日起发行新人民币，规定旧币10 000元折合新币1元。本公司资本总额为旧币1 800亿元，折合为新币1 800万元，每股金额旧币2 000元，折合新币2角。除于账册上遵照法令折算外，在股票上应如何加以批注，请公决办理。决议：俟发给股息时加章注明。

主席蔡漱岑（签名盖章）

（以上均为原无锡市国棉二厂档案室藏档）

（六）规章制度

庆丰各厂事务暂行办法（1945 年 1 月 19 日）

物料管理办法

一、凡备存物料消耗至相当数量或各部特别需要时，应先由物料科填具采办单，由各该部负责人及工程师（工场用物料）或总务主任（事务用物料）签章，送请厂长或副厂长审核盖章。如遇大宗支付时，须先通信呈请总经理核夺。

二、采办单由厂长签核后，送由采办科征集各往来号估价，送请厂长或副厂长抉择，决定采办。

三、采办科于办定后，通知客户送交物料科验收，随于原始单据上证明实收数量或重量。

四、栈务科应随时将厂存原料情形报由厂长转送总公司备查，由总公司根据存量及市势统筹添购。

五、总公司决定采购原料数量后，除由总公司洽购外，如须由各厂自行采购时，将应行采购原料之数量及价格通知厂长，就总公司决定范围向客户接洽办理，呈报总公司查核。

六、栈务科于客户送入原料验收后，应详载实际份量及原料品质良窳，呈报厂长转呈总公司查核。

七、会计科支付款项时，应附同一切已经验收之原始单据，缮制传票，开具发票，由会计科加盖厂章外，再由正副厂长、总务主任及会计科四人中加盖任何两私章。

八、支付各项款项尽量以开具发票为原则。

九、所有收付及转账传票，均须由会计科附同原始单据，送请厂长盖章。

十、各银行结单，应逐月由会计科与账面核对，编造调节表，由会计主任及厂长核夺盖章。

十一、每月月底，应由物料科编造物料月报表，栈务科编造花纱布月报表(内设进出及结存等栏),经厂长核查(实地抽查)签章后,寄总公司存核。

十二、每月月底应由会计科编造各项开支月报表,经厂长核夺盖章后送总公司存核。

本厂职员规则

一、各职员在厂服务应忠实勤奋、操守谨严、摒除恶习,遵守本厂一切规则。

二、各职员每日进厂或出厂时,应在签到簿上记录时刻,每日送至厂长室阅看,查察其勤惰。

三、各职员对于本厂职务应与同人充分合作,和衷共济,各事职守,不得妄生意见,党同伐异。

四、工务职员每日应于各该班上工前10分钟进机间,落班时,须待次班职员接替及工人放工后,方得工毕出厂。

五、各部事务职员因办公时间有分别提早或延长之必要,其时间以工作需要而定,并应轮流住厂,其办法由经理审定另订之。

六、各职员办理簿记报单及往来缮条,均须签名盖章,以专责成。

七、各职员在服务时间如有亲友电话,无关紧要者概不通知。如因事探望,限在会客室接见,不得超过20分钟,并不得任意闯入工场及留宿厂中。

八、各职员有事出厂,应遵照告假规则办理。

九、各职员应力戒之点:甲、调戏女工。乙、吸食鸦片。丙、赌博。丁、酗酒。戊、斗殴。以上5点犯者立即解雇。

十、各职员应注意之点:甲、公私各物宜爱护整洁。乙、不得任意涕唾及随处狼藉物品。丙、工作场所严禁吸烟。丁、当在夜班者,日间应睡眠酣足,俾晚间工作不致倦怠。戊、半夜饭非在班者不得附餐。己、夜间除临班者外,应准时就寝,勿高声笑谈妨碍他人。以上各点违反过3次者,予以相当之惩戒,再不悔改,即行解雇。

十一、各职员逢休息日停机,应按照派定办法轮流值班,以便遇事接洽。未轮值者，得每月 2 次离厂 6 小时。

十二、凡轮值夜班之工务人员，每逢停机休息日之前一夜两人同值时，一人值全夜，一人值半夜。值半夜者 1 时以后得离机间休息，翊晨 6 时复进机间接替，至机间内整理完毕关锁为止，不再另派值日人员。

十三、各职员在试用期内未调换正式保单之前，无享受年终花红之权利。在既换正式保单之后自请告退者，年终花红酬劳概不照给。如厂方辞退者，除因特别事故不能照给外，得享受以上之权利。

十四、各职员如有营私舞弊、误工旷职等情轻则予以惩戒，重则立即解雇。其在同部门职员，若知情不报，即以同谋论。至于厂中因此而受之损失，应归各员之保证人完全负责赔偿。

十五、各职员除婚丧大事送礼之外，其余繁文缛节一概免除。练习生在练习时期更无庸应酬，以节虚糜。

十六、各职员携带物品出厂，应一律至人事科报明，领取门票，方可携出。

十七、本规则如有未尽事宜，得随时修改之。

职员告假规则

一、各职员服务时间不得告假。如遇要事，须先领取假单，报明事由，经主管者允许及厂长之核准，派员代理后，方得离职。

二、各职员于请假前，同事中须互相商酌先后，俾免人手缺乏之虞。

三、请假期限每月以 3 天为度，多则扣薪，少则停止升俸，如全年不请假者，除例假照升外，另给奖励。

四、各职员请假出厂，应将出厂证移挂人事科，并登记出入时刻，回厂时移回原处。

五、各职员在服务时间，非因公不得擅离工场及办公处所。夜班职员如无特别事故，不得任意请假。倘若藉词旷废，查实照旷职办法办理，加倍扣薪。如未告假，擅离职守者，除照旷职办法扣薪外，并应加以惩戒。

六、各职员如遇婚丧大事请假者，父母之丧 14 天，妻丧 7 天，成年子女之丧 4 天，本身婚嫁 10 天，子女婚嫁 4 天，女职员生产 1 月，薪水照给。

七、各职员凡遇规定时刻未到厂者，以迟到论。迟到时间不得过 20 分钟，每月不得过 4 次。迟到时间应按月总结，照扣薪金。如迟到超过 4 次者，自第 5 次起，以旷职论，加倍扣薪。其迟到超 20 分钟者，其超过之时间亦照旷职计算。

八、各职员如无家属在申者，不得在外住宿。如有必要，须先报请核准，方得通融，否则以旷职论。

职员宿舍规则

一、职员宿舍由厂长指定每室室长 1 人，以领导一切。设有违背本厂规则，当先劝告，如再不听，报告厂长，听候处理。

二、引火物品不得携入宿舍，并禁止在宿舍内烧煮食物。

三、凡亲戚友好，限在会客室接见，不得引入宿舍。

四、在宿舍中不得任意高谈哗笑，妨害他人安宁。

五、宿舍中指定铺位及装置各件，如无他种关系并陈明核准之后，不得私行更改，擅自移动。

六、舍内拂拭洒扫、冲茶倒水，均由茶役承值，不得另差外人如工人等类。

七、购买点心饭食，须至膳堂就食，不得携至舍内，以期整洁而免妨碍卫生。

本厂门禁规则

一、本厂为工作重地，闲杂人等一概不准阑入。

二、无论何人，非经特许，一概谢绝参观。

三、职员及工人出厂，概须携带名牌，悬挂指定所在。回厂后并须携归原处。

四、来宾及工人亲友探访，须先询明姓名、事由及访见之人，引入会客处及工人会客室内，再行通知会见。

五、非凭门票及栈房发货单，一概不许携带物品出厂。

来宾参观须知

一、来宾参观，须得经理及厂长许可，方得派人引导，凭参观入厂参观。惟参观时间不得过久。

二、来宾参观工场，请勿携带童仆及吸食烟卷。

三、来宾参观，请勿靠近机器，以防危险。

四、凡团体参观，须分班进厂，每班不得过10人，藉免拥挤。应询各项，请举代表接洽。

五、如遇修理机器及停工休息之期谢绝参观。

庆丰公司保丰纱厂标准工作法(节选)[①]

学贵致用尽其在我

唐 序

近世工业所楬橥之目标有三，曰：产品、产量、产费，即品质务求其精，数量务求其多，费用务求其轻是也。欲求达此目标，贵有精良之机械与专门之技术及严密之管理，而精神贯注，始终如一，实事求是，运而用之，尤存乎人。星海从事纺织垂十余年，平素研求常自欿然。除悉心探讨机械之外，对于技术之培养，管理之商榷，无一不剑及屦及以靳改进。所谓虽不能至，固未尝不心向往之。诚以纺织事业衣被天下，攸关民生，实非私人企业可比，庸是寝馈于斯，兢兢业业，未敢或怠。沪战以还，继以欧战，工业摧隳，难以缕指，兼之物力维艰，生计日高，以云工业目标，几无一不背道而驰。历劫之余，抱残守缺，区区余烬，仅维一线，更何敢以云事业。乃自魏君亦九襄主纺厂以来，修废起顿，规模粗具。近复有汇编之辑，举凡机械之设备、产量之计算、工作之方法、工资之分配，以及保全、清洁、救护等等，无一不粲然俱备，一目了然。虽兹编所述注重实用，不涉学理，然学贵致

① 摘编于《保丰纺织漂染整理厂、纱厂汇编》主编魏亦九，1940年，题目由编者添加。

用，苟能循此探讨，亦可据以为研求学理之阶梯，并可追而靳合工业之目标，其于技术及管理上之裨补又岂浅渺乎哉！盖世界工业虽因战争而日有摧隳，失其常轨，然吾侪既从事于斯，更不得不于此艰虞之秋愈益振奋策励，以期无负所学。魏君此志，非所谓尽其在我者乎？余故乐得而为之序。

唐星海

不事研究不足以策进步

范 序

魏君亦九等有《纱厂汇编》之辑，观其内容，均合实用，不涉理想。举凡机械、设备、人事诸端，无不条分缕析，朗若列眉。所定章则，俱本经验，可资参考，可供实行，实棉纺界供献之一助也，余又何敢更赘一词。惟世界工业日新月异，岁有不同，而于纺织业为尤甚。昔之所谓精良，今日已感不合，今之所谓新颖，又安知他日之不精益求精视为陈旧乎？不事研究，不足以策进步，而求改良，不有述作，不足以知过程而资比较。以余所见，二十年来即棉纺一部递嬗变迁已经不少，撮要举之，约有多端：

（甲）关于动力方面者

1. 机器传动。昔多采用总轴传动式，今多采用单独马达，使机器排列可从心所欲，并可减少运转停顿。2. 马达与地轴间之传动媒介。昔用棕绳或皮带，平日之消耗既大，磨擦之声响亦巨。如遇气候变动，长度伸缩性甚大。今多采用V形皮带，对于距离、消耗、声响、效能，均有显著之进步。3. 马达开关。昔多用柄开动，常须经验。今多采用揿钮，虽普通工人亦能使用，绝无流弊。4. 昔之马达多采用开启式，然因纱厂棉尘极多，易为飞花所积，致常影响通风。如欲保持清洁，势必多事拆卸，易致损坏。今之马达则多采用封闭扇冷式，可使马达常保清洁而不必多拆。

（乙）关于机器方面者

1. 清棉机。昔分头、二、三号，以人力搬运花卷。今可采用单程式，并用电气装置前后联络控制，使和花准确，人工节省。2. 梳棉机之抄钢丝。昔则常有棉尘飞扬,致室内不洁。今则可装真空抄钢丝管,抄钢丝时,绝无棉尘飞扬空中。3.棉条机。今有电气自停装置,使棉条不致有缺头、不匀等弊。4.粗细纱机。今均有大牵伸装置,可使设备减省,引伸加大,条干匀净。5.纺纱机器。昔均仰给国外,今则我国全部均能自造。

(丙)关于建筑设备方面者

1. 房屋建筑。昔多双层楼房,今则苟非为地形所限,多造锯齿形单层平屋,可使光线充足,空气流通。2.电灯设备。昔多采用多盏小烛光,今多采用少盏大烛光,可使全部光线明亮匀净。最近且有采用管形日光灯者,光线柔和幽静,虽在深夜工作不致疲倦。3.空气干湿、温度高低,关系工作匪细。近可采用空气调节设备,不独工作人员精神舒适,即出品、出数,亦可保持一定标准,不致参差。

(丁)关于人事方面者

1. 技术人员昔多雇用工匠,今多延聘专门人才。2.工人工作效能较前增进。3.工人数额已可减至极少。

综上所述,则二十年来我国棉纺工业确已有极大之进步。今后办厂者之思想日新,管理者之人才辈出,余知十年、廿年以后,纺织界必更有惊人之进步。特于兹编之出也,略志数言,以当左券。

范谷泉

工作力求标准化

自 序

本厂为实业家唐星海先生在万分艰难、万分困苦中努力奋斗所创设。本编所述,专指纺纱工厂而言,即亦九所主持之部分而言也。亦九不才,蒙邀于廿八年五月一日进厂。其时,厂屋行将竣工,梳棉机九台,二道粗纱机二台,细纱机十六台,业已先到。五月五日起,与吴君宝钰、寿君玉书、钱君鼎新、锺君越堡、祝君河瑞等,开箱排车。同时,有旧细纱机十台,零件散失,首尾不全,其锈蚀情形直同烂铁,经整理修配,陆续完成。并向英国好华特厂配购前纺机器,惟以到货迟缓,直至九月一日方正式开车。十月十九日增开双班。复以地形太低，时遭水患，不特停车损失，抑且锈蚀可虑。故乘廿九年六月添购机器、扩充厂屋之际，搬车填高。而锭子亦自十二月份起，由一万九百念锭增至一万五千一百二十锭。设时局宁静，尚可添装锭子五六千枚。若然，二万锭之小型纱厂，亦能追随各大厂之后，立足申江。本编纪载，全系二年来设施概况，工作力求简单化、标准化，使适合工人之程度。“八一三”后，新创纱厂莫不因陋就简，设备不周。吾辈只能以苦干实干之精神互相策励，不尚空言，以事实为依归，诚恐不能与时代化之厂相提并论也。

民国三十年四月卅日魏亦九识于本厂工务室

各车间工作内容及管理者职责

清棉间

清棉间以工人较少之故，工作鲜紧张状态，每为人所忽视。其实清棉为纺织初步工程，未闻有根不固而树能欣欣向荣者也。盖原棉纤维之长短，强弱，粗细，色泽，清净及潮湿等，对于以后工程，均有连带关系，不可不先了然于心者也。原棉收进，脚花送出，若不留意磅份，车间必至亏蚀。各机落棉，时宜检查，有无打断或舒展不良之纤维，有无好花混杂其间。而筵棉之厚薄匀度又若何？此后各机戥治，速度，通风装置及洋琴运动 Piano motion 等，均大有研究之价值。花卷重量，时加复磅。否则，偷懒工人，明知重量不符，亦不重做，则此后难得条干均匀之纱。和花成分，必须准确。分层摆放，必须均匀。此对成本、成品，两有裨益。本间火患，最易发生，欲杜根源，清洁扫除，首须努力。抱入花衣或打纱头时，先将杂物拣出。而各种油眼及轴承，有赖于装置及加油之得法，使不发生热量。此外若紧压之棉包，应预先拆开，使松展若干时后，方可应用。此对机械效率，天然水份之吸收，或过分水份之蒸发，有重大意义存焉。吾辈司管理之责者，其尚可忽视此间之工作乎？

梳棉间

梳棉间为纺织工程中最重要之部分。有精细之机件，需技术之处理，而为解除尘屑之大本营。国内纱厂多未有真空吸尘装置，全用人工抄钢丝,致尘埃飞扬,空气恶劣,实为职工之所寒心,而多不乐就之部分也。惟此间工作。若疏忽从事,以后工程即无法补救。吾辈司管理之责者,为工作前途计,为厂中出品计,对此紧要部分,岂可轻轻放过,必须尽心极力以赴之。至于个人卫生问题,除采用口罩外,目前尚难得双方兼顾之法也。精细机件,须有谨慎之工作。谨慎工作,须有小心翼翼之工人。否则,偶一不慎,钢丝即被轧坏,而无法使之恢复原状,梳棉作用,即大为减低。以言调换,则损失太大,为事实所不许。钢丝速度,在可能范围内,以愈慢为愈佳。钢丝落棉,在不妨碍好花条件下,以愈多为愈妙。脚花出清,条筒不拖,而常常能保持清洁,为本间运转管理上之三大难事也。

粗纺间

粗纺间以并条机之作用,使钢丝条子附着之微细尘埃,继续除去;纷乱纤维,使之引长而平行;且以重复并合之故,使每段重量,收均齐划一之效。再以粗纱机之作用,使棉条逐渐引长而成直径较细之粗纱。一面使纤维更平整,份量更均匀。一面因引长关系,复除去其尘屑。又加以相当捻度,使成形于粗纱管上,而便纺细纱之工作。故细纱条干之良否,出数之多寡,对此贵有极大因素在也。国内纱厂,以经济关系,或地基关系,或仅凭外人计算上之数字,所配粗纱机器每不够应用。不得不加重格令,或延长工作以补救之。格令加重,即细纱引伸加大,生活固较难做,而条干亦大受影响。其延长工作者,以十二小时工作之女工,再科以一二小时之延长工作,必至精力疲乏,工作草率。使为管理者,亦几无辞以督促之。且值黄霉时节,炎热天气,生活难做,女工缺少,延长与否,均生问题。此种减少细纱产量,糟蹋用料,直接间接,有形无形之损失,实千百倍于购置地基及机器之费也。本间 128 锭大牵伸头道粗纱机四台,142 锭二道粗纱机二台,180 锭三道粗纱机九台,以供给一万五千一百二十锭之细纱。每大牵伸头道锭子一只,须供给细纱 29.53 锭。每二道锭子一只,须供给细纱 8.87 锭。每三道锭子一只,须供给细纱 7.77 锭。实不够应用,有赖人力之补救,而管理之责任重矣。盖工人之能力应如何训练,而使之提高?机械之保全,应如何方法,而使之减少停转?

重量、引伸、台数等，应如何辗转分配，而不使或多或少？戳治及捻度，应采用何种标准，使生活好做，工作顺利？此种人力补救，虽不能有十分圆满之结果，但我辈管理者，应发挥最大之能力，使有相当成绩之表现。照此间实验，由大牵伸头道粗纱直接纺细纱者，其成绩不如再经过二道或三道来纺细纱者；由头道而二道而细纱之成绩，不如由头道而三道而细纱者。此亦为我国新设厂者所当考虑之事也。

精纺间

精纺间为成纱之最后工程。产额多寡，直接影响成本。出品优劣，直接影响营业。而工人众多，人事接触綦繁，设无精明干练之才，确难胜任管理。本间工资，女工大都用木杆计算。以国人偷懒习性，得过且过，敷衍了事。出数回花之多寡，成品价格之高下，秦越之视，谁予关心？吾辈管理人员，应如何以身作则，应如何设法鼓励，应如何准确比较，使激发各工之竞争心，而使之自相砥励，发挥各个最大之能力。在不作弊的口号下，苦干实干，使工作有紧张状态，则产额自加而出品自优矣。沪上日厂，以购置机械之慎密，采办原料之认真，应用物料之考究，而于保全方面，又不吝目前牺牲，故虽不讲求出数，而出数尚在水平线上矣。返观吾国纱厂，对于以上诸点，谁能一一办到。而主持厂务者，每孜孜于出数之增加。其任管理者，实反较日厂为难矣。可不勉哉。

筒摇间

本间并筒机之目的有四：第一，将细纱绕在筒子上，以便布厂经纱之用。第二，做好筒子，再行摇纱，使纱格外挺直，且无小绞之弊。第三，卷并二根或二根以上之单纱，以供给纺线机之用。第四，除去纱上附着之尘屑，使纱愈形光洁。纺线机之目的有三：第一，将二根或二根以上之单纱，捻合而使成为线。第二，因捻度关系，使强力增加，美观增进。第三，使成适当形式，以供各种应用。摇纱机之目的亦有三：第一，将纱成绞成圈，以便成包。第二，使染色漂白等工程应用便当。第三，除去纱上附着之尘屑，以增进成品。故管理是间者，第一须达到各机之目的。第二须应用时解退容易。第三使细纱之品质，经过各项工程而提高，绝不可因各项工程而减退。第四在工程进行中,须极力减少回丝及地脚之数量。如目前二十支纱一件,市价为一千五百元。则每磅纱之价格为三元五角余。若任意拉脱,或因接头不良之故,多出回丝或地脚,即以最上之回丝,最佳之价格而言,每担不过一百余元。即每磅贬价为八角左右,不值纱价四分之一矣。若次纱头,若地脚纱等,价格不过每担十元至四五十元者,则其损失之数,更足惊人矣。吾人在万五千锭之厂,于十二小时之工作内,减出二三磅回丝与地脚,或为事实之可能,即厂中无形中日夜能得到数十元之利益矣。至纺细纱支或洋线时,其差额当愈大,即损失之挽回亦愈大。司管理者,其再三注意之可也。

成包间

纱线之须成包,犹如人类之需衣服。衣冠不正之人,虽金玉其中,每为人所轻视。反之,衣冠楚楚之人,除深悉其人品者外,莫不尊视。至各种商品,更重装璜。尤其在二十世纪的时代。吾辈将摇成之纱线,经过成包工作者,一则打成包子,使容量缩小,便于搬运。一则因□纱关系,继续除去屑粒。一则成包之时,如发现拉断或油污之纱,或扎绞不清纷乱状态之纱,或大绞小绞之纱,必须一一拣出,而使买客受用。此亦为管理者所当留意之事也。

拣棉间

拣棉间为纱厂中最小部分。人事简单,而责任綦重。盖脚花、回丝之等级不同,价格亦相差甚钜。如白回丝之价,为地脚纱之数倍。净破子之价,又为散破子之数倍。此外若油花之上下,若前后落棉之区别,随在与厂中之成本有关。非可等闲视之也,善观厂者,由各间送来回丝脚花磅份之多寡,种类之分清与否,即可确定该厂各间工作成绩之说,岂虚语哉。至若过磅踏包,磅份必准确,少固不合,多亦白白送人,徒增每月之风耗,徒增厂中无形之损失而已。吾辈司全厂管理之责者,必须统筹兼顾,尤当战战兢兢注意人所不注意之事也。

皮棍间

皮棍一项,日厂最为考究,而成绩亦最著。故我国纱厂均效法于彼。惜未能如日厂之日新月异耳。皮棍在纱厂用料中占重要之地位,工作上有密切之关系。而于纱支抽长,条干匀度,直接间接,有非常之影响也。我国纱厂对该间机械,多不求完备,技术问题,复不肯多方研究。是欲生活好做,条干均匀,而出品优良者,何异缘木而求鱼乎?

试验间

试验间工作,起自清棉,止于成包,以并条为总站。每一纱支之开纺,从原棉纤维之长短、干湿、净屑如何,以定各机之戤治与捻度。从细纱应有之出数,支配花卷、条子及粗纱之重量与台数,使工作顺利,使供应相称,不令有脱节之患,不令有糟蹋之事。试验岂易言哉?复以细纱之产量,来定并筒、纺线及摇纱各机之台数。又以小包之重量与码份,来定细纱应纺之格林。事事相连,脉脉相通。司管理者,须有灵敏之头脑,矫捷之动作。否则,撼一发而牵动全局,错毫厘而谬以千里者,厂中无形有形之损失必大有可观矣。试验最难处理者,为天气之变化,时令之不同,格林轻重究含有若干水份。尤其是国内厂家无完善之调节装置,无完备之试验器具。一应准绳,全赖乎管理者之学识与经验,实非言语所能形容者也。故新式厂家,管理试验者,须择学识丰富、经验充足之人才。且须予以独立之精神,不受运转方面之支配。而各间且须听其调度,则事权统一,前后接气,则本间之使命成,而本间之功效著矣。

保全间

保全间为机器之疗养院。保全职员好如院中之医生。各间机工,好如院中之护士。盖吾人之入疗养院者,或因疾病,或因精神疲乏,或因先天不足,或因后天失调。为医生者,为护士者,应如何考察病情,应如何研究病源,应如何对症下药,应如何注意反应,使疾病者痊愈之,精神疲乏者振奋之,先天不足者补救之,后天失调者休养之。能如此,则疗养院之责任尽矣。尝见我国厂家,对机器保全,未加重视。揩车平车,例行公事。每逢平车开出,而生活有反较难做者,是何必需人保全矣。机器运转失常,勉强能开者往往得过且过,不肯停车校正,必须待平揩时而再着手。此所谓必待病深而后医治,其为计之得者乎?若逢营业盛旺之际,每有停止平车以冀出数之增多者。对机器寿命,不暇计及,此所谓饮鸩止渴者也。且英美机器,以原料及人工关系,适于彼者未必能全适于此。尤其是新陈代谢之关系,故各种机件需要改良。夫改良岂易事哉,必须经过多次之失败,必须牺牲若干之费用,而或能有成,故每不为厂家所乐闻。其任保全之责者,虽有才智,亦不能尽量发挥。只能就多年经验有十二分把握之事件,方敢尝试一二。此亦为我国实业进展不及日本迅速之一大原因也。本厂唐总经理系纺织专家,精明练达,吾辈有改进之机会。惜乎时局动荡,环境不佳,又以才智浅薄,无相当改进之成绩。此为吾辈所应反躬自问者也。

马达间

我国纱厂日夜工作,统计每年夜工日期,反较日工为多。在灯光下工作时间,亦反较藉日光而工作之时间为长。故各厂对灯光设备,应有最慎密之考虑也。盖灯光太强,或装置不得其法,不独费电,且有碍于工人之眼力,而减退工作效率。反之,若光线太弱,其黑黯情境,易使人疲倦,而偷懒偷睡矣。故新起之厂,不宜吝惜一时工本,必须采用最新式灯光装置,使传播平均光量与各方,使传播柔和光与工人,使黑夜如同白昼,则无形有形中可增进厂中之利益不少矣。

纱厂各机应用、马力,与各机之速度及各机之锭数成正比例。故同一机器,以速度之快慢,或锭子之多少,来定马力之匹数。非可胶柱而鼓瑟也。国内电气事业,尚在萌芽。与其因省电而少配马力,不如宽用马力而增进马达寿命之为愈也。但所谓宽用马力者,如理论上应用八匹马力,则最多用十匹足矣。过此,则马达效率低落,而日常电费之损失太大。是又不可不注意者。

保丰纱厂工人工资标准
(1941年)

部门	职务	工资类别	计量单位	工资标准(1等工,2等工,3等工)
清棉间	加油兼值车	论工		0.85元
	配花	论工		0.75元
	抱花工	论工		0.65元
	打垃圾	论工		0.70元

(续表)

部门	职务	工资类别	计量单位	工资标准(1等工,2等工,3等工)
	拆包工	论工		0.70元
梳棉间	上手抄钢丝	论工		0.85元
	下手抄钢丝	论工		0.80元
	值车女工	论货	每台	10^s,6.2分,6.0分,5.8分 20^s～30^s,5.7分,5.5分,5.3分
粗纺间	加油	论工		1.00元
	扫地	论工		0.50元
	宕倌	论工		1.30元
	落纱长	论工		1.00元
	值并条机女工	论货	每亨司	10^s,3.4分,3.2分,3.0分 20^s～32^s,3.2分,3.0分,2.8分
	值头道机女工	论货	每亨司	10^s,1.4角,1.3角,1.2角 20^s～32^s,1.1角,1.0角,0.9角
	值二道机女工	论货	每亨司	10^s,1.6角,1.5角,1.4角 20^s～32^s,1.3角,1.2角,1.1角
	值三道机女工	论货	每亨司	20^s～32^s,1.2角,1.1角,1.0角
精纺间	加油	论工		1.00元
	生带	论工		0.70元
	派粗纱	论工		0.70元
	扫地	论工		0.50元
	宕倌	论工		1.30元
	落纱女工	论工		0.80～0.95元
	接头女工	论货	每木杆	10^s,3.6分,3.5分,3.4分 20^s～23^s,2.6分,2.5分,2.4分 32^s～42^s,2.3分,2.2分,2.1分

（续表）

部门	职务	工资类别	计量单位	工资标准（1等工,2等工,3等工）
筒摇间	加油	论工		0.89元
	着水	论工		0.65元
	派细纱	论工		0.60元
	筒子检查	论工		0.95元
	摇纱宕倌	论工		1.10元
	守厕	论工		0.55元
	并筒女工	论货	每磅	20^{s} 0.80分,0.75分,0.70分
	纺线女工	论货	每八个头	32.2^{s}～42.2^{s} 2.05分,2.03分,1.95分
	摇纱女工	论货	每车	10^{s} 普通绞3.90分,3.80分,3.70分 10^{s} 大扎绞3.70分,3.60分,3.50分 20^{s} 普通绞2.90分,2.80分,2.70分 20^{s} 大扎绞2.70分,2.60分,2.50分 32^{s}～40^{s} 普通绞2.70分,2.60分,2.50分 32^{s}～40^{s} 大扎绞2.50分,2.40分,2.30分 32.2^{s} 普通绞2.50分,2.40分,2.30分 32.2^{s} 大扎绞2.30分,2.20分,2.10分
成包间	称纱兼撴纱	论货	每小包	10^{s}～20^{s},0.009元
	打包工	论货	每小包	32^{s} 0.015元 40^{s} 0.018元
	包装兼杂务	论货	每件	大包纱0.12元 筒子纱0.13元
拣棉间	踏包工	论工		0.65元
	拣油花女工	论货		0.45～0.55元
	拣回丝女工	论货		0.45～0.55元

（续表）

部门	职务	工资类别	计量单位	工资标准（1等工,2等工,3等工）
皮辊间	制皮辊	论工		1.4元
	漆皮辊	论工		0.65～0.75元
试验间	结报单女工	论工		0.91元
	磅纱女工	论工		0.85元
	试验女工	论工		0.85元
	验纱女工	论工		0.80元
保全间	清棉间平揩机工	论工		1.40元
	其余间平揩机工	论工		1.15,1.50元
	平揩工	论工		0.60～0.70元
马达间	加油工	论工		1.25元

精纺间接头竞赛规约

1. 兹为增进接头速率，藉以减少回花，增进出数起见，特举行接头竞赛。宕倌、落纱及接头女工均须参加。

2. 本竞赛分顺手及反手二组。

3. 竞赛时，女工一手靠隔纱板上。以主试人叫子声为记号，女工一闻叫子声即行动手接头。以一木杆为标准(计八个头)。以三木杆之平均速率为成绩。

4. 竞赛接头以捻头为限。

5. 顺手组女工，须以右手拔纱，左手捻头。反手组女工须以左手拔纱，右手捻头。左右手不得互相帮助拔纱或拿纱。

6. 竞赛时，女工有将已接之头弄断者，须责令重接。

7. 参与竞赛之女工择定一木杆后，除有特殊情形外，均以此一木杆头接齐为止。

8. 竞赛分三次举行。因故未考全者，即以其某一次或二次之速率作成绩。凡是项女工无参与竞赛及得赏之权。

9. 每班各组内各个竞赛优胜者厂中奖励之。

10. 各个竞赛完毕后，两班各选最迅速之女工，每组五名，互相竞赛。竞赛优胜者，厂中从优奖励之。

11. 组与组竞赛后，举行两班混合总竞赛。即两班各排选接头最迅速之女工三名，第一次在反手组竞赛，第二次在顺手组竞赛。两次竞赛之平均速率，即为总竞赛之成绩。录取第一名之女工，赏洋若干元。第二名赏洋若干元。第三名赏洋若干元。第四名赏洋若干元。第五名赏洋若干元。

12. 接头时，接头纱及皮棍花不准掷地上，违者每次罚加五秒钟。

13. 凡接头特别慢钝者，落纱女工减工资或除名，接头女工减木杆或除名。

14. 凡接头特别迅速者，除上述规定之奖励金外，落纱女工得增加工资，接头女工得增接木杆。

15. 考试日期另行公布之。

（以上均为原无锡市国棉二厂档案室藏档）

（七）其他

唐星海关于出售双鱼牌棉纱给无锡庆丰厂的复函（1946年3月4日）

沪业字第卅五号第一页　(民国)卅五年三月四日发　月　日收

云骙、心华先生台鉴：

第四十三、四、五号来函收悉，兹复者：

一、尊售福康 20^s 双鱼二件，又售裕丰五件，并由大成经售二件，价均95万，已悉照记，栈单开就即寄。弗念。

二、尊续售由大成经手者，计 20^s 双鱼二件价94万5千，又一件价95万，又二件价96万，均亦记册，栈单开就一并寄上。

三、附下卅六号营业日报乙纸照收。

四、今日申市我纱售壹百另叁万元，顺以附告。

五、附上第10297/10299号栈单叁纸，收到函复为盼。专此

即颂

春绥

唐星海　启

同一先生均此(附上第十七号营业日报乙纸)

（无锡市档案史志馆藏档）

陶心华与唐星海的往来信函（1948年）

星海先生钧鉴：

谨陈者：晚自入厂服务忽已27年，历蒙提携，铭感肺腑。只以碌碌庸才，无可重用，而一再拜领谆嘱，敢不随时惕练，悉心竭力，以供驱策。追溯往事，举凡于公于私，暨一应为难之事，无不一本尊旨，努力应命。去岁九丰复业，又承垂爱，委以兼管，益自策励，以报知遇。凡心力所能见到顾到者，悉皆代为处理。初亦不顾毁誉，惟一心一德，光明磊落，实事求是，赤诚效劳。即钧座所派诸员，亦时常加以黾

勉,甚望做好榜样,以为钧座干部人才,将来著有成绩,则追随诸人亦与有荣焉。不谓好事之徒,希图安逸地位,可以向外自由活动,不自努力服务,以玩弄笔墨为能事,不惜捏造是非。始则匿名饰词攻击,虚构事实,含血喷人,抑且涉及无辜之辈。继而蓄意挑拨,力图破坏,上耸听闻,混淆黑白,以为进身之阶。似此捣乱,无非为一己之私。所幸事实俱在,何能掩尽天下人之耳目?第不知此种阴险手段,果对于钧座有利否也?晚等一片忠诚尽被抹杀,能不寒心!感触之深,中心隐痛。务请钧座彻查真相,有过斥革,无过勉励,以明是非,庶各安职守。率直上书,以当面陈。伏乞鉴原为幸。耑肃顺请

钧安。余维

惠照不备

教晚陶心华谨启

卅七、六、一,灯下

心华吾兄大鉴:

弟于日昨返沪,闻悉阁下罹胃出血症,良深驰系。只以此间待理各务积搁甚多,明日又须举行股东会,致暂时不克到锡探访,良以为歉。务望阁下澄心息虑,遵医调治,以期早日康复。兹乘轶欧兄来锡之便,带奉牛肉汁半打,聊以致意。俟稍有暇,当来锡奉候也。一日尊书云云,敝处并无所闻,幸毋以此撄其心,企盼。专此即颂

痊安

(注:此函无署名,页端有"三七年六月一四日发",即此信于1948年6月14日寄发。)

星海先生钧鉴:

谨启者:在沪匆匆聆教,于今晨返锡。午后往访孙卿先生,面致钧座拟相看晤谈之意。渠悉钧座返沪后,于上星期六曾到舍过访,适晚已来沪,致未相晤。渠亦欲与钧座一晤耳。关于锡地整个应付过渡问题,已在计划。渠决定廿四日午前乘钱塘号车来沪相晤。特此奉告。顺致

钧安

教晚陶心华谨启

卅七、十二、廿、

（上海市档案馆藏档）

陈湛如与唐星海往来函

星海表弟大鉴：

周三浜房屋基地事，日前得瑞千姪来函言，决由广丰买进，价照木易，锡地中人嘱为酌贴云云，甚好。惟木易方面谈好正价一百念万元外，随格加一十二万元，又加一中费十二万元，加一谢仪十二万元，统共一百五十六万元。现在中人方面要求中谢，各贴半数，共十二万元。霖当时以事已不成，贴费十二万元未免太大，至多贴三万元。渠等不肯承认。让至十万元继去。令嫂已将票据托伊等抵押五万元化用。伊等所愿不遂，不肯代为取赎。因即陆续加至五万元，伊等仍不允许。往来磋商四、五次，总不解决。须报谈妥六万元。令嫂如愿在锡做字，霖意以为，都是自己人，大可不必。现在已允令嫂之请求，将随格加一十二万元，在锡支付。此外正价一百二十万元，准定在申支付。惟须瑞千姪来信收到后方始回沪签字，嘱为转告。至随格加一十二万元，所以必须在锡支付者，因顾取赎单据等件以及各种开支故耳。务请照办，并于长话中知照心华照付十二万元，又中人贴费六万元，统共十八万元，以便了结。正价交于瑞千姪后，并望随时由瑞千姪函告令嫂。渠当随时回申也。专此即颂

筹祺

瑞千姪均此

愚表兄　陈作霖顿首

四月九日

湛如表兄大鉴：

奉九日手教，祗悉一一。周三浜房屋基地事，屡荷鼎力折冲，至以为感。中费十八万元，业于今日电话咨照心华兄照付。正价当与

瑞千姪洽付，另由瑞千姪专函家大嫂洽理矣。专此奉复。顺颂
潭安

卅三、四、十三

（注：此函为唐星海致陈湛如的回复）

星海表棣大鉴：

昨奉快函，谅升光照。兹寄奉储券陆拾陆万元，计申票三纸，至祈检收。向归注册是荷。汇票五纸，请书同丰抬头，随时寄掷，乃祷。匆此即颂
筹安

愚表兄　陈作霖顿首

四月廿八日

星海表棣大鉴：

廿八日寄奉快函，谅升光照。兹又寄奉储币壹百叁拾贰万元正，计申票贰纸，乞检收。向归注册是荷。汇票拾纸，请以同丰抬头，随时掷交，是祷。再，请照原盘添开十件，务祈俯允，稍缓数日，当与余存之五件一同来沪出货。专此即颂
筹安

愚表兄　陈作霖顿首

四月三十日

请代知照迁□兄。代为致送纪云叔寿仪五百元，又托。

庆丰纱厂员工福利事业概述（1949年7月）

本厂对于员工福利事业，在38年3月以前，并未专设处理机构，所有各项有关员工福利方面工作，均认作本厂业务之一部门，分别派人专责办理。迨后深感有组设咨询计划机构之需要，因有员工福利事业委员会之设置，会中设委员7人，由厂长指派人员兼任。其人选如次：王步良　纺部，李君坚　人事科，汤尧理　纺部，周再昌□庶务科，瞿立干　纺部，周起凤　子弟学校，钱钟鲁　原动修机部。

委员会组成未久，又时值多故，缘此工作尚未能展开。兹将已办各项事业分述于后：

1. 子弟学校。本厂子弟学校于战前即已开办，惟经八年战乱，校舍校具均已荡然无存。嗣于36年秋重新筹备，37年1月正式开课。现有学校7级，教室5只(三、四年级、五、六年级为复式编制)。学生252人，教职员、工友9人。所收学生纯属员工直系亲属，学杂费及书本完全免费供给。自有子弟学校之设，为员工解决子弟入学上之困难不少。

2. 医药室。医药方面设备，本厂于战前亦已办有规模。现有医师1人，助医1人，护士1人，男女病房2处，病床9张。备有各种常用药品。凡厂中员工患有普通疾病，均可至该室免费治疗配药。病情较重则送特约医院诊治。其因公致残者，除工资照给外，医疗费用统归厂方负担。

3. 浴室。本厂职员及男女工友宿舍，各有浴室、浴池之设备，供给全厂员工免费沐浴之用。

4. 理发室。在筹建中，预定房屋、用具、水电等均由厂方供给。将来正式开放，理发价当可比市价低廉甚多。

5. 运动娱乐。运动方面，现有篮球、排球、羽毛球、乒乓球等设备，职工中已组成球队3队。解放以后，职工中并已组成歌咏队、剧艺团、口琴队等。

6. 宿舍。本厂住厂工友占全数80%以上，现有女工宿舍130余间，均有绿纱窗、铁架床及被褥枕头等设备。男工宿舍30间，亦均供给被褥用具。又职员宿舍22间，职员眷属宿舍9栋，并于厂外租赁民房2所，供一部职员眷属住宿。又有工房48栋，供男女工有眷属者赁用，所收租金，仅合市价20～30%左右。至住厂工友宿费，仅收每工基价1分(以上月工资每元发米6升计，全月宿费不过米1升8合)。

7. 膳食。战前工友膳食均系自带，以热水淘食，不特携带不便，抑且极不卫生。战后建筑膳堂3所，改为全部在厂进膳。规定男工7人1桌，女工8人1桌，菜肴一律1荤2素1汤。扣膳金男工每日基价1角4分,女工每日1角1分(如以工资每元发米6升计,男工每月合2斗5升,女工合1斗7升8合)。过去男工膳堂秩序甚坏,往往二、三人即喊开菜1桌,浪费极多。缘此菜肴管理诸感棘手。最近工友自行约束,秩序已见改善。

8. 合作社。合作社成立于36年10月,有社员1 307人,社股4 518股,每股伪法币1万元。业务专办消费,供应日常用品及另布,组织见该社章程。理监事人选如次:

理事:华同一(职),陈鼎司(职),龚瓒模(职),祝颂麋(职),周再昌(职),陶若华(职),张三宝(工),周顺祥(工),陈金妹(工),闻人良(工)。

监事:陶心华(职),张功焕(职),周起风(职),朱明光(工),陈杏妹(工)。

据37年12月31日止年度结算,纯利益达伪金圆券1 047 258.08元。当时有一部分社员申请退股,经社员大会通过,按盘余总数派发,计不退股者发每股红利伪金圆券70元,每股升为150元,退股者发每股220元。当退出3 000余股。如以彼时物价作比例,开办时社股总值可购米75石。迨年终结算时,资产已增加至白米700石左右,盖已达实物10倍之巨。如再以每股股金购买量计算,则入股时每股可购三星牙膏1又1/4支,414钟牌毛巾1/2条,退股时每股可购三星牌牙膏11又1/2支,414钟牌毛巾3又3/5条。

过去物价波动过烈,社务经营备极困难。货品定价过低,则发生抢购现象;定价迁就市价,又遭社员不满。限于设备人手,无法添增供应品种类,如米、盐之属。无大量资金贴补,不能办理普通配给,以致经营上不得不转向营利性质,冀以盈利所得,分诸社员。彼时环境如此,情非得已,若以此而不能得一部分社员之谅解,遭受垢议,固由于办事技术之不够,但亦非持平之论也。

9. 其他。诸如工友养老、生产等,本厂目前尚无较完整之章则条例,但无不斟酌情形,随时办理。如女工生产,给予公假56天,工资照给,行之已2年余。36年发出226人,37年发出293人,本年截至6月份发出80人。又如本厂年龄尚在少壮,工友久于共事者亦无超过四、五十岁(据统计,工友中46岁者仅占全数2%,50岁以上绝无仅有)。然衰老病废有功本厂者,均及时为之调易轻松职务,俾养余年。

上述福利设施,所需费用,并未别立项目,胥视为本厂业务之一环,作为本厂开支之一部分。各项事业,审察事实需要,斟酌经济环境,无不尽力以赴,即如今日生产情形十分困顿,然以办事项,一仍旧贯,决当照常维持。拟办事项,如图书室、俱乐部等,亦在研究计划,少待经济情形好转,仍当逐步推行。

(原无锡市国棉二厂档案室藏档)

顾氏与唐氏——无锡庆丰和上海保丰往事追忆

顾纪德

1927年,由于上海适逢巨大变故,特别是马日事变、“四·一二”大屠杀后,沿海一带的棉花被日商抢购一空。常阴沙原时泰祥所有的庆丰厂棉花库存已用完,新棉又未上市,致使庆丰厂所需原棉一度断供,自当年8月15日起,被迫停产。这对上台实行新政不久的星海先生确是一场严峻的考验,结果依靠保谦先生重用的伯公顾叶舟和张秋舫打下的基础,由父亲顾建章调动所有关系,分秒必争千方百计组织货源日夜兼程运至无锡庆丰厂,才使停工待料15天后能按星海先生许诺如期开工,由此父亲顾建章除保谦先生外更得到星海先生的信任和重用。

1936年12月9日,保谦先生病逝,终年70岁,丧礼极隆重。保谦先生生前曾嘱咐我父亲,要毕生全力支持星海先生、晔如先生和庆丰厂,要照顾好保谦先生的另一位亲骨肉,父亲因深受保谦先生的器重和关爱,故终生遵守承诺不变。

保谦先生的另一位亲骨肉对外不姓唐而姓杨,解放后住上海襄阳路,与我在上海的家很近,经常来家与父亲叙谈,人和善、高大、有口吃。父亲讲保谦先生留给这位亲骨肉不少股票、财产,他老实本分,为人低调,从未做过工作,平平淡淡过一生。

1937年6月底,星海先生赴英国曼彻斯特参观考察世界最先进

的纺织设备与附属设施,在转赴法国、瑞士途中,抗日战争爆发,星海先生赶回无锡,决定:

1. 资金换成外汇,储备起来,以便将来复兴时添置机件,继续办厂。

2. 厂内存货、棉纱、棉布与原棉、半成品等,分散转运至比较安全的外乡外埠销售或储藏。

3. 机械设备、生产物资,必须抢在日军攻城之前停产转移。

4. 疏散全体员工,职员停薪留职外出避难,工人回农村,并保证只要抗战胜利庆丰能恢复生产,仍回庆丰工作。

在此万分危急关键时刻,父亲被委以重任,留守庆丰厂,负责保管并转移庆丰厂和星海先生的全部账册,抢运机械设备和生产物资,代表庆丰厂安置好疏散在各处的员工。

1937年10月1日,日军飞机沿沪宁线狂轰滥炸,炸毁了无锡火车站,庆丰遭三枚炸弹,一枚摧毁全部漂染工场,另两枚炸毁了一、二工场附近三分之一的房屋与设备,引发一场大火,所幸人员无伤。职工们仍忠于职守,完成拆迁转移任务,时长江已遭封锁,沪宁铁路也中断停运,被抢救出的部分设备与物资暂疏散到附近农村。

自战事开始起,父亲首先考虑的是伯公家的婶母、堂兄顾士朴、嫂嫂钱蔚若、新生侄儿顾诵谷(大宝)以及两位堂姐顾彩霞(宛若)顾明霞的安危。时彩霞姐已奔赴抗战大后方,余下四个大人和一个婴儿连同我一起先转移至堰桥邹岐村,后转至河西姑婆家暂避一阵。但白天日军银色单翼机屡屡在上空呼啸而过,显示出战事日益迫近,无奈之下再返回无锡。父亲最后决定将婶母堂兄一家连我这长子送上海,亲自从上海祥生汽车总公司雇汽车直达无锡,先接我上车,再至欢喜巷接婶母等四大一小。父亲、婶母和我连同司机在前,堂兄、嫂嫂怀抱侄儿和明霞姐在后,约午后2～3点钟左右启程,经太湖宝带桥朝苏州方向飞驰,过苏州不久便开始有桥梁被毁,只能绕道而行。

因父亲这一阶段忙于庆丰厂拆迁转移设备物资的事务,几乎隔天就往返锡沪两地,所以路况比较了解。因多绕道,汽油已所剩不多，幸好行不多久前面停着一辆卡车，经司机间相互商谈后，由父亲用现大洋换来一方箱汽油。这时天已全黑，行车全靠我父亲指引。父亲告诉司机，凡见桥面铺有稻草，即能通行，如无就马上调头另找。这样走走停停，待我醒来时只见前后许多汽车停着，强光车灯照得雪亮，周围一片人声。司机下车了解后，说是大家争渡船过清阳江，谁都不让，已相持不下一个多小时了，待到天明日本飞机来扫射轰炸，连躲都无处可躲。后父亲下车去了一会，回来时讲已劝说好了，等会就能过江。原来相持不让的就是自己驾车的唐晔如先生，因要赶时间，就不依次排队，众恼之下就是不让晔如先生走。经父亲多方劝说，大家有了台阶才了事，这是我第一次听到晔如先生。

不多几天，日机开始轰炸无锡，全城人心恐慌，纷纷弃家外逃，白天时有警报、戒严。此时去上海的主要桥梁已全炸毁，祥生汽车公司亦无力出车来往锡沪两地。星海先生得知后，安排在锡的晔如先生务必将我妈妈等设法送至上海，否则建章先生怎能留守在庆丰抢运设备物资，全心为庆丰守厂护厂！因此由晔如先生驾自备汽车送我妈妈、倍奋姐、纪瑞弟、觉奋妹和良祖叔叔、乾生兄走锡澄公路到江阴，然后妈妈等自行过长江先到南通，再乘长江轮到上海。从此父亲孤身留在无锡，守护庆丰。

父亲将庆丰厂和星海先生的全部账册，包括房屋地契、单据、合同和各股东名册等，存放至苏州太湖中洞庭山的朋友处，此人我后来见过，可惜姓名已记不清楚了。据讲:太平天国时“长毛”都无法跨过太湖上洞庭，后上海保丰厂建成投产，这批重要材料由洞庭山友人送至我家亲手交给父亲，父亲再赴上海奉还给星海先生。我曾听说其中有刚购买的上海士林西报大楼产权的全套文件，士林西报大楼位于延安东路近外滩，坐北朝南，解放后外墙还能见到庆丰大楼四个黑色大字。

父亲留下守护庆丰后，来到黄埠墩上[①]唐氏庆丰纱厂的堆栈，经历了日军乘船上墩来抢、杀、奸(一工人之妻)的暴行。他躲进夹墙

① 应为黄埠墩旁的运河边上。

里，因冬天夜间太冷，后又转入走廊上的阁板空间。直到全城趋于平静，才出来察看(这一段经历听父亲多次讲过，佩芬姐已另引文字记述，此处从略)。庆丰设备物资的拆卸、储藏、调运因涉及面广，进行得十分艰巨。因为决定在上海筹建新厂，故局势稍趋稳定后，就开始把分散在附近农村的设备、物资、大件集中堆放在无锡城内新生路我家斜对面江应麟建筑公司的木工场。江是星海先生的留美同学，庆丰的厂房、大楼，婶母家的住宅和我家的两幢住宅都是江一手建造的，相互关系好，所以同意暂时堆放。其余的小件和物资全堆在我家新建后宅的大厅，其中大批包纱用的黑纸，体积不大但每件很重，把大厅的方砖都压碎了。这些都要用船由内城河转入家对面的置煤浜，再请搬运工(那时称作“脚班”)肩挑上岸，搬运堆放。船只航行要打通关系，搬运工要到各处招聘，正因这么大的场面，几天后的晚上招来了一批强徒。我家每晚所有前后门全上锁，强徒进不了门，改为爬上墙想从二楼破窗而入，妈妈听到人声后起床开窗，准备看个明白，谁知强徒已在窗前举铁棍打下，所幸我家二楼所有窗门全装有细铁丝纱窗纱门，铁棍被铁丝纱窗挡了后再敲在妈妈左上臂，经妈妈高声呼救后，强徒们才惊慌中空手离去。

设备、物资集中后，全部船运上海。1938 年 8 月，董事会决定在上海筹建新厂，为纪念保谦先生定名“保丰”。1939 年 4 月开机，9 月全部投入运转，日产棉布 800 匹、棉纱 35 件、漂染布 2 000 匹。

除账册文件、设备物资外，上海筹建保丰厂所需员工的召集和护送分别在两处进行：在老北门外大桥下开设永新百货公司，负责召集原庆丰厂工人、技工和部分职员；在城内闹市推官牌楼前开设艺华礼品公司，负责召集原庆丰厂职员。这两处我父亲都出资为股东，永新百货公司去得较少，艺华礼品公司因主要落实安排高级职员，去的次数多，是庆丰和父亲的对外联络点，也是锡沪两地的联络站，这两处对庆丰、保丰都作出过重要贡献。永新百货公司召集、护送任务完成后又拖了几年，最后因亏损过多由父亲去清理后关闭。艺华礼品公司从一开始就靠 10 个高级职员出钱开设，上海保丰建成投产后，除父亲因继续在锡守厂护厂外，其余职员全赴保丰工作，艺华就剩父亲独个撑着。为维持这一联络点，由无人问津的礼品公司改售扇笺字画，但同样要靠父亲时时贴钱，直至解放后“五反”运动结束上缴无锡市政府有关部门之后才了事。

自上海保丰建成投产起，父亲虽往返两地，但因抗战期间产棉区所剩无几，日伪又将棉花列为军需品，开始保丰尚能用库存原棉，后只能依靠统一分配，因此留在无锡的时间多。1945 年胜利后至解放前的 1948 年上半年，是棉纺行业短暂的黄金时期，星海先生被推选为上海纱厂同业会的常务理事，保丰是纺、织、漂、染、印全能厂，不仅恢复而且生产能力超过了历史水平，日产细纱 65 284 磅、棉布 728 尺，利润几乎直线上升。1947 年投入资金近 28.18 亿元（法币），净利润为 14.22 亿元（法币），利润超过资本额的 50%。

在庆丰、保丰全面恢复生产前，父亲就已开始繁忙紧张地工作了。常阴沙原棉收购基地的房屋、仓库、场地要修整，人员编制要健全，远近各地货源渠道要恢复。我自小就听说常阴沙，但全家包括堂兄顾士朴一家，除父亲外谁都没有去过我们顾氏家族这个发家宝地。倒是良祖叔升任为二先生后在当地成了家，一直守在常阴沙，直至解放后 1951 年政府实行棉花统购统销才回无锡定居。我有幸曾在 1948 年秋陪父亲携带两大箱现钞，由无锡庆丰附近的火车站雇乘小汽车经常熟赴常阴沙收购基地。上午 10 时出发，中午途经常熟城区，因随身携带巨款不敢下车，从饭店买了午饭回到车上吃了，下午 2 时抵达棉花收购基地。我当时见到的场景印象非常好，收购基地整体呈长方型，正面大墙门朝南，左右东西两厢有连体房，当地的邮差就在右边厢房办事，过大门厢房就是一大片供翻晒棉花用的空场地，周围有整排堆栈，最后面是坐北朝南的办公用房、客房、卧室、厨房、餐厅等。单是晒场，就有半个足球场般大。我们顾家早年参与当地的开发和建设，之后又大力推广良种棉——岱字棉，以替代原有本地棉——朝天棉（朝天棉纤维短，色黄，花蕾朝天，易积雨水霉烂），故深得当地棉农的好评。

因星海先生和总公司全在上海，加之父亲除负责原棉收购外还参与总公司的管理工作，所以基本常住上海。但 3 年棉纺行业黄金时代随着 1948 年南京政府的金融改革——改法币为金圆券、严禁民间持有黄金美钞、冻结物价，而开始走向下坡。待商品限价令一撤销，百物飞涨，人心浮动，庆丰、保丰两厂常每周开三停四（即每周开工 3 天停工 4 天）。由此，星海先生开始安排工厂外迁，但对外只讲去汉口发展。先抽调资金，再以调运棉纱布匹往汉口销售“换现”为由，日夜装船由长江水路发运，实际到汉口后即转装火车直抵广州进香港。此事父亲是详知的，眼看庆丰、保丰两厂因资金、资产被抽调将面临倒闭，出于对两厂的深厚感情，对唐氏两代的耿耿忠心，父亲多次进言星海先生“不能再抽了，再抽就完了”。但星海先生不为所动，不单抽空两厂，连自己的私人财物，除房产、公永纱厂（这是星海先生与浙江兴业银行老板两人合开的个人财产，此事另外记述）等不动产无法抛售外，其余能变卖的一律换现。星海先生在淮海路有幢大花园豪宅，在南昌路另有小洋房，离我家不远。1948 年底星海先生离沪前，几乎天天晚上让父亲单独去南昌路密谈。父亲说他连旧报纸、电话簿都卖给收旧货的了，看样子星海先生是不会回来了。

星海先生离上海前，安排了包括我父亲在内的 7 人领导班子，负责北京路 444 号上海总公司和无锡庆丰、上海保丰两厂的全部工作。

在香港，星海先生将抽调来的资金、物资和早先向国外订购的纱锭、布机在香港九龙荃湾与简鉴青先生合办“南海纱厂”，从此定居香港直至 1969 年逝世，终年 69 岁。

1949 年无锡、上海相继解放后，庆丰、保丰在政府加工：订货扶持下从半死不活的“开三停四”中得以重生。

“五反”运动后，上海北京路 444 号总公司被撤销，父亲调延平路保丰厂拣花间当统计员（保留原高薪不减），直至 1956 年退休。

庆丰纺织厂 1954 年公私合营，改名为公私合营无锡庆丰纺织厂，1966 年 9 月改名为国营无锡第二纺织厂。

保丰纺织厂 1955 年公私合营。1970 年，该厂纺织部分迁福建三明市，建成三明市纺织厂，印染部分与上海一小厂合并成上海第六印染厂。

至 1990 年代，上海、无锡包括东南沿海一带所有传统的棉纺、织、印、染行业，除极少数保留外，都已关、停、并、转。早年唐保谦先生和唐星海先生以及众多老一辈人士协同参与创业发展的辉煌业绩，如不回忆、不用文字记录下来，也会烟消云散。故谨以此文纪念唐氏父子兴办纺织工业的杰出贡献，并纪念我顾氏家族中伯公顾叶舟，父亲顾建章，叔父顾良祖、顾奕秋、顾协钟各位长辈和堂兄顾士朴先生的辛劳和付出，他们的贡献和优秀传统，我们后辈永远不会忘记。

2014 年 3 月 8 日写于上海寓所，时年 85 岁。

我在庆丰纺织厂从事纺织技术工作的回忆

龚缵模

我从事纺织技术工作，已有 50 多年的历史了。自 1943 年到无锡来工作，也有 40 年了，因而印象比较深刻。特别是自 1943～1960 年，在无锡庆丰纺织漂染整理厂（现无锡国棉二厂）工作期间，亲历、亲见、亲闻有关纺织事业的竞争和发展情况较多。现回忆当时的情况如下：

（一）1943～1949 年的情况

庆丰纺织厂在无锡沦陷时被日军占领，并由日商经营。于 1943 年发还，由唐星海接管经营。该厂原有纺纱锭 6 万多枚，发还时只剩 2 万多枚可以运转生产，原有布机近千台，发还时只剩 300 多台可用；漂染整理工场全毁，发电设备被日军拆走。因此，当时整顿设备，恢复生产，是头等重要的大事。于是我对遭受损伤的各种设备一台一台进行调查摸底，写成一份《庆丰纺织厂复兴计划》，随后便按照这个计划书，在不满三年的时间里，设计、改造、安装纺纱设备纱锭 66 000 枚，布机 684 台，发电设备 6 000 千瓦。

那时的技术改造项目，大致是：1. 用电气控制的分棉装置恢复投产，使两套四头的单程式清棉设备恢复生产；2. 淘汰了所有三道粗纺设备，简化工序，节约了占用厂房面积、劳动力、电力及动力设备；3. 改造精纺机（俗称细纱机）的牵伸装置，由小牵伸改为大牵伸，采用短锭子，锭子传动由双滚筒改为单滚筒，不仅可以提高车速增加产量，又可提高棉纱质量，节约劳动力和动力，同时使设备返老还童，节省投资；4. 设计制造了整经机、验布机及拆布机，代替了旧设备，新添了播纬机，改进了纡子质量和经轴质量，从而提高了棉布质量；5. 设计改造了浆纱机，用小烘筒代替部分转笼，提高了烘燥效力，提高了浆纱质量，保证了棉布质量，并节约了热能消耗；6. 整理了被日军破坏烧毁的丰田自动换梭织布机 168 台，使之投产，又整理了普通布机 192 台待用。等等。

此外还向国外订购了下列新设备：1. 每小时 10 吨高压蒸汽锅炉全套，1949 年交货，运至香港；2. 4 000 千瓦中压抽汽发电机组一套，这种设备适合纺织、印染联合厂使用。因为抽出由高压蒸汽做功后的中压蒸汽，压力降低了，但温度仍很高，热效应很高，为工厂提供了价廉、质高的热源；3. 新型精纺机 10 500 锭，以便更新旧设备；4. 整套新型纺纱设备 200 锭，1948 年交货后转运香港九龙荃湾，另建南海纺织厂；5. 整套新型织布设备，自动换纡织布机 500 台，1948 年交货后，转运香港，充实南海纺织厂。

庆丰纺织厂为恢复和发展生产，投入了相当庞大的资金。这些资金是由该厂逐渐恢复生产和发展生产积累起来的。唐星海在着力于提高生产水平及技术管理水平方面做了大量的工作。如他善于利用时机，抓住产品质量这个环节，踏实地、有远见地物色使用有经验的技术人才和经营管理人才。在 30 年代还创办了无锡纺织养成所，培养了几批技术人才。同时开办养成工班培训新工人，这样双管齐下，把好纱布的质量关。他又巧妙地利用天时、地利、人和的有利条件，赚取较多的利润；在 1943 年接管庆丰厂时，流动资金依赖上海保丰纺织漂染整理厂（即上海庆丰二厂）支援，到 1948 年仓库里存有棉花 4 万担，可连续生产各种棉纱、棉布 3 个多月。现在回忆庆丰厂的黄金时期在短短的 5 年中有 3 次。

第一次以货易货时期（约 1943～1944 年）

那时是敌伪时期，所有棉花和棉纱、棉布，均由敌伪控制，币值不稳定，商业往来就出现了以货易货的原始贸易；庆丰厂地处河流交通要道，北通长江，东达上海，以货易货的机会较多。当时棉花贩子，把棉花从苏北运来，调换棉纱，再运往苏北。交换率最高时，一件棉纱可换相当于三件纱的棉花。

第二次代纺代织时期(1944～1945年)

接近太平洋战争尾声时，日军军需物资非常缺乏，日军在华的贸易机关，把手中控制的原料交华商纺织厂同业公会，代纺代织军用棉布。苏、浙、皖三省的纺织厂有30多家接受这项加工任务，总数约棉纱4万多件，棉布17万多匹。庆丰厂接受了近10%的任务。待日军投降时，代纺代织的物资大部分没有交货，留在各厂。

第三次获得联合国善后救济总署救济棉花(1946～1948年)

在1937年无锡沦陷时，庆丰纺织漂染整理厂先遭到日军轰炸，有两个车间、一个棉花仓库被炸毁，还有两个纺纱车间内设备遭日军先遣部队的焚烧，损失惨重。唐星海接管后，组织人力进行调查，记载、汇总损失报告，写成中、英文字材料一巨册，送交有关机关。也报告了联合国善后救济总署驻沪办事处，该处的负责人是美国人，是唐星海在美国读书时的同学，庆丰厂得到了援助。

(二) 1949～1960年的情况

无锡解放前夕，唐星海不了解解放后党对民族工商业的政策，把厂里的流动资金和商品，陆续运往香港，他本人也避走香港。故庆丰纺织厂在解放前夕，厂理只剩下棉花1 000多担，只够3天的生产原料，确实很困难。解放后全厂职工在军代表的领导下，群策群力，克服困难，维持了生产。并且由于生产技术管理没有放松，生产秩序正常，产品的产量和质量没有下降，在当地棉纺织行业中依然首屈一指，双鱼牌棉纱、棉布仍是无锡市场上的挂牌商品。庆丰厂在技术管理上向来比较严格，各工种的操作技术比较完善，对产品质量层层把关。各级技术干部和各工种的工人，对操作方法很重视，因为纺纱、织布各工序的值车工人，进厂时先经过选择，再经过培训，新工场进厂的工人都是养成工，经过老工人包教、包会，操作技术熟练了，才能当正式工人。

各工种操作法的不断完善和不断改进，是保证产品质量的可靠因素，而生产设备是死因素。所以旧设备也能生产好产品，先进的新设备，如果管理不善，也不一定能生产出好产品，这是有事实可以证明的。

党和政府为了挖掘设备潜力，总结了郝建秀操作法，“五一”织布工作法和“五三”保全工作法。庆丰厂都及时地推广，并按照这些精神，应用推广到其他相似的工种，在细纱工人原有一套熟练的操作方法基础上，再进行培训学习，收到了巨大的效果。

1952年7月，庆丰厂为学习“五一”织布工作法，先派选普通织布机和自动织布机值车能手，去天津学习，回厂后再有领导地、有组织地分批推广。同时，无锡地区的有些织布厂也组织织布值车工人学习推广，提高了全市的织布水平。1954年12月，庆丰厂在推广“五三”保全工作法时，总结了其他纺织机械设备的保全保养工作方法，提高了生产水平。由于设备的正确使用和设备保全保养制度的完善，设备经受了高速生产的考验，能保持良好的状态。

在着重抓操作方法的同时，对设备的改造也积极进行。把旧的细纱机陆续改为拈线机1 000多锭。又把普通织布机由上投梭式改为下投梭式，使梭子在运动中的飞行轨迹合理，减少了飞梭事故，保障了安全生产等。

（原载《无锡文史资料》第22辑，1990年6月）

二、丽新厂

（一）综述

解放前的丽新厂（20 世纪初～1949 年）①

第一章 丽新厂的创建

第一节 丽新厂前身的沿革概况

20 世纪初，在本市映山河一个庵堂里，由吃素人荣茹同几个女佛徒，办有三台脚踏手拉织布木机的一个小手工工场。当时在九余绸布庄当伙计的吴仲炳负责产品推销，后与蒋子康合作增加布机十多台，定名为冠华布厂。冠华生意顺当，颇有盈利，招致无锡佛教地方势力觊觎，不断进行敲诈勒索，深受其累。遂由吴仲炳转求在商界比较活跃的九余老板程敬堂，通过商会，替荣茹同佛教头子打官司。胜诉后，九余一部分老板程敬堂、唐骧廷等看到布厂生意兴隆，前途大有希望，于 1915 年决定投资冠华，扩建成丽华布厂。蒋子康意见不同，退出股份。这时共有提花木机 30 多台，工人也从 10 多个（吃素人）增加到 50 多人。但此时唐、程没有把全力转移到经营布上。当时，丽华布厂资本总额仅一万银洋，分为五股，唐骧廷、程敬堂、邹颂丹、邹季皋各一股，吴仲炳和荣茹合一股，吴仲炳任经理。

这时，正值第一次世界大战时期，帝国主义对华经济侵略放松，洋货倾销大大减少，土纱土布销路甚好，中国纺织业的民族资本因此得到顺利发展。丽华布厂也得到迅速发展。到 1918 年，丽华布厂分

---

① 此篇为《无锡国棉三厂厂史》第一编（节选）。

为两个工场,资本增加到 2 万银洋,增添木机 50 台,共有布机 80 多台。

1919 年,丽华在公园路(现在的圆通路交警大队身下)办了分厂。资本增加到 4 万元。原在映山河的丽华称一厂,新建的称二厂,工厂的机器仍是手工性质的,有木机 140 台。当年丽华厂全年盈利达 12 000 元(1920. 2. 27《锡报》)。后又增添 150 台木机,40 台铁木机。丽华到 1921 年共有各式布机约 400 台,产品用“双飞童”“喇叭童”商标,一时成为名牌。丽华二厂经理为程敬堂。

丽华一、二厂生逢其时,赚钱可观,这正是导致唐、程等创建丽新染织厂的精神动力和财资来源之一。1919 年“丽新”终于出现在唐、程等人的计划之中。丽新创建后,并未将丽华厂并入,丽华、丽新同时存在、发展。1933 年 1 月,丽华又在丽新路丽新厂的旁边建分厂,称为丽华三厂。1934 年 9 月正式开工。唐骧廷为董事长,程敬堂为经理,吴仲炳是协理(兼管其它分厂),唐君远为三厂厂长,后兼任经理。股东邹颂丹、唐骧廷、吴仲炳、邹季皋、程敬堂为董事,王树三、唐蔚文为监察人,组成董事会。到 1937 年设备有电动布机 400 台。是年 2 月,丽华一厂因庵中香火管理不慎,致遭焚毁,荣茹因而引咎辞去董事之职,脱离丽华,另办布厂。丽华二厂在抗战时期也被日寇烧毁,所剩无几。直至 1952 年,仅存的丽华三厂始并入丽新,丽华的总资本数核定为 60 亿元(旧人民币)。

第二节　资金的筹集

1920 年丽华厂大获盈利的盛况,使唐、程等兴办工厂热情高涨。他们看到国内机器染织整理业稀少,设想兴办机器染织整理厂,进一步改善品质,必有鸿利可图,前途可为。是年秋,唐骧廷、程敬堂和邹季皋、邹颂丹、王俊崖、沈锡君等人发起创办“丽新染织厂”。当时股东主要是九余绸布庄、懋纶绸布庄、唐瑞成夏布庄的股东老板,集资原始资本为 30 万元银洋,分为 3 000 股,每股 100 元。唐骧廷、唐水成兄弟投资 3 万元。是年 10 月 16 日举行创立会,股金先收 35%(105 000 元),其余 65%待机器装船照缴足额;定厂名为“丽新染织整理公司”,通过了章程;选举了董事长唐水成,经理唐骧廷,协理程敬堂，董事邹季皋、邹颂丹、张孟肃、程菊村、徐湘文等，监察钱保华、蒋金海、沈锡君等。

第三节　厂房的筹建

1920年秋，丽新在惠商桥西南堍购地建厂。丽新厂的厂址选定在这里，一来是水陆交通方便；二来因长期在北门外经营绸布生意，与当地的图董周康平及地方实力人物黄杏银熟识，购置土地方便。丽新初建时占用土地约20多亩，靠了周康平、黄杏银的帮忙，在购置厂地时很顺利。这20余亩地，多数是中小商人租给农民耕种的，少量是农民自己的土地。丽新建造后，许多依靠租田为生的贫苦农民，因而无法维持生计，便到丽新厂当了工人。周康平、黄杏银也在建厂中负责招工等事务。

第四节　形成染织联合企业

20年代国内的纺织厂，一般是纺与织分开的。由于丽新资方人员都是熟悉市场情况的绸布庄商人，掌握布匹销售蹊径，又看到一般布厂绝大多数只织无染，考虑到产品在市场上便于竞争，成本减低，经营中取得主动，因此，丽新资本家选择了一条染织联合的办厂方针。

1920年，丽新厂正式动工建造。第二年，1 000平方厂房和三上三下账房间、五上五下货栈、四上四下职员宿舍建成后，即排木机200台，纱线丝光机3台，丝光线轧光机3台以及老式染缸，边生产边筹备，准备正式开工。1921年下半年，又建造可容纳200台布机的厂房，先安装了100台自治铁木机。当时招工300人，职员10多人。工人中破产农民占90%，其中本地农民占30%，从江阴、南通农村招来的具有织布技术的农民约占50%。1922年12月11日正式开工生产。之所以耗时达两年多之久，其主要原因是筹办时资金不足（筹建中初耗资金414 429元，除收股金外曾又向瑞裕庄、世泰盛、夏伯记、郭永平、丽记、唐瑞成、九余等借款255 154元），在建造中不断招股集资（据可查资料，原始资本为130万元银洋，1922年又增资20万元），加上通过祥兴洋行向英国定购的100台铁机和全套漂染整理设备没有及时运到，从而耽搁了时间。

正式开厂时，织部设备有老式木机200台，国产铁木机100台，英国铁机100台；漂染整理部除原有坦式染缸和纱线丝光机三台，丝光线轧光机3台外，还有日产3吨布的英国“法买诺顿”全套漂染整理设备，自备360匹水汀引擎作动力，购35千伏直流发电机供照明用电。年底更改厂名为“丽新机器染织整理股份有限公司”。有工人600多人，职员70余人。由经理唐骧廷，协理程敬堂主事，厂部办事机构有：机务处、批发处、账房，全厂分织布、漂染、整理三大部门。织布部提花木机操作女工，大部来自江阴，每人每日产布15到16码。脚踏铁木机由南通人包工（男工），每人每日产布20～30码。铁机部全部是女工，每人每日产布30～40码。织布部常日班生产，日产200匹左右，工头为蒋鸿大、蒋长生；染线部雇工约70人，每天可染纱线6件，大部分手工操作，工头冯保生。进口漂染整理设备由英国人汤麦斯负责（后因汤麦斯只熟悉整理工艺，不谙染漂，另请英人汤姆森负责漂染工序工作），助理为张佩苍、唐君远。机器漂染整理部也是日班生产，日产量可达500匹左右。为销售产品，丽新又在本市汉昌路、上海北京路和南京下关设有批发所、销售发行所。3年后汤麦斯回国，漂染整理部由张佩苍主持，唐君远则从1925年起为丽新厂总管（厂长）。

第二章　丽新厂早期的困境

第一节　帝国主义经济侵略的打击

丽新正式开工就时运不济。1922年华盛顿九国公约签订以后，随着帝国主义元气的恢复，加紧了对我国的经济侵略。他们在中国大量修建工厂，直接利用我国的廉价原料和劳动力，来获取暴利，大量的舶来品也随之而来。帝国主义的棉纺织企业，不仅资本雄厚，技术先进，而且有不平等条约的保障，例如在捐税负担上，华厂产品要纳数重厘金，而外国厂产品，只纳一道口税。洋布价贱货多，一时充斥市场，华厂无法与之抗衡，这就给丽新带来了困境。这个时期的丽新产品，除手拉木机生产的提花丝光布销路很好，并获得江苏地方物品展览会一等奖章外，其它产品皆因成本高、出品不好而销售呆滞，如直贡呢每匹成本7元，而售价只能6元6角。本来生产能力就不高的机器设备，又得不到充分利用，特别是染部，由于坯布生产少，停工待料，资金周转困难。唐骧廷、程敬堂一面用历史较长、信誉较好的丽华布厂名义向银行借款，同时又利用丽华名誉较好的“双飞童”牌商标来出售自己的产品，以获微利，但并不能根本解决问题。

第二节　增添设备与“以厂养厂”的矛盾

为了解决图存和发展问题，丽新当事人不得不考虑技术设备的改革，以提高质量，降低成本，增加销售。然而，由于大量的更新，增添设备，必然会给丽新带来很大威胁。

丽新是个股份有限公司，建厂时资本家曾决定了一个“以厂养厂”的办厂原则。这一条原则的实际内容是：力求投资少，效率高，利润多，在积累资金后逐步发展，扩大再生产。但是，在洋纱、洋布打击下，本身设备、产品的局限下，丽新资本家来不及等待积累资金再逐步发展了。1923 年丽新向上海的英国洋行购置了浆纱机、丝光机、精元机各一台，以及其它有关设备，使漂染部与机器整理部配套成全套新式设备，这些设备当时在华厂中是寥寥无几的。

设备更新，特别是漂染设备的全面更新、增添，一方面，使丽新建立了完整的织布、漂染、整理生产结构，成为国内少有的染织联合工厂。这为丽新掩盖自织坯布上的弊病，根据市场调节、发展花色品种，在竞争中争夺优势创造有利条件。但是，另一方面却冲破了“以厂养厂”的既定原则，突出了资金困难的矛盾。定购新设备时，只付了少数定洋，机器运到后，便无法付款。于是丽新厂方不得不要求股东每人垫资 5 000 元，并把股息转入股本给企业调用。

第三节　“齐卢之战”的战祸

1924 年，由于精元机及丝光机运转，丽新品质改善，销售畅通，刚有盈余，勉强渡过资金危机，齐卢之战却又带来新的危机。1924 年 8 月起，江浙军阀齐燮元、卢永祥爆发战争，战祸所及，交通中断，局势混乱，一时棉布难于销售。1925 年 1 月 18 日，齐燮元败兵过无锡，烧杀掳掠 10 天，位于汉昌路的丽新批发所被焚掠一空，损失 10 多万元。厂内职工亦四散避难，停工达半月之久。在这场危机中，丽新总账房唐丽皋（唐水臣次子）亦因账面赤字、思想负担过重而得精神病。丽新有些股东对投资工业失望,提出关厂拆伙。唐、程等几个掌权股东坚持未表示同意,一面拉住唐氏姻亲、董事股东夏伯周、张祉卿、陶锡侯等,垫款30万元应付渡过。

第四节 “抵制外货运动”带来转机

1925年“五卅”运动爆发后,全国掀起抵制外货运动。这给我国民族资本带来了生机。当时,肖楚女等来无锡组织后援会,号召各行业抵制仇货(洋货),外货失去销售市场,丽新厂多年积压的产品销售一空,且形成供不应求之势。在这样形势下,丽新资本家一面派人参加抵制日货委员会,高唱抵制仇货慷慨之辞,以借民众仇外之心,获取丽新声誉。另一面又依靠丽新在无锡独有的漂染设备,暗中廉价购进大批英、日纱线,织成坯布,经加工漂染后充国货出卖。并且有时购进洋坏布,加工漂染后充国货出售。为了投机发财,厂方还进行加班加点。由于当时洋纱洋布质量优于国货,丽新不但发了财,也给销售打开牌子。1926年丽新厂以洋纱织府绸,经加工印染整理后,产品畅销,对本对利,真是名利双收,一举两得。由于如此,丽新获得很多盈利,不但还清债务,还向盛亨洋行购进烘室大号浆纱机1台,经纱机2台,向祥兴洋行购进布机96台。

接着1928年又发生了“五三”济南惨案,抵制外货运动,再一次在全国范围内展开。丽新厂的生产、销售进一步好转,利润又有所增加,生产规模也进一步扩大。织部又添旧布机257台,旧经纱车4台,增辟了织布二工场,漂染也增添了上浆拉幅机等设备。工人增加到800多人,产品的品种也有了增加。1928年,营业额猛增到了165万元,比上年88万元增长几近一倍,盈余纯益14万元,比上年5.6万元增长达2倍半左右。当年股息发现金54 200元(根据1929年己巳股东会决议)。

到20年代后期,已能生产直贡呢、横贡呢、府绸、哔叽、映格哔叽、珠罗纱、斜纹、十字布等十几个品种,产品销路也从沪杭、沪宁沿线扩大到汕闽地区及苏北一带。

第三章 丽新厂的“黄金时代”(1931.9～1937.11)

震惊中外的“9.18”事变爆发,使全国的抗日爱国民族热情进一步高涨，抵制日货运动更全面汹涌展开。这次运动时间长、规模大，是丽新厂跨入“黄金时代”的有利时机和条件之一。在同样的背景下，不同的厂经历了不同的遭遇。因为当时世界正处在巨大经济危机中，这次危机是空前的，许多中外实业人士至今回忆起来仍觉寒心。中国固然有抵制日货的高潮，但洋货的倾销仍是很严重。1932年1月28日抗战后日军的侵入，使江南地区（尤其是上海）的厂家受累不浅，亏损累累。1933年调查几家华厂，纺织厂负债状况最好的每锭平均负债24元，最坏的负债99.3元，普通每锭负债70～80元（《中国棉纺织业史稿》）。在这种复杂的具有两面性的形势下，既可能浑水摸鱼，也有可能触礁搁浅。1932年后，申新就陷入了大危机，上海诸厂一度停工，销售困难，连年亏损。申新系统在1934年负债超过其九个纺织厂的全部价值，无怪荣宗敬自叹“无日不在愁云惨雾之中”（1933年荣宗敬《纺织业与金融界》），甚至有轻生之想。诸如1931年苏纶以厂基押款，1937年初振新被上海银行接管，无不一筹莫展，窘态百出。而丽新却跨入了“黄金时代”，盈利大增，连年发展，比申新厂1936年转机早了整整5年。这一对照是颇令人感兴趣的。

第一节 “一条龙”结构的完成

1981年7月19日《文汇报》第三版《暮年自奋报春晖》一文中称丽新厂为“旧中国纺织业中独此一家采取纺纱、织布、印染‘一条龙’的联合企业”。这一点足见是丽新厂独特的、也是丽新厂能后来居上的关键原因之一。

1. 纺部的成立。丽新厂为降低成本，增加品种，以利于调节市场，便于市场竞争，于1931年正式设立了纺部，其过程是这样的：1928年后的抵制日货运动中，上海有一财团购进一批英制纺机（10 000纱锭，6 400线锭）准备办一爿纱厂（取名“济生纱厂”），但因某种原因，未能办起来。丽新资本家知道后，认为久已盼望的机会来了，就四处活动，要买下这批纺机。唐君远亲自出马，通过同学、中国银行协理蔡承新向中国银行总裁张公权疏通，借得中国及上海银行100万元贷款，又托人运动以25万银洋的便宜价格买下了这批纺机。同年又购进纱锭6304锭，建起了纺部。并于当年更改厂名为

“丽新纺织漂染股份有限公司”，日产棉纱 20～30 件。1932 年股东会上，正式把厂名改为“丽新纺织漂染整理股份有限公司”。之后，1936 年购进瑞士精梳机全套，成为全国当时最早有精梳车间的工厂，又向信昌等洋行定购纱锭 23 867 枚，线锭 6 000 枚（因抗战爆发未装齐）。

自设立纺部后，给丽新带来很大好处。1932 年日本侵略淞沪时，交通阻梗，上海棉纱一时不能运锡，本地布厂原料恐慌，丽新幸设有纺部未受波及（1932 年度丽新董事会报告）；1936 年，当时纱贵布贱，布厂又遭打击，丽新厂幸自纺细纱，而原棉购进价廉，得利不小。1934 年丽新董事会报告称：这年“自纺纱织布成本减轻，而以前购买他厂棉纱时所不能仿造者，均能次第制造，解除困难不少”。纺部工程师沈哲民、陈玉夫。

2. 扩充染部，增设印花部。1933 年丽新购进精元机、烧毛机、烘干机、拉幅机各 1 台。1934 年添购了英制四色、六色印花机各 1 台及其它附属设备，增设印花部。1935 年购进拉绒机，增设拉绒车间，生产绒布和灯芯绒，使丽新“一条龙”结构更加完善。1936 年更改厂名“丽新纺织印染整理股份有限公司”。是年，印染部可日产 4 000 多匹色布、花布。印染部工程师张佩苍。

3. 自己发电。往年丽新厂每年要支出 20 万元高额电费和 7～8 万元之燃煤费。为了节约电费支出和水汀综合利用，降低成本，1934 年以 80 万资金从瑞典购进 2 000 千瓦的发电机 1 部，并向德国购进 2 只自动加煤锅炉等，1935 年原动部建成发电。从而不但减轻了成本，而且保证自己生产正常运行。原动部工程师吴式梓。

4. 更新扩充织部。在建立纺部、原动部、扩充染部为印染部的同时，丽新厂为适应“一条龙”的前后道生产能力的增长，提高坯布自给能力，还扩充了织部。1931 年购布机 300 台，1932 年购进英制布机 240 台，1937 年又购旧布机 427 台。抗战前共有各式布机达 1 300 多台（200 台未装），日产棉布 2 000 多匹。织部工程师张炳春。

5. “一条龙”意义深远。如果没有自己的纺织印染“一条龙”设备，就没有全盛时期的 100 多只花色品种。当时纺织企业中华厂里还没有纺细支纱的,细支纱、高档布市场供货少,利厚,易销。丽新厂有了自己的纺织部,并买进全国最早的精梳设备后,就注意按印染部生产高档品、创名牌货的需要,集中纺细支纱、织高档布。纺纱42支、60支、80支,最细的达100支,还能随时纺出23支、34支等冷门纱支,供织部翻新品种,再配上新式的印花机,更是如虎添翼了。纺织印染"一条龙"有利于棉、纱、布综合利用。据唐君远、唐蔚文回忆,丽新以有疵坯布染深色布,以无疵坯布加工漂白布、浅色布,并能掺用黄棉,起了自我掩盖、综合利用之特长作用。有了纺织印染全能设备,就能随市场调节产品,适应市场销售。据丽新老职员回忆,丽新按市场需要,设计棉纱、坯布及花样,数天即可做出产品,及时供应市场。不仅如此,"一条龙"的建立,有助于丽新厂同外国厂商相竞争,成为外资洋商的劲敌。总之,丽新厂"一条龙"联合结构的形成,是丽新厂能在其它厂面临危机时,进入"黄金时代"的最有深远意义的原因。这个"一条龙"结构在抗战后、解放初时也是丽新厂的"护身符"。

第二节 引进先进设备

丽新资本家在办厂伊始,就确立了标新立异、力求先进的方针。对设备的更新换旧,从20年代就开始了。国外先进设备的引进,大大改善了丽新产品质量,适应花色品种增加。从丽新董事会1924年度报告中可以看到,丽新创办之初,由于设备不完善,品质较差,销路不好,产品积压很多;该年引进的先进丝光机运转后,丽新厂将积压存布皆重做丝光,外观质量大大改善,结果存货在沪锡两地销售一空。

织部在20年代引进国外的布机,在更新替代老式布机基础上,1931~1936年又络续向国外引进新布机540台,全面更新了木机,铁木机等旧设备。新设备生产效率高,质量好,成本低,1936年与正式开工时期相比,布机数量增加仅一倍多,但由于设备的更新,日产量却由200匹增至2 000匹。

为了适应生产发展的需要,丽新厂在20年代末、30年代初,把蒸汽引擎传动全部改为电动马达传动。到1935年自己建立原动部所引进的瑞典抽气式汽轮机、双套双叶子发电机、德国自动加煤锅炉等,都是当时在国内很先进的设备。印染部1923年引进先进设备提高品质基础上,30年代引进的精元机、四色、六色印花机、三辊轧府绸整理机,也都是国内数一数二的先进设备。这些先进设备的增添,又进一步提高丽新出品之品质,大大增加花色品种,使丽新不仅取得国内竞争之优势,在同外商竞争中也具备一定的能力。

为夺取竞争优势,有些先进的机器,丽新资本家还规定严格保密,不得随便允许外厂人参观。根据工程师李永锡回忆,有次丽新资本家获知情报:瑞士有种“里妥尔”细纱机,是龙筋上下的,设计很先进,当即通过洋行引进了2台。纺部的全套精梳机,是当时国内较早的具有精梳设备的纺厂。丽新资本家不仅对机器设备力求先进,连纺部厂房的建造也要求按当时较新型的锯齿形新厂房。

综上所述,丽新资本家对各部门努力更新改造,不断注意引进国外先进机器设备,取得了战略上的主动,成为形成丽新厂“黄金时代”的具有独特作用的重要因素。

第三节 搜罗专业人才,改革管理制度

早在建厂之初,丽新厂就十分注意搜罗和培养自己的专业人才。在建厂设计漂染部时候,不惜重金以每月350元银洋之高薪,聘请英国工程师汤麦斯来厂主持。唐骧廷还特地召回在北京高等工专攻读的次子唐君远,并雇请北京高等工专毕业生张佩苍二人为汤麦斯助理,学习专业技能。同时又广招具有初中文化程度的青年作为练习生,以两个职员带三个练习生,白天到车间里学工,跟职员学管理,晚上由大专毕业生兼职上课,给予补习文化,讲授专业理论知识(创办初系一班制,1936年开二班)。无锡工业界普遍认为这种半工半读性质的练习生制,培养出来的人才能做工、会管理,又有专业理论知识,比一般的养成所经济实惠。这些专业人才的培养,对30年代企业的发展,实起不小作用。

30年代,为发展生产,丽新厂将工头制全面改为工程师制(20年代仅漂染部因技术要求高,已实行工程师制),更是注重人才搜集,对各专业人才高薪聘请,委以重任。如纺部工程师沈哲民(南通纺院毕业,原上海永安工厂考工),陈玉夫(杭州工专毕业),织部工程师张炳

春(南通纺院毕业,原在上海当考工),染部工程师吴诗铭(德国留学生),印花工程师殷冷光、郇生鹄(上海纶昌印染厂技师),整理部王一德(杭州工专毕业)、朱秉钊(苏州工专毕业),原动部电气工程师吴□□等。对这些主管工程师,丽新资本家以"疑人不用,用人不疑"的"言语"相安抚,委以全权。工程师对主管部门的人事、工艺等管理业务有权支配一切,实行内行领导。每年年终,根据其工作好坏,资本家赏以股票、红利,使其有职、有权、有利,充分调动积极性。以后,丽新厂每年都从南通纺院、苏州工专招聘数名毕业生,实是人才荟萃,盛况空前。

工头制改为工程师制后,丽新厂实行科学管理,严密管理体系。在主管工程师下分车间各设两名考工,分管机械和运转。运转考工下管两班领班,领班下又各管理数名拿摩温。考工领班均由中等专科毕业生和早期培养之练习生担任。随着层层管理网的建立,各种管理制度也相应产生,如各种收付制度、请假制度、质量检验制度、赏罚制度、技术等级制度及各种工资制度等。这些制度的建立,一方面加深了对工人的压迫剥削,但从企业生产发展角度来看,无疑是起着很大推动的作用。如实行技术等级制,纺部分 9 个技术等级,每级日工资差额 3 分,经过考核,成绩优良者可升级,刺激工人学习专业技术。实行计件工资制中,资本家派人暗测工人工作进度,制订定额,超产部分以 50%计算工资作奖励,鼓励工人增加产量,扩大看台面。30 年代初,布机间看台就从 2 台扩大到 3～4 台(铁机)。

随着工程师制的建立,各项设备技术基础工作进一步加强。如织部从纡子、经车、浆缸及布机机械等都按工艺要求进行了整顿,大大减少了纱疵。纺部购买了手摇棉纱强力器,摇格林等棉纱品质检验仪器,以科学方法检验品质,均有利于提高产品质量,奠定了产品畅销的坚强基础。

第四节 丽新厂资本家的经营方法

丽新厂能形成其发展的独特道路,自然与其经营方法有关。所谓经营方法,亦即生财之道。这里面既有符合经济规律的合理东西,又有资本家投机取巧的成分;既有其与众不同之处,自然也有与其他资本家类似的地方。下面我们叙述一下丽新资本家的经营方法：

1. 翻改新品种，以市场调节生产

丽新资本家有一个与众不同的特点，他们原先都是绸布商人，向来直接在沪、锡、汉、宁等地设立机构，推销商品，收购原料，对市场情况有经验。他们依据本厂历来织部生产能力大于纺部，而印染生产能力又大于织部，通常只买进纱而不卖出纱，只买进坯布而不卖出坯布的特点，确立了在自纺自织产品上，以花色品种，创名牌为主，以新以好取胜；买进纱、布加工，以大路货为主，薄利多销以多取胜，两个拳头打人的生产方针，与同业竞争。自纺自织产品，务求品种新颖，品质精良，始能在市场上打开销路，谋取较高利润。厂长唐君远，为了翻新花色品种，甚至在上海大马路上，跟在洋人的后面，看到新颖别致的花样，就素描下来回厂参考设计，从而丰富了花色品种。厂里的一些工程师、技术人员对翻改花色品种也钻研颇深。如织部工程师张炳春解剖外国产品，用正反手纱交织"鸳鸯府绸"和许多提花织布；印花工程师殷冷光、邬生鹄，利用烧碱会使布起皱的情况，生产泡泡纱，不但穿着凉爽，而且省却熨烫的麻烦。丽新还以一种增加一倍捻度的棉纱生产"绉布"。这些产品销路很好，成为丽新名牌。

丽新资本家充分发挥全能设备的优势，生产高档产品花色布，利厚易销，人家不易估算成本，无从比较，绝少竞争性。因此，市场上销售高档产品，几成"独此一家"的局面。丽新资本家可任意抬价，从而使企业获得了垄断性巨额利润。例如一只"惠山府绸"，成本每匹不过 7～8 元，而售价竟达 20 元。丽新当时生产的"九美图府绸""长胜王精元布"都是很有名的畅销产品。

据有些老职员及资方人员回忆，丽新厂很注意农村市场。因洋布与土布竞争的主要对象是占用户大多数的农民，丽新当时曾专门设计了"麦草花"、"凤尾花"等配农村胃口的花色布，颇受农村欢迎。还注意到地区的需要，如"鸳鸯府绸"、"印花麻纱"、"条子漂布"等在两广、香港，南洋等气候炎热的地区特别受欢迎。还注意到产品的季节性需要，往往在元旦后就织浅色品种，以备夏令市场供应，在夏至后就开始做漂色产品，以备冬令及时供应。在30年代丽新厂出产的花色品种竟达100多种。

30年代丽新厂生产的花色布主要品种有：

$42^s/2\times20^s$	直贡呢	$100^s/2\times80^s$	九美府绸
$42^s/2\times40^s$	鲤星洋纱(布)	$32^s/2\times32^s$	千年洋纱
$42^s/2\times20^s$	哔叽(千年达)	$80^s/2\times60^s$	司马府绸
$20^s\times20^s$	印花直贡呢	$42^s/2\times32^s$	麻　纱
$32^s/2\times32^s$	麻　纱	$42^s/2\times32^s$	千年府绸
$20^s/2\times20^s$	印花哔叽	$42^s/2\times32^s$	鲤星提花布
$42^s/2\times32^s$	惠山府绸	$40^s\times40^s$	羽　绸
$20^s\times20^s$	白斜纹布	$42^s\times20^s$	电光缎
$60^s/2\times40^s$	鲤星府绸	$34^s\times34^s$	鸳鸯府绸
$42^s\times42^s$	华达呢	$42^s\times32^s$	长胜王精元府绸
$42^s\times32^s$	斜方格哔叽	$42^s/2\times20^s$	绉地呢

2. 广收社会游资，充实发展实力

在20年代，丽新曾多次遇到资金不足的威胁，资本家吸取教训，于1925年起，以月息1%的利息，吸收社会游资向企业存款。1931年以后，丽新厂生产兴旺，社会信誉提高，来厂存款越来越多，最多时竟达2 000多万元(法币)，远远超过丽新厂全部资金的数倍。有了这样一笔资金，使丽新厂在市场上的活动大为有利，可以买空卖空，囤积居奇，待价而沽，同时也使丽新厂添机更新时，不用为资金担忧。

3. 曲意笼络外商洋行，捷足先得科技情报

丽新厂资本家对笼络外商洋行颇为重视，除一般的请客送礼等曲意奉承讨好的应酬手法外，其间还有一个巧妙的环节。按惯例，一般华商向洋行定货，规定中间经手人可得一笔回佣。而丽新厂资本家本身是工商兼之，所有定货均由资本家直接向洋行办理，他们抱着"小钱不去，大钱勿来"的宗旨，特意放弃这笔佣金，"礼让"与洋行人员自行处理。况且丽新厂与洋行的生意不在小处，每月要耗用3 000担染料，每天20吨烧碱等，因此颇得洋行方面的欢心。特别是英商信昌洋行、德商德孚洋行，尤显关系密切，通力协助，默契配合，不仅

在引进机器设备方面给予方便，而且还迅速及时提供有关科技的经济情报，一有新产品问世，就优先通知丽新资本家，丽新就能捷足先得。例如当时一般蓝色染料所染布匹，容易退色。德孚洋行优先介绍新产品“海昌蓝”染料，供丽新在同业中首先使用。由于质量好，不易褪色，因而丽新出的“海昌蓝”色布风行一时，销路颇广。还有一次，德国新发明一种增白剂，用微量增白剂加入浆料中进行漂炼，可使白布格外洁白光亮。丽新通过洋行的关系，事前获得了这个消息。这种增白剂刚到香港(第一批共 2 担)，未等国内消息透露，丽新就全部买下来，经过试用，的确洁白无比，效果显著。于是大批投产，每匹漂白细布售价增加 2 元，而实际上每匹成本只增加 1 角几分，等别的厂知道后买到这种增白剂时，丽新厂早已发了大财了。

4. 设立邮购部

远地客户购货，深以路遥来往为苦。丽新资本家有鉴于此，特设立邮购部，远地客户可以来信定货。货款到厂后，丽新就把布托运给客户，并不收邮费及运费，以示优待。一方面客户既简省便利，又迅速及时，深为欢迎。另一方面厂方既招徕了生意，又利于与同行竞争，不失是一举两得，名为不计邮费和运费，实际上已加在布价中了。

5. 包盘定货，招徕生意

丽新厂资本家别出心裁，采用“吃包盘”方法，招徕生意，排挤同业。销售负责人唐蔚文等，每年上半年招收客户付款定货，定货规定：下半年交货时，如布涨价，所定布价不变，所涨价差由定货客户净赚；如交货时布价跌，则厂方接新价结算，退回差额。这样大家称之为“吃包盘”。表面看来好像丽新厂吃亏，客户有赚无亏，厂方有亏无赚，但实际上并非如此。一来，这样可以倾轧同业生意；二来，丽新收到定货款，即向农户、花行定购棉花，以压低价格，确保供应；三来，出货定购数量巨大(有时一次就推销出 5 万箱)，销路不衰，可以保持布价稳定，绝无波动，因此丽新资本家有把握既控制原料，又扩大销路，确也是“左右逢源，财路亨通”。

6. 物尽其用，搭用黄棉

河南陕州(现陕县)地区原产一种双黄棉，价格仅白棉之半价；其他纺织厂因无漂染设备,唯恐影响坯布外观,均不敢试用。丽新厂运用其纺织印染全能厂特有的条件,大胆试用这种黄棉花,作纬纱织成坯布,然后漂染出色布,结果不但布身手感好,而且成本降低20%,每年仅此一项就获利数十万元。

7. 陕州赈灾,名利双收

1934~1935年时,陕州荒年成灾。当时丽新汉口办事处负责人唐蔚文,在陕州收购棉花,见到当地灾况,深知陕州原料基地对丽新厂的重要性,决定"赈灾救荒"。他得悉安徽苞米只需2元5角1石,就到该地买了一批苞米,运往陕州"施粥赈灾",并利用厂里原来存积的次精元布,雇用全城裁缝赶做棉衣2万余件,运陕施送。如此一来,丽新及唐氏在陕州的名声大振。以后该地所产之棉花,需先尽足丽新厂优先采购,经唐氏挑拣后不要的,才可卖给其他客商,当然给丽新厂的棉价也必须有所优惠。丽新资本家就此垄断了陕州棉花市场。

8. 日货冒充国货,从中渔利

这种手法,在20年代已有之,到此时更发展了。一方面丽新资本家程敬堂参加了"抵制日货委员会",任副主任委员。暗地里又趁日货卖不出的机会,大量购进折价的"兰凤""水月"牌日本棉纱和坯布,经过加工充当国货出售,从而获取暴利。1930年一年,丽新厂就暗中购进日本坯布约1万多匹,以后更有增无减,后来当局还从没收的日布中分给丽新一批。

9. 压价竞争,角逐市场

这是一般厂商惯用的竞争手段。如丽新的"长胜王"精元布,同常州大成厂"征东"精元布在郑州争夺市场时,丽新厂几次削价,宁可每匹蚀本6角也在所不惜,非把对手挤垮不可。以后逐渐涨价,收回亏本,再获盈利。

10. 利用全能优势,与外商竞争

丽新厂资本家凭借企业设备的全能优势,不仅在国内市场上与同业竞争,而且还千方百计、不择手段地在国际市场与外商洋货争高低。据张佩苍回忆:当时有一种英制夏令条府绸和阔幅洋纱细布非常热销，丽新厂就在夏季前大量摹仿纺制，与英货竞销；还有一种日货“司马相如”牌的直贡呢，简称“司马呢”也很热门，丽新厂也仿制，商标定名为“司马光”，也简称“司马呢”，在市场上充外货出售。仅仅一个季度，产品的销售就可取得相当于全厂一年总开支的利润。

第五节 “黄金时代”的具体表现

1. 生产能力的增长

丽新厂完成了“一条龙”结构，扩充了设备，发展了生产能力。建厂初期，丽新厂日产布匹只有 200 匹，1930 年增长到 1 400 匹，而到抗战前日产棉布已达 2 000 多匹，还能印染色布 3 000 到 5 000 匹（部分坯布由申新厂供应）。日产细支纱 40 件左右。花色品种从 20 年代的 10 多种到 30 年代增加到 100 多种。全厂职工人数，1932 年有工人 1 420 人，职员 80 多人，到 1936 年增加到工人 2 940 人，职员 110 人，到 1937 年夏，全厂已有职工 3 500 人。

2. 资本的增长与盈亏情况

关于这一方面的材料，由于当时记录不健全，具体数据无从查考。但据上海社会科学院所存有关解放前丽新厂的《大事记》参考资料记载：丽新厂 1920 年创办时资本 30 万元；1922 年增资 20 万元，连前共 50 万元；1925 年又增资 20 万元，共 70 万元；1931 年再增资 30 万元，凑足 100 万元；1936 年股东会决议，增资 170 万元；事隔一年再增资 130 万元，资本总额一跃成为 400 万元。丽新厂账面上的增添资本，实质上不失是本着“以厂养厂”的原则，以盈利积累投入再生产，谋取企业不断发展。据《大事记》反映，丽新厂在 1923 年第一次盈利 7 万多元，就将股息 48 200 元转作增资部分。其它如 1927 年股息 5 万多元，1929 年股息 6 万多元及盈利的 5%红利等，无不填发股票转作资本。在 30 年代“黄金时代”里，1936 年增资的 170 万元，其中：历届红利累计 202 191. 32 元；存货折减部分之积余共 864 099. 17 元；股东花红 50 万元；董监花红 5 万元；经理、协理花红 5 万元；职员花红 10 万元；经 1936 年 3 月 29 日股东常会决议，以上各项均移充股本，发给股票，6 月 7 日临时股东会报告，股款全数缴足。

又如1937年的增资130万元，其中：1936年红利项目拨出982 615.60元，公积金项下拨出109 384.40元，两项共1 092 000元，此数以股票派给股东，老股1万股每股派48元，新股1.7万股，每股派36元，应再招募208 000元，规定原执有新旧股票满13股者，得购新股1股，旧股东认不足时，另募新股东。从上述资本增长情况和速度来看，其所增资的资金来源，绝大部分是从盈利中转充股本，且尽量限于旧股东，可见其股票炙手可热了。仅从1936～1937两年就增资300万元，等于原资本的三倍，其“黄金时代”的盛况可见一斑。

丽新厂的盈亏情况，根据有关资料查考，除创办伊始的1921、1922、1924年3年共亏损18万余元外，其余年年有盈余。从30年代起每年有30万到60万元的盈利，1936年激增至200多万元。但是这仅仅是账面上数字的反映，实际上年终结账盘存与资本数和盈亏情况大有出入，所以都未必可以全信。因为，年终盘存，所有存布不论原价如何，单凭资本家的意志，只作1、2元甚至1角1匹结算，诸如存棉、存纱、机物料等莫不如此，所以影响其资本数和盈亏情况的真实性。根据张佩苍估计，“黄金时代”的年头里，每年盈余达百万元以上，1931年丽新1元股金可分红利1.25元，他1930年入股2 000元，第一年就从工程师赠股和红利中得到股票4 500元。总之，30年代的丽新厂资本和盈利剧增，表现了“黄金时代”的“财源茂盛”大好形势。

3. 产品销售盛况空前，打开国内外市场

当时，丽新厂在沪、汉、宁、镇等地设立分销处，沪负责人是唐斌安，汉负责人是唐蔚文，宁、镇等地则委托熟识的绸布商代营。30年代的销售范围：北至东北，南至海南、南洋群岛，西南至贵州，西北至陕西西安。由于丽新厂花色品种既多且好，又加上当时的其它因素，丽新的某些品种甚至压倒了一些洋布。例如：丽新的“长胜王”精元华达呢、直贡呢，可同上海的日商内外棉厂的“四君子”精元布争市场；丽新的府绸（“九美图”、“鸳鸯”）等可同德国府绸抗衡；丽新的“千年如意”麻纱可同英商纶昌厂麻纱竞争；丽新的印花深色斜纹哔叽可同日本阿步市斜纹哔叽争高低。一时丽新厂产品名噪于国内外，销售通畅。

人们把1931～1936年称为丽新厂解放前的"黄金时代",在短短的六、七年中产量、资本、职工人数、设备等发展的速度和幅度都很惊人,"一个丽新厂变成三个丽新厂",这种说法是基本符合当时情况的。尽管这个"黄金时代"不能与现在社会主义的锡棉三厂相比,但乃是值得认真考察的。

第四章 日伪铁蹄下的丽新(1937～1945)

第一节 日寇破坏和昌兴建立

1. 战火蔓延,厂房被炸

1937年,世界新经济危机爆发,中国人民的抗日仇日运动的高涨,又使日货失去了一个巨大的市场,在各种矛盾激化的形势下,日本挑起了"七·七"事变,扩大侵华,企图寻找出路,摆脱危机。

"七·七"事变后,紧接着又发生"八·一三"事件,全国全面抗战爆发了。在全国人民援助上海军民抗战的热潮中,丽新职工也节衣缩食自动捐献,慰问抗日部队。但国民党消极抗日、积极反共,战火迅速蔓延,大片国土沦陷,戚墅堰被炸,11月10～12日无锡被炸,丽新厂中炸弹7枚,厂房被炸50余间。

无锡被炸后,丽新厂停产了。广大工人因停产而生活无着落,各自回家分散到农村逃难。丽新厂资本家卷财避逃,用10多条船满装资财和大批布匹,携亲带戚沿长江而上,先到汉口,后到香港,不久转到上海。丽新在被炸后,实际有一段时间是被解散,只留极少数职工看厂。

2. 抵制合作,资财遭劫

11月23日无锡沦陷,丽新厂被日寇占领,成了日军指挥部。日寇最初与"速战速决"相适应的"杀鸡取蛋"军事掠夺政策,随着战争的持久化趋势而被迫改变成"以战养战"政策。驻锡日寇委托日本最大的纺织公司之一大康纺织株式会社"代管"丽新厂,但因厂房设备遭破坏,工人离散,无法恢复生产。"代管"不成,于是1938年4月,大康株式会社又玩弄新的花招。到上海以"同盟国"身份沟通了与丽新资本家关系密切的德国"德孚洋行",向丽新厂提出"合作"经营。

丽新总管(厂长)唐君远拒绝了日寇的要求,在董事会后又决定以"宁为玉碎,不为瓦全"八字来答复日寇。此事在锡沪地区影响颇大,日寇恼羞成怒,把唐君远关押达半月之久,经多方疏通营救,才被释放。然而丽新厂也因此惨遭大破坏,不仅把厂房当作兽医院,糟蹋得不成样子,且把厂内留下来不及运走的库存棉花 14 841 担、粗细纱线 547 件、色布 8 817 匹,除少数部分棉花外全部掠走,运往日寇被服厂。织部 1 200 只小马达被掠走 778 只,运往青岛日本厂。印染部的英制紫铜滚筒 700 只,日制紫铜滚筒 200 只,每只滚筒价值 100 元,全部破坏或盗走。纺部所有机器主轴、滚筒、罗拉几乎全部被敲断,针布被水生锈,布机提花龙头几乎敲光,1 000 余台布机等于废铁者有 793 台。在这场大破坏中,纺部损失机器 50%,织部损失 70%,染部损失 30%以上。日寇除了在丽新厂破坏设备、掠夺财资外,还把留下看厂的 12 名工人关押在东宿舍 2 号房间内,硬要他们交出"支那兵",黑夜进行了血腥屠杀,仅工人任坤荣一人虎口余生,幸免惨害。

另据回忆,日寇还在丽新仓库附近蓄意制造了所谓"抢布事件",在厂内高架机枪,扫射手无寸铁的丽新住厂区周围之职工和四乡居民,当场死伤我很多同胞。日寇也曾一度把织布三工场改作监狱,在此关押、杀害了许多革命者和无辜老百姓,修理部工人曾不断抛进食物,以示同情和援助之心。

3. 保存实力,在沪办厂

丽新厂董事会考虑到抗战前途无从捉摸,无锡工厂能否收回遥遥无期,坐吃山空,终非良策,经董事会在上海租界里开会决定,在沪重新购买机器建办新厂。当时筹资 300 万元,由无锡丽新提供在沪售出原料及成品 240 万元,丽华 10 万元,汉口绸布商白纯臣、徐霖生等投资 30 万元,其余招另股,英商洋行也表示支持。新厂正式成立,定名为"昌兴纺织印染股份有限公司"。在上海马思南路买地自建厂房一所,装备织机 250 台,接着又在江宁路买地建立印染厂,有漂染整理机全套,并装有印花机 2 台。上述两厂在 1939 年正式开出。1940 年,又在长寿路买地建纺纱厂,装有纱锭 11 400 枚,当年就正式招工。昌兴厂开工后,一些无锡丽新厂的老职工转上海厂工作。

昌兴厂开工后头半年，生产出“泡泡纱”等名牌产品，获利数百万元。1942年，太平洋战争爆发，日军攻占租界，汪伪政权实行了经济统制，原棉少，纱、布、电力皆受限制。昌兴厂先后陷入停顿，直到1945年才恢复生产。1942年，丽新厂曾呈文向重庆国民党当局申报过日寇侵锡时的损失情况，但未有回音，官僚资本无意扶植民族资本。

第二节　从日寇魔爪下保存工厂设备

无锡沦陷前，丽新资方把几百包棉花秘密转移到南方泉本厂一个职员祠堂里，职员姚福奎、姚奎、朱祖荫等，工人徐申元等曾在当地看护。丽新资方在沦陷前后也曾利用英、德洋行向日寇交涉，保存了一些机器设备。丽新资本家曾让人在屋顶上，用油漆画上英国旗，想免遭日机轰炸。又说动英国信昌洋行以“债权人”名义到锡向日寇交涉，要求保护部分英制纺机，并于1940年5月又通过信昌洋行，搬出纱锭22 100枚(54台)和线锭6 000枚运至上海。丽新资本家还请求德商同日寇交涉，要求保护丽新从德国进口的发电机，因此，原动部受到的破坏比别的部门要小得多。

1938年端阳节前后，丽新厂资本家买通敌伪人员中熟识者，化10万军票贿赂了驻锡日本宪兵队长赖野，运出了厂内的纱盘头、筒子约计达8300多担，这些原料可供昌兴用1年多。是年夏，丽新厂在普济桥设立办事处，就近照顾厂中一切。期间曾追回了少量被个人所窃的小马达，后来还追回了以前日本人以大康纱厂名义占据庆丰厂，开工时拿去的一部分丽新厂的机器及零件。在日寇铁蹄下，丽新厂资本家还不惜重金，以月薪400元的高额待遇，雇聘曾留学日本的伪翻译孙维嘉(后任维持会秘书)为顾问，以求应付周旋于敌伪之间，“照顾”丽新厂。

第三节　“复工”的真相和华新机器厂的建立

1. “无条件”发还的真相

无锡沦陷后，丽新厂拒绝“合作”，一直是由日寇“代管”，工厂关了三、四年。1940年春，日寇积极准备扩大侵略战争，对物资的需要更加迫切；但因许多华人(包括资本家)同仇敌忾，拒绝与日“合作”，日寇深为之恼。汪伪政权建立后，日寇推行“以华制华”方针，1940年3月，日本驻华派遣军总司令西尾寿造发表声明，可以有条件发还日军“管理”的工厂，“将以若干财产交还给合法的原主”。敌伪宣传机关把这鼓吹成“新政”，为了替主子遮羞，汪伪政权又弹起“无条件”发还的高调，但实际上所谓“发还”是条件苛刻的。

1941年2月，汪伪政权通知丽新的上海总公司“无条件发还”工厂。当时上海昌兴的产销由于“统制”而不景气。资本家曾不得不去做投机生意，他们当然巴不得收回工厂。然而，所谓“无条件”完全是掩耳盗铃，名不符实。1945年丽新厂方给国民党经济部的一份“具文”中称，“三十年二月（1941年2月）敌军将工厂无条件发还原主时，由该社（大康）片面结算，抵去商厂及丽华布厂之管理经费。”强索“管理费”只是一方面，另一方面敌伪又规定各厂“由同业公司（会）按照各厂锭数摊派代纺之数量”，为敌寇“代纺棉纱”。条件是不轻的，而丽新资本家，一方面认为“代纺系在敌伪的协迫下之无法避免”，同时考虑“收回厂子事大，此种小枝节姑与忍之”。于是他们最终向日寇妥协，同意了接受发还。1941年7月，原染部工程师张佩苍被总公司派到无锡，全权代表收回工厂。

2. 修复残存设备，成立华新机器厂

收回工厂后，因破坏损毁严重，无法生产。丽新厂于1941年成立机修车间，准备修理残存设备。机修间初建时，有10多部车床，其中有1部铣床，60多个工人，李永锡负责。是年年底，太平洋战争爆发后，日寇又宣布“发还厂必须开工，老不开工，则认为是废铁，予以征收”。实际上胁迫各“发还”的华厂复工。然而丽新厂受破坏严重，非一朝一夕能修复。因此，在极端艰难条件下，工人们每天干12小时进行修复工作，进度缓慢。直到1942年12月才修复开出三、四部纺机，当月14日复工，举行了复工典礼。日寇驻锡长官和其它地方绅士到厂举行抛棉仪式，日方宣传机关为此曾大肆吹嘘说是：“与友邦真诚合作之举”，要各厂向丽新学习。

1942年将原有机修间，单独成立了“华新机器厂”，厂长李永锡，并聘请汉奸孙维嘉为名誉厂长。华新机器厂到1943年下半年因工人连续一个多星期怠工，解散了大部分技术工人，只留下10多个艺徒，小修小整，修复进度更显缓慢。到1945年抗战胜利时，纱锭共修复20台(8 000锭，实际运转5 000锭)和织部的残存小马达407只和100多台布机，到1950年华新机器厂又归并丽新厂。当时只有20台车床。

3. 敌伪胁迫，惨淡经营

复工初，日寇曾限制丽新厂，只好开3 000纱锭，而日伪分配给丽新的“代纺”棉花前后只有4 500担，单供“代纺”尚且不够，况且丽新厂后来突破日寇限制，开车至5 000锭，就更感原棉不足了。同时，丽新厂当时曾与隆安米厂老板邓石麟等合伙，在西门办了一个小型纱厂“隆安”，其中从丽新厂拆出1 200纱锭(抗战胜利后，即拆回丽新)，也需用棉。由于当时棉花属于“统制”范围，丽新资方千方百计偷偷地购买私商的棉花，或者私下用纱换棉花。为掩人耳目，丽新资方往往在晚上用小木船把棉花运到后门进厂。丽新资方还直接到产地向农民收购棉花，利用各地均被日寇封锁、交通不便、棉农无法随意出售棉花的困难，压价收购。抗战前，花纱交换比例每件纱合400斤皮棉，此时竟达800斤，甚至1 000斤。

日伪胁迫手段层出不穷，所谓“棉花统制会”经常派人来厂突然检查，百般刁难以逞勒索之旨。为此，丽新厂特地雇用了一个当日语翻译的蒋成德当职员，又利用孙维嘉的关系，可事先获悉“统制会”何时检查，以便从容安排应付。同样，在运棉过程中，资方也是贿赂一些敌伪人员，上下其手，艰难经营。

丽新厂“复工”后生产非常有限，产量也是很低的。当时的产品一部分是“代纺”。日寇通过汪伪“商谈会”，将需“代纺”的纱、布数字交给纺织业同业会，分派到各厂。规定丽新每年代纺20支、32支纱300件(每件400磅)，“代纺”的报酬是极薄的，无利润可言。成品由上海总公司直接转交日方。丽新厂其它纺纱产品，部分用于换购原棉，部分供应丽华布厂。这样丽新厂在敌伪统治下，除去工人工资及其开支外，几乎没有多少盈余，与“复工”后的申新三厂大获暴利之景成鲜明的对比。总之，在敌伪统治下，民族资产阶级苟延残喘，惨淡经营,根本谈不上发展。

第五章　抗战后的丽新(1945～1949)

第一节　抵制官僚资本的并吞和控制

1945年8月,抗战胜利。丽新厂资本家满以为打败了“日帝”后,不再受“日寇”的经济侵略威胁,从此可以走上复兴道路。哪知国民党政府却立即宣布;沦陷区工厂,凡沦陷二年以上者,概归政府接管,然后再行甄别发还。这实际上是企图并吞沦陷区的民族工业。同年11月初,国民党驻江苏接管敌伪财产办事处又发布命令:包括丽新厂在内的无锡三家纺织厂,在敌伪期间曾接受日寇“代纺、代织”,必须立即推选负责人前去“办事处”,会同所派接收大员前往清点接管。丽新厂资本家闻讯后,急忙联络其它两厂商议对策,决定推举申新厂资本家(代理人)郑翔德赴苏州,求见国民党接收大员吴闻天进行申辩。无锡三家纺织厂在敌伪期间,出于胁迫和生计,不得已而代纺代织,而且尚存代纺纱,在日本投降之初已呈报无锡中统特务机构封存。因此三爿厂不应在“接管”之列。但吴闻天置之不理,并于11月中旬亲自到无锡,责令三家厂立即封存物资,清点机器设备,等候接管。三家厂不服,又联合上书国民党当局经济部战时生产局,阐明原委,坚决要求各厂自营。不料又吃了闭门羹。嗣后,国民党接收大员到丽新厂驻中市桥巷办事处,强迫丽新厂常务主任代厂长张佩苍在接收单上签字。张佩苍据理力争,拒绝签字;同时丽新厂资本家疏通上层,找门路,通过庆丰厂老板唐星海与接收大员中某人是留美同学的关系,从中斡旋,进行贿赂,几经周折,始平风波。但是中国的民族资本,无时不在官僚资本的垂涎之下。1946年初,属于官僚资本宋子文系统的“扬子电气公司”,又觊觎丽新厂的自备发电厂即原动部,妄想控制丽新厂的电力,来卡住丽新厂的喉咙,达到吞并之目的。丽新资本家正因要支配生产自主,避免他人控制而自备发电厂。因此,当官僚资本的代表徐辛八来厂提出丽新原动部归戚墅堰电厂统管,电费按统一价格结算的无理要求时,当即被丽新厂协理程敬堂拒绝。事后,丽新厂资本家又请客送礼、贿赂,方才了事。经过几番波折,丽新厂资本家深感危机四伏,民族工业要谋求发展图存,必须寻找得力政治靠山，故决定特聘国民党无锡县参议会会长李惕平任丽新厂福利事业科长之闲职，实质上是丽新厂资本家用高薪奉养的政治代表。

第二节 生产的恢复和发展

抗战胜利后，丽新资本家雄心勃勃，准备在原敌伪期间复工的基础上，全面恢复生产。由于抗战初期丽新厂破坏惨重，元气大伤，因此，丽新厂董事们在筹划恢复时，从实际出发，采取"以恢复养恢复"的方针。修复工程至为艰巨，前后历时两年左右。到 1945 年底纱机开出 25 台(10 000 锭)，布机 100 余台。丽新厂很重视华新机器厂的扩充，战后几个月内，就向国民党善后救济总署及其它地方购进车床 15 台，新建了翻砂、热处理两个车间等，这时华新厂在丽新厂恢复生产中起到了积极作用。1946 年 1 月，原动部恢复发电。为了加快恢复生产，丽新厂向信昌洋行订购马达一批；向懋利、慎昌洋行订购细纱机 12 台，钢丝车 15 台，布丝光车 1 台，经纱机 3 台，浆纱机 2 台，各式布机 850 台，以及向中国纺织工程公司申请自动布机 500 台。但由于美、英厂战后订货拥挤及尽先供给本国需要，加之当时国民党政府控制外汇，故所订机器大都不能如期交货(直到解放前总共只买到立脱式细纱机 10 台 4 000 锭，立脱大锭子、大牵伸细纱机 2 台 720 锭，国产自动布机 240 台，以上均解放后投产)。同年 11 月，染部部分转运，开始生产漂白、元色布。到 1946 年，纺部已开纱锭 2 万枚，线锭 6 000 枚；织部布机 240 台。这一年丽新厂经营自由，产品销路都很好。当时外棉价格便宜，纱花差价很大，最好时每件纱可换 8 至 9 担棉花，尤其是丽新厂生产的专织棉毛衫、汗衫的细支纱，在市场上较为热销，是年丽新厂盈利甚丰。据当时在上海总公司当账房的老职员蔡铭清回忆：1946 年一年丽新盈利估计 100 万元左右，以后修复机器的费用也实赖于此。另据当时在丽新厂工作的老职员王子沅回忆：1946 年职工普遍增加工资，他本人一次就加了 20 元，全年还拿各种赏钱四、五次。

1947 年丽新厂继续一边生产，一边恢复。是年国民党政府对棉纱已实行限价政策，并以纺织事业调节委员会的名义，责令同业公会依照限价配棉并由各厂代纺。从丽新厂1947年股东会议的报告中可以看到:公司所用原棉是由政府提供外汇,许可进口后,须代纺进口原料之半数。本年共两次进口原棉,计须代纺2 186件,善后救济总署花纱交换规定,本年须代纺2 049件,共计须代纺4 235件纱,占全年产量15 000件纱的三分之一。丽新厂按成本缴付国民党政府收购,虽因币值不稳,转手之间固有损耗,但影响不太大。经过两年努力,到1947年底,丽新厂恢复生产,已具有一定规模:纺部有纱锭30 000枚,线锭10 000余枚,日产棉纱40余件;织部开出布机440台,日产坯布800匹;染部除印花机外,漂染整理设备基本恢复运转,日产达1 000余匹;职工已有1 200余人,职员108人,并恢复了二班制。主要生产品种有直贡呢、元华达呢及各种漂布。销售地区远达南洋群岛、东北各地。由于币制贬值,丽新厂董事会为维护股东权益,在年底按当时物价把本厂资本调整为180亿元。

丽新厂从抗战胜利后到1947年底,恢复生产的速度是比较快的,并且盈利相当可观(帐面无从查考)。其主要原因是当时外棉便宜,再则战后一般人民对纱布需要激增,市场扩大;其次是低廉的工资和对工人的剥削。据老职工蔡铭清回忆:胜利后,连续三年发放过红利,从未间断。并且随时赚随时分掉部分,资本家所得甚多。

1948年1月份起,国民党政府成立花纱布管理委员会,全面实施花纱布管理。其主要内容:(一)统购国棉,(二)代纺代织,并采取"以花纺纱,以纱织布"之实物换算原则,当局借此从中渔利。丽新厂在此期间,只能代纺代织,虽有薄利,但经营、生产等均受到一定的限制,变相成为政府之附属机构,失去独立性。至此,胜利时的发展希望亦逐渐减低。1948年8月19日,国民党政府发布"财政经济紧急处理命令",并于同时公布"金元券发行办法"和"人民所有金银外币处理办法"。强迫收兑黄金、白银和外币,限期在1948年9月30日以前兑换,逾期者一律没收,并加处罚。丽新总公司被迫把储存的黄金等向官方兑换。不过,丽新资本家把所兑换的"金元券"立即购买物资如染料、机物料等,所以资金损失不大。"八·一九"限价后,丽新厂燃料一度发生困难。虽然与淮南煤矿订有合同,但当时经济混乱，交通中断，淮南矿煤无法运至无锡。后经上海总公司进口国外私商煤运至无锡，丽新厂生产才勉强维持。从此，丽新厂生产不仅没有发展，而且开始走下坡路，直到 1949 年 4 月无锡解放。

（本篇录自《无锡国棉三厂厂史》第一编，1981 年 12 月油印本）

无锡丽新纺织印染厂大事记（1920～1955 年）

丽新厂前身沿革记事

20 世纪初

冠华布厂创建，创建人是吃素人荣茹（女），时有脚踏木机 3 台，后由蒋子康加入（系九余绸布庄伙计），木机发展到 10 多台，有工友 10 多人，地址：本市映山河。

1915 年　民国四年　乙卯

九余股东唐骧廷、程敬堂等投资冠华，更改厂名为丽华布厂。资本总额为 1 万银洋，有木机 30 多台，工友 50 多人。

1918 年　民国七年　戊午

增加资本 1 万银洋，共计 2 万银洋。增加木机 50 台，共 80 台。

1919 年　民国八年　己未

增设丽华二厂（原映山河称一厂），资金增为 4 万元，共有木机 290 台，铁木机 40 台。到 1921 年共有各式木机约 400 台。地址：城内公园路（现圆通路交警大队身下）。

解放前的丽新厂

1920 年　民国九年　庚申

资本：10 月 16 日举行创立会。收足资本 300 000 元的 35%，计 105 000 元，其余 65%待机器运到后照缴足额。

设备：8 月 20 日与祥兴洋行签订合同，定购 JAMES FARMER & NORTON 漂染整理机器，计 21 000 镑，首批机器于 1921 年 4 月到沪，末批机器于 11 月到沪（英文档）。12 月 30 日向祥兴洋行订购引擎锅炉，计价 11 500 英镑(英文档)。

1921 年　民国十年　辛酉

资本：收股本 209 000 元(盘总)。

支出：付机器 277 469 元，建筑 115 559 元，地产 16 080 元，物料 3 936 元，生财 3 671 元，装修 1 714 元，共计 414 429 元。

主要定期借款：瑞裕庄 36 775.57 元，世泰盛 15 292.25 元，夏伯记 30 716.50 元，郭永记 10 420.00 元，丽记 20 824.167 元，唐瑞成 28 699.749 元，九余 41 593.333 元，共计 184 321.569 元。年终借入款计 255 154 元

设备：木机 200 部，单价 27.21 元，计 5442 元；电力机 1 部 260 元；铁木机 2 部，单价 72.60 元，计 145.20 元；自造铁木机 100 部，工料共 4 290 元，单价 42.90 元(以上盘总)。5 月 11 日订购 WM DICKINSON 布机 100 台(英文档)。纱线染色设备是上海锐利机器厂老式纱线丝光机 3 台，小型丝光线轧光机 3 台，染缸设备是坦式的。英国染整机于 11 月开始装机，首批 1921 年 4 月到沪，末批 11 月到沪。下半年扩建了以容纳 200 台布机厂房。

生产：开办时有手拉提花织机 200 台，开常日班，全部女工约 200 余人。女工大部分来自江阴，无锡本籍很少，每人每天约可生产提花布 15～16 码，每月工资约 20 余元。开厂不久，自制铁木机 100 台投产，全部男工，大部分是通州人，用脚踏，至多只能 4～5 叶龙头机，日工作 12 小时，产 30～40 码，半月工资 15～16 元，最高 17～18 元。纱线染色丝光机，部分雇工最多时约 70 余人，最高产量每天可染线 6 件，大部分手工操作。织染两部都采用工头制，染线部工头冯保生，绍兴籍，老式染坊司务出身。聘请英籍工程师，立合同 3 年。

营业：全年营业额 114 531 元(盘总)。

盈亏：亏 3 399 元，加上股息，账面亏 27 246 元。

1922 年　民国十一年　壬戌

资本：股东大会议决增资 200 000 元(本年股东会提案有详细说明)。年终借入款余额 437 545 元。修正公司名称为“丽新染织整理

股份有限公司”(本年第一次股东大会议决)。

设备:进口铁机装表,漂染机要后一些。染整机本年排装地轴管子,五、六月份开始运转。主要机器有五辊筒轧光机1部,漂光机1部,电光机1部,单面幅双面上浆机各1部,30尺拉幅机1部。本年有铁机100台,铁木机100台,木机200台。整染部开工(12月11日本厂正式开工)。

生产:铁机全部女工,主要产品是直贡呢、哔叽,每人每天生产30~40码,一般月入约30余元。漂染部开常日班,每天12小时,日产约500匹左右。漂染工工资,最高每日5~6角,最低0.35元。由于出品不好,销路差,开工不足。当时坯布也不做了,脚踏机做的是颜色布、条子布,染好丝光线再到脚踏机上去织的。

营业:全年营业额227 410元。1922、1923年是最困难时期。由于出品不好,销路差,开工不足,虽手拉机生产的提花丝光布生意还不差,但扯扯还是亏本。

盈亏:亏16 185元,连同应发未发股息,共亏54 592元。

第二届(癸亥)股东会议决,壬戌新旧各股东股息拟一律留存本公司,待有盈余再行发给。1924年(甲子)股东会议决,定期发付本年应得股息34 759元,到时因发生战事,未能照发,延至1925年(乙丑)股东会议决于9月发付。

1923年 民国十二年 癸亥

设备:本年订购MATHER & PEATT厂丝光车及精元车,丝光车本年底到(英文档)。

生产:本年曾进行制造麻纱,但因做得太薄太滑,质量并不理想。

营业:因国人爱用国货,故营业较为起色(四届股东会)。全年营业额722 464元。

盈亏:盈毛利76 811元,本年股息经乙丑(1925)年股东会议决充作股本(增资200 000元的部分)

1924年 民国十三年 甲子

设备:阿尼林车本年1月到,织机仍400台,漂染整理部精元机及丝光车运转。

生产:1924 年丝光车订货到厂,但是手拉机 200 台还是用丝光线的,因此丝光线还是做的。

营业:本年 7 月起商业停顿(股东会报告)。“春夏两季外货充斥,价格锐减。公司因存货较多,将已染之布改染应销,虽陈货推销干净,而颜料人工,暗中不无亏耗。逮至秋季,正布旺销之时,而江浙战起,海陆运输均为阻滞,无异坐食。至冬则被兵焚抢,受灾尤甚”(股东会报告)。总发行所被焚,致损失有 12 万元之多(丁卯股东会)。丝光车开出后,产品质量有显著提高,如麻纱销路原来比较呆滞,经重做丝光后,存货在沪锡两地一销而空(股东会报告)。

盈亏:总发行所被焚损失 12 万元。本年结亏 10 万元零(股东会报告)。本年股息 49 860 元,于 1926 年(丙寅)股东会议决在 1925 年盈余项下补提,乙丑年股东会提议甲子年股息停止一年,经讨论后保留。

记事:本年董事会议决改设总理一人,协理一人,由唐骧廷任经理,程敬堂任协理(1925 年股东会报告)。

1925 年　民国十四年　乙丑

资本:9 月 23 日召开股东会常会,议决添招股本 20 万元,将癸亥年股息自来年夏历正月初一日起充作股本,不另依法募集。

设备:本厂出数充其量每天仅得有 200 余匹,……增多机器即增多出品。于去年夏历 9 月 25 日,11 月 15 日等,先后由董事会议决,向盛亨、祥兴洋行定购无脚踏装置布机 60 部,四只梭子掉换布机 3 部,5 叶布机 33 部,龙头 30 个,法国烘室大号浆纱机 1 部,经纱机 2 部(丙寅股东会提案)。

生产:1925～1926 年间,开始生产府绸。

营业:当兵灾之后,全年仅有三分之二日数,可以安然营业,故尚未能十分畅达。秋冬两季销路顿畅,一时有供不应求之概(丙寅股东会报告)。五卅运动乙丑四月起,生意发达,出货不敷分派……故 9 月开股东会议决添机(丁卯股东会)。

本年营业额:818 274 元。

盈亏:账略盈余毛利 92 400 元。9 月间开股东会,补发 1922 年(壬戌)股息,以 1923 年(癸亥)股息转作增资股本。甲子年股息暂行保留,俟乙丑年营业结账时情形,须先行补提甲子年股息之后,再提乙丑年股息。丙寅股东会议决:乙丑账累盈余毛利 92 400 余元,补提甲子年股息 49 860 元……至乙丑年股息,俟将来营业发达,得有盈余再行补提。

1926 年　民国十五年　丙寅

资本:本年起额定资本为 700 000 元,即原来股本 500 000 元,增资 200 000 元,实际转入癸亥年股息 48 200 元,实收资本总额为 548 200 元。

设备:上年盛亨洋行及祥兴洋行所定机器于本年到达。即就原有厂房装置,不另建筑(本年股东会提案)。去春所添机器浆机及布机陆续装补舒齐(丁卯 1927 年股东会)。如旧织机不淘汰,则已有布机 500 台,内铁机 200 台。

营业:就本年正、二两月观之,向称淡月,尚每月营业有 9 万余元(本年股东会报告)。至去春所添浆机、布机络续装补舒齐。不料江浙兵事又起,我厂之损失不言而喻,然本届结账官利尚能保全。

本年营业额为 1 030 105 元。

盈亏:1927 年(丁卯)4 月第六届股东会:上年结账略结余洋 62 500 元,仅足弥补历届亏耗,而乙丑年股息并无着落。……公司议决于本届结余项下提出乙丑年股息 1 年。本年盈余 62 549 元。

1927 年　民国十六年　丁卯

资本:股东会议决:添招股本,仍未招收足额,致经办之人异常困难(丁卯股东会)。

设备:民国十六年后,手拉机、铁木机络续淘汰,只剩 50 台铁木机,专做不褪色浅色格子布。

营业:受时局影响,上半年正、二、三月仅做生意 5 万元左右。4 月以后,工潮激烈,内部且无从着手,营业更不待言。秋后稍有起色,然孙军南渡,又遭打击,且转瞬冬令,商场皆从事收米(1928 股东会)。营业以时局关系,交通阻塞,在春夏间积货累累,金融紧迫,一时艰苦备尝。迨至秋冬,虽大局稍平,时于营业略见转机,然耗息已属不赀,销路亦成弩末(同上)。

本年营业额:879 964 元。

盈亏:本届结算,仅敷官利,而公司经此挫折,殊感困难,平时周转,本恃息借□□□□拟展缓至夏历八月初一日起发息(1928 年股东会)。此处所称股息,当系 1926 年(丙寅)的股息。账面盈余 56 320 元,本年股息 52 542.95 元,转作资本(据 1929 年股东会决议)。

记事:3 月,厂职工联合会成立,由秦起负责的无锡总工会领导。

3 月 31 日,本厂第一次工人运动爆发,至 4 月 11 日资本家接受工人部分要求,工运暂告结束。

1928 年　民国十七年　戊辰

设备:董事会向股东会提案,请追认添置机器、建造房屋案,10 月 25 日购旧布机 257 台,计 2 940 镑,又购上浆拉幅机 1 套,旧经车 4 台。

营业:本年营业尚称顺利。售布一项,比之丁卯年超过 80 万元,代染超过 5.7 万余元,实在开支超过 1.9 万余元,然利息减少 1.4 万余元。故结算有盈余 14 万元左右。上半年营业,以初时抵制外货犹恐不能坚持,且外货源源输入,故货价不能坚挺,在厂方为免除栈租起见,且有货过多,有主顾即脱手,故无若干利益可图。至 7 月后始逐步提高,与寻常相差有 1 分钱之景。又可惜产量太少,常常供不应求,故有建屋添机之议(1929 年股东会议报告)。

本年营业额:1 651 365 元。

盈亏:本年盈余 195 531 元(连股息),纯益 140 712 元。盈余项洋 54 820 元补足丁卯年股息(1929 股东会),又拨 52 542.95 元弥补历年亏耗(同上)。本届戊辰股息则发放现金(同上)。

1929 年　民国十八年　己巳

资本:本年阴历 2 月 21 日股东常会主席报告,董事会提议:公司产业实超过原有股额 40 余万元,依照上届股东会增添股额 20 万元之决议，拟将补发之丁卯年股息金数填给股票。此项增资自本年阴历1月1日起算，本年实收资已超过60万元（据盘总为602 780元）。

设备：铁机应有450台，装机所费物料人工，较前稍大（1930年股东会报告）。

营业：营业状况与生产适成反比例，实出意料之外。到4月底止，比戊辰尚不相上下，自5月起，抵制日货取消，致国货销数顿减。秋间又因年成歉收，时局不靖，津浦路中断，致宁公司形同坐食。无锡批发处则以四周邻县被东货侵略，只觉退化。故自夏到冬，比之戊辰，营业额相差有45万元之巨，又布价较未取消抵制之时，每匹减少2元，暗损约计10万余元（1930年庚午股东会）。

本年营业额：1 203 347元。

生产：添置机器，生产增多（1930年股东会报告）。

盈亏：年盘盈余7.3万余元（1930年庚午股东会）。

1930年庚午股东会议决，就己巳盈余项下照章分派红利，计5%。并决议官利1分照给现金，红利5厘填给1930年4月1日期股票。本年毛利133 647元，净利73 370元。

1930年　民国十九年　庚午

资本：本年股东会议决，以上半年股东红利5%转作增资资本，自4月1日起算，账面实收资本为633 060元。以厂基作押，向中国、上海两行合做贷款100万元。这是向银行第1次借款。

设备：去冬（按即本年冬）有上海修生纱厂，本以抽收救国基金谋仿制细纱，供国内布厂之用，忽中途解散，其机器购自外洋，存沪出售。董事会……决向其购买，计价银25万两（1931年股东会报告）。纱锭10 000枚，线锭6 000枚。

生产：本厂织布原料多属细纱，向系购自外洋。自金贵银贱，价格日增，每年加价岁逾百两，且购买困难（1931年股东会报告）。

营业：地方安定，虽运输各省仍常阻滞，而机器既多，出品精良，营业较有把握，公司遂得有盈余（1931年辛未股东会报告）。

本年营业额：2 343 347元。

盈亏：本年毛利341 979元，提股息外净利284 453元（1931年股东会)。每股100元,派红利31元。

记事:30年代后建造2层楼工房和职员住宅——“新宁坊”。

1931年 民国二十年 辛未

资本:本年股东会决议增资50万元,连同原有股本合成100万元。董事会提案称:本公司股本先为30万元,后增至50万元,已收足额,呈部注册。溯自民国13年股东会议决,本有增加股本20万元之计,云是由各股东将官红利认缴,已近足额。此次拟再添募银30万元,合足50万元,连同已注册之50万元为100万元。更改厂名称为“丽新纺织漂染股份有限公司”。

设备:添购38″丝光机1部(1月),6个月内交货。司马莱梳棉机12台,精纺机6台2 304锭(12月),并有前纺其他配合的机器。往复式络纱机1台400锭,按线并线机。立达细纱机4 000锭(1932年股东会),因支数细,前纺设备多,尚有余屋,故添锭。以上连同马达等约合银24万元(1932年股东会)。纱锭16 400枚,线锭6 400枚,布机700台。(1932年1月订购HATTERSLEY布机300台已经包括在700台内)。

生产:纱厂于年底开工(1932年股东会报告)。1万锭完全纺32支至40支。

营业:本年营业额:4 054 317元。

盈亏:本年毛利626 492元,净利538 770元。1932年股东会报告;纯益538 769.82元,发给股息1分、红利每股1分5厘,派余红利196 108.80元提存公司(同年1分计算)。应发官红利日期,拟俟战事结束(指日本侵略淞沪之战)再定期公告。

1932年 民国二十一年 壬申

设备:纱厂添锭6 400锭,秋间出货(1933年股东会报告)。向信昌洋行订购的织机200台已装运到沪,5～9月陆续到沪(英文档案)。所有附属的浆纱机、纡子机、马达等均购办完全。应需厂房建筑竣工,共需18万元。1月12日向信昌洋行订购HATTERSLEY布机300台(英文档案)。

生产：幸自设纱厂供给织部原料，无时间断，故生产与上半年相等。否则上半年沪战之时，交通阻梗，原料必难维持工作，若织部停工牵及染部，其损失有不堪言者。此为前年添设纱厂所未及料（1933年股东会报告）。与戚墅堰电厂订约购电，定期3年（见1934年股东会提案）。产布32万匹，产纱9 700件，有工人2 050人。

营业：销路方面，上半年遭"一二·八"之后，经济恐慌，销货锐减，此为自然之趋势。迨5月战事结束，而布匹多数出品不宜于夏令，至6月底统计，只有营业50余万元。幸秋间竭力推销，到总结账时得有320余万元。全年营业，上海出口占四分之三（1933年股东会报告）。

本年营业额：3 253 967元。

盈亏：营业结算余利，纱厂部分有9万零（并结盈余项下）（1933年股东会附件）。结账盈余560 614元。提存股息10万元外，盈余460 614.36元。董事会提议，将股东应得红利酌予提存，备作周转。股东应得红利260 055.26元，每股派给15元（15%）。另外提10万元与上一年度股东提存之红利并存公司，预备将来扩充股份。尚余10 055.76元拨充特别折旧。

1933年　民国二十二年　癸酉

设备：上年股东会议决向信昌洋行订购布机200台，又加40台，计240台，于本年8月全部装好开工出货（1934年股东会提案）。6月20日订购HATTERSLEY布机40台（英文档案）。8月16日订购阿尼林元色机1部、烧毛机、烘干机、拉幅机各1部。纱锭16 400枚，线锭6 400枚，布机900台。

生产：产纱6 650件，产布325 000匹。

营业：春销适值废两改元，物价随之低落，纱布尤甚。其原因为日货倾销，改头换面者充斥于市。本公司出口在在与外货同类，故所受影响最巨，6、7月间竟无问津。8月以后秋销稍动，不意美棉借款消息传来，谣言折扣之说甚嚣尘上，致客帮观望，顿成呆木。迨秋节后，实销起始稍恢复。而闽事又作，再受打击，加以内地农村经济崩溃，购买力远不如以前。幸闽事迅速结束，收之桑榆。全年营业比

1932年只少数万元,论货则尚超出百分之二十以上。然自添机后,产量增多,出超之数,不足相抵,存货与1932年比,多存7万余。其货价之暗耗,概可想见(1934年3股东会报告)。

营业额:3 219 026元。

盈亏:盈余385 499元。官利10万元之外,结余285 499.31元,股东红利应得161 816.23元。派红利10%计100 000元,提特别公积30 000元,余数31 816.23元,并入上届提存红利项下,储蓄处理(1934年股东会)。

记事:丽华三厂创建。

1934年　民国二十三年　甲戌

设备:1月7日董事会议决,自行建设发电厂。上年电力支银16万元,水汀燃煤共支银9万元。经协理于2月23日董事会上报告与懋利洋行谈定2 000千瓦透平1座,又与味他洋行谈定炉子2只,共计价值22 900镑,连省煤机在内,合计约银32万元零。建筑工厂约银6万元(1934年股东会提案)。股东会同意添设印花部。设印花机2座,至变化机1座,以及铜印模等附件,预计约需银15万元。又添建工厂银2万元(同上)。4月11日订购MATHER & PEATT四色印花机1部,六色印花机1部,计13 560镑。同年7~8月交货(档案)。

生产:产纱6 700件,产布1 580万平方码。

营业:本年物价低落更趋下游,加以旱灾之严重,金融之变动,农村崩溃,消费力弱。幸自纺纱织布,成本减轻。而以前购买他厂棉纱时所不能仿造者,均能次第制造,解除困难不少。惟漂染部能力不足,积存白坯稍多,现已扩充完备,只须尽量推销,似尚乐观也。

营业额:5 255 576元。

盈亏:除提存股息外,纯益320 027元。股东花红计182 413.63元,股东每股派红利10元,计100 000元,提拨特别折旧30 000元,余52 413元存放公司,另立专户(1935年股东会)。

1935年　民国二十四年　乙亥

设备:股东会同意扩充纱锭1.5~1.6万枚(1935年股东会提

案)。自办发电厂现已装好,不日发电(1935 年 3 月 24 日股东会报告)。发电后与戚厂纠葛(见张佩苍谈话)。添设印花工场及扩充漂染机器现已装置完备(1935 股东会)。

生产:织机 4 台如日夜班开工,约需纱线 30 余件,而原有纱锭因多纺细纱,计日出只有 20 件左右,不足之数不得不购之他厂(1935 年股东会扩充纱锭案)。产纱 6 500 件,产布 1 650 万平方码。

印花机开始接装,未开前开日夜班,日产 3 000 余匹,运转后一直开常日班,色布日产量约 4 500 匹左右。

营业:纱贵布贱,营业殊无利益。幸本公司自纺细纱,原棉购进尚廉,故较为佳胜,而销出布匹,数量增多,亦堪告慰(1936 年股东会报告)。

营业额:5 255 576 元。

盈亏:除提存股息 10 万元外,纯益 547 705 元,股东派红利 30 万元(1936 年股东会)。

1936 年　民国二十五年　丙子

资本:股东会议决增加股本:①增资 170 万元,连原有股本合成 270 万元;②历届红利累计 202 191.32 元,移充资本;③存货折减部分之积余,共 864 099.17 元。其中以 70 万元(股东花红 50 万元,董监花红 5 万元,经协花红 5 万元,职员花红 10 万元)移充股本(3 月 29 日股东常会决议)。6 月 7 日临时股东会报告:增资 170 万元已募齐股款,全数缴足。修改章程,改公司名称为"丽新纺织印染整理股份有限公司"。

设备:纱布供应不敷,故即进行添置纺织染机器,补充实力,以弥斯憾(1937 年股东会报告)。增添拉绒机、灯芯绒机,生产绒布、灯芯绒。

9 月 18 日,订购司马莱纱机 14 796 锭,线锭 3 900 锭,连前纺共计 24 600 镑(1936.12.17～1937.5.58 络续送达)。

10 月 21 日,订购司马莱纱机 6 980 锭,线锭 2 400 枚,连前纺共计 3 460 镑(交货期 1937.1.27～1937.6.7)。

7 月 21 日,OM 大牵伸细纱机 2 100 锭。

6月19日，立达精梳机1套(7台)。

11月12日，BUTHERWORTH DICKINSON旧布机427台，12月15日前交清。

生产：是年本公司最感困难惟自纺之纱不敷应用，而所出之布不敷应销，向申新三厂等购进纱布，以济眉急，惟多一转手，利益尤微(1937年股东会报告)。

产纱6 300件，产布1 430万平方码。

营业：1935年结束时，存布数额过巨，殊属饱和状态，故1936年春即注重推销。截至年终结束，营业数额较上届增加，然细核利益则较微薄。自春到秋，货价呆滞。9、10月各地秩序平稳，购买力增强，货价逐步飞涨。本公司又以出品多数定出，为保持信用计，照数交解定货，未得善价而沽，此诚美中不足事也(1937年股东会报告)。夏间在汉口设立支店，半年来营业额在百万元以上。至6月底营业已超过1935年同月份，约计300万元。至8、9月间，各省秩序大稳，购买力增强，出品供不应求。至结束时存货约计30万匹，比较减轻存货5万匹左右，然内中未及交付定货者尚多也(1937年股东会经理报告)。

盈亏：经协理函董事会称：本公司因资产与股本不相平衡，为防备市情变动起见，将存货盘价作低，历年以来积余甚巨。藉资调节经济，巩固基业，不若将此项积余金，悉数拨充股本。此项积余金共计864 099.17元(股东会提案)，纯益1 894 554.18元，发付股息182 000元，股东分派共计982 615.60元(1937年股东会)，按27 000股分配，每股股本100元，计派36.40元。此项红利于次年增资时全数发给股票。

1937年　民国二十六年　丁丑

资本：股东会议决增资130万元，连前合共400万元。其来源如下：①上年股本红利项下982 615.60元，②公积金项下拨出109 384.40元，两项共计1 092 000元。此数以股票派给股东：老股10 000股，每股派48元，新股17 000股，每股36元。应再招募208 000元，规定原有新旧股票满十三股者，得购新股一股。旧股东认不足时,另募新股东。

设备:去年9月间公司买来细纱锭14 796枚,并线锭6 400枚,于10月间继续订买6 980枚,又与大坂机器制作所订定细纱锭2 100枚;连同大牵伸马达一切设备,合计84万元。纱布厂房屋及栈房等建筑费计195 000元。又以原有铁木机已不适用,折价售去150部,添购已用过而机身尚佳之铁布机447台,找出机价42 500元。又漂染部扩充煮布、烘布、轧光机等共费73 000元。又添置锅炉1只约需16万元。以上增加资产共130万元。现厂房已竣工,纱锭有数批到厂,正在装置,再隔月余即可出货(1937年3月28日股东会提案)。

记事:2月17日夜,丽华一厂因香火管理不慎烧毁。

6月6日,因资本家扣发工资,爆发大罢工。国民党出动军警弹压,警长何语良被众挤入河中淹死。最后在驻军袭击下,逮捕了30多人,罢工暂被镇压下去。

11月10～12日无锡被轰炸,丽新厂中弹7枚,厂房被炸毁50余间。资方卷财港沪逃避,工人离散回乡逃难,工厂停工。

丽华二厂被日寇烧毁。

11月23日,无锡沦陷,日寇占领丽新厂。

不久,驻锡日寇委托日商大康纺织株式会社"代管",未成(因厂房设备破坏严重,工人离散)。

日寇占厂后,12名留厂勤杂人员被关在东宿舍1号房间,当夜被杀死11人,仅任坤荣一人虎口余生。

1938年 民国二十七年 戊寅

记事:本年4月,大康纺织株式会社又托"德孚洋行"向丽新厂提出"合作经营"要求,遭丽新厂总管(厂长)拒绝,未成。

日寇占领丽新厂后,肆意破坏和掠夺,损失惨重:织部被盗走小马达778只,被敲坏布机793台,布机提花龙头几乎全部敲光,织部设备损失70%;染部900只紫铜滚筒被劫去或破坏,损失30%;纺部细纱机,钢丝车等机器主轴、滚筒、罗拉等均被敲断,针布被浇水生锈,损失50%;栈存棉花14 841担,粗细纱547件,色布8 817匹,都被掠走，运往日本被服厂。

1939 年　民国二十八年　己卯

记事：董事会决定筹资 150 万元，在上海租界内创办“昌兴纺织印染股份有限公司”。丽新厂提供 100 万元(部分以实物投资)，丽华厂投资 20 万元，汉口绸布商白纯臣、徐霖生投资 28 万元。[①] 在上海马思南路买地建厂，装备织机 250 台；又在江宁路买地建厂，装备漂染整理机全套，印花机 2 台。该二厂在当年正式开工。

1940 年　民国二十九年　庚辰

记事：在上海长寿路再买地建厂，装备纱锭 11 400 枚，当年正式开工。

是年 5 月，通过英商信昌洋行的关系，从无锡丽新厂搬出纱锭 22 100 枚(54 台)和线锭 6 000 枚运至上海(后络续运回无锡)。

1941 年　民国三十年　辛巳

记事：2 月，汪伪政府通知丽新的上海总公司，“无条件发还”工厂。7 月，原染部工程师张佩苍被总公司派到无锡，作为丽新厂全权代表收回工厂。

成立机修车间。装备 10 多部车床，1 部铣床，60 余工人，由李永锡负责。开始修复残存设备。

1942 年　民国三十一年　壬午

记事：12 月 14 日举行复工典礼(仅修复纺纱机 3、4 部)。原机修车间单独成立为“华新机器厂”，李永锡负责。另聘孙维嘉为名誉厂长。

日寇限开 3 000 锭，“代纺”棉花 4 500 担，全年代纺纱 300 件。交通阻隔，原棉不足，经营困难。

1943 年　民国三十二年　癸未

记事：复工后，从丽新拆出 1 200 纱锭，同隆安米厂老板合作开

---

① 据厂史稿记述，丽华厂投资 10 万元，汉口绸布商投资 30 万元。

设“隆安纱厂”。

下半年，华新机器厂工人不堪压迫剥削，开展怠工斗争。

1944 年 民国三十三年 甲申

记事：日伪成立“棉花统制会”进行突然检查，百般刁难，以逞勒索之旨。丽新厂特地雇用了一个当日语翻译的蒋成德为职员。

1945 年 民国三十四年 乙酉

设备：纱锭修复至 10 000 锭(25 台，实际运转 5 000 锭)，织部修复残存小马达 407 只，布机 100 余台；扩充华新机器厂，新建翻砂、热处理两个车间。

营业：战后有起色。

盈亏：至年底颇获盈利。

记事：8 月，八年抗战胜利结束。11 月初，国民党驻江苏接管敌伪财产办事处发布命令：包括丽新厂在内的无锡 3 家纺织厂，在敌伪期间曾接受日寇“代纺、代织”，必须立即推选负责人前去“办事处”，会同所派接收大员前往清点接管。

1946 年 民国三十五年 丙戌

设备：1 月，原动部恢复发电。

向信昌洋行订购马达 1 台，向懋利、慎昌洋行订购细纱机 12 台，钢丝车 15 台，布丝光车 1 台，经纱机 2 台，浆纱机 2 台，各式布机 850 台(以后仅拿到部分设备)。当时计有设备：纱锭 20 000 枚，线锭 6 000 枚，布机 240 台。

生产：11 月染部部分运转，生产漂布、白色布，纺部纺细支纱。

营业：是年经营自由，产品销路极佳，外棉便宜，纱花差额很大，每件纱可换 8～9 担棉花。

盈亏：获利估计约 100 万元以上(原丽新总公司账房蔡明清回忆)。是年职工普遍加工资，并拿有年终赏金(原丽新职员王子原口述)。

记事：年初，属于官僚资本宋子文系统的扬子电气公司觊觎丽新厂的自备发电厂，由代表徐辛八来厂，提出丽新原动部归戚墅堰电厂统管，电费按统一价格结算的要求。

8月1日,因纺部钢丝车间老工人杨泉根,在饥饿贫困中生病无钱医治而死,资本家拒发抚恤金,全厂举行罢工斗争,历时2天,取得胜利。

1947年　民国三十六年　丁亥

资本:年底按物价调整为180亿元。

设备:纱锭30 000枚,线锭10 000枚,布机440台,染部设备全套,2 100千瓦透平机1座。

生产:日产纱40余件,年产15 000件,其中代纺4 235件,坯布日产800匹,染部除印花机外,全部运转,日产1 000余匹。有职工1 300余人。

营业:战后市场扩大,品种有直贡呢,元华达呢及各种漂布,国人需纱布量激增,营业兴旺。

盈亏:盈利可观,发放红利。

记事:国民党政府对棉纱实行限价政策,以纺织事业调节委员会名义,责令同业公会依照限价配棉实行各厂代纺。

1948年　民国三十七年　戊子

设备:络续运到立脱式细纱机10台(4 000锭),立脱式大锭大牵伸纱机2台(720锭),国产自动布机240台(以上均未安装投产)。

生产:大部分代纺代织。

营业:由于国民党政府加强纱花管理,滥发钞票,营业受到限制。

盈亏:稍有薄利。

记事:1月份起国民党政府成立花纱布管理委员会,全面实施花纱布管理。

8月19日,国民党政府发布“财政经济紧急处理”命令,总公司把储存的黄金向官方兑换。

11月2～22日,丽新工人展开为期3天的反压迫、反剥削、反饥饿斗争取得胜利。

解放后的丽新厂

1949年

设备:纱锭33 206锭,线锭12 000锭,布机440台,瑞士精梳机1

套,漂、染、印、整及附属设备全套,(印花机尚未开出)2 100 千瓦蒸汽透平发电机 1 套。

生产:纱:年产 12 374 件,日产 41.25 件,单产:(20 支)11.05 公斤/千锭时,(32 支)6.26 公斤/千锭时,(42 支)4.42 公斤/千锭时,看锭能力 320 锭,平均支数 26.64 支。

棉线:日产 7.8 件,单产(42 支/2)13.17 公斤/千锭时,(60 支/2)7.59 公斤/千锭时。

布:年产 356.83 万米,看机能力 2 台。

色布:年产 491.6 万米,日产 507 匹。

因战事交通阻隔和原棉减少,原料、资金、销售均感困难,职工思想不安定,生产不振。是政府贷款、配棉、职工暂时减资节食,以及上海解放后工人促进资方从上海拨下资金、原棉,使企业勉强渡过危机。

在册人数:1 809 人(其中职员 108 人,包括技术人员 52 人)。

产值:304.88 万元(折新币)。

盈亏:亏 81 万元。

记事:4 月初,工厂自卫团成立,经过地下党积极工作,武器遂掌握在工人手里,为保护工厂生产,迎接解放作出贡献。

4 月 25 日军代表进驻本厂(负责人陈朴)。

5 月,由丽新、丽华、振兴组成临时党支部(有党员 6 人,其中本厂有周福根、龚朝品、龚伦兴、秦竹漪)。

6 月工人夜校(当时称工人识字班)开办。

9 月成立工筹会。

年内党员发展到 7 人,年底成立厂党支部(书记为周福根)。

1950 年

生产:年产棉纱 9 485.19 件,棉线 2 110 件,棉布 734.61 万米,色布 589.20 万米;细纱单产提高到 15.24 公斤/千锭时,用棉量 209.08 公斤/件。

接受国营建中公司配棉换纱,以纱代织。年底接受代纺代织、加工订货,生产日趋正常。

在册人数:1 714 人(技术人员 72 人)。

产值:554.41 万元。

利润:188.55 万元(本年资方发放红利 83 万元)。

记事:丽新公司行政负责人:唐骧廷,协理程敬堂,工务处长唐君远,业务处长唐斌安,财务处长王树三,购料主任程君颐、唐宏源,无锡厂厂长唐君远、张佩苍。

5 月开展民(主)改(革)运动。

10 月废除抄身制,砸掉抄身弄。

11 月 23 日成立劳资协商会议。

当年资方召开董事会,决定将上海昌兴公司归并丽新公司,重估资产,资本额调整为 1 800 万元。

1951 年

生产:年产棉纱 11 544.48 件,棉线 1 742.87 件,棉布 630.6 万米,色布 525.83 万米。

在李霞影小组带动下,全厂蓬勃开展爱国竞赛和抗美援朝捐献运动,对生产很有推动。

在册人数:2 000 人(技术人员 79 人)。

产值:1 040.94 万元。

利润:76.43 万元。

记事:年初召开第一届工会会员代表大会,选举产生第一届工会执委会,顾菊泉任工会主席。厂工会正式成立。

因原棉缺乏,于 6 月 6 日至 7 月 23 日,全厂进行停工学习、检修。

6 月底,李霞影小组写信给毛主席,报告他们增加生产、改进工具、提高政治水平的成绩和经验。

8 月 18 日,李霞影和苏南其它 6 名纺织工人去青岛学习郝建秀工作法。

下半年贯彻劳保条例。

拨款 17 万元建造新的子弟学校(于 1952 年秋落成)。

本年保健所、休养所、东大池疗养所等逐步开设。

12月28日改选董事和监察。

1952年

设备:解放前购买的4 000锭立脱细纱机(10台)和240台自动布机按[安]装并逐步投产。纱锭增加到36 228锭,线锭恢复到14 000锭,布机680台。细纱机全部装上吸棉装置。

生产:年产棉纱14 414.71件,棉线4 522件,棉布935.70万米,色布892.03万米,细纱看锭32支扩大到600锭,布机看台扩大到8台。运转率;细纱89.09%,布机72.34%。

在册人数:2 622人(技术人员89人)。

产值:1 630.21万元。

利润:74.08万元。

记事:2月,在市委工作组和厂党支部的领导下,全厂开展"五反"运动。3月,召开第二届会员代表大会,选举产生第二届工会执委会,郭翔凤任工会主席,副主席顾菊泉。

6月,"五反"结束,接着党支部改组为党总支,沈且华任党总支书记,李祖法、孙均衡任副书记。开展工时改革。推广郝建秀工作法、筒子工作法,"五一"织布法等先进工作法,全厂扩大看台。9月实行三班(每班8小时工作制)制。

年末,开展"民主改革"补课运动。废除拿摩温制。

"福记纱号"和办事处并入厂内。

拨款15万元建造男工新宿舍。

经过1949年至1952年的3年恢复工作,1952年本厂生产与1949年相比:产量增长(棉纱)16.48%,(棉布)162.23%,色布81.45%;产值增长434.70%;劳动生产率增长268.95%。

1953年

设备:丽华并入布机300台,布机增加到980台。

生产:年产棉纱14 560.41件,棉线8 003.77件,棉布2 241.49万米,色布1 800.11万米。用电量:纱折20支270.59度/件,布折人民市布149.98度/千米。

在“民改”和“五反”推动下，生产发展很快，单产细纱折 20^S 22.06 公斤/千锭时，布机折人民市布 3.552 公尺/台时。

在册人数：3 752 人（技术人员 139 人）。

产值：2 908.26 万元。

利润：263.98 万元。

记事：1 月丽华厂并入。

3 月（厂工会）召开第三届会员代表大会，组成第三届工厂委员会，郭翔凤任工会主席。

全厂蓬勃开展“一七〇”“三减”劳动竞赛。在工人和技术人员共同努力下，我厂细纱千锭时断头率由最高时 400 根一度降到 136 根，为全市最低；织部棉布正品率，由 80.28％提高到 96.60％，停台从 20％减到 13％。

李霞影小组评为全国先进生产小组，值车工唐巧娣被评为全国劳模。

向国营厂学习，企业管理实行改革。科室改设：计划科、技术检查科、人事科、总务科、福利科、试验科、财务科、供应科。选拔一批党团员积极分子担任管理工作。

直接从工人中提拔出来的干部，任工会车委以上的有 71 人，任生产组长的 32 人。先进工作法“小先生”有 23 人，同时输送了 30 多名干部。经考试选拔男女工人 50 人，开办统计计划训练班，在各车间设立了统计员。

1954 年

生产：年产棉纱 17 800.94 件，棉线 10 829 件，棉布 2 491.8 万米，色布 3 231.29 万米。在册人数：3 936 人（技术人员 125 人）。产值：4 362.15 万元。利润：240.08 万元。

记事：2 月，市委派“增产节约工作组”到丽新厂作合营前准备。本厂与总公司财务划开，单独经济核算。

10 月 29 日市政府纺织工业局代表与丽新厂私方代表，拟定公私合营协议书，确定合营后建立清产定股办公室，建立新账事宜。

11 月 1 日正式公私合营，公方代表王平东为厂长，王岫华、龚朝品为副厂长，私方张佩苍为第一副厂长，唐蔚文、李永锡、柳昌学为副厂长。

三季度工资解冻。

黄振中、许佑南等将老式筒子车改造成高速槽筒式筒子车成功，受市政府嘉奖。

年内拨款23万元进行修复印花机。

工伤事故，工人徐阿三死亡。

1955年

设备：因纺工局调拨大福纱厂纱锭给本厂，细纱纱锭扩大到40 020锭。

生产：年产棉纱15 599件，棉线9 303件，棉布1 930.54万米，色布2 335.49万米。

在册人数：4 074人(技术人员163人)。

产值：4 147.3万元。

利润：170.65万元。

记事：1月召开党代会。3月成立由党政工团负责人和劳动模范、先进生产者以及技术人员、老工人、青年工人和资方代表组成的民主管理委员会。以后又有大批工人提拔到各级领导岗位。

召开第四届会员代表大会，组成第四届工厂委员会，郭翔凤任主席，蒯秀珍、钱真、孙琪任副主席。

年内利用停工减班，全厂进行3次安全大检修。

10月1日由华东纺工局批准，丽新系统合营，成立总管理处。唐君远为经理，唐斌安、程君颐和公方代表穆以夫为副经理，组成新董事会。核定丽新系统私方定股总额为2 200余万元(其中无锡厂核定1 400余万元)。

从年初开始全面整顿计划管理、财务管理和技术管理。

全面推广“五三保全工作法”。

3月在全市第一个成功地试纺剥桃棉。

8月份，在后纺筒撚间试行孕妇满7个月，在班休息1小时劳动保护措施，10月在细纱间推行。

12 月振兴纱厂并入。

成立保卫、教育、基建、人事监察科和温湿度组。

（无锡市国棉三厂厂史编写组 1982 年油印本）

丽新总公司概况

20 世纪 30 年代初期，无锡丽新纺织印染厂产品销售盛况空前。为了打开国内外市场，丽新厂在上海、汉口、南京、镇江等地设立分销处。上海分销处设在江西中路三和里 412 弄 49～52 号，负责人唐斌安。

抗日战争期间，无锡丽新厂主要股东唐骧廷、唐君远父子和程敬堂等，辗转避难至上海分销处，重创新局，筹建上海昌兴纺织印染厂，同时将上海分销处改为丽新总公司。

一、总公司的机构

丽新总公司所属分支机构有：上海昌兴公司一厂（纺）、二厂（织）、三厂（印染），无锡丽新厂，无锡丽华一厂、二厂、三厂，无锡办事处，无锡接洽处及汉口分公司等。

总公司是所属分支机构的核心组织，共有 52 人。其中股东代表 14 人，职员、练习生 27 人，事务、炊事及司机、工友 11 人。经理唐骧廷，协理程敬堂，业务主任唐斌安（唐骧廷长子），工务主任唐君远（唐骧廷次子），会计主任王树三（唐骧廷至亲），采办主任程君颐（程敬堂之子）。

总公司在上海及无锡两地，各拥有全套的自纺自织自印染整理的全能设备。上海一厂有纱锭 21 080 枚，线锭 1 856 枚，职员 22 人，工人 470 人；上海二厂有布机 274 台，职员 17 人，工人 232 人；上海三厂有印花机 2 台及全套染色整理设备，职员 36 人，工人 228 人。无锡厂规模较大，共有纱锭 39 596 枚，线锭 12 588 枚，布机 444 台，印染整理机器全套，并有自发电厂及修机厂，共有职员 78 人，工人 1 826 人。

无锡办事处是无锡厂设在城中的联系机构，主要负责办理少数机物料采购工作，同时负责工厂工资的接洽、领款、运送等事务，并无财务及业务权力。无锡接洽处主要办理无锡厂产品运销、坯布购进,银钱往来及与总公司联系等事项,由唐骧廷侄子唐经国主持。汉口分公司主要办理销售成品及采购原棉任务,由唐骧廷三子唐蔚文负责。

二、总公司对分支机构的管理

总公司对分支机构的管理并没有明文规定的制度;各分支机构的权力都集中在总公司。企业的所有供销、生产安排和财务、人事等重要事项,都由总公司控制和决定;企业的对外接洽,都由总公司出面,合同由总公司签订,各厂仅是生产机构,厂长无对外代表权;企业的日常重要事务,大多由总公司几个主任与各厂厂长用电话指示决定,外埠则每天通号信及长途电话,或用电报联系,一般都是口头请示汇报,书面报表很少,通常仅有货物收付或财务收支等简要月报。

在供应方面:各工厂所需要的主要原材料,如棉花、坯布、燃料、染料、化工原料和建筑材料、机物料和机器设备的增添;以及有关货物的提运,输送和存贮、分配等事务,都由总公司采办部门集中采购和调度办理。

在生产方面:各厂的生产方针、计划安排和品种数量等规定,都由总公司工务部门根据本外埠销售情况,参照往年销售规律,作出两三个月的基本生产打算,通知厂中照办;关于质量要求标准,如色泽、上浆和产品生产的先后程序、应贴何种商标等,统由总公司业务部门决定,通知厂中遵办。各工厂仅负责执行生产任务中各项工艺流程、技术指导、劳动分配、工资计算等具体安排,并在月终造具存货月报交总公司。

在销售方面:关于销售方针、品种数量和价格,都由总公司业务部门掌管。丽新大部分产品由总公司在上海销售,一般都是现货现销,定货很少,以避免市场波动的影响;一小部分产品由汉口分公司经销;少数纱线在无锡接洽处销售。所有产品由总公司统一调拨销售,咨照有关分支机构办理。

在财务管理方面:所有企业的经济调度、银行钱庄往来、会计工作等一切重要财务活动,都集中在总公司办理,总公司对各分支机构不搞核查或检查。各厂财务并不独立,对外无银行往来,仅备少量零用金;不设专职会计,由总务兼做出纳,平时备一本日常开支账,到月底造具现金收支及收付货物总数月报,到年终抄具盘存货物报表,抄报总公司。所有企业会计处理及账务结算,都由总公司办理。各厂水费、电费和职员月薪、年奖、津贴、升工、扣工等,都由总公司会计部门结算发付,各厂派总务领取;其他工资、购办、伙食等费,由厂长具条派员到总公司领款。总之,所有财务都归总公司集中控制。

在人事管理方面:所有各分支机构的职员、练习生的雇用和辞退,由总公司经协理决定;一般工人、养成工、艺徒的雇退及工资等由各厂厂长决定。

有关丽新公司的报章纪事

丽新染织厂近况

惠商桥丽新染织布厂,规模宏庄,资本雄厚,筹备迄今,已逾一载,由唐程诸君尽力进行,现已大致就齐。当初原定资本三十万元,后以机器材料逐渐增价,其中设备,较原定计划稍有出入,以此照原有股额不敷甚巨。因于今春召集股东会议,决续招股本三十万元,先后合作股本洋六十万元等情,曾志本报。兹悉此项股本,先后实收到五十万元左右。现在以厂基厅屋机器一应实须银洋五十五六万之谱,其他购办材料、放出布匹等,一应流动资本,约须二十万之谱。近闻该厂木机部,早已开工,出品销路甚旺,注定商标为渔翁得利牌。铁机部所有机器,亦经装置就绪,月初曾预为试车。惟际此夏季,厂布销路素滞,故开车之期,约在夏后。铁机出品之商标定为双鱼吉庆牌云。

(载 1922 年 6 月 7 日《锡报》)

丽新染织公司参观记

丽新染织整理公司,筹备迄今,计阅两载,其先后筹备详情,已迭记本报。昨为该公司正式开幕之期,并预邀各界到厂参观。该厂集资一百万元，所用机器，系上海祥兴洋行经办英国斯法门名厂承造。全厂组织，分织布及漂染、整理三部。织布部以原料入纬子车，做成纬子，上筒管车、经纱车，然后上机织布，或上木机，或上铁机。木机部有寻常木机一百部，提花木机二百部。铁机部有铁机一百部。全厂每日可出布二百匹，共用男女工人六百余人。其漂染整理部，则以已成布匹，入烧毛机，将布面烧光，入洗布机、蒸布机，将布蒸过，再入洗布机洗清，然后入漂池，漂洗清洁，入染布机、去水机，再入上浆机，机有双面上浆、单面上浆之别。上浆后入整理部，上轧光机、撑布机。轧光机有镜面轧光、普通轧光两种。经以上种种手续，始行整理竣事。又有丝光部，以棉线入丝光车、轧光车，即成丝光线矣。次为染色间、纹工部、引擎间。染色间为支配颜料之处，纹工部为打样之处。全厂厂务由总理唐骧廷、协理程敬堂主之。全厂职员有七十余人，分部办事。是日参观者，约计四百余人，俱由该厂职员殷勤招待，导引参观云。

（载1922年11月12日《锡报》）

丽新公司自办纺织前途无量

丽新原为染织厂，由邹君颂丹、唐君骧廷、程君敬堂等发起，筹集资本50万元，创办至今已历十余年。营业初起，颇为惨淡。民国十五、六年后，渐入佳境，最近三年，可称极盛。主事者以原料须仰求他人，颇感不便，苟能自办纺织，便可减轻成本。时沪上济生纱厂自开办以后，因资金不足，始终未能开纺。〈民国〉十九年间，丽新乃以最廉之价，向其将纱锭10 000枚，线锭6 000枚，悉数购买。当因纱锭不敷，复增添6 400枚，其时布机已达1 400台，资本亦增至100万元。〈民国〉二十年份共获盈余74万元之数。该厂纺织历史虽未云悠久，但观其突飞猛进之态，若能及时进取，前途正未可限量也。

（中国银行无锡支行:《无锡纺织事业之沿革》,《中行月刊》第7卷第4期,1933年10月出版。标题为编者所加）

丽新纺织印染厂的片断史料①

张佩苍

无锡丽新纺织印染厂兴建于1920年，1921年正式开工生产。我与丽新厂大股东唐骧廷之子唐君远原来是同学，又是学的化工，因工厂染部需要化工技术人员，所以在开工后即被邀进厂，担负染部技术管理工作。在丽新厂前后达40余年，从一般技术管理人员逐步上升为主任、厂长等高级职位；同时，也从职员到股东老板，股金从2 000元上升到10多万元。现就我个人所能回忆到的以及同事朋友间叙述过的往事，口述如下，以供有关方面研究和参考。

一、丽新厂的主要创始人

丽新的主要创始人是唐骧廷和程敬堂。

唐骧廷是丽新厂掌权大股东之一。唐家祖籍常州，太平天国以前迁居无锡，在城里开设一家土布行。太平军到达无锡时，即迁居北乡严家桥镇，仍然在镇上经营布店生意。唐氏子孙很多，有的在乡下当地主，有的在无锡北塘开设唐时长布行。到唐骧廷的父辈，兄弟间已各自创门户，其中经营得比较好的有七房和八房。到了唐骧廷一辈，唐家的这两房在无锡工商业中发达发展很快，在20世纪的头30年中，发展成了无锡五大家族中的两家；七房的唐保谦与蔡兼三合作，从开设米行、堆栈起家，到经营九丰面粉厂、庆丰纺织厂、润丰油厂、锦丰丝厂等工业企业，人们习惯称为唐蔡系统；八房的唐骧廷与程敬堂合作，从商业上积累资金，到投资工业，开设丽华布厂一、二厂和丽新纺织印染厂、协新毛纺织厂、华新机器厂、上海昌兴染织厂、信昌毛织厂等工业企业，人们习惯称为唐程系统。

唐骧廷与其胞兄唐水臣，早年继承父业做棉布生意，先于1910年前与人合伙开设九余绸布店。开始因经营不善引起其他股东拆股，再与程敬堂等4人合伙，集资5 500元（其中唐骧廷2 000元，程敬堂1 000元，邹颂丹、邹季皋2 500元），继续经营九余。此后，由于

① 本篇根据张佩苍口述摘要整理，1965年10月。

商业资本的大量积累，谋求资本出路，至1915年，就购进一家小型木机布厂，定名“丽华布厂”开始经营工业。当时适值第一次世界大战期间，西方资本主义都忙于战争，暂时放松了对中国的侵略，民族工业得到了相应的发展。所以唐骧廷在经营丽华布厂得手之后，继而于1920年集资兴建无锡丽新染织厂，1934年兴建协新毛纺厂，1938在上海创办昌兴纺织厂和信昌毛纺厂等工厂。唐骧廷从合伙开发布店开始，经过20多年经营，就拥有不少大规模工厂，这种惊人的发展速度，成为我国民族纺织工业史上的一朵奇葩。

程敬堂是丽新的另一个掌权大股东。程家祖籍安徽，父辈在无锡经营木行。他自己学的是绸布生意，原在人和绸布庄当店员，1906年进九余绸布店。1910年九余搁浅重组时，才投资1 000元，成了股东老板。他很有一套“生意经”，尤其适逢第一次世界大战，外货来源稀少的机会，九余营业蒸蒸日上，大有好转，着实积累了一批资金。于是与唐骧廷合作，并招集社会投资，收购丽华布厂，兴建丽新染织厂，做了丽新的协理。由于他生财有道，逐渐成为无锡工商界中的著名人士。

二、丽新染织厂的兴建与发展

唐骧廷和程敬堂从九余布店起家之后，有意致力于经营工业企业。当时正值有一家刚开设2年的手工织布厂，因蒋子康与合伙人荣女士意见不合，蒋分出去，另开光华布厂。经过吴仲炳与荣女士的接洽，由唐程接盘，稍事整修，定名丽华布厂，即行开工生产。该厂共有织布木机和提花机30台，原始资本为银洋1万元，分作5股。由唐骧廷、程敬堂、邹颂丹、邹季皋、吴仲炳各认1股。至1919年增资一倍，开设丽华二厂。两厂都是手工业工场，共有木机140台。此后，逐步增添木机150台，铁机40台。由于第一次世界大战给中国民族资本工业一个发展的空隙，在短短的3～4年间，丽华厂积累了相当的资金。

唐骧廷、程敬堂等为了将这些资金谋求出路，投入再生产，于1919年拟订了创设丽新染织整理有限公司的章程。决定招股30万元（据唐水臣之子唐经国说集资为10万元），分作3 000股，每股100

元。除九余原有股东分别认股外,还吸收有关亲戚朋友投资。唐水臣、夏伯周、张祉卿等人都入了股,唐水臣、唐骧廷兄弟投资3万元,入股时先交三分之一股金。到1920年收足三分之二股金后,即于惠商桥西南购地20亩,兴建1 000平方米的厂房和三上三下账房间、五上五下货栈、四上四下职员宿舍各一幢。全部建筑面积约2 000平方米左右。在1920年秋召开第一次股东会议上,正式定名为丽新染织股份有限公司,通过公司章程,选出唐水臣、唐骧廷、邹颂丹、邹季皋、程敬堂及其兄程敬村等9人为董事,建立董事会。推定唐水臣为董事长,唐骧廷为经理,程敬堂为协理。从此实现了唐程两家共同谋求发展实业的愿望。

丽新厂创立的另一原因是:第一次世界大战结束之后,帝国主义已卷土重来,洋货洋布充斥市场。丽华厂所出的木机布,决不能与英、日产的直贡呢、麻纱、洋纱、漂布等相抗衡。如不急起直追,改用新技术,则丽华厂的前途就不堪设想。总之,丽新厂的创建动机,第一是为积累的资金谋求出路,扩大再生产;第二是挽救丽华厂土布土纱的没落处境,保持资金增值,谋求发展。

1921年丽新厂建造完工,由于建筑费用的支出,影响到购机费用。因此,在建厂初期还只能用中国的老式木机和老式染缸开工生产,并没有达到改良技术与外货抗衡的目的。为了产品的表面美观,仅仅添置了锐利厂出品的纱丝光机3台,轧光机3台,都是老而旧的机器。同时还备有10.5匹马力发电机1台,作为全厂照明之用。最初全厂只有老式木机200台,苏州出品的铁木机100台,男女工人300余人,事务及生产管理人员10人。采用常日工一班制,劳动工时长达12小时以上。

丽新初创时的发展原则是以厂养厂,在积累资金后逐步发展,扩大再生产。经过1922年和1923年两年的积累,就添置美制电动布机200台,开设了第二工场。为了适应新式布机所织产品的漂染,必须采用新式漂染设备,再向国外订购丝光机、精元机各1部,以及每天3吨产量全套染色设备和350匹马力引擎1部、30×8尺锅炉2台。这些机器在订货时只付少数定洋,余款在货到时付清。至此丽新厂具备了当时新技术的规模。但由于开工生产为期尚短，资金积累有限，连续添置大量新设备，超出了以厂养厂的承受能力，经济发生了困难，所以在1923年新设备运到后无法付款。当时掌权大股东唐骧廷、程敬堂在无可奈何之下，只得通过冯云初的关系，以丽新厂全部厂房、设备等产权凭证，向广勤纱厂大老板杨翰西抵押到银洋20万元，才付清了这批设备货款，渡过了这一难关。机器设备改进后，即实行日夜两班制，扩大生产。

1924年，齐卢军阀混战，无锡遭到战祸，地处汉昌路的丽新厂批发处被焚毁，所有存布5万匹全部被抢被烧，损失惨重。因此引起部分股东对投资工业失去信心，主张关厂拆伙。几个掌权股东面对这种困难情况，一面拉住大股东夏伯周，请求垫款应付；一面召开股东会议，报告营业情况，发放股息，以安定一部分要求关厂拆伙的小股东的人心。同时借发放股息的名义，提高丽新厂在市场上的信贷声誉，吸收社会游资投资入股，稳定了因战祸涉及的不安定局面。

1925年上海"五卅"惨案发生后，全国掀起了轰轰烈烈的反对日本帝国主义、抵制日货的斗争。无锡也和全国各地一样，抵制日货运动搞得热火朝天，各界组织了抵制日货委员会，查封日货。丽新厂一方面派人参加抵制日货委员会；另方面从上海秘密低价收购大量日商的棉纱、坯布，运回无锡加工织布或漂染后，在市场上高价出售。这样，既解救了丽新厂经济上的困难，同时也为丽新产品打出牌子，开辟了销路。到1928年，丽新厂又添置布机300台和350匹马力引擎1部，建立了第三织布工场。1931年九一八事变后，全国人民又掀起了抗日爱国运动，丽新厂又乘机发展，把全部蒸汽动力机改为电力机，由戚墅堰电厂供电。同时按原价七折购进上海济生纱厂纱锭16 400枚，线锭6 400枚，向英国购进滚筒印花机1台。从此，丽新就成了一个纺织印染的全能厂，在1932年股东会上正式改名为丽新纺织印染股份有限公司，资本额调整为100万元。其时有布机650台，纱锭16 400枚，线锭6 400枚以及日产3吨色布的全套染整设备；有职工1 420人。1933年向瑞典购进2 100千瓦发电机1台，向德国购进2台锅炉，自行发电运转。1934年购进英制印花机2台及全部印花附属设备。并扩建丽华三厂，同时筹建协新毛纺厂。1935年络续增添布机和纱锭24 000枚，线锭8 000枚，并设立拉绒车间，生产绒布。1936年添置灯芯绒机2套，清花钢丝机1套。是年召开股东会议，决定将资本额从1932年的100万元增至400万元。全厂职工增至3 500人。主要生产设备有：纱锭40 600枚，线锭12 400枚，布机1 200台，日产布300匹的全套印染整理机械和全套动力发电设备。在上海、汉口、南京、镇江等地设立发行所或分销处。

1937年无锡沦陷前，丽新厂为避免战乱损失，将厂存纱布运往上海、汉口等地。12名护厂工人，在无锡沦陷时，除一人幸存外，其余均被日军杀害。

从1931年“九一八”事变，到1937年11月无锡沦陷之前的6年期间，丽新厂的发展速度比以往几年都快，利润积累也多。根据我在染整部的工作情况来估计，日产3 000匹布，每年利润可在300万银元以上，即等于建厂时投资额的10倍。如果从1921年开始生产起至1936年增资400万元止计算，除了抽去办厂花费和齐卢战争时遭受的损失之外，也为30万元原始资本的13.33倍。在短短的15年间，丽新厂积累之多、发展之快，确实是惊人的。

1939年，唐君远与程敬堂决定将丽新厂积存在上海的资金及在汉口售出的纱布所得，购置机器，在上海重新设厂。为免遭日军阻难，就由原丽新厂各董事出面重新登记，成立昌兴纺织印染股份有限公司，丽新占股十分之七，丽华占股十分之一，外股占十分之二。产品仍沿用丽新厂的注册商标。于1940年纺、织、染全部投入生产。昌兴厂的主要设备有：纱锭20 000枚，线锭3 200枚，印染整理机全套及其附属设备，清花钢丝机全套，织布机320台。开工生产之后，又设法将无锡丽新厂几个织布工厂盘头上的存纱运往上海，供作昌兴厂一年多的生产原料。

1941年，日军将包括无锡丽新厂在内的部分工厂发还原主经营。丽新厂收回后，鉴于全厂机器90%被日军损毁，因此在丽新名下，又开设华新机器厂整修机器。日军原来限制丽新厂只能有3 000枚纱锭运转，但我们边整修边开工，一共修复运转了5 000枚纱锭。

1945年8月抗日胜利后，丽新厂积极从事恢复生产，染部恢复了漂染黑色和整理白色，纺部基本上恢复，织部仅恢复一部分。至1947年，丽华厂也成为拥有现代电机400台的织布厂。

“昌兴”“丽新”原为一家，战后两厂预备合并，但碍于国民政府的法令，不得不仍用两个厂的名义并存。1950年，昌兴、丽新经人民政府批准合并，昌兴称为丽新上海厂。至1954年，丽华也被批准并入丽新厂，改为公私合营丽新纺织印染厂。

丽新厂除了在兴建的头几年，由于技术落后，销路不振，以及订购大量设备，资金匮乏和遭遇战祸而曾一度发生经济困难外，以后的10多年中，都是积累迅速，发展极快的。无论从开始时的200台木机和100台铁木机的设备到纺织染全能厂一点来看也好；从原始资本30万元到1936年增资到400万元一点来看也好；从300工人的单班制到3 500工人的双班制来看也好；拿唐氏系统投资丽新厂3万元增加至合营前660万元一点来看也好，都说明了丽新厂的发展是一帆风顺的。

顺便再谈谈丽新厂的分红制度。记得抗战前在盈余年度有过分红。按照规定：盈余总额的95%分为十三成分配，即经理协理合得一成，职员合得二成，全体董事监事合得二成，全体股东合得六成，公积金二成。其余盈余总额的5%作为工人分红。计件工不在分配之列，计日工按工资大小分配。这笔工人红利，到实行年终奖金后就取消掉。

三、丽新厂的经营方法

丽新厂自1922年改装了电动机后，产品质量逐渐赶上了外国货，打开了销路。同时，由于丽新厂的经营者都系绸布业出身，还在继续经营九余绸布店，对市面上各种绸布的销路情况很熟悉，知道哪些是热销货哪些是滞销货。当时有一种英制夏令用的条府绸和阔幅洋纱细布，畅销于市，丽新厂就在夏令之前，大量仿制：还有一种日货“司马相如”牌直贡呢，简称“司马呢”也畅销于市，丽新厂也就仿制，定名为“司马光”商标，也简称“司马呢”，在市面上与外货竞销。仅仅一个季度的产品就赚得全厂全年的总开支。

1925年“五卅”惨案发生后，激起了全国人民的愤慨，各地都掀起了抵制仇货（英日货）的爱国运动，无锡各行各业的青年店员、学生，纷纷起来组织“五七”救国十人团，号召各业抵制仇货、检查仇货、封存仇货运动搞得热火朝天。当时的形势已是仇货销路断绝，客观已给予民族纺织业一个大好的发展机会。丽新厂的经营者响应抵制仇货运动，组织300人参加抵制日货委员会，同时利用仇货价格惨跌要求脱手的机会，向上海英日纱布厂商购进大批细支纱线，织成坯布，加工漂染后上市销售，并直接购进日商的大量白色坯布，加工漂染后出售。当时市场上已无外货竞争，全国人民都有爱用国货，丽新厂经营者趁着这个机会，不但弥补了过去的亏损，大获盈利，而且络续添购多项设备。

1931年以后，日本帝国主义扩大侵华战争，觊觎我东北，先后爆发“九一八”、“一二八”事变，全国人民再度开展反对日本帝国主义、抵制日货运动。丽新厂的经营者又乘日商纱布断绝销路的机会，大量购进日商棉纱坯布或色布，加工成丽新的“喇叭童”、“飞童”商标产品出售。估计每件棉纱可赚100两银子。在大批资金积累后，即于是年增设纺部，日产量从200匹增加至1 400多匹。印染整理部，除了加工本厂和丽华厂产品外，还有向申新厂所购进的坯布以及印染购进的日货布匹，每天要加工300匹以上。从这时的生产情况来估计，每年获利要在300万元以上。

纺织品的质量与用料是成反比例的，即质量愈高用料愈轻。普通的大路货12磅平布，无锡有不少纺织厂一般都生产，所以竞争剧烈又价格不高。只有丽新是纺织印染的全能厂，丽新的经营者又都是绸布业出身，对市场上的销售情况向有经验，所以专拣利润高、销路好、竞争对手少的高档货生产，从而取得一举三得的效果。

丽新厂先后有下列各种品种的生产：

$42^s/2\times20^s$ 直贡呢　　$100^s/2\times80^s$ 九美府绸

$42^s/2\times40^s$ 鲤星洋纱

$32^s/2\times32^s$ 千年洋纱 · $42^s/2\times20^s$ 哔叽

$80^s/2\times60^s$ 司马府绸

$20^s \times 20^s$ 印花直贡呢　$42^s/2 \times 32^s$ 麻纱

$32^s/2 \times 32^s$ 麻纱

$42^s/2 \times 32^s$ 千年府绸　$20^s/2 \times 20^s$ 印花哔叽

$42^s/2 \times 32^s$ 鲤星提花布

$42^s/2 \times 32^s$ 惠山府绸　$40^s \times 40^s$ 羽绸

$42^s \times 20^s$ 电光缎

$60^s/2 \times 40^s$ 鲤星府绸　$20^s \times 20^s$ 白斜纹布

（注：s/2 为线，s 为纱；前项为经，后项为纬）

上列多种品种，如府绸、洋纱、麻纱等布，还分白色、条子和花色等各种不同的产品。纱支愈细用料愈轻，利润就愈厚。据我回忆：每年从元旦起即织白色布匹，准备供应夏令市场，夏至节后改做深色产品，以备冬令销售。其中以洋纱布和羽纱的销路最好，获利也多。如以惠山府绸为例，每匹重量连木芯在内也不超过 7 磅，成本连工缴在内也不超过 7 元，而售价是 12 元，利润几近一倍。又如漂布、麻纱、洋纱等布，每匹成本在 8～9 元左右，而售价是 15 元左右，利润也是很优厚的。

1941 年丽新厂从日军手中收回后，日军限制我厂只能有 3 000 枚纱锭开工生产；而日本军部和汪伪政府给予我厂代纺的棉花，前后只有 4 500 担，这个数量远远不够 4 年内 3 000 纱锭的运转。何况我厂已逐渐增至 5 000 纱锭运转，就更感原料不够了。同时，丽新厂还拆出 1 200 枚纱锭，同苏州苏纶纱厂合伙开一小型纱厂，也需要用棉花。由于当时棉花属于统制品，丽新厂在取得敌伪方面默许后，自行到产地直接收购棉花。由于当时各地均被日军封锁，交通阻隔，棉农不能随意出售棉花，因此棉价低廉。花纱的交换比例，由抗日战争前每件纱合 400 斤皮棉，达到 800 斤皮棉换一件纱的程度，甚至高达 1 000～1 200 斤的交换率。从中获得从未有过的额外利润。

再谈谈丽新厂利用洋商获取商业情报的情况，过去一般惯例，华商向洋行定货，规定有一笔回佣可拿；而丽新厂向洋行定货，按照“小钱不去，大钱不来”的原理，主动放弃这笔回佣，并经常请客联络好洋商，所以与英商信昌洋行、德商德孚洋行、美商恒信洋行及瑞士的嘉岑洋行等关系都很好。这些洋行也因为丽新厂的生意大(1 个月要 3 000 担染料,每天要 20 吨烧碱)、交情好,所以一有新产品问世,就首先通知丽新厂,让我们捷足先登。例如抗日战争前,一般蓝色染料所染的布易于褪色,德孚洋行介绍的"海昌蓝"质量较好,不易褪色,丽新厂就首先使用了这种染料,所产海昌蓝布销路很广。还有一次通过一家洋行的关系,知道有一种增白剂刚到香港,用此剂漂白的布比较白纯,国内尚无出售。我厂就全部买下,经过试用,的确是洁白无比。用这种漂白剂漂白细布,每匹成本仅增加 1 角几分,而售价可提高 2 元。

由于丽新厂经营者善于抓住各种机遇,所以资金的积累速度是一般厂所望尘莫及的。

四、丽新厂的生产管理

1. 雇用职员的原则

唐骧廷和程敬堂对丽新厂雇用职员,有这样几条原则:(1)优先使用家族和亲戚。如帐房唐雨皋和文书程颂嘉都是唐程两家的亲属人员;(2)挑选原来企业中的老职员。如总务兼稽查张锡初和栈务职员钱烈臣,都是唐氏其它企业的老职员;(3)利用同学关系聘用人员。我就是唐君远的同学,彼此情况比较了解;(4)尽量多用练习生。初创时职员不到 20 人,而练习生却有 30 多人,以后随着工作人员的增加,这个比例始终不变,即两个职员配三个练习生。此外还雇用一批纺织学校的毕业生,这些人初入社会,容易培训。

练习生进厂要有熟人介绍,练习期为 3 年。3 年内除供给膳宿外,每月发给月规钱 500 文(一说 420 文),折合银洋 0.17 元。期满后每月给工资 3 元,以后逐年考核提升。练习生入厂后,经过几个月的学习,就既可以充当职员助手又可以替代工人做工。所以丽新厂始终抓住多用练习生的原则不放。

除了练习生外,在 1931 年纺部开工之后,还招了一批高小毕业程度的女记录工。派到车间记录生产数字,办理统计、报表;月薪 5~6 元。抗战后改为日给工资,比原薪略有提高。她们名义上是记录工,实际上做的是职员的工作。后来精梳机上也招用了高小毕业生，称之为养成工，月薪和记录工相同。

2. 工人的管理

初期的丽新厂并无明文规定的制度。到1922年，添置了一些现代机器后，仅从日本厂家抄袭来一些管理制度，但无成文公布。例如织部采用包工制，所有工人都由包工头招来；工资、使用、解雇等手续，都由承包人负责办理。当时丽新厂的承包人是一个南通姓陈的，由他在厂里直接管理工人生产。他自己每逢月半和月底来厂结算工资及办理其它事宜。另外还有部分铁木机生产的工人，是由丽华厂调来的，归厂里直接管理。厂内职工也介绍一些工人进厂。当时的条件是要求年轻、身强力壮。到了1922年增添新机之后，招收工人就有如下的几个条件：(1)要身材修短合度，外貌端正；(2)要身强力壮，没有疾病，染整部更要力大健壮的人；(3)女工一律要未结婚的姑娘；(4)进厂后要先做存工15天，织部要交20元押机费。1932年纺部开工后，进厂工人要做25天存工和交10元保证金。纺部共有三个工场，第一工场是新设备，工人都从上海招来，技术熟练，称之谓"基本工"，不收保证金(有人说也收的，我记不清了)。二、三工场机器陈旧，工人都是无锡、常州招来，技术比较差，称之谓"练习工"，都要交付押机费和存工。这两个车间流动性很大，每年都要调几批人。

工人进厂时都要立下保证书。其主要内容有下列几条：(1)入厂工作要遵守制度，不得违犯；(2)跳厂的不得发还存工；(3)在车间中发生死伤事故，听天由命，与厂方无涉等等。

3. 劳动时间

初开厂的头几年，只开日班，不做夜工。规定劳动时间为12小时，中午吃饭并不停车。每14天休息一天。改为双班制度后，纺部中午停车半小时吃饭。织部和染整部整天不停车，吃饭时由练习工顶替。

4. 职工工资

丽新厂职员月薪，1925年前，经协理每月50元。其余职员，比较高级的20元左右，低的10元左右。为了压低别人的工资，唐骧廷也把自己儿子压到只有10块大洋一月的工资。这是一个低薪的标准,资本家为要压低工人工资,就把职员的工资标准降低。讲起来,1个高级职员每月只赚多少钱,工人每月的工资总不能超出职员的月薪。这是资本家的一种压低工人工资的手法。因为一般高级职员,像我这样,工资可以逐步加增,职位也可以逐年上升。我是染整部主要职员,月薪从最初的28元起,到1927年增至116元。

在抗日战争之前,丽新染整部是计日工资,纺部、织部、穿综、打包工人是等级加计件工资制。各部的工资标准,多数是因袭外厂而来,主要是以外商在上海早期设厂的工资再打一个折扣价为标准,具体数字已难记忆,大体情况如下:

染整部:1925年前,一般都是日给工资,从0.32元到0.35元,高低差距很小。甩布和打包都用童工和老年女工,日给工资0.2~0.3元。只有一个老师傅每天拿0.6元。在延长工作时间时,厂方规定增加工资的办法是:延长2小时增加工资2成,4小时作半工计算;计件的按增加的件数计算。

织部女工:丽新厂由于多出高档布和花色布,所以一般女工的出布率是不高的。抗战前每天要织到24~25码,才能得到标准工资。只有少数最熟练的女工才能织30余码,能多拿一些工资。第一织布工场有600多台布机(占全厂的半数),是一个机器最好、工人技术最熟练的工场。这个工场的工人最高一月可得20多元的工资,少的也在10元左右。二、三工场的工人除少数人一月可得10元以上的工资外,一般工人只能得8~9元工资,约合1石米左右。

纺部女工:纺部是1931年增设的。精纺车女工工资,按每个木管(即8个纱锭)一天0.01元计算工资,一般控制女工看25木管左右的纱锭,再加上技术等级工资。当时的技术等级共分9级。每级每日0.03元工资。到1936年改为5级,每级每天0.05元工资。它的计算方法是:25木管每天可得0.25分。技术等级是一级,每天得0.03元。这样一个女工,每天的总工资是0.28元。其余每高一级每日增加0.03元工资,以此类推;同时随着工人技术的熟练,逐步增加看台的木管数,增加的木管数可得工资的50%。以后每三个月经过考核,成绩优良者可升级一次。

替工工资：遇有工人因病缺勤，其工作要由同车间的工人带做，给予原工资50%的工资。

原动部管发电机的老师傅，由于技术高，招来不容易，一天可赚到1.6元工资。

5. 罚工与奖励

罚工：厂方规定，凡有损坏物件、偷窃东西、随地吐痰、打瞌睡、闹风潮以及不服管理等行为的，都要受处罚。偷布5码以内的罚2元；5码以上的开除。随地吐痰和打瞌睡每次罚0.05元；不服从管理的轻则罚半日工资，重则开除出厂。如果认为是闹风潮的工人，不是当场开除，便在事后借故停歇。

以染部而言，就我记得的还有下列各条：

绷破布边5码以上罚0.05元；

轧光整理轧破3～5匹的不罚，多则罚0.1元，再多要开除；

漂白间烧毛烧破10匹以上的罚0.1～0.2元；

漂白机上轧破布匹要罚半日工资；

损坏机件要重罚但不照赔（因为工人赔不起）；

上浆不足要罚半日工资；

旷工要罚0.1～0.2元。

奖励：厂方对奖励没有具体规定。只凭几个主管人的意思而定。如在染整车间，我看到一个工人特别卖力，就随时给他加上2～3分工钱，借以刺激。受到奖励的人为数极少。

按各厂惯例，春节休假期间，工资照发。丽新规定，在停工日和开工日都到厂工作的才可照发。如早一日离厂，晚一天到厂的就取消不发。

6. 宕倌和考工：宕倌又名“拿摩温”，就是管理纺织女工的工头，负管理和调度工人之责，权力很大。她可以决定工人的得业和失业。要进厂做工的，都得托人讲交情、送礼物，每人至少要送2元。进厂之后，还得时时巴结她，逢年过节要送礼，一经忽略不送，就要给你看颜色，吃苦头。遇到工人生育和患病歇工时，宕倌基本上不向厂方上报，由她暗中找临时工来顶替，从中克扣工资。后来唐君远培训了一批高小毕业文化程度的养成工做车头，代替宕倌。

考工：除宕倌外，厂里在纺、织两部还雇用一批名为考工的职员，到各车间巡逻，监视工人工作。

7. 抄身制：丽新厂在1925年前，由于厂的规模小、工人人数少，抄身只在厂门口进行。1925年后，厂方就专设了一条抄身弄，每个工人都得从四转弯的抄身弄经过，经过抄身人员的全身抄搜之后才能出厂。弄长12公尺，在四拐弯立着4个抄手，男女工人分别由男女抄手搜查。男抄手由厂警担任，女抄手一般是资方信任的老年女工，后来就改由厂警的妻女担任。

8. 劳动保护：厂里没有劳动保护设备，因此工人在操作中工伤事故随时可能发生。到了夏季，车间温度很高，仅有纺纱车间须要保持一定温度而设置了降温设备。工人受工伤或患病，一般医药费自理，但对一些技术高或关键工种的工人，受伤后影响生产或工厂安定的，厂方给予治疗，还发给半数工资；女工生育，给予2～3个星期的产假。

9. 工人的雇用和解雇。厂方只按生产需要决定工人的雇用和解雇。如1927年厂里改用马达时，就把原管引擎的全部工人解雇。1944年，华新机器厂工人要求增加工资，被拒绝后怠工，厂方发给半个月工资后将他们全部解雇，只留一批学徒在厂里。纺织女工到了40岁以后就可能被自然淘汰。

10. 工人的福利设施：丽新厂在初创时，只有一些简单的房子出租给工人住宿。一个18平方米左右的房间，上下两层住12人，每月收1石米以上的房租。到1931年增设纺部后，人数突然增加，厂方造了一座可住500人的宿舍，上下共48间，每间装有双层铁床6张，可住12人，每月每人收租金0.5元，主要供未婚独身女工住宿。这一年，厂里开办了卫生所，同时还请了1个医生，每天下午来厂门诊，不收诊费，药费自理。同时还办了食堂，在厂吃饭的每月饭费3～4元，在工资中扣除。

（无锡市政协学习文史委资料室保存资料）

无锡沦陷后丽新纺织厂在沪复业经过

张景炜

1937年11月无锡沦陷后,全市各工厂均被日军占据,丽新纺织厂由日本衣粮厂酒井部队的分队驻守。

丽新厂协理程敬堂,在此以前已将厂内部分账册和现金携去上海租界避难。到了翌年4月,他看到家乡小麦不断由永记轮船公司运到上海,同时看到租界内确有安全保障,因此也想将丽新厂在上海复业。于是走访了住在马思南路的该厂股东沈锡君,商谈将存锡厂内的原料和部分机器,搬运去沪复业。在谈到永记轮船公司的老板陈荣泉时,沈锡君表示,彼此是旧交,可以考虑。

接着,程敬堂即委托沈锡君先行来锡与陈荣泉商洽此事。这时我正在永记轮船公司当跑街。经陈荣泉同经理李旭和、司账丁肇洪及我在一起商议,都认为目前装运粮食系日军宣抚班的许可,对这项运输是否可行无把握,特别的该厂另有部队看管,乃是最困难的事情。谈到这里,大家呆了一刻,最后陈荣泉就说,我有个族弟陈长龄,现在宪兵队当翻译,据闻该队队长赖野对他非常信任,姑且和他商量一下,再作计议。

当晚,陈荣泉即约陈长龄谈话,申述了上海程敬堂派沈锡君来锡的目的,研究了两个问题:(1)如何将厂内的东西搬出?(2)搬出后能否装运出城?陈荣泉问这两个问题宪兵队有没有权力和办法解决?陈长龄表示,权力是有的,办法要和赖野去商量决定,不过要化代价。并说他知道赖野的脾气,钱是欢喜的,而且胃口不小,对方究竟能出多少代价,首先要有个底子,千万不可和赖野去空谈,这是我有把握的。

陈荣泉将接谈的经过转告沈锡君。沈说化代价是当然的事,准备以不超出10万元为要求,只要保证能将丽新的有关物资搬到上海为条件。

后经陈荣泉转知陈长龄,陈长龄与赖野密谈,双方议定如下几点:(1)原则上同意协助搬出这类物资,10万元代价全部要军票;(2)

首先要将驻守该厂的酒井分队驱走，驱走的办法，要有一个勇敢的中国人将该厂前电线杆上的日军木招牌劈掉，然后可由宪兵队去接管；(3)如果能按此计划进行，双方须暗中会同，以便派员巡逻，取得破坏证件，向他总部问罪；(4)在达到原驻日军搬走，宪兵队还未接防以前，暗中立刻放船先将部分机器装入船底，因为金属品日军部绝对禁止移动，只好偷运，由宪兵队在积荷明细书上加以检查证明(按积荷明细查书即是随船的舱单)，宣抚班才能签准放行。以上四点，由陈长龄来公司，告诉了陈荣泉和沈锡君，大家都感到异常高兴。当晚，由沈锡君邀陈长龄、陈荣泉、李旭初、丁肇洪和我六人，一同去迎宾楼聚洽。翌日，由李旭初找到一个货站霸头，原名吴涌泉，东亭乡人，绰号中缸盆，愿去丽新厂门前劈电杆上的日军木招牌，索款法币 2 万元。至此，事先预料的一些困难已基本得到解决。接着，继续分头接洽准备：一面由李旭初和丁肇洪两人在锡先事准备船只；另一面由沈锡君偕陈荣泉和我三人同去上海接洽，在中国饭店约晤程敬堂，当沈锡君申述在锡与各方面接谈经过，陈明宪兵队方面的代价军票 10 万元和中缸盆代价法币 2 万元时，程敬堂一口答应。继而问到陈荣泉运费如何结算。陈荣泉说，现在装小麦，每包的运费是法币 2.6 元，重 200 市斤，合每吨 26 元；现在装运这项物资，只好按吨位计算，但因装卸比较笨重，需得另外雇工，我想每吨加 10 元，按 36 元一吨计算你看如何？程敬堂也连称极好。谈毕，他即招呼我们去锦江饭店进午餐。到了晚上先送来法币 10 万元，并云军票 10 万须明日齐全，再邀去梁园吃烤鸭。翌晨，陈荣泉即通电荣记公司王志良和福记公司的张德馨，促他们赶放四艘轮船去锡，同时军票 10 万元亦经送到，仍由沈锡君偕陈荣泉和我三人，即雇一辆祥生单放汽车，携款返锡。沿途经过日军检查站，好在陈荣泉能说几句日本话，故能顺利通过。

回到无锡，听李旭初说已雇定拖船有 31 艘，最大的 65 吨，最小的 50 吨，平均每艘是 60 吨。于是先分发每船伙船费法币 200 元，分批停泊在双河尖、蓉湖庄、长安桥、石铺头、酱园浜一带待命。然后由李旭初和丁肇洪携法币 2 万元，到预约在后祁街青石桥某姓家内，等待中缸盆。约在深夜一时左右，中缸盆佩带利斧一柄，在预定时间内，劈碎日军木牌，并带回碎木一块，于是将款交付清楚，初步工作顺利完成。

到了同日拂晓，宪兵队派小岛班长率领队员前往巡逻，果断查获着破碎的日军木牌，即叫下驻厂日军训斥，再向驻扎在车站的酒井部队队长责难，声言驻厂分队实属无力防卫，应令克日撤走，由我宪兵队兼管。隔了两天果然该分队撤出丽新，同时得陈长龄通知，连夜着停泊在双河尖的几条大船，临时雇上了几个铁工厂的老板，先将部分凹凸机器拆开，装入胡巧生、苏和尚、戚四生、周桂林、沈纪培等各船舱底；再经两天两夜的紧张拆卸，将厂内的500磅头的纱盘头和筒子纱，全部装满了131船，计有7 860吨。同时，上海福记公司的两艘福中号轮和荣记公司的两艘荣华号轮次第到达，遂即电告陈长龄来公司，取军票10万元，陪同丁肇洪带了积荷明细书4份，去宪兵队取得证明，再向宣抚班报开出城，可算一帆风顺。到后来宪兵队进驻以后，还有未能装了的部分筒子纱和零星机件，重新雇了货船8艘，计480吨，由协利公司的协和号轮装出，先后总共有8 340吨，计运费法币300 240元。

再经两个月后，丽新厂在上海复业，时值夏令，正好独家产品泡泡纱应市，畅销各地，半年后竟赚了数百万元的利润。

（本文成稿于1966年2月，无锡市政协学习文史委资料室保存资料）

上海昌兴纺织印染厂始末

1937年11月无锡沦陷前后，丽新纺织印染厂主要股东唐骧廷、唐君远父子和程敬堂等人，避难辗转汉口、香港抵上海。他们看到无锡丽新厂被日军占据，所存货物、原料、成品被抢掠一空，厂房和机器设备被炸毁或破坏、偷拆，遭受严重创伤，预计短期内难以重振恢复，如不另觅蹊径，既负股东托付，又将置大批职工离散而不顾。于是设法在上海租界区内，利用丽新剩余资力，重创新局。

1939年初，经丽新公司董监事商议，筹建纺织染三个分厂，为避免日军注目起见，对外以合伙出面，由各董监代表公司充任新组织之股东，拟定合同及章程，定名昌兴纺织印染工厂；先在思南路租地自建织厂，又在江宁路购地建造染厂，再在长寿路购地10余亩建造纺厂，规定资本为50万元。其中丽新占股十分之七，丽华占股份十分之一，外股十分之二。同时将原设在江西中路三和里的丽新公司上海发行所改为总管理处。同年5月，因原定资本不敷应用，议定增加资本改组为股份有限公司，股份总额为150万元。6月织厂开工，12月染厂开工，产品仍沿用丽新注册商标。当时重庆国民政府严禁沦陷区商品流入内地，以丽新厂厂址在无锡为由，对新厂出品亦列入禁止输入之内，经厂方几经辩白，才准其运销内地。

1940年7月纺厂开工时，因黑市外汇暴跌，购置厂产需合400余万元，致使负债累累；预约的银行贷款又中途背约，资金无法周转。经股东会议决议，增资150万元，连原股份合成总额300万元。这时，昌兴公司各厂设备计有：纺厂细纱锭11 400枚，线锭3 200枚，并纱锭2 112枚，清花钢丝全套；织厂布机320台，以及筒、纡、经、浆等机械设备；印染厂染、印、整理机器全套。流动资金多数系丽新拨给。是年，第二次世界大战欧洲战场全面开战，我国福建、浙江等沿海口被日军封锁，市场上投机之风盛行，物价暴涨剧跌，昌兴各厂产品以实产实销为主，备受困扰牵累。至9月棉布销路稍有起色，但为时无几，12月8日租界沦陷，日军又统制运销，昌兴公司四面受敌，几濒绝境；所幸各方络续来运，才勉强维护产销平衡。纺厂所纺棉纱除自给外，多余棉纱售与同业布厂，未有积压滞销。

1941年，因纺厂添置纱锭2 940枚，各厂增购原物料及其他设备，造成资金短绌。经股东会决议，增资700万元，连原股本合成股份总额1 000万元。是年日军统制纱布更严，不能运销外埠；加之粮食、煤炭供应恐慌，电力供应限制，昌兴生产受到严重影响，夜班几乎全部停开，全赖货价高涨，收支得以平衡，结算稍有盈余，实则并非纯益。

1942年，因原料及电力供应紧张，销路亦受限制，因而生产减少，企业受困。1943年春，日军统制商业，办理纱布登记，不准自由移动，昌兴各厂产品无法相互移运，更不能自由买卖，形成有产无销，存货呆积，现金枯竭，外欠债负，频频催迫。经股东会决议，增资3 000万元，连原股本合成股份总额4 000万元，以缓解企业之困，同时购进毗连江宁路厂宅宝安坊房屋及宁波路房屋各一处。

1945年抗日战争胜利后，丽新、昌兴两公司办理整理资产、调整资本手续，丽新公司资本调整为6 000万元，昌兴公司资本调整为4 000万元，实际丽新股份总额内已包含昌兴股额，但限于当局不合理规定，无法使两个公司合并成一个组织。

1946年，为统一丽新、昌兴的产销及行政关系，经两公司股东会双方同意合并，调整丽新公司股份为180亿元。1948年两公司股份实行合并，对外则昌兴名义仍行保留。直至1950年6月，经上海市人民政府工商局批准，丽新、昌兴两公司正式合并，取消昌兴公司名称，所属各厂改称为丽新公司上海厂；丽新公司资本经评估资产升值后，调整股份总额为旧人民币360亿元。

（无锡市政协学习文史委资料室保存资料）

昌兴组织始末记

程景溪

二十六年（1937年）11月，无锡沦陷，公[①]等避走汉皋，辗转至沪。闻锡厂被日军占据，所贮货物原料被掠一空，仓库存棉万担，至二十七年（1938年）八九月，亦被没收。先是，厂内机器于廿六年寇机轰炸时曾被投弹数枚，虽略受损伤，大部尚属完整。廿七年春，日商大康纱厂觊觎厂产，凭藉军力，饬人至沪，诱胁公等合作，声言与庆丰厂同归其统制。公等抱宁甘玉碎不求瓦全宗旨，不为所动。

11月，大康修理庆丰机器谋复工，因缺少机件，至丽新厂偷拆。经告债权人英商信昌洋行，向日领交涉制止，中间已被窃去一部。以未就大欲，暗中遂将厂中重要机器加以破坏，损害之重，无从估计。公等以公司资产重点集注于锡厂，既遭重创，力难重振；而处境又不容以原名义恢复，长此蹉跎，既负股东托付，且多年培养之职工，一旦

① 本文中之“公”系指程敬堂。

散置不用，亦甚可惜，爰于廿八年（1939 年）运用公司剩余资力，先在（上海）思南路租地自建织厂，又在江宁路购地建造染厂，一面觅地筹建纺厂，并附设总管理处于江西路三和里公司住所。为避免敌寇注目起见，由公司各董监出面，代表公司为出资人，依照商业法规，成立合伙组织，取名曰昌兴纺织印染工厂，规定资本为 50 万元。旋购得长寿路地十余亩，建筑纺厂，依照计划，次第设备。同年 5 月，以原定资本不敷运用，议定增加资本改组股份有限公司，股份总额为 150 万元，一切登记手续，均由公亲手办理。6 月织厂开工，12 月染厂开工，出品尚佳，商标仍沿用丽新注册商标。

时重庆政府严禁沦陷区产品流入内地，以丽新厂厂址在锡，故对新厂出品亦列入禁止输入之内，几经辩白，方准运销内地。廿九年（1940 年）7 月，纺厂开工，以黑市外汇暴跌，购置厂产需合 400 余万元，负债累累，预约银行借款，又中途背约，致原资本金无法周转。经股东会议决，增资 150 万元，连原股份合成总额 300 万元。工厂设备，计纺厂拥有细纱锭 11 400 枚，线锭 3 200 枚，并纱锭 2 112 枚，清花钢丝全套，织厂布机 320 台，及筒纡经浆等机，印染厂印染整理机器全套，流动资金多数系丽新拨给。

是年欧战开始，闽、浙口岸为日军封锁，投机之风大炽，暴涨剧跌，工业产品以实产实销为主，倍受困累。至 9 月，布销起色，乃为时无几（12 月 8 日租界沦陷），日人又统制运销，公司四面受敌，几濒绝境。幸广帮络续采运，得图产销之平衡。纺纱除自给外，多余售与同业布厂，幸无积滞。三十年（1941 年）纺部添置纱锭 2 940 枚，各厂增购原物料及其他设备，资金短绌，经股东会决议，增资 700 万元，连原股本合成股份总额 1 000 万元。是年日寇统制纱布益严，不能运销外埠，米煤恐慌，电力限制，影响生产工作。夜班几乎全停，赖货价高涨，收支得以平衡，结算稍有盈余。卅一年（1942 年），因原料及电力关系，致生产减少，销路亦受限制，营业殊少发展。秋间，公遭歹徒觊觎，杜门晦隐，前后几半年，公司重要事件，大多由唐斌安、君远昆仲代为执行，公与骧廷先生略予指示而已。

丽新锡厂，以寇军退出，得派员工前往修理。卅二年（1943 年）

春，日寇统制商业，办理纱布登记，不准自由移动，昌兴三工厂货品移运失却联系，更不能自由买卖，坐是形成有产无销存货呆积之象。8月，收买纱布之说实行，昌兴存货过多，现金枯竭，外欠债务，催迫频频。公乃建议董事会增资救济，经股东会决议，增资3 000万元，连原股本合成股份总额4 000万元。一面与纺织同业商量解除困难办法，公资望素孚，老成练达，众乃推举为同业代表，负责折冲。结果，保全同业利益之处实非浅鲜。是年，丽新锡厂部分修理完成。卅二年公建议董事会，设立同仁救济会，拨款救济清寒同事疾病丧亡及补助同事遗属生活费，获允照办。并以出卖纱布所得价金，保管困难，购置毗连江宁路厂宅宝安坊房屋一支及宁波路房屋一支，借资稳定企业。

卅四年(1945年)抗战结束，胜利完成，丽新、昌兴两公司整理资产、调整资本，手续繁多。公以拟订各项复兴计划及章则，支配业务，以及应付当时恶势力环境，昼夜办公，心力交瘁。是年丽新公司调整资本为6 000万元，昌兴公司调整资本为4 000万元，实际丽新股份总额内已包含有昌兴股额，但格于当时不合理政令，无法使两公司归并为一组织。丽新锡厂正式复工，开纱锭28 000枚，织机400台，染整工作部分恢复。卅五年(1946年)依照复兴计划，对于锡厂充实设备，推广业务，改进机构诸大端，尤为注意。业务方面，以一切开支比例超过战前，而生产则未及其半，故结算虽因通货膨胀而赢余，实则非真足纯益。

卅六年，谋丽新与昌兴对内合并，公提意见，而骧廷先生深赞其议。查丽新自廿七年(1938年)迁设上海，后因锡厂为敌人掌握，一时无法收回，爰在沪另设昌兴工厂。惟剩余资金有限，乃与丽华公司合伙(因丽华在战前订购织机器适装到上海)。其后添设印染厂、纱厂，需款孔急，乃招部分外股，改组为昌兴股份有限公司，计丽新占股十分之七，丽华十分之一，外股十分之二。除对外有两公司名义外，内部一切早已沆瀣一气，有不可分离之势。为统一产销及行政关系，自以合并组织为宜，经公等建议两公司股东会，双方股东同意合并。是年调整丽新股份为180亿元，卅七年(1948年)两公司股份实行合并,对外则昌兴名义仍行保留。产量平均增加,惟棉花、煤斤、颜料等主要原物料及机器购进,均受管制,国外原棉进口,需代纺半数,影响业务至属重要。

8月19日,改革币制,同时收买金银,限价出售纱布,全市骚动。公司凛怀刑之戒,频受打击,除购思南路布厂地基,及准备抵付机器价款外,其余积储资金尽数兑出,损失之重可以概见。卅八年(1949年)解放之前,战云弥漫,人心浮动,通货恶性膨胀,一日数变,筹措工资,开支困难,达于顶点。

解放后,因政策政令更改,劳资事件不断发生。至8月底,遵照政令,调整资本,将固定及流动资产照市升值,估计自1月起至6月底止,约需亏耗廿支纱2 000余件。1950年上半年,遭"二六"轰炸,营业呆滞,而开支庞大,上海同业以是调度失灵者不下数十家。其主因为妄事扩充基业,搁煞现金。公自民九及十三年、十六年迭受挫折后,主持公司,向抱稳健,得免差跌。是年5月,公力主将昌兴公司组织撤销,借资统一。当时对合并办法,政府尚无规定,而公以为既属同一资本,行政管理又不分立,应可合并。乃手拟计划,经股东会通过后,呈请上海市工商局备案,旋即邀核准。不久,政府对工商业企图合并改组,并有正确之办法公布,立意与公预测相同,人皆服公之先见。丽新公司资本经估计资产升值后,调整为股份总额人民币360亿元,自此昌兴名称取销,所属各厂改称为丽新上海工厂。

(摘自《程敬堂资料》,无锡市档案史志馆藏档案,案卷号:F002-1965-001-0096-0226)

关于唐程两姓资本家及无锡纺织厂同业组织的片断回忆

李惕平

一、胜利后我回锡经过

抗战以前,我从1936年起,虽然已经担任丽新厂的职工福利事业部主任,由于还是兼职,时间短,和唐、程两姓资本家初次建立关系,除掉事务接触外,并没参预全厂大计,所知有限。倒是抗战发生,我远离家乡,在重庆8年,一直和丽新的程敬堂先生通讯,他对我留在家乡的双亲，不时派人照顾（因我兄弟 6 人均在四川，汇兑不通），彼此感情与日俱增。在他的心目中，认为我有“一技之长”，可供他在企业中作为帮手之一。1945 年，抗战胜利后，他一再催我早些东返。那时，我在中央信托局文书科工作，正忙局内的复员工作，直延至翌年 2 月下旬，方回到上海。我在东归之际，国民党组织部忽发表我为京沪杭铁路党部整理委员。我一方面仍在中央信托局工作，一方面有此锦上添花的兼职，并且认为在上海局面广阔，容易发展，并不想再回无锡家乡做事。事有凑巧，在上海的各厂老板们，由于不满意沈锡君（胜利后的商会主席），仍想捧钱孙卿回去复任，缺少帮手，选中了我。他们托孙翔风、华洪涛和我谈判，许我担任商会常务理事，并回丽新厂复任职工福利事业部主任，还由上海第六区机器棉纺织工业同业公会（这一组织管辖上海、南京两市，江苏、浙江、安徽三省的棉纺织厂。以后简称“六区公会”）设立一个“锡武澄办事处”在无锡，管理无锡、常州、江阴三地的各厂事宜。我在计较之下，接受了他们的怂恿。从 1946 年 5 月起，一直到 1949 年解放为止，我回到无锡开始为各纺织厂服务。兹将我所了解的内幕和片断回忆资料，加以叙述，以供参改。

二、程敬堂所谈当时无锡情况

1946 年 2 月下旬，我回到上海和程敬堂见面，在谈无锡纺织厂情况时，他气愤愤地表示过几个问题：（一）国民党经济部特派员吴闻天，抗战一胜利，即代表官僚资本，企图接收无锡各厂，不分青红皂白，指斥这些厂曾与敌伪有过勾结①。经坚决提出证据，严予驳斥，方知难而退。（二）地下县长，中统特务的范惕生到任后，首先对常州大成纱厂驻锡办事处所堆存的棉纱 200 多件，指为敌伪物资②急予扣留，并拘捕该厂职员华纯安。由大成纱厂经理刘靖基，抬出江苏监

---

① 据国民党伪经济部特派员吴闻天企图接收各厂时，认为在汪伪政权统制纱布甚严的情况，如无关系，何得开工。而各厂即针对这一理由，罗列各厂为汪伪政权所掠夺的损失，要求国民党伪经济部就敌伪财产中，予以补偿。——原注

② 关于大成纱厂无锡办事处存纱，伪县长范惕生指为系代日本代纺的，而大成以账册为证据，力辩不是事实。范不顾，竟予封存。——原注

察使程沧波(原为国民党伪中央宣传部副部长,并兼过伪中央日报社社长,系常州人),采用出巡名义,到无锡彻查此案。范惕生在吃瘪之下,只得认错发还了事。(三)无锡敌伪时期的商会会长原为陈湛如,日本投降前,改由张润珊继任。胜利后这两人只得下台,由沈锡君出面组织商会整理委员会,沈自任主任委员,拉申新三厂的郑翔德担任副主任委员,和范惕生勾勾搭搭,专向各纱厂要钱,吃不消。上海方面的意见,要他下台,准备请钱孙卿回去复任。(四)无锡各厂的生产设备在8年沦陷中被破坏,损失惨重,恢复不易。申新三厂有整个申新系统帮助,条件比较好,人才济济,得天独厚。振新方面,在敌伪时期,由荣广明出面,曾与日人合作过[①],损失比较小些。庆丰方面,虽未自己经营,曾由日寇用大康公司名义占用开工,也曾由日寇拆除丽新机器零件,拿去大部修好生产设备。只有丽新千疮百孔,仅靠上海昌兴(即沦陷后在上海另创的厂)帮助,非常吃力。人力配备上,也只有张佩苍孤单作战,显感单薄。那次该话内容,大体如此。

后来,继续见面时,程敬堂又向我谈到同业之间的矛盾问题:(一)原有的联谊会,并非社会团体,不足应付当地党政机关。且形成以申新为中心,措施未免只顾自己,不顾别人,应改由一超然的人,主持其事(主要是指同业摊派地方款项,不甚公允)。(二)各厂恢复生产之际,缺乏熟练工人,形成利用车间职员,乱拉在厂工人跳厂的争吵。如振新与申新、庆丰与丽新,都发生过这种情况,必须设法消灭。(三)各厂沿袭过去恶习,对于工资标准,参差甚大,无法统一,后患堪虞。对于就地采购原棉(各厂大部分原棉,系在上海采购,但亦有就地采购的),仍发生抢购情况,以致价格日涨,彼此不利。当时的总工会(即黄色工会)为申新袁廷杰掌握,纺织业工会为振新唐相桓掌握,而丽新厂并无人参加,将来发生"劳资纠纷"一定麻烦不少等等。

程敬堂在谈到沈锡君时,喟然长叹,认为沈原与丽新有深切关系(因沈是该厂监察人之一),但现在专找丽新的麻烦,非常遗憾。他提到曾和唐星海、荣一心商过,拟请钱孙卿回锡后任商会主席。又谈到

---

① 按该厂当时与日寇合组的组织为"辛泰公司"。——原注

日寇投降后，钱孙卿曾由冯云初、王淡楼陪同回过无锡家中，各方面热烈表示欢迎，影响极好。

三、办事处成立经过

上海六区同业公会，在1946年5月20日，根据该会理事会的决议，设立锡武澄办事处，就地处理无锡、常州、江阴三地会员厂会务。由我担任该处主任，何乃扬（大成纱厂资方代理人）为副主任。并附理事会通过的该处暂行简章一份，规定办事处设在无锡，任务包括四项：（一）关于本会（即六区同业公会）所属该区域内各会员厂就近对外联络或承转事项。（二）关于策进该区域内各会员厂的工务管理、技术研究、业务改进等事项。（三）关于该区域内各会员厂劳资间之协调及推进福利事项。（四）关于该区域内及当地机关团体之征询、委托、调查事项。又规定办事处对外行文以该区域属于地方性之际要事项为限，并须随时报请本会（即六区同业公会）查核。

在这个机构成立之前，程敬堂介绍我和刘靖基、杨子华、何乃扬见了面，谈谈无锡、常州、江阴三地会员厂联系合作问题，主要地要达到彼此步调一致，一切以程敬堂的指示为准。当时商定各厂会员代表名单：申新三厂为谈家枨，庆丰为陶心华，丽新为张佩苍，振新为荣序馨，大成为何乃扬，民丰为李安之，利用为袁国琪。并预定荣氏创办的天元棉麻毛纺厂在开工后，亦加入为会员。对无锡的各小型纱厂，既已另组同业公会，由办事处与之密切联系，并不劝令加入（事实上大小型厂利害冲突，不可能会为一个组织）。各项原则商定后，我即回到无锡，在学前街41号设立了六区同业公会锡武澄办事处，开始工作。

此后，由会员代表会议决定每两周开全体会议一次，在各厂轮流采取聚餐方式招待举行。平时，无锡各厂，每周开会一次，所有与外地各厂有关问题，随时长途电话联系。从1946年5月底起，这个组织，一直到1949年10月才结束。

四、办事处干些什么？

六区同业公会锡武澄办事处成立后，由于所属会员厂经济力量的庞大，在锡、武、澄三地工商界中，自然形成了足以左右一切的力量。但同时也成为国民党反动统治予取予求的唯一对象。因此，对外界的打交道，是主持其事的我和何乃扬，必须首先采取一定的策略。从常州方面讲，何乃扬和李安之，足以当其重任，毫无问题（武进伪县长是江阴人孙丹忱，对大成、民丰两厂事件，由于刘靖基关系，拉拢得极好）。江阴方面，工厂较少，袁国栋接办了利用纱厂，衣锦还乡，举足轻重（袁一向在四川，从事工商业发财）。因此，我实际上对常州、江阴两地，毋需过问，主要是为无锡各厂办事。当时，我对丽新方面，离职 8 年多，实际情况也已不甚了了，首先恢复了该厂的职工福利事业部，通过具体工作，和一般职员工人经常联系。逐步再摸清申新、庆丰、振新各厂情况。在办事处成立之际，上述各厂之间因互拉熟练工人两起争吵的事已成过去（基本上已恢复了生产）。在 1946 年内，办事处的主要工作，是应付税捐及额外摊派问题，差不多每次开会讨论的，完全是属于这类问题。我秉承上海老板的意旨，先在县商会税捐评议委员会中，将纺织业的分摊比例，规定为全部工商业的总额十分之一。然后在办事处中，根据各厂实际开工纱锭及布机，按比例分摊。

是年年底，丽新厂首先发生战前工人存工问题。原来各厂在抗日战争以前，每个工人都有 10 天工资，为厂方扣存，名之曰“存工”。表面上是采取这个方式，防止工人跳厂，实际上是资本家采用又一种方式剥削工人。每一工人进厂时，既要觅人出具保证书，又要被扣存工资 10 天。胜利后，这种制度不再存在，而有绝大部分工人，有存工在厂，尚未发还。由于抗战八年，存工凭证早已遗失，厂方不允发还。即使持有存折的，究竟按照什么标准计算，立即引起争执。当时，厂方把这问题推到办事处研究。这事处理极为棘手。后来，还是六区同业公会提供了一项意见，因为国民党各级法院，对于战前债务纠纷，按照 1 000 倍计算，认为可以援引与劳方协商。后来通过黄色工会，即按照此项标准发还。丽新方面进行协商之际，各厂观望其结果，并未一并解决。等到丽新问题解决，已在 1947 年春天，物价飞涨得日趋厉害，已难按此标准计算，势成僵持之局。迁延多时，迄未解决，办事处只好不管。

胜利后，各厂先后开工，条件迥不相同，工资标准参差，矛盾最大。如庆丰厂最高，它一直与上海的保丰相同。而申新则较低，最高工资要比庆丰低一成。丽新、振新则介于其间。这一问题，办事处曾企图加以统一，特地邀集各厂工程师，由孙家柜、祝寿昌、陈鼎司、龚缵模、戴福洪、黄锦养、黄振中、刘小农等成立委员会共同研究。根据上海市各厂的工资标准，再调查无锡各厂实际工资，按照工种、劳动强度等等条件，逐一评定，规定最高工资为 2.40 元，最低工资不得少于 0.80 元(这是日给工资，计件工资按生产量计算)。这一件工作，做得比较细致，经过一两个月，方告完成。工程师们的立场是公正的，只是在厂方执行时，未免阳奉阴违，各行其是。因为规定时，按技术熟练程度，不能不有伸缩，这是给予了厂方以左右其间，灵活运用了。

由于国民党统治者的横征暴敛，物价一日数跳，按照什么标准发放工资，成为当时各地工厂和工人争执的中心问题。上海资本家和伪社会局(主管工商业及劳资争议的机构)密议多时，确定每 10 天由伪社会局公布所谓“生活指数”一次(系按米、布等主要物价比例推算出来的计算指数)，各工厂即按照这一标准计算工资。其实，核算并不正确，指数总是落后于物价，而各厂按照指数计算工资倍数必有天数上的差距。工人领到工资时，物价又上涨了。至于无锡方面，也有伪社会科公布的“生活指数”，其标准不同，略比上海的生活指数要高一成左右。按理，工人是按照当地物价而安排生活的，必须按照当地公布的生活指数计算。然而资本的剥削欲求永无止境的，他们坚持六区公会的会员厂，一定要根据上海的生活指算。这一个交涉，真使我为难极了。甫经提出，工人即反对。后来，还是托伪党政机关，对纺织业黄色工会施以压力，方才实行。回想起来，这一措施，使工人群众吃了很大的亏。

纺织业黄色工会，由各厂几个工棍组织而成，对于工人群众并无控制力量。只是集中了各厂工人所缴会费，浪用享受，从中中饱。但也不能不装起为工人做些事的面孔。于是只在“要求改善待遇”方面大做文章。例如膳食,宿舍、浴室等一类问题。当各厂恢复生产之际,厂中只有职员供给伙食,工人一律自理。(工会)提出了这个要求,厂方只得办起了一些食堂,敷衍了事。实际上只有职位较高的工人能参加,普通工人是轮不到的。浴室总算是办了,规模不大,拥挤不堪。至于宿舍,只就过去所谓"工房"加以修理,按登记先后,安排居住,更是粥少僧多,解决不了问题。总之,各厂厂方在福利方面,虽然被迫办些,完全是舍不得用钱的。有些厂,如丽新等,还发生有大批职工宿舍,为军队所占用,这些反动军队住在厂内,将完整的门窗当做柴爿烧火,设备破坏不堪。至于不分你我,把别人东西当作自己的用;还任意调戏女工,饮气吞声,受苦非浅。这一类事件,厂方无法解决,一再由办事处报请六区同业公会电请伪国防部后,直到 1947 年底,方才解决。

此外,办事处对于各厂"劳资斗争"和"应付税捐"方面,费力最多,下面专节来述。

由于资本家绝不放松对工人的剥削,加以国民党反动派的黑暗腐败的统治,使物价不断在疯狂上涨,使工人们的日常生活陷于绝境。因此,几年之中,工人们为了待遇问题引起的斗争,迄未停止。1946 年的所谓劳资争议,还仅是计件工资的计算标准,病假工资照给,以及年终资金发给办法等等。到了 1947 年起,物价更加狂跳,申新、庆丰、丽新各厂,都先后爆发了规模较大的罢工斗争。如果仅是个别厂的问题,向由各厂自行应付,但罢工斗争常是波浪式地此起彼落,互相影响。平时,各厂的厂长每天要和上海老板通长途电话,他们彼此住所均装电话并挂长途,报告情况,指示机宜。遇到发生罢工斗争,老板们最伤脑筋,常向他们的代理人呵责。各厂厂长也只好采取互相推诿方式来对付。我身当办事处的地位,往往要搞到自己头上。必须陪同他们奔走各方,如向伪党政机关联系,责令黄色工会图谋解决。其实,黄色工会的一些人,平日在工人面前,虽擅威作福,对资本家方面,利用机会进行讹作(这大都通过各厂人事科的关系,常搞不可告人的勾当),但一到爆发了罢工斗争,就仓皇失措地一筹莫展,只好就工人们提出的问题,系留声机一样的装起为工人说话。在老板们以为平时他小钱收买了这批家伙，以为“万事太平”了。不料常常会出反差，如申新的袁廷杰、邵升根等，常为厂方招去质询，他们总是期期艾艾地说不出什么。工人们有些要求，完全根据上海各厂的待遇提出的，而老板们总认为内地不能和上海比，一定要打个折扣。例如女工的分娩假期工资，上海早已是 56 天，无锡一直是 48 天。年终奖金，上海早已规定为两个月，无锡偏要在请假天数上做文章(病假不扣，事假要按比例扣，扣法不和上海一样)。上海工资，每 10 天发一次，无锡偏要每月发二次。无锡有当地公布的所谓“生活指数”，偏要采用上海的“生活指数”来发给工资。这一类的问题，不断地引起罢工斗争。我去处理这些问题时，到了“劳资双方”谈判阶段，总成为同业的代表，身当其冲，无可逃避。在我心理上一直是矛盾的。一方面我觉得硬要不同于上海并不合理；一方面又要事事听从老板们的指示，碰到这些问题，极为头痛。有时，实在弄僵了，非答应条件不能解决，也只得不得到老板们的同意，答应了下来。在各厂厂长把这责任推给我，他们就可脱然无累，而他们认为我是“客体”，老板们不会呵责(他们是受惯了这种鸟气)。其实也不然。有一次，庆丰发生了罢工，什么中心问题，我已记不得，最后，由我代表答应了工人们的条件。当晚，程敬堂打长途电话给我，约我去上海一趟，我到了上海，和唐星海等见面。唐居然盛气凌人的表示不满。我当时也气极了，不管他的态度如何，挖苦了他几句“你们高高在上，躲在上海，为什么不直接和工人们谈判。”程敬堂、荣一心等急忙把话头岔开。

平时，各厂的厂长们，关于同业的事务，对内对外，作了分工。联络军警各机关，由申新的谈家枨负责。他每天晚上，总是陪着伪警察局长潘玉珣，宪兵团长阎俊，城防指挥官蔡承祺等一起饮酒和谈笑。顶难于对付的，是那时的几个报纸，那些编辑人，不问娘亲爷眷，总是要钱。他们对于纺织业，并不敢轻于开玩笑，但几年之中，一再通过钱钟汉等关系，用“认服款方式”，向各厂要去了好几笔钱(每厂约合米价数十担到数百担)。因此，有关各纺织厂的消息，约定由“工业通讯社”发稿(这是江苏省工业协会的附设机构，实际上由各纺织厂负担经费,并由薛明剑和我担任社长),各报一律照登。

在生产技术方面,办事处的组织规程,虽然也列为职权范围之一,事实上各厂猜忌,互显神通,绝对不肯公开。除掉前述之各厂工程师们为了订定共同工资标准,一度集中研究外,从未合作过。即如各厂为了刺激锭扯和台扯[①]的逐步提高,曾规定各厂要将每月统计报表送至办事处汇总统计,列表分送各厂参考。事实上就这一点,并没有做到。各厂所送报表,七零八落,残缺不全,无法统计。这说明在资本主义制度下,资本家只靠尔诈我虞的手段来争取利润,要求合作,绝不可能的。

至于各厂在这几年中,在经营管理上,是充满了投机性的活动。我虽不深知其底细,亦有大部分了解,已另写回忆,纪其概况。

(1962 年 9 月成稿,原件藏无锡市政协文史资料委员会资料室)

① 锭扯和台扯是棉纱和棉布生平均产量的统计标准。——原注

（二）厂基土地

厂区地形图（1938年）[①]

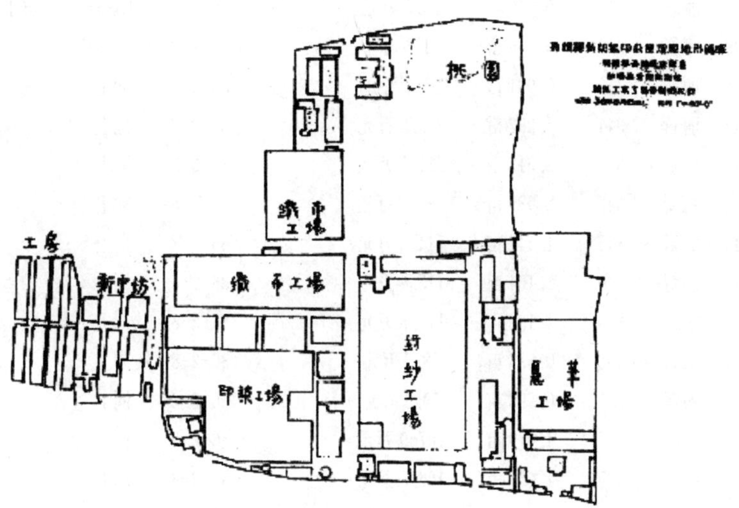

（此系丽新地形图，绘于1938年。原无锡市国棉三厂档案室藏档）

土地使用表（1948年12月10日）

无锡市地籍整理处收据清单（丽新厂，1948年12月10日）[②]

收据号数	申请人	地号	面积	地价	定着物价值	登记日期	证件	备注
1094	丽新	326－1	8.203亩	820.3万元		37-6-2	照片11张	荡田
1093	丽新	325	1.53亩	153万元		37-6-2	保证	
1092	丽新	326	0.6亩	60万元		37-6-2	保证	

① 此图右上角文字说明：无锡丽新纺织印染整理厂地形总图，附丽华染织厂地形图，许顺昌营造厂测绘，丽新土木工场秦则颢校对。日期1938年9月15日

② 日期为编者所加。原表为竖排，钢笔抄写。表首有毛笔签注："三十七年十二月十日由商会（印）、丽新（印）、代表钱孙卿（印）、程景溪（印）保"。

（续表）

收据号数	申请人	地号	面积	地价	定着物价值	登记日期	证件	备注
118	丽新	345	2.292亩	229.2万元		36-2-8	永佃权	黄巷，他项权利
117	丽新	348	0.265亩	26.5万元		36-2-8	永佃权	同上
749	丽新	349	0.616亩	61.6万元		36-2-8	附地317	
748	丽新	347	0.991亩	99.1万元		36-2-8	同上	
747	丽新	344	2.292亩	229.2万元		36-2-8	同上	
746	丽新	343	2.317亩	231.7万元		36-2-8	同上	
745	丽新	342	2.987亩	298.7万元		36-2-8	同上	
744	丽新	341	1.442亩	144.2万元		36-2-8	同上	
743	丽新	340	1.154亩	115.4万元		36-2-8	同上	
742	丽新	339	1.138亩	113.8万元		36-2-8	同上	
741	丽新	338	0.587亩	58.7万元		36-2-8	同上	
740	丽新	337	0.593亩	59.3万元		36-2-8	同上	
739	丽新	336	1.079亩	107.9万元		36-2-8	同上	
738	丽新	335	1.065亩	106.5万元		36-2-8	同上	
737	丽新	334	0.775亩	77.5万元		36-2-8	同上	
736	丽新	333	1.512亩	151.2万元		36-2-8	同上	
735	丽新	332	1.188亩	118.8万元		36-2-8	同上	
734	丽新	331	1.214亩	121.4万元		36-2-8	同上	
733	丽新	327	0.842亩	84.2万元		36-2-8	同上	
727	丽新	1	16.428亩	4 928.4万元	2 690万元	36-2-8	照片2张	
729	丽新	317	123.933亩	37 179.9万元	1 920万元	36-2-8	照片13张	①
		328	0.774 9亩	业余公司				尚未办移转
		329	0.997 8亩	业余公司				同上
		330	1.203 5亩	业余公司				同上
		346	2.942 6亩	自有五分，余系夏伯周业				同上
		345	2.292亩	自有佃权，杨少牧业				同上
		348	0.265亩	无号塘，未登航测部分				

① 以上共计175.043亩。

又唐氏部分

收据号数	申请人	地号	面积	地价	定着物价值	登记日期	证件	备注
1477	唐文波	940	0.217 亩	65.1 万元	180 万元	37-6-2	照片一张	中一镇
1473	唐斌安	799	0.841 亩	168.2 万元	450 万元	37-7-16	同上	同上
1861	唐君远	820	1.34 亩	402 万元	300 万元		同上	同上
1862	唐文波	820-1	1.126 亩	337.8 万元	300 万元	37-6-1	附 7	同上
1105	唐蔚文 唐宏源	63	1.813 亩	725.2 万元			照片二张	中二镇

土地登记和使用的往来函件和批复

申请办理土地登记致市财政局长函

谨呈者：商厂为顾全附近公共卫生饮料及排泄色水之用，于民国 20 年至 25 年间，用协新公司、丽新公司户名，先后购得薛耀记、孙桂福、秦莲记、吴永兴、高仁、蔡光杰等 6 户田业，坐落本市惠河镇黄巷，东至东渎浜、南至路、西至浜、北至本厂，共滩荡田计亩分 17 亩 2 分 8 厘 4 毫，办粮执业已历十数年，在抗战之前曾经地政局审核无讹，加戳证明在案。民国 37 年，国民党政府土地局整理郊区地籍，因滩荡田与普通田地有别，须经测量编号后方准登记。商厂乃于是年 4 月 16 日检具证件照片 11 纸，清单 1 纸，声请丈量，获准派员实地测勘。除航测区部分滩荡应听后办理外，当测得人测区部分商厂实有亩分为捌亩二分零三毫，计东至蔡、谢姓田基，南至塘岸，西至本厂墙路，北至本厂航测区部分荡沟，即凭实测亩分办理人测登记，领得黄巷第 1094 号登记收据一纸在案。嗣经公告期满，准发权状，商厂于是年 12 月 20 日拟凭收据领取权状时，发觉已登记荡田靠东与谢姓田基毗连所在，有一小段荡田计 0.264 5 亩，竟被谢永楠串同该局人员侵占登记。商厂以产权攸关，于同月 27 日、31 日两次具呈，声请彻查。呈内除举发谢永楠朦登弊端外，并连及局方措置失当，一切有案可稽。局方因需对内彻查关系，将是案延搁，迄未理涉。商厂亦以是未将权状领出。解放后一度曾派员至钧局接洽航测部分登记手续。因钧局需先办有地号土地,对于尚未编号之土地听后办理,故延未申请丈量登记。兹阅报载本市人民政府发表总(50)粮字第75号通告,重行整理郊区赋籍。商厂未登记航测部分滩荡,依法应在登记之列。惟所执旧证件亩分与新亩分决难符合,为遵守政府法令暨确保所有地权起见,理合检具证件摄片11纸暨人测登记收据照片1纸,连同原申请登记及交涉呈稿全份计5纸,呈请鉴核,迅赐批示,准予将商厂所有航测部分未登记滩荡田继续丈量,随予登记,俾便依照实测亩分办理整赋登记,实为公便。谨呈

无锡市财政局局长朱

附呈摄片12纸、抄稿一份计5纸

具呈人代理人　程景溪

公元1950年10月23日

丽新、丽华厂就厂基土地登记手续问题呈市政府文及市政府的批复

事由:为厂地坐落所在并不属于郊区,是否需办郊区登记手续,颇滋疑惑,检附清册,呈请核赐批示由

谨呈者:商厂等厂址坐落本市惠河镇,东接丽新路,南接丝厂、商市,西濒外塘岸、商市,北接黄巷乡农田,计丽新厂占地190.94亩,丽华厂占地55.638亩。两厂土地除已经使用于建筑厂屋墙基道路及出水沟外,丽新尚余田二起计3.690亩,丽华为准备扩充厂基,尚有余地35.551亩(周围编有篱笆,早经圈入厂基范围,1948年秋曾在原厂基外篱笆之内新建厂屋一幢,计50余间,其余篱内土地因暂不建筑,由本厂职工自行耕种稻麦蔬菜,现仍继续耕种)及有永佃权土地四起计3.319亩。按照本市税务局课征地价税规定,上项余地均属市区丽新路范围,去年开征地税曾遵缴在案。本月8日接奉郊区黄巷乡农民协会通知,对上述余地催办郊区登记手续,商厂等以余地毗建厂屋,确系准备扩充工厂之用,征诸坐落地点三面紧接市区及纳税情况等事实,似并不属于郊区土政之列。顾农会通知亦应遵办,爰于本月10日造送清册,申请登记在案。兹为求取了解市郊经界划定

所在及究否需办郊区登记手续起见，用特检具两厂余地清册副本一份，联名呈请鉴核，仰祈迅赐批示，俾有遵循，实为公便。

谨呈

无锡市人民政府市长　顾

附呈清册一份

具呈人：厂长　张佩苍　住址　本市中市桥巷8号

厂长　蒋鸿瑞　住址　本市丽新路本厂

1951年3有12日

事由批办：所请仍仰遵照郊区办事处通知办理由

无锡市人民政府批示　1951年4月3日

本年3月29日呈一件：为申请保留厂地仰祈鉴核赐准呈及附图均悉。仍应遵照郊区办事处第27号通知办理，仰即知照。

此批(件存)。

市长　顾风

郊区办事处主任关于丽新厂外空地处理的催办函

丽新厂负责人：

据黄巷乡乡长报称，关于你厂厂基共30亩左右，该乡已通知你厂数次，征求处理意见，但未给答复。现该乡土改即转入征没土地分配阶段，故限你们4天内作具体答复，否则除依法征收外，即行分配农民使用。如你们需要该土地使用，保证土改法公布起(1950年6月30日起)3年内建厂建屋，可保留不分配，但你们也要写申请书，来郊区办事处写明要使用多少土地和建筑计划和时间。特此来信，请勿自误为荷。致

敬礼

郊区办事处主任：朱毅

1951年3月22日

请求交换基地以建校舍致黄巷乡乡农会函

呈为请求交换基地以便建筑校舍仰祈予以协助由

窃本厂除原有空余基地(围有篱笆)外，尚有篱外北面□粮农田

一坵约 3 亩左右，现由贵乡农民黄阿盘耕种。该项基地，本厂为建筑职工子弟学校，急需应用，拟以本厂其他基地，与以互换。际此郊区土改农田分配之际，敢恳贵会尽力协助，俾本厂建设计划得以实现，不胜感祷之至。谨呈

黄巷乡乡农会

丽新纺织厂厂长　张佩苍

丽华染织厂厂长　蒋鸿瑞

1951 年 3 月 24 日

申请保留厂有空地致郊区办事处函

查敝厂厂旁所有空地计叁拾玖亩贰分四厘壹毫，周围编有篱笆，另有篱外北面农田壹坵约 3 亩左右，该区厂基准备逐步建造厂房。现已拟定计划，先行建造职工子弟学校壹所，约占面积 7 亩左右；足球场一处，篮球场二处，约占面积 13 亩左右。该项建筑工程拟于今年秋季前完成。第二步计划建筑宿舍 40 间，约占面积 7 亩左右，于今后一年半内完成。其余空地亦将于 3 年内络续建造生活区各项设备。除计划地面图于下周六前另行送奉外，用敢据情函陈依照土地改革法申请予以保留。此致

无锡市人民政府郊区办事处

丽新厂长　张佩苍

丽华厂长　蒋鸿瑞

1951 年 3 月 24 日

申请保留厂有余地建设职工生活区呈市政府文

事由:为厂地申请保留仰祈鉴核赐准由

谨呈者:商厂等前为厂有余地介于市郊之间，未明隶属范围，爰于本月 13 日检具土地清册呈请核示在案。嗣奉钧属郊区办事处郊字第 27 号略开:“你厂地叁拾玖亩二分四厘一毫，另农田叁亩三分一厘九毫，依法应征收为国有，如在土改法公布后三年内建厂当给予优先使用，否则分给农民耕种”等由，商厂等以上述土地原备两厂职工生活区之用，当即拟具计划，绘制图样，函复申请保留，并说明第一步

计划，就地先造职工子弟学校校舍一所，约占面积7亩左右；足球场一处，篮球场二处，约占13亩左右。上项工程拟在本年秋季前完成。第二步计划，建筑宿舍40间，约占7亩左右，于今后一年半内完成。其余空地亦将于3年内络续建造生活区，各项设备并附图样以备参考。兹又准黄巷乡农会咨照：工厂申请保留土地须先经市府核准，为此备陈经过，检附图样一幅，呈请钧府鉴核，仰祈随赐批准，俾完手续，实为公便。谨呈

无锡市政府市长顾、刘

具呈人厂长　张佩苍

厂长　蒋鸿瑞

1951年3月31日

申请核准使用厂旁空地致郊区办事处函

事由：为使用厂地实际情况农会业已了解呈请赐准使用并恳分转由

谨呈者：窃商厂等厂外土地39.241亩（内有地号3363号一起，面积2.160亩，坐落地址与整块土地脱离，如剔除则整块面积应为37.081亩），另肥田权土地3.317亩。前奉钧处3月22日及26日两次通知，催办申请手续。商等遵于3月24日函陈使用计划，请求准许保留。同日，复以建筑便利关系，部分基地需要□□函请黄巷乡农会赐予协助，嗣于3月30日补具使用地区计划草图一幅（图上标比例尺寸为1英分等于5英尺），托农会转达。得晤钧处驻会干部吉同志，承其指导，申请保留使用土地应向上级机构请求核准，商等随即备文附图，呈请无锡市人民政府核批。本月3日奉市府总(51)秘字第382号批示内开："呈及附件均悉，仍应遵照郊区办事处第27号通知办理，仰即知照"等因，遂由鸿瑞亲诣钧处请示应办手续。承朱主任解释，此事仍须与农会接洽，待群众明了实况后方可办理手续。商等爰又派员至农会洽谈。本月7日，由吉同志约同农会诸代表到厂勘察，并与厂工会负责人交换意见，结果了解商等前具计划及图样，确系根据工人群众再三要求，尤其第一步计划，建造职工子弟学校校舍及两厂职工运动场，实为公家当前迫切之要求（运动场原拟在

4月底前完成,以便劳动节日使用),碍难延挨,影响工人福利,遂许商等续行申请。为此陈述遵办经过,检具副本二件、计划说明书三份,呈请钧鉴,仰祈查案,核准使用,并恳分转无锡市人民政府及黄巷乡农会,以便克日动工,无任企祷。谨呈

无锡市人民政府郊区办事处

附副本二件、说明书三份。

具呈人厂长　张佩苍

厂长　蒋鸿瑞

1951年4月13日

丽新纺织印染公司锡厂、丽华染织工厂联系使用厂地建设计划说明书

查我两厂现有职工总人数约2 400余人,按照实际需要应有可容1 000名职工子弟读书之校舍,以及工会固定会址、广大运动场所、宿舍等福利事业设备,方能配合职工日常生活。我厂等在抗战前曾有愿望,拟趁业务扩展及经济条件足够时,络续添造厂屋及职工福利方面应办之各种建筑设备,故预购厂外土地数十亩,以备使用。不幸过去遭受日寇重大破坏及国民党反动政府不断压榨,致数年来除修补破败外,对于厂屋极少添建。解放后,劳资双方均感日常生活场所以及福利部分建筑不敷分配,希望能逐步扩建或就必要者提前建筑,但又限于资力,以及政府显明指出"一寸生产,一分福利"之解释,不容草率从事,致因循及年。去岁由于政府正确领导,工人努力合作,工厂生产渐纳正规。经工会一再建议,需要子弟校舍及运动场所等合理建筑,爰就厂有土地勘酌后,急拟具计划如下:

第一步计划

(一)建造职工子弟学校校舍一所,指定地点在丽新路旁丽华厂后背,占用地面积约7亩左右,拟于本年夏季开工。

说明:原有校舍位置在丽新厂与惠商桥之间,收容职工子弟300余名。按职工现在人数计算,需有可容千人读书之子弟学校,方能普及教育。又两厂职工家属寄居黄巷乡者极多,故新校舍以建造在丽

华厂后、丽新沿路较为近便，将来落成后，将现有教职员、学生，全部迁移新址教读，并可添设班次，广收子弟入校。原校舍将改作工会会址，因工会尚无固定址所，现设所在系丽华拨用厂办事室，非久长之。

（二）辟筑运动场所，指定在两厂相近地段分建足球场一所，四周建以跑道；篮球场二所，供男女职工分头运动，以免拥挤。以上约占面积拾叁亩左右，工会要求在4月底前完成。

说明：两厂均无正式运动场，过去以堆煤场及植物园□□□□，接近工场、仓栈，颇易影响生产工作，且人多地少，势难回旋。故亟需添辟正式场所，以利群众。

第二步计划

建筑职工宿舍40间，地点指定在运动场附近，约占面积7亩左右，于今后一年半内完成。

说明：查丽新厂现有宿舍300余个房间供给职工居住，殊见拥挤；丽华无正式宿舍，权以工场抵充，今后自应建造新舍。

除上两步计划拟定步骤，依次着手兴辟外（约占面积27亩余），其余空地亦拟于3年内络续建设职工生活区各项设备。

具

1951年4月13日

无锡市人民政府郊区办事处批示93号

4月13日呈一件为使用厂基建造职工子弟学校校舍及职工运动场请鉴核由

呈及附件均悉。该厂拟使用厂基共20亩左右，建造职工子弟学校校舍及职工运动场一节。经查，该厂已有篮球运动场二处，现在所需用之土地，均系解放后由农民手里拿回，而目前尚属农田，又非建厂建仓，故不照准。惟为照顾职工子弟读书起见，原有校舍实情不敷应用，自应准予使用。除另行呈报市政府，并令知黄巷乡政府外，仰即知照。此批。

主任　朱　毅

1951年4月14日

申请划拨厂外余地建造疗养所致郊区办事处函

事由：为拟建造疗养所申请划拨厂外余地使用由

敬启者：敝厂等因鉴无锡市各医院病床设备有限，工人患病送院住疗辄遭退回，为配合实际需要，及切实施行劳保条例起见，拟在丽华厂后背北面，靠近子弟小学校新校址之西，使用土地一百英尺(附地点图)，建造疗养所一处，以便病者就近住疗。除书面向黄巷乡农会申述外，理合备文申请鉴核，并恳转请无锡市人民政府核准拨地使用，毋任企祷！谨呈

无锡市政府郊区办事处

厂长张佩苍　厂长蒋鸿瑞　启

公历1951年6月21日

关于建造职工子弟学校及疗养所使用土地的租借协约

立租借协约：

丽新纺织印染公司锡厂代表张佩苍

丽华染织工厂代表蒋鸿瑞(以下简称甲方、乙方)

今因甲方需要建造职工子弟学校新校舍及疗养所，向乙方承租到坐落无锡市惠河镇地号599、600、601、601-1、602、603号6起土地，计总面积市亩11亩9分7厘4毫(附图)。复因双方有悠久职业关系，过去甲方主办各种职工福利事业，乙方除分担部分经费外，对甲方所有房屋设备均获无条件借用，故此次仍本以往交谊，双方协定租借条款如后：

一、租借期协定5年，自1951年10月1日起至1956年9月30日止。期满如双方同意延续，得重订协约继续租借。

二、甲方租地造屋免纳租费。将来建造完成实施福利事业时，乙方得免费借用甲方所有各项设备，双方互为调剂；但福利经常开支费用，乙方需照旧例，负担总额十分之二之数字。

三、地权属于乙方，房屋及一切建筑物之主权属于甲方。双方所有权益不因本约而牵混。

四、在租借期内，地税归乙方完纳，其他如房产税及一切税捐归

甲方完纳。

五、本协约一式两份，双方各执一份为凭。

立租借协约

甲方　丽新纺织印染公司锡厂　代表　张佩苍

乙方　丽华染织工厂　代表　蒋鸿瑞

见证　协新毛纺织染公司锡厂　朱文沅

公元1951年10月1日

关于建造职工房屋使用土地的租借协约

立租借协约

丽华染织工厂代表蒋鸿瑞

丽新纺织印染公司锡厂代表张佩苍(以下简称甲方、乙方)

今由乙方向甲方承租到坐落无锡市惠河镇地319、321、322、323号4起基地，总计面积市亩5亩6分8厘9毫(四址界限:东至丽华，南至丽新，西至农田，北至农田)，就上项租地范围内建造房屋居住作用。凭中三面议明，于订立本合同时，由乙方出押，租费人民币300万元整，不另立据。兹将议定各款开列于后：

一、租期，订明5年，自1951年10月1日起至1956年9月30日止。在租期内，甲、乙双方不得要求收回或退租，期满如甲方愿意出租，乙方有优先租赁权。

二、建筑，乙方于承租范围内建造房屋，所有工料费概由乙方负担，甲方不出费用。租期届满，如甲方要地，乙方应拆除建筑物，让还基地。如甲方愿意承购建筑物，得按原建造价扣除折旧后向乙方收购。

三、租金，每月人民币30万元，按年分4次支付，每次付3个月。于订约日先付第一次租金，嗣后每隔3个月付租金一次，由甲方掣给收据为证。

四、其他，在租期内如遇地价税有增加情事，得按增加比例调整租金，但在起租第一年内不得加租。

本协约一式两份，双方各执一份为凭。

立租地协约

甲　方　丽华染织工厂代表　蒋鸿瑞

乙　方　丽新纺织印染公司锡厂代表　张佩苍

中证人　过耕初　钱烈臣　程梦九　王锡君

公元1951年10月1日

（本节资料除有注明外，均系原无锡市国棉三厂档案室藏档）

（三）日本侵华战争中遭受破坏

关于沦陷期间本厂损失情形复经济部特派员垂询函（1945年11月7日）

为答复垂询事，窃商公司前已将沦陷八年间经过情形并查明损失开具清册照片，连同填写发下调查表一并呈送在案。兹承贵特派员莅临视察，亦以商厂损失重大蒙谕当为转呈经济部救济商厂，感戴莫名！至垂询各点，谨照呈复如下：

一、工厂沿革

查本厂创设于民国九年，系股份有限公司性质，专营机器染织事业，为国内首创用机器染整辅助棉纺织业改良之嚆矢，故出品布匹足以抵制外货，挽回利权。于民国十七年全国注册局补行注册，名称为丽新染织整理股份有限公司。旋又增设纺部精纺细纱双股线，并改名称为丽新纺织漂染整理股份有限公司，于民国二十年呈准变更登记。嗣又增设印花厂，改名称为丽新纺织印染整理股份有限公司，于民国二十年呈准变更登记。嗣又增设印花厂，改名为丽新纺织印染整理股份有限公司，于二十五年呈准变更登记。制造情形：从棉花进厂，自纺织印染或漂白连续工作，至成匹出厂，品类繁多，遐迩竞销，遍及全国各省市，并于上海、汉口、南京、镇江分设发行所，以便客商就近购办。照设备机器生产能力统计，纺部年可产纱一万五千件，织部产布七十万匹，印花染色出布一百四十万匹，纱线及印染布坯自供不足之数，向他厂购补。二十六年上半年，因新购机器全部开齐，产销俱见猛进。正欣基础稳固，孰知战事爆发，无锡沦陷，即为敌军占据，并委日商大康纱厂管理。因商厂拒绝合作或出租，致被有计划之毁坏。至民国三十年二月中，敌伪无条件发还商厂管业。三十一年十二月，因环境之迫切，自行开工三、五台纺纱机，一面将破坏机器逐加修理。经营至今，已逾二年，修竣之纺纱机器只有二十台，合计八千余锭。又商请信昌洋行，以债权人关系搬出破坏纱锭二万二千一百枚，现堆存上海，与其他织布、印染、电汽均未修整。以上经过，均于民国二十九年五月呈报经济部备案在案。此为商公司创办迄今之沿革也。

二、战时经过略述

查商厂于战时经过所受威胁压迫情形，前呈曾经详细沥陈，当蒙鉴察。

三、机械设备及现存实况

查商厂战前原有设备，纺厂精纺细纱锭四万零六百枚并线锭一万二千四百枚，现存已修理细纱锭八百枚左右。又前藉英商信昌洋行之掩护，搬出堆存于上海之已破坏细纱锭二万二千一百枚并线锭六千枚，其余尚在着手修整中。织布厂原有布机一千二百台，被击毁至不能修理、等于废铁者七百九十三台。大小马达七百七十八台，被掠搬一空，其余四百零七台则亦正在修整计划之中。漂染厂漂染机器机身及附件均被敲坏，毁损情形轻重不一。印花厂机器毁损情形与染厂相类似，惟刻花之紫铜滚筒七百双全数被掠搬一空，其余仪器仅余少数。电汽厂先为敌机炸弹落于厂外广场受震损坏，机上装置磁板开关电表等一切附件均被拆掠一空。除前呈已附损失清册可以复按外，即照上项现存之机数，因已受破坏，机件残缺不全，且机身能力与以前比较减低甚多，故实际上之损失难于统计。除前呈详陈外，奉询各节，合再具文呈复，仰祈鉴核。谨呈

经济部战时生产局苏浙皖区特派员驻江苏省办事处处长吴

具呈人丽新纺织印染整理股份有限公司

董事长　邹颂丹

中华民国三十四年十一月七日

恳请免于补办自行接收手续致经济部特派员公署函

为呈报商厂在沦陷时期始终未与敌伪合作或出订租约，且早经无条件收回自行管业经营，吁恳免予补办自行接收手续，仰祈鉴核照准批示□□事：窃商等各工厂设在江苏省无锡县，当沦陷之初，敌军

占据，委托敌商大康纱厂管理庆丰纱厂、丽新纱厂两家，又委托上海纺织会社管理申新三厂，迭次遣人劝诱商等与之合作或出租，餂以重利，均经拒绝并避不予面。敌方怀恨，乃为有计划之破坏，将厂房机器或焚或毁，几无瓦全，以泄其忿。并将零件、机器、货物搬掠一空，损失之惨重，迄今无法恢复。事实俱在，尚可复按。其后，敌伪无条件发还原主，商厂等先后收回自行管业，从事修整，并开工一小部分以维股东、职工生计，兼杜为人窥窬，亦已一年有余。兹幸抗战胜利，收复区人民重见光明。遵照中央建国大计，以复兴工业为第一要务，商等疮痍之余，急思积极筹划收拾机器残骸，修整添补，俾增生产为安定民生之助。乃本月一日奉钧署驻江苏省办事处通知，内开："查该厂曾受敌军管理并受委托代纺或代织纱布，务仰立即推定负责人员来处，会同所派人员前往清点接收为要"等因，奉此商厂等非常惶惑，当经晋谒张特派员，面呈上项经过情形，并说明代纺纱布系在敌人威胁压迫之下无法避免，由同业公同按照各厂锭数摊派应代纺之数量，且曾出给栈单交敌商"中华日本贸易联合会"收执，只须接收"中贸联"栈单凭以出货或掣给印收俟后掉换亦可。况此项代纺纱布，已于日本接受投降之初报明中统驻锡机关封存，以免为其他部队机关等攫取云云。承谕："凡未与敌合作或出租，及现在无敌人占据者，毋庸接收"；驻苏办事处通知："仅以接收代纺纱布为限，其他非代纺之纱布、物料、机器、房屋不在接收之列，无须顾虑"；并蒙电致吴特派员及手谕接收人员查照。商等误会冰释，感激莫名。翌日并推代表陈[郑]祥[翔]德赴苏谒见吴特派员，陈述以上经过，不蒙谅解，竟于三日亲至无锡，召集商等三厂驻锡人员谈话，并付备忘录，内开接收事项饬遵。商厂人员重述上情，声请收回成命。吴特派员谓："敷衍公事起见，可由各厂自行接收，造具战时沿革、接收原因及结果并现时存库现金、货物、机器等册，听候派员监点等"云。商等以接收自管、开工经营已历年余，此时再办自行接收手续，迹近掩耳盗铃，复蹈欺骗政府之嫌，未敢照办。惟吴特派员坚持成见，有非接收不可之势，频频催促，急如星火，所派人员坐厂候册监点，以致全厂职工惶然不安，工作殊受影响。谨按何总司令宥电："地方收复伊始，各级行政机构措施之得失，与今后立国建国之根本息息相关。举凡治事决策，均宜事先审慎将事，奋励一新，否则非但不足以□□□□，更无以奠国家百年之基础。并勉僚属，于进入收复区后，应仰体切遵委座爱护沦陷区民众之旨，予人民以更苏之机。”逖听之下，仰见中央垂念沦陷区人民在铁蹄下八年宛转求生之痛苦，不以八年抗战胜利劳苦功高而责人民之不力，宣抚德意剀切详明，闻者感泣！商厂等备受敌人压迫之痛苦，所有财产又被毁损殆尽，自宜仰邀悯怜，加以爱护之。不遑何以再加束缚，视同敌伪工业，绝其更苏之机？为此迫切具呈呼吁，仰恳钧署迅赐救济，解除商等当前困难，饬令苏办事处撤回补办自行接收之命，并祈明白批示，以便祇遵，实为戴德待命之至。谨呈

经济部战时生产局苏浙皖区特派员公署钧鉴

具呈人　申新三厂代表

庆丰纱厂代表

丽新纱厂代表

请求准予将没收敌产赔偿战时损失致军政财各机关书

呈为呈报商公司在沦陷八年中备受压迫，历尽困苦艰难情形，并查明战事损失，开附清册照片，请求准予将没收敌产赔偿，并恳赐咨行军政财各机关，饬属予以便利，以资维护，俾助复兴，仰祈监核事。

窃商公司曾于民国二十八年十二月四日具呈，略陈战时被毁被掠情形，暨在沪另组新厂各节。迭奉民国二十九年一月六日、四月二十七日钧批商字第五三六号、第五八五二二号，准予维护在案。嗣于民国二十九年五月二十三日代电呈报债权人英商信昌洋行经敌允许，将商厂一部分机器拆搬来沪，请求备案。旋奉七月五日钧批商字第六三二二号照准，又在案。惟因该时商厂尚为敌军占据，无从细查损失，故只略陈梗概。兹值敌寇投降，河山光复，抗战胜利，建国伊始，亟应收拾残余，准备复兴，以副政府大计。惟疮痍之后，痛定思痛，不得不将沦陷八年中遭遇之不幸详细缕陈，冒渎钧听：

（一）八一三战事发生，无锡地处京沪中心，动系整个安危。当时地方政府公团为维持秩序起见，劝告各工厂照常工作。故商厂亦

持镇定。至十月十二日戚墅堰电厂炸损,停放电流,无锡全城电灯、警报、汽笛,改由商厂勉尽义务供给者旬日。其后商厂亦被敌投弹,电机受损。十一月十一日又被投弹,在织布工场及染色工场者三枚。翌日又被投弹,中于纺纱工场者四枚,房屋倾坍者五十余间,损坏者相等,机器幸损害尚轻。该时前线消息日劣,秩序已不如前,商厂拟将机器物资撤移后方。无如装箱之木料、运输之船只均难觅。致虽雇得三数艘木船,驶至镇江不能前进,退避江北乡间数月,始得绕道来沪。其余机器物资均难搬运。此为商厂战时仓卒避难及撤退之情形也。

(二)商厂职工大都避难在本邑四乡,战后回城。据厨役任坤荣称:十二月初,敌之前锋至厂,大肆凶焰。时有丽华厂职员沈丽生及本厂茶房李阿大、李阿坤、王阿茂、钟培根、徐阿二,厂巡李杏生、厨房老板沈和福及沈之妻、孙、伙计陈星宝与彼共有十二人,躲避厂内未逃,均为搜出,不问情由一一用刺刀猛戳,十一人均当场殉难,仅彼身中数刃,死而苏醒,幸获免脱。尸身在敌军占据时掩埋,不知处所。此为商厂被陷时,敌军惨无人道之屠杀员工殉难之情形也。

(三)商公司移设上海,业经呈报变更登记而收容避难职工,另组昌兴纺织印染公司,亦经另案登记各在案。惟无锡工厂陷在贼中,乃商恳英商信昌洋行以债权人名义为掩护,向敌军交涉,于二十七年一月,由该行大班高莫索而亲至锡厂察看。见敌军驻内,并榜“军管理”、“委大康纺织株式会社”字样。又见敌军将纱布换取各物,负贩载途。厂内工场机器尚属完整,毫无残缺。至四月第二次前去视察,则工场内机器已全被敲毁,狼藉满地。钢丝车用水浇透黄锈斑斑,地面尚有积水未干。向敌交涉诿称不知。先是大康株式会社受军管理委任者三厂,一为庆丰纱厂,一为丽华布厂,一为商厂。以商厂既有第三国债务关系,乃挽人招约谈话,未去。继派人传言,餂以合作之利,商厂又置之不答。乃出此敲毁机器以为威胁,并先将庆丰机器整理,筹备开工,以商厂机器上附件物料车头小马达等,运往补充该厂之不足。又将仓存棉花搬去甚多。间为商厂照料员窥见(商厂照料员驻在离厂里许之并济桥)。因有敌军押运,无法拦阻,只得为纪录

(自二十七年九月十二日起至十一月十八日止,另附纪录)。其中有十一月十七日及十二月二十六日两批货物搬出,因无敌军护送,与之理论,乃允书给搬出证。惟该证所载箱件内之数量确否亦无从检点。商厂即交信昌洋行提出索偿,彼亦置而不理。至三十年二月,敌军将工厂无条件发还原主时,由该社片面结算,除抵去商厂及丽华布厂之管理费外,找给日币一万八千一百零一元四角二分。商公司当时拒不收受,商之信昌洋行,据谓:收回厂产事大,此种小枝节姑与忍之,留待胜利后算帐而罢。盖原主若不接收,敌即交伪政府接管故也(该社拆运织布部准备机,经信昌洋行交涉制止,已于二十八年十二月四日呈明在案)。其余棉花纱布,有为敌军被服厂于二十七年陆续搬运一空,迭向索取证据,均置不睬。此为商厂□□□□□□□□占据时毁损机械、强掠物资之情形也。

(四)商厂虽于三十年二月无条件发还,然仍有敌军驻内未撤。至四月,始得派人进厂收拾机器残骸,调查损失,断垣颓壁,满目疮痍(损失详下)。至三十年,敌军发生太平洋战事,横行无忌,压迫更甚。于是又以发还厂必须开工,若不开工则认为废铁予以征收,工厂作为驻军之用,迭次派人通知。商公司虚与委蛇者亘数月之久。敌逐次紧逼,不得已于三十一年十二月开一部分纱锭四、五台以敷衍之,一面将毁坏机器修理。现在纺部修理完竣纱锭八千余锭,而信昌洋行于二十九年五月搬运至上海机器纱锭二万二千一百锭(均是已被敲坏之机,将来能可装配完成若干,现尚难计算确切损失。三十年十二月八日敌军进入租界时幸未被查封)。商厂战前原有纺纱锭四万零六百枚,并线锭一万二千四百枚,表面损失在一万枚,按之此项机器毁坏程度,实际损害统计损失在百分之五十以上。布机部分原有布机一千二百台,被敲毁至不可修理者有七百九十三台之多,车头装有小马达亦均被掠搬一空,至今尚未整修,估计毁坏损失在百分之七十以上。印染部机器毁坏较轻,损失在百分之三十以上,惟印花用刻花紫铜滚筒七百双全被掠搬一空,其他仪器一时尚未能查明。电汽部分,发电间一切装置附件均被掠搬空无所有(损失另呈清册)。此为商厂无条件收回厂产及查明损害之情形也。

至于复兴计划，有须仰赖我政府予以救济维护者四点：(一)请求于没收敌产之纱锭布机拨予损害之赔偿。(二)请求于没收敌产之纺织厂准其购买一部分工厂并予分期付款之便利。(三)请求咨行财政部转饬中中交农四行予以采办棉花颜料以及流动资金之贷款。(四)请求咨行第三方面军司令部、江苏省政府饬属予以保护。为将商厂于沦陷八年中备受压迫、历尽困苦艰难情形并查明战事损失，开附清册照片并请求准予将没收敌产赔偿，以资救济而助复兴各节，具呈仰祈鉴核，伏乞批示祗遵，无任戴德！谨呈。

具呈人：丽新纺织印染整理股份有限公司

联合国善后救济总署萨克司顿致无锡丽新厂总工程师李永锡函

李先生：

由于日本侵略及破坏给贵方造成损失的调查，现已完成。包括生产设备等等，涉及丽新纺织公司和无锡协新厂。

调查由 UNRRA(联合国善后救济总署)主持，旨在协助上述工厂恢复其战前水准。

附上我递交 UNRRA 和 CNRRA(中国善后救济总署)的报告副本，相信会得到你的认可。

我将跟进此事，并力所能及予以协助。

萨克司顿

(注：此函写于 1946 年 5 月 3 日，原文为英文(上海档案馆藏)。此前不久，UNRRA 曾派电气工程师萨克司顿(James L. Srxton)到无锡丽新厂和协新厂调查并形成报告。李永锡曾代表厂方争取战后救助事宜。1946 年 5 月 2 日报告书上报该署工业组组长鲍华(T. H. Bowey)。第二天函告李永锡并附报告书副本一份。据老职工回忆，善后救济总署曾拨给一部 250 千瓦的柴油发动机，作为抗战时丽新损失的赔偿。(资料来自沈自求《百年往事知多少——无锡丽新纺织厂的记忆》一书)

程敬堂关于被迫参加日伪棉纱布临时管理委员会经过情形的说明

查民国三十二年四月伪全国商业统制会成立，即办全市棉纱布登记，封闭仓库，停止移动。迨登记完毕仍不准移动。至八月九日，伪组织骤发收买纱布之令，由商统会设立收买棉纱布办事处，办理收买棉纱布事务，限期九月六日截止，逾期不出卖者，照订定收买棉纱布暂行条例暨物资调查委员会棉纱布查缉办法，刑罚甚重。故各纱布业商莫不依期出卖。翌年伪商统会将收卖办事处改组为结束委员会，由唐自兼委员长。同年七月，唐氏辞职，闻兰亭继为理事长，以棉纱布结束委员会时弊端百出，正当纱布业商人受累甚深，于是将结束事务划归棉业统制会办理。棉统会议决附设棉纱布临时管理委员会，推闻兰亭兼主任委员，敬堂为常务委员。事前未征本人同意，事后由纱厂同业告知，并谓此事关系纱布业利害深切，不能再为无关痛痒之业外人操纵。敬堂再三坚辞不获。嗣因所经营之事业处此环境之下，不能不仗同业之互助共渡难关，未便重拂众意。曾经约定暂时襄助闻君，以三个月为期，一面应另觅相当人物接替。

棉纱布临时管理委员会办事之权限，由棉统会决定四点：(一)将应行检收之申请书全部赶速检收。(二)已检收者赶办给价手续。(三)所有申请免除、保留及注销各案均暂缓办，俟检收完毕再行提出棉统会讨论。(四)关于已经检收各货，责成主管人员清查具报，并规定对外一切由棉统会负责办理。根据上项规定，棉纱布临时管理委员会之权限仅为结束未了事务而已。外界不明真相，以为一切增加、保留、免除或注销，临时管理委员会均可有权处理，其有不能如愿者即为之罪，实属误会。

然闻君为纱业界前辈，对于出卖纱布商之痛苦极表同情。故在未检收完毕之前，在可能范围之内，对于有利于整个出卖纱布商者为之提出棉统会议决照准。计有：(一)门市布号业未检收纱布照给栈租。(二)前商统会遇有短交纱布之罚款，每在出卖纱布价金内扣除。惟价金内有半数黄金，是使出卖人暗中受亏，将前商统会业已扣留之价金予以发还，改缴现款。又堆存外栈被窃货物，出卖人已受损害，似不应再令赔偿缺少之罚款，应照实收之数给付价金。（三）前收卖纱布办事处核定各业纱布商保留纱布数量，后为前商统会削减数量甚多，应照恢复原保留数量。（四）布厂业手工组为皖人旅沪之小工业，出卖布七千余匹，又布厂业丝光色纱数百件，布号布厂业集中之狭幅被单布，均免除之。（五）棉纱号门市店集中代保管之零包纱数百件免除之。（六）各业零码段布迹近苛细，全部免除之。以上均有利于整个纱布商之荦荦大者，其余关于单独之保留免除难于列举。

布厂业配合棉纱六千件一案，经伪行政院核准后，唐寿民以人言啧啧，手谕不准拨发一件。临时管理委员会曾为提请棉统会核示。经该会议决暂行缓议。其后该业代表以所订办法与原请求不符，情愿放弃，并与免除手工组出卖纱布及免除丝光纱线、狭幅被单布等案同时会议解决。又前商统会结束委员会于交卸之前核许帆布业集中售卖办法，漏夜办理免除手续，棉统会令该业按照订定办法补报核销，此案系属棉统会秘书分室直接办理之事务。

敬堂任职之昌兴纺织印染公司，于前商统会收卖纱布，共出卖色布一万一千一百二十三匹，白坯布（备染厂加工之原料）一万一千八百七十七匹，棉纱一百七十九件（织厂原料）。仅得保留染厂半制品三千七百二十六匹，白坯布二千匹，棉纱八十件，又免除白坯（网眼布、盖车布等）二百七十一匹。以上保留免除，均由前商统会收买办事处及结束委员会核定。尚有申请内衣部原料色布八百匹、雨衣布八十匹，搁而未定。经公司提出抗议，由棉纱布临管会提出，棉统会议决照准。其后零码段布之免除，则为统案之准许。此种损害之巨大，所得保留量之少，诚属不善别觅蹊径所致，谓为藉职权上之便利而获得大量保留，据上情形是否，当能了然。

综之，收卖纱布为前商统会造成之事实。纱布商人既经出卖，则货物主权已经移转，故均求早日结束领取价金。其间有要求增加保留免除者，棉纱布临管会苟能在范围之内，莫不尽其能力，为出卖人减轻痛苦。但准否之权为棉统会议之决定，则非临管会之所可负责。敬堂战前任无锡丽新纺织印染公司协理，战后因拒绝敌人合作，无锡工厂致被将全厂机器毁损殆尽；又曾为无锡县商会常务委员及无锡县抗敌后援会常务委员，对于劝募救国公债，捐赠军人棉衣稍尽天职；沦陷后，敌以抗日分子关系，住宅亦被粘封，据为日领馆职员宿舍，故潜居上海，任何组织均不肯参加，与敌伪人员更无往还。收买棉纱布，敬堂间接直接受害最深，愷愿为此，实以当时环境之压迫，为保全专业关系计不容推拒。且因该会非为管辖范围内直属机构，全以业者地位佐理未了事务。然数月之间恳辞数四，本年二月誓死坚辞，始得摆脱。爰述经过事实，伏乞谅察！

丽新纺织印染整理厂对日寇破坏本厂罪行的控诉书（1950年8月）

帝国主义者对于中国的民族工业是一向施展着摧残和压迫，只希望我们永远地成为殖民地经济，而供其恣意的吸取膏血。在今天，由于中国人民力量建立了中华人民共和国，英勇地摆脱了帝国主义者的绊羁，民族工业又在共同纲领之下完全独立自主，一切情况是已经彻底的翻身和改变。

不过，垂死的帝国主义者必然要作最后的挣扎的。由于美帝国主义者疯狂的侵略朝鲜遭到坚强无比的抵抗而惨败，以后还是一连串的发动破坏世界和平的阴谋，最近美帝单独对日构和，重行武装日本，便是这种阴谋的具体表现。

站在中国民族工业者的立场，对于美帝国主义者单独对日构和，重行武装日本这一个阴谋，我们是坚决地反对而且要以实际的行动来贯彻，尤其忘不掉抗战八年中，我们中国民族工业的死敌——日本帝国主义者所加于无锡市纺织工业的破坏与摧毁，这一笔永远难于忘记的血债。我们在无锡市工商界掀起了控诉美日帝国主义者罪恶与暴行怒潮之际，特地向全世界和中国拥护和平的人们提出了关于本厂在无锡沦陷时期所遭受巨大损害的控诉。

本厂在抗战以前，由于厂方的惨淡经营，以及工人职员兄弟姊妹们多年的劳动成绩，从单纯的布厂逐渐扩展成为近代化从棉花变为色布的完整工厂，这是无数劳动力和心血的成果。全厂设备除发电机及印染整理机外，纺纱部有纱锭 40 180 枚，织布部有布机 1 200 台，每天能生产色布 5 000 匹，并且有完备的化学实验室及各种试验室，如棉条、粗纱捻度等试验仪器，莫不应有尽有。1937 年 11 月 11 日及 12 日，日寇飞机疯狂向厂轰炸，织染两工场中弹三枚，纺纱工场中弹四枚，损失相当惨重。无锡沦陷以后，本厂即为日寇所占有，计逾四载。因厂方坚决拒绝与之合作，日寇即大规模进行破坏，其损失的情况，为无锡各厂之冠(除完全被焚的业勤、豫康、广勤厂外)。在纺纱厂方面，日寇将清花车满浇以水，针布全锈，毫无用处，锡林地轴等均被击破碎，一部分抢去，所有各种纺纱机器的主要牙齿及罗拉，以铁锤敲打，使之损毁，粗纱翼子及锭子完全被抢走，致纱锭 40 180 枚几乎无一部完整的。在织布厂方面，原有布机 1 200 台，有 700 台损失惨重，迄今无法修复，其余如纡纱车及锭子牙齿无一幸存，各布机所备马达也完全为日寇抢走。在印花整理厂方面，所有机器同样的遭受日寇恣意破坏，并且抢走了印花滚筒 700 余只，马达皮带无一幸存在。原动部方面，被日寇抢走了汽轮发电机的压力计及一切附件，配电板及油开关损坏甚多，每一火表均被敲损，并且抢走了全厂大小马达 778 只。全厂房屋及窗格均被损坏得支离破碎。最可惜便是化学试验室及一切试验仪器，完全不复存在，原址成为废墟。织布厂中机器被拆迁了，沦为日寇的马厩。当时存厂货物计损失棉花 14 841 担，各支纱线 547 件，坯布 103 860 匹，色布 8 817 匹。

上面一笔血债的具体数字，如果照现时价值来估计，纺纱及印染机器修复及损失约合人民币 105 亿元，织布机器修复及损失费约合人民币 52 亿元，马达及电气设备损失约合人民币 40 亿元，货物损失约合人民币 490 余亿元，总计损失达人民币 687 亿元(各种五金物料及零件尚未计算在内)。这都是本厂惨淡经营和工人职员兄弟姊妹们多年劳动成绩结合，而创造的人民财富，一旦为日本帝国主义者侵华而被破坏净尽了，这是永远难于忘记的仇恨!

由于全世界和平力量的壮大起来，和平主力军苏联和新生的中国及全世界爱好和平的人民，决不容许美帝国主义者及其一切走狗如李匪承晚蒋匪介石任何阴谋的实现，尤其日本帝国主义者是中国

47 500 万人民的死敌，中国人民一致要把仇恨化为力量来粉碎敌人的阴谋。我们站在民族工业者的立场坚决地进行抗美援朝运动，反对美帝单独对日构和，重行武装日本，并且坚决地拥护世界和平大会理事会通过的八项决议。我们一致为争取世界和平，为粉碎美帝扩大侵略的阴谋而斗争！

（注：该文形成时间约在 1950 年 8 月，是因为 1950 年 8 月 13 日中国保卫世界和平大会向各人民团体发出通知，要求扩大和平签名运动。）

（本节资料除另有注明外，均系原无锡市国棉三厂档案室藏档）

（四）工商登记和税收

丽新厂商标注册登记统计表（1928～1937）

商标名称	使用种类	注册证号数	发给日期
双　鲤	丝光纱线	47	1928-2-28
天孙织锦	布　匹	48	1928-2-28
鲤　星	布　匹	49	1928-2-28
司马光	布　匹	1 405	1928-12-12
千年如意	布　匹	3 570	1929-6-4
LHCO缀花	布　匹	9 376	1930-2-15
双　鲤	布　匹	18 480	1931-6-28
双　鲤(图形)	丝光纱线	20 140	1932-6-10
惠泉山	布　匹	20 957	1933-7-11
灵鸟牌(一飞冲天)	布　匹	23 977	1934-8-29
九美图	布　匹	26 001	1935-5-31
鸳鸯绸	布　匹	28 652	1936-5-1
长胜王	布　匹	29 534	1936-8-5
笑姻缘	布　匹	29 535	1936-8-5
丽雅色布	布　匹	30 714	1937-2-18

（无锡市国棉三厂档案室藏档）

纳税登记申请书

具申请书商号：丽新公司

兹遵照钧局规定开具左列事项，取具纳税保证，申请查核准予登记给照。

商号名称	营业种类	组织性质	公司或商业登记证	资本主股东真实姓名	出资额(元)	详细地址
丽新	纺织印染	股份有限公司	公司登记新字第3367号	邹颂丹董事长	60 000 000	上海愚园路41号
资本额		开业日期	所属公会　会员证	唐骧廷董事兼经理	94 000 000	上海林森中路967弄2号
原来实额二十六年银圆400万	现值实计三十七年法币180亿元	民国十年三月五日登记	第六区棉纺织工业同业公会　第46号	程敬堂董事兼协理	50 000 000	上海建国西路506弄11号
其他总分支店所在地		总公司:上海四川路三和里49号 工厂:无锡惠商桥丽新路 无锡事务所:无锡中市桥7号		王峻崖董事	16 956 000	
				张孟肃董事	69 300 000	上海襄阳南路388弄18号
备注		缴纳货物税		唐经国董事	42 600 000	
				邹忠曜董事	186 714 000	上海太原路256号

谨呈无锡市税务局　稽征所　　　　　　中华民国　年　月　日

附：

本厂简史（丽新公司）

本公司创设于民国九年，系股份有限公司组织。初期织染棉布，其后添置漂染整理机械，模仿欧西制造方式，遂成为织染整理工厂。又经十余年之惨淡经营，至民国十九年，增辟原动纺纱部自动发电，完成自纺织染整理连续工作。廿二年，又添印花工场及纱线锭，范围愈见扩充。至廿五年，每日夜可产色布四千余匹，行销全国各地，远至南洋群岛一带，备受欢近。公司资本最初为银币四百万元。是冬无锡沦陷，工厂被敌占据，大肆破坏几无完机。抗战胜利，一再增资修复至今，设备尚未全数恢复，生产量只及廿六年十分之六，资金总额现为法币一千八百亿元。

主要董监事姓名及简历：

邹颂丹　前中国农工银行经理
唐蔚文　中国棉业公司监察
程敬堂　本公司协理
白纯臣　汉口布厂
唐经国　前无锡绸布业理事
徐霖森　布商
唐文波　上海信昌毛织厂
徐一诚　布商
苏斌化　无锡美新丝厂协理
徐载庵　上海三新实业社经理
唐骧廷　本公司经理
蒋镜海　光华布厂
张孟肃　前无锡世泰盛经理
钱保华　西医
夏伯周　钱业商
沈锡君　旅栈业商
张景汾　景零小学校长
程新之　上海昌兴织厂帐务

王峻崖　前无锡耀明电灯厂

邹忠耀　上海肇新纱厂厂长

丽新公司董事监察人姓名

董　事：邹颂丹　唐骧廷　程敬堂　邹忠耀　张孟肃　王峻崖
　　　　唐文波　程新之　徐载庵　张景汾　唐经国　夏伯周
　　　　苏斌化　徐一诚　徐霖森　白纯臣　唐蔚文

监　察：钱保华　蒋镜海　沈锡君

附：

关于营业、财务方面的补充说明

查敝厂总公司设在上海，附属其下的机构除了敝厂之外，上海还有三个分厂，各分厂均专负制造任务。关于业、财务，主要部分统归公司管理调度，至于盈亏、负债、预决算等情况，因总、分机构资本并不划分，会计亦不分立关系，各分厂实无从单独解答。总公司虽有统计，但所具资料是从统盘筹算扯合拢来的，并不能据为某一分厂的独有资料。所以，敝厂除掉可能答复的部分尽量答复外，其余一、二、四、六几个问题，是关涉公司总会计方面的，只能约略提出些作为补充资料。

（一）九月份花纱比价平衡，本厂产量较前稍形增加，因而成本扯低，从这两点来推测，九月份业财务应该比八月份要好些。

（二）敝公司对经济营业方面素向抱稳健作风，如拿八九月份对外行庄存欠以及存货情形来比照，足见敝厂流动资产负债情况是相当稳定的（附表一纸）。

（四）今夏曾遵照华东区纺织会议及苏南纺织会议之决议之精神，订有下半年度生产计划，公司对业、财务、经营管理即根据是项计划而确定应对方针，数月来收支情况尚可平衡。

（六）敝厂主要支出以工薪一门占额最大，支出办法依照各职工等级或生产成绩，由工账科结算后经主管员签核，定期发付。物料及其他支出由各部门申请，经主管员核准后，通知采办处购买，转知会计科复核照付，或核准后直接通知会计科核付。

纺织业现存单位业务状况调查表(1950年5月)

牌号	负责人	目前主要困难					
丽新纺织印染整理工厂	张佩苍	(一)资金 因货销清淡营业收入减少,经常负债以资周转	(二)原料 因资金不裕关系,致原料无法充分存积	(三)成品或货物销售 在此纱布淡销季节,除上海方面稍有客帮棉购,其他方面均无起色	(四)劳资关系 较前好转	(五)和公营企业的关系 以前建中公司收购纱布颇收调节工业之效,近来收购数量甚少,出价也较上海为低	(六)其他 营业税无把握开缴,煞费筹划
今后打算	(一)维持或发展和其它方针	(二)对负担的意见		(三)对有关方面的希望			
	查本厂现正在勉强维持状态中,故谈不到发展。二是关于如何可以持久问题,今后唯有节约开支,遣散部分剩余劳动力,以及努力增加生产多方面进行	公债 本厂认购公债5万份,已在4月底前缴清,该款巨大数字实在影响本厂整个经济力。希望政府对已缴清公债工厂给予特别通融,准许将公债票向银行抵押借款	税务 希望减轻税率,删除繁复,使工厂纳税手续简便,成本合轻,利于销售。再法律不追既往,现在往往新税法推行伊始,竟追征到税法未公布前之税款,使工商业受到无辜的损失	政府 协助工厂劳资双方达到保本自给节约生产之目的	劳方 能谅解厂方困难,自动减薪或减工资,一面增加生产,使成本减低,切实做到劳资两利的原则	公会或工商联 能将目前工厂实际困难情形努力的反映到上面去	

说明:(一)本表由各厂号每户各填一张,务须尽速,尽详,于本月十二日前由公会收集转达工商联。(下略)

填报人盖章

无锡市工业业务概况调查表(1950 年 10 月)

牌号:丽新纺织印染整理股份有限公司锡厂　主要负责人:张佩苍　厂址:无锡市惠商桥丽新路　电话:250　1629 号

主营业务:制造各种纱线坯布漂染布疋　兼营业务　1,　2,　3,　4,

工作人员	职员人数						工友人数									
	男		女		合计		男工		女工		童工		学徒		合计	
	原有人数	本月增减	原有人数	本月增减	原有人数	本月增减	原有人数	本月增减	原有人数	本月增减	原有人数	本月增减	原有人数	本月增减	原有人数	本月增或减
	75	无	7	无	82	无	633	无	1313	+5	无	无	无	无	1946	+5

生产概况 设备使用	主要设备					生产率(每一主要设备每日或每日夜生产的标准量)						
	原有设备	本月变动 新增	损坏	改装	使用率	原来生产率 日	夜	本月生产率 日	夜	提高或减低的原因	本月开工天数	纺24天25夜 织24天24夜 染24天
	纱锭 40180 枚	无	无	无	82%	83 件(日夜)		68.1 件(日夜共计)		车未开齐	下月生产计划	同本月
	布机 680 台	无	无	无	92%	762 匹(日夜)		702 匹(日夜)		车未开齐	下月生产计划	同本月

检讨	优点		缺点		创造		困难		其他
	有哪些优点	怎样发扬	有哪些缺点	怎样改进	有什么新的创造	怎样发展	有没有困难	怎样克服	
	本厂职工人数较少,与定员标准相近,故成品成本扯低一些	拟提高职工技术及劳动强度,使生产更提高一步	纱场有一万锭细纱机是老式牵伸,故出数较低	现正在逐台改装皮圈式大牵伸	棉条车床改装双喇叭式,出数可提高一倍	现正在试用,如无缺点拟逐台改装	本厂经常需要纺制高支纱,惟原料不易购到	希望棉区能改进品种	

（续表）

		名称	商标	规格	本月总产量	本月产销量	月底结存数	运销地区	运销方法
生产情况及运销情况	主要产品	棉纱	双鲤	10^s 20^s	17又½ 418	43 249	1/2 1/2	上海或本市及自用织布	上海由总公司销售 本市由接洽处销售 （极少数）
		棉纱	双鲤	代纺 21^s	372 10又½		86 0	上海或本市及自用织布	
		棉纱	双鲤	23^s32^s	20又½ 72	30	0 1/2	上海或本市及自用织布	
		棉纱	双鲤	40^s42^s	21 186又⅓	22	2 1/2	上海或本市及自用织布	
	其他产品	坯布	无牌	各种不一	16 555匹	自用14 413匹	连上月结存17 046匹	上海及自用印染	
		色布	惠山千年等	各种不一	17 674匹	17 217匹	连上月结存21 877匹	上海及本市	
	副产品								

本月之产量较上月高。较上月高因班数增或低？原因何在？较上月高，因班数增。

主要原料燃料	名称		本月购存量	本月实际耗用量	来源及采购方法	月初存量	月底存量	可用天数
	原料	棉花	进 3070.34 市担	5162.86 市担	代纺由花纱布公司供应 自纺由联购处配给	15002.02市担	12909.50市担	60.5 天
	燃料	煤	1090 吨	920.824 吨	中国煤业公司配购	175.358 吨	344.534 吨	11 天

本月成本计算	主要产品及名称	单位	扯用人工工数	扯用电力度数	扯用原料数量	其他	成本约计
	棉纱 20^s	件	13.48	257.33	419.40 市斤	捐税业务财务管理等费	5 700 000.00
	棉布 12P	匹	0.77	5.74	8.1 磅（各种布扯）	捐税业务财务管理等费	200 000.00

（续表）

	运转资金			贷方	借方
	累计数	平均数	调转账		
财务情况				销货收入 行庄借贷累计 欠款额 其他存款收入 应付未付帐款 利息收入	上月结存余额 行庄存款余额 采购原物料 工资 管理费用 暂欠款项 应收未收款项 利息支出 存款支付

	计工方法	总额	比上月增减多少	计工方法	总额	比上月增减多少	有没有工薪奖励制度	职工福利	
								已经实行的	准备计划进行的
薪津工资	系月计每元底薪作白米四升八合计	139 553 600.00	增18 249 300元	分论货、论工计算，每底数一元作白米六升计	999 023 690.0元	增229 902 425.00元	有升薪工，年终有奖金	子弟学校、幼稚园、托儿所、医疗处、理发室、热水灶、合作社、俱乐部、浴室、运动场、职工住宅及宿舍、夜校、女工生产津贴、染工保养金	医疗处正计划扩充；运动场拟加工修建

	争议及协商			检讨		
	已解决的	尚在进行中的	存在问题的	优点	缺点	问题
劳资关系	纺部清花间增加工人数问题及□纺男工人数问题都已解决	染部要求调整工资问题，织部日夜班男工要求礼拜工	如染织两部问题不合理处理势必引起纺部或同业间反映	双方极诚协商从未发生意外	在面向生产期间因少数人私私关系引起整个问题	无

（续表）

	代办加工（代纺代织代缫代磨等）		收购成品		连系	
公	数量	意见	数量	意见	有无问题	怎样改善
私	代纺 20^s 6341 件	每件配棉似尚不足	无		无	
关		其他			检讨	
系				优点	缺点	问题
				得到部分原棉的调剂		

		管理	人事	会计制度	成品对象及规格	其他
经营方针和方法检讨	过去有什么缺点	未能极端注意	部分职员未免敷衍从事		部分成品利于外销格于功令不能出口	
	本月怎样改善	曾召开工务会议，唤起各部管理员切实负起管理责任	已加告诫		无从改善	
	下月怎样计划	按照实际情形加以改进	如不改变予以适当惩戒			

是否实施联营及实施经验的检讨	优点	缺点	其他意见
		联购处收购原棉数量稀少，不能供给各厂使用	希望努力采购接济各厂用棉

苏南区工商业登记申请书(1950年11月)

具申请书人张佩苍,今在无锡市北区惠河镇丽新路门牌公字一号,开设丽新纺织印染整理股份有限公司锡厂,经营制造各支纱线、坯布、印染布匹业。兹遵照苏南区工商业登记暂行办法填具工厂登记表贰份,并依规定附具各件一并呈请鉴核,请求准予登记发证。谨呈
无锡工商局

附件计:工厂登记表2份,办事处登记表1份,1950年10月业务概况表1份,1949年业务报告书1份,委托书1份,保证书1份,公司登记抄件1份。

具申请书人 张佩苍 年龄 54岁 籍贯 无锡市

担任职务 本厂厂长 住址 城区中一镇 电话 1026

1950年11月22日

依法经营保证书

保证书

具保证书人 协新毛纺织染公司锡厂:朱文沅

丽华染织厂:蒋鸿瑞

今保证丽新纺织印染整理股份有限公司锡厂遵照人民政府法令进行正当营业,如有任何违法情事,本保证人愿负连带责任。谨呈
工商局

(一)协新毛纺织染公司锡厂(厂戳)

具保证人朱文沅,年龄53岁,籍贯无锡,住址本市镇巷8号。

营业种类:制造呢□□□毛□线等,公司资本额:120亿元。

厂址:惠河镇五河浜,办事处:镇巷8号。电话:厂641号,办事处26号。

(二)丽华染织厂(厂戳)

具保证人蒋鸿瑞,年龄51岁,籍贯江阴,住址惠商桥丽新路本厂。

营业种类:染织布匹,公司资本额:30亿元。

厂址:惠河镇丽新路。电话:209号。

1950年11月22日

苏南区工厂申请登记报告表

厂名：丽新纺织印染整理股份有限公司锡厂　　　　工商局编号：字第　号

厂址	无锡市惠商桥丽新路	电话	250 1629号	总分厂所在地	总公司设上海江西路三和里49号	电话	1570 4号	办事处所在地	无锡中市桥巷8号	电话	1026
经理（或厂长）	张佩苍	现住所	中市桥巷8号	简历	前北京工业专门学校应用化工系毕业	创设年月	1920年				
主任技师		简历	另具名单								
资本总额	附属总公司不另设资本	固定资本		流动资本		性质	股份有限公司				
股本总额	主要股东姓名	认股数		简历		现住所		签名盖章			
	本厂不另设资本请查阅总公司在上海申请公司登记调查表抄件（11页）										
职员总数	总数80	技术职员	57	工人	总数	1 974	男工人数	633	技术工人人数	283	童工人数
	全年俸薪总额	普通职员	23				女工人数	1 341	普通工人人数	1 691	学徒人数
	4 761 225 490元 合米8 788.44石	全月俸薪总额	39 676 880元 合米732.36石		全年工资总额	2 918 053.840元 （合米53 862.40石）		全月工资总额		243 171.150元 （合米4 488.54石）	
工作时间及延长时间之规定	工作时间12小时（就膳休息时间在内）视需要得做礼拜工半天										
劳动契约及其内容	尚未订立										
工人福利事业种类	1. 职工子弟 2. 幼稚园 3. 托儿所及宿舍 4. 合作社 5. 理发室 6. 热水灶 7. 俱乐部 8. 浴室 9. 运动场 10. 医疗处 11. 职工住宅 12. 夜校 13. 女工生产津贴 14. 染工保养金										
工厂安全及卫生设备	有丽新救熄会之组织，备救火车，各处装有水龙及灭火器，每年由卫生处定期防疫注射种痘，公共场所由专人打扫，膳食有膳委会之监督										
制成品 名称种类	棉纱扯20^s	坯布扯12P	色布30码匹								
每月平均产量	1 649.6件	14 020匹	16 053匹								
每月最高产量	2 120件	20 026匹	31 017匹								
每月最低产量	1 273件	11 562匹	10 252匹								
每月平均产量价值		详备注栏									

（续表）

原料	名称种类	棉花						
	主要产地	渭南、常阴沙等地						
	每月平均用量	3 621.54 市担						
	每月平均用量价值		详备注栏					
动力设备	名称种类	蒸汽透平发电机	多管炉子	柴油发电机				
	产地	瑞典 Stall	德国 Borsig	美国制				
	座数	1	2	1				
	马力	2 650	-	290				
	已使用年限	17	17	2				
	尚可使用年限	13	13	18				
	重估价值	40 000Gy	50 000Gy	12 000Gy				
机械及主要工具	名称种类	细纱机	细纱机	洋线机	织布机	织布机	织布机	织布机
	产地	瑞士 RIELE制	英国制	英国制	英国制	英国制	英国制	中国纺织机器公司
	座数或件数	10 台 10 台	78 台	18 台	240 台	196 台	220 台	2 台
	已使用年限	2　10	12	12	13	20	尚未修好	2
	尚可使用年限	28　20	18	18	20	20		20
	重估价值							

制造程序说明：清花—钢丝—棉条—初纺—再纺—三纺—细纺—筒子—经纱—浆纱—穿扣综—织布—烧毛—精练—漂酸—丝光—印染—整理—包扎—成件

地产面积 183.51 亩，产权自有，平房 1 216 间，楼房 837 间，产权自有。重估价值：房地产合共 2 796 956 748 元(已除去折旧)

备考：(1)公司在上海，登记时已附带申报。在无锡市中市桥巷设办事处，接洽采办物料事务。(2)制成品及原料价值均归公司核计，本厂专营制造，无从填报。

苏南区市(县、镇)商业登记表

工商局编号　字第　号

<table>
<tr><td>商号名称</td><td colspan="3">丽新纺织印染整理股份有限公司锡办事处</td><td>地址</td><td colspan="2">无锡市中市桥巷8号</td><td>电话</td><td>1026号</td><td>创设年月</td><td colspan="2">1940年3月</td></tr>
<tr><td>营业种类</td><td>主营</td><td></td><td>兼营</td><td></td><td>经理方式</td><td></td><td>已加入或拟加入何种公会</td><td colspan="2">无锡市纺织业同业公会</td><td>独资或合伙</td><td></td></tr>
<tr><td>资金状况</td><td colspan="4">固定资本</td><td colspan="4">流动资本</td><td colspan="3">合计</td></tr>
<tr><td rowspan="2">主任经理</td><td>姓名</td><td>年龄</td><td>籍贯</td><td colspan="5">现在住址</td><td colspan="3">简历</td></tr>
<tr><td>张佩苍</td><td></td><td></td><td colspan="5">本办事处</td><td colspan="3">现任本公司锡厂厂长</td></tr>
<tr><td rowspan="2">业主或股东</td><td>姓名</td><td>年龄</td><td>籍贯</td><td>现在住址</td><td>出资年月</td><td>出资种类</td><td>出资数额</td><td colspan="4">简历</td></tr>
<tr><td colspan="11">已详公司登记抄件第(11)项及锡厂工厂登记表</td></tr>
<tr><td rowspan="6">职工人数及待遇</td><td rowspan="3">人数</td><td rowspan="2">总数</td><td colspan="9">职别</td></tr>
<tr><td>职员</td><td colspan="3">练习生(或学徒)</td><td>工匠</td><td colspan="4">高役</td></tr>
<tr><td>12人</td><td>3人</td><td colspan="3"></td><td></td><td colspan="4">9人</td></tr>
<tr><td rowspan="3">待遇</td><td>最高</td><td>350个无锡单位</td><td colspan="3"></td><td></td><td colspan="4">72个无锡单学位</td></tr>
<tr><td>最低</td><td>73个无锡单位</td><td colspan="3"></td><td></td><td colspan="4">30个无锡单位</td></tr>
<tr><td>平均</td><td>224个无锡单位</td><td colspan="3"></td><td></td><td colspan="4">50个无锡单位</td></tr>
</table>

（续表）

	类别	所在地	间数	面积	自有或租赁	原购价	现特价值
房地产	铺面(正屋)		10	1.340 市亩			
	仓库			连空地在内	租赁	详备注栏	
	宿舍						
	其他(附屋)		4 间				
备注	(1)本处系公司在锡设立之附属机构,并不设资本账亦非营业机构　(2) 本处主要任务为接洽上海本公司与锡厂之联系事务及收转文件并办厂用物料　(3) 办事处所在地房屋系唐姓租赁　(4) 本处另在北塘东街 116 号设营业处一所,定名为丽新公司无锡办事处北塘营业所,专营推销本厂出品业务。						

1950 年 11 月 22 日　(签章)　厂戳　张佩苍 印

苏南区市县镇商业登记表

工商局编号：　字　第　号

<table>
<tr><td>商号名称</td><td colspan="2">丽新公司无锡办事处北塘营业所</td><td>地址</td><td colspan="2">无锡市北塘东街116号福记棉布号楼上</td><td>电话</td><td>853号</td><td>创设年月</td><td colspan="2">1951年1月1日</td></tr>
<tr><td>营业种类</td><td>主营</td><td>批销本厂所出布匹</td><td>兼营</td><td></td><td>经营方式</td><td></td><td>已加入或拟加何种公会</td><td>□□□</td><td>独资或合伙</td><td>□□□</td></tr>
<tr><td rowspan="2">资金状况</td><td colspan="3">固定资本</td><td colspan="4">流动资本</td><td colspan="3">合计</td></tr>
<tr><td colspan="3">本所系丽新纺织印染整理股份有限公司</td><td colspan="4">无锡办事处管辖之支机构不另设资本</td><td colspan="3"></td></tr>
<tr><td rowspan="2">经理负责人</td><td>姓名</td><td>年龄</td><td>籍贯</td><td colspan="3">现在住址</td><td colspan="4">简历</td></tr>
<tr><td>张佩苍
唐经国</td><td>54岁
55岁</td><td>本籍
本籍</td><td colspan="3">中市桥巷8号
书院弄摇车湾16号</td><td colspan="4">本公司锡厂厂长
福记棉布号经理</td></tr>
<tr><td rowspan="2">业主或股东</td><td>姓名</td><td>年龄</td><td>籍贯</td><td>现在住址</td><td>出资年月</td><td colspan="2">出资种类</td><td>出资数额</td><td colspan="2">简历</td></tr>
<tr><td colspan="10">已详公司登记抄件第(11)项及锡厂工厂登记表</td></tr>
<tr><td rowspan="3">职工人数及待遇</td><td rowspan="2">人数</td><td rowspan="2">总数</td><td colspan="8">职别</td></tr>
<tr><td colspan="2">职员</td><td colspan="2">练习生(或学徒)</td><td colspan="2">工匠</td><td colspan="2">高役</td></tr>
<tr><td></td><td></td><td colspan="8">本所业务委由福记棉布号负责代办不另雇用人员</td></tr>
</table>

（续表）

	待遇	最高	按月由本公司津贴办事人员上海单位 500 个				
		最低					
		平均					
房地产	类别	所在地	间数	面积	自有或租赁	原购价	现时价值
	铺面						
	仓库						
	宿舍						
	其他				福记免费借用		
公历一九五一年一月九日　申请人（签名盖章）　张佩苍							

缴费通知第　号　　营业登记证　　字第　号

无锡市染织业厂同业公筹会会员厂功能月报表(1951年5月)

开工情况:

组别	正常生产	占正常生产			全部停工	合计	备注
		80%以上	50%以上	50%以下			
白织组	1	1	2			4	
色织组	15	6	7	8	1	37	
染整组	1		1			2	

主要生产设备开工情况:

设备名称	设备数	平均运转台数	占设备%率	平均各厂全月开工时数
织布机(白织)	854	560	65.5%	515
织布机(色织)	1628	1241	76.2%	477
染　缸	19只	14只	73.7%	430

生产情况:

组别	产品	正常时期产量	本月份产量	占正常产量比率	比上月增减量	比上月增减比率
白织组	斜纹、坯布、市布、细布、粉袋布等	39 870	27 730	69.3%	-562	-1.9%
色织组	府绸、条漂、斜纹、印花坯等	85 300	68 054	79.8%	-3 365	-4.7%
染整组	漂染各种色布	27 300	13 759	50.4%	-4 353	-24.0%

销售及代织染情况：

组别	销本率		销外率		代花纱布公司代织		代其他客户代织		销售加工总计	
	数量	占本月产量比率	数量	占本月产量比率	数量	占本月产量比率	数量	占本月产量比率	数量	占本月产量比率
白织组	958.1	3.5%	3 324	11.9%	23 415	84.4%			27 697	99.8%
色织组	20 267	29.8%	13 849	20.3%	31 075	45.6%			65 191	95.7%
染整组	1 331	9.7%	1 206	8.8%	570	4.1%	10 235	74.3%	13 342	96.9%

注：源康退出本会另入纺织工会，大业因账册在税务局，报表未填报，故此两家未统计在内。

丽新设备及人员简况（1951 年）

无锡市纺织厂同业公会筹委会印《无锡各棉纺织厂统计月报》1951 年 5 月报，有如下丽新相关数据。摘录如下：

一、丽新设备锭数：40 180 锭，可转锭 39 560 锭；布机数 680 台，可开数 340 台。每周开 5 日 5 夜班，每班 12 小时。

二、员工人数：

纺部					织部				染部				合计					
事务职员	工务职员	工务工人	事务工人	临时工人	工务职员	工务工人	事务工人	临时工人	工务职员	工务工人	事务工人	临时工人	工务职员	事务职员	工务工人	事务工人	临时工人	总人数
36	17	1 007	120	5	10	539	54	5	12	98	31	25	39	36	1 644	205	35	1 959

（此件为《无锡各棉纺织厂统计月报》1951 年 5 月上报资料，由无锡收藏家张小平先生提供，摘自沈自求：《无锡丽新纺织厂的记忆》）

（五）规章制度

丽新纺织印染公司锡厂工友请假暂行规定
（1952 年 9 月 21 日劳资协商会议通过）

（无锡市人民政府劳动局劳(54)审字第 607 号批示准予试行）

1. 本厂为配合各部分切实完成生产任务，正确掌握工友出勤人数，得适当的支配工作，不致因缺勤率无法掌握而影响生产，特订定工友请假暂行规则。

2. 假例：请假分为下列四种：

（一）工伤假——因工受伤

（二）病假——疾病

（三）产假——女工友生产或小产

（四）事假——私人事务必须本人亲自处理

3. 请假手续及假期规定如下：

（一）工伤假——凡因公受伤，经保健所诊断证明，通知工作间主管人办理必要手续。

（二）病假——须经保健所医师诊断证明，或由工会小组负责向医生介绍病情并取得证明，通知工作间主管人员办理请假手续。

（三）产假——在怀孕后，及时向保健所登记，产假开始前 3 日，凭保健所证明向工作间主管人员办妥请假手续。

（四）事假——须由请假人事前叙明事实及理由，经工作间主管人员核准办妥请假手续。

（五）工友因事迟到或早退，应请钟点假，作事假论，办法与事假同。

4. 续假手续：工友请假期满，由于必要事故须续假者，可按下列各项办理：

（一）工伤假、病假、产假因病情及体况尚须继续治疗或休养者，应经保健所医师或特约医院证明（居住乡区或外埠者可由其他公私医院或正式医师诊断证明),向工作间主管人员办妥续假手续。

(二)事假因必要理由须继续请假者,应在原假期届满前详叙事实及理由,经工作间主管人员核准办妥续假手续。

5. 旷工:凡工友未能按照规定程序办妥请假手续,或在假期届满时未能按照规定办妥续假手续,不按时到厂工作,因而使行政主管人员无法掌握计工人数,作旷工论。旷工按照下列办法处理:

第一次——劝告。第二次——批评。

第三次——如因旷工天数过多,或因旷工而使生产发生特时困难。经调查后,得由行政根据具体情况适当处理之。

6. 请假期内工资:一切按照劳保条例办理。

7. 销假:事假于假期届满时应即销假。病假提早复工或至期销假须经保健所医师证明,并通知工作间主管人员销假。

8. 补假:凡因有特殊事故或疾病未能及时请假者,应于二日内(外埠须在二天内寄出请假信)叙明原因,经工作间主管人员核准,可按照第3项规定补办请假手续,否则作旷工论。

9. 本规则如与政府法令有抵触时以政府法令为准。

10. 本规则经劳资协商会议通过呈请政府核准后施行,修改时同。

公章使用办法(1952年12月)

(1)本厂行政各部门公章之镌制、保管、使用、停止使用、销毁,均按本办法处理。

(2)本厂行政对内对外所用公章,应经行政核定样式文字尺寸,交由总务科镌制,并指定由总务科保管,秉承行政指示使用,同时应将印鉴呈报总公司备查。

(3)本厂对外文件报表,除盖本厂公章外,应加盖厂长、副厂长私章。对内文件,得以厂长或副厂长签字或加盖私章行之。

(4)本厂各部门公章,除另有规定者外,暂规定以车间、科组(或同级单位)为使用单位,除业务上有必需对外使用之各单位外,以对内使用为原则,对外有专门性质之用途者,得用各种专用印章。

(5) 本厂各部门公章，经厂行政核定式样文字及尺寸，由总务科统一镌制分发各单位保管，使用时应加盖各单位主管或指定负责人员私章。

(6) 本厂行政及各部公章，经行政核定停止使用，应交由总务科销毁，如因使用日久，须重行镌制，应由总务科请准销毁重制。

(7) 本厂行政及各部门公章、厂长副厂长签字样式及私章、以及各部门主管及指定负责人员私章，均应留存印鉴，由总务科统一编列印鉴专册保管备查，遇有更动时应随时更正补充。

家具管理暂行办法(1953年4月9日本厂第九次行政会议通过)

一、本厂家具之采购、分配、登记、保管，由总务科统一办理。

二、家具系指一般的办公(如办公室、营业场所、会议室、公共会堂、学校)、生活(如宿舍、厨房、膳堂、浴室、休养所、病室、托儿所、俱乐部)各方面应用的台、凳、椅、橱、床铺、各种质料制成的家具而言。凡附著于建筑物固定装置的以及属于机器设备(工具性质的)范围的台、架、橱、柜等家具不包括在内。

三、各单位现有家具由总务科庶务组统一清点编号，并备具家具清册分类登记。

四、全部家具经清点后，除在清册登记外，另按每一单位填列家具清单(每一单位有不同地点者按每一地点填列)一式两份，由总务科庶务组及使用单位于双方会同清点后，分别签字或盖章，一份在使用单位适当地点悬挂，一份由总务科汇总保存。

五、各单位之家具应尽量避免随便移动至另一单位或同单位其他地点。如必须移动时，应随时通知总务科，在清册及清单上分别登记。

六、各单位如需添置家具，应在一月前填列托办单，详细说明添置理由，经厂行政核准后送总务科汇编预算，统一购办，拨交委办单位使用，并在清册及清单上分别登记。

七、家具如有损坏，应由各部门填具修理通知书，通知总务科修理。如损坏程度严重，已经无法进行修理，应由总务科按规定手续报废，并在清册及清单上分别登记。

八、全厂家具在每年六月及十二月或其他规定时间分别进行盘点。

保卫制度（1953年5月12日第11次行政会议通过）

一、本厂保卫工作由人事科保卫组根据本制度在厂行政领导下负责执行。

二、本厂职工进出本厂必须一律佩带厂徽，临时工、替工必须一律佩带工作证，否则驻卫人员得阻止其出入。厂徽或工作证遗失，应按规定手续申请补发。如系一时忘记佩带，应向厂门驻卫人员说明原由，并办理登记，经驻卫人员认为无疑问时予以放行。

三、党政机关、各级工会、学校、人民团体、公私企业指派人员来厂工作参观实习，必须备具正式介绍函件，经厂行政同意通知保卫组发给工作证、来宾证或参观证方得进入本厂，但为接洽上便利起见，以上机关团体得通过本厂工会与行政接洽。

市委、市总工会、市纺织工会的通讯员送达文件，凭各该机关工作证进厂。

凡须进入重要车间（如发电所）进行工作或参观，必须事先约定，必要时厂行政应与本厂工会联系，再行决定。

四、承包本厂各种工程或接洽各项业务之工厂商号工作人员，来厂进行工作或接洽事项，必须由主管部门事先通知保卫组，发给证件交其佩带方能进入本厂，非经许可不得进入车间。如将证件遗失或一时忘记佩带，应向保卫组说明理由，办妥应有手续，方能继续入厂。

凡属于提货送货付款等性质比较单纯之接洽事项来厂人员，可由传达人员陪同前至指定部门，一俟接洽完毕应即行离厂，不得进入其他部门。

五、本厂职工亲友来厂探访的应接办法另订会客办法规定之。

六、本厂各部门公物出厂，应向保卫组领取门证（供应科物料组退货，得由物料组自行开给门证），随同物件交由厂门驻卫人员验明放行。

七、本厂职工私人物件打成包裹或装箱者（未包扎或用丝袋外面看得明显者除外）携带出厂，应由携带人向保卫组领取门证，居住厂内宿舍裹的职工，可向宿舍管理人员领取凭证出厂。

八、本厂各处厂门及各车间门之启闭，由保卫组统一掌握。除经常进出之各门户由保卫组按规定时间启闭外，其他各厂门概行封闭，遇有必要时，各部门得向保管组接洽，通知驻卫人员开启。

九、本厂驻卫人员之业务领导、工作分配由保卫组统一掌握，详细办法另订之。

十、本制度根据本厂情况得随时予以修改。

保卫制度第四条补充规定（1954 年 8 月）

1. 凡来本厂接洽业务之工厂、商号工作人员，领有本厂出入证者，应先将出入证交厂门驻卫警查验后，凭证向传达室调换臂章佩带，方可进入各部门，但不得进入车间。如因事必须进入车间，应由本厂有关部分事先书面通知人事科，凭出入证发给专用臂章交其佩带，方可进入车间。

2. 凡承办本厂各种工程之工厂、商号工作人员，来厂工作，必须由本厂各种工程主管部门事先书面通知，并将名单送人事科发给工作证交其佩带，以凭进出厂门。如上项工作人员将工作证遗失或一时忘记佩带，应向人事科说明原委并办妥应有手续，方能进出。

3. 凡来厂提货、送货、付款等工作的工厂、商号人员，可凭提货、送货单据或付款凭证等向传达室说明原委，由传达室与有关部门联系后发给臂章交其佩带，进入指定部门，一俟接洽完毕，应即离厂，不得进入其他任何部门。

4. 凡送货至本厂厨房之送货人员，一律由保健所大门进出。在进入时，先向该门驻卫警说明原因，由驻卫警发给臂章，以便进入厨房，交货后，即行离厂。

厂徽佩带[戴]办法(1954年2月22日)

一、本厂职工进出厂须一律佩带厂徽。不佩带厂徽者,驻卫警有权阻止其出入。

二、职工进出厂未佩带厂徽者,须办理登记手续,经审查无疑者方能出入。

三、凡厂徽遗失时,须会同各部门主管人员立即向人事科保卫组声明,经审查后暂给临时入厂证,待其办妥登报声明作废手续后,再由人事科保卫组补发。

四、厂徽只限本人佩带使用,不准转借别人,如经发觉有转借情事,其因转借的发生之一切后果应由其本人负责外,并根据情节轻重予以处分。

五、凡职工离厂办理退职手续时,须将厂徽缴还人事科保卫组注销。

伙食费和在厂用膳暂行办法(1954年3月)

(一)伙食费数字的根据:根据1953年全年平均每人每月实际数字为16.6万元。

(二)工资内包括伙食费的计算说明:依据上项数字,男工应扣除菜金1角4分,以月计算,工资内包括伙食费为10.76万元。计算方式为166 000-(0.14×6×2 316×30)=107 600元。女工应扣除菜金1角1分,以月计算,工资内应包括伙食费为12.01万元。计算方式为166 000-(0.11×6×2 316×30)=120 100元。男女职员因向例不扣菜金,以月计算工资内应包括伙食费即为16.6万元。

(三)享受劳保待遇关于工资内包括伙食费的发付说明:遵照无锡市人民政府劳动局(54)劳保字第39号通知,伙食费包括在工资之内,按照劳动保险条例规定计算核发。

(四)享受劳保待遇人员在厂用膳者暂行规定办法如下:

1. 不论病伤产假有劳保享受者及享受基金疾病救济费者,一律不在大饭厅用膳(即出勤工作人员用膳场所)。

2. 不论病伤产假有劳保享受者及享受基金疾病救济费者，如须在厂内用膳，则由享受人员向本人小组内说明，由小组劳保干事或生活干事向劳保福利科领取用膳饭票，凭饭票到指定饭厅用膳。

3. 享受人员在厂用膳者，所向劳保福利科领用用膳饭票，其票值悉照第一条的规定数字计算，即每月16.6万元，合每日5 500元，星期日亦同样计算。该项饭票之票值于结付工资时(劳保工资或到工后的工资)在工资内扣算。

4. 凡享受劳保待遇者，其伙食费已照第二条办法包括于工资内，在领取饭票时可照同额之伙食规定数字扣算，因此在工资内不再扣除菜金。

5. 住本厂疗养所、产科室及东大池疗养所的病员与产妇，其膳费计算均照上项办法办理，但不发给饭票。

6. 工资与在厂用膳膳费之计算方式如下：

应得工资(不扣菜金)+应加伙食费(照第2条男工女工职员应包括在工资内的伙食费)=应得工资金额。

应得工资金额×享受条例规定之百分率=劳保享受实得工资。

劳保享受实得工资－在厂用膳伙食费(全月以166 000元计算)=在厂用膳享受劳保人员实得工资。

(五) 上项规定仅适用于工资未改革前的暂行办法，本规定(一)(二)(三)3条在2月1日实行，第(四)条在3月1日实行。

享受劳保待遇在工资内应包括伙食费对已预领产假工资的补充办法(1954年5月)

(本办法经呈奉市劳动局劳保字第197号批复核准)

无锡市人民政府劳动局(54)劳保字第三十九号通知，伙食费包括在工资之内，按照劳动保险条例规定计算，并指明在二月份开始执行一节，上项办法我厂早已遵照执行在案，最近部分反映，关于在二月份以前所预领的产假工资(复工期在二月份或二月份以后的)，其伙食费亦应按照规定补发。兹因产假工资属于预领性质，而预领的情况不一，经有关部门多次讨论，关于二月份以前预领产假工资应补之伙食费，作出如下的补充办法：

一、产假停工，按照实际停工日中有在二月份者，一律按照二月份起停工天数，补发应包括之伙食费。

二、关于产假停工的起讫日期，必须准确查明，由车间负责人具条盖章证明。

三、补发手续与一般支付劳保金同，但必须连同车间证明条向劳保会计领取。

四、此项补充办法报劳动局核准施行。

女职工怀孕待产登记和领取产假工资的规定(1954年3月)

为了过去怀孕待产登记在医务上掌握不够，及产假工资过早预领发生许多混乱现象，例如因孕妇对待产登记不够重视，因此对产前产后病伤在保健所病历卡上无法分别显示发生不能准确掌握；再如产假工资过早预领，非但车间无法查考，乃至产前产后的病假与产假发生混淆，劳保会计也无法查核。且过早预领，每易将产假工资提早化用，到了产后，营养所需频生问题，因此对以上问题急宜纠正。经有关部门多次讨论，作出如下的规定：

（一）女职工怀孕后应即至本厂保健所进行产前登记和接受孕妇卫生指导以保健康。

（二）孕妇在临产前，经本厂保健所检查拟予停工待产者，则由保健所填发“怀孕检查拟予停工待产通知单”(停工日期根据预产期前一星期)。

（三）车间接到保健所拟予停工待产通知，经车间负责人准予停工者，应填发停工待产通知，一式贰联，注明准予停工起讫日期(即实际停工日期)，加盖负责人印章。以一联径送人事科登记，一联交孕妇本人，附具直接支付劳保金申请书及收据，随时向劳保会计结付产假期间工资。同时由劳保会计将孕妇停工起讫日期通知保健所，以便医务上的掌握。

（四）临时工孕妇登记及领取产假工资所应注意事项及应办手续，与前(一)(二)(三)条同，但产假工资必须在产后领取。

（五）小产由医生根据产妇健康情况注明应停天数（20 天至 30 天，但最少应为 20 天）。

（六）产妇复工必须按照规定产假天数，不得提早复工。除产妇本人严格遵守外，车间主管人员亦应负责注意，以便保护产妇健康。

（七）双生或难产凭医生证明书，另行补发产假工资，14 天补给假期应衔接计算。

发电所保卫办法（1954 年 3 月 21 日起实行）

1. 为加强发电所保卫，根据本厂保卫制度原则订立本办法。

2. 本厂厂长、副厂长、机动科科长、发电组组长、发电所职工工会负责干部，凭专用工作证进入发电所。

3. 本厂其他部门职工因生产上需要必须进入发电所者，由各部门负责人请准厂长通知保卫组，或由各部门负责人与机动科联系，由机动科科长通知保卫组，发给专用臂章方可进入发电所（厨房送饭工友由福利科将人数、姓名通知机动科及保卫组备查，如有更动应随时通知）。

4. 各机关人员因公必须进入发电所，应按照本厂保卫制度第三条规定，经厂长同意，通知机动科及保卫组，发给专用臂章，方可进入发电所，因为发电所经常与电业局有业务上联系关系，凡电业局工作人员因业务上接洽，必须进入发电所时，由机动科科长通知保卫组发给专用臂章。

5. 发电所职工有权拒绝不合上述手续的人员进入发电所。

6. 发电所大门由驻卫人员驻卫并负责启闭，发电所职工由指定门户进出（饲水间小门为照顾生产，除抽水站值班工外，其他人员一律不得出入）。

厨房工作鞋穿着掉换办法（1954 年 4 月 22 日）

在厨房地面潮湿问题未解决前，暂时发给工作鞋穿着。其穿着和掉换办法如下：

（一）工作鞋专供工作时间穿着。

(二) 工作鞋系属于工具性质,不得随便带出厂门。

(三) 发给工作鞋后,绝对不准再在工作时穿着木屐。

(四) 如有损坏,其修理费用由厨房负责支付(但故意损坏者不予支付),至不能修理时,凭旧鞋掉换新鞋。

(五) 发给范围,以厨房直接参加炊事工作人员及固定在饭菜间、派菜间、冷藏间、□面工作者为限。

实行六五七轮班办法(1954 年 5 月 7 日)

一、实行日期自 5 月 8 日起,厂礼拜日停早中两班,厂礼拜一停中班,轮班办法照旧。

第一星期(8 日～14 日)甲班(早班)做 6 天,乙班(中班)做 5 天,丙班(夜班)做 7 天。

第二星期(15 日～21 日)乙班(早班)做 6 天,丙班(中班)做 5 天,甲班(夜班)做 7 天。

第三星期(22 日～28 日)丙班(早班)做 6 天,甲班(中班)做 5 天,乙班(夜班)做 7 天二、三班工作时间及开车、停车、用膳时间照旧。

三、有关人员办公时间作以下规定:车间主任厂礼拜日下午 10 时半上班,至厂礼拜一上午 1 时休息,厂礼拜一上午 10 时再上班,其余时间照旧。福利科派定 1 人在厂礼拜日下午 6 时至礼拜一上午 2 时值班。

四、发电所轮班办法

厂礼拜六中班做出,礼拜日上早班,做关车工及礼拜工。

厂礼拜六夜班做出,礼拜日上中班,做礼拜工及开车工。

厂礼拜六早班做出,礼拜日上夜班(加班)。

五、劳动保护方面

1. 女工宿舍分三班住宿,宿舍改建部分由修建组负责,自 5 月 5 日起 15 个晴天完成。原第二宿舍加水箱 1 只,在 5 月 15 日完成。由机动科负责宿舍分班工作,在 6 月初开始。

2. 纺、织两部改建女工卫生室并接热水。水管工程由机动科纺织,在5月份内完成。内部改装工程由福利科负责,纺部在6月份开放,织部在7月份开放。

3. 工友宿舍靠东西两面加搭席棚,南北窗口悬挂竹帘,5月份完工。

4. 纺织两部保健站分三班服务(部分另订)。

六、关于福利方面

1. 托儿所加厂礼拜日深夜班托儿。

2. 厂礼拜日中饭及夜饭照旧买饭票,半夜饭供给,不售饭票,厂礼拜一照旧供应。

纺织部保健站诊疗规则(试行)(1954年5月)

为了配合车间直接生产部分患病职工能便利及有秩序地进行治疗,特制订本规则。

一、保健站治疗对象,以本车间当班时间内出勤职工需要治疗病者为限,在停工期内的职工诊病直接至保健所就诊。

二、病员就诊,必须按序挂号,并应按照挂号竹筹上所规定的时间前往就诊。

三、急症或工伤及一般轻微外伤,可以不经挂号手续随到随诊,普通病症诊疗,必须在规定时间内挂号就诊。

四、经医生诊断须转送医院治疗者,由保健人员开给转院单,送病员去指定医院治疗。

五、需要特约中医治疗者,必须在挂号时间内向挂号员领取介绍条前往指定中医就诊。

六、经医师诊断后认为应请病假者,一律由保健医生开给病假证明。停工期间,由保健所诊疗,续假手续由保健所办理。复工时,由保健所医生开给复工证明,保健站不开复工证明。

七、女职工怀孕及检查,按照一般疾病诊治办法。先行在保健站挂号就诊,需由助产士检查者,每天下午一时至四时前往保健所检查。

八、下午五时以后,保健所休息期间,厂内未当班职工如患急症者，为免影响保健站诊疗工作起见，由各单位设法送站就诊，如有病人不能行动之特殊情况，则由保健站派员接至站里就诊。

九、下午五时以后，家属急症，可向保健站开取急诊转院条，自行至指定医院就诊，概不出诊。

十、不属于纺织两部之职工，概由保健所诊疗，下午五时后急症由纺织两部保健站诊疗。

修改购买饭票方法(1954年8月12日)

本月5日公布的购买饭票办法，兹根据群众意见进行修改。特将修改后办法通知如下：

一、自8月7日开始，每逢厂礼拜日及厂礼拜一，早中晚三餐一律凭票吃饭。厂礼拜日及厂礼拜一的半夜饭，一律照其他工作日同样办法，勿凭发票。

二、每桌合座8人(包括孕妇食堂、肺病食堂、各饭厅等)，菜量照比例增加。

三、发售饭票的时间和地点：厂礼拜五上午8时至下午6时、厂礼拜六上午8时至下午3时，发售厂礼拜日及厂礼拜一的饭票；厂礼拜六下午3时至6时，发售厂礼拜一的饭票；其中：上午8时至10时、中午12时至4时，在福利科发售，其他时间在饭厅门口发售。由行政主管领取者(非现售饭票)，一律在上述时间内到福利科领取。厂礼拜一上午7时至中午12时发售厂礼拜二做礼拜工人员的饭票，发售地点在福利科。

四、饭票价格：全厂工资解冻部分一律早饭每票900元，中饭每票2 000元，夜饭每票2 000元。未解冻部分照旧。

五、领取饭票和购买饭票办法

1. 厂礼拜日及厂礼拜一当班人员(除厂礼拜日深夜班夜饭外)一律应在厂用膳，厂礼拜六中班及深夜班当班人员，厂礼拜日应在厂用早膳，由各部行政主管人员在发售饭票时间内向福利科领取。

2. 未解冻部分厂礼拜日早饭及厂礼拜一早中夜三餐，由行政主管人员向福利科领取。

3. 保全及辅助车间工人及职员调厂礼拜二礼拜者，厂礼拜日及厂礼拜一全日饭票由行政主管人员向福利科领取，厂礼拜二有在厂吃饭者，于厂礼拜一购买饭票，在小饭厅吃饭。

4. 非属上项范围内之人员，一律须购买饭票。

附则　第五条补充说明：

1. 已实行工资解冻部分需要领取的饭票：早班、常日班厂礼拜日早中夜在厂用膳者，一律购买饭票，厂礼拜一在厂用膳者(早中夜)一律由行政主管领取。中班厂礼拜日及厂礼拜一在厂用膳者一律购买饭票。夜班厂礼拜日各餐一律购买饭票，厂礼拜一早饭、晚饭由行政主管领取。

2. 未实行工资解冻部分的工友和职员需要领取的饭票，厂礼拜日的早饭饭票由行政主管领取，中、晚饭照常购买饭票。厂礼拜一的早中夜饭票一律由行政主管领取。

会客规则(1954年8月)

(一) 来客应先在会客簿上登记，以便传达。

(二) 各班的会客时间分别规定如下：

早班　下午3～8时。中班　上午9～2时。夜班　下午4～8时。常日班下午4～8时。

(三) 星期日及例假日会客时间，各班一律从上午7时起至10时30分止。

(四) 凡在各班工作时间、或非规定会客时间、或夜班睡眠时间内，来客访问，概不传唤，但来客可留言，代为送达，倘使确有紧急事由者例外。

(五) 来客须在会客室静候会谈，不得入厂。

附：探病规则

探望本厂保健所病室病人。时间规定为上午9时至11时，下午3时至5时，凡系病人之直系亲属，希先在传达室登记后，发给臂章佩带，径往病室探病后，请直接出厂(交还臂章)，切勿进入其他部门。

各单位委托修建组办理事项的相关规定

修建组对各单位委托办理事项一些意见，请各单位研究并提出意见。

一、新造房屋或其他建筑物视规模大小估计，在充分时间以前(至少一个月)由委托单位将建造理由及基本要求填列委托单，送请厂长核准后，由修建组进行设计，绘制图样，并按设计编列材料及用款预算，经委托单位同意并经厂长核准后，按照规定向建设局请领执照，然后施工。为求满足委托部门的要求，同时顾到设计方面和材料供应方面应有的困难，请委托单位在设计以前与修建组互相充分联系。修建组应在执照批准后定期施工。如材料不能立时办妥，应在掌握一部或全部材料后即行施工，同时应将工程进行应需时间告知委托单位，并争取如期完工。如遇必要事故必须中途停工或延长完工日期时，应随时通知委托单位。委托单位在对工程设计表示同意后，不得随意变更修改。万一必须修改时，应将充分理由与修建组联系，得其同意并经厂长核准后方能变更。

二、房屋或建筑物主要部分的改建须变更原有形状者，其一般手续与第一项同(应向建设局请领改建执照)。

三、有关机器设备规模较大的配合装置工程，应视设计繁简，在充分时间至少半个月以前，由委托单位将工程要求详细填列委托单，附同设计图样，送请厂行政核准后与修建组联系。由修建组编制材料及用款预算，送经厂长批准后定期施工。如遇材料不能立时办妥，修建组在掌握应用材料一部或全部后即行动工，并将工程所需时间告知委托单位。非绝对必要，委托单位不得变更计划书，如需变更时，应与修建组联系，得其同意并经厂长核准。

上项工程如属于试验性质，应请委托单位在事先尽可能严密设计并尽量缩小工程范围，以免浪费工料，并在委托单上注明“试验性质”字样。各单位除经常由修建组派工配合检修者外，如临时需要建筑工配合工作，人数在一人以上者，应请在三日前与修建组联系。

四、一般房屋的修理，如屋面筑漏、墙壁门窗修补粉刷油漆等不变更房屋的原来者，各项修理工程估计需要人工在十个以上者，由委托单位在估计需要动工的十日以前，如估计需要人工在十个以下者，在估计需要动工的一星期前，开列委托单位详列各项要求送修建组。修建组应排定施工日期通知委托单位，并尽量做到如期动工，如期完成。各项设备的修理或拆除办法同上。

五、各单位家具的修理，请按家具管理暂行办法第九条，通过庶务组统一委托修建组办理。工具橱箱的制造或修理，暂亦按照该办法规定由庶务组统一委托修建组办理。

六、各单位如有有关生产的紧急抢修事项，请随时与修建组联系，经厂长批准随时进行抢修。

七、为符合规定编造材料及用款预算，争取在规定限期以前完成，要求各单位注意将各单位预备在下一月进行的各项工程，在本月二十日以前向修建组办妥委托手续，以便如期编制预算。各单位的委托单应请由单位负责人签名(委托单位暂规定为各车间，包括修机车间，各科室，但保全科纺织染三组及采购组得由组负责人签名委托)。

各种工程务请尽可能供给详细说明并绘具简明图样(机器设备配合工程请备较详细的图□)，并请注意尽量避免“不供应说明”“不绘草图”或仅有“与某人接洽”字样，以便修建组在接到委托时较易了解，不致摸索费时，耽误工程进行。

如有意见请于九月三日前提交总务科为感。

关于各工场使用电钻行灯及其他移动电具等使用的安全规定(1954年9月13日)

为加强各工场电钻、行灯及其他移动电具使用上的安全并保障职工不受损害起见，特规定下列各项，希严格注意遵守。

甲、电钻

(一) 非经常使用之电钻，在每次使用前，必须交机动科认真进行检查，其经常使用者，每2周应检查1次。特别对开关、碳精架、接地线线头焊接处等部分及其绝缘电阻，应严格精密检查(绝缘电阻不能少于 500 000 欧)。

(二) 使用电钻,应将电线插头插入特制的三眼插座,其中特定的一眼接于地线,另二眼接于电源的相线及中线,线路不可接错。

(三) 地线装接必须合乎下列标准:

1. 地线装接入地部分,可利用原有自来水管,或用长 2 公尺、直径 25 公毫以上之涂锌铁管垂直埋入地内。

2. 自来水管或涂锌铁管之上端与地线相接处,必须用铜轧头轧紧。

3. 地线的导线,应用截面 2.5 平方公厘以上铜丝所制成的良好橡皮包线,其易受损伤部分并须加以防护。

(四) 电线必须用三股坚韧橡皮线和三脚插头与电源的三眼插座连接,三股线中的一股为接地线,一端接在电钻外壳上,另一端接在三脚插头特定的接地桩头上,不可接错。

(五) 使用电钻时,须带橡皮手套,足部应踏在橡胶垫上。在高处工作并须佩戴防护带。

(六) 在工作中发觉电钻过热或漏电时,应立即切断电源,进行检修。

(七) 电钻在不使用时,无论久暂,必须将插头拔去。

(八) 使用电钻时之注意事项:

1. 不得直接将电钻接在照明灯口或挂在开关上。

2. 对正在进行用电钻钻孔之工作物上,不得同时从事其他工作。

3. 使用之钻头不得超过电钻最大钻孔容量。钻头未完全停止转动时,不得拆换钻头。

4. 禁止用手清除钻头排出之铁末。

5. 不得在雨天冒雨进行工作。

6. 取电钻时,不得提着电钻的电线或钻头。

乙、行灯及机床上局部照明灯

(一) 行灯

1. 行灯电压不得超过 36 伏,在特别潮湿的地方,如锅炉蒸发器、加热器等内部以及周围均属容易导电的物体环境中工作时，电压不得超过 12 伏。

2. 行灯所用的电流，应由携带式双卷变压器的低压电路供给。行灯所用电线，应用双股坚韧橡皮线，一端装有插头，不可将线头插入插座内使用。

3. 携带式双卷变压器的高压侧，应装有接用 110/220 伏电源的三股坚韧橡皮线及三脚插头，在 36 伏及 12 伏侧，应装有插座。

4. 携带式双卷变压器的金属外壳及低压侧，需要接地。

5. 携带式双卷变压器的 110/220 伏侧，应交机动科经常检验，至少每一个月用高阻计将变压器的绝缘试验 1 次，初级线圈与接地的次级线圈间之绝缘电阻不得低于 500 000 欧。

6. 行灯的手柄，需用绝缘物制成。

7. 行灯线不准触于湿地上、热管热灰及一切热面上。

8. 行灯变压器不许放在锅炉汽鼓燃烧室或凝汽器内。

9. 在工作时，如灯泡、灯头、灯线或变压器发生故障时，须立即切断电源，重新换好。

(二) 机床上局部照明灯

1. 吊灯装置灯头离地不得少于 2.2 公尺，并不得装用葫芦。

2. 不得用金属线(如铁丝、铜丝)将吊灯线拉绕吊挂。

3. 离地 2.2 公尺以下的灯座外部灯罩及线管，如系金属者，应妥善接地。

4. 开关须接在相线上，不得使用灯头开关。

5. 装在车床等工作机上的专用照明灯，凡用特制灯架将电线装在金属线管内者，其灯头、灯罩、灯线管须要永久互相密接成一连续导体，并应有效接地。

6. 如不能符合以上规定装置时，应采用 36 伏以下的安全电灯。

丙、工场内其他的移动电具

1. 工场内其他移动电具，如电风扇等，其装置地位离地在 2.2 公尺以下者，应按照关于电钻的规定，将其金属外壳接地，用三眼插座及三脚插头，其导线亦总用三股坚韧橡皮线。

2. 电风扇上要适当装置防护罩，防止风扇叶板击伤人体。

丽新纺织印染公司锡厂厂长室

关于我厂向外借物填写借据等应行注意事项(1954年10月11日)

一、我厂因生产上需要，向本市或外埠其他工厂或机关借用机物料、测验用仪器、工具、机器等，应有借用部门(工场、科室)与承借人先行联系后，详细书面说明借用理由及所借物的品名、规格或成份、数量、价值或估计价值，估计退还日期，送请厂长审核。

二、借用部门于厂长核准借用后，将原书面送总务科填写临时借物借据一式四联：

第一联存根由总务科保存。

第二联正式借据交承借人。

第三联由借用部门保存，俟所借物还清后，将第二联收回，连同本联一并送会计科登记。

第四联由会计科登记后保存，俟借用单位将所借物还清后，将第二第三联送来登记后一并送总务科，汇粘借据原册内。

总务科填妥借据后，应根据所借物总值在借据第二联上粘贴足额印花，一俟归还期届，应有借用单位负责如期办理归还手续。

三、如所借物须至外埠提取者，应由本厂备函，向当地税务局说明借用原因及所借用品名、规格或成份、数量、价值等，于所借物由当地运出时间，向当地税务机关办理货运管理出口登记手续，并注意在运到本市及归还时运出本市时，分别向本市税务机关办理进出口登记手续，同时应注意在所借物运抵目的地时，向当地税务机关办理登记手续。

以上各项货运管理范围登记手续，可与承借人接洽会同办理或请其协助。除上述货运管理登记手续外，所借物之进出有关纳税方面各项手续，应有本厂借用部门注意向税局驻厂员联系照章办理，切勿疏忽遗漏。

车辆管理暂行办法(1954年10月22日)

(1) 本厂车辆之采购、分配、登记、保管及领照等工作由总务科统一办理。

(2) 车辆系指一般运输车辆(如救护车、塌车、送货车、自行车等),工场内工具性质的硬轮及木轮车辆不包括在内。

(3) 各单位现有车辆由总务科庶务组统一编号,分类登记。

(4) 各单位之车辆如由庶务组调拨至另一单位,由庶务组随时登记,如各单位自行移转,应在事先通知庶务组办理移转手续,不得私自转移。

(5) 各单位如需添置车辆,应在一月前填列托办单(暂填家具委办单),详细说明添置理由,经厂行政核准后,在月度财务计划编制规定日期前,送交总务科庶务组,汇编预算,统一购办、编号,拨交委办单位使用,并在清册单上分别登记。

(6) 车辆如有损坏,应由各使用部门填列修理通知单(暂填机器设备工器具及零配件请修单),通知庶务组修理。如损坏程度严重已无法修理者,应由庶务组按规定手续报废,并在清册上及清单上分别登记。

(7) 全厂车辆在每年六月及十二月,或其他时间分别进行盘点。

(8) 各单位车辆如需至厂外行驶者,应通知庶务组办理请领执照手续。各单位现有车辆已领有执照者,由庶务组统一登记。每届年度或季度检验或换领执照或缴纳季捐时,由庶务组统一办理或通知各单位自行办理。

机动科整顿制度及其巩固办法

1. 先重点整顿事故汇报制度、巡回联系制度、定期保全制度、调电监护制度、工作验收制度(新订)。

2. 把原订及新订的以上五种制度重新集中印出,请车委会发交小组讨论修正,督率贯彻(其中调电监护制另由行政召集全体电工学习修正)。

3. 事故汇报制执行情况，每周在行政例会上作检查小结，分析责任予以公布，每月由赵慎耀作统计，向车委会汇报。

巡回联系制由曾榴英随时向生产组长及车间值班电工了解执行情况，在月初第一次行政例会上作汇报，有执行不好之处，由工程师负责分别纠正。

定期保全制由各职员分工负责，将规定的保养工作分别订在月度计划内，并随时予以修正补充，使全趋完整，由工程师审查。

调电监护制，每月底由工程师召集全体电工会议检查，温习一次（在此会议上并作本月事故报告和分析及一般性技术问题之讲解）。

工作验收制，每周在行政周会上作检查，根据制度，职员应在礼拜工派工单上签注验收情况，交工程师备查（厂礼拜日工作派工单印好一定格式以资一律）。

主要机器定期保全名称	周期	执行期	负责安排人
透平及附属设备大检修	一年一度	十月	
透平发电机表面设备检查	一月一度	每月第一个星期日	
高压油开关检查	半年一度	四月、十月	
高压油开关滤油	一年一度	二月	
高压线摇地气揩白料	一年一度	四月	
避雷器及地气线校验	一年一度	四月	
继电器及跳打校验	一年一度	五月	
各方棚间低压开关跳打校验	一年一度	五月	
发电所低压线马达加油	一年一度	三月～五月	
真空器及冷油器清理	一年二度	四月、九月	
水塔水泵检查	一年一度	六月	
水塔水箱清理	一年二度	五月、九月	
水池清理	一年二度	六月、十月	
水池泵及迪令泵检查	一年一度	不定期	
横水箱清理	一年一度	十一月	
饲水泵检查	一年一度	不定期	

（续表）

主要机器定期保全名称	周期	执行期	负责安排人
锅炉大检修	一年一度	旧炉五月，新炉六月底十月	
锅炉近火管及上汽巴清理	连续使用四月		
锅炉清理小汽巴	连续使用二月		
储煤斗涂柏油	二年一度	同大检修时期	
运煤机检查	一年一度	不定期	
水位表检验	一年二度	同锅炉近火管时期	
压汽凡而检修	一年二度	四月、十一月	
方棚吊芯子滤油	三年一度	1956年十月	
方棚试油样	一年一度	六月	
低压分路开关检修	一年一度	六月	
令克、铜排、铝线检查	一年一度	六月	
方棚间清洁及纪录	每周一次	星期日清洁星期三抄录	
摇分路地气及揩白料	一年一度	四月	
各生产车间马达加油	一年一度	三月～六月	
屋外线检查收线	一年一度	五月～六月	
纺织部地轴检查	一年一度	照惯例	
汽管吊攀托脚检查	一年一度	十一月	
全厂主要水凡而检查	一年一度	七月～八月	
降温设备检查	一年一度	一月～二月	
全厂铁架油漆	三年一度		
钢窗检查	半年一度	三月、九月	

附录制度

1. 事故汇报制度

① 事故不论性质及大小均须填事故报告单。

② 报告单由当事人填写（管电间由生产组长填写），交与经管职员，职员作现场了解，分析原因，详细填在报告单上，交与工程师。

③ 每周在行政例会上作小结，分析事故责任，予以公布，每月由

统计员作出统计，汇报车委会转发小组讨论。

④ 遇重要或技术性之事故，由工程师发出通告或召开会议研讨，使问题得出结论或提早解决而利生产。

2. 巡回联系制度（包括各部值班电工）

① 各岗位每小时正确记录表类读数一次，发现不合规律变化时，应即向有关方面作了解或报告生产组长。

② 无仪表指示的活动部位，如震动、轴承温度、煤精情况、铝丝及开关温度等，每班至少去觉察一次，重要而易发的地方应增加觉察次数。

③ 发现运行机件有不正常情况时，应即汇报，若是小毛病能立即更正者，亦应至少经过两人以上的考虑方可执行（调节性的操作不在此例）。

④ 发现别人岗位上有不正常现象时，应即通知原岗位负责人，切忌代为更动。

⑤ 各岗位机械设备等及各车间马达通风网纱应经常保持清洁，纺部马达每班至少清掸四次，因工场地区大，单靠一人巡回事实上有些困难，可采用分区分工制，检修时仍旧合作。

⑥ 有关联的岗位应互相联系，了解情况。各车间的值班电工每班必需有一人到高压配电板岗位上检理一次，既可以了解高压安培大小，又可使配电值班者了解工厂开车情况，这样有利于运行的控制。

3. 定期保全制度

指每年一度或每月一度拆开彻底检查或检修的保全制度。年前排好明年的保全计划，并指定人员事先研讨补充及到期负责安排。兹先拟定主要机器设备的保全周期，希各负责安排人会同有关人员商谈决定执行日期及次序，集中起来编成保全周期表公布施行。

4. 调电监护制度

① 因供电、用电有变动，须进行调度时，照本制度规定办理，若用电情况正常时，则仍照休假日调电制度办理。

② 先由曾榴英先生草拟“调电监护工作单”，注明调电事由及操

作手续等，经工程师审核后签字付行，同时将副页送有关车间，收文电工应负责将该副页递交到执行电工的手里。

③ 调度时临时指定职员为监护人，监护人应事先会同电工对工作单作深切了解，然后两人会同逐项执行。

④ 各车间值班电工，在开冷车前或临时通知调电时间前十五分钟，应有一人到配电盘联系，必要时推出开关后再回车间开马达。

⑤ 开柴油车时，纺部电工负责调翻开关（拍落两只捻线开关再拉落二付令克），由柴油车电工监护；操作完毕后，柴油车电工回来自行推出电去；调回时，柴油车电工负责停电操作（无负荷后拍开关，拉落令克），由纺部电工监护；操作完毕后，纺部电工回去自行从 640 方棚送电至捻线间。

⑥ 高压设备（油开关，令克及线路）除例行的推拉操作外，非经派工，不得去接触。

⑦ 配电盘及各方棚间休息日例行断电，拉落高压令克时必须另外会同一人去执行。

⑧ “八角推电牌”使用办法亦属监护规则，一定要严格遵守执行。

⑨ 监护人须到现场亲眼看明操作，不得用口传耳闻，亦不许约定时间两□操作。

5. 工作验收制度

① 凡新装、改装及全部拆装等工作完毕后（尤其是厂礼拜日的工作），必需由职员验收或审查，并进行试用或试动。

② 平时由派工职员验收，礼拜工由值班职员验收。

③ 发电组礼拜工及机电组厂礼拜日工作结束后，由职员签注验收情况交工程师备查（职员系指礼拜日值班职员）。

关于工资管理实施细则暂行办法草案

一、工资支付：

（1）工资发给周期，每月两次（暂定每月四日、十九日）。

（2）工资计算单位一律为工资分，其数值按月底及月中《新华日报》无锡市工资分牌价以折合人民币支付之。

(3) 缺勤记工办法以十五分钟为计算单位,不足十五分钟者以十五分钟计算。超过十五分钟以上以半小时计算,超过半小时以上则以四十五分钟计算,余类推。

(4) 小时工资标准计算办法:

常日班和运转计时小时工资标准=日工资标准÷8。

计件工日工资标准=日工资标准÷每日规定工作工时数(7.5)

(5) 固定假期日不另支给工资。

(6) 升工工资:计时工按其个人原有升工的3/4折成工资分,暂按原办法支付。计件工按工种平均升工的3/4折成工资分,暂按原办法支付之(每星期一天升工工资分=3/4升工工资分÷4.33天)。如在工资支付时恰在一星期中途,该星期之升工在下星期工资内计算。

(7) 饭金规定每天每人以二个工资分计算。

二、加班加点:

(1) 加班加点。如礼拜工、值班工等,应该一律取消,但为了配合贯彻逐步趋向合理的照顾原则下,今后根据生产需要,原动、修机和各部保全工每二星期暂时保留一次,运转计时工每三星期暂时保留一次,其保留加班加点时间,每次不得超过四小时。工资计算办法按方案第二十五条规定办理。如加班加点工时超出保留数,以调度的方法,在下期中扣除保留的加班加点工时。

(2) 工场保全与机电部分,为了更好的配合运转部分,规定公休日为厂礼拜二。

(3) 各工场如需加班加点时,工场主任须填具申请书,可在暂时保留加班加点数中借用工时最多不超过二月中保留工时数,但必须会同劳动工资科统计及管理。

(4) 每期工资支付中,加班加点工资不得超出暂时保留额,如因方案第二十三条规定的额外加班加点,只能够移入下期计算。

(5) 值班工种一律推行轮休制度,不作加班加点论。

三、临替工问题:

(1) 各部分要增添临时工、替工时,由工场主管部门填具申请书，经劳动工资科调查后提出意见，经厂长批准办理之。解雇时同。

(2) 关于临时工、替工的工资，计时工、计件工按方案第十七条规定办理，但临时雇用期内工资不补。

(3) 凡递补成长工时，需由各工场主管申请、劳动工资科提出意见、厂长审查、工会同意、政府主管部门批准后方得执行。但在临时雇用期内工资不补。

四、工时管理：

(1) 工作时间，运转早、中、晚班、常日班均为八小时。

(2) 各计件工种必须按照规定时间进行生产。

五、定额管理：

(1) 凡由于生产条件的变化，并条、粗纱、细纱、捻线、整经、布机车速需加以适当调准，允许与定额车速相差±3%。筒子、纡子车速相差±2%，如超过或未超过时，必须及时调准。

(2) 各工场须严格掌握车速，由技术组每半月负责向劳动工资科汇报车速一次。

(3) 定额未经修订，各工种看管定额，不得任意扩大。

(4) 各计件工必须按照规定时间和操作规程进行生产。

(5) 计件工因技术能力不符看管定额而值边车者，以实际生产成绩结算工资。

(6) 计件工多机台中，如挡定额机台少的品种而夹做定额机台多的品种时，按方案第三十条办理。

六、哺育时间管理问题：

(1) 凡需哺育的工人，应向生产组长领取喂奶证。

(2) 凡每次出工场进行喂奶，需经过生产组长或管理员负责签注时间，而回来后即将喂奶证交生产组长或管理员，然后由工资员根据喂奶时间计算工作。

七、饭金支付问题：

(1) 规定全厂职工，除厂星期日、厂星期一和厂星期二调休日外，必须在厂就膳。

(2) 厂星期一、厂星期二、厂星期日需要在厂就膳者,须在厂星期五登记,预备饭票,但在上述日期在厂工作者,应在厂就膳。

(3) 凡因病、产假停工者,由劳保会计组发付病假工资时附发饭金,如需在厂就膳,必须预备饭票外,其余一律不得退伙。

八、附则:

(1) 工账组向会计科领取工资款项时,必须经过劳动工资科主管人员的盖章手续。

(2) 本细则依据方案之精神订定,方案有修改时,细则亦随时修改,取消时同。

(3) 本细则在政府批准后生效。

(4) 本细则如与政府法令有抵触时,按政府法令执行。

(5) 因具体情况复杂,本细则有未尽善处,得经劳资协商、政府批准后修改或补充。

温湿度管理组织草案

1. 要求:贯彻政府指示,负责保证全厂各车间在合理的温湿度情况下进行生产,是半制品及成品控制适当的含水率,降低断头率,保护劳动力,提高产量质量,以保证生产计划的完成与超额完成。

2. 组织系统

(1) 执行部分

厂长—纺织工程师—纺织试验组,负责管理降温设备及掌握常见适当温湿度

—运转车间,各间负责配合试验组调节各车间适当温湿度

—机动科,负责修理保全降温给湿加热设备及加油、清洁有关温湿度设备之电气材部分

(2) 设备监督指导部分

厂长—安全技术劳动保护科—温湿度管理设计组

3. 职责与工作内容

(1) 纺织试验组

甲、遵照温湿度管理设计组的规定,根据在制品的含水量和室外

温湿度情况，及时控制和调整一切通风加热给温设备，如送风、排气、喷雾及门窗等，使车间温湿度合乎标准。

乙、负责各车间干湿球、温度计之保养及检修工作，记录和统计车间内外温湿度和有关通风管理的报表。

丙、温湿度管理工及记录工人数，根据实际配备之，全部由试验组直接领导。

丁、参加制订通风设备的大检修计划和通风设备新建、改建的设计与验收工作。

(2) 运转车间，负责注意车间温湿度，及时与试验组联系，共同研究并协助做好车间温湿度工作。

(3) 机动科纺织一切设备的改装与检修工作。

(4) 温湿度管理设计组

甲、定期召集会议，研究温湿度方面技术上的问题及商讨解决办法，必要时得临时召集之。

乙、管理及研究督促车间温湿度管理工作以及组织解决温湿度方面技术上的问题，并根据车间及劳动保护的需要，拟定各车间合理可行的标准温湿度范围。

丙、收听气象广播，及时报道气候变化，并通知试验组作预见性的调整。

丁、制订通风设备的大检修计划，主持通风设备新建和改建工程的设计。

戊、组织有关通风设备及温湿度管理的业务学习和研究、试验、测定工作。

己、负责按时向主管部门及有关机关汇报工作情况(包括一切报表)及出席一切温湿度会议。

庚、拟订通风设备及温湿度的管理制度与规则，经厂长批准执行。

4. 管理组织名单

(1) 温湿度管理设计组(略)

(2) 在 7～9 月夏季每隔 2 小时抄表 1 次时，每班添临时记录各

1人。

(3) 在夏季使用季节时,由机动科指派常日班技工1人,负责巡回检查全厂降温设备的运转情况。遇有突击大修时,由机动科派员协助。冷风设备的电气开启由值班电工负责,低压喷雾机过去由调节工开启者仍由调节工负责。

5. 温湿度计管理及记录

(1) 每年4～5月间,校对全厂温湿度计1次,发现不正确者立即更换。

(2) 温湿度计每周轮流清洁1次。

(3) 湿球上纱布层数不少于1层,多于2层,所包纱布每周更换1次。

(4) 保持湿球与水面距离为40公厘,不使相差过大。

(5) 记录时观看温湿球计,视线应与水银柱顶端平行,以求正确。

(6) 记录抄表次数,在夏季每2小时(逢双)1次,春秋冬车间温度没有超过中央规定时,每3小时(7、10、1、4)1次。

(7) 车间温度超过中央规定时,每小时记录1次,并立即汇报温湿度管理设计组组长及有关部门。

6. 通风设备的掌握与运用

(1) □□通知开启或关闭各项通风设备。

(2) 通风设备的开启与关闭应严格按照规定步骤进行(细则另订)。

(3) 充分发挥各项设备效用,力求车间各部温湿度均衡稳定。

(4) 经常检查设备的运行情况,发现不正常的声音与震动,立即停车并通知有关部门检修。

(5) 注意室外温湿度不变化,作预见性的调节。

7. 设备的保养与检修

(一) 经常保养工作

(1) 做好各项设备的清洁周期工作:①本生喷雾由调节工负责在运作时每班1次(经纡车间)。②排气风扇由电工负责每星期清洁

1次。③低压喷雾由调节工负责每星期更换滤水凡尔、钢丝网及滤气钢丝网1次,喷嘴每2星期轮流清洁1次。④冷风机由调节工负责每星期清洗水池与清理喷水头,2星期清洁出风口1次,1个月清洁风道1次。

(2) 做好设备的加油工作,属油令婆司者,应使主要令圈的转动与保持适当油面,滚珠轴承每3个月更换牛油1次。

(3) 深井不使用时,每周开启1次。

(二) 大检修

每年至少1次,按照各部门使用情况,依次序检修,但必须在5月底以前完成。

(1) 低压喷雾,鼓风机分解检查,着重翼子牙齿轴承部分,水管水垢的清除。

(2) 冷风设备,洗涤室挡水板风道的检查和涂刷保护,电风扇的平衡检查,轴承婆司的检查,水泵的分解检查,压力表的检查,深井水泵的吊修于立式马达检查。

各车间管理职责范围

工场主任职责范围

一、基本任务

工场是工厂内生产区域管理及完整的经济核算单位。工场主任是工场区域内行政技术的全权领导人。根据厂长指示,领导编制工场各种计划,负责统一与解决本工场生产技术问题,组织工场全体人员发挥积极性和创造性,不断挖掘潜在力量,保证计划全面均衡和超额完成。

二、职责范围

1. 根据厂长指示,领导制定工场各种定额与编制产品劳动成本及组织技术措施计划。

2. 根据批准的各种计划,领导组织工场内部工作,贯彻各种计划执行,保证产质量及成本劳动计划各项定额指标的完成和超额完成。

3. 参加工厂对本工场各项计划及报告的审查工作。

4. 经常注意和领导生产，组织劳动组织的改进、合理化建议的开展、各种先进经验的总结、操作规程的研究与贯彻。

5. 领导工场技术组进行成品、半成品试验与研究，不断提高产品的产质量。

6. 组织工场内部的计划、统计、核算、报告等各项经常工作。

7. 负责工场内全部资财的保管和合理使用。

8. 经常检查所属人员的工作，有计划地提高他们的工作能力，并培养一定的工作人员。

9. 负责贯彻安全技术劳动保护防火制度及其他安全劳保规章，预防事故发生，保证安全生产。

10. 在规定范围内批准工场内人员的调配与奖励和处分。

11. 负责组织工场机器保养工作，并检查执行情况，保证机器正常运转。

12. 组织工场内必需的原材料、电力供应，拟定节约办法。

13. 负责进行工场内调度工作。

14. 领导工场保全组制定保全计划，并领导车间制定保养计划，交保全组进行审查(该项工作俟保全科健全后划为保全科执行)。

15. 负责专业性生产会议的研究分析工作，并贯彻执行。

16. 对本工场基本建设提出意见，并参加制订全厂基本建设计划。

三、工作关系

(一) 与计划科的关系

1. 工场应将编制的产品计划、成本计划，有关计划执行情况的报表与报告送计划科，审核均衡综合及监督工场计划的执行。

2. 工场在制品盘存工作，计划科有权监督。

3. 工场发生事故，涉及停台停电，影响正常供应或入库时，应及时通知计划科。

4. 工场认为需要变更机器转数时，经厂长批准后应通知计划科。

5. 工场细纱木管周期调修时，应同时通知计划科。

6. 工场在作业计划外追加需用原料时，经厂长批准并通知计划科，以便掌握半制品储备量。

7. 工场拟制产品工程设计或改变规格时，须通知计划科，以便提供有关调度方面意见。

8. 工场计划统计人应接受计划科的业务领导。

9. 工场按月提出保全计划及机器大修理计划送计划科。

(二) 与技术检查科的关系

1. 技术检查科根据工场所提供的产品物理指标对成品进行分等。

2. 工场提供生产情况的资料给技术检查科，以便分析影响品质的因素，并每月将产品质量检查结果通知工场。

3. 技术检查科应供工场有关改善产品的方案，而工场应研究执行。

4. 技术检查科有权监督工场技术组对试验结果的正确性。

(三) 与劳动工资科的关系

1. 工场技术组应经常将机器主要速度及断头率的资料送劳动工资科。

2. 工场工人调动时须经劳动工资科同意。

3. 工场有权拒绝雇佣未经安全技术教育的新工人。

4. 工场将编制的劳动计划交劳动工资科，以便审查和汇编。

5. 劳动工资科应将劳动统计分析报告通知工场。

6. 工场应根据工资方案及技术标准，对车间提出的计时工资等级提出初步意见，供劳动工资科参考。

(四) 与安全技术劳动保护科的关系

工场有关安全技术劳动保护的创造发明、技术改进合理化建议，应与安技劳保科取得同意。

(五) 与财务科(会计科)的关系

1. 工场应将出品含水检验单、领纱证、成本计算报表及各项现金预算，按规定日期交财务科。

2. 工场账务记载，财务科应予以审查和指导，账册启用应报告财务科办理税局登记手续。账册用完，应交财务科归档保管。

3. 工场财产处理，应按规定程序报告财务科。

（六）与业务科的关系

1. 工场应提供业务科产品入库进度表及原料消耗计划书，以便编制产品拨货量及原料供应计划。

2. 业务科按期与工场核对成品、下脚入库数量。

3. 业务科会同工场进行进场原棉过磅，工场须将原棉含水、含杂报业务科。

4. 工场改变和花成份时须通知业务科。

5. 工场对成品入库数量根据计划有提前或延迟时，应事先经厂长批准，通知业务科。

6. 业务科对不合格之成品，如含水超过标准，色光不合规格等，得拒绝入库。

（七）与机物料科的关系

1. 工场根据产品计划和材料消耗定额，提出材料消耗计划，交机物料科，以便审查平衡。

2. 机物料科按照计划供给工场机物料并监督，工场如超过定额时，须按照财务收支编审办法，经核准后始能发给超额部分。

3. 机物料科通知工场验收所需之机物料。

4. 机物料科与工场共同研究解决以代用品来代替缺乏的机物料。

车间主任职责范围

一、基本任务

车间主任是工场主任领导下一个车间行政技术的全权领导者。领导车间各工序、各轮班的工作人员贯彻执行已批准的各种计划、先进劳动组织、工艺操作规程，合理使用机器设备和原材料，经常保证供应，提高质量，提高劳动生产率，保证完成与超额完成各种计划。

二、职责范围

1. 参加订制工场计划，根据技术测定资料，提出车间或工序的各种基本技术指标。

2. 贯彻执行已批准的各种计划，组织车间生产劳动竞赛，发挥职工的积极性和创造性完成计划。

3. 参加制订工作计划(保全、运转)，负责完成生产计划和机器保养计划。

4. 负责配备劳动力，布置工作地点。

5. 负责车间必须的原材料、工具、容器的供应，并监督正确使用。

6. 贯彻执行技术管理规则。

7. 贯彻国家劳保政策与安全技术规程，检查执行情况，防止事故发生。

8. 经常注意改善生产组织，开展合理化建议，发现和推广先进经验，制订车间技术措施，报上级批准后执行。

9. 负责组织车间轮班的统计、记录、核算、报告等工作。

10. 懂得和执行车间操作方法，经常检查操作方法和质量，提高工人熟练程度，减少废品，提高质量。

11. 根据工资方案和技术标准，提出计时工资等级意见，研究扩大计件范围的办法。

12. 拟制和改进奖励制度，有权呈请奖励工作好的人，处分违反劳动纪律和车间规则的人。

13. 领导车间保养工作和大小平车验收工作。

14. 检查督促改善车间环境卫生，保持车间整洁。

15. 负责保管本工场所属各项机器及设备。

值班工务员及值班助理员的基本任务与职责范围

一、基本任务

在车间主任领导下，加强各个工作人员完成本班计划与整个企业计划的责任感，推广先进工作经验，对本班产质量、成本、劳动等各项指标的完成负全部责任。

二、职责范围

1. 领导本班工作，保证完成和超额完成产质量、劳动、成本等各项计划指标。

2. 正确配备本班工作人员和布置地点。

3. 检查技术操作规则执行情况和执行劳动保护政策与法令，以保证人身安全，防止事故发生。

4. 检查研究先进工作法并进行教育，不断提高工人熟练程度与技术水平。

5. 组织领导机器预防修理及检修工作，消除不必要停车，保证发挥机器效能。

6. 贯彻执行技术管理规则。

7. 检查产品质量，力求提高。

8. 采取各种措施合理使用原材料，防止浪费。

9. 推广先进经验，贯彻技术措施，以求在技术改造上提高劳动生产率和产品质量，降低成本。

10. 领导组织本班记录统计工作，并按规定时间报出。

11. 领导交接班工作。

12. 有权呈请奖励工作好的人和处分违反劳动纪律与车间规则的人。

13. 领导遵守劳动纪律并经常进行加强劳动纪律教育。

14. 参与大小平车及揩车后的交接车工作(本班上工时间)。

工场计划核算组的基本任务与职责范围

一、基本任务

根据厂颁指标，发掘工场潜在力，编制工场各季各月各项计划，分配与平衡各车间任务及指标，编制作业计划，进行及领导统计人员做好统计记录，掌握及监督检查各车间各工序各小组计划执行情况，进行必要之调整工作，以消灭和预防生产上的各种障碍，并将生产情况说明、调度措施及时汇报上级，进行成本核算及消耗定额控制，经常分析出勤情况，执行国家工资政策和法令，以使本工场不断提高劳动生产率并能均衡的完成国家计划。

二、职责范围

1. 根据厂颁指标及定额测定结果、统计资料的分析，在工场主任的指示下，编制本工场各季各月的产品、劳动、原材料耗用、成本等计划，并分配车间与小组指标。

2. 根据作业计划指标编制本工场各工序的作业计划并监督执行。

3. 经常检查本工场以及各车间各小组的计划完成情况，并按时编造规定的统计报告，分析及研究完成计划过程中的一切缺点与原因，做好文字说明，汇报工场主任及有关科室。

4. 执行企业的统一计算方法与统计报表，对本工场记录员进行业务指导。

5. 根据需要编制各项重要指标的指示图表。

6. 进行原料、材料、电、工资等以及成本方面的统计与核算，并编造有关的各种统计报表。

7. 根据上级指示及各车间措施意见，汇编技术措施计划。

8. 逐日了解、检查、分析作业计划完成情况，研究完成与否的原因，提出调度或改进意见。

9. 监督和调整工场各间合理供应，控制投入量和各车间半制品储备量及监督成品均衡入库。

10. 负责各车间容器的调度工作，以保证生产正常进行。

11. 监督保全保养工作的进度及停工时间、机器利用及生产能力的发挥，使符合作业计划要求。如有特殊停车事故，取得工场主任同意后，发出及时有效的调度命令，以保证正常生产并及时通知计划科。

12. 分析工场缺勤情况。

13. 定期统计定额完成情况。

14. 负责工资现金预算、工资计算及发放等，并按期报出工资总表。

15. 会同工场工会组织，根据竞赛条件，统计竞赛成绩及整理得奖材料。

16. 办理机物料领发事宜并办理原材料领退手续。

17. 掌握盘存制度，参加盘存工作，负责核算本工场各车间盘存数字。

18. 办理作业计划外追加需用原材料工作。

19. 成品入库数量根据计划有提前或延迟时，应事先叙明理由，报厂长批准。

工场技术组的基本任务与职责范围

一、基本任务

掌握工场成品、半制品的质量并提出改进意见，总结并推广先进工作法，管理车间通风设备和喷雾装置，调节车间温湿度，使合乎标准，参加制订车间技术措施并监督执行。

二、职责范围

1. 根据试验制度进行半成品及成品的试验工作。

2. 系统地调整各工序机器的重要速度和断头率情况，并分析原因，提出改进意见。

3. 检查进场原棉的不符规格或成分悬殊，提出处理意见，制订混棉成分并监督混棉工作的正确执行。

4. 负责落棉试验和研究分析，并试验各品种的含水率。

5. 负责浆纱(浆液的温度与浓度、伸长含浆及落浆等)的试验分析。

6. 正确执行试验操作规程，掌握公差范围，通知调整变换齿轮。

7. 研究总结和协助车间推广先进工作法。

8. 根据生产及劳动保护的需要，拟订各车间合理可行的标准温湿度。

9. 拟订通风设备及温湿度的管理制度与规则，经厂长批准后执行。

10. 根据在制品的含水和室外温湿度情况，及时调整送风、排气、喷雾及窗门，使车间温湿度合乎标准。

11. 负责工场内和室外温湿度的记录和统计工作。

12. 负责通风设备和喷雾装置的清洁和小修等工作。

13. 参加制订通风设备的大检修计划和通风设备的新建改建的设计与验收工作。

14. 组织有关通风温湿度的业务学习和研究试验工作。

15. 参加各车间技术措施计划制订工作，协助执行及检查效果。

16. 拟制产品工程设计及规格变更工作。

染部工场化验组职责范围

1. 根据试验制度进行各种原染料及化学药品之化验，分析其成分是否合乎规格及工场之应用。

2. 配合车间分析研究产品质量中存在的问题，提出改进意见。

3. 进行成品及半制品物理指标、加工品质之试验。

4. 协助车间及时总结先进工作法。

5. 配合各车间研究改进技术操作问题。

6. 学习并推广苏联及先进厂生产经验。

7. 协助车间进行生产工人的技术培养，提高工作人员的技术业务水平，以适应生产发展的需要。

8. 办理发电车间委托进行煤水化学分析。

纺织保全组的基本任务与职责范围

一、基本任务

负责机械周期性的基本修理工作，不断提高平修保养技术水平，彻底修复机器磨灭部分，补偿运转中所积累的损耗，并调整全机机构，恢复其使用价值，以达到延长机器寿命的目的。

二、职责范围

1. 工作执行全权工作法，领导各平车组的大小平车工作，切实按照规定的周期贯彻执行。

2. 领导皮辊间工作。

3. 领导筒管的修理工作，订立细纱木管周期调修制度。

4. 负责机器的大修理计划，保全计划的编制与执行，并根据完成工作需要进行核算分析及编制工作报告。

5. 负责贯彻规定的保全计划及研究机器保全状态，设法改善。

6. 对车间机械保养工作进行业务指导。

7. 汇编各车间机件的添制计划，并负责本组机物料的验收工作。

8. 执行本工场已批准有关机械方面的创造发明合理化建议。

9. 负责机器的改装、排列的更动及扩建的排装工作，机器隔距的变更工作（除梳棉个别机台由保养人员负责）。

10. 组织大小平车前后耗电测定工作及交接事。

11. 定期分析研究保全费用，在保证提高质量的基础上，力求降低开支。

12. 负责提出保全用料的定额。

13. 改进机件及安装安全设备时，应与安技劳保科取得联系。

染部保全组的基本任务与职责范围

一、基本任务

负责机械周期性的基本修理工作，不断提高平修保养技术水平，彻底修复机器磨灭部分，补偿运转中所积累的损耗，并调整全机机构，恢复其使用价值，以达到延长机器寿命的目的。

二、职责范围

1. 领导进行机器平车修理及保养工作，逐步做到有计划的定期平修制度。

2. 负责机器的大修理计划，保全计划的编制与执行，并按规定或工作上需要进行核算分析及编制工作报告。

3. 负责研究机器保全状态并设法改善。

4. 汇编各车间机件的添制计划，并负责本组机物料的验收工作。

5. 执行本工场已批准的有关机械方面创造发明合理化建议。

6. 负责机器的改装排列的更动及扩建的排装工作。

7. 组织机器修理或平车前后耗电测定工作。

8. 定期分析研究保全费用,在保证提高质量的基础上力求降低开支。

9. 负责按月提出保全用料的数量。

10. 改进机件及安装安全设备时,与安技劳保科取得联系。

11. 定期检修本工场集体传动的天轴、地轴及本工场所属之水管、水汀管工作。

12. 逐步对运转保养工作进行培养及业务指导。

工场事务员职责范围

1. □□用物资预算、领取、保管和发放。

2. 办理工场公文收发、传阅与归档工作。

3. 办理工场主任交给抄写印刷及其他事务工作。

4. 整理工场会议记录,传阅工场通知。

5. 办理工场有关的福利及环境卫生工作。

安全技术劳动保护科的基本任务与职责范围

一、基本任务

深入车间研究机器运转状态与操作方法,提出安全措施,改善机器设备和工作环境的安全条件,拟订安全制度与安全操作规程,组织群众性的安全技术劳动保护大检查,设计与监督温湿度设备的装置与使用,进行安全技术教育,并经常检查防护设施,达到消灭工伤事故,保证安全生产。

二、职责范围

1. 组织有关部门制订修订安全操作规程及实施并监督执行。

2. 监督各种安全设备用具,并审查各单位申报购置的安全设备用具,发现问题及有不符安全规格的,应即通知主管部门改善。

3. 研究改进各种安全设备及改善工作场所劳动条件的措施,以预防事故的发生。

4. 会同有关部门调查研究,分析事故发生原因,并制订消灭事故的具体办法。

5. 有目的的开展群众性的有关安技劳保的合理化建议，进行科学技术研究，达到更好地解决安技劳保方面存在的问题。

6. 组织安全技术的宣传教育工作，并负责测验新工人的安全知识。

7. 参与检查新建筑物的设计，提高有关安全技术设备的意见，并参加验收新建、改建的建筑物及新装或安装机器的安全设备是否完善。

8. 负责经常和定期的安全教育工作。

9. 监督车间温湿度管理部门，正确与合理的使用温湿度设备，设计及协助分析有关温湿度方面技术上及其他方面存在的问题和措施。

10. 办理事故统计及温湿度统计，按时报告有关机关。

三、工作关系

（一）与工场关系

1. 有关安全技术的创造发明、技术改进合理化建议，与安全技术劳动保卫科取得联系。

2. 有关温湿度记录，按时送交安技劳保科。

3. 添置的安全设备是否完善，须经安技劳保科同意。

（二）与劳动工资科的关系

凡新进工人、临时工、实习生入厂时，或老工人调动职务时，必须先经安技劳保科同意，并于入厂或调职 3 日后测验其安全知识，认为合格方可录用。

（三）与总务科关系

凡建筑物的新建改建的设计或验收，必须有安技劳保科参加。

（四）与机物料科的关系

1. 机物料科按计划供给符合质量规格的安全设备与用具，并通知安技劳保科验收所需物料。

2. 审查验收各部门申请购置的防护用品。

3. 危险品的放置搬运方法，安技劳保科应负责进行指导与检查。

（五）与车间及各科的关系

安技劳保科有权向各科各车间提供有关安全方面的意见，同时各科各车间应支持与协助解决。

丽新纺织印染公司锡厂厂长室

清查固定资产办法

(1) 要求:为了确切掌握全厂各项固定资产的真实情况,以便发掘内部资源并使账存与实存相符,将全厂各项固定资产作全面彻底的予以清查,以保证会计记录的真实性。

(2) 内容:清查各项固定资产首先包括的项目如下:

1. 动力设备(包括马达);2. 传导设备;3. 机器及设备;4. 工具及生产用器具;5. 运输设备;6. 家具用品;7. 其他生产用固定资产(包括冷热气喷雾,消防供水,一般仪器,照明、通讯等设备);8. 土地房屋及建筑物。

(3) 范围:清查各项固定资产的部门及种类如下:

甲. 部门:1. 纺部;2. 织部;3. 染部;4. 原动部;5. 修理部;6. 总务部。

乙. 种类:以一九五〇年重估财产调整资本时册列各项资产的品种为基础,结合财产增减变化情况增减之。凡同一名称而牌号及规格不同者应分别清查。

(4) 组织:1. 清查各项固定资产,组织清查委员会负责办理之,所有成员由厂长指派,其中会计主管人员必须参加为委员,清查委员会由厂长领导。

2. 在清查委员会下得根据事实需要设置各部门清查小组,分别进行各部门的清查工作。

3. 每一清查小组所有成员由清查小组负责人提名,报请厂长指派,其中资产的负责人或保管人和会计人员必须参加。

4. 清查小组的任务是查点所有资产的数量和证明其存在情况。

(5) 方法:

1. 各项固定资产的清查应分别在运转及保管地点进行之,进行清点时有关工作人员必须在场。

2. 清查的基本方法为实地查点。

3. 在清查开始前，所有各项主要固定资产应分别部门，由会计科依照会计纪录将资产名称，牌号，规格，数量等填入清查清册 1～7 暨 16～18 各相当栏内，然后交清查小组进入现场实地查点。对于配件及备件，以及低值易耗品在用部分的清查一律实地盘点，由会计科于开始前抄列种类及名称，提供清查小组参考。配件及备件并须分别新旧，其他各项设备的清查得使用点数测量等方法办理，由各清查小组结合具体情况订定，提交清查委员会通过后执行。

4. 清查小组于查点各项固定资产所得的结果填入清查清册 8-15 各相当栏内，并结算数量，其所发生溢亏原因，由负责人或保管人申叙理由，在说明栏内详细注明，分别盖章后送交会计科。

5. 会计科将溢亏数量根据会计记录查明单价，计算溢亏金额后，汇送清查委员会处理。

(6) 处理：

1. 清查各项固定资产所发现的清查资料与账面资料的差异，应由清查委员会研究其性质和发生的原因，提出意见作成记录，报请厂长批准执行。

2. 会计科应根据清查委员会的原始记录及其有关资料，将清查各项固定资产的差异调整账面，使会计记录与清查所得的资料完全相符。

生产及辅助车间礼拜工调整及保留办法

原则：计时工原有礼拜工及加班加点，根据目前本厂实际情况，暂时予以调整及保留，其调整及保留办法以实做实得，不得扩大为原则。

(一) 运转部分。纺织两部运转工人，于厂礼拜六中班做出，在厂礼拜日做礼拜工，每三星期保留轮一次。染部运转工人，不做礼拜工。

(二) 保全及辅助车间。纺、织、染保全组，机动科(非三班人员，包括机电组及发电间常日班)修建组，厂礼拜日照常到工，于厂礼拜三做礼拜工，每两星期保留做一次。

（三）修机车间。每两星期保留做礼拜工一次。

（四）发电车间。每两星期保留做礼拜工一次，并进行改三班半制。

（五）礼拜工工作时间。礼拜工以做足四小时作一工计算。

（六）礼拜工之调度。各部门得视工作需要作适当调度，但以总工时不再增加为原则。

（七）本办法经劳资协商会议通过并呈报劳动局核准后实行。

质量检查制度草案

甲:总则

一、为进一步深入开展增产节约运动，使质量在制度上巩固及提高以符合生产方针，特制订本方案。

二、检查范围:以有条件有基础之工种先行建立，暂时还不够条件或无基础者，逐步创造条件再行建立，质量责任以直接工为主，辅助工为副。

乙:检查办法

在检查质量中应有领导地依靠群众自查及后道检查前道为主，逐道负责，并建立检查机构专人检查或抽查，查验结果，如次品能重做者则重做，不能重做者视疵点之多少，以积点评定之。

(一) 筒子

1. 本间检查

(1) 筒子值车工于每只筒子落筒放置车架上后，必须在靠近筒管处打自己的工号印，以便随时检查。

(2) 值车工在工作时必须随时注意，如发现有因工作疏忽或因机械造成坏筒子时，应即纠正或拿出指示牌，由机匠修理，该坏筒子亦应重做。

(3) 每班设立检查人员，经常巡回检查工号印及支别粉记，抽查筒子外表疵点，如发现不打工号印及可以重做之疵点筒子，交值车工重做，如不能重做者，记录后交生产组长处理及扣磅数。

(4) 生产组长及搬筒子工亦应协助检查。

(5) 由检查机构经常抽验筒子内容。

2. 后道检查

经纱由经车挡车工及换筒子工拣出纡纱,由纡子值车工拣出,交准备间生产组长。由准备间生产组长分清支别,记入坏筒子退回通知单一式二联,连坏筒子交给检查员,再经筒子间检查员及生产组长复验,经双方同意后将通知单签字,一联交筒子间记录,一联由准备间存案,并调换相当于坏筒子重量之好纱,检查员并将坏筒子情况通知该筒子值车工,能重做者重做,不能重做者,记录后处理和扣除磅数。

3. 筒子间检查员于第二天凭本班之检查记录及坏筒子退回通知单,分清工号、支别及疵点类别、疵品等级,记入筒子疵品记录簿,交统计员誊入个人记录分户账,并由生产组长通知磅纱员,记入个人原始记录卡。

4. 不能重做之坏筒子,其重量即在做该筒子工之产量中扣除之,坏筒子即交理坏纱工理去。

(二) 纡子

1. 本间检查

(1) 纡子值车工在做满一板后,即将自己工号之纸牌一块插入纡板。

(2) 值车工在工作时必须随时注意品质,如发现有因操作疏忽或机械造成坏纡子时,应即纠正或通知机匠修理。该坏纡子能重做者,应由其本人负责重做。

(3) 每班设立检查人员,经常巡回检查工号牌及抽验纡子外表疵点(如蓬松、软油、成形不良,弄错支别等)。能重做者,交值车工重做。不能重做者,记录于纡子疵品记录表。

(4) 生产小组长亦应协助检查。

2. 后道检查

(1) 布机挡车工发现坏纡子,或在原纡板、或写临时传票,由推纡板工送到纡板房。由纡板房值班者分清支别,记录重量后,分别放置于各该纡子工号之袋中,退回坏纡重量,于领用中扣除,但在报表中必须注明。

3. 准备间生产组长每接班后，根据检查记录及纡板房中之袋中情况，登记入纡子疵品记录表，并誊入个人记录分户账。坏纡子不能重做者，交理坏纱工清理，其重量即在该工产量中退除。

(三) 经纱车

1. 经纱落轴工于落轴后，将经轴表挂于经轴上。

2. 浆车值车工根据经轴上之轴号、工号码份，自后车浆槽起之各经轴次序，填入经轴疵点检查记录上，在发现经轴疵点后，即将符号记入表格内。

3. 记录员根据经轴疵点检查记录，誊入经纱车质量汇总表，并记入个人记录分户账，并分清轴次进行评分，评分办法另订。

(四) 浆缸

1. 浆缸值车工应经常注意各经轴，如发现疵点，即行记入经轴疵点检查记录，并由记录员誊入布匹织造表。如未曾记入，则以后在织轴中发现，由浆缸值车工负责。

2. 织布工发现织轴疵点而未织造成布(穿错者例外)，即报告生产组长。生产组长得先在织造表查看有无注明。如无注明，则由生产组长填写织轴疵品通知单，交检查员通知准备间。准备间检查员经覆[复]看后，如双方同意，即由准备间加以处理，并将处理结果填入织造表。织布工如未发现疵点或发现后不报告(或疵点已织造成布)，则疵布由织布工负责。

3. 浆缸上浆率及含水率，由工务员、检查员三班统一抽样，次数是不定时。抽样放置样筒内，交试验科试验。由试验科填写上浆率、含水率试验报告单，一式三联。除自留一联外，一联交检验机构，一联交车间。车间记录员根据报告单，记入浆轴疵点分户表。

4. 各班记录员将疵品记入浆轴疵点分户表。

(五) 穿综

1. 穿综工每穿好一轴，先由上下手共同检查，纠正疵点(如空筘、叠筘、穿错、筘幅不正等)。对此轴之质量2人共同负责。

2. 每班设立覆验员，每轴必须经过检验。如发现穿综疵点，即交原穿人员重穿并记录之。

3. 织布间发现穿综疵点，即报告织布生产组长，填写疵品通知单，交检查员。再经准备间复验员会同复看，经双方同意即进行处理。处理办法：原则上应由原穿综工进行穿插纠正。如发现时并非当班，则由当班穿综工轮次代行穿插。在代穿插前，大量疵点由检查员记录后，通知各班生产组长。

4. 各班生产组长将检查记录分别记入各个人记录分户账，并通知该工知道。

5. 重穿之织轴不计产量。如非当班工代穿插，则根据大量疵点数字计算产量，即于穿错者产量中剔出，补入代穿者产量内。

6. 代行穿插时间定额另行订定之。

(六) 织布：

1. 本间检查

(1) 织布挡车工及帮接头工在发现织轴有疵点时，应报告生产组长处理。如未报告者即由当车工负责。

(2) 织布挡车工如发现辅助工（如修车、加油、推轴掸车等）在工作时，不留意而致织轴或布面上发生疵点，应即令其签字后报告生产组长。凡未有签字者，即由挡车工负责。

(3) 织布挡车工发现纡子有疵点时，即将纡子插入原板，或交生产组长开写临时传票，交推行工带回准备间。但不得并板，以免弄错责任。

(4) 织布挡车工应按照工作法巡回掌握布面，发现疵布应即设法纠正，不能纠正或浪费过大者，则不必再纠正，待后道检查时评审品质等级（品质等级另订之）。

(5) 落布工在落布时，在布头打车号印及班别印，连同落布牌交评整间。

2. 后道检查

(1) 评整间检查织布间送来布匹，发现疵点即行记录，并填写疵布通知单，分清次布种类，交织布间。织布间接到通知单后，由助理员或工务员通知各排生产组长及检查员、生产组长，再通知挡车工、检查员至评整间检查疵布。

3. 织布生产组长及记录员凭评整间通知单，将责任质量成绩记入个人记录及分户账内。

(七) 评整间

1. 坯布经过检验，检验者必须盖印。后道检查前道，疵布必须经过复验，正布亦抽查10%。每班助理员亦须于正布内抽查。凡检查人员均盖印负责。

2. 根据检验结果填写次布日报。

丙:检查范围

1. 检查车间产品之质量是否符合规格，将检查出之疵品分析其根源之责任，会同生产组长对直接产生疵品者进行指导及说服，并将情况报告工务员，使其设法防止。

2. 对上间疵品填写通知单，并会同上间进行检查。

3. 对检查出之疵品及下间通知之疵品进行检查。

4. 检查车间机器运转情况及工人操作情况，如有不合格者，即设法纠正或报告工务员以纠正之。

5. 听取群众对质量改进之意见，及时分析研究并向有关方面反映。

6. 交接班时要检查半制品之外观质量、机械情况和运转规格。

7. 其他(袋皮、筒管、纡板之检查)。

丁:领导关系

是由车间及技术检查科双重领导。其工作调配由车间主任领导，并应经常向车间主任汇报，接受车间主任指示。其业务由技术检查科指导，并应定期向检查科汇报工作。但车间主任对检查员如要撤换或改变其工作范围，须经技术检查科同意后实行。

戊:工作关系

1. 与工务员—在本班负责进行产品质量检查以符合标准，如检查员在业务工作上贯彻有困难问题，工务员得以帮助解决之。

2. 与生产组长—在检查产品质量时，如发现值车工产品上有疵点产生，得予以纠正。后道工程上拣出之疵点调换和记录工号、重量等工作，由生产组长执行，但须报告检查员。总之，检查员在执行业务上，生产组长得予以密切联系与配合，以达到提高质量的目的。

3. 与统计员或记录员—本班或后道工程检查出来的疵点，由统计员或记录员负责记入质量汇总表和值车工个人记录分户账上，以便进行评分。

己：推行程序

1. 筒子间—检查筒子尺寸、工号印、支别印，外观疵点（飞花、油纱、花蕊、双纱、单面攀、双面攀、划错粉记、边上轧毛、中间轧毛、成形不良、生头不良、做错支别）。日夜班三位，在 5/9～5/14 做常日班，统一检查目光与工作步调；在 9/16 起分班进行，检查以上各项产品疵点，常日班一位对出厂筒子检查外观疵点与含水（用电感测湿机测含水）。

2. 浆纱间—检查经织轴疵点、含水率、伸长率、上浆率。日夜班三位在 5/10～5/14 分两班实习电感测湿机使用与浆轴上浆含水率计算法，在 5/16 起分班进行检查工作。

3. 织布间—检查织疵，分清责任疵布与非责任疵布，上机、加油、楷车时，检查油渍疵点，在 5/9～5/11 做常日班，统一检查目光与要求，在 5/12 起分班进行检查。

庚：附则

1. 质量评分办法和会议制度另订。

2. 个人记录及日报表等格式及内容另外在原始记录草案中研究。

3. 本方案须由市纺管局批准后才能试行。

4. 本方案有未尽善处，于试行中由检查科会同车间行政研究并征得厂行政及厂工会同意后修正之。

关于临时工及替工雇用及订契约暂行办法

（一）各工厂如因工作需要雇用临时工或替工时，得填写添雇通知单，经劳动工资科同意，厂长批准后，由人事科向劳动局申请雇用。

（二）凡临时工或替工雇用期在 15 天以下者，劳动工资科按照车间申请天数调配至车间工作，毋需订立契约，至期由车间填写解雇通知单退回劳动工资科转人事科解雇。

（三）凡临时工或替工雇用期在15天以上者，应按规定订立契约。该项契约由劳动工资科统一掌握。临时工或替工经体格检查及安全技术教育测验合格后，由劳动工资科发给空白契约，交车间主管人员填明雇用起讫日期、工种类别、工资数额等并盖章，交还劳动工资科审核后，转人事科办理手续。

（四）凡雇用15天以下之临时工或替工，因生产需要经劳动工资科同意延长至15天以上时，应即照第（三）项规定办理订约手续。

（五）车间主管人员应遵照契约规定严格执行，不得任意进行契约规定外之调动，如确因生产需要，应事先征得劳动工资科同意，办理变更契约或者续订契约手续。如因突击工作不及于事前通知劳动工资科者，亦应于事后叙明理由补行通知。

（六）劳动工资科于临时工或替工契约满期时，车间主管人员亦未提出继续延长之理由，应监督车间将该工人退回劳动工资科。

纺部温湿度管理制度暂行办法

（一）温湿度调节之交接班制度

1. 调节工在上班时须在规定上班时间前早到15分钟进行接班，交班者在这时间内在规定地点交班。

2. 接班者不得迟到，交班者不得早退（告假例外）逃避交班，以明责任。

3. 交接班有效时间，夜班为7点钟，早班为15点钟，中班为23点钟。

4. 调节工在交班前须将各车间温湿度调整到适当。

5. 在交接班时间内，交班者应以当班气候变化和温湿度设备调节等情况通知接班者，俾得心中有数，便于掌握与调节。

6. 接班者应在接班时间内仔细检查温湿设备，如有机件缺少或损坏情况，须立即通知交班者外，并应报告当班工务员和试验员。

7. 交班者在交班时，以所用公共工具须预先收拾整理清爽，由接班者接收。

8. 在交接时间内,双方如有问题争执,须即汇报工务员进行调查和决断,不得相互争论。

(二) 本班温湿度管理方面的联系制度(工务员、试验员、抄表员、调节工)

1. 行政系统与业务关系。调节工、抄表员属于试验员领导(行政领导),试验员与工务员之间关系是业务关系。

2. 试验员应根据气候变化、温湿度记录与半制品含水等情况,通知调节工以调节车间温湿度。

3. 调节工在温湿度突然变化情况下,如有不利于生产者,得先行调节后再汇报试验员。

4. 抄表员在按时抄录温湿度表时,发现有气候特殊变化或表上有反常记录,得随时通知试验员和调节工。

5. 值班工务员如对调节工调节温湿度工作有异议时,得与试验员联系,如不得解决时以试验员意见执行,待日班由车间主任与试验科长解决。如再有争执,最后由技术室主任决定之。

(三) 通用设备的检修与保全制度

1. 经常的保养其检查——每季度一次

逆风机:

(1) 大风扇的检查与清洁

(2) 喷嘴出水情况的检查

(3) 循环水池滤水装置的清洁和检查

(4) 挡水板的清洁检查

(5) 进风窗和空气闸门的清洁

(6) 风道的清洁

(7) 暖气装置的清洁

深井:在不用井水的时期,每星期应当开动一次,避免淤泥淤沙把滤水器堵塞,使深井失去效用。

喷雾装置:

(1) 喷嘴出水情况的检查

(2) 水箱水面调节机构的检查

(3) 水管的清洁

2. 大检修工作应在每年 4 月之前举行一次

送风机:

(1) 喷射室挡水板风道的检查修理和涂刷防锈保护层

(2) 喷嘴喷口的检查

(3) 井水量水温的测定

(4) 送风机风扇和排气风扇的风量和风压测定

(5) 喷嘴喷水量的测定

(6) 水泵水量、扬程的测定

(7) 风扇水泵、深井水泵、鼓风机用电量的测定

以根据测定记录来尽可能的提高通风效能。

(四) 有关讨论温湿度管理问题的会议制度

人员组织:试验科温湿度管理员、日夜班试验员、抄表员、工务员、调节工等组成,在工作需要情况下,得邀请车间主任、值班工务员、生产组长和值车工等参加会议。

会议召集与掌握:由试验科长职人员负责。

会议内容:反映讨论研究分析有关车间温湿度问题,学习有关温湿度管理的业务。

会议日期和时间:2 礼拜一次,礼拜二下午 5 时半,时间约 2 小时。

(五) 温湿度表的校验制度:

1. 车间所挂温湿度表在每年 5 月前必须彻底的进行校验一次。

2. 温湿度表的刻度应当准确到 0.5 度(摄氏)。

3. 校验的标准温湿度表,必须要以刻度精密准确到 0.1 度(摄氏)的温湿度表为准。

4. 在校验温湿度表时,为求得表校验准确,宜注意挂表位置的通风和校验操作问题(如避免手触水银球对直水银球呼吸等)。

(六) 细纱车间断头率差异过大的测定试验制度

1. 在断头率多的车弄内测定员进行测定(时间—落纱)。

2. 在车头、车中段、车尾各挂一只温湿度表，测定时每半小时抄录一次。

3. 测定中得测出千锭小时断头率和分析断头主要原因。

4. 试验员在断头率多的车号上得试验格林之轻重、强力的高低、粗纱之均匀度和原棉或棉条之有效长度与整齐度。

5. 在测定试验资料得出后，再汇同车间与有关部门进行研究分析讨论，得出结论。

(七) 温湿度管理抄表员的职责范围与注意事项

1. 负责按时记录各直接生产车间试验室和室外温湿度及室外风向等(夏季每 2 小时一次，春秋冬每 3 小时一次)。

2. 负责抄录与整理温湿度原始记录，结算本班各车间每次之平均温湿度，抄录于旬报表上，并按时填写一式数份的旬报表和每期更换各车间温湿度卡。

3. 管理室内温湿度，过高过低或室外风向突变，应即向管理员与调节工取得联系，俾得尽可能调节直接车间的温湿度工作。

4. 负责保养和随时清洁温湿表匣内外工作，每星期更换一次纱布。

5. 负责增添及更换湿球水杯内水，并保持一定水位(1～1 又 1/2 距虽水银球)及用水清洁(尽可能用蒸溜水)。

6. 交接班工作，接班人须提前 10 分钟进车间与交班同志联系，听取上班工作情况，应用工具由交班人负责交给接班人。

7. 本职责范围根据业务进度得随时修正及补充之。

预备员的职责范围：

1. 汇总整理各种温湿度报表，按时做好月报，夏季还须做热潮来临超过温度表和超过限度曲线图等工作。

2. 负责抄写和整理其他各种有关温湿度的工作。

3. 随时接受行政所指定的其他业务工作。

4. 如抄表值班同志告假时，应即须代理或接替工。

(八) 1953 年度温湿度表在各车间所挂只数；共计 46 只

清花间 2 只，钢丝间 2 只，并粗间 3 只，细纱间 8 只，并筒间　2只,捻线间　2只,试验间　1只,冷风间　3只,室外　1只,浆纱间　1只,纡子间　1只,第一织布工场　3只,穿综间　1只,第三工场　4只,第二工场　3只,评整间　1只,自动车工场　3只,整理间　2只,精元间　1只,包扎间　1只,漂白间　1只。

(九) 应用温湿度表时的注意事项

1. 温湿度表上包的纱布要松,并应保持它的清洁,以免影响吸收水份(纱布2层,折3″长、1.5″阔)。

2. 抄表时,目光视线应与表上度数成水平,而不可过分接近或手触水银球,以免口中呼吸和热气侵入而影响到温湿球上示度之正确性。

3. 在加水时应先抄好湿球示度后再加,否则会影响到湿球示度之正确性。

4. 在抄表时应先抄湿球然后再抄干球。

(十) 纺部粗细纱车间温度相对湿度含水率标准(暂行草案)

二道粗纱含水率　6.0～7.0%		
温度	相对湿度(新表)	相对湿度(新表)
20℃～22.5℃	52～58%	62～67%
22.5℃～25℃	48.5～54.5%	59～63%
25.0℃～27.5℃	45～51%	55.5～59.5%
27.5℃～30.0℃	42～48%	52.5～56.5%
细纱含水率　5.5～6.5%		
温度	相对湿度(新表)	相对湿度(老表)
20℃～22.5℃	35～40%	48.5～52%
22.5℃～25.0℃	34～39%	47.0～50.5%
25.0℃～27.5℃	33～38%	46.0～49.5%
27.5℃～30.0℃	32～37%	44.5～48.0%
粗支纱相对湿度可照本表增高　3%～5%		

(十一) 有关纺部温湿度管理试验科机动科(透平间)联系制度

试验科为进一步对纺部各车间掌握温湿度工作,特与机动科建立联系制度,俾得在业务上有所联系。

(1) 冷风机电力和水汀的供给或停止，由试验科和透平间指定人员联系。

(2) 电力负荷过高或水汀压力不足，透平间认为需停止供给，应事先与试验科联系，如情况紧急不及事先联系时，亦应事后联系说明原因，以便试验科向车间行政进行解释。

(3) 透平间发电负荷，靠近 2 000 kW 执行半停（停水泵开风扇），靠近 2 000 kW 以上全停；退到 1 960 kW 执行半开（开风扇），退到 1 920 kW 全开。

以上手续由透平间通知值班电工转知电工执行。

(4) 如事后在电力负荷或水汀压力恢复正常时，透平间可直接通知值班电工，不需另行联系。

(5) 周一和周末冷风机和水汀的开启和停闭由试验科另行联系。

纺部工场各管理部门职责范围（1954 年 3 月 23 日）

1. 工场调度员职责范围

① 根据作业计划及工场主任指示，进行产品及半制品的供应调度工作，以保各部门生产不脱节并有节奏的生产。

② 逐日了解分析作业计划完成情况，找出超额完成或不能完成的原因，提出改进意见。

③ 掌握原棉（原纱）的投入量和各车间积存量，不断的降低成本。

④ 负责各车间容具的调度工作，保证生产正常进行。

⑤ 监督保全保养工作的停工时间，使符合作业计划的规定。

⑥ 经常了解在制品的含水和格林轻重情况，如影响均衡入库时，提出调整意见。

⑦ 及时了解停车事故，取得工场主任同意后，发出及时有效的调度命令，保证正常生产。

⑧ 根据调度室指示或各车间情况，调配各车间的（临时性）辅助工与预备工。

2. 工场计划核算组

① 根据上级控制数字及定额测定结果,结合统计资料之分析,在工场主任之指示下编制本工场年度,月度,季度的产品、劳动、原材料耗用、成本的计划。

② 根据作业计划指标,编制本工场各工序、各班每月、每周、每天的生产作业计划。

③ 经常检查各种计划定额执行情况,每月初将上月各种计划完成情况作出分析,并根据生产潜在力量做好文字说明,交上级与有关各室。

④ 掌握盘存制度,参加盘存工作,负责核算本工场各车间盘存数字。

⑤ 根据各班及常日班班报,编制各种日报、周报及月报、季报等定期统计报表。

⑥ 根据需要和指示,编制各项重要指标的指示图表。

⑦ 负责成本核算及账务处理。

⑧ 根据配花成份,向原料科领用原棉,负责原棉及进场过磅,计算净重及登账。

⑨ 根据盘存结果,每月办理原棉、机物料的领退手续。

⑩ 负责工资现金预算、工资计算及发放□□□□一次□□□□□。

⑪ 办理机物料领发事宜。

⑫ 根据上级指示编制技术措施计划。

⑬ 计划核算组会同试验室编制用棉、用纱、用料计划。

3. 工场劳动定额组

① 有计划的进行技术定额测定研究,分析工时利用情况及劳动组织,提出组织技术措施方案及调配工人的意见。

② 根据测定资料拟制产品定额及值机能力定额。

③ 研究总结和协助车间推广先进工作法。

④ 根据工资方案与技术标准,审查车间提出的计时工资等级。

⑤ 会同工场工会组织,拟制竞赛条件,统计竞赛成绩及整理得奖材料。

⑥ 系统地检查工人对定额的完成情况及工人执行个别操作的时间定额的各项内容,分析其原因,提出改进意见。

⑦ 拟制和改进奖励制度,研究扩大计件范围的办法。

4. 工场试验室的职责范围

① 根据试验制度进行半成品及成品的试验工作。

② 系统地调查各工序机器的主要速度和断头情况并分析其原因。

③ 检查进厂原棉,如不符合规格或成份悬殊,提出处理意见,并监督混棉工作的正常执行。

④ 负责落棉试验与分析。

⑤ 负责浆纱(浆液的温度与浓度伸长含浆及落浆等)的试验与分析

⑥ 正确执行试验操作规程,掌握公差范围,通知调整变换齿轮。

5. 工场温湿度组的职责范围

① 根据生产及劳动保护的需要,拟订各车间合理可行的标准温湿度。

② 拟订通风设备及温湿度的管理制度与规则,经总工程师批准执行。

③ 根据在制品的含水量和室外温湿度情况,及时调整送风、排气、喷雾及窗门,使车间温湿度合乎标准。

④ 负责工场内及室外温湿度的纪录和统计工作。

⑤ 负责通风设备和喷雾装置的清洁和小修等工作。

⑥ 参加制订通风设备的大检修计划和通风设备的新建改建的设计与验收工作。

⑦ 组织有关通风温湿度的业务学习和研究试验工作。

6. 工场事务员职责范围

① 负责全场办公用品的预算、领取、保管和发放。

② 办理工场公文收发、传阅与归档等工作。

③ 办理工场主任交给的抄写、印刷及其他事务工作。

④ 整理工场会议纪录,传达工场通知。

雇用替工暂行办法

1. 各车间因长工请假，必须雇用替工替代工作者，一律依照本办法办理。

2. 雇用之替工必需(须)失业工人，并持有失业登记证者。

3. 凡本厂旧工友现失业者有优先雇用之权，但须在人事课办理登记就每种工作编号，雇用时依编号次序先后分别雇用。

4. 替工分临时替工、常备替工与短期替工三种。

5. 临时替工系工作日期不满一星期之替工。

6. 常备替工系经车间考核成绩及格，就各车间实际情况决定人数后，向劳动局办理备案手续后，订立契约合同雇用(契约上载明，雇用期虽超过六个月，不得要求升长工。但如需要长工时有优先录用权。有替则替，无替时供伙食无工资)。

7. 凡所需替工雇用期在7天以上，而常备替工已全数替代，无可再替时，则雇用短期替工，按照临时工办理手续，应向劳动局申请或备案。

8. 替工之工资依照所替工作实得，不得差异。

9. 本办法经劳资协议通过后实施。

清棉科生产保卫奖励办法草案

兹为加强清花间生产安全及鼓励职工对原棉夹杂物提高警惕，订定本办法：

1. 原棉拆包时须仔细检查，如夹有杂物须随即捡出交管理员，转请厂方通知配棉机构处理。

2. 工友捡得杂物时，管理员应详细记录日期、发现人姓名、杂物性状、为害性情况等。

3. 每月月终，由清棉科管理员召集清棉科工友，报告当月原棉中发现杂物情况，厂方与原配机构接洽处理情况，并评定工友对拣剔杂物之成绩等第。

4. 工友拣剔杂物之成绩，应根据发现杂物之为害性大小、发现次数多少及发现杂物之难易等条件决定之。

5. 每次评出之前3名由厂方给予实物奖,第一名5万元代价之实物,第二名3万元代价之实物,第三名1万元代价之实物,第四名以后给以精神奖励。

6. 有特殊功绩者,得据具体情况给予特等奖,其奖款应超过5万元代价。

7. 本办法由劳资双方同意后施行。修改时亦须劳资双方同意。

（六）经营管理与劳资关系

唐骧廷为惨遭兵祸焚失重要文件呈无锡县知事文（1925年3月23日）

窃敝公司工厂在治下惠商桥丽新路，因发展营业起见，曾设总发行所于光复门外汉昌路。

此次齐兵盘踞，日夜焚抢。敝公司总发行所房屋货物均被焚抢一空，全部损失，业经吁请“兵灾善后局”查勘汇报。该处地当孔道，交通便利，故平时公司总务处账房及董事会均设其中。一时变起，仓猝不及携带奔避，计被焚去：农商部给公司注册执照一纸；商标局给鲤星、天孙、双鲤等商标注册执照三纸；董事会历年议决录签名簿两大册及各种文件，均关紧要。理合报请县长援情转呈实业所、省长，咨农商部备案，实为检便。谨呈

无锡县知事林

具呈人　丽新染织整理公司董事会董事长唐渠镇

十四年三月二十三日旧历二月十九日

（上海市档案馆藏档）

丽新纺织漂染整理股份有限公司第十三届股东常会记录（1934年3月25日）

时间：民国二十三年三月二十五日下午二时

会场：本公司总厂大楼

到会股东：壹佰三十九人，股权四千四百九十权。

书记员报告，本公司股东总数二百七十五人，股权六千八百七十权（按照公司章程第十二条规定折合），均足法定过半数以上，应请股东公推主席。经公推，股东邹颂丹为主席。

开会议程：

主席邹颂丹

（一）经理人唐骧廷报告二十二年度营业状况（附报告书）。

（二）董事会报告，上届股东会议修改公司章程第十二条曰："本公司股东之议决及选举表决权，均以一股为一权。一股东有十一股以上者，其十股以上每二股有一表决权。但每股东之表决权及其代理他股东行使表决权，合计不得超过全体股东表决权五分之一。"业经呈准实业部备案，并将章程照改实行矣。

（三）董事会报告，上届股东会议决，添购布机二百台。嗣因工场地位宽敞，弃置可惜，向信昌洋行照原订购法加购四十台，统于去年八月间开工出货，成绩良好。所有加购之四十台请予追认。

议决准予追认。

（四）监察人蒋镜海报告，检查董事会造具之资产负债表、损益计算书，业经监察人钱保华、沈锡君及本人核对簿据，尚属无讹，并逐款宣读一过。照章应请股东会复核予以承认。

议决准予承认通过。

（五）董事会提拟定分配二十二年度盈余案，请公决。

议决，查损益计算书，所列二十二年盈余，除照公司章程第三十条分派外，股东官红利，每股派二十元，并在股东红利中提出银三万元作为特别折旧，剩余银三万一千八百十六元二角三分一厘，拨入上届股东积存未分红利户，并数存储，俟后再行议决处分办法。

议决通过。

（六）董事会提议添设电汽厂案。

（原提案）略称，准经理唐骧廷、协理程敬堂建议，本厂购用戚墅堰厂电力业经二年，所订合同期限尚余一年，转瞬即满。查上年电费一项支出银十六万元，又水汀燃煤九万元，两共支银二十五万元之巨，且织染部增加产量需用电力水汀尚须超出。故原有炉子三只已不敷用，必须添购多管炉子一只。本此原因，不若添办透平自行发电，实属事半功倍。拟具计划书到会，经一月七日董监联席会提付讨论，佥认切要。议决授权经协理照预拟计划进行筹备。又于二月二十三日董监联席会，据经协理报告，与懋利洋行谈定二千基罗米突透平一座，又与咪吔洋行谈定多管炉子二只及省煤机暨附件等，共计英金二万二千九百磅，约合银币三十二万元零，并附草合同一件到会。当经提付讨论，以自办电汽，年可节省支出八万五千元。况机器运华以及装置需时十余个月，而戚厂合同满期只有一年，势难延缓，故不能守候股东会提出通过，先由本会决定准照经协理谈定价格签订合同，记录在卷。事关撙节支出，解除购电困难，各股东谅必赞成。请予追认等云。

议决准予追认通过。

（七）董事会提议添设印花部案。

（原提案）略称，拟添设印花机二座，连酸化铜印模等，约需银十五万元，建筑工场约银二万元即可完成等云。

议决准照所拟添设通过。

（八）主席提议于四月五日发给官红利，请公决。

议决通过。

（九）主席提本公司监察人任期届满，照章请改选案。

由股东蒋仲良检票，唐蔚文唱票，王树三写板记录结果：

蒋镜海得票四千五百二十九权

钱保华得票四千四百八十权

沈锡君得票四千三百三十权

当选监察人。

（十）散会。

股东会主席邹颂丹（印）

记录程颂嘉敬堂代（印）

右件与正本核对无讹。敬堂注

注：原件为铅印，繁体，竖排，无标点，程敬堂签注为毛笔字。

关于贯彻政府指示调整生产时间致本厂工筹会函

查本月22日下午2时，蒙市工商局召集各厂在纺织厂同业公会举行座谈会，指示各厂应遵照中央纺织工业部与中国纺织工会全国委员会之决定：（一）自本月29日起，本市各纺织厂纺部一律每周由12班增加为13班。（二）各纺织厂织部，凡代织者，一律暂停1个月，所有职工由工会领导参加学习；其自织者，仍开6日6夜，不能与纺部看齐。事属配合中央财政新措施，各厂自当一致遵办。相应耑函奉达，至希查照，协助办理。并分知原动、纺纱两部，届期依照实行为荷。此致

本厂工筹会

启

恳求察核本厂清花间影响生产事致市劳动局长函(1950年9月23日)

呈为属厂清花间工友只做工作七小时，致影响其他各部生产，迭经协商尚无结果，详陈经过，悉请查核，迅予纠正，以利生产由。

窃查属厂纺纱，因季节之不同，有时多纺粗纱，有时多纺细纱。在春夏季，因需多纺细纱，花卷需用数少，故清花间工作较闲，每日实开7小时，即可供给钢丝间花卷全日之用。在秋冬季，因需多纺粗纱，花卷需要量激增，自需依照规定工作时间认真赶做，方能使其他部分如钢丝、粗纺、细纺、筒子、成包各项工作相互配合。按照各厂惯例，清花间工作虽有轻重之不同，所有工资仍按全日结付，即做7小时工作，因非其本身之偷懒而属于任务之有限度，故并无减少工资之规定。换言之，如工作确须12小时方能达成任务时，自应照予工作，衡情度理，绝无疑义。属厂上半年以纺细纱为多，该部工友做惯7小时工作，遂有一种错觉，以为理所当然，故下半年来，虽以多纺粗纱，仍不肯多做时间，致影响其他各部生产，少开3 000细纱锭之巨。而各部工友因须挨停工而遭受不必要之损失。屡经劝导以生产为重，并迭次提请劳资协商座谈会讨论，固执其见，迄无效果。值兹新花上市之际，属厂接受政府号召，正拟加紧生产，而有此不正常之现象发生，殊非始愿所及料。在该部工友意见，一则以为人数不够标准，一则以为多做必须奖励，此两点，俱不尽然。详特说明如下：

(一) 人数是否尚少问题。按照私营棉纺厂定员标准，3万锭以上之工厂，清花间人数规定为14人，而生产是以每锭1磅为标准。属厂各锭生产量即以12时计，仅在0.9磅以下。属厂清花机有3

套，而因利达清花机设备新颖，无后道设备，故又可省去1人。以此推算，属厂清花间日夜班男10人女2人并不算少。旋该部工友曾提出，原有临时工应改为正式工，又允之。又提出有人生病时，应由厂方派临时工补充。此在做7小时工作时，无补充之必要，能做全日工作时，自当照予补充。但各工友之原意实不在此，故虽予以合理之处理，仍未肯在7小时以外多做工作，观点错误深以为憾。

（二）多做应否奖励问题。工作奖励之要点在质不在量，倘失去四定原则而欲奖励，则9月13日新闻日报所载，上海若干染织机器厂之偏向新闻一则，可知其为绝不合理。况属厂清花间工友即使照规定工作时间工作而多出花卷，仍在所得工资范围之中，并非额外工作及超额工作，实与奖励原意无关。在属厂，如迁就事实徇情加以处理，则其他部分工友照规定时间工作者纷纷援例请求，则纠纷迭起，势难应付。故属厂认为，此种不合理之请求，实属无法加以考虑。

综上所陈，此项问题如延不解决，直接影响于全厂生产之萎缩，间接使挨停工工友蒙受损失。在此劳资双方一致面向生产之际，实为至不幸之事件。用特专呈，恳乞钧局察核，召集属厂清花间工友详加开导，纠正其不正确观念，配合属厂目下生产情况与要求，不再坚持只做7小时工作，生产幸甚！劳资幸甚！谨呈

无锡市劳动局局长杨

具呈人厂长

公元1950年9月23日

因评整间杂工擅自参加加班致厂工会主任函

敬启者：本厂近与中国花纱布公司苏南分公司成交第二批花与纱布互售之交易。依照双方协议，我方须于下月四日交付惠山牌本细布一千五百匹，因限期迫促关系，故织部于经常工作外，视实际需要采取临时措施，指定若干人做延长工作，可如限完成任务。其不需要部分及未经指定者，仍照常办理，并无变更。讵评整间杂工洪浩明误认延长工作系普遍性可做之工作，不受节制，擅自参加在内，迭劝退出无效。为此叙述经过，函请察照，惠予协助说服，藉维纪律而免

效尤。无任企感。此致

本厂工筹会主任周

启 十一,卅,

关于工时改革的报告及批复(公历1952年9月24日)

丽新公司锡厂关于改革工时实行三八制呈无锡市劳动局文

总(52)字第003号

本厂遵奉苏南人民行政公署指示,改革工时实行三八制,经自7月中旬开始筹备,拟订计划次第试行,历时2月。至9月下旬,直接生产部门试行告一段落,乃将劳动组织、交接班制度等计划,经9月21日劳资协商会议通过。除间接生产、非生产部门以及各部门职员劳动组织尚在陆续试行,俟通过劳资协商会议正式实行再行续报外,兹谨拟具"工时改革报告"一份,连同附件"劳动组织计划""交接班制度"各一份,备文呈请察核。 此上

无锡市人民政府劳动局

张佩苍启

公历1952年9月24日

无锡市人民政府劳动局(批示)

事由	为你厂改革工作时间,实行八小时工作制度,报告劳动组织与交接班制度暂予试行由	附件

批办

主送机关 丽新路丽新纺织厂 抄送机关

一、1952年9月26日呈乙件附三件均悉"为正式实行八小时工作制度,劳动组织计划与交接班制度"暂予试行。

二、所呈附件中之工资方案不适合改革情况,应另行进行研究订出处理方案。

局长 王平东

为代纺纱质量问题致中国花纱布公司苏南分公司函(1950年10月28日)

事由:为声复色泽较次部分代纺纱现状并提供处理意见请赐查核由

敬复者:接奉贵公司(西)(寝)电,祗悉一是。查敝厂纺部工作素向认真,此次因误会混花方法单,用下级美棉□□件,纺纱极感困难。故于□日具函贵公司有所建议。嗣该项纱成品经做筒子后细加观察,除色泽似属较次外,其他如条干匀度、拉力格林均能符合标准。纺部为郑重计,至今仍将该项筒子纱约31件左右另行堆放,并未贸然改摇支纱。敝厂对误会混花一节,自当全部负责。兹提供意见如后:(一)请贵公司派员检阅该项筒子纱,如认为合格,务请鉴谅照收。(二)如认为不合,敝厂愿将自有棉请来员检定后,加纺32件,抵补此项缺额,筒子纱则改由敝厂收归自用。奉电相应函复,尚祈查核为荷。

此致

中国花纱布公司苏南分公司

厂长　张佩苍启

1950年10月28日

一位拿摩温[①]的口述记录

1926年农历二月初八,我出生在无锡县前洲乡一户农家。祖父和父亲是农民,也识字,会写毛笔字,祖父还会做道士。家中有几亩农田,请半个长工。我儿时在乡里小学上过两年学,有一个弟弟。母亲原是无锡丽新厂工人。抗战时,东洋人占领丽新,还杀人,工厂关闭。母亲先到上海布厂做工,后又到江阴青阳镇万源布厂织布。

我8岁时父亲去世。后来,母亲转嫁到江阴青阳,继父姓陈。见到继父时,我就想起自己的生父而流泪,因而引起继父反感。此后,我则由前洲祖父母抚养。祖母曾多次将我的生辰八字给人,要为我

① 拿摩温是number one的音译,意即"第一号",旧中国工厂中对工头的别称。

找婆家当童养媳。每闻此事后，我心里非常难过，就到父亲坟头哭泣。

后来，在上海昌兴厂做工的阿姨回乡下生孩子。在我请求下，阿姨答应将我带到上海。1940年春节后，阿姨带我走十几里田埂路到洛社，乘慢车去上海。在洛社站，看见日本兵握着刺刀的凶相，我非常害怕，也终身难忘。那年我14岁。

我先到有同乡姐妹在做工的上海南市德孚第五布厂做工。由于人小，在龙头布机上挡车时，要脚垫小板凳。一年后，又到杨树浦光中布厂挡车。不久光中布厂被日本人炸弹炸毁，我就到江阴青阳万源布厂做工。1944年再到上海荣丰布厂做工。第二年，上海曹家渡的长丰布厂工资高些，我又到长丰厂挡车织布。在上海的几年吃住在厂里，吃的是大桶菜，住的是三层铺。

1946年底，我回无锡结婚，婚后改为夫姓。1947年农历正月初七我进了丽新厂，在织部一工场杨秀梅“大头”①第二排挡车。不久，杨见我手脚快，挡车熟练，就叫我做帮拆工。

那时，抗战结束不久，已修复的布机不多，车间场地大部分空着。织部一工场只有80多台车，二工场只有160多台车，二个工场只有三个常日班“大头”，三个堂倌②是杨秀梅、谢杏度和丁阿月。到年底，一工场开出224台，分成三个“大头”。后来，二工场也开足，还开了三工场。班次也增加，分成早夜交替的“丽班”和“新班”，工人也不断增加。

进厂一年后，可能是我“生活”做得好，引起织部领班尤仲康先生和车间主任祝佩光(音)工程师的“留心”，先是祝主任面谈，再叫我到厂总管理处楼上，由张佩苍厂长面试。后来，就叫我在一工场新开的“大头”做堂倌。那年我22岁。

我的“大头”在织部一工场丽班，早班和夜班每星期交替一次。有84台龙头布机。龙头车可以织造各种提花麻纱、提花格子布等，

---

① “大头”是解放前丽新的生产小组。——原注

② 堂倌又称宕倌，解放前丽新拿摩温的别称。——原注

最多的一台龙头车有16张不同的页片,在挡车穿头时一定要搞清楚。

旧时做工是“六进六出”。早班听“回声”六点进厂,一直到晚上六点出厂。为减少断经断纬,布机车间的湿度很高,就象整天在雾天里劳作,天天如此,女工的布鞋底都钉上木头防潮。热天特别难受,常有人晕倒在车头……

那时,一般工人工资是计件而定,大概每天一元几角,我是二元七角五分,已做多年的堂倌是二元八角五分,是普通工人工资的二倍不到。另有年度奖,全年不停工有特别奖。

我的“大头”有工人40多人,一般每人挡两台车。班内姐妹都小名相称,她们也叫我名字,年少者称我为阿姨,当面不称堂倌和拿摩温,背后可能是有人称的。拿摩温到底是什么意思我不清楚。我只知道是上海杨树浦八大头美国人开的艺华纺织厂里先说起拿摩温,我二个姑婆在艺华做过工。拿摩温都是领班和车间主任在工人中挑选的,挡车技术不好的不会选。

旧时,打人骂人的堂倌不少。我晓得大家出来做工不容易,人家做坏“生活”已经很吓(害怕),只有帮助的理由,而没有大骂的理由。解放后,有一些拿摩温被斗批得很厉害,我一次也没有,可能与人缘好有关系。

拿摩温的任务就是管理好“大头”的工人。有用人权,用谁不用谁,只要到领班处说一声就可以,所以一般工人为了“饭碗”不敢得罪堂倌。女工的工作是有人计分码单,按件结算工资,如有差错,就由堂倌核对。堂倌工作比较简单,但要提前进车间与对班堂倌交接。

到1949年,物价飞涨,蒋经国要限价也限不住,物价一天涨几次。丽新工资是半月发一次,每到发工资日,我一领到工资就跑到厂门口交丈夫去买东西。

我做堂倌两年后无锡解放。1949年解放前夕,我还出来参加护厂。

解放后,车间“大头”改称工区班组,废除了拿摩温制度。我仍在一工场原来工区当一名普通值车工。一年后,经过多次测定产量和质量为优,被评为先进生产者,奖品是热水瓶和脸盆。出于车间领导的动员,1954 年 9 月我参加了共产党,再从夫姓改为原姓,还当了生产组长。后来又选为班支部委员,曾代表工友参加省"工代会"。

解放后,由于机械水平不断提高,女工的看台不断增加,人员多出来后改成三班 8 小时工作制。

生产组长的事情比原来堂官多。在换经轴盘头时,要记录"下机"时间、"上机"时间和开车时间;80 台布机中有 3、5、6 样不同品种,有时还做灯芯绒,为提高工友的工作效率,常要分析坏布原因,提出改进方法,几乎天天开会……

解放后,我还参加了厂里工人夜校的学习,提高文化水平。

公私合营后实行了工资改革,我定基本工资为 73 元,原来工资是 83 元,其中 10 元差额作为"保留工资"仍每月发放。"文革"开始时保留工资取消。到 1977 年,我退休前月工资还是 73 元。

(口述记录整理者:沈自求,原文载《百年往事知多少——无锡丽新纺织厂的记忆》第 79 页,沈自求著,2011 年 11 月)

丽新厂工人英勇护厂　迎接解放的斗争

孙应祥　颜树人

1949 年春,中国人民解放军在辽沈、平津、淮海三大战役的胜利以后,百万雄师云集大江之北,直逼江南,蒋家王朝的灭亡,指日可待。在此即将出现天翻地覆变化的时刻,生活在苦海里的工人群众,抑止不住内心的喜悦,都以斗争迎接黎明的到来。

这里所记的,仅是原丽新厂工人英勇护厂,迎接解放的斗争片断。

动荡中董事会忧虑重重

毒蛇在垂死的刹那间,还忘不了再伸一下毒舌。面临失败的南京政府负隅顽抗。特务、军警、散兵游勇,杀人、强奸、抢劫的罪行层出不穷。无锡的国民党军队还放出冷风,说什么:"准备守城三月,要全城居民支持,否则撤退时将组织四个破坏队,把全城变为焦土。"想以洗城为威胁,而逞勒索之实。

在此环境之中,丽新厂的当权股东忧心忡忡。他们对国民党政府难抱幻想,对驻军危言,恐惧不安,对共产党政策又不太了解,怎样保全财产和工厂,一时无法可想。走,舍不得起家的老根子,恐流落他乡,寄人篱下,不堪设想;留,对共产党又怕,不知解放后怎样局面,能否维持自己的既得利益。加上各人从自己的处境和条件出发,各自打着自己的小算盘。因此,虽然几经商量,终未取得一致意见。抱着"从长计议"的观望犹豫态度。

元宵节后,钱钟汉受钱孙卿和荣德生先生委托,赴苏北一行,受到陈丕显等领导同志接见,亲眼见到了在共产党领导下的解放区各界人民团结一致和安定昌盛的现实情况,对党的政策有了初步了解。听了钱回锡后的现身说法,丽新厂的几位当权股东心里较为踏实,逐步放弃了迁厂逃跑的念头。并按照无锡商会的决定,着手购买枪支弹药,准备成立"自卫团"以保护自己的财产,防范败兵和土匪抢劫破坏。

"自卫团"成立时的斗争

三月间,丽新厂厂长张佩苍把筹备"自卫团"购买枪支的任务,交给人事科长唐孟千和人事科员唐廷荣。月底,就购到近 50 支步枪和五、六支短枪,还有几门掷弹筒和不少子弹。

四月初,"工厂自卫团筹备处"的牌子挂出来了。张佩苍亲自担任团长,唐廷荣也是负责人之一。

唐廷荣是国民党无锡城防指挥部派进厂的情报员,此刻他正千方百计想把同伙以周乃光为首的"反共青年救国军"的特务,统统拉进厂当自卫团团员,以便改头换面隐蔽下来,保存自己的实力。不过厂方也有自己的算盘,万一他们和工人闹出矛盾来,一边有枪,一边人多,将不可收拾。再说,这些人不会做工,倒要给他们一人超过十几个工人的高工资雇用,这笔账也不合算,但又不敢公开拒绝。

这时,我地下党组织为迎接大军南下,防止敌人破坏,向工人们发出了"反对破坏,保护工厂,坚持生产,迎接解放"的号召。丽新工人一呼百应,护厂热情十分高涨,纷纷报名参加自卫团,这样,武器成为敌我争夺的焦点。党的地下组织掌握了唐廷荣要拉"反共青年救国军"入伙的情况,决定抓住有利时机开展斗争。

丽新厂地下党员龚朝品、周福庚等同志，一方面动员厂黄色工会理事长出面交涉，一方面以工人代表的身份一次再次地向厂方做说服教育工作，如："我们工人过去罢工、怠工，都是为了生活，为了加工资，你说，哪一次斗争中我们工人损坏过机器?"问得厂长张佩苍什么也答不上来。龚朝品同志进而向厂方提出警告："你要叫那些不务正业的人进厂当自卫团团员，我们工人可不答应。"这时，十多个预先组织好的工人也冲进厂长室来，愤怒地指出："你如果用高工资从外面雇佣自卫团员，我们全厂工人也要马上增加工资。"张佩苍听听工人讲的句句在理。眼看自己最担心的事就要出现了，只得作出决定，工厂自卫团团员，在本厂工人中挑选。

打击反革命势力

丽新"工厂自卫团"共有100多人，大部分是工人中的积极分子。地下党员龚朝品、周福庚等还担任了职务，所以党取得了领导权。厂内地下党的同志还和惠河镇(吴桥地区)的工商自卫团地下党取得了联系，以便统一行动。

没有打进自卫团的特务并不死心。纺部有个叫韦锡源的工人，是"反共青年救国军"的骨干，这些天他虽然混在外面不上班，但进出厂门的次数却特别多，而且耀武扬威，寻机挑衅。

党的地下组织决定借煞韦锡源的威风，打击反革命势力。就在4月21日傍晚，韦锡源把"快慢机"提在手里，进厂吃晚饭来了。他急急匆匆地在车间通道走着，刚走到车间的尽头，事先埋伏着的自卫团员就一声喝道："不许动"！跟着跳出两个手持武器的护厂工人。韦锡源倒退二步，正想举枪反抗，身后却又上来数人，把他的快慢机夺了下来。接着，积极分子杨金宝一个箭步上前，拉开他的外衣，又搜出一支手枪，并从他贴身内衣袋里搜出一份"黑名单"和国民党党证。这时韦锡源象泄了气的皮球，只好举手弯腰求饶。这样，就把他赶出了厂门。

"工厂自卫团"驱逐韦锡源的消息一传开，厂里的工人弟兄，个个扬眉吐气，潜伏在工人中间的特务分子和其它反革命势力，都进一步被孤立了起来，并受到工人群众的严密监视。

保卫工厂迎接解放

为了防范敌人可能的报复，以保卫工厂，保卫生产，迎接胜利的到来。党的地下组织还发动护厂工人们抢筑工事，在各交通要道，堆土沙包，厂的四周也挂上铁丝电网，原动部屋顶上还设立了瞭望哨。

不久，“反共青年救国军”大队长周乃光，在遭到两次失败后，黔驴技穷，派人送来了“通牒书”，妄想以此威胁丽新厂自卫团交出武器。但来人见到护厂工人个个严阵以待的架势，吓得把“通牒书”抛在地上就仓惶逃走了。

23日夜深，枪声越来越近，丽新工人在这迎接解放的最后时刻，警惕地守在自己的岗位上，纺、织、染、电力各部无不坚持生产。护厂工人巡逻更加严密。

这时岗哨站在原动车间屋顶上，见到远处信号弹腾空而起，便情不自禁地高呼：“解放军来了！”工人们欣喜若狂，相互祝贺，大家仍然坚守在自己岗位上。

24日凌晨，工人们用喧天的爆竹声，和隆隆的机器声迎来了人民解放军的代表。从此工厂获得了新生，工人获得了解放。

（原载《无锡文史资料》第8辑，1984年9月20日）

（七）公私合营

丽新厂的社会主义改造——公私合营

一、公私合营经过

1953年10月，唐君远先生出席了中华全国工商联会议。回来后，召开丽新董事监事联席会议，经过讨论大家一致表示拥护政府政策，愿意走公私合营道路。1954年3月14日，董、监联席会议决议："授权正副董事长及经协理积极争取公私合营，至于进行办法和有关主管方面联系后，即将经过情形报告本会。"4月16日上午，唐君远先生到无锡市政府秘书处向俞同志提交了丽新公司无锡厂申请公私合营的公文。

在此文中有一句现代人熟悉的政治经济学词语："经过学习致深切认识：为了更进一步改善过去的生产关系以促进生产力的发展，有自觉地争取国家资本主义的高级形式即公私合营的必要……"

1954年10月29日，市政府纺工局代表和丽新私方代表签订了公私合营协议书。

11月1日正式公私合营，无锡市政府任命公方代表王平东为厂长，王岫华、龚朝品为副厂长；私方张佩苍为第一副厂长，唐蔚文、李永锡、柳昌学为副厂长。

1956年9月，上海厂公私合营后，丽新公司（上海丽新和无锡丽新）还组成新的董事会。其中有公方董事5人，私方董事21人；董事长唐君远（私方）、副董事长穆以夫（公方）、王平东（公方）。

二、《公私合营协议书》

全称《无锡市人民政府纺织管理局、私营丽新纺织印染整理股份有限公司公私合营协议书》，主要内容如下：

合营企业定名为"公私合营无锡丽新纺织印染厂股份有限公司"（简称公私合营无锡丽新纺织印染厂），受市纺管局之领导。

合营后暂不建立新董事会，待上海丽新厂合营后，再具体协商分别建立新董事会。

合营后设厂长一人(由公方担任)，第一副厂长一人(由原私方厂长担任)，副厂长五人(由公方二人私方三人分任之)。以上人选，经双方协商后，报请无锡市人民政府任命之。

合营协议签订后，自1954年11月1日起建立新帐。

合营后建立清产定股办公室，负责进行清产定股等工作。清估标准以中央纺织工业部的规定和1950年重估资产之核定数字为基础。

三、清产定股结果

根据协议要求，清产定股办公室人员经过一年的外调内查，列出定股意见书，并经上级机关审核批准：

无锡丽新股本总额1 483.09万元，其中私股股本1 417.05万元，占95.55%；公股股本65.84万元，占4.44%；合营股股本1 900元，占0.01%。并入丽新的振兴纱厂，定股为25万元。私股中10万元以上的资方有：邹忠曜、唐碧霞、唐达远、唐保瑾、钱保和、王丽璋、朱庭稚、程日敏、邹时英、邹蘅倩、邹咏丽等多人(《中国资本主义工商业的社会主义改造·江苏卷》，中共党史出版社，1992年)。

第二年，丽新成立民主管理委员会，委员包括劳资双方代表，参加企业管理工作。

按公私合营的“赎买政策”，企业每年支付私方资产的4.5%定息，到1966年停止支付。

丽新公私合营后，资产转换成国家所有制形式，重新书写新的篇章。

(原文载《百年往事知多少——无锡丽新纺织厂的记忆》，沈自求著，2011年11月)

公私合营无锡丽新纺织印染厂基本情况(1955年12月)

一、历史沿革

本厂创设于1920年9月15日，创设时为股份有限公司性质。

主要设备有:人力提花机200台,铁机100台,铁木机100台,纱线丝光机3台,布匹漂染整理机一小套。当时有职工700人。

1931年增设纱锭16 000枚,线锭4 000枚。

1934年又添置印花车2台,2 100千瓦透平发电机一座,高压400P.多管锅炉2座。

1937年纱锭增加为40 000枚,线锭增加为12 000枚,布机1 200台(铁木机、人力机已淘汰),有职工3 900人。

抗日战争中,全部机器遭受日寇有计划破坏,损失惨重。直到抗战胜利,才将破坏残缺的机器拼凑起来,陆续修复。至解放时,恢复已生产设备有纱锭20 000枚,线锭6 000枚,布机440台,该时职工总数为1998人。

解放后历年来续有修复,生产逐步扩展。至1954年11月合营时,已有纱锭34 968枚,线锭16 060枚,自动布机240台,普通布机740台,漂白染色印花整理等机器整套,最高日产量可达4 000匹。动力设备有2 100千瓦蒸汽透平发电机一座,250千瓦柴油发电机一座。职工总数3 850人。

二、设备情况:(略)

三、职工人数:(略)

四、生产情况:(略)

五、管理组织与工作情况:(略)

六、干部情况:(略)

附表(略)

(无锡市档案史志馆存资料)

丽新纺织印染厂就厂董事会组成情况给无锡市纺织工业局的报告(1956年11月27日)

无锡市纺织工业局:

你局十一月十二日(56)纺资钱字第313号通知谨悉,兹汇报如下:

一、我厂董事会成员名单：

公方五人：穆以夫（副董事长）、王平东（副董事长）、彭泽华、顾晴、吴依群

私方廿一人：唐君远（董事长）、邹颂丹、唐骧廷、王峻崖、钱保华、唐经国、邹忠曜、蒋镜海、唐斌安、唐蔚文、程君颐、白纯臣、夏铁樵、徐霖森、苏斌化、沈锡君、徐一诚、张唐景汾、程新之、张慕仪、朱庭墀

以上私方董事与企业均系股东关系。

二、凡董事每月支给公费五十五元，由企业支付，兼职董事是兼薪的。

三、我厂董事会活动情况：本年十月廿五日在上海总管理处成立，召开第一次会议，报告董事会组织经过、合营定股情况、各厂工作情况等，并讨论发付第三季度定息问题和今后在公股董事领导下做好改造工作等。

四、我处无锡厂与上海厂总的董事会系由上海棉纺织工业公司1956年9月8日棉纺（56）办字第11315号通知委派公股董事及决定正副董事长组成。

（无锡市档案史志馆存资料）

三、丽华布厂

（一）综述

无锡丽华布厂创建发展史

20 世纪初，在无锡映山河的一个尼姑庵里，有一个小型织布工场。从事织布的是一名少女，名叫荣茹。她出身贫寒，父母早亡，投靠一位老尼姑在庵堂里念佛诵经，空余时间搞一些手工织布作为副业。老尼姑去世后，她继承了尼姑庵的一份产业，那时她才 28 岁。不久，辛亥革命爆发，她深知靠尼姑庵为生并非长久之计，于是又添了两台脚架手拉织布木机，招来几个女信徒共同协作，织成布匹拿到布商那里去卖。由于生意还不差，又逐渐增加到 12 台布机，有时还加班做夜工。所织制的产品，也从狭幅的白土布发展到色织改良布。这个小型手工织布工场，定名为"新盛"。

新盛织布工厂经营了两年多，由于流动资金不足，周转困难，因而面临困境。荣茹经常带着产品到布行求售。结识了一些绸布店的商人。布商们看到织布工业有利可图，愿意投资和荣茹合伙。从此，新盛增添了资金，扩大了规模，手工织布机增加到 20 多台，发展成为一个比较象样的小布厂，定名为"冠华布厂"。

1915 年，冠华布厂因股东内部意见不合，拆股停歇。荣茹虽然保有工场设备，但因缺少流动资金，一时未能继续生产。此时适值第一次世界大战爆发，帝国主义国家暂时放松了对中国的经济侵略，中国民族工商业都有了不同程度的发展。由唐骧廷、程敬堂等合伙经营的九余绸布庄也连年获得巨额盈利。他们看到新式工业蓬勃发展，就有意向工业投资。1916 年，先由九余股东程敬堂、邹季皋与荣茹合作，资本为5 000元，邹季皋认2 000元，程敬堂认3 000元(其中荣茹500元，程助以1 000元，作为各认1 500元，而由程出面)，改名为“丽华布厂”，共有提花木机30多台，工人由10多人增至50多人，委托九余伙友吴仲炳兼管厂务，开工生产。

1917年，九余唐骧廷、邹颂丹入股，重订合同，增加资本为银币1万元，分作5股，每股2 000元，唐骧廷、程敬堂、邹颂丹、邹季皋、吴仲炳各缴银一股，其中吴仲炳的股份与荣茹合作，由吴出面。当时因连年欧战，洋货倾销大大减少，土纱土布销路甚好。到1918年丽华布厂分为两个工场，资本增加至2万银元，增添木机50台，共有布机80多台。1919年全年盈利达12 000元(1920年2月27日《锡报》)。

在此期间，丽华布厂创出了“双飞童”、“喇叭童”等几个名牌产品，添置了一些老式的染缸、染灶等染色设备，生产扩大，盈利增加，遂于公园路租得丁姓基地(即后来的圆通路16号市公安局交巡警支队原址)自造厂房，新建丽华二厂，资本额增加到4万元，原在映山河的丽华布厂改称一厂。推吴仲炳为经理，程敬堂负责外埠批发事务，荣茹负责部分工场管理。这时，丽华一、二厂共有木机152台，铁木机42台。并在上海北京路介址里设立批发处，专销本厂布匹。

丽华生产的布匹，主要是各种花线呢、格子布、自由布等，当时一般称做“改良布”，质量好于土布，加之尺码准足，深得用户信任，虽然售价略高，但销路很好，上海各布商竟趋若鹜，由此引起个别外商的忌嫉，捏词丽华名称与其在上海经营的某洋货公司译音相同，妨害其营业权利，控诉至英租界工部局，欲取消丽华厂名。经开庭审理，判定丽华仍使用原来名称，而于其间加“机器”二字，以资工商业之区别。丽华既得胜诉，声誉更好，业务更形发达，对外信用卓著，各银行、钱庄争相以款项贷放，无锡布绸同业等纷纷要求向丽华投资，而唐骧廷、程敬堂等考虑到，手工工场生产的“改良布”，质量毕竟不如洋布，丽华要有发展，必须另创新局。

1919年，丽华股东大会在唐骧廷、程敬堂主持下作出决定：一方面以丽华所得部分利润扩大再生产，保持原来的经营门路，仍然生产色织棉布；另方面从丽华利润中划出一部分，加上吸收新资，另建丽新布厂,从事新的经营门路的尝试。

丽华布厂自1919年增资扩建,分设一、二厂后,到1921年,共有各式布机约400台。此后,虽经军阀混战,时局变迁,加之长期支援丽新布厂等多种因素的干扰和负担,但仍能顺利发展,逐年增添设备,改良产品,保持良好业务增长势态。直到1931年丽新业务好转后,丽华才重谋改组。

1933年1月,丽华股东会决定筹办股份有限公司,增加股本总额为银币20万元,分为2 000股,每股100元,除映山河和公园路两个老厂外,再在丽新路购地20余亩,建造丽华三厂,购置铁机200台以及机器、马达等设备。股东会选出唐骧廷、程敬堂、邹颂丹、邹季皋、吴仲炳为董事,王树三、唐蔚文为监察人,组成董事会,唐骧廷任董事长,程敬堂任经理,吴仲炳任协理兼管一、二厂,唐君远为三厂厂长,后兼任协理。1934年9月正式开车投产。1935年增开夜班。1936年增添铁机200台,至1937年新车装齐,400台铁机日夜生产,成绩奇佳。

丽华一厂于1935年增添铁木机40台,生产渐入正常,可惜的是于1937年2月19日(农历正月初九)午夜,庵中香火管理不慎,致遭焚毁,幸保火险,于4月份赔款照数划到,损失尚轻,但从此一厂不复存在。荣茹也因此而引咎辞去董事之职,脱离丽华,另办布厂。

1937年,股东会议决增资为40万元,改丽华三厂为总厂,公园路仍为二厂。总厂产品经委托丽新厂漂染后出售,销路甚广,业务量居无锡染织业首位,成为改组公司后的最盛时期。岂料好景不长,随着“八·一三”事变爆发,继而无锡沦陷,总厂被日军占据,二厂被日军焚毁,所剩无几;事先从二厂运存乡间的布匹,又遭土匪劫夺,损失惨重。总厂货物部分运存上海,部分运抵南京、汉口,损失较少;但还有部分存在厂中来不及运走的货物,被日军洗劫一空。

1938年,因无锡丽新厂和丽华厂均被日军侵占,唐骧廷、程敬堂和唐君远等又决计不与日商合作,转而在上海另行筹建新厂,定名为昌兴纺织印染厂,资金大部分由丽新所出,丽华投资占十分之一。

1945年8月抗日战争胜利后,丽华布厂由程敬堂的侄儿程景溪主持，边修复边生产，布机由40台增开至280台，因剩余旧机残缺不全无法整修，又增购新机100多台。至1947年，恢复规模已接近战前的丽华三厂。

1952年，仅存的丽华三厂并入丽新。丽华的总资本数核定为60亿元(旧人民币)。

(本篇为无锡市政协学习文史委资料室保存资料)

创办丽华厂经过

程景溪

民国四年(1915年)东，映山河冠华手工织布厂主持人因意见分歧，拆股停歇，积久未能复工。事闻于公①，公意绸布贸易来源全靠布厂供应，九余(绸布庄)营业虽连年顺利，但布匹一门，均向外部批发号家采购，批发商又向乡间布庄批进，布庄购自机户，辗转买卖，至门售商店，中间利润至少成本需合四分之一。时常熟、江阴各地机户众多，设厂者甚少，即有之，亦仅具木机十数台，招男女工十数人，类似家庭工业组织，无锡则绝鲜此类工厂。苟能将冠华盘下，加以扩充，成立一规模较完整之布厂，自织布匹，供同业销售，多余则向外埠推销，营业定有把握。且锡邑有纺纱厂数家，就近购办原料，尤较外县为省易。因与邹季皋君商议，邹君颇赞同(时邹君已由吉林返锡任事)。公意约九余全体股东合伙组织，邹君谓：颂丹先生任事远方，骧廷先生家世业布庄，曾遭衄败，恐不获同意。曷由我二人首先发起，俟稍具雏型，再招彼二人入伙。公诺之。

民国五年(1916年)乃将冠华盘下，〈改名丽华〉，并与冠华原股〈东〉荣茹君合作，资本为五千元，季皋认二千元，公认三千元(内荣茹五百元，公助以千元，作为各认一千五百元，而由公出面)，委九余伙友吴仲炳君代管厂务，设木机及提花机共三十台。一切规划悉出公手，经营及年，规模粗具，乃邀唐骧廷君及邹颂丹君合作。

民国六年(1917年)，重订合同，增加资本为银币壹万元，分作五

① 本文中的“公”，指程敬堂。

股，每股贰仟元，公与二邹、唐、吴各缴银一股，吴君股份则与荣茹共，由吴出面。因连年欧战，外货稀少，丽华业务特别发达。至民国八年（1919年），又将资本较原股加增一倍，计各出四千元，于公园路租得丁姓基地自造厂屋，添设丽华第二厂，增购提花机，以广营业（一厂房屋部分租进，部分自造）。由公负责外埠各批发处事务，并管理一切厂务。推吴仲炳君为经理（脱离九余常驻一厂内），银钱账务则归公叔兄怡荪君负责。并在上海北京路介祉里设立批发处，专销本厂布匹。

上海各商，以丽华出品精美，竞趋若鹜。因此遭侨华外人某之忌嫉，捏词为丽华名称与彼在上海经营之某洋货公司译音相同，妨害彼营业权利，控诉于当时英帝国主义恶势力组织之租界工部局，欲取销丽华厂名。定期传讯，公亲往出庭，侃侃力争，讯者虽欲袒护，屈于理，乃判丽华仍得用原名称，而于名称间加"机器"二字，以资工商业之区别。丽华既得胜诉，声誉洋溢，业务更形发达，而对外信用卓著，各银行、钱庄争以款项贷放，惟恐不受。

锡绸布同业及诸亲好友，以公等所办工商事业发展迅速，无不艳羡，要求向丽华投资者接踵而至。时公正在盛年，兼负伟抱，方谋设大规模工厂，鉴亲友之热情、诚意，乃倡言曰：丽华系合伙组织，不便多招外股，诸君如有意于此，可另创一新局，依照股份有限公司法令为组织，任凭投资，多多益善。余等当从众议，筹设之。于是遂有丽新厂之组织（另记）。

而丽华自民八增资，分设两厂后，一帆风顺，历年增改设备，由木机而变为铁木机、电力机，出品亦随时改良，行销各地，到处欢迎，虽经军阀内讧，时局屡更，以及因长期支援丽新，经济业务始终顺利。直至民廿（1931年）后，丽新好转，丽华原设备感觉落伍，乃谋改组。

民廿二年（1933年）一月，发起筹办股份有限公司，增加股本，总额为银币贰拾万元，分为二千股，每股一百元。除映山河、公园路两老厂外，复于丽新路购置基地二十余亩，建造第三厂，约占地十数亩，初设铁机二百台，并附属机器、马达等。一切章则及立案手续，均由公亲手订办。股东选出邹颂丹、唐骧廷、吴仲炳、邹季皋与公为董事，王树三、唐蔚文为监察人，组织董事会。经董事会议决，唐骧廷先生为董事长，公为经理，吴仲炳为协理，兼管第一、二厂，唐君远君为三厂厂长，后兼任协理。廿三年(1934 年)九月正式开车，是年因新创，略有亏损。

二十四年(1935 年)，增开夜班，一厂亦增添铁机四十台，生产渐入正常，年终结账赢余。

二十五年(1936 年)，三厂增添铁机二百台，是年秋收丰稔，群众购买力增强，营业良好。

二十六年(1937 年)，三厂新车装齐，四百台日夜生产，成绩奇佳。是年二月十六日(旧历正月初九日)午夜，映山河第一厂失慎，全部被焚毁。幸保火险，于四月份赔款，照数收到，损失尚轻。股东会因厂产超过资本额，似不平衡，议决增资为四千万元，改三厂为总厂，公园路为第二厂。总厂出品，经委丽新厂漂染后出售，销路甚广，业务居锡染织业首席，是为改组公司后最盛时期。

不意日寇猖獗，"八·一三"变起仓促，无何寇(至)锡，总厂被占据，二厂被焚，损失綦重。公预命二厂赶将布匹移避乡间，复遭匪劫夺。总厂货物，部分存申，部分运抵宁、汉，损失较少。惟存厂货物不及抢运，被寇洗掠一空。公身兼丽新、丽华两厂要职，于情势危迫时，仍从容调度，直至寇军犯境，始离锡撤退至汉，由汉而粤而港，折返上海。

廿七年(1938 年)，至上海丽新申公司，因锡地工厂被寇侵占，决计不与合作，在沪另筹新厂，定名昌兴公司。该公司资金大部由丽新所出，公关切丽华，亦投资十分之一，以维业务及职工生活。

抗战胜利，丽华厂陆续赶修，由四十台增开至二百八十台，以剩余旧机残破不全，无法整修，遂增购新机一百数十台。迨昌兴归并丽新，所有丽华投资股本悉数拆出，派还各股东，以资交待。故全体股东，对公忠诚办事，始终拥戴，凡公建议，无不赞同。公亦慷爽无私，处处为股东、职工着想，未尝以自我发起创办而以私废公也。

(摘自《程敬堂资料》，无锡市档案史志馆藏档案，案卷号：F002-1965-001-0096-0226)

（二）土地和工商登记

江苏省建设厅关于转发工厂登记证事由的通知(1947年)

(江苏省建设厅通知建三字第12602号)

事由:转发工厂登记证仰即查收由

案奉经济部本年二月二十一日京工36字第34608号指令略开:“该厂呈请工厂登记一案,经核尚无不合,应予照准。兹填发工字第8927号登记证一张,仰即领收转发,并饬该厂自行购贴印花拾元,具报备查。此令”等因,附发登记证一纸,奉此合行检发原件一纸,仰即查收,具报凭转。

附发工厂登记证一纸。右通知

丽华机器染织工厂厂长董赞尧

丽华染织股份有限公司厂基土地一览表(1951年3月)

权状字号	地号	座落	面积	地目
锡字730	318	惠河镇丽新路	14.398亩	厂宅
锡字704	319	惠河镇丽新路	0.848亩	厂宅
锡字722	321	惠河镇丽新路	1.260亩	厂宅
锡字739	322	惠河镇丽新路	1.248亩	厂宅
锡字723	323	惠河镇丽新路	2.333亩	厂宅
锡字913	734-1	惠河镇丽新路	0.380亩	地
锡字1098	324-1	惠河镇丽新路	1.751亩	地
锡字3739	595	惠河镇丽新路	0.180亩	地
锡字3740	597	惠河镇丽新路	0.120亩	地
锡字3741	598	惠河镇丽新路	0.080亩	地
锡字3742	599	惠河镇丽新路	3.075亩	地
锡字3743	600	惠河镇丽新路	3.345亩	地
锡字4580	601-1	惠河镇丽新路	0.910亩	地
锡字4579	602	惠河镇丽新路	2.700亩	地

（续表）

权状字号	地号	座落	面积	地目
锡字 3736	603	惠河镇丽新路	2.880 亩	地
锡字 3737	604	惠河镇丽新路	2.925 亩	地
锡字 3738	608	惠河镇丽新路	0.135 亩	地
锡字 3735	640	惠河镇丽新路	1.395 亩	地
锡字 3751	656	惠河镇丽新路	0.765 亩	地
锡字 3745	660	惠河镇丽新路	1.125 亩	地
锡字 3747	661	惠河镇丽新路	0.915 亩	地
锡字 3750	662	惠河镇丽新路	1.250 亩	地
锡字 3749	663	惠河镇丽新路	1.430 亩	地
锡字 3748	664	惠河镇丽新路	1.440 亩	地
锡字 3746	665	惠河镇丽新路	1.250 亩	地
锡字 3752	666	惠河镇丽新路	1.275 亩	地
锡字 921	667-1	惠河镇丽新路	1.440 亩	地
锡字 3744	671	惠河镇丽新路	2.280 亩	地
锡字 296	672	惠河镇丽新路	2.505 亩	地

以上共计所有权总面积五拾五亩陆分叁厘捌毫

肥田权	726	惠河镇丽新路	0.420 亩	水田	业主王姓由厂代登并代纳地税
	667	惠河镇丽新路	0.500 亩	水田	同上
	601	惠河镇丽新路	2.309 亩	水田	业主陶姓自登
	596	惠河镇丽新路	0.090 亩	水田	同上

丽新、丽华毗连厂基土地申报表（1951 年 3 月 10 日）

兹将敝厂所有毗连厂基土地列表申报，至祈查核，随予登记为荷。此致

无锡市郊区黄巷乡农民协会

丽新纺织印染公司锡厂、丽华染织工厂同启

1951 年 3 月 10 日

土地所有权人	权状字号	地号	地目	面积	备注
丽新	1104	325	田	1.530亩	（一）由本厂工友自耕 （二）预备建筑厂房之土地
	1463	3363	田	2.160亩	
丽华	913	734-1	田	0.380亩	
	1098	324-1	田	1.751亩	
	3731	595	田	0.180亩	
	3740	597	田	0.120亩	
	3741	598	田	0.080亩	
	3742	599	田	3.075亩	
	3743	600	田	3.345亩	
	4580	601-1	田	0.910亩	
	4579	602	田	2.700亩	
	3736	603	田	2.880亩	
	3737	604	田	2.925亩	
	3738	608	田	0.135亩	
	3735	640	田	1.395亩	
	3751	656	田	0.765亩	
	3745	660	田	1.125亩	
	3747	661	田	0.915亩	
	3750	662	田	1.250亩	
	3749	663	田	1.430亩	
	3448	664	田	1.440亩	
	3746	665	田	1.250亩	
	3752	666	田	1.275亩	
	921	667-1	田	1.440亩	
	3744	671	田	2.280亩	
	296	672	田	2.505亩	

以上丽新所有土地共2起，计面积叁亩陆分玖厘，丽华所有土地共24起，计面积叁拾五亩五分五厘壹毫

土地所有权人	土地座落	地号	亩分	地目
丽华染织厂	惠河镇	318、321等共二十九号	55.638亩	厂地
丽华染织厂	中二镇	916号	1.064亩	老厂基

（染织业）丽华染织厂　印

（三）规章制度

丽华纺织印染整理股份有限公司工厂办事规则(1947年8月11日修正)

（民国二十九年一月一日订，民国卅六年九月一日修正）

第一章　总则

第一条　本公司所属各厂职员均须遵守本规则及其他各种章则。

第二条　本公司所属各厂职员均须绝对服从层级主管人员之指挥。

第三条　本公司总管理处规则另订之。

第二章　任用

第四条　职员由经协理委任并由厂长指派职务。

第五条　职员应预觅殷实保人，经本公司审查合格后，填具保证书送交公司，始得委任。倘在中途公司属令更换保人时，被保之职员不得藉词推诿，其延不照办者，照第二十四条办理。

第三章　服务

第六条　本公司所属各厂职员服务时间应照下列规定钟点，不准迟到或早退。

一、日班上午六时起至下午六时止。

二、夜班下午六时起至翌日上午六时止。

日夜班工作人员，应均于各该班先十分钟到班交替，下班人员必须待上班人员接替后，方得离开职务。

工务员遇延长工作时，由各该部份主任纪录，报告厂长签准后，交人事科登记，于每月终结算。以五小时作半日，不满五小时不计，按照各员原薪津于下月发薪时并给之。

第七条　事务员服务与工务不同，必须将当日应办公务办理完竣,方可离开职守,不得以已届规定时间,将公务延搁至隔日办理。

第八条 各职员上班工作应至签到处签到,及将名牌系挂板上。下班或请假者,亦须到签到处将名牌改悬。

第九条 各职员因事因病早退,均须依照本规则请假各条规定办理。

第十条 各职员如因奉公派遣出外,由各该部分主管人员叙明事由,签字证明,报告总管理处,核给公出证作公出论。如查有藉公在外稽延,作旷职论。

第十一条 各职员应勤恳忠实服务。如有越规举动,各该主管人员及同班职员应负检举之责,徇徇情隐蔽者同罚。

第十二条 各职员在工作场所须遵守工场规则。

第十三条 在服务时间遇有亲友来访者,应在会客室接见,不准引入工作场所及宿舍。

第十四条 管理印信人员不准以公司所用图章代人担保任何事件。

第十五条 管理帐务人员所管帐册,除上级主管员查核外,不得随便放置及给与其他人员翻阅。

第十六条 各职员、练习生于办公完毕,应将服务场所收拾整理清楚后方得离开。

第十七条 各职员、练习生若住宿舍者,除应守宿舍规则外,不准托故住宿于外。

第十八条 例假放工,应派定职员、练习生若干人留守。预将派定姓名列表揭示,挨次轮值,不得推诿。如该日确有特别事故,应先报告上级主管职员准许,并与其他人员商调值日,否则作旷职论。

第十九条 各职员余暇之时应互相砥励勖勉,树立模范,不得出外闲荡,自堕名誉。

第四章 待遇

第二十条 各职员以自到职之时起薪。每月逢十五日发给本月份薪金,平日概不准预支借宕。

第二十一条 职员视委任之职务及其工作能力、资历情形核定其本薪。

第二十二条　职员除本薪外，依照上海市公布上月份职员生活指数分级累计核算之：

一、本薪自一元起至一百五十元，十足计算。

二、本薪超过一百五十元起至二百五十元，扣百分之十计算。

三、本薪超过二百五十元起至三百五十元，扣百分之二十计算。

四、本薪超过三百五十元起至五百元，扣百分之三十计算。

五、本薪超过五百元起至七百元扣百分之四十计算。

六、本薪超过七百元起至一千元扣百分之五十计算。

第二十三条　职员宿舍费每月发给十万元，练习生二万元，不按生活指数升降。

第二十四条　职员不依第五条规定，经催告后满一个月仍不照办者，得令退职，停止薪津。

第二十五条　职员如遇婚丧大事无力筹措费用时，经总管理处查核允许，得预支薪津一个月或两个月，但须在本年度还清，免予起息。

第二十六条　职员办事勤劳或怠惰，得分别优劣，随时增减本薪，并依照奖惩规定办理。

第二十七条　职员为公司停职者，给予该月之薪为止。其被开除及职员自行告退者，薪金算至离职日止。

第二十八条　职员在职病故者，得给予该时薪津三个月。其任职在三年以上而服务忠荩者，并酌给抚恤金。

第二十九条　职员在一个月间不请假不迟到不早退，并克尽第六条、第七条之责任者，每月升给三天，与下月薪津并发，以昭鼓励。

第三十条　职员在一个月间请假及迟到早退，除照请假规则扣薪津外，并不给上条升工。

第三十一条　公司大结束，职员应派花红，其为公司停职者，照停职之月止派给；其被开除及自行告退者，概不派给。

第五章　请假

第三十二条　职员因事请假及早退迟到，照扣薪津。请假期每一次不得逾十天，如因离籍窎远，往返行程二日以上者，得申请总管理处衡情核定行程日数，宽予假期，但统计在本年一年之内事假不得超过三十六天。

核定行程日期作给假论，不扣薪津。

第三十三条　职员事假及迟到早退，须按日扣算薪津。超出十日者，超出日数以一日扣二日薪津。

第三十四条　职员因病请假，须经厂医证明。倘离厂疗养者，请假续假均凭医生诊断书证明。其假期在一个月，免予扣薪津，逾限按日扣薪津半数。但连续假期以三个月为限，逾期留职停薪。如满六个月仍不到厂销假者，停职。

第三十五条　职员因事假回籍，继又函请病假，虽有证明文件，殊难确切证实，仍应按日计扣薪津。

第三十六条　职员事假，各按本月计算，不得跨连下月并计。其有特别情由者，须申叙理由，经公司核准。但须照第三十三条扣算薪津。

第三十七条　职员因公受伤者，由总管理处核准，照给全薪，并得准由公司担负医药费。

第三十八条　职员本人婚嫁及父母夫妻之丧，均准给假十五天，不扣薪津。逾期请假，作事假论。不依请假手续者，作旷职论。其未届所给假期先行销假者，余下之假日得给现金。

第三十九条　女职员生产期，准给假一个月。其余照上条办理。

第四十条　职员因事因病请假，应先填请假事由、请假日数，由主管人员认可（病假须备第三十四条规定之证明）签字，送呈总管理处核定登记。

第四十一条　职员请假期满须续假者，应于期前申述事由及续假日期（病假须备第三十四条规定之证明），报告总管理处核办。

第四十二条　假满销假，应向主管员报到，并填销假条，由主管员签字，送呈总管理处核销登记。

第四十三条　职员不依请假规则之规定，擅自离职者，作旷职论。逾一个月不到厂者，照自行告退办理。

第四十四条　职员奉公外差，不依第十条规定手续者，作事假论。

第四十五条　迟到早退扣薪之计算方法如下

一、不满三十分钟作半小时扣薪，逾三十分钟者作一小时扣薪，其余依此类推。

二、每一小时扣原薪十分之一。

第六章　奖惩

第四十六条　职员于业务能潜心研究改进出品，经采用实施确有成绩者，分别效果之大小予以记功。

第四十七条　职员每月不请假不迟到不早退，除照第二十九条办理外，其一年之中不请假不迟到不早退者，记功或升级。

第四十八条　职员于同事之不职及越轨情事，首先密行检举，经查明属实者，记功或升级。

第四十九条　职员对于职务上有特别劳绩者记功。

第五十条　不服从上级主管人员之指挥者，记过降级，其情节重大者开除。

第五十一条　职员请假及早退迟到，除照扣薪津升工外，全年积累计算假期不得超过三十六天。倘逾上项规定者，分别多寡酌予核减年终劳金，或再予记过降级之处分。

第五十二条　无故旷职者，记过。连续旷职一个月者，作自行告退开除。

第五十三条　职员怠惰不称职者，降级。玩忽职务致厂方因而受损害者，应责令赔偿损害价值，并得随时停职。

第五十四条　职员违反本规则第十二条、第十三条、第十六条、第十八条、第十九条者，记过。

第五十五条　职员违反本规则第十一条、第十五条、第十七条者，降级或开除。

第五十六条　职员违反本规则第十四条者，开除，并负其所为之一切责任。如公司因而受损害者，并负赔偿之责。

第五十七条　职员违反公司各种章程规定者，分别轻重予以记过降级,其情节重大者开除。

第五十八条　记功三次作一大功,升级加薪。

第五十九条　记过三次作一大过,满大过二次者开除。

第六十条　前条之小过,准将功抵销一次。所记大过不准将功抵销。

第六十一条　职员于一年内无违反本规则各条情事者,于年终考核给予劳金,以各人该月原薪津二个月。如有违反本规则各条之一者,酌予核减或者全数停给。

第七章　抚恤

第六十二条　职员奉公差遣及工作时受伤,除照第三十七条办理外,并视伤害之轻重,予以慰藉金,自十元至一百元。

第六十三条　职员因公务受伤致死者,给以棺殓费,以五百元为度。并按照原薪按月或一次发给其家属以一年之抚恤金,如全年薪金不满五百元者,补足之。其任职在三年以上者倍之。

第六十四条　职员在职病故,除照第二十八条办理外,其任职满三年以上者,并给予一次抚恤金五百元,任职满十年以上者,给予一次抚恤金一千元。

第六十五条　职员任职在十年以上而年满六十,精力就衰,自行告老或公司令其退休者,给予一次养老金(原薪每年不满五百元给予五百元,原薪在五百元以上者给予一千元)。

第六十六条　职员因天灾人祸为人力所不能抵抗因而致死伤者,公司概不负医药、棺殓、抚恤等费。

第六十七条　第六十二条至六十五条所订金额,均按当时职员生活指数计算发给。

第六十八条　本章程经董事会议决实行。

(原无锡市国棉三厂档案室藏档)

（四）其他

关于征收公粮草致惠河镇征粮工作队函及收据

敬启者：前日接奉贵队发来第1673号公粮草征收通知单暨第28号累进公粮通知单各一纸，通知敝厂照数缴纳。查敝厂已办土地登记厂基田亩共五拾贰亩八分九厘二毫七丝（内自用基田计四拾八亩四分三厘七毫七丝，出租田四亩四分五厘五毫），又灰肥田（即租入田）五亩九分另四毫，核与通知单所开二拾壹亩八分四厘八毫之数字相差三十余亩。为特制表，连同通知单二纸备函送请查核。尚祈随予更正，以便缴纳，实深公感！此致
惠河镇征粮工作队

附　丽华厂基田亩表　壹份

退还公粮征收通知　贰纸

启　1949年12月24日

无锡县政府三十八年度夏季公粮征收收据第3411号

兹有丽华厂蒋鸿才[瑞]代缴纳三十八年度夏季公粮计开：

田别	亩数	每亩赋额	应征数	减免数	备注
自田	50.073	9角7分	48.57		
实征公粮计（小麦）	壹仟零贰拾斤				
实征公草计	伍百拾斤				

上开实征粮草如数收讫，特给此据为证。

中华民国三十八年

无锡县人民政府1949年度秋季累进公粮收据第145号

兹有市区惠河乡丽华厂缴纳一九四九年度秋季累进公粮计开：

田别	亩数	赋额	累进级	累进率
自耕	48.46	46.98	4级	每元20斤
佃入	5.904	5.73	4级	每元20斤
出租	4.455	4.32	2级	每元10斤
实缴累进公粮稻谷3 285斤12两				

上开累进公粮如数收讫，特给此据为证。

县长　薛永辉　副县长　张卓如

经手人　吴继良印(章)

1949年12月

无锡县人民政府1949年度秋季公粮公草征收收据第3682号

兹有市区惠河乡廿一保丽华厂缴纳1949年度秋季公粮计开：

田别	亩数	赋额(元)	应征数	减免数	备注
自田	26.890				
佃入田	5.904	31.52			
合计					
实征公粮公草稻谷计2 015斤5两					

上开实征粮草如数收讫，特给此收据为证。

县长　薛永辉　副县长　张卓如

经手人吴继良印(章)

1949年12月20日

(原无锡市国棉三厂档案室藏档)

四、协新毛纺厂

（一）综述

无锡协新毛纺织染厂创建发展史

二十世纪三十年代初期，我国民族毛纺织工业尚处在萌芽时期，创办最早的上海章华毛纺织厂，仅能生产粗毛纺织品，精毛纺织品在全国范围内尚无生产企业。而在社会中上层人士中，西服逐渐盛行，穿着呢绒服装的人日益增多。中国民族实业家看准这个好机会，先后在津沪各埠创设毛纺织工厂。

我国首家全能毛纺织厂诞生

1934 年夏，无锡丽新纺织印染公司总经理唐骧廷、协理程敬堂和厂长唐君远，在丽新厂业务有了很大发展的基础上，抓住这一机遇，联合本地纺织工商界同仁共 15 人，发起创建协新毛纺织染公司。这 15 人是：唐骧廷、唐纪云、程敬堂、荣伟仁、荣尔仁、荣伊仁、唐凌阁、唐斌安、杨通谊、唐君远、唐熊源、王树三、荣溥仁、唐蔚文、唐伟章。他们都是在无锡工商界中有一定地位的人士，其中主要出资人可分为三个资本系统：一是以丽新纺织厂唐骧廷为代表的唐氏系统，包括唐骧廷之子唐斌安、唐君远和侄子唐蔚文，以及与唐氏长期合作、共同创业的程敬堂；二是以庆丰纺织厂唐保谦为代表的唐氏系统，包括唐保谦的兄弟唐纪云、唐凌阁，而唐纪云之子唐熊源，是荣德生的五女婿，申新三厂副经理；三是由唐熊源的关系引入的荣氏系统，包括荣宗敬之子荣溥仁，荣德生之子荣伟仁、荣尔仁、荣伊仁及六女婿杨通谊。

经上述发起人议定，协新厂创办股金总额为法币 20 万元，分作 2 000 股，每股 100 元。股额分三期交足：第一期 1934 年 11 月，交足股额 30%；第二期 1935 年 3 月 1 日，交足股额 40%；第三期 1935 年 5 月 1 日，交足股额 30%。在认足股额并缴足第一期股款后，按章选举了董事和监察人，并由董事会推选唐君远为经理、唐熊源为协理，编造业务计划、股东名册、投资股金，呈请江苏省建设厅查验，办理登记手续。

1934 年底开始购地建厂，厂址选定在丽新纺织印染厂西北面的五河浜排泾岸。这里虽然交通不便，但有五条小河汇集一起，水质好，地价低，据说是块风水好的“金鸡地”。1935 年初动工建造厂房，厂基占地 39 亩多，计划房地产购建支出 2.5 万元，机器设备支出 14.5 万元，流动资金 3 万元，合计 20 万元。同时向英国司密司载尔厂订购精纺细纱锭 1 800 枚，粗纺纱锭 408 枚，英德阔幅织机 40 台，阔幅染整机全套。到同年 7 月厂房建造竣工，同时向国外订购的纺织染整机器设备及进口澳洲羊毛先后运到。为了早日开工生产，厂方重金聘请英国信昌洋行的毛纺技师来厂安装机器，指导生产，时间定为一年。英国技师为了技术保密，在安装过程中不准中方技术人员进车间。10 月机器安装完毕，试车生产，12 月正式出货，供应市场。产品主要有纯羊毛哔叽、直贡呢、西装花呢、啥咪呢、马裤呢、人字呢、华达呢、法兰绒等。从此，在中国民族工业史上诞生了第一家粗精纺自纺自织自染整的全能毛纺织工厂。

建厂初期的黄金时期

1936 年，上海某商人向谦昌洋行订购的粗纺环锭 204 枚及钢丝机一台，因无厂房安装而急于转售，经理唐君远即以 2 000 元买回这套原价 6 000 元的设备，年初开始安装，6 月份试车，因缺乏毛纺钢丝机工，加之安装质量不好，不能投产。经唐君远通过谦昌洋行向上海明和、安乐两家纱厂借来 3 名机工，重新整理试车，才正式投入生产。当时全厂共有职工 575 人，其中职员 35 人，工人 540 人，开日夜两班，每班工时 12 小时，每月三个厂休日。年产双幅精纺呢绒 22.7 万米，粗纺呢绒 9.7 万米，合计 32.4 万米。

协新产品刚上市时，由于售价比进口货低 30%，而质量与外货相差无几，因此销路很好。开工不到半年，销路又大有发展，销售地点主要是在上海。上海的呢绒商号都来订货，出现了供不应求的现象。特别是上海棋盘街的呢绒商号，为了要求包销无锡协新厂的毛织品，成立了联营组织联益呢绒号，与协新厂签订了为期一年（1936 年 8 月 1 日～1937 年 7 月底）的包销呢绒业务合约，议定协新的全部产品都归联益经销，联益将出售情况、顾客反映、产品品种、花色和数量及时提供给协新，做到双方事先协定。这样，协新可以以销定产，防止盲目生产和产品积压；联益又把协新呢绒批发或转销外埠各地呢绒商号，使协新呢绒在 1936 年即销行全国各地，成为名牌产品，甚至远销南洋群岛。

协新厂初创阶段，产供销都很顺利，国内又无其他厂家可与之竞争，因而获利丰厚。据 1936 年 5 月 4 日该厂股东常会决议称：协新厂自开工以来，销路很广，产品供不应求，但限于生产设备不能增加生产，供应国内市场，因此决议增加资本 30 万元，合原股本共计 50 万元，股金一次收足，并呈请江苏省建设厅转呈实业部变更登记。这次增资额的绝大部分，主要是从原股东投资的盈余积累中转帐，而协新原始资本仅 20 万元，开工不足一年，增资额就为原投资额的 1.5 倍，可见其获利之丰。

1937 年 3 月，协新厂再次扩大生产规模，向英商信昌洋行订购纺锭 1 600 枚，德商谦昌洋行订购阔幅织呢机 28 台，共计订货款约 14 927 英磅。这时的协新厂，由于产品质量不断改进，成本相应降低，国内市场信誉好，销路广，加之进口原料澳洲羊毛的价格保持平稳，因而利润更高，积累更多，全部资产已接近 70 万元。是年 4 月，董事会召开股东会议，提议再增股本 30 万元，先尽原股东在一个月内交足，如期不足部分另招新股。实际上这部分增资额在当年 5 月就全部收足。因此这一时期可称是协新毛纺织染厂发展的黄金时期。

日军蹂躏下损失惨重

协新厂刚建两年，正处在长足发展时期，1937 年“七七”芦沟桥事变和八一三淞沪事变相继爆发，日军不断扩大侵华战争，无锡社会秩序混乱，人心惶惶。10月初，日机轰炸无锡，协新厂被投了两颗炸弹，但未炸中厂房，损失不大。10月18日戚墅堰电厂被炸，电源断绝，厂内生产被迫停止。

1937年11月上旬，国民党军队节节败退，日军步步紧逼，战事危急，水陆交通都已断绝，协新厂中所存货物无法搬运撤走。至11月下旬无锡沦陷，厂内所存成品、原料、机物料等物资被劫掠一空，估计损失达法币20万元以上；设在城内中市桥巷的协新办事处，包括货栈、楼房及三层楼宿舍也被焚毁，损失约计法币1.9万元。至于被抢去的车间内车面上的呢绒等物，损失就难以估计。

从1938年初，协新厂房被驻锡日军占据，经常驻扎大批军队，车间成了马厩，宿舍用作营房。同年2月，日军又将协新厂交给日商上海制造绢丝株式会社管理，将全部机器拍成照片，由日商公大纱厂以合作生产或出租为名，胁迫唐君远等答应其利用厂房、机器开工生产，遭到严词拒绝。此后，协新厂连续两次遭到严重破坏：

第一次是在协新厂负责人坚决拒绝与日商合作后，日方怀恨在心，以致恼羞成怒，于同年4月间对协新厂蓄意破坏，炸毁二号锅炉，毁坏机器设备，车架、墙板四分五裂，传动部分七零八落，齿轮、纺锭残缺不全，马达、电线拆下运走，所受损失无法估计。

第二次是在1938年8月24日晚上，无锡地方武装周阿福游击队，趁驻协新厂日军调度真空期间，装来几卡车芦草和火油，推倒围墙，引燃了日军用于当作瞭望台的厂内最高建筑三层楼女宿舍，将这幢11间新建未用的房屋付之一炬，幸有留厂工人冒着生命危险奋力扑救，火势才未波及附近老宿舍和粗纺车间。29日，附近地痞又来厂纵火抢劫，幸发觉后救熄，工场未遭波及。从此将工场用砖石砌塞门户，以防再受损失。

总之，协新厂在沦陷后所受损失惨重，其中产成品原物料等尚可以数计算，而在制品和机器设备、厂房、宿舍等则难以计数。

1938年，避难在上海的协新董事会常务董事唐骧廷、经理唐君远等，见无锡厂一时无法恢复生产，即在上海新设新厂毛纺织厂，下设三个分厂,无锡协新厂为第一分厂。从此,协新毛纺织公司的总机构决定设立在上海,而首先创立的无锡协新毛纺厂则成为该总公司的分支机构。

1940 年 10 月,日军解除对无锡协新厂的军事管理,发还原主。对此,协新厂的股东和员工们可谓悲喜交集:悲的是工厂被日军糟蹋得不成样子,全厂遍地是机器残骸,变成一个大废料仓库,给复厂带来了严重困难;喜的是如今工厂物归原主,机器、厂房虽然遭到严重破坏,但毕竟还能修复,有望恢复生产。于是公司先派员来锡接收保管,到 1942 年 6 月开始修复或更换粗纺部和织部的部分机器。1943 年初粗纺部始复工,但由于原毛来源断绝,只得收购上海各毛纺厂的油毛、下脚毛同棉花混纺,月产粗纺呢绒 8 000~9 000 米之间,生产处于维持状态。

在太平洋战争爆发后,日军封锁我国海岸线,致使我国毛纺工业一向依靠进口澳洲羊毛为原料的来源骤告断绝,上海等地的各毛纺织厂都相继停工减产。无锡协新厂即派员分别到沿太湖地区收购湖羊毛为原料继续生产。

所谓湖羊毛,即沿太湖一带如湖州、震泽、南浔、盛泽、嘉兴、吴县等地所产羊毛的统称,全年产量春毛约 53 万至 54 万市斤,质量可分为三级:一级毛占 38%,二级毛占 39%,三级毛占 23%。秋毛大部分由日商洋行收购出口。

无锡协新厂以湖羊毛为原料生产的女色呢、法兰绒、汉立蒙、大衣呢、制服呢、海立斯等大众化品种,由于价廉物美,深受消费者喜爱,销路极畅,大有供不应求之势。因此,无锡协新厂不仅有条件继续整修精纺机器设备,同时还经常将流动资金划拨给上海总公司,以维持上海信昌毛纺厂。

战乱时期艰难发展

1945 年 8 月抗日战争胜利后,无锡协新厂开始全面整修。因修理需要大量资金,曾呈请国民政府经济部转善后救济总署拨给建筑材料及机器设备,结果石沉大海,一无所获。最后只能自筹资金,重点修理精纺机器。到 1946 年全部修复竣工,恢复全面生产。这时,原料已有外毛输入，产品增加了花色品种，特别是在花呢、凡立丁等精纺呢绒中，以瑞士新药“灭蠹”加入颜料一起染色，可以防蛀，增加了“不蛀呢绒”新品种，吸引顾客，销路很畅。

然而在协新经营刚有起色不久，美国生产的白边麦尔登呢大量入口倾销中国市场，其价格较国产呢绒稍低，而且经久耐穿，协新产品首当其冲地受到影响，销售顿形呆滞状况，成品积压，资金紧张，企业面临严重威胁。直到 1947 年开始，国民政府滥发纸币，通货膨胀，社会经济处于不稳定动荡状态，人们为了避免遭受物价飞涨的损失，都用手中游资抢购物资，造成市场虚假繁荣和虚假购买力，协新呢绒也成为投机商们操纵囤积的主要物资之一，从而转移了受美国呢绒在市场上排挤的压力，缓解了困难，能继续维持生产，并盈得一定利润。加上国民政府还有一部分外汇配给民族工业，其结价比中央银行低得多，协新也得了些好处，赚了一些钱。

1948 年上半年，市场物价继续疯涨，抢购风潮持续盛行。国民政府为了挽救其经济崩溃的残局，采取了发行金圆券和硬性限价政策，协新厂被迫将存储在厂内的成品按限价销售，一套西服毛料仅值大米一石，又买不到外汇和原料，而求货者门庭若市，厂内毛料成品被本地布绸呢绒商人抢购一空，甚至连一向积压滞销的冷背货也抢购无余，损失极为严重。幸有一部分毛料成品事先分藏在镇巷 8 号办事处厂长朱文沅住宅内，因而未被抢购，保存了部分实力。

这一时期的苛捐杂税更为严重，1946 年的税额比 1937 年增加了 30 倍，使得很多企业难以生存。

在战乱和动荡年代筹建起来的无锡协新厂，不但艰难地维持了下来，而且还得到了一定程度的发展。据无锡、上海先后解放之初的 1949 年 8 月底盘点：沪锡两地协新厂合计结存毛条 514 750 磅，棉花 58 178 担，呢绒 212 690 米。

新中国初期走上新路

1949 年 4 月和 5 月无锡、上海先后解放时，协新锡厂有粗梳精纺锭 408 枚，精梳精纺锭 1 800 枚，绒线锭 240 枚，毛织机 63 台，平织机 10 台；沪厂有精梳精纺锭 3 264 枚，织机 48 台。锡厂人员有资方和资方代理人5人,职员41人,间接工人42人,生产工人291人,合计379人。生产能力约计每月产制粗精纺呢绒5万米左右。沪锡两厂盘存资产为人民币120亿元(旧币)。经营方式还是完全自营自销。

当时,由于帝国主义对我国海岸线的封锁,精纺呢绒原料澳洲羊毛来源稀少;加之国内投机市场被取缔和限制,社会虚假购买力消失,给协新厂带来了原料缺乏和销路呆滞的双重困难;造成产量下降,成品积压,现金紧缺,维持艰难的困境。到1949年底,厂内积存粗细呢绒4万多码,绒线二三千磅,负债达4.4亿元(旧币),靠向私营钱庄借款发放工资;至1950年4月,负债总数累积达6亿多元(旧币),资金周转不灵,工资难以发放。大部分机器停止转动。从这时起,全厂职工每星期开工4天,停工3天,工人工资打七五折,职员工资打六折,伙食由原来二饭一粥改为二粥一饭。并向各绸庄赊欠呢绒,劳资双方协同一致,克服暂时困难。

人民政府为了帮助私营工商业渡过困难,从1950年春天起,即由无锡市金融业联合放款处和人民银行向私营企业陆续发放贷款。无锡协新厂在1950年10月至1951年9月下旬,累计贷款16.5亿元(旧币)。1950年9月初,华东纺织管理局从西北运来原毛数万磅,首次委托协新厂加工制服呢。同年10月,协新厂保质保量地按时完成了为前线志愿军加工8 000条军毯和1.5万码制服呢的生产任务,同时完成捐献飞机大炮款近4 000万元(旧币)。从此,开工天数从每周4天恢复到6天,并陆续偿还所欠债款。至1951年7月已有盈余和积累。

在解放初期,协新呢绒的销售对象主要是上海和苏南区各地绸布号及供销合作社。产品种类较多,粗呢有女色呢、制服呢、大衣呢等,细呢有花呢、哔叽、华达呢、凡立丁等,工业用呢有皮辊绒、印花衬呢、浆纱呢等,还增加了国毛哔叽、和平呢及粗细绒线等新产品。产品的技术水平和质量一般都已达到国家规定的标准。

1953年起,我国国民经济由恢复进入发展时期,工商业普遍呈现出淡季不淡、旺季更旺的现象,协新呢绒和绒线的销路渐趋活跃,产量逐步上升。到1953年底,协新沪锡两厂营业额已达580亿元(旧币)以上,为1950年的3倍多。其中锡厂营业额282亿多元(旧币),超过1950年6倍以上。从1953年10月份起,协新厂自营业务已全部停止,改由国营中百公司全部包销,订立了包销合约,不但热销品供不应求,也为滞销品带动了销路,从根本上改变了产品积压现象,并可获得占营业额10~12%的合法利润。到1953年底结算,沪锡两厂盈余24亿多元(旧币),为企业购买原料和机物料积累了一定的储备基金。

与此同时,厂内通过民主改革,于1950年5月底废除搜身制;1952年9月改革工时,工人劳动时间由每天两班制每班12小时改为三班制每班8小时;1952年底废除"拿摩温"制,建立了生产组长民主管理制度,工人的主人翁地位和生产积极性普遍提高。

在党的过渡时期总路线指引下,上海协新总公司经理唐君远和董事会成员,积极带领企业走社会主义道路。无锡协新厂于1954年11月1日向市人民政府呈送公私合营申请书。经政府有关部门与厂方充分协商,无锡市人民政府纺织工业管理局和私营协新毛纺织染股份有限公司的双方代表,签订了《公私合营协议书》。

协议书共分9条,主要内容是:

1. 合营企业名称为:"公私合营无锡协新毛纺织染股份有限公司"(简称公私合营无锡协新毛纺织染厂),受市场管理局之领导。

2. 合营后,暂不建立新董事会,待上海协新合营后,再具体协商分别建立新董事会;在新董事会建立之前,原有董事会继续执行任务,对有关公私关系、重要事项,应得公方代表之同意后执行,如有不一致时,得报请上级主管机关核定解决之。

3. 合营后,设厂长一人(由公方担任),第一副厂长一人(由原私方厂长担任),副厂长二人(由公方一人、私方一人分任之)。以上人选,经双方协商后,报请无锡市人民政府任命之。

4. 企业原有实职人员,由合营企业继续任用之,其待遇一般不变。

5. 公方以在协新公司内已有之公股,以及根据企业实际需要的现金股资等，暂向协新公司投资作为公股；私方以协新公司私股所估部分之无锡厂全部作为私股。关于公私合营无锡协新毛纺织染厂的公私股份具体数额及比例，俟上海协新合营后，依照清产定股之结果，分别从实计算。

6. 合营后，成立清产定股办公室，负责进行清产定股工作。关于清估的政策原则，可遵照公私合营工业企业暂行条例第五、第六条的精神进行，所有清估办法及清估结果，均需经公私双方协商后，报请上级主管机关核定之。

7. 合营协议签订后，自 1955 年 1 月 1 日起建立新帐。合营前所有未了事宜，仍归原企业承担责任。有关财务上的收入和支出，由公私双方协商后，在原企业资产项下增减之。

经无锡市人民政府批准，无锡协新厂于 1955 年 1 月 1 日实行公私合营，任命公方代表朱泓为厂长，原私方厂长王秋农为第一副厂长，原经理唐君远之子唐寿千为副厂长。1956 年 10 月，市人民政府任命私方代表王秋农为厂长，公方代表为副厂长。

公私合营后的清产定股工作，按照公平合理、实事求是的精神和公方领导、私方负责、群众参加、主管机关批准的原则，成立清产定股办公室，主任由私方担任，副主任由工会主任担任，下设秘书、清估、核算三个专业小组。通过清产定股，确定私股投资 273 万元，国家投资 40 万元作为公股，公私股金共计 313 万元。

（本篇为无锡市政协学习文史委资料室保存资料）

从协新上海办事处的开设到信昌毛纺织厂的建立

无锡沦陷后，协新毛纺织染厂遭受日军的严重破坏，无法恢复生产。该厂常务董事唐骧廷、经理唐君远等主要股东，以及部分职工避难于上海。这时原先订购的机器也正好运到上海，于是萌生了在上海建厂的动机。1938 年经董事会讨论，决定先在上海江西中路 412 弄 49 号设立办事处。又在康定路 400 号租赁别发印刷厂三楼房屋安装机器，同时在江宁路 400 弄 82 号购置地基 4 亩自建厂房，分别设立两个纺织工场，基建费用共计法币 9.2 万元。同时购买英德制造毛纺锭 1 600 枚，织机 22 台，染整设备全套，加之无锡协新厂订购毛纺锭 1 600 枚和织机 28 台全部留在上海，约计耗资 67 万元；另加水电、卫生、动力设备花费约 4.5 万元，共计资金约 80 万元。这些资金绝大部分是无锡协新厂增资后向外商订购的机器，实际增资数仅 30 万元左右。为了免受日伪纠缠，上海成立的新厂不用协新而改名为“信昌毛纺织厂”，仍由唐君远任经理，唐熊源任协理兼厂长。到 1939 年冬，新厂各工场次第开工，产品与无锡相仿，初期厂内有职工 200 多人，其中部分是无锡协新厂避难到上海的老职工。同时在上海召开临时股东会，追认设立沪厂，通过修改章程第五条：“本公司设立于上海四川路三和里 11 号，设第一厂于无锡五河镇排泾岸，现在游击区停开，设第二厂（改名信昌）于上海江宁路 400 弄 82 号，设第三厂（取名信昌）于上海康定路 400 号别发印刷厂三楼，俟业务发展有必要添设分支机构时，由董事会议决设立之。”1940 年 1 月，公司增资 80 万元，并向重庆政府经济部申请登记备案。

由于上海信昌毛纺织厂及其所属分厂，都设在英法租界，日军无权干涉，进口原料仍能及时供应，月产精纺呢绒约在 4 万至 4.5 万米之间，都由上海呢绒商店包销，获利仍较优裕。1941 年 12 月太平洋战争爆发后，日军侵占租界，进口澳毛由于交通阻隔而逐渐减少，生产处于断续状态。直至 1945 年 8 月抗日战争胜利后，信昌毛纺织厂才正式定名为上海协新毛纺织公司，各分厂亦同时改名，恢复正常生产。

（本篇为无锡市政协学习文史委资料室保存资料。原标题为《无锡协新毛纺织公司的创建》，现标题为编者所拟。）

无锡协新毛纺织染厂的创建与发展

唐君远口述　吴继良整理

1935 年间，我看到当时国产粗呢仅有北京清河、上海章华等几家毛纺厂织造，至于精纺在全国范围内尚且没有，于是我与父亲唐骧廷商议后，联合无锡纺织工商界 15 人，发起创办协新毛纺织染公司。由董事会推选我为经理，唐熊源为协理，唐骧廷为常务理事。创办股金 20 万元，设厂址在丽新路底五河浜，占地 70 余亩，建屋 300 余间。

无锡协新毛纺织染公司是全国最早生产精纺呢绒，且具有全新规模的全能设备厂。开办时，有英国产细纱机锭 1 800 枚，粗纱机锭 408 枚，阔幅织机 40 台，阔幅整染全套。用重金聘请英国信昌洋行毛纺技师来厂指导生产。1935 年 12 月正式投产。

1936 年，协新以低价 4 000 元买进粗纺环锭 204 枚，细纱机 1 台。这时有职工 575 人，开日夜两班，每班 12 小时，每月 3 个星期天。年产精纺呢绒 227 000 米，粗纺呢绒 97 000 米，合计是 324 000 米。这个数字是协新厂解放前最高产量。

协新厂开办后，在职工的共同努力下，产品质量不断提高，不但畅销国内各地市场，而且还远销到南洋群岛等地。办厂仅 2 年，所得利润就有 20 万元，占全厂总投资的 100%。

1936 年 5 月 4 日，经股东常务会议决定，再增加股金 30 万元，与原有股金 20 万元合计，合为 50 万元。1937 年，又增添纺锭 1 600 枚，与原有纺锭合计 3 400 枚，增添阔幅织机 28 台，与原有合为 68 台。这些设备全部投产，日产量可达 5 万磅。

1937 年初，日机轰炸无锡，协新厂被投了两颗炸弹，房屋机器设备被炸毁。厂内库存成品、原料、机物料等物又被土匪趁火打劫，抢劫一空。协新驻城中办事处，一下子烧掉价值成品 19 000 余元，估计损失达 20 万元以上。

1938 年，协新厂内经常驻扎日本军队。上海日商“公大纱厂”出面以合作生产和租赁为名，引诱协新开工。我当即以“宁为玉碎，不为瓦全”8 个字拒绝了日方要求。这一下，日军更是恼羞成怒，将我抓进拘留所，关押了 15 天。后由厂方出面保释。

无锡沦陷后，协新厂房、机器设备惨遭日军毁灭性破坏，无法恢复生产。1938 年 4 月股东会议讨论，在上海购置地基 4 亩，建造上海协新毛纺厂。

1942 年 6 月，无锡协新厂着手对粗纺机器和部分织机进行整修。于 1943 年初部分机器恢复生产。当时因羊毛奇缺，只能靠收购上海各毛纺厂的三脚毛、下脚毛和棉花混织，生产粗纺呢绒，每月产量在 8 000～9 000 米，生产处于维持状态。

1944 年，由于日军对我国海岸实行封锁，致使我国毛纺工业原料来源濒于断绝。为了不使生产停顿，无锡协新厂利用粗纺设备，以国产湖羊毛生产大众化呢绒。主要品种有女衣呢、法兰绒、汉立蒙、大衣呢、制服呢、海立斯等，产品销路极畅，大有供不应求之势。为了进一步扩大销路，又在品种、质量方面动了脑筋。在花呢及凡立丁等新纺呢绒中，以防虫药品“灭蠹”加入颜料后一起染色，原料方面也有部分进口，这样染出的呢料可以防蛀，受到顾客的欢迎。但好景不长，美国白边麦尔登呢大量来华倾销，充斥市场，其价格又略低于国产呢绒，协新呢又从畅销变成滞销，产品积压，资金紧张。协新毛纺厂再次面临崩溃的边缘。

1947 年开始，国民政府日暮途穷。许多工厂企业动荡不安，社会上出现了物资抢购囤积现象。协新呢绒成为投机商们操纵囤积的主要货物，遭到了抢购的损失。国民政府在实行金圆券限价时，协新厂不得不将毛料成品以限价出卖，被本地布绸呢绒店全部抢购一空，损失很大。至无锡解放前夕，协新厂生产已经到了奄奄一息的地步。

1950 年 5、6 月份，中央人民政府纺织工业部召开全国麻毛纺织会议，提出要大力发展麻毛纺事业。同年 9 月，华东纺织管理局特地从遥远的西北运来原毛数万磅，第一次委托无锡协新厂生产制服呢。同年 12 月 4 日，协新厂还接到生产 8 000 条军毯任务。至 1951 年 7 月，协新已经全部还清所欠债负，而且还有盈余。

1954 年 12 月 24 日协新厂公私合营后，我一直在上海毛纺织厂任厂长。1982 年我已 80 高龄，有机会回协新毛纺织染厂各个车间巡视参观，感到近 30 年来变化真大：精毛纺锭由 1 800 枚增至 12 080 枚，毛织机由 59 台增至 168 台，并配备梳毛条、毛条染色、后整理染色的大型毛纺织染全能设备；职工从 354 人增至 2 363 人；年产精纺呢绒从 45 000 米增至 285 万米，织绒从 20 吨增至 827 吨。1979 年和 1980 年分别获得两项银牌奖、4 个名牌产品、3 个省优质奖和 3 个省新品种奖。金鸡牌薄型毛涤纶和金蝶牌全毛粗平花呢获国家银质奖，全毛单面华达呢和涤毛粘混纺花呢获中纺部名牌产品证书，全毛花呢、全毛华达呢、全毛啥咪呢3个品种符合国际标准,被授予使用国际羊毛103统一标记"WOOLMARK"。协新产品畅销国内外,受到用户欢迎。

关于协新毛纺厂的片断回忆

王秋农

一、关于协新沿革方面的问题

协新毛纺厂是在1935年建厂的,通过区书向农民购买到丽新厂东面的五河浜处田33.43亩,造了10 566平方米的厂房,资金总额为20万元。发起人是谁?有两说:一说是,一次唐熊源、唐星海、唐君远3人在惠山祭祀,说起没有国产毛纺厂,当时即使章华,也只是买了国外的毛线在厂内加工。他们想办一家毛纺厂,自纺自织。故由唐熊源、唐星海、唐君远3人发起。一说是有一次吃春面,荣一心、唐君远、唐熊源3人碰头,说起要开国产毛纺厂,是由二唐一荣发起的。究竟哪一说正确待考。

董事有11人,计唐骧廷、唐纪云、程敬堂、唐君远、唐熊源、荣尔仁、荣一心,还有4人忘其姓名。常务董事3人,唐骧廷、唐纪云、程敬堂。监察人3人,王树三、唐蔚文、蒋镜海。

协新在胜利后重估财产为540万元,无锡、上海的资产都在内。1954年公私合营,清产定股时,无锡私方股份为273万元,上海为278万元。

〈协新〉建厂有两个动机。当时没有一个纯粹的国产毛纺厂,他们要开一家自纺自织的毛纺厂。其次,棉纺厂的成本,一般绸布商人大概是算得出的,故利润不能随便高的。毛纺的成本,呢绒商人是算不出来的,故利润可以高于棉纺厂。

最初的生产设备是英法执中式1 400锭精纺,204锭粗纺,40台阔幅布机,整套染整设备。1936年扩建新厂,增资20万(是否红股增值或新招现金股不详)。新添设备超过以前。向德商谦信洋行定购法式锭子1 400枚,向英商信昌洋行定购锭子1 400枚,并有整套染整设备。到1937年沦陷后,机器就不装到无锡来,而在上海别发印刷所三楼租下，安装英式机器，又在戈登路360弄内弄堂房子租下来，安装法式机器及染整设备，用英商信昌毛纺厂招牌生产。唐君远与信昌洋行大班靠马少及买办诸仲文关系很密切。据我知道，唐家和信昌洋行在信昌毛纺厂方面，没有经济上合作的关系。

1937年11月2日沦陷之前，协新没有发过官红利。沦陷时，无锡协新的机器大部分损坏，上海厂于沦陷后先开工生产，故沦陷后，无锡厂靠上海厂。珍珠港事变后，外国羊毛不能进口，无锡厂因在内地收购羊毛，修好机器逐步发展，上海厂反而靠无锡厂了。

沦陷后，有一家日本株式会社，派人到厂里各个部门拍照，要同我们合作。唐君远不同意。后来到1940年，唐君远派人到无锡来搬走2台精纺机到上海，修理后开车。因为不少原料都放在上海，即由信昌毛纺厂开工生产。胜利后，信昌毛纺厂改为上海协新。

沦陷时，最初日寇驻在厂内，我不敢到厂里去的。后来游击队周阿福部下常常在那边进出。因日寇在那里，游击队行动不便，趁一次日寇调防，他们即放一把火，把厂里的办公室和女工宿舍烧毁，日寇不敢再来驻扎，我开始到厂里看看。其时有工人在厂里看守的（在无锡的办事处恢复了，看厂工人才有生活费领到，以前没有钱，有一个门房甚至到外面去讨饭）。

沦陷前，日机炸无锡，我逃到北乡的杨家圩。沦陷时我知道厂里大约有千把块钱，有唐熊源的弟弟唐惠章介绍的亲戚邓玉麟管的。后来，邓逃到武汉，碰到唐熊源问起此钱，有嫌疑，唐熊源后来把他解雇的。最初有职员顾学范和顾若虞同我一起都留厂的。当时看厂工人有一个泥水匠周阿三，现在还在厂里。

最初我在丽新厂当练习生，后来离厂到上海章华毛织厂。唐君远要办协新来找我，还有广东人潘炳兴（法国留学生）、徐文忠、王洪生，都从章华一起出来，带了十几个技术工人来锡装车等。我亲自带两个技术工人，我管纺部，潘管染整，徐管织部，王洪生管染色。我们一面招工人自己培训，一面由申新及丽新调来挡车熟练工人做的，普通工人也是调来的。

厂内不用拿摩温，用工作员，一般是有文化的年轻女子，最初由唐君远亲自口试，以后即共同学习。她们在排车时就来的，以后看适于管工人的就当工作员，此外有的当记录工，有的当试验员。工作员的工资也是按工人的工资计算，不过高一点。记录工和试验员也是按工人支付，不过比工人大一些，比工作员少一些。工作员的升级以对工人管理严、罚款多为标准，抗战前没有提升过，胜利后有的提升的。她们在培训时也和培训工人一样的待遇。不过大学毕业生进厂学技术就有16元薪水一个月。工作员等开工资时，由工务主任葛翊如同意后，厂长经理全部批准的。工作员、记录工、试验员也要做存工的。

开厂时有一种情况：唐君远和唐熊源都很相信风水。据说有一个黄道吉日，5只做喜事的船在五河浜，适逢碰头时，浜里飞出一只金鸡，所以唐君远等就要在那里买地开厂了。而且请看风水的荣仙人去看地，造房子时开门窗、车间走哪条弄堂、厂长室排台子等，都请荣仙人看了风水决定的。后来成品的商标是"金鸡"、"万宝齐来"、"五福临门"、"三羊开泰"等等。

二、关于营业情况

1. 协新以呢绒自纺自织、完全国产为号召。

2. 以协新不蛀呢绒为号召。是向洋行家订好专利，"灭蠹"防蛀剂只卖给协新，不卖给其他厂，所以不蛀呢价格要多卖5角到1元一公尺，但事实上还是要蛀的，效力并不高。

3. 有时将呢绒上烫的金字厂名和商标，用化学烫掉，改烫英文金字，改头换面，冒充英国货。

4. 包销给上海棋盘街华新(或新华)呢绒号。该号老板是渔庄主人陈梅芳，此人后来自己也开毛纺厂。

协新的法兰绒有时掺杂棉花的下脚棉，冒充全毛，获取非法利润。有一说，法兰绒掺杂一些棉花反而柔软。但按理应该向用户讲清楚，而协新从来不说明的。掺杂棉花大约有10%。此外，如海立蒙、制服呢、大衣呢、女式呢的经纱，有时也用棉纱，减轻成本，冒充全毛。不但用户，即使是呢绒商人也不一定看得出来。有的呢绒商人假内行，说这是生毛，那是熟毛，这种说法都是冒充内行。实则是澳毛支头长，细而软，国毛支头短，粗而硬，只是国毛与澳毛的不同。呢绒中只能掺杂棉纱，而不能在澳毛中掺杂国毛，掺入后，因有戗毛，反而影响质量，卖不出价钱。国毛一般是 48 支以内的，澳毛有 64 支、66 支到 70 支。1 匹华达呢用羊毛 55～60 斤。协新厂在抗战前全部用澳毛，抗战后从沦陷时期起，有的用国毛了。

过去的物理指标是有问题的，有些都不合标准，在下列几个方面：

经纬密度，拉伸强度，摩擦牢度，缩水率，及日晒牢度，皂洗牢度，汗迹牢度。伸长率有 5～10%的伸缩度，每匹拉长一些就可以多卖钱。主要问题都在颜料用得考究和马虎，关系很大，对物理指标有很大影响。

解放前，协新在国产呢绒中质量超乎同业之上，业务也比较好。其次花色品种比同业较多。但无论如何做不过英国货，主要问题在于整理方面，很关重要。我们即使使用同样原料、同样颜料，产品总是要比英国货差，价钱要低得多。

三、关于职工的管理和待遇问题(下略)

(1965 年 5 月 17 日整天，王秋农来会谈协新历史资料的记录整理。)

（无锡市政协文史委资料室保存资料）

私营协新毛纺织厂基本情况调查汇报(1954 年 2 月 21 日)

协新工作组

(甲) 一般情况：

(一) 组织状况：

表一　协新毛纺织染厂沿革

厂名	协新毛纺织染厂	工厂性质	私营	电话	641
地址	丽新路底五河浜	建厂年月	1935 年 6 月建厂，1936 年 1 月最早部门开工		
资本总额	总公司资本 54 000 000 000 元(本企业于 53 年 5 月 27 日向中央工商局登记)				
主要产品名称	大衣呢、法莱绒、制服呢、女色呢、华达呢、哔叽，甲、乙级粗细绒线				
主要生产设备	粗梳毛纺机，精梳毛纺机，毛织机				

表二　职工人数与组织情况

资方代理人	5人	男	厂长，副厂长，会计科长，业务科长，总务科长

全厂职工数	378人	男	156人	女	222人	工会会员	362人	管制分子	8人
党员	20人	团员	62人	非党、团人员	288人				

表三　生产与非生产人员比较表

生产人员			非生产人员		
名称	人数	占总人数	名称	人数	占总人数
工人	213	55.76%	工人	122	31.94%
职员	12	3.14%	职员	30	7.85%
			资方代理人	5	1.31%
合计	225	58.90%	合计	157	41.10%

表四　党、团、工干部组织情况表

类别	党、团、工组织上配备									工会干部成员				团干部	备注
项目	党支委	团支委	工会执委	文教委员	组织委员	生产委员	劳保委员	女工委员	治保委员	工会小组长	党员	团员	群众	职员	党员	
人数	6	8	17	17	9	21	17	14	3	26	6	30	38	15	4	

(二) 财务方面：

1. 财务状况

协新厂设管理处于上海，无锡厂会计和财务均未独立，亦谈不上单独进行计算盈亏。其流动资金未有确定数字，故该厂运用的资金是通过与管理处发生上调和下拨的关系。由于该厂主要原料(如国毛、澳毛)及主要物料(如染料、化学原料)统由上海方面供应，而制成品则由当地中百公司收购，因而销售之款除锡厂必须运用部分留存外，其余部分(大部分)通过人行汇划上海。至于固定资产，锡厂迄今未建立帐册，亦统由上海管理处记载，未有确实数字。兹将 1953 年上海管理处资产负债表(资产部分)列表如下：

表一　　单位:元

流动资金	固定资金	其他资产	合计
51 913 402 845	27 696 868 958	3 983 554 377	83 593 826 180

2. *股份方面*:全部股份计有 120 000 000 股,每股价人民币 100 元,合计人民币 12 000 000 000 元。重估财产后,登记改为 54 000 000 000 元。

查股董唐纪云、唐熊源、唐伟章等 17 人,于解放前逃往香港和美国,了解该 17 人共有股份 19 249 000 股,占全部股份 16.04%。其中唐纪云名下股份,在 1951 年 10 月私营企业办理股东重新登记时,因其逃往国外,未填写真实姓名,仍用化名,计有 41 户未遵照规定办理,计股份 12 804 000 股,占全部股份 10.67%。

3. *工资方面*:

表三　全月发放工资统计表　　单位:元

名称＼项目	性别 男	性别 女	人数	最高底薪	最高工资	最低工薪	最低工资	全月应发数	平均工资	百分比
资方代理人	5	0	5		3 242 400		2 186 400	12 701 000	2 540 200	6.3%
职员	24	18	42		2 640 400		354 600	44 050 800	1 048 829	21.82%
工人	131	204	335	2.77		0.45	187 596	145 575 740	434 554	71.88%
合计	160	222	382					201 676 640①		100%

工资方面计算办法,除资方代理人和职员两部分是按照全月固定发放计算,至于工人部分工资,是作全月出勤论,按 30 天来计算。

公式:底薪×30×6×231 600＝应得工资(注)

(注:6 乃是每元底薪价 6 升米,231 600 乃是规定米价)

① 原文如此,按上加总应为 202 327 540 元。

（二）股权、财产和税收

协新毛纺织染股份有限公司章程

第一章　总纲

第一条　本公司系股份有限公司组织。定名为协新毛纺织染股份有限公司。

第二条　本公司专营制造毛纺织染之纱线匹头及其他织品事业。

第三条　本公司公告方法以通函及登载当地日报为之。

第四条　本公司设总公司于上海江西中路三和里 49 号。无锡厂于无锡惠河镇排泾岸。设上海厂于上海江宁路 400 弄 82 号。又于上海西康路 400 号设立上海厂第二工厂。俟业务有必要添设分公司时由董事会议决设立之。

第五条　本公司发起人：唐纪云、唐熊源、唐伟章，均无锡人，现寓上海南海路 365 弄 11 号；唐骧廷、唐斌安、唐君远、唐蔚文，均无锡人，现寓上海泰山路 967 弄 2 号；唐凌阁，无锡人，现寓上海静安寺路 1025 弄 53 号；荣伟仁、荣尔仁、荣伊仁、荣溥仁，均无锡人，现寓上海江西路三新公司；程敬堂，无锡人，现寓上海南海路 506 弄 11 号；杨通谊，无锡人，现寓上海高安路 210 弄 11 号；王树三，无锡人，现寓上海华亭路 150 号。

第二章　股份

第六条　本公司股份总额定为人民币 120 亿元，分为 12 000 万股，每股人民币 100 元，一次缴足。

第七条　本公司股东以中华人民为限。

第八条　本公司发给股票由董事 5 人以上签名盖章，股东记名须真实姓名并记载于股东名簿。

第九条　股东应将印鉴留存本公司。凡股东向本公司行使一切权利时，均以留存之印鉴为准，以资核对而昭慎重。印鉴如有遗失或更换，均须向本公司声明缘由，并补送新印鉴留存。

第十条　股票请求过户时，须照左列手续办理，经公司审核无讹，准予过户或换给新股票。股东因买卖、质押、赠与、继承等事移转股份所有权时，须由原股东填具让股书及受让人姓名住所，并在原股票背书，署名盖章后交公司审核，记载于股东名簿及股票，方为有效。

第十一条　股东遗失、毁灭股票，请求补给新股票，须将该股票股户及股数若干、遗失或毁灭情形，详细报告本公司，挂失并登载本公司所在地及遗失所在地之报纸公告 3 日。自公告最后之日起算，经 30 天后无第三者提出异议时，偕同相当保人填具保证书，连同公告报纸交由公司审核认可后，补给新股票。倘有原股票发现致生纠葛情事，概归原股东及保证人负责理楚。

第十二条　股票过户、补给及掉换新股票，每张酌收印刷手续费，并缴应贴之印花税费。

第十三条　本公司如增加资本时，应预定认股期限，先尽旧股东承购。届期如认不足额，得另募之。但发行之股票，其时价超过票面金额时，旧股东亦须按时缴纳。

第三章　股东会

第十四条　本公司于每年 3 月份开股东常会 1 次，由董事会定期召集之，先期 30 天公告各股东。

董事、监察人或有股份总额 20 分之 1 之股东，遇有必要事项，得以书面记明提案及理由，请董事会定期召集临时股东会，先期 15 天公告各股东。

第十五条　股东常会应编议事日程，列明查核董事会造具本届营业报告、损益表、资产负债表、财产目录、盈余分派之议案，并听取监察人查帐报告及决议各项提案，选举董事、监察人。

股东如有提案，须于会前 10 日以上，将议案理由送董事会编列议程。

第十六条　股东自接到召集开会通知后，须凭股票向公司领取出席证。届期如不克到会，得备具委托书委托代理人出席，其委托书交股东会保存。

第十七条　股东会主席以常务董事为主席团。

第十八条　本公司股东表决权、选举权均以一股为一权。

第十九条　股东会决议为最后之决议，董事会及经协理应依照执行。

第二十条　股东会之决议，除公司法另有规定者外，须有代表股份总数过半数之股东出席，以出席股东表决权过半数之同意行之，可否同数时取决于主席。

第廿一条　股东会议事规则另订之。

第四章　董事及监察人

第廿二条　本公司设董事11人，由股东会就股东中选任之。

第廿三条　董事当选后组织董事会，并互选3人为常务董事，处理公司一切业务。

第廿四条　董事及常务董事均以3年为1任，连举者得连任。董事如有出缺，由股东会补选之。中途补选者，以补足原任期为限。

第廿五条　董事会应于每年度营业总结帐后，造具资产负债表、损益表、营业报告、财产目录及盈余分派之议案，提出请求股东会承认之。

第廿六条　董事会应用文牍1人，掌理各种卷宗。如事务繁剧，得增加助理员，由董事会随时任用之。

第廿七条　董事会议事规则另订之。

第廿八条　本公司设监察人3人，由股东会就股东中选任之。

第廿九条　监察人任期1年，连选得连任。

第三十条　监察人依照习惯，对于公司行使监察职权，并得列席董事会议，但无表决权。

第五章　经理人

第卅一条　本公司设经理一人，协理一人，由董事会选任之，秉承董事会处理一切业务。

第卅二条　经协理受董事会之委托，办理关于营业上对外事务。

第卅三条　经协理薪俸由董事会定之，其余职员由经协理定之。

第卅四条　总支店职员工友由经协理黜陟并督察之。

第卅五条　经协理应于每年度终结造具营业决算书，报告董事会审核。

第六章　会计及盈余分配

第卅六条　本公司会计，每年12月底为总结帐之期。如有盈余，先提公积金10分之1及应纳国税外，次提股息，其余照14成分派。股东得红利10成。发起人唐纪云、唐熊源、唐伟章、唐骧廷、唐斌安、唐君远、唐蔚文、唐凌阁、荣伟仁、荣尔仁、荣伊仁、荣溥仁、程敬堂、杨通谊、王树三，合得花红半成。董事、监察人合得花红一成。经协理合得花红一成。职员合得花红一成半。

第卅七条　本公司倘无盈余不得提本作息。

第卅八条　本公司发给股息及红利，由董事会定期通知。各股东凭股票息折支领。前项发给股息及红利手续，由董事会委托经协理办理之。

第七章　附则

第卅九条　本章程所未明列者，悉依照主管机关所颁法令规则办理。

第四十条　本章程如有应修改增删之处，由股东会议决，呈请主管官署核准。

（原件无日期。原无锡协新毛纱厂档案室藏档）

为核发登记证给经济部的呈文（1946年）

窃本厂设于江苏省无锡县丽新路底五河浜，制造棉毛交织物工业品。兹依修正工厂登记规则之规定，填具工厂登记表一份，除呈请本省建设厅核转外，理合具文呈请钧部鉴准核发登记证以利业务。

谨呈

经济部

附呈工厂登记表一份

协新毛纺织染公司无锡工厂　朱文沅印　谨呈

（无锡市档案史志馆藏档）

为请暂缓开征毛织物货物税给无锡县商会的函（1946年）

径启者：

查敝厂前请贵会转呈财政部暂缓开征毛织物货物税一案，兹奉函转财政部京税四字第四五六号批略开："查皮毛税对掺杂他种纤维之成品系仅就含毛重量采用分级比例办法征收（中略），原请将棉纱部分剔除不予重征自属可行（中略），该项皮毛税既经列入货物税条内公布施行，断难有所变更，该工厂所请暂缓开征一节未便照准，仰仍转饬依法报缴（下略）"等因。窃敝厂所出棉毛交织物实为民间日用必需之物，与机制土布性质相同，实非奢侈品可比。昔年政府为提倡国货起见，特许免税。当此国货工厂甫经萌芽，外货倾销充斥市场，国产货物倍受排挤之际，为培植国货工厂计，虽继续免税原案犹虞不足维持，纵因政费竭蹶不得不酌量征税，以资挹注，要亦只宜就厂商力能负担之范围内于兼筹并顾之下从轻酌征，以免贻竭泽而渔之讥。万不可与奢侈品等量齐观，骤课重税，致厂商不堪负担甚或被迫停业，更贻为丛驱雀之嫌。且皮之不存毛将焉附，厂商既不复存在，税款更何从征收？似亦为智者所不取也。基上理由，为再函请贵会续予转请财政部，除棉纱部分业蒙准予剔除外，关于毛类部分再请衡情酌理量予核减税率，仍候上海市毛纺业及上海市毛绒纺织整染业等所请终结确定后一体遵照纳税，在未经确定前姑暂缓征，以恤商艰而利税收。实纫公谊。此致

无锡县商会

协新毛纺织染公司无锡工厂

中华民国卅五年十一月廿八日　星期四

（无锡市档案史志馆藏档）

无锡协新毛纺厂审定意见书（1950年12月31日）

评审单位：无锡市纺织厂业评审分会

审定事项：

建筑物

1. 重估前总值为 331 301 894 元

2. 重估后总额为 4 132 097 754 元

3. 增值额为 3 800 795 860 元

4. 等级有错误已加改正

土地：

1. 重估前总额为 11 875 800 元

2. 重估后总额为 218 890 000 元

3. 增值额为 207 014 200 元

4. 审核无误

（原无锡协新毛纺厂档案室藏档）

协新毛纺厂建筑物重估价值明细表(1950年12月31日)

编号	名称	建筑种类及形式	建造或购置年月	重估计算方式								
				等级	估计使用年数	残余价值	折旧率	体积(立丈)	1950年底新置单价(元)	1950年底总值(元)	尚可使用年数	现值(元)
101	纺织老车间	工厂	1935	4	45	20%	1.78%	646.935	2 200 000	1 423 257 000	30	1 044 670 638
102	染整部车间	工厂	1935	4	45	20%	1.78%	296.055	2 200 000	651 321 000	30	478 069 614
103	织部新车间	工厂	1937	4	45	20%	1.78%	201.262	2 200 000	442 776 400	32	340 760 717
104	纺部新车间	工厂	1937	4	45	20%	1.78%	435.16	2 100 000	913 836 000	32	703 288 186
105	拣毛间	工厂	1937	5	35	25%	2.14%	31.32	2 000 000	62 640 000	22	45 150 912
106	炉子间	工厂	1947	5	35	25%	2.14%	28.547	2 000 000	57 094 000	32	53 371 471
107	修机间	工厂	1936	5	35	25%	2.14%	13.17	2 000 000	26 340 000	21	18 422 196
108	木匠间	工厂	1937	7	25	25%	3.00%	13.634	1 200 000	16 360 000	12	9 980 088
109	纺部和毛间	工厂	1950	6	30	25%	2.50%	5.064	1 600 000	8 102 400	30	8 102 400
110	洗毛间	工厂	1947	8	30	25%	2.50%	10.466	1 300 000	13 605 800	27	12 585 365
111	老虎灶	工厂	1937	9	20	25%	3.75%	3.003	1 100 000	3 303 300	7	1 692 941
112	打铁间	工厂	1936	10	10	20%	8.00%	1.495	900 000	1 345 500	2	484 380
113	纺织科披屋	工厂	1937	6	30	25%	2.50%	50.895	1 600 000	81 432 000	17	54 966 600
114	白铁间	工厂	1948	9	20	25%	3.75%	2.4	1 100 000	2 640 000	18	2 442 000

（续表）

编号	名称	建筑种类及形式	建造或购置年月	重估计算方式								现值（元）
				等级	估计使用年数	残余价值	折旧率	体积（立丈）	1950年底新置单价（元）	1950年底总值（元）	尚可使用年数	
115	羊毛储栈	工厂	1947	12	35	25%	2.14%	35.532	3 300 000	117 255 600	32	109 610 535
116	汽油间	工厂	1947	12	35	25%	2.14%	10.643	3 300 000	35 121 900	32	32 831 952
117	烧毛间	工厂	1947	12	10	25%	2.14%	9.792	3 300 000	32 313 600	32	30 206 753
201	米间	仓库	1945	9	25	25%	3%	13.37	1 000 000	13 370 000	20	11 364 500
	小计											2 958 001 248
202	颜料间等	仓库	1936	4	35	25%	2.14%	9.68	1 600 000	15 488 000	21	10 832 307
203	物料间	仓库	1936	7	25	25%	3%	27.068	1 000 000	27 068 000	11	15 699 440
204	砻糠间	仓库	1948	7	25	25%	3%	10.296	1 000 000	10 296 000	23	9 678 240
205	煤球间	仓库	1948	7	20	25%	3.75%	3.9	1 000 000	3 900 000	18	3 607 500
301	办公室	办公室	1947	3	50	20%	1.6%	49.005	4 000 000	196 020 000	47	186 611 040
302	办公室	办公室	1947	3	50	20%	1.6%	1.706	4 000 000	6 824 000	47	6 496 448
303	办公室	办公室	1947	3	50	20%	1.6%	1.706	4 000 000	6 824 000	47	6 496 448
304	物料间保健所	办公室	1935	5	35	25%	2.14%	33.48	2 500 000	83 700 000	20	56 748 600

（续表）

编号	名称	建筑种类及形式	建造或购置年月	重估计算方式								
				等级	估计使用年数	残余价值	折旧率	体积（立丈）	1950年底新置单价（元）	1950年底总值（元）	尚可使用年数	现值（元）
305	女膳所（浴室）	办公室	1935	3	50	20%	1.6%	45.864	4 000 000	183 456 000	35	139 426 560
306	男膳所	办公室	1935	5	30	25%	2.5%	36.414	2 000 000	72 828 000	15	45 517 500
307	厨房间	办公室	1948	5	35	25%	2.14%	34.391	2 500 000	85 977 500	33	82 211 686
308	门房间	办公室	1936	5	35	25%	2.14%	1.35	2 500 000	3 375 000	21	2 360 475
309	门房间	办公室	1936	5	35	25%	2.14%	1.15	2 500 000	2 875 000	21	2 010 775
401	男宿舍	宿舍	1935	3	40	25%	1.88%	44.625	2 700 000	120 478 500	25	86 751 000
402	男宿舍	宿舍	1935	3	40	25%	1.88%	4.956	2 700 000	13 381 200	25	9 634 464
403	女宿舍	宿舍	1935	3	40	25%	1.88%	104.319	2 700 000	281 661 300	25	202 796 136
404	女宿舍	宿舍	1935	3	40	25%	1.88%	13.438	2 700 000	36 282 600	25	26 123 472
405	女宿舍	宿舍	1935	3	40	25%	1.88%	13.438	2 700 000	36 282 600	25	26 123 472
	小计											919 125 563
406	男宿舍与浴室	宿舍	1935	5	30	25%	2.5%	11.325	2 200 000	24 915 000	15	15 571 875
501	披屋	住宅	1947	8	25	25%	3%	1.656	1 800 000	2 980 800	23	2 801 952
502	驻卫警室	住宅	1947	8	25	25%	3%	1.29	1 800 000	2 322 000	22	2 113 020

（续表）

编号	名称	建筑种类及形式	建造或购置年月	重估计算方式								现值(元)
				等级	估计使用年数	残余价值	折旧率	体积(立丈)	1950年底新置单价(元)	1950年底总值(元)	尚可使用年数	
503	驻卫警室	住宅	1947	8	25	25%	3%	1.32	1 800 000	2 376 000	22	2 162 160
504	驻卫警室	住宅	1947	8	25	25%	3%	1.932	1 800 000	3 477 600	22	3 164 616
505	驻卫警室	住宅	1947	8	25	25%	3%	1.708	1 800 000	3 074 400	22	2 797 704
506	驻卫警室	住宅	1947	8	25	25%	3%	1.477	1 800 000	2 658 600	22	2 419 326
601	热水池	特殊建筑	1948		10	20%	10%	1.169		9 649 600	8	7 719 680
602	织部厕所	特殊建筑	1935		30	25%	2.5%	2.64	1 600 000	4 224 000	15	2 640 000
603	染部厕所	特殊建筑	1935		30	25%	2.5%	2.468	1 600 000	3 948 800	11	2 468 000
604	进水池	特殊建筑	1948		20	20%	4%	1.122		6 978 000	18	6 419 760
605	污水池	特殊建筑	1942		20	20%	4%	3.20		3 426 000	12	2 329 680
606	水塔	特殊建筑	1936		26	25%	2.88%			127 267 400	12	75 800 463
701	织染间过街棚	棚屋	1935	甲	15	25%	5%	1.44平方英尺	1 200 000	1 728 000	5	864 000
702	织染间过街棚	棚屋	1935	甲	15	25%	5%	2.88	1 200 000	3 456 000	5	1 728 000
703	染、炉子间过街棚	棚屋	1935	丙	20	25%	3.75%	3.61	400 000	1 444 000	5	631 750

（续表）

编号	名称	建筑种类及形式	建造或购置年月	重估计算方式								
				等级	估计使用年数	残余价值	折旧率	体积（立丈）	1950年底新置单价（元）	1950年底总值（元）	尚可使用年数	现值（元）
704	纺、女宿舍过街棚	棚屋	1950	丙	20	25%	3.75%	4.55	400 000	1 820 000	20	1 820 000
705	饭间过街棚	棚屋	1950	丙	20	25%	3.75%	1.08	400 000	432 000	20	432 000
小计												133 883 986
706	饭间过街棚	棚屋	1950	丙	20	25%	3.75%	1.40	400 000	560 000	20	560 000
707	饭间过街棚	棚屋	1950	丙	20	25%	3.75%	2.52	400 000	1 008 000	20	1 008 000
708	烧火间过街棚	棚屋	1948	丙	20	25%	3.75%	1.40	400 000	560 000	18	518 000
709	燃料间过街棚	棚屋	1948	丙	20	25%	3.75%	3.84	400 000	1 536 000	18	1 420 800
710	人造石厂门	园墙	1936	甲	30	25%	2.5%	14.91	800 000	11 928 000	16	7 753 200
711	清水砖墙	园墙	1936	甲	30	25%	2.5%	11.13	800 000	8 904 000	16	5 787 600
712	混水黄石墙	园墙	1936	辛	20	15%	4.25%	222.11	360 000	79 959 600	6	32 383 638
713	黄石驳岸	驳岸	1935		30	15%	2.88%	92.65	900 000	83 385 000	15	48 530 070
714	厂内水泥路	道路	1936	甲	30	10%	3%	3.60	400 000	1 440 000	16	973 440
715	厂内足六砖路	道路	1936	乙	30	10%	3%	31.426	220 000	6 913 720	16	4 009 958
716	厂内四料砖路	道路	1936	丙	10	10%	9%	184.116	70 000	1 288 812	5	708 847

（续表）

编号	名称	建筑种类及形式	建造或购置年月	重估计算方式								
				等级	估计使用年数	残余价值	折旧率	体积（立丈）	1950年底新置单价(元)	1950年底总值(元)	尚可使用年数	现值(元)
717	厂内黄石片路	道路	1936	戊	20	15%	4.25%	137.432	55 000	7 558 760	6	3 061 298
718	厂门口黄石片路	道路	1936	戊	20	15%	4.25%	24.64	55 000	1 355 200	6	548 856
719	本瓦土井	大井	1936		50		2%	1.9	450 000	855 000	36	615 600
	小计											107 879 307
	合计											4 118 890 104

协新毛纺厂土地重估价值明细表（1950 年 12 月 31 日）

单位：亩、元

座落：惠河镇	地号	等级	面积	账面金额		重估价值		增值金额
				单价	总值	标准单价	总值	
座落：惠河镇	3312	12	24.480	300 000	7 344 000	7 000 000	171 360 000	164 016 000
座落：惠河镇	3316	12	2.400	300 000	720 000	7 000 000	16 800 000	16 080 000
座落：惠河镇	3314	12	0.120	300 000	36 000	7 000 000	840 000	804 000
座落：惠河镇	3315	12	1.170	300 000	351 000	7 000 000	8 190 000	7 839 000
座落：惠河镇	3311	12	0.860	300 000	258 000	7 000 000	6 020 000	5 762 000
	3317	12	2.240	300 000	672 000	7 000 000	15 680 000	15 008 000
		12	8.316	300 000	2 494 800			−2 494 800

注：(1) 原账面之亩数系包括土改后被分配予农民之土地及厂外路段。

(2) 重估之亩数系根据 1950 年下半年地价税交款书苏南天字第 0097169 号计，31.271 亩，实计 31.27 亩。

（原无锡协新毛纺厂存档）

协新毛纺厂新旧股董名册对照分析表(1954 年 10 月制印)

姓名	旧股董名册(指“五反”前)		新股董名册(指“五反”后)	
	股数	住址	姓名	股数
唐骧廷	600 000	上海林森路 967 弄 2 号	唐骧廷	57 240
唐长庆	600 000	上海林森路 967 弄 2 号		
唐乐斋	600 000	上海林森路 967 弄 2 号		
唐慈永	600 000	上海林森路 967 弄 2 号		
唐静安	672 000	上海林森路 967 弄 2 号		
唐长康	200 000	上海林森路 967 弄 2 号		
唐同乐	120 000	上海林森路 967 弄 2 号		
唐燮源	720 000	上海林森路 1285 弄 57 号		
唐增源	720 000	上海江西路三和里 49 号		
唐焕源	720 000	上海建国西路 506 弄 56 号		
唐达源	720 000	无锡镇巷 8 号	唐达源	32 400
唐宏源	780 000	上海永嘉路 250 弄 11 号	唐宏源	35 100
唐斌安	1 314 000	上海江西路三和里 49 号	唐斌安	84 780
唐雅基	500 000	上海林森路 1285 弄 57 号		
唐王达如	660 000	上海林森路 1285 弄 57 号		
唐寿千	720 000	上海江西路三和里 49 号	唐寿千	41 400
唐鹏千	600 000	上海林森路 1285 弄 57 号	唐鹏千	36 000
唐润秋	300 000	上海林森路 1285 弄 57 号	唐润秋	22 500
唐泳秋	300 000	上海林森路 1285 弄 57 号	唐泳秋	22 500
唐袁隽卿	20 000	上海林森路 1285 弄 57 号	唐袁隽卿	900
唐君远	872 000	上海江西路三和里 49 号	唐君远	71 640
唐王文杏	400 000	上海巨鹿路 371 号	唐王文杏	36 000
唐翔千	400 000	上海巨鹿路 371 号	唐翔千	18 000
唐尧千	400 000	上海巨鹿路 371 号	唐尧千	18 000
唐正千	400 000	上海巨鹿路 371 号	唐正千	18 000
唐岱千	400 000	上海巨鹿路 371 号	唐岱千	18 000
唐舜千	400 000	上海钜鹿路 371 号	唐舜千	18 000

（续表）

姓名	旧股董名册（指“五反”前）		新股董名册（指“五反”后）	
	股数	住址	姓名	股数
唐新逸	120 000	上海巨鹿路371号	唐新逸	5 400
唐新玮	120 000	上海巨鹿路371号	唐新玮	5 400
唐照千	270 000	上海梵皇度路16号	唐照千	16 470
唐蔚文	858 000	上海北京路中一大楼505号	唐蔚文	71 010
唐学瑞	820 000	上海建国西路506弄56号		
唐程学端	150 000	上海建国西路506弄56号	唐程学端	43 650
唐经国	600 000	无锡北塘福记纱布号	唐经国	27 000
唐霞青	15 000	上海江宁路360弄82号	唐霞青	675
唐文波	214 400	上海梵皇度路长义坊16号	唐文波	9 648
唐慧奋	30 000	上海梵皇度路长义坊16号		
唐慈宽	96 000	上海梵皇度路长义坊16号		
唐碧霞	672 000	上海梵皇度路长义坊16号	唐碧霞	30 240
唐文英	150 000	上海梵皇度路长义坊16号	唐文英	11 070
唐翠英	282 000	上海梵皇度路长义坊16号	唐翠英	12 690
唐慧英	282 000	上海梵皇度路长义坊16号		
唐志英	282 000	上海梵皇度路长义坊16号	唐志英	12 690
唐隽倩	429 600	上海梵皇度路长义坊16号	唐隽倩	32 022
唐保瑾	30 000	上海巨鹿路371号	唐保瑾	1 350
唐杨洁如	212 000	上海霞飞路霞飞坊38号	唐杨洁如	9 540
唐三映	300 000	上海霞飞路霞飞坊38号		
唐溥源	200 000	上海霞飞路霞飞坊38号	唐溥源	9 000
唐赓源	200 000	上海霞飞路霞飞坊38号	唐赓源	9 000
唐振华	600 000	上海白河路16号	唐振华	27 000
唐纪云	324 000	上海建国西路365弄11号	唐纪云	14 580
唐伟章	540 000	上海江宁路400弄82号	唐伟章	24 300
唐鑫源	360 000	上海江宁路400弄82号	唐鑫源	16 200
唐余淑	120 000	上海建国西路365弄11号	唐余淑	5 400
唐家丰	300 000	上海建国西路365弄11号	唐家丰	13 500
唐康乐	540 000	上海建国西路365弄11号	唐康乐	24 300

(续表)

姓名	旧股董名册(指“五反”前)		新股董名册(指“五反”后)	
	股数	住址	姓名	股数
唐承志	180 000	上海建国西路365弄11号	唐承志	8 100
唐震修	180 000	上海建国西路365弄11号	唐震修	8 100
唐济荪	180 000	上海建国西路365弄11号	唐济荪	8 100
唐揖唐	180 000	上海建国西路365弄11号	唐揖唐	8 100
唐锡燕	480 000	上海建国西路365弄11号	唐锡燕	21 600
唐公权	180 000	上海建国西路365弄11号	唐公权	8 100
唐养甫	180 000	上海建国西路365弄11号	唐养甫	8 100
唐楚才	180 000	上海建国西路365弄11号	唐楚才	8 100
唐缉之	180 000	上海建国西路365弄11号	唐缉之	8 100
唐增吾	480 000	上海建国西路365弄11号	唐增吾	21 600
唐让三	180 000	上海北京东路444号	唐让三	8 100
唐秉锋	180 000	上海北京东路444号	唐秉锋	8 100
唐润之	180 000	上海北京东路444号	唐润之	8 100
唐剑心	180 000	上海北京东路444号	唐剑心	8 100
唐述畏	480 000	上海北京东路444号	唐述畏	21 600
唐丹卿	180 000	上海建国西路365弄11号	唐丹卿	8 100
唐纯甫	180 000	上海建国西路365弄11号	唐纯甫	8 100
唐竹安	180 000	上海建国西路365弄11号	唐竹安	8 100
唐孝范	180 000	上海建国西路365弄11号	唐孝范	8 100
唐鉴堂	480 000	上海建国西路365弄11号	唐鉴堂	21 600
唐珍山	180 000	上海北京东路444号	唐珍山	8 100
唐智剑	180 000	上海北京东路444号	唐智剑	8 100
唐菊铭	180 000	上海北京东路444号	唐菊铭	8 100
唐梅荪	180 000	上海北京东路444号	唐梅荪	8 100
唐惠能	480 000	上海北京东路444号	唐惠能	21 600
唐慧应	360 000	上海北京东路444号	唐慧应	16 200
唐熊源	583 000	上海北京东路444号	唐熊源	26 235
唐仁千	960 000	上海北京东路444号	唐仁千	43 200
唐义千	960 000	上海北京东路444号	唐义千	43 200

（续表）

姓名	旧股董名册(指“五反”前)		新股董名册(指“五反”后)	
	股数	住址	姓名	股数
唐礼千	960 000	上海北京东路 444 号	唐礼千	43 200
唐饶千	960 000	上海北京东路 444 号	唐饶千	43 200
唐美生	480 000	上海北京东路 444 号	唐美生	21 600
唐淞源	1 086 000	上海蒲石路 774 弄 4 号	唐淞源	48 870
唐嘉千	240 000	上海蒲石路 774 弄 4 号	唐嘉千	10 800
唐齐千	240 000	上海蒲石路 774 弄 4 号		
唐运千	240 000	上海蒲石路 774 弄 4 号		
唐晋千	240 000	上海蒲石路 774 弄 4 号		
唐乘千	240 000	上海蒲石路 774 弄 4 号		
唐星海	5 148 000	上海迈尔西爱路 396 号	唐星海	231 660
唐温金美	174 000	上海迈尔西爱路 396 号	唐温金美	7 830
唐晔如	1 836 000	上海北京路国华大楼 509 号		
唐岷春	216 000	上海窦乐安路 136 弄 2 号	唐岷春	9 720
唐凌阁	1 350 000	上海静安寺路 1025 弄 53 号	唐凌阁	60 750
唐孙证	102 000	上海静安寺路 1025 弄 53 号	唐孙证	4 590
唐丽雍	60 000	上海静安寺路 1025 弄 53 号	唐丽雍	2 700
唐瑞千	180 000	上海北京路 444 号	唐瑞千	8 100
唐祥千	360 000	上海北京路 444 号		
唐凤岱	2 000	上海戈登路 363 弄 88 号	唐凤岱	90
唐如雍	141 000	上海静安寺路 1025 弄 53 号		
唐清惠	5 000	上海静安寺路 1025 弄 53 号	唐清惠	225
唐化千	100 000	上海戈登路 363 弄 88 号	唐化千	4 500
唐圣真	5 000	上海静安寺路 1025 弄 5 号 3		
唐文蔚	5 000	上海静安寺路 1025 弄 53 号		
唐德化	5 000	上海静安寺路 1025 弄 53 号		
唐冰如	5 000	上海静安寺路 1025 弄 53 号		
唐慧镜	5 000	上海静安寺路 1025 弄 53 号		
唐隆明	5 000	上海静安寺路 1025 弄 53 号		
唐闳度	5 000	上海静安寺路 1025 弄 53 号	唐闳度	1 845

（续表）

姓名	旧股董名册（指“五反”前）		新股董名册（指“五反”后）	
	股数	住址	姓名	股数
唐云如	5 000	上海静安寺路1025弄53号		
唐猛千	120 000	无锡丽新厂转	唐猛千	5 400
唐征千	120 000	无锡丽新厂转唐猛千转	唐征千	5 400
唐曜千	120 000	无锡丽新厂转	唐曜千	5 400
唐铮千	120 000	无锡丽新厂转	唐铮千	5 400
唐丽清	60 000	无锡丽新厂转	唐丽清	4 455
唐挹清	60 000	无锡丽新厂转	唐挹清	4 455
唐澍芬	78 000	无锡丽新厂转		
唐宛生	54 000	上海北京东路190号2楼3室	唐宛生	2 430
唐江生	54 000	上海北京东路190号2楼3室	唐江生	2 430
唐梁生	54 000	上海江西路181号	唐梁生	2 430
唐吉文	54 000	无锡沈果巷游泗弄3号	唐吉文	2 430
唐淑琳	342 000	上海岳阳路茂龄村13号	唐淑琳	15 390
唐育万	6 000	上海江宁路363弄60号		
唐宽生	54 000	上海北京东路190号2楼3室	唐宽生	2 430
唐瑞琳	3 000	唐霞青股东转	唐瑞琳	135
程敬堂	200 000	上海福履理路506弄11号		
程君颐	642 000	上海福履理路506弄11号	程君颐	28 890
程翼云	600 000	上海福履理路506弄11号	程翼云	27 000
程安邦	600 000	上海福履理路506弄11号		
程志国	600 000	上海福履理路506弄11号		
程皋藩	600 000	上海福履理路506弄11号		
程陆昌纪	240 000	上海福履理路506弄11号		
程洪荫	500 000	上海福履理路506弄11号		
程四益	562 400	上海福履理路506弄11号		
程承贤	12 000	上海福履理路506弄11号	程承贤	540
程新之	420 000	上海马斯南路昌兴铁厂	程新之	900
程与然	120 000	无锡承贤桥	程与然	2 250
程申和	120 000	无锡承贤桥		

（续表）

姓名	旧股董名册(指“五反”前)		新股董名册(指“五反”后)	
	股数	住址	姓名	股数
程与权	6 000	程新之股东转	程与权	270
程学明	60 000	上海浦石路浦石村 23 号	程学明	2 700
程学懂	240 000	上海福履理路 506 弄 11 号		
程贞盦	6 000	上海厦门路尊德里 8 号		
王树三	168 000	上海江西路三和里 49 号	王树三	10 800
王承溥	120 000	上海华亭路 150 号	王承溥	5 400
王承通	120 000	上海华亭路 150 号	王承通	5 400
王承兰	120 000	上海华亭路 150 号	王承兰	5 400
王承铎	120 000	上海华亭路 150 号	王承铎	5 400
王承栋	120 000	上海华亭路 150 号	王承栋	5 400
王承博	120 000	上海华亭路 150 号	王承博	5 400
王承铭	60 000	上海华亭路 150 号	王承铭	2 700
王荫千	360 000	上海江西路三和里 49 号	王荫千	8 100
王祖樾	180 000	上海江西路三和里 49 号		
王承甲	180 000	上海华亭路 156 号		
王承基	180 000	上海华亭路 156 号	王承基	8 100
王承昌	180 000	上海华亭路 156 号	王承昌	8 100
王承烈	180 000	上海华亭路 156 号		
王丽璋	504 000	上海林森路 1285 弄 57 号	王丽璋	45 630
王雨村	400 000	上海巨鹿路 371 号		
王会臣	109 200	上海江宁路 580 号		
王仲韩	12 000	上海江西路申新公司	王仲韩	540
王峻崖	174 000	王效文股东转	王峻崖	7 830
王世绩	210 000	王效文股东转		
王效文	99 000	上海江西路昌兴公司	王效文	4 455
王世勋	66 000	上海江西路昌兴公司	王世勋	2 970
王文杏	6 000	上海江西路昌兴公司	王文杏	270
王文樱	6 000	上海江西路昌兴公司	王文樱	270
王文莲	6 000	无锡驳岸上 35 号		

(续表)

姓名	旧股董名册(指“五反”前)		新股董名册(指“五反”后)	
	股数	住址	姓名	股数
王德靖	60 000	上海蒲石路 774 弄 4 号	王德靖	2 700
王淑清	120 000	上海蒲石路 774 弄 4 号		
王厚甫	1 132 000	上海河南路 153 号	王厚甫	50 940
王重道	1 028 000	上海河南路 153 号	王重道	46 260
王克盛	144 000	上海襄阳南路 444 弄大方新村 10 号	王克盛	5 400
王治平	96 000	上海襄阳南路 444 弄大方新村 10 号	王治平	5 400
王星五	6 000	无锡北塘横浜口	王星五	270
王韩锺秀	4 000	无锡城中和平桥 126 号	王韩锺秀	180
王爱锡	200 000	杭州岳家湾 32 号		
王南荪	60 000	无锡县下塘 18 号	王南荪	2 700
王明德	12 000	上海江西路 421 号	王明德	540
荣茂仪	1 080 000	上海永嘉路 389 号	荣茂仪	48 600
荣伊仁	2 850 000	上海江西路 421 号		
荣尔仁	810 000	上海高恩路 210 弄 20 号	荣尔仁	36 450
荣溥仁	420 000	上海江西路 421 号	荣溥仁	18 900
荣孙熙仁	1 650 000	上海高思路 210 弄 20 号	荣孙熙仁	74 250
荣宝沣	216 000	上海□□路 162 号	荣宝沣	9 720
荣一心	240 000	上海江西路 421 号		
荣士湘	90 000	上海武康路 280 弄 45 号	荣士湘	5 400
荣永森	30 000	上海武康路 280 弄 45 号		
荣绍曾	60 000	上海武康路 280 弄 45 号	荣绍曾	2 700
荣坚珊	12 000	上海尚文路□门村 10 号		
荣元瑾	96 000	上海梵皇度路长义坊 16 号		
荣元瑜	24 000	上海梵皇度路长义坊 16 号		
荣翰泉	12 000	上海北苏州路 666 号	荣翰泉	540
余怡乐	216 000	上海建国西路 365 弄 11 号	余怡乐	9 720
余淑琴	450 000	上海建国西路 365 弄 11 号	余淑琴	20 250
余茀芬	54 000	上海建国西路 365 弄 11 号	余茀芬	2 430
余幼茀	540 000	上海建国西路 365 弄 11 号	余幼茀	24 300

(续表)

姓名	旧股董名册(指“五反”前)		新股董名册(指“五反”后)	
	股数	住址	姓名	股数
余宝葆	360 000	上海建国西路 365 弄 11 号	余宝葆	16 200
余唐乐	540 000	上海建国西路 365 弄 11 号	余唐乐	24 300
余静安	540 000	上海建国西路 365 弄 11 号	余静安	24 300
余福煦	540 000	上海建国西路 365 弄 11 号	余福煦	24 300
余德裕	540 000	上海建国西路 365 弄 11 号	余德裕	24 300
余庆顺	480 000	上海建国西路 365 弄 11 号	余庆顺	21 600
余清远	480 000	上海建国西路 365 弄 11 号	余清远	21 600
余钧炜	480 000	上海建国西路 365 弄 11 号	余钧炜	21 600
余家涛	120 000	浙江余姚东潭河沿	余家涛	5 400
余璞侯	54 000	上海天津路 212 弄 9 号	余璞侯	2 430
余白川	42 000	上海天津路 212 弄 9 号	余白川	1 890
余协臣	24 000	上海天津路 212 弄 9 号	余协臣	1 080
邹颂丹	60 000	上海愚园路 41 号	邹颂丹	2 700
邹禹烈	12 000	上海愚园路 41 号	邹禹烈	540
邹寰照	12 000	上海愚园路 41 号		
邹怡燕	12 000	上海愚园路 41 号		
邹宾吉	12 000	上海愚园路 41 号	邹宾吉	540
邹元杰	12 000	上海愚园路 41 号	邹元杰	540
邹森然	12 000	上海愚园路 41 号		
邹怡如	12 000	上海愚园路 41 号	邹怡如	540
邹键为	12 000	上海愚园路 41 号	邹键为	540
邹周澄如	12 000	上海愚园路 41 号	邹周澄如	540
邹复鱼	12 000	上海愚园路 41 号		
邹如维	30 000	程新之股东转	邹如维	1 350
邹尚熊	6 000	上海愚园路愚后村 63 号	邹尚熊	810
李石安	504 000	无锡城中新生路	李石安	22 680
李永锡	110 400	无锡华新机器厂	李永锡	4 968
李毓整	96 000	无锡华新机器厂	李毓整	4 320
李沄	120 000	上海静安寺路 1025 弄 53 号	李沄	5 400

（续表）

姓名	旧股董名册（指“五反”前）		新股董名册（指“五反”后）	
	股数	住址	姓名	股数
李才昌	75 000	无锡城中李同丰药材号	李才昌	3 375
李士吉	168 000	上海南京路哈同大楼 321 号黄炳奎转		
李国伟	1 050 000	上海江西路 421 号	李国伟	47 250
李慕容	30 000	上海江西路 421 号	李慕容	1 350
李禹言	384 000	上海愚园路 235 弄 7 号	李禹言	17 280
李国昌	240 000	上海愚园路 235 弄 7 号		
李寿泳	5 000	上海大通路福新七厂	李寿泳	225
钱保和	673 200	无锡新生路 36 号	钱保和	30 294
钱弘远	448 800	无锡新生路 36 号	钱弘远	20 196
钱保华	1 140 000	上海圣达里 22 号	钱保华	27 000
钱保贞	1 128 000	无锡新生路 36 号	钱保贞	50 760
钱保稚	266 000	无锡世泰盛绸庄	钱保稚	11 970
钱冰若	100 000	上海愚园路 1280 弄 20 号	钱冰若	4 500
钱蕴若	100 000	上海愚园路 1280 弄 20 号	钱蕴若	4 500
钱松若	100 000	上海愚园路 1280 弄 20 号	钱松若	4 500
钱瑛若	100 000	上海愚园路 1280 弄 20 号	钱瑛若	4 500
钱鹏伦	150 000	上海愚园路 1280 弄 20 号	钱鹏伦	6 750
钱明伦	150 000	上海愚园路 1280 弄 20 号	钱明伦	6 750
钱叙伦	150 000	上海愚园路 1280 弄 20 号	钱叙伦	6 750
钱逸伦	150 000	无锡城中东河头巷	钱逸伦	6 750
钱贻芬	24 000	上海爱文义路三慰一村 656 号	钱贻芬	540
钱人伟	6 000	无锡城内东河头巷 48 号		
钱人杰	6 000	无锡城内东河头巷 48 号		
蒋履庄	123 000	无锡公园路光华布厂	蒋履庄	7 605
蒋张秀惠	24 000	无锡公园路光华布厂		
蒋映染	24 000	无锡公园路光华布厂		
蒋燕生	24 000	无锡公园路光华布厂		
蒋济航	24 000	无锡公园路光华布厂		
蒋历农	24 000	无锡公园路光华布厂		

(续表)

姓名	旧股董名册(指“五反”前)		新股董名册(指“五反”后)	
	股数	住址	姓名	股数
蒋哲生	24 000	无锡公园路光华布厂		
蒋令仪	24 000	无锡公园路光华布厂		
蒋隽生	24 000	无锡公园路光华布厂		
蒋念修	8 800	上海宁波路 349 号四楼 160 室		
蒋厚卿	13 200	无锡公园路光华布厂		
蒋俊午	10 000	上海宁波路 349 号四楼 160 室	蒋俊午	900
蒋学敏	20 000	蒋镜海股东转	蒋学敏	900
蒋君玉	20 000	蒋镜海股东转	蒋君玉	900
蒋瑞华	20 000	蒋镜海股东转		
蒋维桢	20 000	蒋镜海股东转		
蒋张良箴	20 000	蒋镜海股东转		
蒋洪生	100 000	蒋镜海股东转		
蒋尚义	100 000	蒋镜海股东转		
蒋镜海	136 000		蒋镜海	6 120
蒋铁生	100 000	蒋镜海股东转	蒋铁生	4 500
蒋焕生	100 000	蒋镜海股东转	蒋焕生	9 000
蒋毅生	100 000	蒋镜海股东转	蒋毅生	4 500
蒋瑾怀	367 000	无锡福田巷	蒋瑾怀	16 515
蒋镇华	100 000	上海宁波路 349 号四楼 160 室		
蒋椿生	100 000	上海宁波路 349 号四楼 160 室	蒋椿生	4 500
蒋志勤	210 000	上海宁波路 349 号四楼 160 室	蒋志勤	13 950
蒋文森	6 000	蒋谷人股东转		
蒋文杉	6 000	蒋谷人股东转		
蒋文平	6 000	蒋谷人股东转		
蒋文堃	6 000	蒋谷人股东转		
蒋谷人	12 000	无锡北大街日新绸庄	蒋谷人	540
蒋文渊	6 000	无锡北大街日新绸庄		
蒋诵先	182 160	无锡光华布厂	蒋诵先	8 197.2
蒋蕙民	121 440	无锡光华布厂	蒋蕙民	5 464.8

（续表）

姓名	旧股董名册（指“五反”前）		新股董名册（指“五反”后）	
	股数	住址	姓名	股数
蒋杉生	48 000	无锡九伦绸庄	蒋杉生	2 160
蒋鸿瑞	66 000	无锡丽华厂		
蒋仲良	190 000	无锡河埒口		
蒋锡赓	30 000	无锡河埒口		
蒋元启	120 000	上海愚园路锦园 19 号	蒋元启	5 400
蒋秀英	150 000	上海河南路 130 号	蒋秀英	6 750
华栋臣	120 000	上海江西路申新公司	华栋臣	5 400
华人同	225 000	上海建国路 395 弄 10 号		
华人文	240 000	上海建国路 395 弄 10 号	华人文	19 170
华云从	90 000	上海建国路 395 弄 10 号		
华俊民	90 000	上海建国路 395 弄 10 号		
华贞甫	186 000	上海建国路 395 弄 10 号		
华殷慧卿	90 000	上海建国路 395 弄 10 号	华殷慧卿	14 850
华善甫	15 000	上海建国路 395 弄 10 号		
华嘉乐	90 000	上海泰兴路 72 弄 1 号		
华世瑜	6 000	上海汉口路艺苑真赏社	华世瑜	270
华兆熊	24 000	上海卡德里 229 弄 81/2	华兆熊	1 350
华兆渭	36 000	上海卡德里 229 弄 81/2	华兆渭	1 350
华希胜	4 000	上海泰兴路 72 弄 1 号	华希胜	180
丁江曼珠	360 000	上海洛阳路福润里 3 号	丁江曼珠	25 200
丁裕泉	330 000	上海澳门路 521 号	丁裕泉	14 850
丁景华	180 000	上海北苏州路 538 号	丁景华	8 100
丁志澄	18 000	上海北苏州路 538 号	丁志澄	810
陈梅芳	230 000	上海河南路 130 号	陈梅芳	10 350
陈均昌	200 000	上海河南路 130 号	陈均昌	13 500
陈定一	100 000	上海河南路 130 号		
陈炳昌	200 000	上海河南路 130 号		
陈上一	100 000	上海河南路 130 号	陈上一	13 500
陈森昌	200 000	上海河南路 130 号	陈森昌	13 500

（续表）

姓名	旧股董名册（指“五反”前）		新股董名册（指“五反”后）	
	股数	住址	姓名	股数
陈鸣一	100 000	上海河南路 130 号		
陈其昌	200 000	上海河南路 130 号	陈其昌	13 500
陈守宗	100 000	上海河南路 130 号		
陈懋昌	200 000	上海河南路 130 号	陈懋昌	13 500
陈守章	100 000	上海河南路 130 号		
陈燮昌	200 000	上海河南路 130 号	陈燮昌	13 500
陈守信	100 000	上海河南路 130 号		
陈金弟	100 000	上海河南路 130 号		
陈景之	50 000	上海河南路 130 号	陈景之	6 750
陈桂弟	100 000	上海河南路 130 号		
陈静一	50 000	上海河南路 130 号	陈静一	6 750
陈秀珍	100 000	上海河南路 130 号		
陈泓一	50 000	上海河南路 130 号	陈泓一	6 750
陈秀宝	100 000	上海河南路 130 号		
陈敬一	50 000	上海河南路 130 号	陈敬一	6 750
陈雪珍	100 000	上海河南路 130 号	陈雪珍	6 750
陈毓秀	50 000	上海河南路 130 号		
陈雪英	100 000	上海河南路 130 号	陈雪英	6 750
陈毓敏	50 000	上海河南路 130 号		
陈玉夫	140 400	上海劳勃生路 11 号	陈玉夫	6 318
陈　立	93 600	上海长寿路 160 弄 15 号	陈立	4 212
陈丁翠英	216 000	浙江玉山八都	陈丁翠英	9 720
陈藏生	48 000	无锡大成巷 41 号	陈藏生	2 160
陈永利	6 000	上海湖北路 310 号	陈永利	270
陈渭孙	6 000	上海金陵路 8 号	陈渭孙	270
陈益琴	3 000	上海紫金街渭文坊 4 号	陈益琴	135
陈安观	6 000	上海仁庭路中孚大楼 207 号	陈安观	270
杨通谊	2 580 000	上海高恩路 210 弄 11 号	杨通谊	116 100
杨济盈	138 000	无锡承贤桥 78 号	杨济盈	6 210

（续表）

姓名	旧股董名册（指“五反”前）		新股董名册（指“五反”后）	
	股数	住址	姓名	股数
杨程学仪	18 000	无锡承贤桥 78 号	杨程学仪	810
杨文明	60 000	上海金陵路 216 号	杨文明	2 700
杨四箴	216 000	无锡承贤桥圣公会	杨四箴	9 720
杨勤夫	60 000	上海静安寺路 966 号	杨勤夫	2 700
张孟肃	27 000	上海拉都路 388 弄 18 号	张孟肃	1 296
张慕良	10 000	上海拉都路 388 弄 18 号	张慕良	450
张慕仪	7 600	上海拉都路 388 弄 18 号	张慕仪	342
张耀祖	5 500	上海拉都路 388 弄 18 号	张耀祖	2 475
张仲涛	24 000	上海北京路福兴里 3 号		
张成栋	200 000	无锡进士坊巷同余染织厂	张成栋	9 450
张成栖	6 000	无锡进士坊巷同余染织厂	张成栖	270
张璩珍	6 000	无锡留芳声巷 23 号	张璩珍	270
张锡初	26 800	无锡三里桥大田岸信德街 15 号	张锡初	1 206
张毓艺	37 000	无锡三里桥大田岸信德街 15 号	张毓艺	3 915
张毓芝	37 000	无锡三里桥大田岸信德街 15 号	张毓芝	3 915
张陆慧芳	40 200	无锡三里桥大田岸信德街 15 号	张陆慧芳	4 059
张毓琴	37 000	无锡三里桥大田岸信德街 15 号	张毓琴	3 915
张春奎	270 000	上海江西路 421 号	张春奎	12 150
张燧秋	75 000	无锡镇巷 8 号	张燧秋	3 375
张寅全	666 000	上海新华银行杜菊亭转		
张秋舫	162 000	上海江西路 451 号	张秋舫	7 290
张凤鸣	18 000	无锡西大街 14 号	张凤鸣	810
张怡善	24 000	无锡西大街 14 号	张怡善	1 080
张战门	18 000	无锡西大街 14 号	张战门	810
张拙夫	18 000	无锡西大街 14 号	张拙夫	810
张南铨	18 000	无锡西大街 14 号	张南铨	810
张子才	18 000	无锡西大街 14 号	张子才	810
张松年	30 000	上海河南路 153 号	张松年	1 350
张佩苍	604 800	上海昌兴印染厂	张佩苍	27 216

（续表）

姓名	旧股董名册(指“五反”前)		新股董名册(指“五反”后)	
	股数	住址	姓名	股数
张守一	48 400	张佩苍股董转	张守一	2 178
张守中	48 400	张佩苍股董转	张守中	2 178
张守谦	48 400	张佩苍股董转	张守谦	2 178
张允庄	138 000	张佩苍股董转	张允庄	6 210
张荣德	120 000	张佩苍股董转	张荣德	3 375
张唐景汾	1 000 000	上海小沙渡路福荫村9号	张唐景汾	51 300
张景汾	290 000	上海小沙渡路福荫村9号		
张世敏	150 000	上海小沙渡路福荫村9号	张世敏	9 000
张世征	150 000	上海小沙渡路福荫村9号	张世征	9 000
张世敦	150 000	上海小沙渡路福荫村9号		
张颂勤	54 000	上海北苏州路666号		
张孟涛	198 000	无锡西河头30号徐树熊转	张孟涛	8 910
张紫瑛	6 000	上海康恼脱路延平路200弄1号	张紫瑛	270
张宏勋	54 000	上海北苏州路666号	张宏勋	2 430
张浩基	15 000	无锡北塘周斌记山货行	张浩基	675
张贻沅	42 000	无锡城内岸桥弄7号	张贻沅	1 890
张荣沅	27 000	张锡初股东转	张荣沅	1 215
张绩卿	48 000	上海宁波路泰来钱庄	张绩卿	2 160
张家保	6 000	上海江宁路360弄82号	张家保	270
张德保	6 000	上海新闸路赓庆里34号	张德保	270
张儒璧	11 000	上海江宁路360弄82号	张儒璧	495
葛翔如	222 000	上海江宁路360弄82号	葛翔如	9 990
葛全庆	450 000	上海宁波路450号	葛全庆	20 250
葛瑞庆	450 000	上海宁波路450号	葛瑞庆	20 250
葛连庆	450 000	上海宁波路450号	葛连庆	20 250
葛韫辉	216 000	上海孟德兰路57号	葛韫辉	9 720
温汇坡	366 000	上海北京路河南路福兴里3号	温汇坡	16 470
温炎熙	126 000	上海胶州路134弄7号	温炎熙	5 895
温雄飞	30 000	上海东法华镇145号	温雄飞	1 350

（续表）

姓名	旧股董名册（指“五反”前）		新股董名册（指“五反”后）	
	股数	住址	姓名	股数
吴　树	60 000	上海天津路212弄9号	吴树	2 700
吴文濂	72 000	上海仁证路中孚大楼207号		
吴周艺德	120 000	上海潘馨路177号	吴周艺德	5 400
吴性栽	60 000	上海吉祥街29弄1号	吴性栽	2 700
吴周澜	168 000	上海吉祥街29弄1号	吴周澜	7 560
吴宪滕	450 000	南京碑亭巷板桥新村9号	吴宪滕	20 250
吴廷瀚	1 200	无锡丽新厂	吴廷瀚	54
吴宝煌	6 000	无锡圆通路硝皮巷	吴宝煌	270
吴文英	18 000	上海拉都路388弄18号	吴文英	810
吴襄卿	34 000	无锡映山河51/2号	吴襄卿	1 530
吴震霞	20 000	上海南京路静安别墅69号	吴震霞	900
吴震新	20 000	上海善钟路荣康别墅5弄3号	吴震新	900
吴佩美	20 000	上海南京路静安别墅69号	吴佩美	900
吴世琦	20 000	上海善钟路荣康别墅5弄3号	吴世琦	900
吴涌川	120 000	上海新闸路仁济里43号	吴涌川	5 400
秦清曾	666 000	上海汉口路277号	秦清曾	9 720
秦澄侯	300 000	无锡大河上16号	秦澄侯	13 500
秦镜宙	25 200	无锡大河上16号		
秦文淦	16 800	无锡大河上16号	秦文淦	1 890
龚琴韵	36 000	上海江西路421号华栋巨转		
龚祖慰	30 000	无锡圆通路许家巷口	龚祖慰	1 620
龚世芊	36 000	无锡圆通路许家巷口	龚世芊	1 620
龚世华	36 000	无锡圆通路许家巷口	龚世华	1 620
龚世蕚	36 000	无锡圆通路许家巷口	龚世蕚	1 620
龚映芳	6 000	无锡圆通路许家巷口	龚映芳	270
龚惟菁	6 000	无锡圆通路许家巷口	龚惟菁	270
龚吉清	6 000	无锡圆通路许家巷口		
龚月仙	12 000	无锡圆通路许家巷口	龚月仙	540
蔡遐长	216 000	上海拉都路388弄18号		

（续表）

姓名	旧股董名册(指“五反”前)		新股董名册(指“五反”后)	
	股数	住址	姓名	股数
蔡　琪	180 000	上海普陀路 208 号	蔡琪	16 200
蔡唐婉蓉	180 000	上海普陀路 208 号		
郭恩祥	339 600	无锡大娄巷 56 号	郭恩祥	14 202
郭麟祥	338 400	无锡大娄巷 56 号	郭麟祥	15 228
沈哲民	330 000	上海薛华立路 103 弄 48 号	沈哲民	19 800
沈大齐	150 000	上海北京路 1729 弄 3 号		
沈珍华	30 000	上海北京路 1729 弄 3 号		
沈棣华	30 000	上海北京路 1729 弄 3 号		
沈慈辉	60 000	上海贝当路 303 号华盛顿公寓 54 号	沈慈辉	2 700
沈福康	3 000	上海中汇大楼 327 号	沈福康	135
沈芝瑛	3 000	上海爱尔近路永□里 41 号	沈芝瑛	135
许松年	66 600	上海江宁路 360 弄 82 号	许松年	2 997
许铁群	30 000	上海愚园路 41 号		
刘潮翔	60 000	上海长宁路 276 弄兆基新村 7 号		
刘淑贞	18 000	上海长宁路 160 弄 15 号	刘淑贞	810
刘晋良	60 000	上海北苏州路 54 号	刘晋良	2 700
顾士朴	540 000	无锡欢喜巷 5 号	顾士朴	24 300
顾锦文	300 000	上海河南路昌兴里 8 号	顾锦文	2 250
顾佩铭	96 000	上海梵皇渡路长义坊 16 号		
顾焕章	66 000	无锡新生路 5 号		
顾禹畴	6 000	上海小沙渡路 529 弄 8 号		
顾曾授	27 000	上海西摩路 835 弄 24 号	顾曾授	1 215
顾谷绥	6 000	上海天平路树德坊 3 弄 22 号	顾谷绥	270
徐宝森	600 000	上海天津路 212 弄 9 号	徐宝森	27 000
徐霖森	6 000	上海天津路 212 弄 9 号	徐霖森	270
徐凤翥	60 000	上海天津路 212 弄 9 号		
徐韧初	156 000	上海河南路 495 号 3 楼 307 室	徐韧初	7 020
徐耀洲	180 000	上海天津路 208 号 212 室	徐耀洲	8 100
范一生	156 000	上海戈登路 580 号	范一生	7 020

(续表)

姓名	旧股董名册(指“五反”前)		新股董名册(指“五反”后)	
	股数	住址	姓名	股数
范佩玉	54 000	上海愚园路愚谷村 63 号	范佩玉	2 430
范震东	66 000	上海愚园路 88 弄 13 号		
范铭之	50 000	上海愚园路 88 弄 13 号		
范澄明	50 000	上海愚园路 88 弄 13 号	范澄明	2 250
范广荣	50 000	上海愚园路 88 弄 13 号		
戈子才	450 000	上海蒲石路 331 号		
戈子祺	450 000	上海蒲石路 331 号		
宋美扬	870 000	上海中国银行	宋美扬	39 150
宋学涛	120 000	上海四川路中兴大楼 245 号	宋学涛	5 400
洪辅元	1 500 000	上海河南路 19 号		
洪以芳	40 000	上海河南路 19 号	洪以芳	1 800
洪以俊	20 000	上海河南路 19 号		
洪以麟	40 000	上海河南路 19 号	洪以麟	1 800
洪成勋	20 000	上海河南路 19 号	洪成勋	900
林梅宾	30 000	上海新闸路 1316 弄 5 号	林梅宾	4 050
林宛若	60 000	上海新闸路 1316 弄 5 号		
孙志豪	90 000	无锡城中驳岸上 35 号	孙志豪	4 050
孙士祺	8 000	上海拉都路 388 弄 18 号	孙士祺	360
孙耀卿	250 000	上海山东路荣吉里 20 号		
俞振庆	65 400	上海北京路 360 弄 3 号	俞振庆	2 943
黄郁炎	15 000	上海黄河路 65 号	黄郁炎	675
黄沛成	3 000	无锡北大街日新绸庄	黄沛成	135
黄鼎铭	12 000	上海昌兴织厂	黄鼎铭	540
黄丙奎	66 000	上海南京路哈同大楼 321 号	黄丙奎	2 295
黄庭斌	6 000	无锡北塘横浜口大成米号	黄庭斌	270
费荣甫	297 000	上海河南路 25 号		
胡溥卿	102 000	上海姚主教路 216 弄 9 号	胡溥卿	4 590
胡其存	30 000	上海重庆南路万宜坊 23 号		
胡志云	100 000	上海河南路 130 号	胡志云	4 500

（续表）

姓名	旧股董名册(指“五反”前)		新股董名册(指“五反”后)	
	股数	住址	姓名	股数
何积珊	25 000	上海南市九亩田开明里 44 号	何积珊	1 125
何钦棠	11 000	上海南市九亩田开明里 44 号	何钦棠	495
何锡棠	336 000	上海巨籁达路 820 弄 38 号	何锡棠	15 120
贾企伟	15 000	上海河南路 575 弄 18 号	贾企伟	675
贾勤昌	5 000	上海河南路 575 弄 18 号	贾勤昌	225
贾俭昌	5 000	上海河南路 575 弄 18 号	贾俭昌	225
贾淦昌	5 000	上海河南路 575 弄 18 号	贾淦昌	225
童双扬	597 000	上海河南路 67 号	童双扬	26 868
童孝宏	376 000	上海河南路 67 号		
童瑞章	150 000	上海河南路 67 号	童瑞章	6 750
糜子辉	168 000	上海甘寺东路永乐村 1 号	糜子辉	7 560
樊祺松	60 000	上海江西路三和里 49 号	樊祺松	2 700
夏春镕	345 000	上海北京路庆顺里维新公司	夏春镕	15 525
夏春铭	345 000	上海北京路庆顺里维新公司	夏春铭	15 525
崔福庄	222 000	上海宁波路 349 号		
薛昌燕	12 000	上海梅白克路新康里 8 号		
薛志光	14 000	上海北京路 444 号	薛志光	630
陆文中	30 000	上海厦门路 136 弄 68 号		
陆彭龄	6 000	无锡大田岸信德街 15 号	陆彭龄	270
陆慧新	18 000	上海北浙江路天潼路口	陆慧新	810
陆晋三	3 000	上海长白街中汇大楼	陆晋三	135
陆浩然	11 000	上海常德路 1024 弄 19 号		
陆志翼	20 000	上海常德路 1024 弄 19 号		
施寿麟	198 000	上海天津路 114 号	施寿麟	8 010
朱少卿	150 000	无锡新生路 28 号	朱少卿	6 750
朱祥安	4 000	上海江宁路 360 弄 82 号	朱祥安	180
周雅轩	450 000	上海福煦路明德里 108 号		
费敏霞	60 000	上海新闸路 920 弄厚德里 96 号	周费敏霞	2 700
费仲荣	6 000	上海江宁路 360 弄 82 号		

（续表）

姓名	旧股董名册（指“五反”前）		新股董名册（指“五反”后）	
	股数	住址	姓名	股数
经世嘉	12 000	上海河南路495号3楼307室	经世嘉	540
窦慕仪	37 200	上海江西路421号	窦慕仪	774
窦桐庵	12 000	上海昌兴公司		
庄柏华	216 000	上海劳神父路366弄1号	庄柏华	9 720
谢颖惕	216 000	无锡游山船浜17号		
谢听涛	6 000	无锡西鼓楼9号	谢听涛	270
陶蕙芬	700 000	上海同孚路柏德里		
陶鼎彝	24 000	上海霞飞路1670弄24号	陶鼎彝	1 080
郑翔德	810 000	无锡申新三厂	郑翔德	36 450
苏敏仁	6 000	上海槟榔路金行小学		
汪寰清	12 000	上海拉都路155弄4号	汪寰清	540
汪仲陶	12 000	上海愚园路666弄127号	汪仲陶	540
汪蒋雪莺	8 000	无锡河埒口		
强锡麟	138 000	上海天津路426弄4号	强锡麟	6 210
叶福利	72 000	上海江西路三和里49号		
浦松涛	21 000	上海复兴中路1295弄24号	浦松涛	945
凌祖仁	6 000	上海静安寺路静安别墅53号	凌祖仁	270
凌恩骥	750 000	上海县北桥镇凌家花园		
过兰谷	9 000	上海甘世东路永乐村1号	过兰谷	405
马德宏	30 000	上海宁波路353号	马德宏	1 350
曹光彪	12 000	上海河南路42号	曹光彪	540
殷树菁	90 000	无锡西门申新三厂	殷树菁	4 050
彭罗蕙云	270 000	上海江西路421号	彭罗蕙云	12 150
郁秉刚	6 000	上海宁波路120弄兴仁里24号	郁秉刚	20
解景照	30 000	上海黄坡路道德里6号		
穆黎甫	36 000	无锡北大街日新绸庄	穆黎甫	1 620
穆贾凤石	33 000	无锡北大街日新绸庄	穆贾凤石	1 485
居　敞	36 000	无锡中国锯木厂		
金易阳	50 000	无锡丽新厂		

（续表）

姓名	旧股董名册（指“五反”前）		新股董名册（指“五反”后）	
	股数	住址	姓名	股数
金易苏	50 000	无锡丽新厂		
金易芳	50 000	无锡丽新厂		
金易堂	50 000	无锡丽新厂		
尤玉贞	250 000	上海愚园路582号		
			惠幼琴	11 250
			严峥君	135
			严荣昌	225
			都锦芝	540
			腾仲廷	450
			傅锡坤	900
			虞佩云	29 970
			姚慎英	900

（以上均为原无锡协新毛纺厂档案室藏档）

蒋仲良关于协新厂股东问题的回忆（1954年9月16日）

我们开始问他，你从什么辰光参加协新厂股东，一起入股有哪些人，他们姓什么，有多少股资？

蒋说，协新厂开办年数已很长了。本来我与协新没有关系，由于我过去在外面交际的时候碰到了王树三，此人在上海任协新厂监察人，他对我说，丽新纱厂需要一个人，只要能动动笔墨，大约月薪卅来元，问我要不要去。因此我就进了丽新厂。从此认识了丽新厂股董[东]。约民国廿年以后，丽新纱厂股东准备组织协新毛织厂，股东最大是姓唐。当时丽新厂股东唐经国，靠他得到了发起人的通知组织协新，要参加可以参加。当时他叫我参加，我说没有钱。但是唐经国他投资500元（伪法币），于是我也投资500元。后来我的侄子蒋锡赓叫我弄一些股子，因此我将有人出卖的股子250元卖于我的侄子。

蒋又说，我中间曾卖出过股子，同时我的股子亦化了很多名。但是在抗战时统统写了我个人的名字。

股票收据上写有他儿子、老婆、女儿的名字。他有2个老婆，小老婆已死，名王美芬。儿子名蒋锡元、蒋锡昌、蒋锡君，女儿名蒋雪莺、蒋雪娟、蒋雪萍(已死)。他自己有4个名字：蒋仲记、蒋仲良、蒋麟阁、蒋□梅，股票收据上写阁记、梅记、□记。

又说，1950年到上海后没有拿到股息。当时投资500元(伪法币)，计5股，每股100元。在抗战沦陷时因生活困难出卖过2次股票。现在尚有19万多股。一次出卖10万股，是交与公司代卖的，因此不知道卖与啥人。另一次出卖1万股，卖与董惠民，该人是反革命分子，是特务，已处死刑。蒋说我不直接认识他，在交际上吃饭的时候由朋友转手卖给他，是在上海碰到的，他是无锡人，在无锡没有碰到过。

又说，现在尚有19万多股票，是1950年那时候算的，股票收据是1947年拿到。

协新大股东有唐纪云、唐骧廷，除唐以外有王树三，王树三弟弟王历曾在协新总公司做账房。协新股东在乡下没有什么，外面也不多，主要是唐氏3家，唐经国、唐骧廷、唐屏周(已死)，占股权4/10。尚有股东[份]较多的有程敬堂，1951年因年老病死，过去在绸缎店出身，做伪江苏省商会联合会常务委员。他的大儿子程君贤在上海丽新厂任厂经理，股权占3/10，住无锡承贤桥(普仁医院不到些)，死后股子分与儿子。约有四、五个儿子，大多在上海厂里工作，无锡或许尚有儿子但不够明确。零碎股东情况不够了解。

抗战以前股东会议每年开的，抗战到胜利开过3次，每年人数在七、八十人，包括丽新在内。胜利后开会几次记不起来了。开会地址在上海香港路银行大楼，主持会议的人是程敬堂，其他记不清。在股东会议上认识的约有十几人。认识的如程氏父子、唐氏父子、王氏父子及其亲戚。除上述人外，尚认识到会的人有吴襄卿、李仲臣，其他人想不起来。李仲臣住在无锡西门西横街，从前做粮食生意。吴襄卿住在上海，但无锡有房子，在映山河5又1/2号，过去做印刷生意。

问,参加协新股东的人已死的、逃的,反革命分子有几个人?

说,不大清楚。唐、程二家人品比较好。不过唐家有地主,在严家桥有一个仓厅,约几百亩田,唐家三房轮流收租。

(原无锡协新毛纺厂档案室藏档)

（三）规章制度

各部门职责范围

纺部工场职责范围(草案)(1954年)

Ⅰ工场主任职责范围

一、基本任务

工场是工厂内生产区域管理及完整的经济核算单位，工场主任是工场区域内行政技术的全权领导者，根据厂长的指示编制工场各种计划的一切指标，执行“技术管理规则”，推广先进经验，加强劳动纪律教育，与工会共同组织劳动竞赛，发挥工场全体人员的积极性与创造性，不断的挖掘潜在力量，节约使用一切生产资料，加强经济核算。

二、职责范围

1. 根据厂长指示，领导制订工场各种定额与编制产品及组织技术措施计划并逐步编制劳动成本计划。

2. 根据批准的工场各种计划，领导组织工场内部工作，贯彻各种计划的执行，保证产质量及各项定额指标的完成和超额完成。

3. 参加工厂对本工场各项计划报告审查工作。

4. 经常注意和领导生产、劳动组织的改进，合理化建议的开展，各种先进经验的总结，操作规程之研究与贯彻。

5. 领导工场试验室进行成品、半制品的试验与研究，不断提高产质量。

6. 组织工场内部的计划统计核算报告等各项经常工作。

7. 负责工场内全部资财与原材料的保管和合理使用。

8. 经常检查所属人员的工作并提高工作动能。

9. 负责贯彻安全技术劳动保护防火制度及其他安全劳保规章，

预防事故发生,保证安全生产。

10. 在规定范围内,批准工场内人的调配及呈请有关奖惩和处分事宜。

11. 负责组织机器保养工作,并检查执行情况,保证机器正常运转。

12. 组织工场内所必须的原材料、电力的供应,并拟订节约的办法。

三、工作关系

(一) 与计划科的关系

1. 工场应将编制的计划及有关计划执行情况的报告等送计划科审核。

2. 工场在制品盘存工作,计划科有权监督。

(二) 与技术监督科的关系

1. 工场提供生产情况的资料给技术监督科,以便分析影响品质的因素。

2. 技术监督科应供给工场有关改善品质的方案,而工场应研究执行。

3. 技术监督科有权监督工场试验室试验结果的正确性。

(三) 与劳动组织工资科的关系

1. 工场应将编制的劳动计划及劳动统计分析报告交劳动组织工资科,劳动组织工资科有权审查和监督。

2. 工场试验室应经常将机器主要速度及断头率的资料送劳动组织工资科。

3. 凡工场工人须调动影响工资定额,劳动组织者须取得劳动组织工资科同意。

(四) 与安全技术劳动保护科的关系

1. 工场有关安全技术劳动保护的创造发明、技术改进、合理化建议,应与安全技术劳动保护科取得同意。

2. 安全技术劳动保护科如发现工场机械影响安全,有权禁止使用。

3. 凡遇发生事故,与安全技术劳动保护科会同分析和防止办法。

(五) 与机械保全部的关系

1. 工场的机件添配或修购计划,通知机械保全部统办,以保证机件的互换性,统一购置。

2. 工场机器的隔距,由工场通知机械保全部执行,但钢丝车个别机台校正隔距时由保养负责。

3. 保全保养划分后对工场保养工作进行业务指导,工场保养计划须送机械保全部审查。

4. 机械保全部及本工场制订计划时须互相联系。

5. 温湿度标准变更时,与温湿度组取得联系。

(六) 与原棉成品科的关系

1. 工场应提供(原棉成品科)产品入库进度表及原棉消耗计划交原棉成品科,以便编制产品拨货数量及原棉供应计划。

2. 原棉成品科按期与工场核对原棉成品下脚之数量。

3. 工场将原棉的含水含杂以及掺杂事故送原棉成品科分析。

4. 工场改变和花成份时须通知原棉成品科。

(七) 与机物料科的关系

1. 工场应根据产品计划、材料消耗统计,提出主要材料消耗计划交机物料科,如领料超过计划时,须经厂长批准后,始能发给超额部分。

2. 机物料科与工场共同研究解决代用品来代替缺乏的机料物。

(八) 与原动部的关系

1. 各项电气设备如:马达线路开关等,均由原动部负责安装检查,保养及检修车间得协助之。

2. 工场应将产品计划供给原动部作发电量之参考。

3. 逢调电时,由原动部向车间主任或值班长联系。

4. 车子加快速度,要征得原动部同意。

(九) 与人事科的关系

1. 添雇新工人取得劳动组织工资科同意后报请人事科办理。

Ⅱ车间主任职责范围

一、基本任务

车间主任是车间行政和技术方面的全权直接领导者，领导车间各工序各轮班的工作人员，贯彻执行已批准的生产计划与技术措施，加强劳动纪律教育，与工会共同组织车间内的劳动竞赛。领导推广先进工作法，执行安全技术规则，合理使用机器设备和原材料，提高产品质量，提高劳动生产率，保证完成与超额完成各种计划。为了直接领导各个班的工作，车间主任设有助手——值班长，他们对车间主任负责，直接领导各班的车间工作。

二、职责范围

1. 参加制订工场计划，根据技术测定资料，提出车间或工序的各种基本技术指标，领导制订本车间计划。

2. 贯彻执行已批准的各种计划，与工会共同组织车间生产劳动竞赛，发挥车间职工的积极性与创造性完成计划。

3. 参加制订保全工作计划，待保全保养划分后，领导车间保养工作和大小平车验收工作，负责完成机器保养计划。

4. 负责配备劳动力，布置工作地点。

5. 负责车间必须的原材料、工具器具的供应，并监督正确使用。

6. 贯彻技术管理规则与安全技术规程并检查执行情况。

7. 经常注意改善生产，组织开展合理化建议，发现和推广先进经验，制订车间技术措施，报上级批准后执行。

8. 负责组织车间轮班的统计记录核算报告等工作。

9. 懂得和贯彻车间操作方法，经常检查操作方法和质量，提高工人熟练程度，减少废品，提高质量。

10. 按本厂奖惩制度，呈请办理有关奖惩事项。

11. 检查督促改善车间环境卫生，保持车间整洁。

Ⅲ值班长职责范围

一、基本任务

在车间主任领导下，加强各个工作人员完成本班计划与整个计划的责任感，推广先进工作经验，对本班生产计划各项指标的完成负完全责任。

二、职责范围

1. 领导本班工作，保证完成和超额完成生产计划各项指标。

2. 正确配备本班工作人员和布置工作地点。

3. 贯彻技术管理规则和安全技术规程并检查执行情况，以保证人身安全，防止事故发生。

4. 推广先进经验，贯彻技术措施，检查和研究各种先进工作法或操作法，提高工人熟练程度，在技术改进上提高劳动生产率和产品质量，降低成本。

5. 采取各种措施合理使用原材料，防止浪费。

6. 领导组织本班记录统计工作，并按规定时间报告。

7. 领导交接班工作。

8. 呈请有关奖励或惩处事项。

9. 保全保养划分后，参与大小平车及揩车后的交接车工作（本班上工时间）。

10. 领导遵守劳动纪律并经常进行加强劳动纪律教育。

Ⅳ生产组长职责范围

一、基本任务

生产组长是生产小组行政和技术的全权领导者，负责正常运转，执行技术措施，贯彻先进经验，并节约使用原材料，出产品质优良的产品，保证不断提高劳动生产率和完成与超额完成本组生产任务。

二、职责范围

1. 领导本组执行保证完成任务的技术措施及领导本组工人制订个人计划，保证生产任务的完成。

2. 掌握检查本组生产情况及计划完成情况：

（1）产品质量

（2）回花

（3）回丝

(4) 出勤率

(5) 分析影响计划未完成的原因,及时提出办法,指导工人改进。

(6) 了解本组工人技术能力和操作法或工作法的熟练程度并予技术上指导。

(7) 经常注意辅助工与基本工的配合情况并加强督促。

(8) 经常注意供产情况不足原因并设法及时防止。

3. 注意本组工人对劳动纪律、技术操作规程的执行情况,随时给予指导和教育。

4. 及时发现本组先进经验加以研究,汇报上级并指导本组工人执行已批准的先进经验。

5. 负责本组人事调配及掌握请假制度。

6. 配合工会组织劳动竞赛。

7. 保全保养划分后,按揩车交接班制度负责验收揩车后机台工作和参加平车后验收机台工作(本组所属机台)。

8. 根据车间温湿度与组内生产情形,向上级或温湿度组提出改善意见。

9. 领用、保管组内工作需要用的机物料工具。

10. 在工会召开的生产会议上报告全组生产情况和存在问题,提出改进意见和听取群众意见。

Ⅴ计划核算组职责范围

一、基本任务

根据上级控制的数字及工场主任的指示,编制生产作业计划和技术措施等计划,并负责车间原始记录统计及整理各种定额资料,经常检查各种计划的执行情况并作出计划完成的分析资料。根据工场年、季、月的成本技术措施等计划,制订原材料耗用计划,并根据所编制的各种计划进行有效的控制,及时核算工场成本和分析工场经济情况与定期提出工场核算报告。

二、职责范围

1. 根据上级分配任务，及结合统计资料的分析，在工场主任的指示下编制本工场年度、季度、月度的各种计划。

2. 根据上级指示，汇报各间措施，编制技术措施计划，以保证计划的完成。

3. 根据各班及常日班汇报，编制各种有关统计报表，并根据车间原始记录、统计，及时整理各种有关资料。

4. 经常检查或定期检查各车间各种计划的执行情况，并作出计划完成情况的分析资料，做好文字说明，交上级与有关部门。

5. 掌握盘存制度，负责核算本工场各车间盘存数字，并结算车位件扯用棉量。

6. 根据需要和指示，编制各种重要指标与有关材料的指示图表和统计图表。

7. 负责本工场各车间有关原始记录的各项报表，统一拟订和统一记录方法。

8. 根据总的计划编制用棉用料等计划。

9. 定期公布各项统计资料。

三、工作关系

1. 与各车间关系

(1) 各车间常日班记录统计员业务方面由计划核算组指导。

(2) 各车间各班记录员业务方面除直接由常日班记录员联系外并接受计划核算组业务指导。

(3) 经常与个别车间有关生产方面的联系事项，一方面除与记录统计员联系外，同时与车间主任联系。

(4) 有关全面性生产事项与新工作布置需要与各车间联系时，应先呈报工场主任决定之。

2. 与计划科关系

(1) 业务方面由计划科指导。

(2) 纺部有关定期报表及生产计划执行情况与检查送计划科。

Ⅵ工场试验室职责范围

一、基本任务

根据规定标准进行原棉成品、半成品及落棉的试验工作(包括原棉及落棉的检验),将试验结果及时汇报或公布,并进行分析,提出意见,会同有关部门研究执行。

二、职责范围

1. 根据试验制度进行半成品及成品的试验工作。

2. 系统的调查及统一各工序机器的变换部分,使符合工程计划。

3. 检查进厂原棉,如不符合规格或有相差,提出处理意见,检验每批原棉的各种□头并做好混棉工作。

4. 负责落棉试验与分析。

5. 正确执行试验操作规程,掌握公差范围,通知调整变换齿轮。

6. 负责纺纱设计工程。

7. 配合各部门技术措施中的试验工作,及做好本室技术措施的研究与试验。

8. 牙齿皮带盘的添制由本室通知机械保全部统一制造。

Ⅶ工场劳动组织工资组职责范围

一、基本任务

负责编制工厂劳动计划,进行技术定额测定,研究分析劳动组织与先进工作法,提出改进意见,并认真贯彻执行工资制度,协助车间推广先进工作法。

二、职责范围

1. 有计划的进行技术定额测定,研究分析工时利用情况及劳动组织,提出组织技术措施方案及调配工人的意见。

2. 根据测定资料拟制产品定额及看机台能力定额。

3. 审查各车间质量结合工资情况,并提出意见。

4. 协助车间研究总结和推广先进工作法。

5. 根据工资方案与技术标准审查车间提出计时工工资等级。

6. 系统的检查工人对定额的完成情况及工人执行个别操作的单位动作时间定额的各项内容，分析其原因，提出改进意见。

7. 整理有关测定资料及分析原因，反映问题，使车间进一步改进（如负担面，单位动作，断头率情况等）。

8. 与劳动工资科关系

（1）本组业务上由劳动工资科指导。

9. 与试验室关系

（1）试验室按期测定车速送本组。

（2）若车速改快改慢及时与本组联系（包括试验性质）。

10. 与车间关系

（1）制定新定额时，会同车间研究，由车间供给有关资料。

原动部工场职责规程草案

I 原动部工场

甲，职责：

负责全厂电力、用水以及发电与生产需用蒸汽的及时供应，有计划的进行发电、输电、配电及用电设备的修建，制订健全并贯彻有关技术管理的一切制度，提高工人技术水平，组织劳动竞赛，发挥工场全体人员的积极性与创造性，不断地挖掘潜在力量，节约使用一切生产资料，降低发电成本，加强经济核算，保证安全发供电。

乙，具体任务：

子、领导本工场所属各车间、室、股、组工作，做到事事有人负责，时时有人负责，层层负责、人人负责为目的。

丑，负责领导做好电业行政上级机关布置的任务。

寅，负责本工场与全厂其他各工场科室，关于重要事务之联系。

卯，负责领导现有设备之安全经济运行。

辰，负责领导各车间做好现有设备之检修计划的编制和执行。

巳，负责规划扩建设备。

午，负责制订各种技术经济指标，劳动计划及检修材料定额等。

未,负责本工场人员的培训及考试工作。

申,领导各车间制订、健全并贯彻各种规程制度。

酉,领导各车间组织事故调查,确定事故责任,并执行防止对策。

戌,协助厂长检查全厂节约用电、用汽、用水的工作。

亥,负责编制本工场工作计划,检查其执行情况。

Ⅱ生产技术股

甲,职责:

是原动部工场主任的参谋机构,负责处理与生产技术有关的纯技术问题,在化验车间未成立前,化验工作暂属之。

乙,具体任务:

子,制订发电厂的技术政策。

丑,改进运行及检修工作,推广先进工作方法及经验。

寅,监督各车间的运行及检修工作(但不得干涉运行和检修的内政)。

卯,分析研究和改进各种技术经济定额。

辰,改进工程的设计和计算。

巳,审查各车间所编制的规程(各车间所编制的规程无生产技术股长签字是无效的)。

午,审查和汇编各车间所拟的大修计划(不包括人工、工资、费用)。

未,参加各车间对技术人员及技工的考试。

申,根据现场有关方面的资料,研究后订出大修材料消耗定额。

酉,汇总和统计本工场运行记录资料。

丙,与各车间的关系:

子,对各车间的运行与检修的技术问题予以协助,各车间依靠生技股解决现场不能解决的问题。

丑,生技股无权直接领导各车间,如果生技股根据计划在各车间进行试验或拟定改进运行及检修的措施,须经场主任的批准以后方可交各车间执行。如个别问题场主任授权生技股长领导车间工作,则必须事前通知车间主任。

寅，各车间根据生产及设备情况，拟出大修的项目、检修期限及进度，交生技股研究和审查，然后提交场主任批准，根据场主任所批准的计划，由生技股制订本工场的大修计划，交由场主任呈准厂长执行。

Ⅲ锅炉车间

甲，职责：

负责全厂用水及发电与生产需用蒸汽的及时供应，有计划的进行给水及蒸汽设备的检修，制订健全并贯彻本车间安全制度与操作规程，组织车间内的劳动竞赛，领导推广先进经验，节约用煤。

乙，具体任务：

子，锅炉机组的安全经济运行。

丑，锅炉机组的检修计划编制和执行。

寅，锅炉机组的运行规程制订和贯彻。

卯，给水设备的合理使用及定期检修。

辰，组织事故调查，提出防止对策，并负责执行。

巳，负责本车间人员的培训和考试。

丙，管辖范围：

子，给水设备包括：河水系统，如水泵水塔水管等；沙滤水系统，如水泵间、沙滤间、水塔水管等；井水系统，如深井水泵、水塔、水泵等。其检修与装置工作，则由修机车间负责，惟事前须取得联系。室外水管由锅炉车间负责保养，室内水管由使用部分工场负责。

丑，锅炉机组包括一、二号锅炉及其附属设备，主汽管应以通到透平间的第一个截门为界，截门由发电车间负责，抽汽管应以通到锅炉间的第一个截门为界，截门由锅炉车间负责，室外供汽管由锅炉车间负责，室内供汽管由使用部分工场负责。

寅，浆纱用立式水锅炉及其附属设备。

Ⅳ发电车间

甲，职责：

负责汽机及引擎暨其附属设备之安全经济运行，及时供给动力，使发电机能正常运转，有计划的进行汽机及引擎暨其附属设备的检修，制订健全并贯彻本车间安全制度与操作规程，组织车间内的劳动竞赛，领导推广先进经验，节约汽耗及油耗，提高热效率。

乙，具体任务：

子，汽轮机组及柴油机组的安全经济运行。

丑，汽轮机组及柴油机组的检修计划编制和执行。

寅，汽轮机组及柴油机组的运行规程和维护制度之制订和贯彻。

卯，组织事故调查，提出防止对策，并负责执行。

辰，汽轮机组及柴油机组一切设备的改进工作的执行。

巳，负责本车间人员的培训和考试。

丙，管辖范围：

子，汽轮机组包括汽轮机及其附属设备，生汽系统自主汽管通至透平间第一个截门起，抽汽系统至抽气管通至锅炉间第一个截门止，循环水系统包括运河边拦水篱笆闸门及进出水井在内，凝结水系统至凝结水柜止，包括凝结水柜在内，汽轮机附属设备包括吊车在内。电气设备均归电气车间管辖。

丑，引擎机组包括所有柴油引擎及其附属设备，其有关电气方面设备，则归电气车间管辖。

Ⅴ电气车间

甲，职责：

负责全厂电力的及时供应，有计划的进行所有电气设备的修建，制订健全并贯彻本车间安全制度与操作规程，组织车间内的劳动竞赛，领导推广先进经验，研究辅助并检查全厂节约用电。

乙，具体任务：

子，发电机（励磁机）、变压器、电动机及其他电气设备的安全经济运行。

丑，发电机（励磁机）、变压器、电动机及其他电气设备的检修计划编制和执行。

寅，发电机（励磁机）、变压器、电动机及其他电气设备的运行规程和维护制度之制订和贯彻。

卯,输配电线路的维护和修建。

辰,用电设备的安装和修理。

巳,保护设备的检修和整定。

午,组织事故调查,提出防止对策,并负责执行。

未,负责本车间人员的培训和考试。

丙,管辖范围:

子,全厂电气设备包括发电机(励磁机)、变压器、电动机及其他电气设备。

丑,全厂输配电线路。

寅,全厂路灯及室内线路与电灯、电扇等用具。

Ⅵ运行长室

甲,职责:

负责原动部工场正常运行工作,根据本厂负荷及电网供求情况,决定运行方式。

乙,具体任务:

子,运行长室主任负责检查运行长工作,并和工场主任和车间主任等联系。

丑,各班运行长一方面受电网调度组的领导,一方面受场主任和室主任的领导,有关调度事宜,应遵守调度规程,有关运行事宜,应遵守运行和操作规程,如遇事故,应照紧急事故处理规程处理,其不能处理者,应迅速通知有关车间主任或报告场主任。

寅,各班运行长轮值早中班时,应尽量与各车间主任取得联系,解决与各车间有关事宜,各车间主任亦应多多与各班运行长联系,解决各车间运行上问题。

Ⅶ计划核算组

甲,职责:

计划核算组一方面受原动部工场主任领导,一方面受计划科和财务科的领导,根据厂颁指标,发掘工场潜在力,编制本工场各季各月各项生产计划,进行成本核算及消耗定额控制,经常分析出勤情况，以便提高本工场劳动生产率。

乙，具体任务：

子，根据厂颁指标及本工场统计资料，在场主任指示下，编制全厂各季、各月用电计划。

丑，按时编制规定的统计报表。

寅，做好本工场会计工作，进行成本核算。

卯，分析本工场出勤情况。

辰，负责工资计算及发放。

巳，提供场主任以有关计划核算的资料。

Ⅷ工作关系

(一) 与纺织工场关系：

1. 各工场用电、用汽如有变动时，应通知原动部，如逢调电或电力不够影响停车时，原动部应及时通知各工场。

2. 原动部负责安装各工场电气设备如马达线路开关等。

(二) 与机械保全部关系：

1. 原动部对机械保全部节约用电措施和贯彻，如调换马达、调整线路、安装电表等负监督与指导之责。

2. 温湿度管理组将各工场需用水停水及时通知原动部并须取得原动部同意。

3. 室外汽管、水管由原动部负责保养，如原动部发现问题，得通知机械保全部修理。

4. 机械保全部平车前，应事先将平车的机台与时间通知原动部，以便测量用电情况。

(三) 与计划科关系：

1. 计划科应将用电指标通知原动部，以便编制供电计划送计划科审查报出。

2. 原动部按期将用电、用煤及动力设备利用情况报计划科。

(四) 与机物料科关系：

1. 原动部按期将机物料需用计划发机物料科。

2. 机物料科应通知原动部验收其所购的机物料。

（五）一般关系：

1. 原动部按期将用电、用煤月报交财务科。

2. 会同劳动组织工资科研究劳动组织及人员增减和必要的加班加点事项。

3. 各部门申请机器、设备、仪器时，其中有关电气规格部分，须经原动部审查并会同验收。

机械保全部职责范围

Ⅰ机械保全部职责范围

（一）基本任务

负责领导全厂生产部门机械和附属设备的维护工作和监督设备的正确使用，密切配合与及时满足生产上的正常运转，组织与执行全厂设备的维修制度，编制器材或消耗定额，管理设备修理上所需各种零件、器械、工具和其他的设备工作。

（二）职责范围

1. 负责编制机械平修工作计划及有关平修工作的各项表报与记录。

2. 领导修机科使能密切配合平车的修理工作，对修配件应分轻重缓急及时供应，保证各部分工作顺利完成。

3. 领导温湿度管理组，密切配合生产，及时做好车间温湿度调节工作。

4. 负责有关纺织机械的基本建设、大修理及技术措施的计划与执行。

5. 负责并配合对平修及保养工人，进行有计划的业务学习及技术指导。

6. 负责贯彻推广已确定的保全工作法及保全制度，总结推广保全先进经验，并研究机械状态设法改进。

7. 负责执行机械的改装，隔距的变更，机械排列的变动及增添设备的排列设计工作。

8. 贯彻安全技术、劳动保护、防火等规章，以保证安全生产，消减工伤事故。

9. 负责进行有关保安装置创造发明，及合理化建设的机件改进或制造事项。

10. 掌握保全费用进行分析研究，在不影响保全品质情况下，力求降低。

11. 负责编制全厂机件的添购计划及修理计划。

12. 配合有关部门制订机械保全部的劳动计划，并掌握其劳动组织分工及调配事宜。

Ⅱ修机车间职责范围

(一) 基本任务

有计划的密切配合机器的保全保养工作，进行全厂机件的经常修配工作，以达到缩短停车时间，保证正常生产，提高生产效率，贯彻安全制度与操作规程，不断提高技术水平，力求降低成本。

(二) 职责范围

1. 接受各部分修理计划及通知单，分别轻重缓急及时修理，负责编制本车间的修配计划，及健全各项报表制度。

2. 接受温湿度管理组的请求，负责降温设备的装置修理工作。

3. 接受原动部门的请求，负责原动设备有关装置修理工作。

4. 协助创造发明、技术改进、合理化建议的研究试验和制造工作。

5. 负责全厂集体传动的天轴及天轴皮带盘的装置和保养工作。

6. 负责全厂水管、汽管系统装置与维修工作(保养工作由各使用部门负责)。

7. 贯彻各种安全操作规程，领导本单位工作人员严格遵守。

Ⅲ纺、织部保全车间职责范围

(一) 基本任务

负责纺织工场机械周期性的大修理与计划修理工作，不断提高平修技术水平，彻底修复机械磨减部分，使机械经常保持良好状态，并对生产车间的保养工作负指导和监督检查的责任。

(二) 职责范围

1. 领导各部分平车组按区域责任制负责平修工作，切实按照规定周期严格贯彻执行。

2. 平车工作前后会同车间办理交接手续，并通知试验等有关科室，提供检验测定资料，以资比较。

3. 检查机械平修情况，在保证平修质量的基础上，提高工作效率，改进技术。

4. 领导皮辊室工作，改进皮辊皮卷皮带等保养状况。

5. 负责贯彻规定的保全制度，安全操作规程，及已经总结的先进工作法，不断总结先进经验，研究机器保全状态，设法改善。

6. 负责贯彻有关纺织机械技术措施的计划执行。

7. 负责执行机械的改装，隔距机械的排列更动及增添设备的排装工作。

8. 接受生产车间通知，修理车间所不能修理的坏车，对车间保养工作，进行指导及监督。

9. 负责有关机械动态的调查研究事项，制图及图样的保管事项，保全工具的调整检查及保管等事项。

10. 领导修筒管间工作，负责筒管等修理工作。

Ⅳ温湿度管理组职责范围

(一) 基本任务

负责调节纺织部各车间的温湿度，经常与生产部门密切联系，使在均衡合理的情况下进行生产，使半制品及成品，有适当的含水率，降低断头率，提高锭扯台扯，改善纱布品质，并适当的改进劳动环境，保护工人身体健康。

(二) 职责范围

1. 根据生产及劳动保护的需要，会同纺织部，拟订各车间合理可行的标准温湿度贯彻执行。

2. 依据在制品的含水率和室外温湿度情况，及时调整通风排气给湿保暖，使车间温湿度合乎标准。

3. 负责室内外温湿度和半制品及成品的含水记录，以及设备的运行记录和各项统计工作。

4. 负责通风、降温、保暖、加温等设备的清洁保养和检修工作。

5. 组织有关通风、温湿度的业务学习和研究试验测定工作。

6. 拟定通风设备及温湿度的管理制度与规则，经厂长批准执行。

7. 收听气象广播，及时报导气候变化，并作预见性的调节。

8. 拟订通风设备的大检修、新建及改建计划，参加通风设备的新建改建工程设计与负责验收工作。

V 工作范围

部主任

1. 审核各车间计划及编制总计划。

2. 检查和总结各车间的计划执行情况和平衡各车间间的计划。

3. 审核各车间的劳动力调配和增补。

4. 审核设备的添置、排装、改装及迁移等设计工作。

5. 总结先进经验，指导合理化建议的推行和新工作法的推广。

6. 指导贯彻执行安全技术操作规程。

7. 对外联系及向上级汇报。

8. 供给有关部门必要资料。

车间主任

1. 编制车间计划及订出技术措施。

2. 检查各组计划的执行情况。

3. 拟订车间内各工段劳动力的调配，提出增补劳动力的申请。

4. 审核定额以外的机物料领用。

5. 拟订设备的添置、排装、改装及迁移等计划。

6. 贯彻安全操作规程及协助安全检查。

7. 总结先进经验，指导合理化建议的推行和新工作法的推广，并提高工人技术水平。

技术员(纺织保全)

1. 征求生产部门保全工人的意见，在每月廿日前拟定下月的工作计划，并提出有关技术措施的初步意见。

2. 按照计划领导保全工人严格执行，加强质量检查，及时做好检查记录，并通知有关部门做好效果测定，按期将检查情况和效果向小组内报告。

3. 按时总结生产经验，帮助工人提高技术水平。了解工人技术进度，根据技术高低支配各项工作。

4. 处理经常业务如：劳动力调配，对内外联系，领用和验收物料，办理修配机件及购买物料等手续，收集和处理合理化建议，记录保全工作的情况，及支配各项突击工作。

5. 对于安全设备的维护、保养及协助安全检查。

6. 负责工作法的执行和巩固。

技术员(修机)

1. 负责工段内的工作调度和联系。

2. 负责工段内的工作检查和技术指导。

3. 执行样品、半制品和成品的抽查。

4. 检查和汇报负责部分的生产计划执行情况。

助理员(纺织保全)

1. 协助技术员做好制订计划工作、质量检查工作、按期总结工作、平车前后的测定工作等。

2. 协助技术员做好设计绘图工作，帮助合理化建议工作的进行。

3. 协助技术员处理经常业务，如对内外联系，领用机物料，制造与修理机械工作，各项记录报表的管理工作，工具检查登记工作。

4. 领导所属记录的一切工作，支配各种记录抄写工作。

工务员、助理员、绘图员及生产组长(修机)

工务员：

协助做好工务工作

助理员：

(1) 协助钢领、罗拉、翻砂、木样、白铁、淬火部分调配联系工作和工作进度记录。

(2) 上述部分材料管理和工具间管理。

(3) 翻砂成品记录和报表。

(4) 协助一般技术计算。

绘图员：

(1) 协助图样检查。

(2) 进行绘图和图纸保管。

(3) 协助外勤技术指导。

生产组长：

(1) 负责本组工作调度、分配，半制品和成品检查。

(2) 负责本组内操作技术和安全指导及困难解决。

(3) 本组内材料和工具准备。

温湿度管理组

(一) 组长

1. 贯彻执行纺、织二部订立的各车间标准温湿度。

2. 每日审核一切报表和检查温湿表与含水率的执行情况。

3. 改进各车间的温湿度调节设备和有关温湿度的各项制度。

4. 负责本组各项工作的向上汇报。

5. 协助温湿度工作组对各项设备的设计监督添建工作。

6. 负责领导各车间的温湿度各种测定和试验工作。

7. 领导全组进行每星期的业务学习。

工务员：

1. 负责本组各种设备的保养周期执行情况检查。

2. 配合各车间的温湿度调节，并与各科室取得密切联系。

3. 协助制订各种制度和报表，以及整理有关各种资料。

4. 填写各项通知单，并绘制现有设备的各种排列图和其他图样。

5. 计划机物料的领用和配件保管。

助理员：

1. 负责本班各车间温湿度和含水率的调节工作。

2. 检查本班各项设备的清洁保养工作。

3. 填写各项报表，记录有关各种资料，每日收听气象广播，并向有关各方汇报。

4. 负责本班临时性的人事调配和机物料的领用，并与各车间取得联系，及时对使用设备的调配以及其他一切行政工作等。

Ⅵ与各部、科的关系

(一) 与纺织部工场的关系

1. 制定平修工作计划，应征询车间意见。

2. 平修工作的季度、月度计划，应送车间一份，以作编制保养计划的依据。

3. 会同车间办理大小平车交接手续。

4. 接受车间通知，修理车间保养工人所不能修理的坏车，但须查明原因上报厂长(备案)。

5. 与车间协商不在计划范围内的临时平修工作。

6. 征询车间意见及负责编制平修工作所需机物料的预算。

7. 密切联系车间，吸取意见，根据生产要求，共同研究改进工作，提高质量。

8. 温湿度管理组应接受纺织部拟订各种合理可行的标准温湿度。若有修正时，由车间主任通知协商解决。

9. 纺织部应支持温湿度管理组的各种合理措施，调节各种通风设备。

10. 纺织部应及时将半制品及成品的含水率、断头率及阔狭幅、次布等情况通知温湿度管理组。

11. 遇有气候特变，或发生其他情况时，纺织部与温湿度管理组应相互研究，合作解决。

12. 试验室或组应经常供给有关制成质量的试验资料、断头情况，尤其在机械平修前后，供给该机台及平修机台、相邻机台的上述各项资料，俾作相对的比较，进一步提高平修品质。

13. 修机间接受生产车间通知，进行各项设备的按[安]装修配和检修工作。

14. 如发现天轴及天轴上皮带盘运转有不正常时，生产车间应及时通知修机车间加以检修。

(二) 与机物料科的关系：

1. 机物料科对机械保全部的材料员在业务上负指导之责。

2. 机械保全部根据编制计划，按期将机物料耗用计划（分申请自制与外购）交机物料科。

3. 机械保全部请购机件，应附标准图样或实样，以便机物料科按标准规格供应。

4. 机物料科会同机械保全部检验购进的机料，如因机料制造不良，与标准图样或实样有不合时，应由机物料科负责，机械保全部得拒收之，如属标准图样及实样的错误，应由机械保全部负责。

5. 机物料科每月编制机物料报表一份，送机械保全部核对后送厂长室。

（三）与计划科的关系：

1. 机械保全部于月度开始前五天，制定的月度计划经厂长核准后送计划科一份。

2. 在每月七日前机械保全部编制上月份的工作月报，应送计划科一份。

（四）与劳动组织工资科的关系：

1. 会同研究机械保全部人员的工资调整等事项，并转知人事科。

2. 会同研究机械保全部的劳动组织及人员增减等事项。

3. 会同研究机械保全部人员必要的加班加点事宜。

4. 每日应编制工资报表一份，送交工资科。

（五）与原动部的关系：

1. 原动部有权监督与指导机保部对节约用电的贯彻与实施，配合机保部对有关节约用电措施的贯彻，如调换马达、调整线路、装配电表等。

2. 各项电气设备如：马达线路开关及马达皮带盘等均由原动部负责按[安]装、检查、保养及检修，车间得协助之（本生喷雾机，小型冷风机及排气风扇的马达部分保养工作，由温湿度管理组负责）。

3. 深井水源由温湿度管理组负责调配，但由原动部司水工操作。

4. 各工场需用水汀时，由温湿度管理组事先通知，并取得原动部同意。

5. 两个以上动作的开关，由原动部驻车间值班电匠操作。

6. 修机间接受原动部通知，协助各项设备的安装和检修工作。

7. 室外汽管、水管由原动部负责保养，如原动部发现问题，得通知机保部修理。

(六) 与其他各科室、组的关系：

1. 安全技术劳动保护科

(1) 本部协助该科做好安全检查。

(2) 会同该科研究安全设备。

(3) 会同该科研究制订安全操作及安全教育。

劳动组织工资科职责范围

(一) 基本任务

负责全厂劳动力的供应与工资管理，改善劳动组织，研究总结先进经验及工作法，执行国家工资政策法令，贯彻按劳付酬的工资制度，根据国家劳动与工资的标准，编制贯彻劳动计划以不断提高劳动生产率。

(二) 组织系统

1. 劳动组织工资科由厂长直接领导。

2. 劳动组织工资科设科长、副科长各一人，工作人员若干人。

3. 劳动组织工资科分劳动组织组、劳动工资组、计划统计组三组。

(三) 职责范围

1. 领导全厂有关劳动组织与工资管理的全部工作。

2. 掌握与贯彻国家工资制度与法令。

3. 根据技术定额测定的资料，研究和拟订改善劳动组织的措施。

4. 根据测定资料、统计资料、技术标准等，组织有关人员制订各项产品定额、工人能力定额、操作时间定额等。

5. 以本科为主，会同厂长指定的单位，研究先进工人的工作方法，进行总结，报上级批准执行。

6. 有系统的研究工人负荷量，拟订有效利用工时的措施，合理的制订人员配备办法。

7. 为使劳动过程机械化，研究提出改进体力劳动的意见。

8. 有系统的编制和管理工人的能力卡片。

9. 会同有关部门，根据技术标准进行考工评级，根据技术定额资料定期修改计件单价。

10. 研究现行工资制度，提出改进意见，制订计时奖励工资制及扩大计件范围。

11. 根据上级指标审核和平衡工场劳动计划，编制全厂劳动计划。

12. 进行各种劳动统计工作，分析劳动计划完成情况，并编制报告。

13. 经常掌握定额完成情况，分析成本中的工资部分，提出改进具体措施。

14. 与工会共同制定劳动竞赛条件，并统计竞赛结果。

15. 负责掌握奖惩条例，工人进退调遣动态资料。

(四) 工作关系

一、与工场的关系：

1. 对工场的劳动定额组进行业务指导。

2. 对工场编制的劳动计划及劳动统计分析报告进行审查和汇编。

3. 工场应经常供给有关资料，如机器速度、断头率、统计定额等。

二、与计划科的关系：

1. 计划科将劳动计划各项指标交劳动组织工资科，劳动组织工资科审查平衡各工场的劳动计划，并汇编全厂劳动计划送交计划科。

2. 劳动组织工资科汇编有关劳动的国家定期统计报表交计划科。

3. 劳动组织工资科将定额及其完成情况，提高劳动生产率的资料，及先进工人工作法降低成本中的工资等资料交计划科。

三、与财务科的关系：

1. 财务科每月将工资报告单送劳动组织工资科，以研究其对劳动生产率和产品成本的影响。

四、与人事科的关系：

1. 人事科应供给有关劳动力的流动情况，如添雇、解雇、转号等，及出勤、缺勤情况等资料交劳动组织工资科。

2. 劳动组织工资科按劳动计划拟订补充必要劳动力的计划交人事科。

财务科职责范围

（一）基本任务

编制财务收支计划，监督资金的合理与有效使用，遵守财政纪律，防止贪污浪费，组织企业全面的经济核算工作，以保证产品成本的降低，增进社会主义资金的积累。

（二）职责范围

1. 按期核算产品成本、副产品成本及分析报告。

2. 负责编制企业月、季、年度预算与决算报告。

3. 负责劳保会计及基本建设的财务工作。

4. 对有关会计账务审核登记、按期整理及负责保管。

5. 按期缴纳工商业税与文教、劳保基金事项。

6. 编制财务计划。

7. 办理与银行的全部业务。

8. 根据计划保证各部门资金供应，及办理基建大修理拨款手续。

9. 掌握并监督执行全厂使用之低值易耗品摊销转调报销事项。

10. 掌握并监督执行全厂有关固定资产之运用调拨保管制度及审核折旧等工作。

11. 有关部门按期进行账务核对，并对其会计制度负责指导。

12. 按年季月协助有关科室制定原料、辅助材料、燃料、低值及易耗品、包装材料、在制品、成品之流动资金定额，并监督资金使用及流动情况。

13. 如供应者或客户未履行合同时，财务科监督有关部门办理权益交涉。

14. 参加制订本企业购买材料与出售成品的合同，及按合同组织财务核算。

15. 核算外部工作人员的工资，并抽查工场的工资。

16. 负责办理保险事宜。

(三) 工作关系

一、与计划科的关系：

1. 财务科将产品成本计算及成本计算完成情况之分析资料送计划科。

2. 财务科将有关财务定额及完成情况之分析资料送计划科。

3. 计划科应将编制财务计划资料及计算成本资料交财务科。

4. 计划科将在制品流动资金之资料送财务科。

5. 财务科协助计划科作全厂业务总分析。

二、与机物料科的关系：

1. 机物料科将库存固定资产调拨情况与机物料收付资料按期送财务科，以备考核资金定额管理。

2. 机物料科按期将仓存机物料实有资金与定额资金差异原因的分析资料报财务科。

三、与原棉成品科的关系：

1. 原棉成品科将原料、副产品及成品收付结存资料，按期送财务科。

2. 原棉成品科将流动资金核定资料送财务科。

3. 原棉成品科按期将原棉成品、副产品实有资金与定额资金差异原因的分析资料报财务科。

4. 原棉成品科应将成品、副产品销售计划送财务科。

四、与公共事业科的关系:

1. 公共事业科按期将有关管理费、货币收支计划及全部管理费结算表与分析资料送财务科。

2. 公共事业科将有关福利费用支出计划及支出分析情况资料送财务科。

3. 财务科将福利费用收支计算表送公共事业科。

五、与总务科的关系:

1. 总务科按期将有关房地产、家具及其他非生产设备之固定资产变动情况通知财务科。

2. 总务科按期将有关修建费用支出计划及支出分析情况资料送财务科。

3. 总务科按期将储存土木材料收付资料送财务科。

合理化建议负责人职责范围草案(1954 年 10 月 20 日)

(一) 基本任务

经常组织职工开展合理化建议及协助合理化建议者进行研究与试验,及时组织审查评奖,并检查已批准的合理化建议的执行,使合理化建议能解决生产上的关键问题。

(二) 职责范围

1. 根据领导指示发布合理化建议课题,使合理化建议经常能解决生产上的关键问题。

2. 经常组织职工提合理化建议,按期组织讨论审查,按照规定条例提出评奖意见呈请领导审批。

3. 组织有关人员协助合理化建议者进行研究试验工作。

4. 督促检查各部门合理化建议的推广和执行情况,并组织交流经验,指导各部门合理化建议的业务工作。

5. 定期进行合理化建议的总结与报告。

(三) 工作关系

1. 关系部门应协助进行合理化建议的研究试验工作。

2. 有关机械绘图工作,请机械保全部协助绘制。

3. 合理化建议负责人应将合理化建议核定结果通知关系部门。

4. 编造合理化建议奖金预算交财务科。

5. 编造合理化建议奖品办件单交物料科。

安全技术劳动保护科职责范围草案

一、基本任务

深入车间研究机器运转状态与操作方法,组织拟订安全制度与安全操作规程,组织安全技术教育,检查安全设备,改善工作场所劳动条件,组织编制全厂的安全措施计划并监督执行。

二、职责范围

1. 掌握贯彻国家劳动政策与法令,监督并检查全厂对于有关安全技术、劳动保护的政府命令指示,全国总工会制订的规章以及本厂制订的规则及通知等的执行。

2. 组织编制全厂的安全措施计划。

3. 组织有关部门制订与修订安全操作规程和实施方案并监督执行。

4. 组织全厂的安全技术宣传教育工作,并负责对新进职工和转业职工进行三级教育制。

5. 监督各种安全设备用具的使用,并审查各车间申请购置的安全设备用具,添设的安全设备如发现问题和不符合安全规格要求者,立即通知主管部门改善。

6. 配合各部门审核新建工程、改建工程、检修工程,提供有关安全意见。

7. 参加验收新建的建筑物及新装或安装机器的安全设备是否完善。

8. 根据调查与反映,组织推动各部门改善工作场所劳动条件。

9. 研究机器运转状态与操作方法,向各部门提供有关安全意见并监促执行。

10. 组织有关部门执行有关安全技术劳动保护报告制度,并会同有关部门调查研究,分析发生事故的原因,并制订消减事故的具体办法。

11. 检查全厂之安全技术劳动保护工作,监督各部门贯彻安全生产方针。

12. 办理全厂关于安全技术劳动保护之统计工作,并按期报告上级。

三、工作关系

(一) 与工场关系

1. 在工作场所如遇有危及生命的危险紧急情况时,安全技术劳动保护科有权建议停止或当时制止不安全工作的进行,但制止后须立即报告厂长。

2. 工场将人身及机械事故报告、安全计划、新变动的机械运转情况、操作情况、劳动条件、环境变更等情况、新建改建及大检修工程,送安全技术劳动保护科,安全技术劳动保护科将有关之安全技术劳动保护统计及表扬资料供给工场。

3. 安全技术劳动保护科有权向工场提供有关安全方面的意见。

4. 工场与安全技术劳动保护科往复循环进行三级教育,并相互配合经常安全宣传教育。

5. 工场接受安全技术劳动保护科有关安全技术劳动保护的组织、推动、检查和监督,安技劳保科配合工场研究机械预防措施,并协助工场有关安技操作制度规程等的编订、修订、补充。

(二) 与科室关系

1. 与计划科相互供给统计与总结资料。

2. 与财务科相互供给统计资料。

3. 与原棉成品科监督检查其执行安全运输、堆储、保险事宜,并提供意见。

4. 与机物料科指导检查危险品的存储及搬运方法,监督安全用具或安全设备之添购和验收。

5. 人事科供给缺勤资料，安技劳保科对新进职工、转职职工进行安全教育。

6. 与劳动组织工资科共同执行劳保会计、加班加点工作、先进工作法。

7. 医疗卫生科供给疾病日报月报、工伤病情及多发性、类似职业性之疾病资料，安技劳保科供给与工业卫生有关之情况与资料。

8. 与合理化建议负责人相互供给资料与情况。

9. 与公共事业科监督检查其执行安全操作和安全措施，并提供意见。

10. 与总务科协同验收新建筑物，检查建筑物，并监督其执行安全制度、操作规程和交通车辆之管理。

总务科职责范围

(一) 基本任务

负责领导采购与管理办公设备，加强环境卫生的清洁工作，管理房地产，对房屋道路下水道，进行有计划的修缮及土木修建事宜，经常注意经费的合理使用与节约，有计划有组织的使工作循着有秩序的进行。

(二) 职责范围

1. 根据各部分有关非生产工具之一切用品预计，审核汇编计划，并负责估价采购供应、收发保管结算等工作。

2. 负责房地产、家具及非生产设备之管理、调配、修理，及固定资产之登记报销核对与低值易耗品的摊销工作。

3. 负责经常保持与不断改善工厂环境清洁。

4. 编制全厂一切土木修理和建筑计划。

5. 负责外包或自行组织房屋的建筑、预防修理与大修理一切事宜。

6. 负责修理或新装备工场有关生产的土木配备、装容器材、清洁用具等有关部分。

7. 负责修筑厂内道路及下水道。

8. 负责办理本科的计划统计与报告工作。

9. 办理经常修理、大修理与建筑工程的账册事宜。

(三) 工作关系

一、与计划科的关系

1. 计划科将房屋大修理及建筑费用控制指标通知总务科。

2. 总务科将房屋大修理及建筑计划送计划科,以便审查综合报告。

3. 总务科按期将大修理及建筑计划执行情况报告与统计资料送计划科。

二、与财务科的关系

1. 总务科及时将有关房屋、地产、家具及其他非生产设备之固定资产变动情况资料送财务科。

2. 总务科及时将修建费用预算资料送财务科。

3. 总务科按期将修建费的使用结算表通知财务科。

4. 总务科房屋大修理或建筑费用如有超过预计时,须经厂长批准后财务科方能支付。

三、与机物料科的关系

1. 总务科将所需之土木建筑材料计划交机物料科。

2. 机物料科通知总务科验收其所购的材料。

(四) 一般关系

1. 各部门按期将有关非生产工具之一切用品预算送总务科。

2. 总务科按照各部门所编预算及时供应。

3. 总务科接受各部门修建计划及通知单,分别轻重缓急,编制本科工作计划及时进行工作。

医疗卫生科职责范围

(一) 基本任务

根据预防为主的方针,负责全厂职工疾病的预防和医疗,加强妇幼保健,按期提出预防措施,组织卫生宣传教育,掌握卫生医药费用的开支,并监督全厂环境卫生及福利设施的卫生管理。

(二) 职责范围

1. 领导全厂卫生医疗机构,开展卫生保健工作。

2. 健全并领导基层卫生保健网的组织,开展卫生宣传教育,及时提出预防措施,并保证贯彻执行。

3. 研究疾病率及疾病缺勤率,有计划的组织健康检查及预防疾病工作。

4. 监督全厂环境卫生清洁及各项福利设施的卫生管理。

5. 监督及指导厨房及食堂等饮食卫生,并对炊事人员及福利人员进行定期健康检查。

6. 办理怀孕登记、产前产后检查,推广新法接生及妇幼卫生宣教,监督有关部门对妇幼保护工作之执行。

7. 负责办理职工的疾病医疗及疗养。

8. 正确执行劳动保险条例及医疗卫生的国家法令与政府的命令和指示,以及本厂制订的规则及通知。

9. 编制全厂卫生医药保健经费的预计并掌握其使用。

10. 负责进行医疗卫生统计工作计划总结和报告。

11. 领导托儿所、疗养所管理及日常业务工作。

(三) 工作关系

一、与财务科的关系:

1. 医疗卫生科根据需要的医药卫生保健经费,按季按月编制财务计划交财务科,财务科根据厂长批准的医药卫生保健经费财务计划给予支付,如有超过时,须经厂长批准后方能支付。

二、与公共事业科关系:

1. 公共事业科须配合医疗卫生科对厨房食堂等工作人员进行卫生教育并定期进行健康检查,如有传染病不合工作者,医疗卫生科有权提出意见,调动工作。

2. 公共事业科应协助与支持医疗卫生科对于厨房食堂等卫生

工作的建议并执行之。

三、与人事科及劳动组织工资科的关系

1. 人事科与劳动组织工资科招用之职工，必须经医疗卫生科健康检查确定合格后方可录用。

公共事业科职责范围

一、基本任务

负责领导公共事业，加强管理工作并在发展生产的基础上根据需要与可能提出改进公共事业的措施，并使其向企业化方向发展，合理的使用福利基金，充分发挥与利用现有设备。

二、职责范围

1. 正确掌握福利经费的使用收支计划并逐步实现企业化。

2. 经常检查各项公共事业工作情况，提出改进方案并实现之。

3. 负责食堂、宿舍、浴室、理发等及其他有关职工生活的公共事业的管理。

4. 负责编制和掌握管理费用之各项预算，并监督检查有关部门管理费用，使用情况是否合理。

5. 按时编制业务报表及总结报告。

三、工作关系

1. 与财务科——将福利经费及管理费用计划交财务科，根据批准经费支出，如超过时须经厂长批准后才能支付。

2. 与总务科——公共事业科参与编制宿舍及福利部门的大修理和基本建设计划并参与验收。

3. 与计划科——供给公共事业科管理费与福利费的规定金额，以便编制预算与计划。

4. 与医疗卫生科的关系——公共事业科应协助与支持医疗卫生科对该部门卫生工作的建议并执行之。

5. 与劳动组织工资科和人事科的关系——劳动组织工资科和人事科应将录用或解雇的员工各单交公共事业科，以便办理生活问题。

协新毛纺织染公司无锡工厂会计制度(草案)(1954 年 8 月)

第一章 总则

一、本厂为改善企业经营管理,逐步走上独立经济核算的轨道,藉以配合国家计划的需要,并正确反映生产进行情况与财务情况,建立与健全各种帐册,以达到明确资财,为降低产品成本打好基础,特根据无锡市私营纺织工业统一会计制度,结合本厂具体情况,制订本制度。

二、本制度规定为会计独立制,每届年终决算及所得税申报,均由总公司汇总办理。

三、为显示总分支机构间资产调拨运用之增减情况,本制度规定设立"总分支机构资金户"及"总分支机构往来户"分别处理固定资产及流动资产之调拨。

四、本制度规定会计年度采用历年制,每年一月一日起至十二月卅一日止为一会计年度,每月一日至月终为一会计月度。

五、本制度规定每日日结一次,编制日结表(以总清结余表代替),每月终办理月结一次,编制资产负债表、损益表等,每年度终了办理年度决算一次,年终决算时应将帐面损益科目结清,办理月度结算时得就表结。

六、办理年度决算时应全面清查财产,以保证决算的真实性。

七、本制度规定以人民币为记帐本位,以元为记帐单位,元以下四舍五入,但单价的计算得以元以下的小数计算之,元的符号为"¥"。

八、凡以外币收支及以实物计算的会计事项,除折合人民币记帐外,并应记载原币或实物的数量。

九、财产的计值,除法令另有规定外,概以原价为准。

十、本制度规定材料、产品及事业用品等,均采用永续盘存制。

十一、固定资产折旧及摊销的计算方法,概以平均按月摊提为准。

十二、本制度一切规定,须事先报请本厂增产节约委员会及总公司核定后执行，修改时亦同。

第二章　会计处理程序

一、本厂会计事务的处理均依照本制度的规定，所有原始凭证、会计簿籍、会计报表的编制审核，均按后列办法办理。

二、会计事项的发生，应根据有效的原始凭证，编制记帐凭证，凭以登记帐册及编制报表。

三、原始凭证须具备下列条件，方始生效。

1. 外来原始凭证。发票应载明日期、货物名称、规格、数量、单价、总价。如系劳务收据，应载明劳务内容、数量、单价、总价、付款人名称、地址、收款人戳记、地址。上开凭证，应经税务局核准，认为合法之商事凭证。银行划拨凭证，须经银行盖章证明，并附有收款单位之帐单，其金额并应相符。

2. 内部转帐凭证，应分别由经手人、验收人、制表人，暨各车间、部门负责人签章证明。

四、原始凭证如用凭记帐者，可视同记帐凭证处理，如凭以填制记帐凭证，则该原始凭证应附于其后。但下列单据得另行归档保管之：

1. 各种合同契约及有关函件。

2. 另行订册之工资帐单。

3. 应行退回、转送或注销之各种凭证。

以上另行保管之单据，应将其内容摘要记载于记帐凭证，如不能归述，则应另纸记载附后，由经手人及主管人签章证明。

五、记帐凭证须具备下列条件，方始生效。

1. 经由制单、复核、出纳、会计、行政负责人分别签章。

2. 所载会计事项，须与原始凭证相符。

3. 所载科目及明细科目须与现时所用者相符。

六、一切会计凭证，以会计事项发生的当日送达会计部门为原则，该项凭证应由经手部门审核后加盖公章及主管人私章。

七、每日发生的会计事项，应以当日填制凭证、登记帐册为原则，不得无故延期。

八、根据记帐凭证，登载日记帐、明细分类帐，其日期、科目、摘要、金额等，应完全相符，根据各科目日结表，登记总分类帐。

九、总分类帐各统制帐户的余额，应经常注意与明细分类帐各该帐户的余额核对相符，遇有错误，应随时更正。

十、一切会计凭证、簿籍、报表，若有错误不得涂改、刮擦或用化学药品销蚀，应以双红线将错误的文字或数字划销，然后另在其上端填写正确文字或数字。如遇误划，则应在划线两端注“×”记号。数字之错误，并得以蓝字或红字写于上端以更正之，蓝表示加，红表示减，然后以花括弧“}”于两数之右端加注。凡更正错误均应由经手人在更正处盖章证明。

十一、凡因科目误用或转帐错误以致账册错记，均应采用红字冲帐法，以红字在原方向冲销，不在异方向冲转，以避免借贷两方数额之重复与虚账。

十二、每届月终，应将下列各事项依据权责已发生而尚未入帐或已入帐而权责尚未发生，加以整理，分别入帐：

1. 应收未收、应付未付的帐项。

2. 预收收益，预付费用。

3. 暂收款，暂付款，应尽可能早日转入适当科目或转回。

4. 应由本期摊销的各项待摊费用，固定资产折旧及低值易耗品摊销等。

5. 其他应登入本期帐内的帐项。

十三、每届年度决算除前条规定，应行整理的事项外，尚应整理下列事项：

1. 应收帐款中，审查有无应转作催收帐款或列作坏帐损失的帐款。

2. 材料、产品及其他资财，为使货帐相符，应分别作全面的实地盘点，如发觉不符，须查明原因，分别调整转帐。

3. 总分支机构往来、客户往来、银行存款等帐户，应将余额核对整理。

十四、应收帐款经过一年尚不能偿还或偿还不清者，即列入催收帐款,经过催收又满一年而仍无法收回者,经呈准税务局得列为坏帐。

十五、会计凭证、帐册、报表等,应分别按期编列字号,抄具目录,妥为保存。

十六、日报表计分现金与转帐两种,应于隔日根据日记帐抄缮、经核对后,当日付寄总公司。

十七、月终报表,原则上应于隔月十日以前制成,经复核后送出。

第三章 会计凭证、簿籍、报表

一、会计凭证的一般规定

(一)凡用以证明会计事项的发生或用为会计簿籍登记的根据,所有传票报单以及其他证明单据概称为会计凭证。

(二)会计凭证分为原始凭证及记帐凭证两种。

(三)原始凭证分为外来原始凭证及内部转帐凭证两种。

(四)记账凭证分为现金收单、现金付单、转帐借方传票、转帐贷方传票四种。

(五)每一记帐凭证以仅记一个总分类帐科目为限,一笔会计事项如涉及两个以上总分类帐科目时,应分别填制两张以上记帐凭证,对于同一科目所属明细科目如在一张记帐凭证上不敷填写时,应将其分划为几张记帐凭证,不得用过次页承前页的方法连续记载。

(六)转帐事项涉及一部分现金收付者,应划分为现金及转帐两部分,分别填制现金及转帐记帐凭证。

(七)每日会计事务结束后,应将全部记帐凭证备集齐全,按总分类帐科目分别借贷,逐一加成总数,编制各科目日结表,以为登记总分类帐的根据。

(八)记帐凭证应逐日装订成册,加具封面底页,记载凭证及附件张数。

二、会计凭证的格式附样

三、会计簿籍的一般规定

(一)会计簿籍分为:

1. 日记帐;2. 总分类帐;3. 明细分类帐;4. 辅助登记簿。

（二）日记帐分现金日记帐与转帐日记帐两种，以订本式为原则，为记录会计事项的序时簿籍，根据记帐凭证登载。

（三）总分类帐为根据会计科目设置帐户的簿籍，采用活页式，根据各科目日结表登载，为统驭各明细分类帐的帐册。

（四）明细分类帐为根据会计科目以下的明细科目分别设立帐户的会计簿籍，以活页式为原则，根据记帐凭证登载，为总分类帐的详细补充记录。

（五）辅助登记簿为辅助总分类帐的不足，但不直接与总分类帐发生转记或统驭关系的会计簿籍，本厂得根据实际需要自行设置。

（六）会计簿籍所记内容应与记帐凭证相符，其余额原则上应逐日结出。

（七）总分类帐各帐户的余额应与明细分类帐各该帐户的余额的合计数相符。

（八）帐页记载终了，转记次页时，应结出借贷二方的总额及余额和有关数量等项，分别填入本页的末一行及次页的首行各相当栏内，并注明“过次页”和“承前页”字样。

（九）债权债务各科目于结转新帐时，应将结转内容逐笔抄列，不得只将余额结转一笔。

（十）各种会计簿籍除有连续性者，得在次年度继续使用外，其他均以每年更换一次为原则，旧帐则应顺序整理装订成册。

四、会计簿籍的格式

五、会计报表

（一）本制度规定的会计报表包括如下各种：

1. 资产负债表

2. 损益表

3. 成本计算表

4. 总清结余表

5. 各项收入费用明细表

（二）成本计算表主要包括：

1. 各车间成本项目分析表

2. 工资及附加工资汇总表

3. 车间经费明细表

4. 辅助生产车间费用明细表

5. 工厂管理费明细表

6. 销售费用明细表

7. 固定资产折旧表

8. 各车间生产系数表

9. 各车间成本项目分配表

10. 各车间产品单位成本表

11. 染整间成品耗用主要材料表

（三）上列各种会计报表依其编制期间的不同，分为月度报表、半年度报表及年度报表，月度报表除资产负债及损益表外，其余均须编制，半年度及年度报表则需全部编制。

第四章　与其他部门之联系

一、总务科

登记股职员出缺勤记录格式（附样）按期造送会计科，以便准时结算薪工，如遇进退调职者，需随时联系。

庶务股　购置物件预支款项时，须缮制支款证明单（格式附样）以凭付款。一俟物件办就，当即与会计科轧算结清。致于菜金之支付，可预领备用金，以后即每日将单据备齐，制成记帐凭证（现金付单）向本科支取。

对外收取膳费，应随时缮制记帐凭证（现金收单），随同膳费收据一并送本科验收盖章。

劳保股　预支款项适用前项规定填制支款证明单。疗养所、特约医院及特约医师等按月结帐时，其送来清单加以审核后即送会计科，以凭转帐。对于劳保费用之支出须注意有无越出劳保条例范围，如有则不应列支。

物料股　购进材物料，经验收后即将原始凭证、所记内容加以审核，然后根据材料所属科目加盖科目图章并经签章后送会计科付款。

材料之领用悉凭材料领单（参看材料处理办法），该项单据为物料股付出材物料之原始凭证，每日汇总以后送一份至会计科，每月终了由物料股根据领单缮制月报送会计科，经核对无误即凭以转帐（报表格式附样）。

为使各车间及部门每月用料数字准确起见，规定每月终办理退料或假退料一次，于当月支付数中轧除转帐。

材物料如遇变质损坏，不堪使用，为使会计方面能及时反映起见，应即办理报废，经取得税务局同意报知会计科转帐，其详细办法另订之。

二、机建间

材物料之领用除应立帐记载外，其与会计科相互之联系并分列如下：

甲，建造　每项工程完毕以后，应将该项工程所领用之材料净额及人工总额汇总填制建造报告单（附件），会计科于每月度终了，根据该报告单转帐。

乙，修理　不论工程巨细，于完成之后，一律将领用材料及耗用人工汇总填制修理报告单（附样）报送会计科，以便于每月度终了转帐。

丙，报废　其制度另订之。

三、业务科

营业股　售出成品即开具发票，将副本连同货款收据及记帐凭证一并送会计科收款并盖章。如遇退货，则将退货凭证连同记帐凭证送会计科付款。下脚废料之出售手续同。

储运股　原料与成品之收付须经常与会计科联系，其日报并须缮制副本一份送会计科，每届月终应进行核对货帐是否相符，如有不符须于当月冲正，以达到帐目记载足以反映真正情况。

四、计划科

每月生产计划于前一月廿六日之前送会计科，以便据以制订财务计划。当月生产进行中，如预见月度计划不能完成或超额完成，须随时与会计科联系，如与当月财务有增减变动，则须由会计科至迟于当月廿五日制成更正计划书送有关部门。

五、基本生产车间

工资日报　准时送达会计科，俾使按日登记工帐簿而利每期工资之结算。

成本会计员　车间生产记录凡与成本计算有关者，俱应掌握全部资料，由成本会计员按照成本会计股所制订之报表逐期报送。该股车间成本会计员，由双重领导，行政领导为车间，业务领导为成本会计股。

六、会计科

对各部门之建帐应起辅导作用，并应为各部门设计与会计科经常联系之报表，其具体办法及格式当结合实际逐步进行。

第五章　组织系统及职责范围

一、会计科设科长一人，科下分出纳、帐务、劳保会计、成本会计四股，每股设股长一人，科内另有助理员若干人，协助各种工作。兹列表如下：

二、组织系统表

会计科—科长—出纳股—股长
　　　　　　　帐务股—股长
　　　　　　　劳保会计股—股长、助理员
　　　　　　　成本会计股—股长、成本会计员

三、职员范围：

会计科：

甲，编制预算

乙，办理决算

丙，制订财务计划

丁，划拨及定期付款之合同之审定

戊，出席有关税务之会议

己，出席有关会计改革之会议

庚，各种报表之审核

辛，文字报告之编制

壬，其他有关事宜

出纳股：

甲，现金之收付及保管

乙，银行存款之收解及记录，支票之开发暨保管。

丙，印花税票之收发及记录

丁，财务计划执行之记录，原则上每日结一累计额，俾与计划数随时对照。

戊，职员薪工之发放

己，其他有关事宜

帐务股：

甲，填制传票

乙，记载帐册

丙，编制报表

丁，月终及期终之调整分录及结帐分录

戊，工帐之结算及发放

己，职员工薪之结算

庚，上列事项之覆核

辛，银行结单之查核

壬，其他有关事宜

劳保会计股：

甲，传票之填制

乙，帐册之记载

丙，报表之编制

丁，各种有关劳保事项申请书之审核

戊，其他有关事宜

成本会计股：

甲，领导车间成本会计员之业务

乙，对各车间所供给之资料进行汇总

丙，编制有关成本计算之各种表格

丁，分析成本升降之原因，以供本企业作改善经营管理之参考。

戊，其他有关事项

第六章　财务计划

一、编制目的

为使本厂财务收支能配合计划管理，克服盲目经营之弊端，特规定每月编制财务计划，为将来实行经济核算创造条件。

二、要求

计划之准确性初步要求不拟过高，估计三个月之内做到80%，六个月之内做到90%，九个月之内达90%以上，一年以后计划数与执行数相差幅度不应超出5%。为了使要求能如期实现，初步拟订办法如下：

1. 本科设计财务收支计划明细表。

2. 财务收支计划明细表，由各部分编制后交会计科汇制总表。

3. 各部分编制财务收支计划明细表，应根据过去实际收支数及展望未来收支情况，缜密考虑，务求切近事实。

4. 召开行政会议，研究有关部分编制财务收支计划之实施问题。

5. 各部分添设财务收支计划履行情况记录簿，按日记载，以作日后编制财务收支计划时研究及改进之用。

三、资料之来源

(一) 收入部分

甲，成品收购收入根据计划科每月生产计划所列当月产成品之品种及数量，参照与中国百货公司签订之订货合约中关于货款给付之办法，以定当月之收入额。

乙，业务收入除上项收入以外，如工业用呢、下脚、废料等之售出属于非经常性者，当酌量情形订入计划。

丙，其他收入财务收支不能平衡时，若向上海总公司请求调拨其汇来款项列为其他收入。

丁，银行借款如遇收支不平衡而向银行借款，其收入即列入本项目。

戊，工缴收入遇有加工任务，其工缴收入即列入本项目。

以上各项目，除丙丁两项，为本科在编制计划发现收入不敷时与厂长室研究平衡办法而决定外,其余均归业务科供给资料。

（二）支出部分

甲,工薪支出由账务股按下月份应付期数计算。

乙,原料支出依照生产计划所列需用原料、品名、数量,及物料股所汇总之全厂需用主要材料、品名、数量,参照库存数量,其须添购者即列入计划(羊毛配购目前情况尚不正常,有者不能随要随得,有者配得以后单价一时无法结出,亦有按照需毛计划数量,先付若干定金,因此关于原料支出数字极难掌握)本资料由有关部门如业务科、物料股等供给。

丙,燃物料支出由物料股根据各车间填送用料计划汇总编制。

丁,基本建设支出由总务科会同机建间根据具体情况编送。

戊,税捐支出根据生产计划内所列生产毛纱数字,计算货物税,根据营业额计算营业税,至于房地产税及其他税捐、临时核计订入计划。

己,总公司往来为归还总公司代垫各种原物料款项,列入本项目。

庚,其他如生产费用支出、财务管理费用支出、其他支出等,则俱由各部门依照以往经验结合当月情况分别编送会计科,由本科加以审核、汇总及补充。

订制日期暂定每月廿八日以前即将下月之计划订出,将来条件许可,并当酌情提前。

执行情况每月终根据财务收支计划表及实际收支数编制比较表,以明计划执行情况,藉作下月编制计划之参考,平常并有财务计划收支日报表,足以显示计划逐日进展之情况。

第七章　附则

一、会计交代

（一）本厂会计人员在解除、变更或调动职务时,均须依照下列规定办理交代。交代不清者不得离开职守,后任会计人员,并得拒绝接收。如有短期内不能办毕的事项而又急须调动,或因病离职时,须经厂长批准或由指定的代理人员代办移交,但仍须由原任人员负责。

（二）会计主管人员办理交代时，应由厂长监交。移交者须将各项会计凭证、簿籍、报表、文书、现金、未用支票、戳记、印鉴、及本部门保管的公物，以及未了案件等，悉数造具清册，一并移交新任接管。

（三）一般会计人员办理交代时，应由会计主管人员监交。移交人员须将本人所担任的工作，分别填制表册，并在经管的簿籍所记最末一笔帐项之后加盖图章，送交会计主管人员签署证明后，方可离职。

（四）移交清册应缮写一式两份，经会同点收无误后，由交、接、监三方分别签章，一份由接管人员存入本部份文档内，一份交厂长室存查。

二、其他

（一）本制度商得　同意自　年　月　日起施行。

（二）本制度有未尽事宜，得视实际需要酌加修改或增删。

（本节资料均为无锡协新毛纺厂档案室藏档）

（四）其他

协新厂工会为会员配给厂方不允呈请县总工会与厂方交涉的呈文(1948年11月)

窃查属会会员因十月份领得工资时，适值限价开放，物价青云直上，工友生活无法维持。是时棉纺织厂订有工资补贴办法，及食米面粉棉布之配给。属会亦向厂方要求，经数度商洽，补贴工资与配给面粉始允所请。唯棉布之配给虽再三催促，厂方总一味拖延，须待沪市消息方能决定。近因沪市毛纺织厂照八一九限价配给毛货，男工二.七五码、女工一.五码。属会会员闻悉顿起不安，一致要求以本厂出品，从速配给。旋于昨(二十八)日属会理监事再向厂方商讨，仍无结果。属会为免事态扩大，除劝导工友安心工作外，理合备文呈报。仰祈钧座鉴核，准予所请，与厂方交涉，实为公便。

谨呈

无锡县总工会理事长　唐

无锡县协新毛纺织厂产业工会　　理事长　黄之康

常务理事　何一鸣　包兰英　谨呈

1948年11月

无锡县总工会为协调协新厂劳资纠纷无果给县长的呈文(1949年1月)

窃据所属协新厂产〈业〉工会元月十一日来呈称："窃查属会会员因十二月下期生活指数与物价脱节过巨，曾一度一致要求厂方合理补救。彼时棉纺织厂尚未决定办法，期待棉纺厂解决后仿照办理。而最近棉纺厂对十二月下期工资指数借支八.五倍追加四倍四，特别赏追加七倍四(停工未满三天以上者)，礼拜工(男工)作一工计算，停电时期工资照给，并于本(一)月前全部发给。属会亦即向厂方商洽补发，而厂方未允。会员在这高物价、低工资情形下，生活实难维持。

故今一再要求厂方从速补救，依据棉纺上项为原则，并对年终蓝布六码同时发给。唯免日后劳资时生纠纷计，决请求决定依据丽新毛纺织工友享受为标准。特此备文呈报，仰祈钧座鉴核，赐准处理，而济工友生活安定，实为公便。”等情，到会即经本会派由该管课负责人王品元亲往该厂，与经理朱文沅洽商解决办法。卒以厂方对与棉纺同等待遇要求发给特别工暨配给棉布六码各点，坚持不允接受，致未能打开僵局。理合据情转呈钧府察核，仰祈迅赐作合理措施，俾免久悬为祷。

谨呈

无锡县县长　李

无锡县总工会理事长　唐相桓

1949 年 1 月

（以上为无锡市档案史志馆藏档）

协新毛纺厂老职工座谈会记录（1965 年 5 月 25 日）

主　持：王秋农副厂长

参加者：王秋农，韦雪珠厂长，过凤英，唐仁林，周耀钰，顾雄万，尤贵初，朱林根，周阿三

记　录：萧宗汉

1. 关于工人进厂要否付保证金问题。工人进厂要做满一个半月后，才付半个月工资，存工 1 个月（一说存工半个月，在座人没有得到一致的回忆）。此外，每月付工资时，要扣 1 元保证金，连扣 10 个月。这笔保证金是作为工人损坏了东西要赔偿损失的准备。照理于工人离厂时，存工和保证金要发还的，但厂里一直没有发还过一个。此外，工人进厂时还要立保单，具体内容大家记不起来了。练习生进厂时，厂里规定要有殷实铺保，否则要缴 500 元保证金。当时有十几个练习生，都找的殷实铺保，没有一个人付过 500 元保证金。练习生月规钱，第一年每月 1 元，第二年每月 3 元，第三年每月 5 元，第四年开工资每月 15 元。练习生都是熟人介绍的。练习生也拿到过分红，但不按薪水为标准，而是由厂方酌付，并且因人而异，各练习生拿到

的不是一样的。

2. 关于工人工资的标准问题。工人工资没有一定标准，由技术人员看工人的资历、技术和生产情况提出后，由工务方面负责人建议，即批准的。厂中机匠工资最大，有的还有暗贴。

3. 关于培训的工人。在进厂后3个月内只有每天2角钱津贴，每月要扣4元8角饭钱。但据顾雄万工程师回忆，最初3个月内是3角钱1天，扣饭钱，3个月后开工资为5角1天，扣饭钱。织部的工资较高，为日工资8至9角。

4. 关于加班加点问题。有时职工加班到9点钟，加班加点的工资比日工资要大一些，当时是表示奖励起见。

5. 关于宿舍管理问题。最初的舍监是穆秀珍，日新绸布庄经理穆荣卿之女。后来是唐霞青等。管理很严的，离开宿舍要开门票的，夜里到一定钟点宿舍要锁门，白天上班也要锁门。于工人在工作时，舍监常常要把工人的东西翻箱倒柜地检查。有一次，一个养成工拿了一些颜色毛编了一根裤子带，放在枕头套里，被舍监查到就开除了。工人进出的信，舍监都要检查的。每人每月付房租2角。

6. 关于抄身制问题。抄身婆，一是资本家的亲信，二是抄到有奖励的。所以抄身婆都是非常凶的，上下身都要摸，连月经带也要抽出来看。吃中饭时，车间是停车的，停半小时，工人走出车间吃饭也要抄身，走出厂门也要抄身。

7. 关于职工吃饭问题。厂里规定工人吃饭有两种膳食，工人可以选择。男工是每月6～7元，女工是每月4.8～6元。机匠的饭食每月7.5元，最好。女工是6人一桌，每桌二素一荤一汤，质量很差。职员是二荤二素一汤。职员当夜班，半夜饭食常常有蹄髈、整鸡整鸭、鲫鱼塞肉。厨师是顾阿根包的，这个厨子是吃鸦片烟的。

8. 关于工人的制服问题。女工一律要穿白衬衫、黑裤或黑裙，由工人自己做，有时厂里发自由布，费用在工资中扣。女工宿舍的被褥一律由厂里自备，但要在工资内扣算，离厂时工人可拿回去的。职员有2套工作服，但厂里不收费的。工人有1件工作服，要付9角钱。

9. 关于工作员与女工的关系问题。工作员是管理和指导女工生产的,有的工作员态度较好,有的工作员非常凶,晚上要女工拿洗脚水、做针线活、做鞋子,在车间有时对工人要骂的。

10. 沦陷时看厂情况。初沦陷时,有10余人看厂,厂里付双工,但只有拿到1个月。后期有工人回厂看厂的,由普济桥办事处发每人连饭钱10元一个月。据工人周阿三说,他拿到12元。

11. 关于花红问题。工人一律没有。

12. 关于考勤(年)赏问题。工人于年终考勤是有的,但一年中如(缺勤)满3天者,考勤就没有。年赏有的,但分等级,一般是12元。

13. 关于女工进厂条件。养成工都要年轻未婚的,品貌要端正,但独养女不要。厂方认为独养女是娇生惯养不易控制的。女工要是生了产,她的车位即有工人替上去。生产女工一般是生了产就算除牌了。但个别也有再来的,多半要等到有空车时再替上去,原来的车位不能再恢复了。厂里没有喂奶室,只得在门房里偷偷摸摸喂一些奶。

14. 关于抗战前有否发生过工人运动问题。因开厂时间很短,没有发生过。

15. 关于大丰面粉厂的建筑材料问题。大丰面粉厂后来有一批洋松、玻璃、油坦克拿到协新来的。

16. 部分工人反映,最初厂里门房里有过虎头牌,借以吓唬工人。

17. 关于发工资问题。胜利后,发工资按生活指数计算。但一般按发放日前七、八天的生活指数为标准的,故工人吃亏很大。职员一般都是预支的,吃亏比较小。发工资遇到有零头,一般都不发,只发整数,零头要扣存下去,积累满1元后一并发给。胜利后工资往往不能如期发放,要延期9天发放。

18. 工作员进厂考试时,要笔试,做笔算及作文。最后唐君远口试,主要是验相貌,看看端正不端正。

19. 关于利润问题。据顾工程师反映,只知道卖出1码呢绒,可以买进2磅羊毛,当时羊毛成本每磅2元5角。

(注:本件原件为手写稿,存无锡协新毛纺厂档案室)

协新毛纺织染厂产品的开发

李宝善 顾雄万

(一)解放前协新的主要产品

(1)精纺呢绒(以进口毛条为原料)

1. 花呢类:如中厚花呢、厚花呢、单面花呢、菱形花呢及螺丝呢。

2. 华达呢类:如素色华达呢、AB花线华达呢(两种色纱合股而成花线)。

3. 哔叽类:如中厚哔叽、细哔叽、汉立蒙哔叽。

4. 啥咪呢类:如混色啥咪呢、素色啥咪呢、嵌条啥咪呢(亦称绒面花呢)。

5. 凡立丁类:如中型凡立丁、薄型凡立丁。

6. 派立斯类:如深、中、浅灰色派立斯、女式杂色派立斯。

7. 贡呢类:如直贡呢、横贡呢、水浪直贡呢、礼服呢。

8. 马裤呢类:如元色马裤呢、元色白抢马裤呢、军黄马裤呢、AB花线马裤呢及巧克丁。

9. 驼斯锦类:如素色驼斯锦、元色白抢驼斯锦、混色驼斯锦。

10. 女衣呢类:如提花、杂色、绒面女衣呢。

11. 经济呢:如棉、毛纱并拈花呢。

(2)粗纺呢绒(大多以国毛为原料):

1. 粗纺女衣呢:如各种格型女衣呢、宽狭条女衣呢、提花女衣呢。

2. 粗纺花呢:如结子线条花呢、深浅条格花呢、花式线格子花呢。

3. 大衣呢:如元色白抢大衣呢、素色大衣呢、人字大衣呢。

4. 麦尔登:具备多种档次。

5. 法兰绒:具备多种色彩。

6. 海军呢:多为藏青色。

7. 制服呢:多为藏青色。

8. 棉经毛纬制服呢;多为藏青色或军黄色。

(3) 工业用呢

如皮辊用呢、印花辊筒衬呢、浆纱绒呢及蒸呢衬布等,都是为适应社会需要而生产的产品。

(4) 异军突起的不蛀花呢

协新厂为达到经营长盛不衰,与瑞士嘉基颜料厂远东经理处订立了为期7年的包销合同,规定该厂新发明的专利品“灭蠹”羊毛不蛀粉剂,由协新毛纺织染厂独家使用,生产协新不蛀花呢。该产品虽因成本增加而每码售价提高一元,但由于具有防蛀的特点,深得上海棋盘街各呢绒商店和消费者的欢迎。

(二) 新中国成立初协新产品的发展

新中国成立后,上述各大类产品大多仍继续生产,在社会上取得良好信誉;同时随着形势的变化,又发展了一些新产品。

(1) 毛毯的生产　建国初期,为了支援抗美援朝,协新厂曾为国家加工生产军需草绿色毛毯,历年总计有数万条。值得一提的是:毛毯的纬纱为3至4公支,按常规都是在粗纺设备上生产的,我厂因粗纺设备不足,采用在精纺折衷式前纺设备上纺制毛毯纱的特殊工艺,完成光荣的军需任务。以后我厂也曾生产过一批民用毛毯供应市场。

(2) 国毛哔叽的生产　建国初期,因海运线受到帝国主义的封锁,进口毛条困难。我厂先后采购到一批甘肃平凉毛及山东寒羊毛,当时在国产毛中算得上是优质的,在本厂的英式梳毛机及圆梳机上(此项设备后来调往上海第二毛条厂)集中制成毛条,并经过技术革新纺成36英支的双股毛纱,最后制成国毛哔叽产品。因此协新厂可以称为我国用国产羊毛纺制细呢的创始厂之一。

(3) 绒线的生产　建国初期,人民生活崇尚朴素,细呢需求量减少。为适应市场需要我厂利用精纺设备生产粗细绒线,粗绒线在三纺机上完成,细绒线在细纱机上完成,至于四股绒线的合股加捻机,则购进棉纺三纺机加工改造。当时使用56至58支毛条生产285甲级粗绒,使用50至52支毛条生产275乙级粗绒,还使用64支毛条少量生产细绒。因产品质量上乘,深受人民喜爱。生产时间持续数年之久,直到精纺呢绒内外贸任务增加后,才告停止。70年代以后作为我厂辅助产品是220、232、236全毛针织绒和826睛纶针织绒。这些产品也满足了部分市场的需要。

(下略)

(原载《无锡文史资料》第22辑,1990年6月)

协新厂几种名牌产品的特色

陈藏生

协新毛纺织染厂创建于1935年,生产精粗纺毛织物,如花呢、华达呢、哔叽、维也纳、啥咪呢、法兰绒等,解放前在国内市场享有盛誉。现就本人亲历的技术史料琐忆如下。

一、不蛀呢。系采用瑞士嘉基染料厂新产品 MitinFF 防蛀剂处理。协新厂与嘉基厂订立合同,嘉基厂生产的该防蛀剂专供协新厂独家使用。当时其他外商各化工染料厂尚未有这类产品。由于毛纺织物的最大缺点是虫蛀,因而协新厂的不蛀花呢名声大振,独占呢绒市场,从而带动了整个产品。但其中也有一段过程。在订立合同后进行试验,从培育蛀虫起,在一定的条件下观察其防蛀效果,个别呢片仍有被蛀蚀现象。经与嘉基厂研究改进,方始达到防蛀要求,可经久不蛀。

二、元色直贡呢。在三、四十年代时,高级呢鞋及马褂之类,一般采用元色直贡呢制作,在质量上的要求是色泽乌黑,有胶光。协新厂在选用染料上亦多方考虑,使成品特别乌黑,因此在上海棋盘街销售时,每码售价比其他厂家高出1元。

三、维也纳。是一种高档衬衣料,选用高级细支羊毛精心纺织,特别在后处理方面尤其考究。其特点是轻薄柔软,绒面细腻,穿着舒适,保暖性能良好。

四、啥咪呢。是一种春秋季外衣料。协新厂生产的啥咪呢,从原料到各道工艺都经过研究,并多次改进,达到手感柔软而不起皱,久穿不起球，色泽流行大方，深得消费者欢迎。

五、法兰绒。比啥咪呢厚实，适合制作西服，宜于初春、深秋穿着。其选料工艺亦与啥咪呢相同。由于缩绒讲究，穿着挺而不板，手感丰满而有弹性，可与舶来品媲美。

（1982年10月2日）

（注：本篇摘自《我所亲历的协新毛纺织染厂技术资料》，标题为编者所加。）

（无锡市政协学习文史委资料室保存资料）

（五）九丰（大丰）面粉厂，润丰油饼厂，利农砖瓦厂

九丰面粉厂创办经过

李志霖

无锡士绅蔡缄三，1900 年与唐子良、唐保谦父子在三里桥开设永源生米行。1906 年，协助周舜卿在上海创办信成商业储蓄银行，任无锡分行经理。在与荣德生兄弟金融交往中，了解荣氏实业的发展情况，加之他曾去日本考察过实业，而萌生创办实业的思想。1909 年，与开设义泰永米行的夏子平和上海米行经理袁葆生、李征五合议，拟在锡开设惠丰面粉厂，后因袁葆生未能履约而未果。

1910 年，蔡缄三在锡另行招股，共集资规银 10 万两，分为 10 股，每股 1 万两，蔡缄三 2 股，夏子平、孙鹤卿、唐保谦、唐锡九、唐慕潮、宁钰庭等 8 人各 1 股。董事会公推蔡缄三任总理，夏子平任协理，孙鹤卿、唐保谦等为董事。取厂名为九丰，据说因惠山又名九龙山，山有九峰之意。一说因九人合股故取名九丰。并因厂在惠山、锡山之麓取谐音“山鹿”为面粉商标。制粉设备选购美国白乃里司厂生产的新型粉机一套，有主机 30 吋钢磨 12 台，用 450 匹水汀引擎为动力。建厂工作由唐保谦六弟唐纪云负责经办，他精通外语，又熟悉国外工业情况，建厂工作较为顺利。1911 年冬建成投产，日产面粉 2 500 包，是无锡第二家大型面粉厂。

1912 年夏子平因对唐保谦有意见而辞去协理，退就董事，九丰面粉厂协理由唐保谦继任。

蔡缄三、唐保谦经营九丰面粉厂，借鉴荣氏聘用王禹卿、浦文汀分别负责销粉、办麦，倚为左右手的经验，聘用恒大昌专业麦行的张春霖任九丰厂的办麦主任（后张与唐保谦意见相左，为荣氏请去，1919 年任上海福新七厂副经理。1921 年兼任三新总公司麦务部主任）。销粉方面，唐保谦经营布庄出身，又经营永源生米行多年，他业务精明，仅聘用严耀卿为销粉助手。

九丰厂的组织机构，类似荣氏企业。总理、协理坐镇北塘批发处，掌管人事、财务调度，经营方面的进原料、销成品以及重要材物料购置等企业大权。总管(相当于厂长)受总、协理领导，分工负责厂里生产、行政事务，麦务根据总、协理所定办麦方针，办麦主任可以独立办麦和指挥厂里收麦、进机等事务。九丰面粉厂一开始，就实行供、产、销集中管理，分工负责的企业管理形式。

蔡缄三、唐保谦是以经营商业的经验经营九丰。九丰建成投产时，正是荣氏的茂新面粉厂绿兵船牌面粉畅销南北各埠、商品信誉日高之时，蔡、唐深知新厂、新牌面粉，在北方市场上暂不能与兵船牌去争锋；苏、浙一带粉销市场，由于茂新重视北销，尚可开拓，以求粉销立足，而后争取发展。他们与张春霖研究，采购优质小麦，对各品种的小麦，以粉色和筋力兼顾的要求，进行均匀搭配进机，持之以恒地严格品麦办法，配合车间生产，保证生产优质面粉。除生产时严格检验粉质外，还规定每天生产面粉送粉样到批发处检验；又定批发处人员每天早餐吃样粉做的面食，以检验面粉质量。唐保谦还经常到面馆、大饼店等用户，听取反映，发现问题，立即通知厂里改进。

蔡缄三在社会上有一定地位与声望，并善于社交，唐保谦精明干练，业务上很有办法。他们很重视工商关系，给实销量大的恒茂等粉麸号种种优待，争取粉麸号为推销九丰厂的粉、麸而出力。并在上海、南京、苏州、镇江、杭州设分庄推销面粉。所以，九丰面粉厂的绿山鹿面粉，很快就取得了良好的信誉，本埠用户大部欢迎山鹿粉，沪宁线和杭州等地山鹿粉销数超过兵船粉。九丰面粉厂开办三年，年年盈余，企业奠定了稳固的基础。

第一次世界大战期间，我国面粉大量出口，荣氏的茂新、福新系统，厂多、产量大，兵船牌面粉为外商竞购，国内市场供应减少。于是，九丰面粉厂的山鹿牌面粉畅销各地。该厂在连年获得厚利情况下，两次增添设备、新建第二车间，增建粉库、麦仓，日产量达到 8 000 包面粉。除上述增添设备和基建投资外，尚盈利 70 余万元，股东年年分得红利。社会上流传说：“有了九丰股票，等于着了头彩。”

1915年，无锡县商会改选，孙鹤卿、蔡缄三分别任正、副会长。蔡由于兼地方公职日多，九丰厂的经营与企业管理大部由唐保谦掌管。

1920年，唐、蔡集资创办庆丰纺织厂后，九丰厂由季郁文主持麦务，曹菊如、朱少卿先后主持销粉。

欧战结束后不久，外粉再次倾销我国市场，我国面粉工业由盛转衰，不少工厂亏蚀关闭。九丰面粉厂由于基础好，资力雄厚，经营上一直重视实销，所受影响较少，仍年有盈余。

庆丰纺织厂创办后，九丰总管唐纪云负责该厂筹建。蔡缄三弟蔡松如进九丰接替。1928年蔡缄三幼子稚岑进九丰任会计，后升厂会计主任。1931年蔡缄三次子漱岑自上海交大电机系毕业，进九丰任工程师。于是，九丰面粉厂企业管理逐步由蔡漱岑、稚岑兄弟掌管，庆丰纺织厂企业管理由唐保谦子唐星海掌握。所以，社会上有蔡九丰、唐庆丰的说法。

庆丰建成投产时，即遇中国纺织业受日商操纵市场而转向萧衰，庆丰纺织厂资金周转困难，九丰给予大量垫款。以后庆丰生产好转有了盈利，又不断增添设备，其流动资金大部分仍靠九丰垫款。

抗日战争中无锡沦陷后，九丰面粉厂物资损失20万元，并被日军侵占。1938年为日商华友制粉公司霸占经营，改名大丰面粉厂，仅招到部分工人进厂开第二车间，仍用山鹿牌面粉商标，生产面粉大部充作日军军用，小部供应市场。

原九丰职员没有一人进日厂工作。蔡漱岑、稚岑兄弟召集部分职员，在上海租营英商强身面粉厂，作为蔡氏兄弟与陶君武、君石兄弟于1934年集资在苏州创办的太和面粉厂的分厂，生产红绿太和牌面粉供应上海市场。1940年租营期满，因英商不肯续租而结束，去申人员分散到太和面粉厂、戚墅堰成徐面粉厂、无锡广丰面粉厂。

抗战胜利后，唐星海出面收回庆丰纺织厂、九丰面粉厂，派庆丰厂长陶心华兼任九丰厂长，并请上海阜丰面粉厂技术人员带40多个工人来锡修理机器。因而挫伤了九丰老职工的积极性，形成九丰工人修理第二车间,上海阜丰工人修理第一车间,相互不通气,修理进展缓慢。后秦轶欧任九丰厂长,仍是人心不齐,工作散漫。荣德生曾为九丰着急,对九丰负责人说:“现在面粉厂开工有利润,你们为什么不集中力量先修复一个车间恢复生产?”到1947年冬九丰才修复第二车间,1948年新麦登场时又修复第一车间。与荣氏的茂新二厂相比,九丰面粉厂丧失1946、1947两年获利时机。根据民国36年11月、12月,民国37年1月,无锡工商半月刊所载三个月无锡各面粉厂实际生产量统计数字:

九丰三个月共生产面粉36 495包;

广丰三个月共生产面粉125 328包;

振华三个月共生产面粉114 394包;

华新三个月共生产面粉136 564包;

增丰三个月共生产面粉97 512包;

永安三个月共生产面粉80 125包;

允福三个月共生产面粉105 409包;

九丰面粉厂的衰落于此可见。

到1948年新麦登场时,九丰厂一车间虽修复生产,但此时国民党军队节节败退,人心浮动,物价飞涨,已失去正常经营生产条件。后来国民党政府发行金圆券,九丰面粉厂更入困境。1949年春,唐星海离沪赴港,临走安排唐瑞千、蔡漱岑负责九丰事务。

解放后,九丰面粉厂缺乏资金,代国家加工任务又少,入不敷出。1950年,秦轶欧被迫卖去275匹电动机发放工资。后又准备卖去一车间引擎,九丰厂职工吸取增丰面粉厂关厂教训,不同意变卖设备,派代表要求人民政府接管。到1951年5月,在人民政府支持下,九丰面粉厂租与苏南企业公司,改为公营无锡面粉厂。1953年苏南企业公司迁南京,由地方国营企业管理处接管,成为地方国营无锡面粉厂。7月,顺丰德、九福、华新、天华4家工厂并入无锡面粉厂。

1956年全行业公私合营后,6月,无锡面粉厂并入公私合营茂新面粉厂。根据公私合营政策,通告原九丰面粉厂私股补办登记手续,经清产核资,核定股权,领取定息。

(原载《无锡文史资料》第 24 辑,1991 年 6 月)

九丰面粉厂概况(1930～1949)

1930 年

成立时间:清宣统二年(1910 年 1 月);厂址:蓉湖庄;组织:有限公司;资本额:20 万两;总经理:蔡缄三。

机械数:钢磨 35 部;原动力:(1)引擎 1 座,马力 450 匹,每日用煤 12～13 吨;(2)马达 1 座,马力 300 匹。

原料及出品:年用小麦 30 万石,出产面粉 70 万包,麸皮 10 万包,值银约 245 万元;商标:山鹿,五福;运销:由运河转运上海,或出太湖运往浙江,还通过运河和铁路,运往河北、天津、汉口、辽东等地。

职工待遇:有职员 50 人,工人 210 余人;职员每月最高 45 元,最低 6 元;工人每月最高 48 元,最低 12 元 5 角(职员膳食由厂方供给,年终红利照规定成数分配;工人除酌给津贴外,年终另给双薪一月)。

1935 年

经理:蔡缄三;资本额:50 万元。职员:57 人,工人:215 人。钢磨 35 部,马达 134 匹,引擎 450 匹。每年出品总值:250 万两。商标:山鹿。

1949 年 3 月

地址:蓉湖庄 17 号;负责人:唐星海。设备:动力 318 匹马力,钢磨 14 部。用麦量:每天 1 593 担;用电量:每年 5693 472 度;职工:300 余人;生产量:每天 2 880 包。

1949 年 10 月

厂名:九丰面粉厂;地址:无锡蓉湖庄;电话:136;组织:股份有限公司;办事处:北塘 56 号;电话:1133;资本额:100 亿元;负责人:唐星海;代表:黄敦复,丁文鸿,秦铁欧。

设备:主要:第一工场 30”双钢磨 24 部,第二工场 30”双钢磨 6 部,36”双钢磨 5 部;动力:第一工场 450H. P. 双气缸引擎 1 部,第二工场275H. P. 马达1部;其他:配合主要设备之其他清麦及制粉机器及修机间机器。

每月生产量:最高:面粉61 690包,麸皮10 642担(本年8月份产量);最低:面粉7 652包,麸皮1 183担(本年9月份产量)。每月需用原料:数量:本年8月份用小麦24 000包,9月份用小麦2 970包;来源:在本地向各行商购买。每月需用燃料:煤:最多时600吨,本年8月份用104吨;来源:向煤商购买。运销地区:国内:上海、杭州、南京、苏南各地及本地。

员工情况:职员:男18人,每月薪给:白粳112石;工友:男119人,每月工资:白粳224.5石。每天工作时间:日班8～12小时,夜班4～12小时。职工福利设施:厂中常备普通药品,免费供给职工应用;设立职工俱乐部,运动、音乐、器具及图书由厂置备。

目前困难:原因:销路呆滞,麦源不足,以致常有麦贵粉贱现象;克服办法:希望交通畅达后情形好转。

(《无锡面粉业近况》,摘自《江苏省工业统计资料(1927～1937)》,南京工学院出版社,1987年;《无锡年鉴(1930)》,《无锡概览(1935)》,《无锡概况(1949)》,摘自《民国时期无锡年鉴资料选编》,广陵出版社,2009年;《九丰面粉厂工业调查表》,无锡市档案史志馆藏档,案卷号:D005-1949-002-0008-0003)

九丰面粉股份有限公司股东名册(1950年12月31日)

金额单位:万元(人民币,旧币)

股东姓名	籍贯	股数	金额
丁文鸿	无锡	225 000	2 250
丁涤如	无锡	37 500	375
王世圭	无锡	330 000	3 300
王志清	无锡	45 000	450
王如琛	无锡	360 000	3 600
王毓民	无锡	22 500	225
朱传仁	无锡	600 000	6 000

（续表）

股东姓名	籍贯	股数	金额
李国昌	无锡	200 000	2 000
李逸庵	无锡	67 500	675
宋森千	无锡	75 000	750
沈福良	无锡	150 000	1 500
余　忻	无锡	225 000	2 250
余殿英	无锡	225 000	2 250
季郁文	无锡	637 500	6 375
金文英	上海	90 000	900
周永荪	无锡	78 750	787.5
周德荪	无锡	78 750	787.5
周雅轩	无锡	375 000	3 750
周森达	无锡	187 500	1 875
周文华	无锡	45 000	450
吴曾荣	无锡	150 000	1 500
胡仲鸣	无锡	225 000	2 250
徐杏甫	无锡	37 500	375
孙泳安	无锡	225 000	2 250
孙宝书	无锡	225 000	2 250
孙保峻	无锡	187 500	1 875
孙某泉	无锡	525 000	5 250
孙瑷璐	无锡	300 000	3 000
孙鉴渠	无锡	225 000	2 250
孙钟海	上海	2 025 000	20 250
孙洪钧	上海	450 000	4 500
孙巨梁	上海	450 000	4 500
孙铭炜	上海	450 000	4 500
孙观恩	上海	450 000	4 500
秦唐藕先	无锡	495 000	4 950
陈剑霞	吴县	75 000	750
陈义君	金坛	150 000	1 500
席德媄	吴县	540 000	5 400

（续表）

股东姓名	籍贯	股数	金额
夏伯周	无锡	225 000	2 250
夏铁樵	无锡	1 375 000	13 750
夏春铃	无锡	285 000	2 850
夏绍基	无锡	485 000	4 850
夏绍宽	无锡	285 000	2 850
夏颂德	无锡	562 500	5 625
夏启明	无锡	225 000	2 250
夏郁秀	无锡	562 500	5 625
夏莲懿	无锡	45 000	450
唐星海	无锡	2 905 000	29 050
唐骥千	无锡	2 000 000	20 000
唐骏千	无锡	2 000 000	20 000
唐骝千	无锡	2 000 000	20 000
唐瑞千	无锡	1 987 500	19 875
唐淑云	无锡	1 192 500	11 925
唐振夏	无锡	112 500	1 125
唐再明	无锡	112 500	1 125
唐凤岱	无锡	1 050 000	10 500
唐岷春	无锡	300 000	3 000
唐纪云	上海	1 687 500	16 875
唐熊源	上海	112 500	1 125
唐伟章	上海	112 500	1 125
唐述畏	上海	112 500	1 125
唐奎源	上海	112 500	1 125
唐燮瑛	上海	112 500	1 125
唐淞源	无锡	1 165 000	11 650
唐晋千	无锡	675 000	6 750
唐运千	无锡	337 500	3 375
唐齐干	无锡	337 500	3 375
唐嘉千	无锡	337 500	3 375
唐绚千	无锡	225 000	2 250

（续表）

股东姓名	籍贯	股数	金额
唐晔如	无锡	1 845 000	18 450
唐项亚男	无锡	1 792 500	17 925
唐斌安	无锡	400 000	4 000
唐君远	无锡	100 000	1 000
唐蔚文	无锡	100 000	1 000
唐骧廷	无锡	750 000	7 500
唐颂良	无锡	187 500	1 875
唐慕汾	无锡	1 800 000	18 000
唐振纪	无锡	2 000 000	20 000
唐振维	无锡	75 000	750
唐敬安	无锡	525 000	5 250
唐氏小学		150 000	1 500
唐祠小学		150 000	1 500
唐仓小学		150 000	1 500
唐茔小学		150 000	1 500
唐江蕙	无锡	1 812 500	18 125
唐文梁	无锡	742 500	7 425
唐吉梁	无锡	765 000	7 650
唐勤禹	无锡	262 500	2 625
唐润梁	无锡	112 500	1 125
唐寿梁	无锡	990 000	9 900
唐可梁	无锡	495 000	4 950
唐元熙	无锡	165 000	1 650
唐嘉熙	无锡	165 000	1 650
唐缉熙	无锡	165 000	1 650
唐凌阁	无锡	450 000	4 500
唐德千	无锡	510 000	5 100
唐涵如	无锡	187 500	1 875
曹子厚	无锡	90 000	900
曹如坤	无锡	262 500	2 625
曹涵美	无锡	112 500	1 125

（续表）

股东姓名	籍贯	股数	金额
周漱舫	无锡	675 000	6 750
黄汇敏	无锡	75 000	750
黄敦复	无锡	112 500	1 125
许　畅	无锡	405 000	4 050
庄蝶仙	无锡	112 500	1 125
庄梅生	无锡	112 500	1 125
庄衍生	无锡	112 500	1 125
庄颂秋	无锡	112 500	1 125
单崇礼	无锡	240 000	2 400
单宗贯	无锡	153 750	1 537.5
单宗楫	无锡	93 750	937.5
单茂青	无锡	93 750	937.5
单有先	无锡	93 750	937.5
温金美	无锡	2 000 000	20 000
温汇坡	无锡	187 500	1 875
张唐景汾	无锡	150 000	1 500
张孟涛	无锡	90 000	900
张叔衡	无锡	90 000	900
张辅揆	无锡	90 000	900
张弼丞	无锡	90 000	900
张家保	无锡	112 500	1 125
张德保	无锡	112 500	1 125
张成栋	无锡	375 000	3 750
张青云	无锡	150 000	1 500
张德载	无锡	45 000	450
张华氏	无锡	45 000	450
张慕颐	无锡	45 000	450
张以仁	无锡	15 000	150
张蓥奎	无锡	15 000	150
邹忠曜	无锡	500 000	5 000
邹蘅倩	无锡	200 000	2 000

（续表）

股东姓名	籍贯	股数	金额
华福畴	无锡	90 000	900
华哲谋	无锡	90 000	900
华福炎	无锡	90 000	900
华李文	无锡	90 000	900
华翔英	无锡	90 000	900
宁钰亭	青阳	1 450 000	14 500
程王蕙	镇江	225 000	2 250
葛凤池	江阴	1 200 000	12 000
裘复生	无锡	450 000	4 500
叶正则	无锡	112 500	1 125
刘廷瑞	中山	75 000	750
蒋镜海	无锡	225 000	2 250
庆丰公司		25 000 000	250 000
钱孙卿	无锡	375 000	3 750
薛欲达	无锡	67 500	675
薛慕禹	无锡	90 000	900
顾翼之	无锡	225 000	2 250
顾高恺	无锡	225 000	2 250
顾　复	无锡	300 000	3 000
饶聘卿	恩施	1 500 000	15 000
蔡星澂	无锡	300 000	3 000
蔡健行	无锡	150 000	1 500
蔡哉存	无锡	360 000	3 600
蔡抱真	无锡	90 000	900
蔡育勍	无锡	150 000	1 500
蔡漱岑	无锡	1 912 500	19 125
蔡稚岑	无锡	2 250 000	22 500
蔡　浩	无锡	15 000	150
蔡观海	无锡	90 000	900
蔡君实	无锡	1 912 500	19 125
糜耕云	无锡	9 0000	900

（续表）

股东姓名	籍贯	股数	金额
蔡思曾	无锡	90 000	900
邹依仁	苏州	135 000	1 350
孙琦珍	无锡	45 000	450
孙晋良	无锡	189 375	1 893.75
孙晋臣	无锡	123 750	1 237.5
孙福培	无锡	61 875	618.75
孙亮初	无锡	150 000	1 500
蔡自清	无锡	22 500	225
蔡心一	无锡	112 500	1 125
杨世龙	无锡	112 500	1 125
张良记	无锡	225 000	2 250
吕鉴熙	无锡	375 000	3 750
侯汝梁	无锡	45 000	450
胡乾三	无锡	90 000	900
孙景沂	无锡	37 500	375
庄佩珊	无锡	135 000	1 350
庄瑞娟	无锡	315 000	3 150
合计		100 000 000	1 000 000

九丰面粉厂财产重估前后资产负债表（1950 年 12 月 31 日）

单位：万元（旧币）

资产科目	重估前账面金额	重估后金额	负债科目	重估前账面金额	重估后金额
流动资产			流动负债		
现金	292.23	292.23	应付票据		
行庄存款	4 698.05	4 698.05	应付账款		
应收账款	78.24	78.24	应付工资		
应收票据			应付税款		
应收佣金			应付利息		

(续表)

资产科目	重估前账面金额	重估后金额	负债科目	重估前账面金额	重估后金额
应收租金			行庄透支		
短期投资			预收定金		
预付货款	2 329.34	3 084.81	预收款项	6 479.70	6 479.70
预付定金			短期借款		
存货			职工存款	9 485.00	9 485.00
制成品	15 860.92	14 306.63	股东垫款		
在制品			联系往来	68 277.27	68 277.28
副产品			未提栈单	721.06	711.56
物料	10 441.78	78 060.86	暂收款项	83.71	83.71
原料			未付款项	2 524.63	2 524.63
废料废品		11 992.00	借入款		
暂付款项	1 651.96	1 651.96	解劳动		
存出款项			保险基金		
小计	35 352.52	114 164.78	小计	87 571.37	87 561.88
递延资产			递延负债		
预付费用			预收收益		
用品盘存					
固定资产			固定负债		
基地	3 502.20	31 519.80	长期借款		
房屋	80 708.00	642 737.18	存入押金		
减:折旧	67 154.53	405 120.91	公司债		
机器设备	164 875.49	1 603 166.85			
减:折旧	107 644.09	921 675.13			
工具	252.94	6 930.41			
减:折旧	166.94	2 493.20			
生财器具	5 861.00	8 000.30			
减:折旧	4 712.58	2 267.26			
存出证金	108.01	1 693.52			
小计	75 629.50	962 491.56	小计		
其他资产			净值		

(续表)

资产科目	重估前账面金额	重估后金额	负债科目	重估前账面金额	重估后金额
胜利公债	4 155.48	2 984.80	资本股本	100 000.00	100 000.00
专利权			公债	984.96	984.96
累计亏损	73 418.83		盘点溢出		13 318.49
			重估财产调整准备		877 775.81
小计	77 574.31	2 984.80			
合计	188 556.33	1 079 641.14	合计	188 556.33	1 079 641.14

(无锡市档案史志馆藏档,案卷号:B009-1950-014-0003-0001)

关于大丰面粉厂情况

以下是朱文沅、王秋农口述:

大丰面粉厂在1948年由协新经理唐君远、唐熊源发起组织,其资本额定为法币600亿元。经协新董事会建议,将发给协新股东的股息认购大丰股份360亿元,分发给各股东,其余的股份240亿元,则由各董事自由认购。至于面粉机器,系向茂新荣毅仁在美国定购的两套中分拆一套,据云现在尚未装运回国。厂房则在常州附近丁堰,已建筑好四层钢骨水泥架子,五层没有做好。场地上所存红砖已售给丽新纱厂,寄存于协新锡厂的洋松及玻璃亦已全部出售,闻系偿还协新借款的。目下寄存于协新厂的尚有10 500加仑水箱一只。

在解放以前是急求建厂,但在解放以后迄今快要3年,不仅终止了建筑,且将建筑材料全部售出,即定购的机器也迟不运返回国(最近且有机器部分已被唐熊源运往南美洲设厂的传说)。这项用意所在是值得重视的。

(原件无日期,为无锡市政协学习文史委资料室保存资料)

润丰油饼厂概况

1949 年 11 月

厂名:润丰昌记油饼厂;地址:南尖;电话:1093;组织:股份有限公司;办事处:北塘东街沿河;电话:1319。负责人:陈进立;代表:陈寿曾。

设备:主要:大连式铁车 24 部,锅炉 2 座,轧豆车 3 部,木车 50 部,石磨 4 部;动力:水汀引擎 1 部,冷帮车 1 部,马达 2 只;其他:油池 2 座。

每月生产量:最高:昌字五牌豆饼、昌记四牌豆饼 6 万片,豆油 2 600 担;最低:昌字五牌豆饼、昌记四牌豆饼 15 000 片,豆油 650 担。每月需用原料:数量:最高 21 600 石,最低 5 400 石;来源:徐州、蚌埠、开封、淮泰等处,系向粮行购进或自往产地采办。每月需用燃料:煤:最高 180 吨,最低 45 吨;烟煤如遇缺乏,改用硬柴、柴油。运销地区:国内:松江、嘉兴、昆山、苏州等市以及汕头、台湾等。

职工情况:职员:男 19 人,每月薪给:米 45 石 5 斗 5 升;工友:男 49 人,每月工资:米 102 石 6 斗。每天工作时间:日班 10 小时。

备注:每月最低生产量系属约数,遇原料不继及饼销不畅,致每月全部停工,时亦有之。

1950 年 12 月

厂名:润丰昌记油饼厂;厂址:本市三茅殿 1 号;电话:1093。创办时间:1915 年 2 月。经理:陈进立;现住所:本市熙春街 5 号;简历:现任福源润记米厂经理。

资本总额:633 543 935 元;固定资本:442 461 600 元;流动资本:191 082 335 元;性质:股份有限公司。股本总额:600 万股;每股股款:100 元。

主要股东姓名	认股数	简　历
唐瑞千	252 000	现任庆丰纺织公司经理
陈进立	48 000	现任本厂经理及福源润记米厂经理
陈景武	720 000	现任新丰染织厂工程师
陈汝春	318 000	现任九丰面粉厂会计
陈镜寰	318 000	现在上海电力公司服务
丁文鸿	300 000	现任九丰面粉厂营业主任

职员总数:15 人,技术职员 4 人,普通职员 11 人;全月俸薪总额:米 925 石;全月俸薪金额:9 844 400 元。

工人总数:60 人,技术工人 8 人,普通工人 52 人;全月工资总额:米 2 156 石;全月工资金额:33 171 000 元。

工作时间:视饼销而定,约在旺季时工作 12 小时,淡季时工作 8 小时。

工人福利事业:1. 厂内设阅报室,订有沪锡报纸 4 种;2. 常备医药用品及同业公会诊疗所。工厂安全及卫生设备:备有灭火机、水枪及锅炉保险装置;公共浴池 2 座,备有冷热水设备。

制成品种类	豆油	四牌豆饼	五牌豆饼
每年平均产量	499 担	1 644 担	……
每年最高产量	1 570 担	4 892 担	10 765 担
每年最低产量	86 担	300 担	632 担
年平均产值	243 118 645 元	118 578 432 元	276 971 520 元

原料:黄豆;主要产地:津浦陇海沿线各地;每年平均用量:4 164.3 石;年平均用量价值:593 829 180 元。

动力设备	水汀引擎	马达	水汀冷帮	锅炉
产地	本国	英国	本国	英国
座数	1 座	2 只	1 座	2 座
马力	75 匹	45,20 匹		

（续表）

动力设备	水汀引擎	马达	水汀冷帮	锅炉	
已使用年限	22 年	22 年	22 年	35 年，28 年	
尚可使用年限约	30 年	约 25 年	约 30 年	约 25 年	
重估价值	2 250 万元	2 100 万元	1 800 万元	5 160 万元	1 920 万元

机械工具	海饼榨油车	轧豆车	石磨	筛豆机	
产地	本国	德国	本国	本国	本国
座数	24 座	1 部	2 部	4 部	1 部
已使用年限	22 年	22 年	18 年、35 年	22 年	22 年
尚可使用年限	约 50 年	20 年	15 年，15 年	28 年	30 年
重估价值	8 640 万元	1 200 万元	720 万元	240 万元	960 万元

制造程序：先将原料（黄豆）视品质后，汋水或晒过，经过筛豆机筛过，再经过风箱风过，再进轧豆机轧成薄片，再入石磨磨成细屑，经过蒸饼灶蒸汽蒸过，然后放入油箍内，装入榨油车制成豆饼豆油。

地产面积：4 亩 2 分 2 厘 1 毫 8；产权关系：租赁。平房间数：62 间；楼房间数：16 间；产权关系：租赁。重估价值：人民币 34 643.62 万元（代估）。

（《润丰昌记油饼厂工业调查表》，无锡市档案史志馆藏档，案卷号：D005-1949-002-0009-0003；《润丰昌记工厂申请登记报告表》，无锡市档案史志馆藏档，案卷号：D005-1950-001-0012-0174）

无锡润丰昌记油饼股份有限公司章程
（1946 年 8 月 20 日修正）

第一章　总则

第一条　本公司依照公司法股份有限公司之规定组织，定名曰润丰昌记油饼股份有限公司，呈请经济部核准登记。

第二条　本公司专营制造豆饼豆油事业。

第三条　本公司租赁无锡南尖润丰油厂的全部基地、房屋、生财、机器为本公司工场。并于无锡北塘设立办事处。

第四条　本公司以通函及登载当地之日报为公告方法。

第二章　股份

第五条　本公司股份总额定为国币陆仟万元，分为陆拾万股，每股国币壹佰元，一次缴足。

第六条　本公司股东以中华民国人民为限。

第七条　本公司开业后，董事会认有增资必要时，得召集临时股东会议决定之。

第三章　股票

第八条　本公司股票由董事三人以上签名盖章发行。

第九条　本公司股票不得转让或抵押与非中国人。

第十条　本公司股票如有转让情事，应由转让人或受让人邀请保证人，于股票背面双方签名盖章，送交本公司经认可后，另缴纳过户手续费。

第十一条　本公司股票如因继承关系，须换户或分并，应具证明书，连同股票送交本公司认可后，纳费更换。

第十二条　本公司股票如有遗失，应将户名、号数通知本公司挂失，一面按照公司法一切手续办理完备，并登报，经一月后如无异议，再具确实保证，向本公司纳费申请补给。以后倘或发生纠葛，仍由保证人及失主负责清理。

第十三条　本公司股票遇有抵押情事，受抵人欲转户时应凭原户及保证人签名盖章通知方可注册。如有纠葛，由原户及保证人负责。

第十四条　本公司股东常会开会前三十日内，临时会开会前十五日内，均停止股票过户。

第十五条　股东之姓名、住址、印鉴须向本公司报明，遇有变更时亦同。

第十六条　各股东转让、过户、挂失（股票），概凭印鉴，如印鉴遗失，应即随时登报，并向本公司声明作废，一面备具保证另送新印鉴存记。在旧印鉴未经本公司注销以前，仍由失主负责。

第四章　股东会

第十七条　股东会分常会、临时会两种。常会于每年决算后三月内，由董事会于一月前通告召集之。临时会由董事会认为必要时，或监察人依据公司法之规定，或由股份总额二十分之一以上股东声明理由请求董事会开会时，应于十五日前通告召集之。

第十八条　各股东之表决权定为一股一权。

第十九条　股东会之主席由董事中推定之。

第二十条　股东会议决事项须载明于决议录，由主席签名盖章，保存于本公司。

第二十一条　股东不能出席股东会时，得委托代理人行使其表决权，但须于开会前用原存印鉴出具委托书，呈明公司存留为证。

第二十二条　股东会之决议，除公司法另有特别规定外，须以代表股份总额过半数之股东出席，以出席股东表决权之过半数同意行之。可否同数取决于主席。

第五章　董事　监察人

第二十三条　本公司设董事七人，监察人二人，由股东会就股东中互选之。

第二十四条　凡持有本公司股份者，均有被选为董事或监察人之权。

第二十五条　董事任期三年，监察人任期一年，连选连任，如遇缺额，应即补选。

第二十六条　董事、监察人均名誉职，不支薪俸。

第二十七条　董事会会议细则另订之。

第六章　职员

第二十八条　本公司经理一人，副经理一人，事务员若干人。经理、副经理均由董事会选任之，事务员由经理、副经理会商任用之。

第二十九条　经理总揽公司一切事权，并督饬全体员司处理各项事务。副经理辅佐经理执行一切业务，并有管理全体员司之责。

事务员秉承经理、副经理之命,处理公司事务。

第三十条　本公司办事职员概须觅有殷实保人,并不得自营与本公司相同之事业。

第七章　会计

第三十一条　本公司会计年度每年定国历一月一日起至十二月底止,应由董事会依法造具各项书表,交监察人查核副署后,依法提交股东会请求承认。

第三十二条　本公司每年除各项开支外,如有盈余,先提公积金十分之一,再分派通常股息及红利,其分派方法由股东会议决之。

第三十三条　本公司如无盈余,不得以本作息。

第八章　附则

第三十四条　本章程如有未尽事宜,悉遵公司法及其他有关法令办理。

第三十五条　本公司办事细则另定之。

第三十六条　本章程由股东会决议,依法呈请经济部核准施行。

润丰油厂资产及盈余分配(1949～1950年)

工业部门:轻工;自然行业:油饼;企业类型:大型

企业名称:公私合营润丰油厂;地址:石铺头1号

金额单位:千元(人民币,新币)

	1949年	1950年	1951年
(一)资产情况			
资产净值	63.82	18.76	……
固定资产	44.24	42.31	……
资本额	60.00	60.00	……
其中:私股	60.00	60.00	……
(二)利润总额	……	−45.06	……
其中:所得税	……	……	……
资方所得	……	……	……

(续表)

	1949 年	1950 年	1951 年
职工福利	……	……	……
公积金	3.35	3.35	……
(三) 资方投资金额及全年收入情况			
投资人姓名	投资金额	其中:庆丰纱厂	润丰油厂
唐炳源	814.04	809.00	5.04
唐煜源	1 122.04	1 117.12	4.92
唐瑞千	422.52	420.00	2.52
唐清慧	1.20	1.00	0.20
唐凤岱	45.80	45.40	0.40
唐耆千	5.20	5.00	0.20
唐振千	7.10	7.00	0.10
唐凌阁	12.20	12.00	0.20
陈湛如	3.80	3.20	0.60
陈景武	23.20	16.00	7.20
陈寿曾	23.20	16.00	7.20

说明:1949 年～1950 年本企业资方均无收入;庆丰投资资方收入不了解。

私营工商业资产及盈余分配情况调查编制说明:

1. 本企业私营时在 1951 年租赁给公营经营,至 1954 年初因地方国营退租还给资本家,当时即组织生产委员会开展加工生产业务,至 1956 年为公私合营,因此对资产情况只填 1949 年至 1950 年。

2. 私营企业出租给公营后,在 1951 年底进行重估财产,以 1950 年底实有财产重估,当重估时,资产净值为 92 877 元,固定资产为 105 858 元,当时账面数未经调整。

3. 1955 年底清产估价结果,连这次合营高潮中资方新增加的投资金额(土地、房产、款项)约近 3 万元。清产估价总计:资产净值 93 059 元,固定资产 88 646 元,资本额 92 059 元,其中公股 21 320 元,私股 70 739 元(私股内包括这次资方新增加的投资在内)。

4. 私营时 1954 年～1955 年阶段(生产委员会),历年盈余分配情况如下:1954 年亏损 739 元,1955 年份账面盈余(利润额)27 361

元，其中所得税 12 574 元；其余之款贴旧企业中机器折旧费外，余分配职工集体福利和奖励金，所(以)资方一概无收入。

(注：该项调查统计时间为 1956 年，表号：公私调估基 02)

(《润丰油厂历年资产及盈余分配》，无锡市档案史志馆藏档，案卷号：B015-1949-009-0250-0108)

无锡润丰昌记油饼股份有限公司临时股东会议记录(1950 年 10 月 8 日)

日期：公元一九五〇年十月八日下午二时

地点：假座无锡市油厂同业公会会所

出席股东及股数如后：

陈寿曾(七十二万股)　陈景武(寿曾代，七十二万股)

陈镜寰(如春代，三十一万八千股)　陈如春(三十一万八千股)

陈可权(四万八千股)　陈素珍(可权代，二万四千股)

陈琴芬(可权代，二万四千股)　陈光宇(可权代，六万股)

陈止南(可权代，六万股)　陈铭西(可权代，二十一万六千股)

以上共计二百五十万八千股，系亲自及推派代表出席者。

唐乘千(六万股)　唐瑞千(二十五万二千股)

唐翔千(二十四万股)　王焘记(三万六千股)

王燠记(三万六千股)　华毓芳(二十四万股)

以上共计八十六万四千股，系用书面提出意见者。

合计股权三百三十七万二千股

主席：陈进立　　记录：陈寿曾

(甲) 报告事项

(一) 报告一九四九年年底止之账略

无异议

(二) 报告一九四九年年底止调整资本为人民币陆亿元情况(另附报告书)

无异议

(三) 报告一九五〇年起至九月底止之概况(附概况书)

无异议

（四）报告股东王燠记等三人及股东唐瑞千等三人书面意见，一致认为王燠记等六人因事不能出席，既经提出书面意见，应作出席论，原意见书与讨论事项并案讨论。

（乙）讨论事项

（一）经理陈进立、厂长陈寿曾提议：本公司拟请股东增资以便清偿债务继续维持生产案（附原提案）

议决：根据股东王燠记等三人及股东唐瑞千等三人书面意见，暨出席股东陈如春当场所提意见，认为本公司为有限责任公司组织，股东仅负有限责任，现在实无能力增资。而未出席之股东又极星散，无从洽办。应由股东会授权经理，依照一九五〇年四月十八日上海市工商局（工）字50第8679号指示第三项“停业”：“一面保留企业组织及生产设备，一面停止生产及业务，而为劳资关系无定期疏散”之办法办理之。并由经理申请无锡市工商局、劳动局备案。至负债部分，同时授权经理设法清理。一致通过。

散会

主席：陈进立　　记录：陈寿曾

（《润丰油厂股东会议议决停业请鉴赐备案呈》，无锡市档案史志馆藏档，案卷号：B008-1950-009-0112-0054）

利农砖瓦厂股东名单（1949年）

股东姓名	籍贯	住所	股数	出资额（元）
丁文鸿	无锡	无锡书院弄所弄25号	1	500
席德媄	上海	上海凤阳路大通里3号	1	500
唐文波	无锡	上海江西路三和里49号	2	1 000
唐君远	无锡	上海江西路三和里49号	2	1 000
唐经国	无锡	上海江西路三和里49号	2	1 000
唐化千	无锡	上海江宁路363弄88号	1	500
唐如湛	无锡	上海太原路64弄1号	1	500
唐瑞千	无锡	上海北京道路444号	14	7 000

（续表）

股东姓名	籍贯	住所	股数	出资额(元)
唐翔千	无锡	上海南京西路1157号	15	7 500
唐纪云	无锡	上海建国西路福履新村11号	2	1 000
唐星海	无锡	上海茂名南路163弄5号	1	500
唐凌阁	无锡	上海太原路64弄1号	1	500
唐淞源	无锡	上海长乐路774弄4号	2	1 000
张道生	无锡	上海北京路盐业银行	4	2 000
程惇记	无锡	（无联系）	2	1 000
邹颂丹	无锡	上海愚园路41号	6	3 000
蔡君实	无锡		1	500
蔡漱岑	无锡	上海江西路452号104室	1	500
蔡稚岑	无锡	上海江西路452号104室	1	500
合　计			60	30 000

利农砖瓦厂财产清单(1951年)

1. 田亩基地:高田93.79亩;屋基15亩;

低田38.83亩;窑基10亩。

2. 房产类:新式屋(5幢)60间;旧式屋(23幢)172间。

3. 砖窑类:大窑1座;小窑4只(坍坏);小窑2只(已被拆坏)。

4. 机件类:轧泥机1座;轧洋瓦模型2架;

老式轧洋瓦模型1架;轧砖坯床1架;

地轴1根;全部皮带盘;轧大砖坯机1架;

粗细铁条12根;碾白泥磨爿1片;碾锤2只(石制)。

5. 生财类:大洋瓦架47架;小洋瓦架20 000只;

车盘板150块;坯匣250只。

6. 其它:抽水机1部;保险箱1只;长跳板2条;

红麻索1根;旧屋木400根;旧椽木1 600根。

二厂——

1. 田亩屋基类:高田36.57亩;低田1.5亩;

屋基8亩;场地20亩;窑基3亩。

2. 房产类:旧式工房16间;旧式工房4间(坍坏)。

3. 生财类:车子18部;坯匣200只。

4. 其他类:旧屋木50根;椽子300根。

(《利农砖瓦厂股东名单》,无锡市档案史志馆藏档,案卷号:B025-1951-005-0029-0108)

社会事业篇

唐氏家族热心地方公益

吴维忠

一、"唐氏义庄"[①]——千丝万缕的学谊乡情

还在20世纪二三十年代，唐氏"镇"字辈七个老兄弟(时熙镇、明镇、济镇已先后去世)在锡城工商业已有大成就后就明确表态，把严家桥唐氏仓厅改为"唐氏义庄"，把仓厅的财产、土地以及典当、栈房、茧行、木行(布庄已在19世纪末停业)的收益一律作为"义庄"财产，供唐氏家族特殊需要及救济地方使用。唐氏家族从唐懋勋开始四代人马在严家桥生活，特别是"镇"字辈生在严家桥，长在严家桥，与严家桥有着深厚的千丝万缕的学谊乡情。如唐子良的大儿唐浩镇(郛郑)在严家桥入塾读书，到十四、五岁开篇作文章的年岁，曾与程荫山、周振基一起附学到陈墅镇有名的姚辑庵老塾师处进修，有着深厚的学谊之情。唐竹山的三儿唐藩镇(屏周)，与程子章学谊甚厚至金兰换帖。唐滋镇(保谦)与朱锡良、海某某等数家据说还有寄义螟蛉之谊。唐谷源(肇农)与程元烈学谊深厚亦到金兰换谱的程度。唐氏义庄建立后，唐滋镇(保谦)每年都要回故乡探望。每到酷暑疫病流行，唐氏义庄都要聘请名医到唐氏仓厅及万象春中药店坐堂施诊、施药，每年底还要施米、施衣。贫苦人家死人后无棺木的，可以到同兴木行领取薄木棺材一口。平均每年仅施舍棺木就有三四十口。其实唐氏家族珍惜严家桥的乡情厚谊早在他们经商开店时就体现出来，如同济栈房的建立，就是唐子良、唐保谦父子"急人之所急"、专为便

① 唐氏义庄是唐氏老兄弟对严家桥的口头承诺，也做了不少善事义举，而实际上并未正式建立唐氏义庄这一机构或命名，故无锡史志及"义庄史料"中无唐氏义庄这一名称，后辈子孙也不知这一名称。

利农民而开的。农民若需急用，可以拿米、麦、大豆暂向同济栈房作抵押借款，这与一般典当只典押衣物细软、首饰珠宝及书画古玩等完全不同，这种抵押农具、农产品在别的地方恐怕是绝无仅有的（所以严家桥有个有趣的现象，别的地方节日上演露天戏要打木桩搭戏台忙上好几天，而严家桥演戏只要到栈房里借十几个水车灯芯盘，绑在一起戏台就搭好了，特别容易）。而且当时市面借款利息月息一分为低息，二分为高息，同济栈房抵押借款利息以一分二、三厘为准，属于中低息，对当时农民来说，可以说是“济人以用，救人之急”。

唐氏进城发展后，仍时时不忘家乡人。唐圻镇（申伯）是无锡有名的慈善家，又是锡城佛学界名人。但就是这位申伯，在清末民初就联络唐氏家族捐款，在严家桥修建大悲殿、雷尊殿，还捐助大梁支持修建顾墅庙。并亲自回故乡发起创立严家桥的禅宗“莲社”，任首任社长，社址就设在东前村的大悲殿。所以，严家桥的佛门子弟都十分称颂“申伯先生”，每逢有重大佛会，都要邀请唐申伯来支持。后来申伯双目失明了，还派儿子唐淞源到家乡主持佛事（唐淞源解放后曾任中国佛教协会理事，上海市佛教居士林林长）。直到今天，由唐申伯开创的每年春季组织佛门子弟及善男信女到杭州、普陀山等进香的传统，还盛行于严家桥、羊尖一带，只是交通工具由当年的轮拖改成了现在的汽车而已。

唐氏珍惜严家桥的乡情学谊还反映在唐氏先辈都十分信任和器重严家桥人。在唐氏无锡九丰面粉厂、福源堆栈、庆丰纱厂、丽华布厂、丽新纺织印染厂、协新毛纺织厂等工商企业中，在唐氏上海的工商实业中，严家桥地区的人有二三十个，其中不乏担任技术骨干、管理人员的。如黄炎曾担任福源堆栈负责人，朱文沅曾先后担任庆丰纱厂总务主任、协新毛纺织厂厂长，张永根担任丽新纺织厂副厂长，朱维衮担任上海协新毛纺织厂技术员，周近弢、胡玉麟、张中瑞、张慧琴、乔夕椴、曹德兴等分别在上海、无锡协新、丽新担任职员等等，都受到唐氏重用。

唐氏在器重家乡人的同时，又坚持了严格要求、重视品德、不讲情面的原则。据说有两个在庆丰工作的严家桥小青年，因初次进城充满新奇，有一次下工后乘深夜翻墙外出游玩，结果违犯了厂规厂纪被辞退回家。后虽然老父母多次进城求饶，仍坚决不容私情。还有一个马姓青年，其父曾做过唐氏仓厅经理，本人也在庆丰纱厂工作，因抗战庆丰关闭，马姓青年就到苏州宏济善堂谋生。宏济善堂是日本侵略军及汪伪汉奸贩卖鸦片的机构。抗战胜利后，该青年要求回庆丰工作。唐星海亲自看了该青年写的简历后大摇其头，说道，你写的字鸡鹅鸭鸟，龙飞凤舞，不成体统；又跟汉奸贩卖鸦片毫无骨气，本厂不能录用你这样的人。念你父亲曾任多年经理，你也在庆丰工作过，今天一次性补助你大米 200 石（每石 150 斤，200 石当时可以开两爿大布店），从此割断与唐家的关系，望你回家老老实实做生意。其严格要求及关心爱护之情，值得我们今天的人反复回味。

支持地方办学。严家桥地区一贯重视文化教育，有着良好的传统和深厚的文化底蕴。在过去和现在，严家桥出身的高知、高职人员遍布全国各地，许多人还在国外得到了很大发展，这恐怕与唐氏先辈的示范与支持有很大关系。自严家桥小学（当时称怀东小学）兴办以来，唐氏仓厅每年都有一定捐助。20 世纪 20 年代前后，严家桥小学曾因故停办数年。1924 年复校时，唐姓立即捐资 200 银元作复校经费。1927 年冬，由于无锡县反动政府对学校教师的迫害和搜捕，致使学校又进入第二次停办状态。到 1928 年春，由唐屏周出面向县教育局申请复校，并又捐资 200 银元作为复校经费，还推荐唐姓媳妇荣沅瑾担任小学校长。抗日战争时期，严家桥创办中学，唐氏立即伸出支持之手，无偿借出同济栈房房屋作为严家桥中学校舍，直到抗日战争胜利中学停办为止。

唐氏器重、信任家乡人，而严家桥人也是赤胆忠心为唐氏事业办事。前面所说的黄炎、张永根、胡玉麟等等，都为唐氏家族和地方作出了不少的贡献。特别是原南洋大学毕业生机械科学士、后任无锡私锡中校长的朱文沅，自 1934 年 8 月被唐保谦、唐星海父子高薪聘为庆丰纱厂总务主任后，一心扑在工作上，协助唐星海大搞技术革新，以自己渊博的知识、技能和管理才能，为庆丰的改革发展解决了许多难题。1937 年底日军侵华飞机滥炸庆丰，许多职工都逃散了，而朱文沅仍坚持留在厂里，甚至炸弹碎片溅到防空洞里都不动摇，直到把厂里最后400多件棉纱装运离厂后才回严家桥。回乡后又立即与家乡人一起，千方百计把400多件棉纱伪装成外商收购的蚕茧，冒着重重关卡检查刁难的风险，终于通过长江轮运把这批棉纱送还唐氏手里，“完璧归赵”。再如1942年太平洋战争爆发后，日本侵略军迫于形势改变侵略手法，由汪伪政府出面将日寇占领的无锡各厂发还原主时，朱文沅又受身在上海租界的唐君远的重托，到无锡重建被日军严重捣毁的协新毛纺织厂。朱在兼任严家桥中学校长的同时，受命于万难之中，在吴桥五河浜厂址，冒着四周土匪、恶霸的敲诈威胁和日寇、汪伪的干扰破坏，坚持一步一个脚印进行清理、筹建。一次被山北土匪硬毛头绑票到太湖湖心，但仍坚持重建工作不停歇，终于呕尽心血，历尽艰险，不负众望完成了建厂任务。抗战胜利后，工厂立即恢复生产，朱文沅又出任厂长，很快恢复了“三阳开泰”、“五福临门”等协新不蛀呢名牌粗细呢绒的生产。无锡解放后，朱文沅虽无一点资产股份，但仍代唐氏作为资方代理人全面负责协新的生产调度，克服种种困难安排全厂工人的生产和生活，对唐氏事业克[恪]尽职守。这也是严家桥人对唐氏家族乡情厚谊的真心回报！

二、造桥和浚河

“凡严家桥镇上的公益事，我唐姓负担一半。”

造桥

说起严家桥市镇，人们一定会想到在贯串市镇不到半公里的河面上，竟建有四座“大桥”，而这四座桥中，三座都与唐家有关。除严家桥外，一是“万善桥”，人们习惯称“双板桥”，是唐懋勋开设春源布庄后集资重建，曾名闻大江南北。二是“梓良桥”，建于20世纪初(1904年)，是唐氏后辈为怀念祖居、纪念先辈而建。第三座就是“永兴桥”，因建于永兴河上而取名。这里原有一座小木桥——三川桥，是镇东通往庙前弄直达城隍庙、小学校的主要通道，据说还是在18世纪末19世纪初建造的，到20世纪30年代，早已超过了百岁高龄。由于年久失修，已成破朽木桥，每到小学放学时，学生成群过桥，木桥常常摇摇晃晃不胜重负。1930年秋一个傍晚，无锡—严家桥班轮抵镇，正遇上小学放学，数十人立木桥上观看时，木桥突然坍塌，当场就有20多人掉入河中，所幸及时捞救未有伤亡。当时朱文沅正好在家，就联络程元熙等发起募捐筹建新桥，并聘请朱在交通大学的同学无锡映山河的江应麟工程师设计钢筋水泥桥图样，介绍承包营造商建造，造价2 100多银元。但当时仅募得700多银元。朱文沅、程元熙等与唐氏家族商量，唐屏周、唐保谦等七位老兄弟相互联系后回答：此乃严家桥一大公益事，建桥尚缺的1 400元资金，全部由我唐姓承担。并明确约定，以后"凡严家桥镇上的公益事，不论大小，我唐姓负担一半"。

其实唐氏家族热心严家桥公益事业早在20世纪20年代就已做了好多事：

创建地方商团，"保一方平安"。严家桥地方武装商团的建立，起因于民国九年(1920年)阴历六月初九收夏茧时节，水火帮土匪上午10时突然到严家桥抢劫。来年(1921年)由唐家唐子良大儿唐郛郑出面，向苏州镇守司第三师长朱熙商借到"灵门登"单响步枪60支，并介绍保定军校毕业的退伍营长戴刚到严家桥帮助建立市镇武装商团，戴任第一任教练。第一任商团公会长由唐屏周担任，第二任商团公会长由唐保谦担任。武装商团保护地方安全，从此严家桥再未发生过强盗抢劫等事，成为当时无锡东北乡维护地方安宁的一支力量，直到1935年商团组织才撤销。

"洋龙打水"

唐氏热心地方公益更让人称颂的是1923年的"洋龙打水"和1934年的"疏浚永兴大河"。

1923年入夏以后，久旱少雨。那时在中国农村，还没有用柴油机水泵打水的，所以农田灌溉全靠人力、畜力从大河戽水入内陆河，然后一条接一条河地以接力方式把外面大河水盘进去，农村中叫"拔大河"。而严家桥地属高乡头，常需用二或三度(部)人车或牛车才能拔大河水进内陆河，然后再接力盘水到内陆地块。天气炎热，农村劳力集中"拔大河"，只见河塘边的树荫下、松林里、坟堆旁，到处卧躺着

三、五成群的青壮农民，河边水车上，五、六个大汉正吃力地踩着水车轴，光着脊梁，露着屁股，短裤倒缠在腰间，浑身汗水，艰苦不堪。这就是人力戽水的场面。头顶烈日，脚踩水车轴，个中滋味，除非亲历，连一般的种田人家也难以体会。他们一小时换一次班，日夜交替戽水，下"班"就躺在附近地上休息。路上农妇送饭送水连接不断。尤其在严家桥南乡西河头一带，须三度人车或牛车才能将大河水戽入上浜河，再一条河接一条河地一直盘水到三里以外的黄家村、汤家巷等。当时唐保谦适收茧在乡，亲眼看到这些情景后，急农民之所急，动情地传言地方人士，现在"九丰"已购得柴油机和20英寸水泵，可装在船上借给地方"拔大河"急用。当东街图董程元烈将"洋龙船"上的水管第一次架在西河头坝上"拔大河"时，轰动了四乡农民。这是中国农村第一次用机器戽水，农民称之为"洋龙打水"。又把灌溉渠道称之为"洋龙沟"。当时无锡东北乡盛传"洋龙打水"的新奇事，曾引得周围十里八里的人打着"洋伞"络绎不绝到严家桥观看，一致谈论说，真是开了眼界，今后有洋龙打水，种田可以旱涝保收了。

"疏浚永兴大河"

"疏浚永兴大河"——这事发生在1934年。当年入梅以后30多天无雨，永兴河开始干得只剩一条小河沟，继而干涸得河底朝天、滴水全无。这时农民早已把田翻耕过来，只是久旱无水无法莳秧。整整一个多月无雨，往往一忽儿半天乌云，雷电交加，总以为这下可以洒些甘露水了，谁知忽儿又轰隆隆几声，乌云突然散尽，晴空万里，烈日中天。农民焦急地观天等雨，心似火烧。镇上开始闹迷信，在河底念"大家佛"，舞龙灯，集年满70岁的"十老人"拈香巡街求雨。但就是天公不肯作美，点雨全无，秧田裂尺可塞双指。四乡议论纷纷，谣言风起："中窑烟囱中出了旱魃，乌云起时给它吹散了。"莲社佛门子弟在大悲殿念消灾求雨七佛，北街梢雷尊殿道教打求雨消灾醮三天。然而，旱灾荒年之象已露，弄得人心惶惶，严重影响农业生产和居民生活。时任私锡中校长的朱文沅正因病在家休养，看到这一情况，就会同镇长程元熙一起，亲自沿河勘察旱情。从严家桥河底先步行到北窑蠡河口，见蠡河水势虽小，但并不干枯。又从河底计点步数回镇，再从严家桥继续步行计点步数到羊尖荡，见羊尖荡外水势很大。于是两人连夜从步数计算出开挖能交叉通过两条机船的河道宽度与深度，共若干万土方，以1角2分一立方土计算共须耗银七、八千元。朱、程立即在严家桥倡议抗旱开河募捐，但两天仅募得800多元。朱、程又立即到无锡中市桥巷唐宅拜会唐保谦，允言过去唐姓对镇上公益事业照例负担半数，今开河抗旱，急如星火，速回乡进行，亏款以后再说。朱、程回严家桥后立即发动抢疏永兴大河(又称严羊河)，召集各村巷分段承包，组织群众以工代赈挑河。来日天微明，各村巷就鸣锣集众奔赴包干河段挖河挑泥，众志一心，不到半个月，就使北窑蠡河之水和羊尖荡之水汩汩流到一起。十里长河一有水，万众欢腾。各村巷又立即自发组合抢筑“洋龙沟”(灌溉渠)，尹家弄、西河头、杨树泾、思泾浜、制种场、杨更巷等处，都抢先筑成。为了尽快让庞大的“洋龙船”赶到灌水站戽水，农民都站在大河中拔船而进，劳动号子声日夜不绝于耳。当朱、程到无锡向唐姓汇报，来日唐家派帐房下乡视看后，回锡汇报，唐氏大加赞赏，并十分高兴地说，北窑砖瓦从此亦可南运了。对工程的浩大艰巨，如羊尖街河，都是碎砖瓦砾，无法使用铁锄，只能用手一点一点抠挖，用竹畚箕畚，硬是疏浚成功。唐氏“镇”字辈老兄弟商量后，认为以此大公益善事，决定由唐仓厅——“唐氏义庄”全部承担，一下子就付来抗旱疏河款八千多元。所以这一年的大旱在严家桥未成灾，相反因土地翻晒已透，戽水机一上水抢莳秧，到秋后竟较往常多收了五至七成，大荒之年反而获得丰收。当时无锡许多报纸都登载唐姓这大慈善事业，其功德无量，在无锡东北乡农村中永志不忘。

为了防止大旱后必生疫情，朱、程将原先募得之款在严家桥四街建了四口公井，余款又向锡城购进较先进的四轮两龙头新式救火水龙一部，并购回大量伤寒、霍乱混合疫苗，免费注射防疫一星期。

这些历史如今早成过去，而公井尚在，唐氏家族出资疏浚严家桥永兴大河的故事，也还在当地传颂，给人们以许多启示。

严家桥人常说，严家桥出了唐氏，有了唐家，办事情就比别的乡镇要顺、要快、要多、要好得多。此话确是。

（摘编自吴维忠：《优秀、杰出的唐氏家族》等文，沈冲：《拂尘露珠话辉煌》，黑龙江人民出版社，2006 年；李树勋：《小镇春秋：无锡严家桥史话》，方志出版社，2004 年）

唐星海关于划付无锡普仁医院捐款的函（1947 年 9 月 3 日）

总发文第一一七号　沪总字第一七七号　第一页　三六年九月三日发

心华先生台鉴：

径启者：

一、兹请划付无锡普仁医院捐款柒仟万元，捐款户名开列如次，至希照办。款支申册为荷，所有收据亦希寄申，俾资分别转致。吴昆生、陈品三两先生合捐壹仟万元，唐纪云先生独捐壹仟万元，丽新程敬堂、唐骧廷、唐君远三先生合捐弍仟万元，本公司名下捐助叁仟万元。

二、关于上项捐款，详情除已电达外不再赘述。此颂

秋绥

同一先生均此

唐星海　启

（上海市档案馆藏档）

唐星海与唐文治就国专募款事由往来函

1948年4月14日,无锡国专校长唐文治至无锡国专董事会经济董事唐星海涵:“本校本学期就学者105人,生活费用上涨,教职员工月薪等开支缺口2亿元,望助劝募。”4月22日,唐星海复函:“已代募5 000万元请收。无名氏3 100万元和1 000万元二笔。”

(顾征摘自上海市档案馆。见《无锡堰桥顾氏家族与庆丰纱厂》第100页,广陵书社,2015年)

丽新厂响应政府号召赈济皖北灾区致市工商局长函

敬启者:近阅各地报纸,刊载皖北灾荒情形相当严重,真是哀鸿遍野,惨不忍闻。在这猎猎风声里,安居乐业的早都穿上了寒衣,但皖北灾胞至今还衣不蔽体,在风声里颤抖。转眼间便入冬令,倘若无衣御寒,整千累万的灾胞将不堪设想。当然有衣穿的人应该想到没衣穿的痛苦,伸出同情的手来加以拯救。

贤明的政府除了以巨额粮食去救济外,并在大声疾呼发动寒衣劝募运动。我锡市工商界每逢善举向不落后。此次皖北灾情严重至此,自更努力输将,共同来完成应尽的任务。我厂一年来得到政府正确的领导,生产赖以步入正常。现为响应政府劝募寒衣的号召,自愿捐助寒衣4 000套,略尽绵薄。谨送上人民币1.6亿元(支票),烦劳贵局收转本市劝募委员会转拨灾区,让灾胞们能够得到少许的温暖。

谨上

无锡市工商局局长李、马

启 1950年1月30日

(原无锡市国棉三厂档案室藏档)

唐保谦与无锡国专董事会

从 1927 年 7 月无锡国专成立董事会始，到抗日战争爆发时止先后担任过国专校董的有钱孙卿（名基厚，1887～1973）、俞复（字仲还，1886～1931）、顾述之（名倬，1872～1938）、丁福保（字仲祜，1874～1952）、钱基博（字子泉，1887～1957）、穆藕初（名湘玥，1876～1943）、荣德生（名宗铨，1875～1952）、唐保谦（名滋镇，1866～1936）、华绎之（名士巽，1893～1956）、蔡兼三（名文鑫，1868～1937）、荣宗敬（名宗锦，1873～1938）、杨味云（名寿枏，1868～1948）等人。

据陆振岳《无锡国学专修学校述略》一文中述，无锡国专之所以成立校董会，是因为学校由"无锡国学专修馆"改名为"无锡国学专门学院"，"具文呈请国民政府大学院（即教育部）审批，得批示，私立学校得由校董会报批"。无锡国专《校董会章程》第四条明确："本会分经济校董及教育校董两股。教育校董任期为两年，经济校董任期为四年。期满后于开常会时改选半数，但得连选连任。"第六条规定："经济校董每年每人担任本校经费五百元，……教育校董负计划指导本校教育之责任。"

唐文治在写于 1936 年 6 月的《国学专修学校十五周之过去与未来》一文中，曾有一节讲到无锡国专前 15 年中的主要办学经费来源："开办时为施君（指施肇曾）所担任，孙君（指孙鹤卿）继之。因商业不振，庚癸频呼，岁杪仰屋，屡濒于危。十七年（1928 年）夏，孙君归道山，更形棘手。幸赖同邑蔡君兼三、华君绎之、唐君保谦，倡议除聘请教育校董十人外，更请定经济校董十人，每年集得五千元。又呈请省款补助，每年得三千元，藉资挹注。"

苏州大学档案馆所藏无锡国专校董会《本院院董台衔》，其中记载，"于民国十七年请定之校董"有穆藕初、荣德生、唐保谦、华绎之、程炳若、蔡兼三、荣宗敬、杨翰西等 8 人。1936 年出版的《私立无锡国学专修学校十五周纪念册》所载"现任校董"中，经济股有唐滋镇、蔡文鑫、华士巽、杨寿枬、任传榜、孙宗海等 6 人。

1936 年 12 月 9 日，无锡国专校董会首席经济校董唐保谦逝世，学校为开追悼会。唐文治著、唐庆诒补《茹经先生年谱续编·丙子七十二岁》记："十一月，宗弟保谦辞世，本校经济董事长也。平生乐善不倦，惠鲜鳏寡，凡遇赈灾，皆躬先倡导，而敛藏韬晦，不使人知。孔子有言：'善人吾不得而见之矣。'本校为开追悼会，余为作传一篇。"在唐保谦传记中，唐文治写道："无锡国学专修学校自校董孙君鹤卿逝世，飘摇风雨，君（指唐保谦）慨然曰：'方今圣道陵夷，可使学子读书失所乎！'遂董其事而校基固。呜呼！凡人有志者无力，有力者未必宏胞与之怀。若君之见义勇为，且黯然不求人知，岂非厚于仁者耶？"无锡国学专修学校、无锡县商会、红卍字会、棉纺织业同业公会等 8 个团体共同悼念唐保谦，由陆修祜起草《无锡八团体追悼唐保谦先生祭文》，称："伊古造士，教育为先；文字道德，细大不捐。……公之兴学，克贯终始；广厦千间，大庇寒士。……栽植之功，惟公是侍；学子喁喁，涕泄曷止。"（刊载于《国专月刊》第 5 卷第 1 号）1937 年底，无锡国专原经济校董蔡兼三去世，唐文治为作《蔡君兼三墓志铭》，曰："辛酉，余创设无锡国学专修学校，邑绅孙君鹤卿任经济校董。孙君殁，君与保谦力助之。"（《茹经堂文选四编》卷八）

唐保谦在患病体衰时，国专校董会会议委托儿子唐星海出席。1936 年唐保谦去世后，唐星海接替父亲担任国专校董。

1935 年 11 月，因学校规模日益扩大，学生人数日益增多，无锡国专原有校舍不敷应用，乃由无锡著名实业家唐星海资助，在太湖之滨、宝界桥畔购地 20 余亩，先举行奠基仪式，树界石作为校产。准备募集所需资金后，再进行新校舍的建设。《茹经先生年谱续编·乙亥七十一岁》记："吾校因学生来者日众，校址不敷应用，诸同人提议另行购地建筑。虑无经费，适星海侄来谈，愿为赀助。爰于十月中托区长虞君循真，在宝界桥畔茹经堂对岸，先后购地约二十亩，每亩地价并各项费用约二百七十五元，先树界石作为校产。至建筑校舍，为费需十万之谱，只可俟至异日矣。"吴溉亭在《记私立无锡国学专修学校》一文中说："于是择定日子由我携会计携一万数千元下乡购地，户头数十家，尽一日之功而成。校董荣德生、唐新[星]海听说非常高兴，都说：我们欲得此地都难如愿，今国专轻易得之，殊出意外。荣德生愿担任平地筑驳岸、建桥梁、开门向、开沟，唐新[星]海愿担任建筑校舍费。即日动工，不久桥梁等等都完工，校舍图样都绘好，先建筑图书馆。不幸于大雪纷飞中蔚老(即唐文治)率全校师生下乡行奠基礼并植树，蔚老口中尚念念有词，但衣服已湿透了。”因为日本侵华战争爆发，无锡国专扩建新校区的计划未能实现。

(根据刘桂秋著:《无锡国专编年事辑》相关年份资料整理，该书由中国大百科全书出版社出版，2011 年 8 月。)

辅仁中学校董部的知名校董们

无锡市辅仁高中

圣约翰大学无锡同学会在筹办辅仁中学时，成立了校董部。据《本校校史》(撰于 1932 年)记载:“首推选 12 人，组织校董部。”1923 年辅仁第二届学生毕业时，国文教师朱恩沐(字惠孚)为学生的毕业刊写序，序末说:“本校创办人，如慕高文、朱巽元、吴豫昶、许松泉、杨四箴、唐鎏镇、邓福培、施和伯、李成基、曹希曾、周曰庠、许鼎奎诸公，苦心经营，创办此校。他年毕业诸生，成学有期，非特为本校诸生庆，抑且为本校校董诸公庆云。”据此可知，朱惠孚先生上面提到的 12 人，就是校董部成立时的 12 位校董。

校董部部长一直由唐鎏镇(字纪云)先生担任，校董则有所变动。1921 年 10 月 30 日《锡报》刊有《辅仁中学校董部启事》:“敝校成立在民国七年九月五日。其时邑中尚未有中学设立。凡卒业高小者非出境就学，即辍学半途，士子苦之。上海圣约翰大学同学会在锡会员有见于此，遂有创立斯校之建议。经本邑圣公会中西人士之资助，学校得以成立。但是经费难筹，只得暂时租屋应用。订定办法，公选校董,即以此学董部监督校务,为本校最高机关。此敝校内部组织之大概也。继拟自建校舍,遂于民国九年三月由约翰同学会在锡会员开会公决发起,向地方士绅筹募经费,以为将来自建校舍之用。幸蒙士绅捐助之热忱而达募集此款本来之目的。同人等用是竭力筹画,延聘良师,实事求是,学校遂有今日之发达。惟日来敝校司库吴日永以事务忙迫,不及克兼顾,已通函学董部辞职。敝学董部谨遵原订办法,准其辞退司库职务,公举李君石安继任。此不过敝校学董部司库职务之转移,于学校前途毫无影响,诚恐各界误会,特此登报申明。辅仁中学董事部:戴尔、唐纪云、许松泉、杨四箴、李石安、薛之骅谨启。"根据这则《启事》可知,1921 年时,校董事部成员为 6 人。这 6 人中,原校长慕高文先生的董事一职已由现任校长戴尔先生担任。吴日永(名豫昶)先生则辞去了校董职务,而薛之骅先生系新列其中。

学校文档所存之 1928 年的《私立辅仁中学校章程》中,列出了其时董事部成员:唐纪云、杨四箴、李石安、许松泉、施和伯。唐纪云先生任部长,杨四箴先生为书记,李石安先生管财政。

1928 年之后的 20 年,因学校文档缺失,校董变化情况不明。至 1949 年 10 月学校填写《无锡公私立中等学校概况表》,列出的校董有 9 人:唐鎣镇、施肇曾、许松泉、李成基、杨四箴、唐星海、沈振夏、荣广宏、华人龙。董事长依然是唐鎣镇先生。

1952 年 12 月,学校转为公办之前,填写《私立无锡辅仁中学概况表》,其中列出五位主要校董名字:唐纪云、许松泉、杨四箴、李石安、施和伯。这五位董事与 1928 年的董事名单相同。由此可以推知,1928 年之后,学校的主要董事基本没有变化。

学校董事部在辅仁办学中所起的作用,在学校章程中有明确规定。

1928 年的章程中说:"本校校董部代表圣约翰大学同学会在锡同志监督及执行校务,为本校之最高机关。"1932 年重印的章程中又说:"经费方面,因历年购置地基,建设房屋,除得当地热心教育诸君,捐助数千金外,不敷之数尚巨。本校系私人团体所创设,既不受任何教育机关之资助,其余经济重责,咸由校董部担负。建筑时所负万金，由现任校董分认筹垫，逐年设法弥补之。他如常年经费，除学生学费收入外，每学期校董部，有规定之津贴，以资支出之不足。”据上可知，董事部职责有二：一是监督及执行校务；二是筹资解决办学经费之不足。所谓“规定之津贴”，不是给董事发津贴，而是董事每学期都要拿钱贴补学校办学经费的不足。

虽然学校董事部至1952年依然存在，但其实际运作在抗战之后就已不正常。上面提到的1952年的《概况表》中写道：“抗战以后，校董分散，在锡仅许松泉、杨四箴二人经常联系，商量校务，以人数不足，未能召集会议。”在上文提及的1949年的《概况表》中则写道：“过去校董会负筹划经费之责，近数年来，受社会不景气影响，校董本身事业陷于困境，对于学校经费，在目前无力担负。这是普遍的情形。学校对于校董会，每学期报告校务状况及送核预算、决算等事项。”

学校董事部已无力承担学校办学经费之不足，这应该也是解放后学校由私立转为公办的一个原因。学校转为公办后，校董事部就不复存在了。

（摘自《百年辅仁》“校史钩沉”　供稿：钮伟国）

无锡唐氏与教育

邹　宁

近代无锡的实业家从他们创业伊始就认识到教育的重要性。无锡唐氏家族早在清宣统二年（1910）唐锡晋先生即于城中大娄巷创办唐氏小学，众多唐家子弟曾在此受到启蒙教育。当唐氏的事业发展和兴旺后，他们都投入很大的财力和精力于教育事业。无锡唐氏企业庆丰纱厂和丽新布厂均设有职工子弟学校。解放后无锡私立学校均改为公办，唐氏小学亦因地而更名为大娄巷小学，属教育局领导。庆丰和丽新子弟学校也随厂易名而改名为二棉初中、二棉小学、三棉初中和三棉小学,成为厂办学校。

当改革开放的春风拂过中国大地后,20 多年来,海内外唐氏族人纷纷解囊,用多种形式积极支持教育事业。曾任无锡丽新纺织厂厂长并创设协新毛纺织厂的唐君远先生,时寓居上海,担任上海市政协副主席、市工商联副主委。1987 年,唐君远先生 87 岁寿辰。基于孝心一片,子女询及生日礼物。唐君远先生答曰:“我个人什么都不需要,只要一笔钱办一个奖学金,奖励优秀学生。”子女纷纷赞同。于是以基金 1 万元,设立“唐君远奖学金”,奖励大同中学的优秀学生。以后规模逐渐扩大,增加了上海师专等 6 所中学,年年颁发奖金。1987～1992 年的 5 年内共颁发奖金 50 万元,1992 年唐君远先生逝世后,唐氏家族禀承其遗志,更进一步拓展兴教事业,于当年设立“上海唐氏教育基金会”,唐翔千先生任会长,唐仑千先生任副会长,更深入展开奖学工作。基金会基金增为 4 000 万元人民币。现设奖学校已增至 22 所,颁发奖学金 412 万元,211 名大学生获奖,受奖中学生 8 000 多人次。凡获得唐氏奖学金的中学生考取上海重点大学,或北大、清华的,可获“大学生专项奖”,实行跟踪奖励。另外还颁发奖教金,奖励优秀教师 2 100 多人次,金额 60 多万元。此外还有助学金和学科竞赛奖金额 60 多万元。基金会还为新建或改建电脑房、语音室,充实图书馆等教学设施,捐赠 270 万元。至今唐氏教育基金会,各类捐赠总额已达 1 000 多万元。唐君远先生亲自担任上海职工中等专业学校的校务委员。2000 年 4 月,唐君远先生百年诞辰纪念大会在无锡市政协礼堂举行。会上,唐翔千先生代表唐氏亲属捐款 100 万元人民币设无锡唐君远奖学金。并当场发放当年度奖学金。江南大学、辅仁中学等校学生受到奖励。

1989 年,当唐翔千先生得知崇安小学需新建一幢教学楼资金发生困难时,立即慷慨捐助港币 100 万,与叔父唐宏源先生捐助的 20 万港币,一起赞助给崇安寺小学建造了教学楼。唐翔千先生夫人也热心助学,独自出资 15 万元,在原轻工大学设立了研究生奖学金。2003 年初唐翔千之子唐英年先生出任香港特别行政区财政司司长，是年秋唐翔千先生偕夫人回乡又捐赠100万于教育基金会。

唐君远的五弟唐宏源先生，曾任上海丽新厂厂长，香港南联和记公司董事长，香港南联实业有限公司常务董事。他是著名的华人实业家，与儿子唐明千在无锡投资创办中外合资中萃公司、佳福国际贸易大厦及无锡太平洋针织有限公司等，曾被授予"无锡市荣誉市民"称号，并长期担任无锡市海外联谊会名誉会长，对无锡教育事业贡献甚大。他早年就读于辅仁中学，故于1993年出资120万元成立"辅仁计算机教育中心"。为无锡11所中学，1所小学（锡师附小）配备电脑，建立计算机房。嗣后又两次送出计450万元捐给教育中心。唐宏源先生的夫人出身无锡华氏世家，她是解放前无锡县女中的毕业生，当她看到崇安小学学生演节目时服装有些陈旧，立即拿出1万港元作为添置新服装之费用。另她又资助5万港元给崇安小学建多功能厅，以作学生文艺练习之用。

唐星海先生的长子唐骥千是香港著名纺织企业家，1998年，他在无锡设立"唐星海奖学金"，出资100万元奖励江南大学的优秀学生。

诸多无锡唐氏族人化[花]巨资赞助教育事业，这不是用金钱所能衡量的，更令人敬仰的是那弥足珍贵的爱国兴教精神。

（《无锡史志》2003年第10期）

唐氏小学城乡互动

赵智达

2019年清明节，春风骀荡，唐英年来到无锡严家桥故居，为父亲唐翔千铜像揭幕。唐氏家族是近代无锡工商望族，百年来其产业从无锡、上海发展到了世界各地，而他们的创业精神、创业行动却从来没有在家乡人们的视野中淡出过。改革开放以来，唐氏后人在无锡投资展业，诸如中萃食品、太平针织、佳福大厦等，都曾创出良好业绩；而唐氏教育基金，助学奖教，资助贫困学生，奖励术业有专攻的工程师，更是让家乡的学子心仪。

多年来，人们对唐氏家族投资经营的成功，从唐时长布庄、九余绸布庄，到丽新纺织印染厂、协新毛纺厂等，特别津津乐道，但对他们热心办学、助学则往往不甚了然。事实上，无论是唐保谦、唐星海还是唐骧廷、唐君远及其后辈，支持办学，福荫桑梓，都是尽心而为，不遗余力。

国学大师钱穆先生曾经对锡商办学的思想理念有过精辟的论述：凡属无锡人，在上海设厂经营获利后，必在其本乡设立一私立学校，以助地方教育之发展。唐氏也不例外。据无锡唐氏《义田开支条例》记载，唐祠民众学校和唐氏小学校始建于 1914 年。《毗陵唐氏家谱》也说："以吾族义塾之阙如，则兴办唐氏小学校、唐祠民众学校，以普及教育。"唐祠民众学校开设在严家桥，这里略早于民众学校并且也得到唐氏仓厅资助的，还有一所怀东小学。

唐氏小学校址选在无锡城中大娄巷，创办人是唐宗愈。1926 年 10 月，著名教育家陶行知到无锡考察教育，在无锡县教育局长蒋仲怀陪同下，考察了当时办学比较出色的开元乡一小，并观看了开原一小、公益一小、县立四小、绩成小学等校的学生汇报表演，唐氏小学也是参加汇报表演的学校之一。据 1933 年《公私立中小学校调查表》记载，位于大娄巷内的私立唐氏小学，此时已达到相当规模。在校学生有 172 名，教师 8 位，在城区私立小学中居中等偏上水平。全校开设 6 个年级，聘请县教育会的社会调查部部长秦权为校长。唐氏家族后人绝大多数就读于唐氏小学，从家族小学毕业后再分别进入不同类型、层次的学校学习。

城中的唐氏小学与严家桥的怀东小学还有一层交流互动的关系。1912 年春天，学务专员诸如贤会同严家桥当地士绅周友仁、程荫山等人，在庙产嘉会堂筹建校舍，开办怀东小学。乡村小学规模很小，仅有两个教室，办学经费靠学费收入和地方筹捐，县、乡基本没有资助，民间最大的长期捐助者就是唐氏仓厅，常年捐资200银元。唐氏家族不仅在资金上扶助家乡办学，还利用城中唐氏小学的有利条件，借助连元街小学等的师资力量和教材资料，帮助怀东小学丰富教育课程，提高教育质量。把城市小学一些好的课目引荐到农村的怀东小学，比如唱歌课、体操课和绘画手工等。特别是算术教育，增加《算术总览》为辅助教材，加强对学生的演算训练。怀东小学的国文教学也在安镇地区出类拔萃，学生程兰芬曾代表安镇区，参加全县在连元街小学举行的演讲比赛，获第一名。

"大革命"时期，怀东小学发生过一次"停学风波"。当时的学校已改名怀东国民小学，校长、教导主任和骨干老师为共产党员和进步青年。国共第一次合作时期，学校除文化教育外，宣传革命的气氛热烈。1927年春夏之际，学校放蚕忙麦收假，全体师生离校。一些进步教师参加了农民运动，引起县侦缉队的注意。假期结束后，侦缉队到学校搜捕革命教师，使教师们无法返校上课，直到年底学校仍未能复课。第二年，由唐屏周出面向县教育局申请复校，唐氏家族特地出资200银元作为怀东小学的复校经费，并举荐唐氏族人的媳妇荣沅瑾担任小学校长，停校风波才得以平息。

1937年夏，日寇全面侵华，11月无锡沦陷，怀东小学再次被迫停办。1938年下半年，地方知名人士朱文沅、程铁凡、程元熙等聚会商讨:学子不可无学，地方不可无校，民族不可舍弃传统文化。日寇入侵，国土沦丧，对青少年的抗日救国教育更不能停顿，决定恢复小学，并开办初中补习班，解决小学毕业生继续上学问题。但战时情况下，校舍、师资、办学经费又怎么解决呢？几位筹办人找到唐家多次商量，最后提出一个办法，就是把唐家藏在严家桥的庆丰纺织厂的400多件棉纱转移到上海唐星海处，帮助他在租界办厂，同时争取他对严家桥办学的资金支持。商议决定后，朱文沅、程元熙即刻亲自操办，制定严密的转运计划。他们抓住英国尚未加入二战，日军无权对英国商人商务进行干涉的时机，借英商礼和洋行在无锡地区收购干茧的机会，把400多件棉纱分别藏在10余条装运干茧的木船舱底，运到常熟后再驳交给英商长江轮船转运上海。一路上朱文沅、程元熙亲自拜会各地乡绅名流，疏通关卡，由当地乡绅委派地方武装随船押运，防止小股匪徒抢劫。就这样冒着极大风险，经过几昼夜的艰苦航程，终于把全部棉纱安全运抵上海。棉纱成功运出，唐星海当即交付一笔可观的奖金，帮助严家桥解了复校的燃眉之急。这笔奖金用于购旧屋数间，修缮扩建成严家桥中学教室。其余三分之一充作中学经费，三分之二恢复怀东小学。唐氏家族为支持复课办学，还捐出家具作为教学之用，无偿出借梓良桥堍下的同济栈房屋舍，作为严家桥中学校舍，直到中学停办。

严家桥中学也确实为抗日战争作出自己的一份贡献。据严家桥中学学生程中民回忆：1940 年，苏南抗日民主根据地相继成立，严家桥成立了严安区政府。区长沙鸥（后被忠义救国军杀害）兼任严家桥中学教师。在严家桥街上经常见到抗日先遣支队司令员林俊（谭震林）和副司令员王崙（何克希）署名的布告，也听过谭震林为澄锡虞地区学代会作的报告，很多学生就此投身到了抗战之中。严家桥中学前后办学 7 年半，是一所在抗战艰苦岁月中诞生发展，坚持抗日救国教育，培养家乡子弟成为国家英才的学校。

百年来严家桥怀东小学几易校名，但唐氏家族对它的关心、支持从未停止过，特别是成立唐君远教育基金会后，学校先后接受基金会捐款近百万元。严家桥地区一向重视文化教育，从严家桥走出的高级知识分子和各类适用人才遍及全国各行各业，这与唐氏家族的示范和大力支持办学密不可分。发迹于严家桥的唐氏家族，始终不忘家乡的教育事业，从百年前的唐氏仓厅拨款到现今的唐氏教育基金会捐款，正是其百年成长的源头活水。

（原载《梁溪工商文化溯往》，广陵书社 2020 年 12 月出版）

人物篇

（一）唐懋勋

唐懋勋，字景溪，生于清嘉庆五年（1800）正月初五，毗陵唐氏无锡东门支第十六世祖。他为人温良淳厚，有长者之风，人称景溪公。清候选按察司，封奉政大夫，晋赠朝仪大夫。早年当过商店学徒，曾在无锡北塘大街江阴巷口开设恒升布庄，后改名唐时长布庄，是无锡唐氏企业的奠基人。清咸丰十年（1860）六月，太平军临无锡，唐懋勋偕全家迁居离无锡城东北约 50 里的严家桥镇，另行开设春源布庄、同济典当、德兴仁茧行、同兴（后改公裕）木行等店铺，并在乡置田 6 000 亩。由于多种多样的经营活动，加快了财富积聚，成为无锡东北乡的有名人物。唐懋勋有八子：嘉培、俊培、爵培、诚培、泰培、钰培、洪培、福培。其中七子洪培（子良）、八子福培（竹山）继承父业、开办实业，是唐氏成为工商望族的开拓者（注：钰培应为八子，洪培为六子，福培为七子）。唐懋勋于清同治十一年（1873）九月十七日逝世，享年 74 岁。（何莘耕）

（二）唐洪培

唐洪培，字子良，又名梓良。无锡人。生于清道光十七年（1837）三月初十。时值乱世，战祸不断。未能按父训金榜题名，只是国学生，候选都察院都事，封光禄大夫。转而协助父亲经商开店，谋划生计，于无锡严家桥办春源布庄。娶妻余氏，不幸早逝，继配仍为余姓，均封一品夫人。生有六子二女。其中四个儿子于仕途发展，以长子浩镇（鄗郑）为优；两个儿子则经营实业，尤以次子滋镇（保谦）为中国有名的早期实业家。光绪三十年（1904）七月十六去世，享年68岁。（唐齐千）

唐洪培，字子良，行七。生于清道光十七年（公元1837年），卒于清光绪三十年（公元1904年）享年六十八岁。国学生。候选都察院都事。以子浩镇累封光禄大夫。原配余氏，生于清道光十七年（公元1837年）卒于清咸丰十一年（公元1861年）享年24岁，封一品夫人，葬惠山金星墩新阡主穴。继配余氏，生于清道光二十五年（公元1845年）卒于民国元年（公元1912年）享年68岁，封一品夫人。与福培合葬于常熟虞山宝严湾新阡主穴。子六人，浩镇、滋镇、济镇、明镇、圻镇、莹镇。女二人，宝琳、霁霞。

（《毗陵唐氏家谱——无锡东门支景溪公分支续本》，2007年印行）

（三）唐福培

唐福培，字竹山，生于清道光廿一年（1841）七月廿五。国学生，封朝议大夫。他继承父业，协助父兄经营春源布庄，建立唐氏仓厅，建造德仁兴茧行、同济栈房、同兴木行、同济典当等。娶妻马氏。生有五子，其中长子熙镇早逝，五子麟镇幼殇。光绪十二年（1886）逝世，终年46岁。（何苹耕）

唐福培，字竹山，行七。国学生。以子封朝议大夫，以孙汉源封通奉大夫。生于清道光二十一年（公元1841年）辛丑七月二十五日寅时，卒于清光绪十二年（公元1886年）丙戌五月二十二日亥时，享年45岁。葬龙山送子殿北王家浜田陇新阡主穴。配偶：马氏，生于清道光二十一年（公元1841年）辛丑八月初六日寅时，卒于民国七年（公元1918年）戊午九月二十四日，享年77岁，葬龙山麻姑墩新阡主穴。子五人，渠镇、藩镇、殿镇、麟镇、熙镇。熙镇出嗣钰培，麟镇幼殇。

（《毗陵唐氏家谱—无锡东门支景溪公分支续本》2007年）

（四）唐保谦(滋镇)

唐滋镇，字保谦，行二，唐洪培次子。清同治五年丙寅八月二十八日(1866年10月6日)生于无锡。卒于民国二十五年丙子十月二十六日(1936年12月9日)，享年70岁，安葬于无锡龙山南原东大池湾墨潭山房。国学生。历任候选员外郎、貤封中宪大夫。发起设立庆丰纺织公司，任总经理。发起设立九丰面粉公司，任协理。任润丰油厂董事。创办锦丰缫丝厂、利农砖瓦厂、益源及福源堆栈。发起并主持溥仁慈善会，任国学专修馆经济校董。配偶：同邑廪贡生陈志初长女陈慈云，生于清同治六年丁卯十月初九日(1867年11月4日)，卒于民国二十三年甲戌十月二十五日(1934年12月1日)，享年67岁，与滋镇合葬。子四：谷源，廷源，炳源，煜源。女四：婉容，始云，玺宝，纫珠。廷源，玺宝，纫珠早卒，炳源出嗣济镇。

(《毗陵唐氏家谱——无锡东门支景溪公分支续本》，2007年印行)

唐滋镇传略

何莘耕

唐滋镇，字保谦，生于清同治五年(1866)八月廿八。少时无意仕途，爱好商算。其父洪培(子良)把他送至城中钱庄学艺，他对记账、算盘，一学就会，计算既快又准。不久，回无锡北乡严家桥镇帮助父亲经营春源布庄，被称为“少东家”。他不摆“小老板”架子，谦虚谨慎，向内行学习，并亲自到苏北、徐淮、安徽、河南、湖北等棉花产地考察，很快学会了识别棉花、纱布、绸缎规格、性能好坏的本领。

1902年，年轻有为的唐保谦与商界名流蔡缄三合作，各出资2 000银元，在无锡北塘三里桥沿河合开永源生米行，以公平诚信著称，一时门庭若市，生意鼎盛，积累了一定资金。

1909年，唐保谦倡议办工业，他与蔡缄三、唐纪云、夏子坪、唐慕潮、唐锡九、孙鹤卿等9人，合资9股，每股一万两白银，在蓉湖庄创办九丰面粉厂，于1911年初正式投产，以“山鹿”牌作商标，日产面粉500包。到1918年，九丰面粉厂扩大规模，日产面粉8 000包，获利甚丰，资本为当年投资的7倍。当时，蔡缄三任该厂经理，唐保谦、夏子坪任协理，聘请唐淞源（字映江，保谦侄儿）襄理厂务。唐保谦和蔡缄三交谊深厚，又是儿女亲家，唐的长女婉容与蔡的儿子君植结为秦晋之好。

为存储米麦、面粉、杂粮方便起见，唐保谦又在九丰面粉厂旁开办益源堆栈，并附设碾米厂。同时吸收游资存款，经营借贷业务，每年存、放款额在50万元以上。接着，又开办福源仓库和第二益源堆栈，仓储量共计可容20万石上下，由唐保谦长子谷源（肇农）当经理。

1915年，唐保谦接办润丰油厂（无锡第一家机制油厂），并任经理。

1919年，唐保谦出资10万银元，在周山浜创办锦丰丝厂，有坐缫车480台，他自任经理，邹季皋任主管。由于经营得法，管理严格，年有盈余。

1920年，唐保谦在严家桥镇东北角蠡河口创办利农砖瓦厂，日产砖3万多块，由他的长子肇农兼任该厂经理职务。

1921年，由唐保谦、蔡缄三、唐纪云（莹镇）等发起，向薛南溟、华艺珊、陈庆肇、傅松安、邹颂丹、李砚臣、孙鹤卿、唐晋斋等人集股100万元（实收82.89万元），在周山浜野花园附近征地200多亩，创办庆丰纺织厂。厂基于1921年9月1日破土动工，聘江应麟为土木工程设计师，丁馥如（唐保谦连襟）为工地主管。一年后工厂落成，1922年8月20日开工投产，时有纱锭14 800枚，布机250台，以“双鱼吉庆”为商标。薛南溟任董事长，唐保谦任总经理，蔡缄三任协理，唐纪云任总管（相当于厂长），唐肇农任总稽查，唐云亭为稽查，丁馥如为总务。由于所产纱、布质量上乘，信誉日隆，“双鱼”牌纱成为市场标准纱，畅销中外。

1922年10月，正当唐家实业鼎兴之时，唐保谦长子肇农突遭病故,年仅31岁。唐保谦精神上大受打击,立即电召次子唐炳源(星海)回国,协助处理厂务。1923年7月,唐星海从美回国,进入庆丰厂工作,先接替其兄谷源(肇农)总稽查之职,后升副总管。不久,唐纪云因与星海意见不合而去职,唐星海改任厂长。1936年,唐星海又继承父职,担任庆丰纺织厂总经理。

1930年,庆丰厂第一工场扩大规模,增添纱锭至32 800枚,布机420台;1935年,庆丰厂增设第二工场,又添纱锭32 000枚,布机400台以及配套漂染设备。至此,庆丰厂一、二工场共有纱锭64 800枚,布机820台,成为具有纺织、漂染、整理、设备齐全的全能纺织工厂,堪称沪宁线上纺织界的佼佼者。

唐保谦晚年热心地方公益事业,对贫苦居民,施米施粥;对年老乡民,施棺恤葬;并造桥修路,造福桑梓,曾独资在严家桥筑造"梓良桥"以纪念老父唐子良,并出资15 000元,和堂兄弟们一起建造永兴桥,以便利乡民交通。1934年,为抗旱救灾,唐保谦出资疏浚羊尖至严家桥之间十里之遥的溪河水渠,使两岸农田旱涝保收,泽及后世。

唐保谦为救济贫病市民,发起组织无锡溥仁慈善会,负责筹备并担任会务主持人。同时热心教育事业,慷慨解囊,捐资办学,嘉惠学子。曾出资助建无锡国学专修馆并任经济校董之职,人称"唐善人"。

唐保谦是一位爱国的民族企业家,在20世纪30年代日本帝国主义野心毕露,全国人民奋起抵制日货时,他在临终前犹谆谆嘱咐家人:"空言抵制,虽声嘶力竭,无裨实际,非创办代用国货不可。""你们要办好庆丰,逐步规拓发展。"

1936年10月26日,唐保谦因病逝世,享年71岁。

（五）唐骧廷（殿镇）

唐殿镇，字骧廷，行三，福培三子。生于光绪六年（1880 年）庚辰四月二十七日巳时，卒于 1960 年，享年 80 岁，葬于青龙山。国学生。清分部主事。创建无锡九余绸布庄，1917 年创建无锡丽华布厂，任经理。1920 年创建无锡丽新染织厂（丽新机器染织股份有限公司、丽新纺织漂染整理公司、丽新棉纺织印染厂总公司）任经理（至 1951 年）。1934 年创建无锡协新毛纺织染股份有限公司，任董事长、常务董事。配偶：钱保瑾，生于光绪六年（1880 年）庚辰二月初四日申时，卒于 1962 年，享年 82 岁，与殿镇合葬于青龙山。子八人，燮源、增源、焕源、达源、宏源、裕源、赓源、溥源。女七人，景愈、景汾、振华、若衡、映梅、映雪、映春。

（《毗陵唐氏家谱——无锡东门支景溪公分支续本》，2007 年印行）

唐殿镇传略

何苹耕

唐殿镇，字骧廷，生于清光绪六年（1880）四月廿七日。国学生，清分部主事。从小受家庭熏陶，注重诚信。18 岁时离开严家桥镇到无锡城中与程敬堂合作，在北大街开设九余绸布庄。由于讲求信誉，待客热诚和气，营业蒸蒸日上，获利倍蓰。唐程两家亲密协作，事业顺利。程敬堂次女学端嫁于唐骧廷三子焕源（蔚文），结成儿女亲家。

1916 年，唐骧廷、程敬堂出资 1 万元，同原为女尼荣茹创设在无锡映山河的冠华布厂合作，时有布机 30 台；后扩大范围，改名丽华布厂，于 1917 年正式开工，唐骧廷任经理，程敬堂任协理。

1919 年，第一次世界大战后，帝国主义无暇东顾，市场转机，唐程合计继办新厂。招邹颂丹、邹季皋入股，共出资 4 万元，添置木织机290台、铁木织机42台，开办丽华第二布厂，年有盈余。

1920年，唐程再接再厉，大展宏猷。唐骧廷、程敬堂联合邹颂丹、邹季皋、夏铁樵、朱庭辉、沈锡君、张祉卿、苏斌化、白纯臣、徐霖森、唐汉源(经国)等人，集资30万银元，后又扩资20万元，创设无锡丽新染织厂，当时有电力织机100台，铁木机100台，木机200台以及染整配套设备。翌年，唐骧廷命次子增源(君远)从苏州东吴大学回无锡担任丽新厂车间主任。1921年底，丽新厂开工试产，1922年初正式生产。1923年，经唐骧廷建议，扩大工厂规模，随即添置电力织机、上光机、锅炉、引擎等，更新漂染设备，成为染整、织布联合工厂。1925年，唐君远任该厂厂长。

1930年，丽新厂增加纱锭16 000枚，增资为100万元，成为全国唯一的纺、织、染、整俱备的全能性生产企业。1935年，丽新厂又增纱锭22 000枚，线锭12 400枚和新式印花设备，增资为400万元。日本《朝日新闻》惊呼无锡丽新厂为日本棉纺织工业的劲敌。至1937年抗战前夕，丽新厂成为拥有职工3 500多人——其中职员110多人——纺、织、染设备齐全的大厂。

唐骧廷、唐君远父子在事业有成的基础上高瞻远瞩，再辟蹊径。1934年，经唐骧廷、程敬堂、唐君远、荣尔仁、唐纪云、唐熊源等商议、擘划，创建无锡协新毛纺织厂，起初集资20万元，后又增资30万元，购置精毛纺锭1 800枚、粗毛纺锭400枚、织呢机40台和染整机等，唐君远任经理，唐熊源任协理兼厂长。于1935年10月正式开工生产，该厂产品一经问世，即受顾客青睐，获利较丰。

抗战期间，无锡丽新和丽华两厂都遭到严重破坏，驻锡日军曾胁迫唐骧廷父子，要与日商合作办厂，但唐家坚持“宁为玉碎，不为瓦全”的态度断然拒绝。1939年至1940年，唐骧廷父子在上海江宁路购地8亩，长寿路购地10亩，开设昌兴纺织印染厂，购置棉毛纺织设备，仍使用丽新商标，资本额300万元。同时，唐君远与堂弟唐熊源在上海合资开设昌兴毛纺织厂，后改名上海协新毛纺织厂。

抗战胜利后，无锡丽新、丽华、协新厂相继复工。丽新和昌兴两个企业合而为一，统一用丽新名称，总公司设在上海。上海有丽新一厂(纺纱)、二厂(织布)、三厂(印花、漂染、整理);无锡有丽新厂(纺、织、染、整),还有上海协新、无锡协新两个毛纺织厂。在企业鼎盛时期,无锡、上海丽新厂的资产总额约 2 212 万元;协新厂的资产在 500 万元以上,为投资时 10 多倍。当时,总经理为唐骧廷,经理为程敬堂,厂长为唐君远等。新中国成立后,上海、无锡丽新厂、协新厂都实行公私合营。

1960 年,唐骧廷因病逝世,享年 81 岁。

(六) 唐氏镇字辈

1. 唐浩镇

唐浩镇,字郛郑,号养吾,别号朴盦,唐洪培长子。清同治三年甲子正月二十七日(1864 年 3 月 5 日)生于无锡,民国十年辛酉七月二十一日(1921 年 8 月 24 日)卒于无锡,享年 57 岁,安葬于无锡开元乡龙山湾龙山之阳。优廪生,光绪癸巳年(1893 年)举人。历任工部、商部、农工商部及邮传部郎中,邮政司司长,军机处记名在任候选道,官医局提调,资政大夫。中华民国成立后,被选为中华民国参议院第一届国会议员。曾任总统府秘书,辑瑞室主任。曾获二等大绶嘉禾章。配偶:优廪生吴祥霖长女吴经宜,生于清同治三年甲子七月二十(1864 年 8 月 21 日),1943 年卒于上海,享年 80 岁,与浩镇合葬。子五人:安国、柱国、宪国、寿国、靖国。寿国出嗣济镇。女三人:闳度、闳权、闳律。柱国、宪国早卒,未婚无后。柱国以安国次子耆千来嗣。

(《毗陵唐氏家谱——无锡东门支景溪公分支续本》,2007 年印行)

唐郛郑——清末无锡赴日考察第一人

唐师文

唐郛郑(1864～1921),名浩镇,又字辅臣,号养吾,无锡严家桥人,是唐氏景溪六房唐子良(洪培)的长子。幼时曾与程荫山等同学到陈墅镇有名的姚辑庵老塾师处进修,光绪癸巳年(1893)中举赴京从政。历任清政府工部、商部、农工商部、邮传部郎中、邮政司司长等职,军机处记名在任候选道官,以三品京堂候补晋封资政大夫。

唐郛郑在邮传部任职时,曾跟随盛宣怀等学习过洋务,接触过近代国内外先进科学技术,为维新运动和清末新政作出过一定贡献。

1905年，他赴日本考察工商实业，以求振兴中华之策，是清末赴日本考察工商实业的无锡第一人。归国回锡省亲之际，召集兄弟子侄在一起畅谈天下形势以及振兴之策。他鼓励唐保谦、唐纪云要抓住机遇发展民族工业，要认准目标，敢于创业，勇于创新，采用国际一流技术，创造一流水平；要重视人才培养，善于用人，善于积累资本，创立名牌产品，敢于参与国际竞争。唐郛郑的东行归来，对唐氏兄弟启发极大，为唐氏家族后来的发展起了重要的作用。

中华民国成立后，唐郛郑被选为参议院第一届国会议员，任总统府秘书、辑瑞室主任等职，晋授二等大绶嘉禾章。

（原载《无锡史志》2003年第9期专辑《羊尖古镇》）

2. 唐济镇

唐济镇，字若川，洪培第三子。生于清同治八年己巳三月十六日（1869年4月27日），卒于清光绪二十九年癸卯九月十五日（1903年11月3日），享年34岁，安葬于常熟虞山宝岩。邑增生，光绪甲午举人。曾任户部主事，历充贵州司、山东司主稿，北档房帮办。诰授中宪大夫，晋封通议大夫。配偶：乡饮大宾花翎四品衔国学生孙铭烈次女孙光圆。生于清同治十年辛未六月二十八日（1871年8月14日），卒于民国二十八年己卯四月二十四日（1939年6月11日），享年68岁，与济镇合葬。无出，以浩镇第四子焘源、滋镇第三子炳源来嗣。

（《毗陵唐氏家谱——无锡东门支景溪公分支续本》，2007年印行）

3. 唐圻镇

唐圻镇，字申伯，洪培第五子。清光绪四年农历戊寅十一月初一日（1878年11月24日）生于无锡，1937年农历丁丑三月十三日（1937年4月11日）卒于无锡，享年59岁，安葬于无锡钱桥陈曹唐家山。国学生。曾任清分部员外郎，当选为江苏省第一届议会议员。

经管唐家在严家桥开设的同济典当和唐氏仓厅。信佛教，终生乐善赈恤，庚午（1930）豫省旱灾，辛未（1931）泰兴、靖江水灾，江西吉安兵灾，兴化水灾，壬申（1932）太仓水灾，癸酉（1933）山东济宁旱灾，甲戌(1934)溧阳旱灾,乙亥(1935)济宁、崇明水灾,均与本邑溥仁慈善会、红卍字会共商赈灾大计,救济灾民。并独立修缮天上市界泾、孔家等圩岸,保障农田收成。疏浚天下市黄玫夹山河道,灌溉万亩良田。创办益友、惠黎两校,培育人才。配偶:蔡文娟(黛蕴),农历清光绪二年丙子三月十七日(1876 年 4 月 11 日)生于无锡,农历 1952 年壬辰八月初四日(1952 年 9 月 22 日)卒于上海,享年 77 岁,与圻镇合葬。子二人:溥源,淞源(溥源生于清光绪三十二年(1907)六月十九日,卒于 1919 年 5 月 25 日)。女三人:颖芝,颖琳,颖瑚。颖瑚早卒。(溥源、颖瑚均葬于无锡东大池蔡龙山麓)。

(《毗陵唐氏家谱——无锡东门支景溪公分支续本》,2007 年印行)

唐圻镇传略

唐齐千

唐圻镇,字申伯。生于清光绪四年(1878)十一月初一。国学生,分部员外郎,江苏省第一届议会议员。天性弥笃纯孝,恻隐之诚过人,昆季推为白眉,终生以乐善赈恤为怀。继承其父唐子良遗风,每于岁末,微服密访隐贫之家,托词赠与钱币,不告而去。每值各省水旱兵戈之灾,偶有所闻,夜不能寐,维思拯同胞于沟壑之中,而与众兄弟商榷赈务,尽心竭力。庚午豫省旱灾,辛未泰兴、靖江水灾,江西吉安兵灾,兴化水灾,壬申太仓水灾,癸酉山东济宁旱灾,甲戌溧阳旱灾,乙亥济宁、崇明水灾,乞振者络绎不断。唐圻镇与本邑溥仁慈善会、红卍字会诸耆绅董共商赈灾大计,施粥助衣。可说是无岁不赈,无赈不尽心力。

丁丑春豫省陕县奇荒,唐圻镇时值病危,仍命立拨巨款,由子唐淞源求助亲友,集金五万,推张子振、蓝仲和两君赴陕尽力赈救,事毕回锡。唐圻镇叹曰:"吾一息尚存,幸闻豫赈告成,死亦可瞑。"

唐圻镇独力修缮天上市界泾、孔家等圩岸,以保障农田收成;又疏浚天下市黄玫夹山河道,灌溉万亩田地。他关心和支持教育,亲自创办益友、惠黎两校，注重德育，培养人才。

唐圻镇倡议重修武进唐荆川祠，尊祖敬宗，堪为楷模。被公众推举为省议员后，屡向有关部门陈诉民生利病，常戒家人宽恕小贩佃农，斗秤必公平，虽属小事，亦属小节，亦可见其为人。

唐圻镇晚年宏扬佛法，倡导净宗，创建莲社于东北乡，提出："一人守五戒，则天地间多一善人，苟人人具有善念，则灾祸不作，人寿年丰。"他自奉菲薄，布衣蔬食，每戒家人："当此天灾频仍，饥寒者触目皆是，吾等节约日用，解衣推食，寸心才能稍安。"

唐圻镇卒于1937年3月13日，享年60岁。

其宗兄著名国学家、教育家唐文治为其撰墓志铭，铭曰："哀哀吁天吾民族，知藏瘝在遏云淑，嗷鸿中泽率啄栗，瞻乌爰止依谁屋。维局合众补不足，奈何脱屣弃恂独；山鬼野叫冷氛恶，百万灾黎同一哭，吾闻天道不远复，后必有贤继君躅。"恰如其分地总结了唐圻镇的一生。

4. 唐蓥镇

唐蓥镇，字纪云，洪培第六子。清光绪十一年农历乙酉十一月初七日(1885年12月12日)生于无锡，1974年10月22日(民国63年)卒于台北，享年89岁。安葬于美国纽约州哈斯代耳城芬克立夫公墓奴尔胡特园3号第五墓穴。曾就读于圣公会传教士设立槐树巷英文私塾，毕业于上海圣约翰大学。协同二哥创办无锡九丰面粉厂，任常务董事；创办无锡庆丰纺织厂，任常务董事；协同堂哥殿镇创办无锡及上海协新毛纺织染公司，任常务董事。任中央银行无锡分行经理。会同上海圣约翰大学无锡同学会创办无锡辅仁中学，任学校董事部部长连续30年(1918～1948)。无锡辅仁中学成立时为无锡县仅有的一所中学，即使比邻各县也无同等学校，故不乏从外县来求学之学生。学校也代租居室以求各方学子可学得新式教育，其功不限于无锡一县。无锡溥仁慈善会赞助人之一，该会由赞助人捐赠款项，分赠贫苦者及寡妇孤儿等。配偶：余宝葆，陕西安康县余少南四女，清光绪十六年农历庚午十二月十七日(1891年1月26日)生于陕西，1981年8月14日(民国70年)卒于台北，享年90岁，与蓥镇合葬。子四人:熊源,鑫源,森源,奎源。女一人:燮锳。

(《毗陵唐氏家谱——无锡东门支景溪公分支续本》,2007 年印行)

5. 唐渠镇

唐渠镇,字水臣,亦作水成,福培长子。国学生。都察院经历,历任县商会助办救火联合会会长。生于同治五年(1866 年)乙丑八月十五日申时,卒于民国二十一年(1932 年)壬申六月二十一日,享年66 岁。葬龙山麻姑墩母茔。配偶:李氏,生于同治四年(1865 年)乙丑七月初六日未时,卒于民国八年(1919 年)己未十月初三日,享年54 岁,与渠镇合葬于龙山麻姑墩母茔。子四人:炜源、炘源、汉源、澍源。炜源出嗣熙镇。女三人,长早卒,次适王昆峰,三适李石安。(《毗陵唐氏家谱》)

唐渠镇,唐福培次子,字水臣,清同治五年(1866)八月十五生。国学生,都察院经历。与父兄合作在无锡开办九大(余)布行、唐瑞成夏布皮货行等,曾任无锡振新纺织厂、丽新纺织厂董事,无锡县商会协办。民国廿一年(1932)六月廿一逝世,享年 67 岁。子四:炜源、炘源、汉源、澍源,其中炜源出嗣给熙镇为子。女三:长女早卒,次女适王昆峰,三女适李石安。

(何苇耕:《无锡纺织世家唐氏家族》,《无锡望族与名人传记》2003 年 11 月)

6. 唐藩镇

唐藩镇,字屏周,福培次子。生于同治七年(1868 年)丁卯闰四月二十七日寅时,卒于民国二十二年(1933 年)癸酉正月初一戊时,享年65 岁,葬于龙山圆通庵上。国学生。候选光禄寺署正。曾在无锡开设唐时长布店任经理,经管严家桥唐氏仓厅。配偶:吴氏,生于同治九年(1870 年)己巳十月初六日,卒于民国三十年(1941 年)辛巳二月十九日未时,享年 71 岁,与藩镇合葬。子四人:浚源、淦源、鋐源、锦源。女六人:文英、志英、秀英、凤英、翠英、惠英。淦源、鋐源、秀英幼殇。

(《毗陵唐氏家谱——无锡东门支景溪公分支续本》,2007 年印行)

（七）唐星海(炳源)

纪念我的父亲唐星海

唐骥千

这次，我们家族及亲属汇聚在家乡，不仅仅是为了参加纪念一生致力于社会繁荣、进步的先父唐星海先生诞辰一百周年的活动，更目睹了家乡年轻一代的成就，和先父一样，他们用同样奋斗不息的精神和无穷的创意建设了一个更加美好的无锡。如今，无锡已成为一个让其儿女倍感自豪的国际化都市。

对于知晓唐星海先生的人来讲，他是中国及香港首屈一指的实业家之一，在工程和专业管理方面有很深的造诣。他是清华大学的早期毕业生，并考获庚款奖学金，往美国麻省理工学院深造，在那里，他取得了纺织工程和工业工程双学士学位。回国后，他工作于我祖父唐保谦先生创办的纺织厂，虽然他后来曾参与各种实业，如食用油、面粉加工、制砖业和水泥制造业等，但他最喜欢的还是纺织。

先父深知良好教育的重要性，为此，他一贯坚持在工厂培养工程师、技师和管理人员，并选送有为青年接受正规教育。他一生建立了许多奖学金，其中他作为支持教育的最早努力，是捐资创立了一个为通才教育而设的奖学金，并以我祖父名字命名——“滋文奖学金”，更挑选优秀学生送其出国深造。

先父于1948年在香港创办南海纺织股份有限公司时，所有的工程师和技术人才都要由国内聘请。到了50年代中期，香港纺织业面临发展良机，大量新厂相继建立，但由于当时香港缺乏造就纺织业工程师和有关技术人员的高等技术学院，南海纱厂因而成为了培训基地。从1957年到1965年，有80多位工程师在此毕业，他们大多数人后来成为香港以及香港在海外投资企业的部门主管、总工程师或工厂经理。

60年代，南海纱厂开始从事精纺棉纺和合成化纤的生产，不仅引进了当时最为先进的机器，而且还为员工设立了一所夜中学——南海中学，因为先父坚信高素质的工人才能创造出高素质的产品。当时，有数百名工人从南海中学毕业，他们以高于平均成绩的水平通过了香港中学会考，为他们后来出国深造以及移民加拿大奠定了基础。

在先父的晚年，他开始更多地从事社会活动。1964年，他被委任为立法局议员，在任期内，他为香港工业及出口业的发展作出了重要贡献，并促成了香港贸易发展局。政府从进、出口货品征得的税款，拨给香港贸发局作拓展贸易活动。今天，贸发局的周年预算案已达港币2.3亿元，并在香港主要出口和转口市场开设了办事处，对香港和广东的经济创造了巨大的利益。

1968年，先父从南海纱厂退休后，他接受了香港行政局的任命，成为第一位进入行政局的实业家。先父利用其全部的影响力来游说政府建立一所专科工业学府，以支持香港制造业的高速发展，当时，制造业已成为香港经济的主要支柱和劳动力市场最大雇主。他坚持只有制造业保持继续高速发展，才能进一步降低失业率，不断提高香港经济地位。

基于先父的名望和香港社会的支持，1969年，他被任命为香港理工学院筹办委员会主席。期间，他埋头苦干，直至1971年6月，即他逝世的前几天完成了有关的报告书。这份报告书为香港第一所技术学院、即现在的香港理工大学的建立奠定了基础。这所学院在后来的25年里为香港的繁荣作出了巨大贡献。

对于世界来讲，唐星海先生是中国民族实业家的先驱和高等教育杰出的支持者和资助者；对于家族来讲，他是一位仁慈而又严厉的长者。他总是忙于工作、忙于事业和公共事务，他是家族的领袖。我们都敬仰他，并尽力不辜负他老人家的期望、他的教诲和他的处世哲理。

因此，我们家族一致认为，在先父开创事业的这个繁荣的工商业城市，为高等教育设立一个奖学金，是对先父诞辰一百周年最为合适的纪念。

（原载《无锡市文史资料》第 39 辑，1999 年 1 月）

唐炳源简介

唐鹤千

唐炳源，字星海。父滋镇，字保谦；母陈慈云。第三子，出嗣济镇。1898 年 11 月 22 日生于无锡，1971 年 6 月 17 曰卒于香港，安葬于美国加州。1920 年，北京清华大学毕业，1923 年，美国麻省理工学院学士，1968 年，香港中文大学荣誉法学博士。

经历：1923～1948 在中国内地庆丰纺织股份有限公司董事总经理，九丰面粉厂董事、总经理，润丰食用油公司董事、总经理，江南水泥厂董事、总经理、（克莱斯勒汽车华中地区总经销）；中央研究院理事，清华大学校董，全国经济委员会委员。在香港：1948 年南海纺织有限公司董事长，1954 年美丰实业有限公司董事长，1967 年香港电话公司董事，香港电视广播有限公司董事。其它有关职位（选择部分）：1964～1968 年立法局非官方议员，1964 年香港大学顾问委员会委员，香港中文大学校董，1962～1967 年香港政府棉纺业咨询委员会委员，1967 年新亚书院校董会主席，岭南商业专科学校顾问委员会委员，1968 年香港公益金主席，1968～1972 年行政局非官方议员，1969 年香港理工学院筹备委员会主席，1967～1969 年香港政府工商业咨询委员会委员。杰出成就：1964 年非官方太平绅士，1967 年英女皇御颁 OBE 勋衔，1970 年英女皇御颁 CBE 勋衔，1971 年日皇御颁勋三等瑞宝章。配偶：原配王倩霞，生于清光绪二十四年七月初六（1898 年 8 月 27 日），1925 年 1 月 22 日卒于无锡，安葬于无锡。女一人：筱霞。继配温金美，生于 1903 年 8 月 26 日，1988 年 1 月 7 日卒于香港，与炳源合葬。子四人：骥千，骏千，骅千，骝千。女二人：志明，志云。

唐星海传略

唐齐千

唐星海，名炳源，生于清光绪二十四年（1898年）十月初九。父亲唐保谦，是中国有名的早期实业家，创办了九丰面粉厂、庆丰纺织印染厂以及堆栈、榨油、缫丝和砖瓦等企业。母亲陈慈云。唐星海原配王倩霞，同邑王葆三女，生于光绪二十四年七月初六，卒于民国十三年（1924年）十二月十八。继配温金美，生于清光绪二十九年（1903年）七月初四。共有子女7人，儿骥千、骏千、骅千、骝千，女筱霞、志明、志云。

唐星海幼时过继给无子嗣的三叔唐若川。若川因病于清光绪二十九年（1903年）九月十五去世时，唐星海还不到6岁。因此，仍由其生父唐保谦负责教养。

唐星海毕业于清华大学，后赴美，就读于麻省理工学院，学习机械制造，后攻读纺织及工程管理，获得了双重学士文凭。通过在美深造，唐星海对泰罗的工作研究与方法研究等科学管理的原理与方法颇感兴趣，认为应用科学方法、充分利用劳动时间再加上先进的机器设备，可以大大提高生产效率，这也为他以后回国搞经营管理打下了基础。

1923年仲夏，唐星海学成回国，父亲让其接替于年前染伤寒去世的长兄肇农担任庆丰纺织印染厂的总稽查。唐星海上班后发现工厂存在不少问题，如工场间的领班、宕倌们都身穿长衫，有的还加马褂，在办公室内抽水烟筒，不符合生产要求，容易引起火灾；这些人根本不懂纺织技术，更谈不上技术指导；厂里也没有生产技术管理方面的规章制度，有关权力却掌握在不懂技术的工头手里，车间技术员也无权调整车速；机器设备没有维修保养规程，直到运转损坏为止，严重影响生产等。为此，在工厂召开的董事会上，董事长薛南溟请他发言时，他就直言不讳地指出了这些缺点，并强调：庆丰厂一共开了16 000枚纱锭，250台布机，雇佣3 310人；而在美国同样规模的工厂只需 1 000 多人就足够了。庆丰厂最缺乏的是技术管理,领班宕倌、工头们都不懂技术,只会进行封建式家长管理,随便打骂工人,如何能管好生产?这些话虽然引起厂董事们的争论和不同意见,但最后董事会作出决议,划出一个车间交给唐星海试验,让他负责技术管理。一年以后,唐星海向董事会报告了试验结果:(1)纺部车间 20 支纱的前罗拉速度从 156 转/分提高到 180 转/分;(2)每个工人从原来挡 1 台车增加到挡 4 台车;(3)提高了每件棉纱的卖价。这一结果,使董事们大为满意,把唐星海从总稽查升为副总管,兼任纺部工程师。在其后的一次董事会上,又议决唐星海任总经理,小弟晔如为其助手。这样,唐星海就得以在厂内实施其改革方案,主要包括以下四个方面:

一、调整机构,培养骨干

唐星海为庆丰厂拟定了"忠诚勤奋,励精图治"的厂训。他用高薪聘请了一批国内著名工程师任厂长、技师和车间主任,取消了总管与稽查处,成立了以工程师为中心的工务处,下设纺部、织部、机电部;又设立事务处,下设总务科、供销科、财务科、膳食科等。

唐星海重视人才培养,举办无锡纺织人员养成所,公开招考年龄在 18～22 岁的初中生为学员,学习期间限 3 年,请专家和工程师讲课。这个养成所一直办到抗战前,培养了数百名技术人员,其中大部分成为庆丰的骨干。

他还致力于提高工人的素质,改变工头招募工人的老方式,举办养成工学习班,学员年龄在 15～20 岁,学习 3 个月。工人进厂一般均需经过养成工学习班培训,保证了庆丰厂工人优于同行各厂的操作技术水平。

二、订立制度,规范治厂

唐星海几乎对厂里所有工种的操作及职工的衣食住行都作了明确的规定,包括机器的保全与维护检修制度、工人操作守则、职员守则、工卡制度、请假规定、奖惩制度以及膳厅规则、宿舍规则等。为了鼓励职工安心工作,他还兴办了不少福利事业,如建立职工食堂、宿舍、浴室及职工子弟学校等。

三、检查督促,严格要求

唐星海对工厂提出的要求和订立的制度,自己首先身体力行,非有要事,从不提前下班,同时要求全厂职工遵守制度。他要求各级人员自负其责,有了成绩,除了奖励本人外,对其直接领导也予以奖励;而出了差错,首先查问出事者的上级领导。他的从严治厂,在无锡和上海均出了名。当时外界有这样一种说法:“凡是能在庆丰纺织印染厂吃得了苦而做好工作的人,那么到其他厂去,都能干得好!”

四、不惜工本,创出名牌

唐星海担任总经理后,立足于提高质量,增加产量。他去上海参观考察日本、英国商人的办厂经验,同时,为庆丰增添必要的机器设备、检测仪器等,并不惜成本,选用优质棉花为原料。这样,“双鱼吉庆”牌棉纱的质量和产量不断得到提高,以拉力强、条干匀、色泽好、纱疵少而深受用户欢迎,各地乐于销售,供不应求。1932 年,庆丰的“双鱼吉庆”牌棉纱被公认为无锡的标准纱,各厂的纱价均观其价格变动而涨落。

到 1934 年,庆丰已拥有纱锭 62 200 枚、线锭 41 200 枚、布机 720 台,并有全套漂染设备。到 1936 年底,庆丰的资本已增至 300 万元,固定资产 570 万元,为初始投资的 8 倍;经营范围也大为拓宽,东起上海,西至临潼,北自徐州,南到广州,都有庆丰的办事处。由于业务扩大,上海办事处改为总公司,唐星海也来到上海,坐镇总公司指挥调度。

综上所述,唐星海在庆丰厂采用的行之有效的科学管理方法,对改变当时普遍采用的传统经验管理方式,实开时代之先驱。

1937 年,抗日战争爆发时,唐星海正在欧洲购买设备,回国后决定工厂停止生产,转移物资,但遭到日机轰炸,损失惨重,印染工场几乎尽被摧毁,房屋机器损失了 1/3。由于职工们仍坚持拆运机器,到 11 月中旬日军兵临无锡城下时,工人们护送最后一批机器转移至苏北泰州。

抗战胜利后,唐星海想大展雄图,实现早年宏伟规划,建立全能的纺织印染厂,发展庆丰托拉斯集团。在 1945 年 10 月 13 日召开的庆丰董事会上，他曾这样来阐述他的计划："按照目前人力、物力、财力状况，分为三期逐步整理，第一期纱锭增至3.6万枚，第二期整理至5万枚，第三期至6.5万枚，淘汰部分陈旧过时的布机，更换精良的自动布机……，一年以后再求新的发展。"这一计划被大家称为"复兴计划"，但在当时国民党当局一系列倒行逆施的政策下成了泡影。国民政府为了控制棉纺业，成立了"纺织企业管理委员会"(后来改为"调节委员会"、"花纱布管制委员会")，对花纱实施管制政策，起初对纱布实行议价收购、平价配套，出口外销和转口南北内销限额管制，后来又扩大管制范围，棉花全部由政府实行统购，民营纱厂只能代纺代织。这样，从棉花原材料到纱布成品，从生产到销售，全部由政府管制，民营棉纺厂完全丧失经营自主权。在这种情况下，作为"纺织企业管理委员会"委员的唐星海和其他三名委员——荣鸿元、王启宇、郭棣活，联名具文向纺管会主任委员提出辞呈，一致认为在纺管会"管理"下，民营厂家几至无法生存，加之近来花价一再爆涨，各厂存棉短绌，生产遭到空前困难，民营纺织业的利益受到了严重的侵犯。同时还呼吁实行"经济民主"，要求撤销"纱布管制"。

1947年12月底，唐星海又受众人之托代表同行业公会去南京反映情况，宋子文与实业部长均"避而不见"，而中国银行的财阀张嘉璈又向他推销50万美元的黄金建设公债。这样一来，使唐星海对国民政府失去信心，"复兴计划"也无从实现。不久，他便将资金转移到香港，开办了南海纱厂，随后便携全家一起去了香港。

唐星海在香港事业有成，影响逐渐扩大，曾被委任行政立法两局非官方议员。当英镑贬值时，他以港币与美元联系而与英镑无关为由，代表香港政府去伦敦力争，终而维持港币不随英镑贬值。他热心公益事业，在香港设立中文大学，捐建图书馆。英国女皇为其颁赠爵士奖，并获大不列颠名誉军官称号。他又捐建台湾新清华大学礼堂和美国麻省理工学院研究生宿舍，取名"唐楼"。

唐星海晚年思念故乡，郁郁寡欢，于1971年6月17日逝世，享年74岁。

（原载《无锡文史资料》第39辑，1999年1月）

有关唐星海的几件往事

顾纪德

唐星海先生掌控庆丰纱厂后，企业迅速发展，各方面蒸蒸日上。但是，在一帆风顺之外，事情往往还有另一面，这里仅记几件事如下。

一、赔钱的美棉

1923年星海先生由美国学成归来，开始被安排协助叔父唐纪云先生和三弟晔如先生，无职无权，无法插手庆丰事务，所学的科学管理方法更无从施展。后经力争，保谦先生及董事会才同意升星海先生为庆丰厂副总管兼纺织工程师，并划定一个车间供其更新实验。一年后实验期结束，效果十分显著（详见拙文《顾氏与唐氏——无锡庆丰和上海保丰往事追忆》），由此逐步进入领导核心。1926年叔父唐纪云先生黯然退出庆丰厂，从此脱离棉纺行业，与子侄辈改行毛纺织业，星海先生正式接任庆丰纱厂总经理。

但正当春风得意时，大批订购的美棉却由于租不到货船运送上海而面临退货赔款。当时沿海一带的棉花早被日商抢购一空，常阴沙原时泰祥所有的庆丰厂棉花库存也已全部用完，新棉又未上市，致使庆丰厂一度陷入原棉断供困境。这时全靠伯公顾叶舟和张秋舫先生打下的基础和建立的关系，由父亲顾建章用赊账、借用、预付部分货款等各种方式落实了一批棉花，分秒必争，日夜兼程运至无锡庆丰厂，才使停工待料15天后按星海先生许诺的期限如期开工。唐纪云先生虽被星海先生挤出庆丰，但仍顾全大局，从九丰面粉厂调资金供周转，这才渡过了难关。然原订美棉因退货而赔款30万银元，这是星海先生主事后的第一次大惨败。

二、亲自送儿子做绝育手术

唐星海先生娶妻温金美，共育有四子三女，四子依次名为骥千、骏千、骅千、骝千，三女名筱霞、志明、志云。

据父亲讲，星海先生曾亲自送儿子做绝育手术。原因是这个儿子（当时我没有问清是哪一个儿子）先天弱智，语言能力差，行动亦难规范。及长,发现喜欢亲近女性,并开始有性欲要求。星海先生认为对大门大户的唐氏来讲这是祸根,早晚要闹出身败名裂的事来。为防患于未然,遂下决心亲自送儿子去熟识的西籍医生处做手术,使其终生绝育。从此这个儿子由星海先生养着,1948 年带去香港。

知道此事的人不多,有关他在港的情况内地也无从知晓。我有幸看到 1997 年的香港报纸剪报资料,据报道,星海先生的这个儿子排行第三,叫唐骅千,1996 年 1 月去世,享年 66 岁。未婚,没有子女。因唐骅千患中度弱智,星海先生 1971 年病逝时,分给 173 万元遗产,较其他兄弟为多。他的母亲于 1972 年替他设立信托基金,两年后他继承的 170 多万元注入基金内,规定骅千死后,基金需拨归慈善机构。到 1996 年去世时,基金已滚存至 3 570 万元,基金中资本金占 1 680 万元,积累收益占 1 890 万元。收益是用作日常支出的,但因唐骅千大部分时间都住在医院和家中,过着简单的生活,才积累到这笔庞大的收益,法院裁定收益应拨作遗产。后经高院判决,资本金拨归慈善用途,收益作为遗产给予在美国的两名姐妹。唐骅千的三名兄弟已表明不会提出申索。法官认为这是一宗有趣但不寻常的案件,一人一半的分配公平合理。报道认为是作出了“皆大欢喜”的判决。

回顾唐星海先生当年亲自送三儿子骅千去做绝育手术的做法,若以传统观念去看待,会觉得“不近人情”“心狠手辣”;其实,这样做不单是为唐氏家族声誉考虑,也是对弱智者本人负责和对社会负责。而从随后的各种安排看,星海处处对骅千另有照顾,都是负责任的做法。经过法院对遗产的处置,照顾了各方利益,应该说儿女最终结果都是比较好的。

三、被抢去的公永纱厂

在抗战胜利后短暂的棉纺行业黄金时期,以星海先生为主与上海浙江兴业银行老板(好像姓祝,待查)两人合办公永纱厂,这是星海先生的私产,所以倾注了许多心血,配置了最新的设备和最好的技术人员。但星海先生不可能自己去管理,交付给谁去代理最放心?这个被选定的人就是他的贴身秘书——沈振霞。

沈振霞，毕业于上海圣约翰大学，曾任辅仁中学教务长，何时进入庆丰总公司不详。星海先生原有的秘书是谢友庵先生，沈振霞是以英文秘书身份跟随星海先生左右的。此人工心机，善逢迎，他随身携带笔记本，对星海先生的指示和言行，用英文详细记录，包括具体的日期、地点、时间。每当星海先生要查问什么事，沈振霞即打开笔记本，把英文记录用英语一一汇报清楚。因此，他没多久就深得星海先生的欢心和重用，也由此被选来代表星海先生做上海公永纱厂的厂长。当公永纱厂正式投产时，宽敞的厂长办公室正中是星海先生的大办公桌，侧面才是沈振霞办公桌。每当星海先生来公永厂时，沈振霞必恭恭敬敬、亦步亦趋侍奉在身边，依然手不离笔记本写个不停，真令星海先生一百个放心。

但沈振霞一旦掌握到实权后，本性就逐渐暴露出来。一年多后，当沈振霞逐步控制了公永厂，星海先生再去公永厂时，就不再小心迎送了。自认为公永厂全靠他在赚钱，他不应该只是星海先生的管家。对此，星海先生亦已有所察觉，并耳闻沈振霞在公永厂供销过程中多有渔利，家中红木家具一年中就更换了两回。转眼就是春节，星海先生以贺新春为由屈尊前往沈振霞家拜年，沈家客厅的全套红木家具及豪华布置充分证实耳闻属实。以星海先生的个性怎容得了这等事？随后星海先生再去公永厂就不像以前那样稍坐一会就走，而是开始查问工厂的生产和收支。沈振霞是早有准备的，在最后一次面对面对话时，他打开笔记本将何日何时星海先生说的什么事，何日何时安排怎么做，源源本本讲得滴水不漏。并挑明讲，就是你星海先生任命我为公永厂厂长，那我有责任对公永厂的一切负责，星海先生不必再多费心。当场把星海先生气得转身就走。沈振霞也顺势将星海先生在厂长办公室正中的大办公桌撤下来，从此厂长办公室正中的座位就变成了沈振霞的。

星海先生怎么也想不到，原认为是自己得力心腹的沈振霞竟是中山狼，公永厂是我开的，我还治不了你！就以董事会出面，下令撤除沈振霞厂长职务，请出公永厂。

但是晚了，沈振霞一开始就自下至上，由里到外，从车间领班到科室主管,安排培养了全套心腹班底,公永厂已成了他的天下。星海先生撤了他的职,那就让你看看他的手段和能量。

首先是工厂停工,要求董事会收回撤除令,恢复沈振霞为厂长。其次是派出班组科室代表,赴北京路 444 号总公司向星海先生面呈全厂职工要求给沈振霞厂长复职的请愿书,不达目的不离去。最后是将此事推向社会,把事态扩大化。星海先生深恐一旦上海社会局乘虚而入那就复杂了,考虑再三后由董事会出面收回撤除令。沈振霞大获全胜,当他在爆竹声中如愿以偿趾高气扬地进入公永厂时,“热烈欢迎沈振霞厂长回厂”的大红横幅挂满了全厂。

星海先生平生从未吃这么大的亏,而且谁都怨不得,只怪自己瞎了眼。随后政局开始动荡,星海先生集中精力安排外迁,从此再也不提“公永”二字了。

此事并未到此为止,沈振霞没有得意多久,棉纺行业的黄金期由盛而衰,工厂开工不足,但 500 多名工人要养家,跟随他摇旗呐喊的大小头目不能不顾,再要找星海先生支持怎可能呢!待到 1949 年 5 月上海解放,工人们组织起来,成立了临时工会,沈振霞身为厂长,面对工人要活干要饭吃的情况,在无路可走之下提出去香港找老板星海先生求援。临时工会同意他去香港要钱,当然,在香港前后一个多月,沈振霞自始至终未能见到星海先生,一再托人去讲情认错请罪,以求当面汇报公永厂现状。回话是,公永纱厂既然你已抢到手,就不再是我的了。沈振霞灰溜溜返回上海,不久就在忧郁苦闷中病死。

(本文原载顾纪瑞、顾征:《无锡堰桥顾氏家族与庆丰纱厂》,广陵书社,2015 年)

（八）唐君远（增源）

唐君远生平

上海工商业联合会

唐君远，生于1901年6月，江苏无锡人。青年时期就读于交通大学的前身南洋公学，后转入东吴大学攻读化工。1924年在他父亲唐骧廷创办的无锡丽新染织厂任考工员、考工主任，不久升任厂长。1934年参与创办协新毛纺织染厂，任厂长、经理。

年轻的唐君远有理想、有抱负，希望能为我国的纺织事业作出贡献。但当时，日本帝国主义正加紧对我国进行军事侵略和经济掠夺，大批日商纺织厂的建立，使日本的纺织品垄断了我国的棉毛纺织市场，我国的民族工业处于岌岌可危的困境。为了与日商相抗衡，唐君远深感必须振兴我国的毛纺织业，才能打开出路。于是他大力聘用有实际经验的工程技术人员，积极引进国外先进技术设备，经过苦心经营、顽强奋斗，终于把协新厂创办成我国第一家能够自纺、自织、自染、生产精纺呢绒的厂。该厂生产的不蛀呢绒等名牌产品，不仅成为当时的专利品，在上海市场上扬眉吐气，而且远销国外，为中国货赢得了国际市场和海外声誉。

抗日战争时期，无锡沦陷。日本侵略者看中了设备齐全的丽新、协新这两家全能厂，悍然派兵进驻，胁迫时年36岁的唐君远与他们合作。唐君远"宁为玉碎、不为瓦全"，宁可坐牢，拒不接受。充分表现了中国民族工商业者热爱祖国、威武不屈的凛然正气。

新中国成立后，人民政府对工商界人士采取团结的政策，组织他们学习《共同纲领》，欢迎他们参加国家建设，把工商业者看成自己人。历经沧桑的唐君远心情非常激动，他说："人民政府把我看成自己人，我就要当好这个自己人"。当时他是上海毛纺织工业同业公会主任委员，他以极大的热情宣传党和政府的方针政策；积极参与上海工商界为恢复生产、发展经济所开展的各项爱国运动；主动认购国家发行的人民胜利折实公债 39 万份，并在抗美援朝运动中捐献了 4 架飞机。在社会主义改造时期，他的协新毛纺厂率先实行了公私合营，以实际行动在同业中发挥了带头作用，促使上海毛纺全行业于 1955 年批准合营。1956 年，唐君远被任命为上海市毛麻纺织工业公司副经理。

在十年动乱中，唐君远深受迫害，但始终没有动摇对党和社会主义的坚定信念，表现了一个爱国工商业者的高尚情操。粉碎“四人帮”，特别是中共十一届三中全会后，唐君远心情舒畅，精神振奋，他以“坚定不移跟党走，尽心竭力为四化”作为自己的行动准则，积极为四化建设和改革开放献计献策。他与工商界的同仁一起倡议筹资建立了上海市工商界爱国建设公司，动员广大工商界人士和海外亲友投资参加祖国的四化建设。

唐君远不仅自己热爱祖国，也经常以此教育子女。1979 年，他参加上海工商界代表团赴港访问，对其长子唐翔千说：“你要带头回来投资，办点企业，引进点先进设备，为国家做点事情，如果蚀了本，就算是孝敬我的好了。”在他的鼓励下，唐翔千带头回来在深圳搞成了特区第一批补偿贸易，在新疆建成了国内第一家合资经营的天山毛纺织厂；在上海办起了沪港第一家中外合资企业上海联合毛纺织有限公司，并入选为全国十佳企业。唐君远深感欣慰的是，他毕生向往的振兴实业的理想与追求，在社会主义的新中国终于得到了实现。

唐君远一直很重视教育。早在 50 多年前他开办协新毛纺织厂时就开设过工人子弟学校，并在无锡办过奖学金，后因战乱才中断。1991 年，唐翔千为祝贺父亲唐君远 90 寿辰，按照父亲的意愿，捐款人民币 50 万元，选定上海大同中学、市二中学、位育中学、师范专科学校、市十一中学，田林第三中学 6 所学校，设立“唐君远奖学金”，对品学兼优的学生和教学卓有成效的教师分别颁发奖金，以资鼓励。在唐君远 90 寿辰欢庆会上，上海市谢丽娟副市长代表市政府，对这位纺织界的老前辈、令人尊敬的爱国实业家给予高度评价，把一面金光灿灿的题有“乐育英才，造福社会”的铜质奖牌颁发给唐君远。

近年来，唐君远尽管年事已高，但仍很关心国家大事，不时去市政协和工商联，为改革开放献计出力，并积极参加各项社会活动，热心赞助社会福利事业。他曾先后向卢湾区残疾人基金会、瑞金街道老年活动室、卢湾区侨联等单位捐款近 4 万元，充分体现他关心群众，热爱社会主义的博大胸怀。

唐君远历任全国政协第三、四、五、六届委员，上海市政协第五、六、七届副主席，上海市工商联第二、三届常委，第四、五、六、七届副主委，第八届名誉副主委，曾任全国工商联常委、江苏省工商联副主委，还担任上海市投资信托公司副董事长、上海爱建股份有限公司监事长和沪港经济发展协会名誉会长等职。

唐君远是一位无党派爱国人士。他一生热爱祖国、追求进步，以实业振兴中华为己任，身体力行，至死不渝。他毕生拥护中国共产党，与中国共产党长期合作，患难与共，为爱国统一战线的巩固和发展作出了积极的贡献，是党的忠诚可靠的诤友。他一生光明磊落，作风正派，生活简朴，待人宽厚，是一位正直善良、受人尊敬和爱戴的老人。

（原载《无锡文史资料》第 28 辑，1993 年 11 月）

唐君远与协新毛纺织染公司

上海市民建、工商联史料组

一、承袭父荫锐意经营

1934 年，无锡丽新、庆丰、申新等厂因受日纱倾销影响，竞相跌价销售。为改变这一情况，由唐骧廷、程敬堂、唐君远、荣尔仁、唐熊源等共同商议，加强三方联系，团结合作，集资 20 万元，合组一家以精纺为主的毛纺厂，取名协新纺织染股份有限公司，表示三股力量的联合和协力同心、协力维新之意。共推唐君远任经理、唐熊源任协理兼厂长。购置羊毛细纺锭 1 800 枚、织呢机 40 台和染整机等，于 1935 年 2 月试产。产品一经问世，深受呢绒商、西服店和消费者的欢迎，供不应求，连年盈利。

二、取得成功之道

唐君远参加创建和经营的丽新、协新两个企业的发展，经历了曲折不平的艰辛历程，在艰难中求生存，从生存中求发展，其中很重要的一条，是他专心致志锐意进取的经营精神。

第一，善于审时度势，果敢办事。1934 年协新厂初创时，市场凋敝，日货哔叽、直贡呢在一年内连续跌价 20%以上。唐君远向信昌洋行订购毛纺机器时，该行英国大班麦默叔等认为，刘鸿生的章华毛纺厂经营很不顺利，毛纺事业没有发展前途，劝他投资办绒线厂。他在参观章华厂后，作了详尽分析，认为在一定时期内，呢绒销路将继续活跃。理由有三条：一是当时一般富商、官僚、买办阶层生活奢侈，是呢绒的基本消费用户；一般生活并不富裕的职员、教师、自由职业者，在只重衣衫不重人的社会里，也不得不穿一点呢绒服装，因而精纺呢绒是有前途的。二是章华厂办不好的原因，主要是采用日本原料仿制日货产品，所以在销售方面与日货矛盾很大，难以竞争。三是当时洋货呢绒进口征税 30%，原料毛条进口仅征税 5%，毛条价格低，呢绒售价高，税率上的差距于国内生产有利，只要花色品种对路合销，国产呢绒足可以与舶来品竞争。基于以上各种理由，他坚持办了毛纺织厂，不出他的预料，协新厂产品于 1936 年上市以后十分畅销，上海呢绒批发商组织联益公司予以全部包销，头一年盈利即可收回全部投资，在市场上站稳了脚跟。

第二，向高档产品发展。1930 年，丽新增添 16 000 锭纺纱设备，并买进一套精梳设备，为纺高档细支纱奠定了优势地位。在当时华商纺织厂中，具有纺制高档细纱能力的不多。丽新厂以高档纱所织"惠泉山"府绸、"九美图"府绸等，每匹售价 12 元，成本约 8 元左右，因市场上没有竞争，销路旺盛，利润优厚。

第三，重视市场讯息，使产品适销对路。他经常派人在上海南京路等处闹市区，跟踪观察外国人衣着，发现新颖花样、品种，随即记录，提供厂里设计人员参考。他有时还亲自参加这项工作。为了灵通市场讯息，特自设门市部，直接听取顾客意见和要求，及时地了解市场动向，试制新产品。如该厂工程技术人员设计出以正反手纱交织成鸳鸯府绸，并用烧碱使布上起皱起泡的方法织成棉布，凉爽美观。他亲自起名为"泡泡纱"，既通俗又很形象。上市以后，风行一时，成为该厂的热销名牌产品，历久不衰。

第四，必须以质量优、花色新在市场竞争中取胜。为了提高产品质量，他为丽新印染部门购进三辊轧府绸整理机，在当时这是唯一的进口新型染整机械设备。加工的成品手感光滑柔软，倍受顾客欢迎。在争夺国外及南洋市场方面，针对天气炎热的特点，专产印花麻纱和质地光滑的府绸，并仿制外国产品与外商竞销。1933 年《朝日新闻》称丽新厂为日本棉纺织工业的"劲敌"。这一时期，丽新生产力大幅上升，花色品种达 100 余种，"千年如意"麻纱、"鲤星"洋纱、"司马光"府绸等均成为名牌产品；产量从最初日产 200 匹，1930 年增至 1 400 匹，1936 年达 2 000 余匹，还可印染整理 4 000 匹左右；抗战前夕，职工达 3 500 人。

第五，注意采用新技术。唐君远精通英语，亲自出面与洋行订购机器及染化原料的谈判，因而同英、德、美、瑞士洋行关系较为密切。这些洋行凡有新品种运到，皆先行通知丽新，以使捷足先得。如 20 世纪 30 年代初蓝布容易褪色，德孚洋行新染料"海昌蓝"具有不易褪色的优点，丽新厂首先采用，染成"海昌蓝"布，一经上市，十分畅销。又如德国产的增白剂，在漂白粉溶液中只需投入少许，漂布便显得分外洁白光亮。丽新得知后，将德商第一批运沪的 200 斤全部收买，投产使用效果极佳，每匹布售价提高 2 元左右，而成本增加不到 0.2 元。瑞士嘉基颜料厂专利产品"灭蠹"羊毛不蛀粉问世，协新毛纺织厂立即与洋行订立为期 7 年在中国独家使用的包销合同，生产出不蛀花呢，虽售价稍高，但因不蛀、耐穿，一时名声大噪，上海呢绒商、绸布店均以能销售这一名牌产品为荣。

第六，注意利用社会游资发展生产。1924 年，丽新因齐卢之战停产半月，批发所也为溃军所掠，损失甚巨，经济上发生困难。唐君远除争取部分股东垫款外，在企业内成立储蓄部，以月息 10～20‰的利率，吸收社会上的游资，渡过了危机。以后又通过各种渠道向股东、职工、社会及往来商号吸收存款,有时竟达全部资本的一倍左右。

在企业获得大量利润后,唐君远更注重积累资金,发展生产。1930年,丽新增资为100万元,1931年增为120万元,1934年增为240万元,1937年增资至400万元。其中大部分增资是由历年盈余拨充的。在此期内,丽新大量添置纱锭和印花设备等,进一步发展了生产。

在第二次世界大战前夕,协新毛纺织厂董事会采纳了唐君远的建议,向英商信昌、德商谦信两洋行订购纺锭2 600枚、织呢机28台。当时,纺织机器无人问津,价格也未上涨,洋行廉价推销,只需先付货款25%即可将机器运来,其余在两年内分期付清。这批机器运到以后,协新即开工投入生产,待机器价款付清,早已获利倍蓰。1936年,协新即增资为50万元,1937年又增为80万元。

第七,重视工程技术人员作用和职工培训工作。丽新初办时没有工程师,曾聘用一位外国工程师,工作一年,工资高达6 000余元,而该厂同年全部职工工资仅5 000元左右。合同期满,即由培训的熟练职工接替,同时高薪聘用怡和、纶昌等厂技工,逐步建立起一支技术队伍。协新毛纺厂除聘用一些南通纺织学院的毕业生参加工作外,还从章华等厂请几位工程技术人员和熟练技工共同参加技术和管理工作。唐君远亲为技工及学徒培训讲课。

三、"宁为玉碎,不为瓦全"

"七七"事变,日本帝国主义扩大发动侵华战争。协新厂于1937年10月24日被日军炸弹击中而停工,不久无锡沦陷。1938年春,日本占领军司令部把唐君远召去谈判,要与协新、丽新两厂"合作经营",并威胁说,如敢违抗,将炸毁工厂。面对这样严峻的局势,唐君远权衡得失,内心悲愤。在董事会讨论怎样答复日方时,他坚持原则,毅然提出"宁为玉碎,不为瓦全"的主张,得到董事会的支持,断然拒绝日方"合作经营"的要求。对此日军司令部大为恼怒,采取了高压手段,竟然将他关押半个月之久,甚至关进木笼子站立一星期。后经托人说情转圜,才获释放。但这两个厂的马达、设备、厂房等受到日军的掠夺与破坏。直至1940年冬,敌伪才将损坏不堪的工厂发还。

唐君远获释离开无锡后，即在上海江西路三和里49号设立办事处，整理残局。经在沪董监事商议，决定在上海公共租界筹设沪厂。当即由唐君远等着手筹备，向洋行购买精纺3 200锭、毛织机40余台，先借西康路一印刷厂三搂安装部分机器，设毛纺织工场；以后又租赁江宁路82号地基4亩多，自建厂房，安装另一部分毛纺织机及全套染整设备，边安装边生产，到1939年8月全部投产。采用英商信昌洋行之名，把工厂定名为信昌工厂，以求托庇保护。该厂年产毛呢14万多米。随着生产逐年发展，职工从百余人增至360余人。1940年获得利润130万元左右，为战后重建事业奠定了物质、经济和技术基础。

丽新厂在无锡沦陷以前有不少成品运存上海，可以出售变成现金。碰巧与该厂有关系的丽华厂在国外定购的织机250台运到上海，于是双方商定合作，在上海江宁路、思南路两处建造厂房，并吸收汉口帮投资，成立昌兴纺织印染股份有限公司。资本50万元，丽新占股额70%，由唐君远负责经营。成立以后，生产不断发展。

1941年12月，太平洋战争爆发，驻沪日军进入公共租界，两厂又随之沦入日军控制之下。协新堆存浙江兴业银行仓库的一批进口羊毛，为日军征用。又因战争关系澳毛无法进口，生产难以为继，终于在1944年被迫停产，工人发给两个月工资遣散回乡。抗战胜利后，唐君远一面赶紧向国外定购羊毛，一面组织复工工人昼夜抢修设备。1946年澳毛运到，沪、锡两厂全面复工，市场热销，处于同业中领先地位。虽美货麦尔登呢大量倾销，但因品种不同，协新呢绒质地精良，所受影响不大。

四、为新中国经济建设积极贡献力量

新中国成立后，唐君远坚决拥护和贯彻中国共产党对民族工商业利用、限制、改造的政策，积极经营企业，热心社会活动。他主动将存放在香港的73 000磅进口毛条运回上海，进一步依靠职工群众搞好生产，通过加工定货、统购包销和率先申请公私合营等实际行动，在同业中发挥带头作用。在1955年8月12日上海毛纺业全行业公私合营后，上级公司经过研究，安排他担任了上海协新毛纺厂经理兼丽新纺织厂经理，在上海毛麻纺织公司成立时，担任公司经理。

（原载寿充一等编：《近代中国工商人物志》第二册，中国文史出版社，1996年）

我的父亲唐君远

唐新璎

一、宽厚待人　一身清正

记得我小时候，家里主要是由母亲王文杏管，我父亲从来不管我们的。父亲在厂里工作，具体做什么工作，开始我们一点也不知道，后来才渐渐发现他是在厂里做厂长。抗日战争时期，日本人想与他合作，他不同意，被日本人抓进去了，关在木笼子里两个星期，母亲为此很着急。那时候，我们兄弟姐妹都觉得父亲是一个非常伟大的人。

平时父亲总是很忙，我们都看不到他。他是搞厂的，常常早出晚归。加上当时在无锡住的房子是老房子，很大，很深，书房和大厅都在后面，因此与父亲碰面的机会就更少了。到了上海以后，虽然房子变小了，容易与他碰面，可是他每逢周末都要去无锡总厂那里。礼拜六一早就出发，礼拜天则很晚才到家。回家时，我们都已经睡觉了。我们最钦佩的是他不怕劳苦地在无锡与上海来回跑，一直奔波劳碌。

母亲总是对我们说："爸爸很辛苦，你们要努力读书。以后经济条件好就是你们享受；不读书，经济条件不好就是你们吃苦。因为将来爸爸的遗产不会给你们的。"我们听了以后，脑子里都是母亲的这些话。家里七八个孩子，母亲也管不了我们多少。家里开厂、赚钱都不容易，父母也都很辛苦。我们从小穿的衣服、鞋子都是母亲做的，我们七八个孩子只能围着一个大桌子做功课。父亲很少有时间和我们说话，对我们的状况也不大了解，都是母亲告诉他，他才知道。记得有一次母亲对他说："你的第几个女儿，现在读大学啦"，他就一脸懵了的感觉，回应说："已经读大学了？"我们兄弟姐妹中，谁考了什么学校，他都不太知道。填志愿这些事也完全是由母亲去帮我们填写的。

父亲对厂里的工人都很好。看到工人偷懒,他只是拍拍工人,说别打瞌睡了。造协新毛纺厂时,请示他:“工人的厕所和职员的厕所要有区别吗?”他说:“不要区别,都用抽水马桶。”工人因此都说父亲良心很好,和他感情也比较好。为此,父亲在“文化大革命”中受的苦头和别人相比也不算太多,他主要负责打扫厕所。打扫厕所比较容易,因为都是抽水马桶,如果是水沟就辛苦了。去厂里劳动时,他不认识路,也不知道怎么坐车去,因为以前都是由司机开轿车送他去的,所以每天只好由我送他去。记得有一天,父亲本应要留下来吃忆苦饭的,可造反派对我说:“你今天早点带爸爸回去。”我当时还说:“今天吃忆苦饭。”他说:“你爸爸不要吃忆苦饭,所以你早点带他回去。”那时和他一起劳动的有几个资本家,4 个要留下来吃忆苦饭,而我下午 4 点便能接他回家。工人那时说:“忆苦饭不要吃了,回去吧。”这点我印象还是挺深的。还有一次,在上海香港路 59 号的工商联办公地时,父亲要被罚戴高帽子、遭批斗。开始很严重,后来便没什么了。记得有一次他得了肺炎,我去交请假单,厂里工人跟我说:“这次你父亲请假,让他不要再来了。”那时我还是蛮感动的。我说:“怎么叫他不要来呢?”他们便说让他病好后在家里学习。这些都说明工人对父亲还是很照顾的,他们也不忘记父亲以前对他们的好。

二、勤俭朴素 一如既往

在我眼里,父亲还是一个蛮节约、简朴的人。他几乎不穿皮鞋,也不穿毛皮衣服,经常就是一双布鞋,两套人民装对换。有一次我大哥唐翔千到上海来,他觉得穿西装不好意思,便买了两套人民装替换。离开上海后,他便把这两套衣服留给了父亲。父亲就一直穿它们。他有一双皮鞋是比较重要的场合穿的,例如作客时,或去香港时穿穿,到上海开会时穿穿,接待外宾时穿穿。其他时候,他总是穿布鞋、棉鞋,而且不让我给他买,要我给他做。我们给他做棉鞋时,一般做布底,可是他总是说布底容易坏,要前后掌都打好,这样才不容易坏。家里的东西要是稍微买好一些,他都要说的。他说:“有很多穷人,没有我们这么好的生活,你们要节约一些。”冷天时,他是穿绒裤的，破了还要叫我补的。还有衬衫领子坏了，叫我翻领子。我说："这个我不会。"他就说："那你去学学。"最后他要翻衣领，只好给他翻着补了，先是拆开，把里面好的反到外面，外面本来破的，那就贴一块补。别人都说："你们爸爸绒裤坏了还要补，不仅补一次，还要补两次。"这个印象最深了。

父亲在吃方面也比较节俭。母亲去了香港定居以后，便由我照顾他，直到他1992年92岁去世。当时大哥叫他一起去的，他说："我不去，我在上海住住蛮好的。"他让我母亲先去香港，他留在上海。其他方面我不去过问他，主要是生活方面照顾他，陪他出去逛逛街。他只看不买，还经常和我说："这个蛮贵的。"我说："你喜欢吃的，就买一些吃吃。"当时的腰果很贵，要几十块一斤。他不买的，都是我大哥从香港带回来给他吃的。

他最爱吃的是河虾。有一次有人说这河虾和其他东西相比太贵。他就对我说："从明天开始你不要买给我吃了，太贵了。"他也喜欢喝咖啡，总是到老大昌买，3块一杯。那次我大嫂尤淑圻来了，请他到花园饭店喝咖啡。回来和我说："今天的咖啡喝得很贵，要15块一杯。我们老大昌只要3块钱，可以喝5杯了。"他喝了以后，便一天到晚说太贵太贵，心痛极了。我大嫂知道他节约，每次回来总是请他喝好的，10多块一杯，20多块一杯，他也非常不舍得。每次我陪他去喝咖啡，从不喝贵的。喝好之后，再陪他出去走一走。他最喜欢雁荡路上的一家面店，每次专门去吃芝麻酱拌面。还有的时候，到淮海路买巧克力糖只买两块，他说"一块你吃，一块我吃"，不多买，非常节约。他喜欢买古董，不过家里很多的古董都被红卫兵敲光砸碎了。那时候是破坏性抄家，全部都敲掉。客厅的花盆等被敲得粉碎，三个房间都敲了一地。古董也敲碎在地上，还让人赤脚在上面走。居委会人上来一看，就和红卫兵说："赤脚走就算了，你们既然敲碎了，就不要让他们赤脚在上面走了。"最终他们没有让小孩走，让我们的父母走。

"文革"时搬过一次家，当时我们住在南昌大楼，房子是教会的。基本上一个大门里14家，都是资本家。那时候一些资本家都被抄家，扫地出门了，只剩下我们一家。我母亲都快被吓死了。家里东西都搬光了，厂里工人来搬时，有一个老工人说："你们床总要剩两张给他们睡吧？全部搬掉，让他们睡在什么地方？天要冷了，衣服要留一些给他们的。"由于那个老工人作主，最终剩下两张床。我们都是睡地板的，床则给母亲睡。父亲也睡在地板。不过他和我们分开，隔离开的。他在中间那个房间，我们在里面的房间。

三、实业报国　一生夙愿

我父亲研制成功不蛀呢绒，是因为用了一个英国的专家介绍的一种药水。这种药水可以让毛货永远不会蛀，即使真有蛀虫在这块毛货上也都不蛀。因为这件事，他被批斗得很厉害。红卫兵在我们的家里，喊口号说要"打倒唐君远"，但他从来不肯说。红卫兵住了一个月以后，协新毛纺厂出面，造反派才撤退。

这一切，母亲看到害怕了，因为人家都搬走了，就我们一家，红卫兵天天来。她去和房管所的人说："我吓死了，宁愿搬到南昌大楼另外一扇门里去了。"房管所的人说："你不要搬了。"直到"文革"后，市政协打电话来，问他是不是换换地方。我父亲说不要，子女都不在身边，也够住了。最终他不肯换，仍然在那里，住了十几年。因此他们都说，只有君老住在三间房间里，而且房子一直到现在都是借的。

父亲是不买房子的，我母亲说他口袋里有钱就是建厂。如果不是"文化大革命"，他还要造厂。抗日战争之前有一笔钱汇到香港去，准备移到香港去办九龙纱厂。抗日战争胜利以后，本来他准备到香港去开九龙纱厂，厂已经建好了。1949 年 5 月上海解放后，陈毅同志找他谈了话，他就没有去。原来打算一家人都去香港的，他没有去，九龙纱厂给别人经营了。这点，我们说爸爸很爱国。他和我们说："你们要爱自己的中国，书读好，多为国家做一些事情。不要经济条件好了，你们就喜欢吃、喜欢玩，这是不对的。"他就是这样教育我们。现在，他把九龙纱厂的这笔钱捐到基金会。改革开放后，他对在香港的大哥说："我现在没有精力办厂了，你作为一个中国人，中国人是爱国的，你来办。"大哥听他的话，所以办了天山毛纺厂和上海的毛纺厂。他本来要到无锡去办电子厂，无锡那边没有房子，所以他没有去。最后父亲生病的时候说:“你们一定要到无锡去,帮助无锡发展教育事业。”由此在无锡 6 个中专都设有奖学金。在上海 30 多个学校也设有奖学金和奖教金。

公私合营,他是第一批参加的。他自己本身到毛纺公司去工作,但却把两个地方的工资都退掉,就只拿毛纺公司的工资,本来协新毛纺厂给他钱的,他也退掉。改革开放初期,邓小平要找上海资本家去谈谈,关于怎么落实政策,我父亲也到北京去了。他也发表了意见,他说:“3 000 元、30 000 元都还了,不如全部还掉,不是皆大欢喜吗?”所以国家执行以后,落实政策,真的是就 3 000 元、5 000 元、10 000 元都还给人家。这时候,他和刘靖基几个资本家商量,办爱建公司。在香港路的时候,他经常去爱建公司。到 90 岁以后,在工商联工作半天,爱建公司开会他也去参加。那时候爱建希望合资办企业,他总是带头积极动员。在工商联,他是副主委,靖公是主委。在爱建公司里面,他是监事长,靖公是董事长。统战部联络处处长马蕴芳安排宴请,他总是让靖公坐主位。

中国改革开放了,1979 年 3 月上海工商界代表团“文革”后第一次到香港去。父亲动员大哥回来投资,一开始是让他去新疆。父亲之所以想到先去新疆,是北京那边的人和他谈的。因为他做羊毛衫,而新疆的羊毛是最好的。那时候大哥还没有做政协委员,接待他的人说:“你是做羊毛衫的,新疆的羊毛最好,你为什么不去试试?”大哥听了也有些心动,但香港人都劝我大哥,包括我母亲在内,都劝他不要去新疆,到新疆去干什么。但我父亲还是动员他,说:“你到新疆去看看,去试试,如果你做了蚀本,你就当孝敬我了。西北大建设,你应该去参加。”于是我大哥跑了 100 多趟新疆。那时车子、水、电都没有,但他还是蛮坚决的。最终在新疆建了天山第一毛纺厂,这是全国纺织业第一家合资厂。天山毛纺厂做出了名牌,羊毛衫在美国要卖 2 000 美金左右一件。除此之外,我父亲还动员他到上海和自己的家乡无锡去办厂。后来,建成的上海联合毛纺织厂生意也好得不得了。我大哥还动员了一批香港的资本家到上海来。他们都要看看上海的家里怎么样,大概来了 20 多个人,当时都住在和平饭店。

四、助学重教　一生所托

1986年，我们子女要为他过85岁生日，他说："你们是不是把给我过生日的钱给我？"他用这笔钱在大同中学设了第一家奖学金，因为大哥和我们几个姐妹，都在大同中学读书毕业的。他还给学校捐了电脑等。后来给向明中学捐了40万元，大同中学捐了40万元，还建立了排球场、图书馆，其它中学就2万元、5万元地捐。1992年以后，凡是设奖学金的学校都捐图书，他说让学生多看看。父亲喜欢书，所以提出来捐图书，像大同中学捐得比较多。学校提出需要什么，他总会同意。那时候他身体还很好，还去参加发奖学金。发奖的时候，学生比较多才多艺，会唱、会跳、会讲故事，活动搞得很好，他非常开心。过新年的时候，学生还到家里来拜年，他也很开心。

2017年10月28日下午，上海唐君远教育基金会成立30周年庆祝大会在上海交通大学徐汇校区文治堂隆重举行。

他一直在一个个学校地扩大奖学金。在扩大的过程中，因为我们物色的都是高中，他就和我们说："初中是打基础的时候，也要结合进去。不要只看重点高中，也要弄两个初级中学。"之后一个个发展，达到40多个学校。在这时候，他又说学生学得好，一定要有好的老师，所以对老师也要设奖教金。那时，他已经91岁了，身体不好。我父亲非常热爱教育，非常喜欢学生。他表示自己非常喜欢小孩，说自己办丽新厂的时候，就建有丽新厂的工人子弟学校。现在国家改革开放了，可办学校了，虽说自己办学校没有精力，但是可以到各学校去设立奖学金、助学金。他认为国家要兴旺，就是要培养学生。他去世时，我们开了一个家庭会议，遗产捐给唐君远教育基金会，我们一致都同意的。基金会在他过世后都由我们大哥管理，把父亲的意愿延续了下去。

五、重教助老所获殊荣

在父亲的一生中，要数我印象中最深的一件事，便是他对人家很大方，自己很克俭。他在淮海路逛街，碰到以前厂里的老朋友，只要和他说："君老，我这两年手头很紧的。"他马上口袋里拿出来10块、20块。"君老，20块我不够"，那么30块，也会给的。他看到人家困难，非常肯捐助。敬老节的时候，他会捐钱。现在，我也一样，在敬老节的时候就去捐钱给居委会。

1979年，父亲带我一起到香港。那时候大嫂对我们两个人说："你们住满三个月，就可以做香港居民，拿香港身份。"那时候我们已经住了两个多月了。上海工商联的丁忱打电话给他，说："你现在要做上海市政协副主席，是不是快点回来？"那边打过电话后，我们第三天就回来了。大嫂说太可惜了，没有几天了，不到半个月了就可以领香港居住证了。父亲说："我还是回到上海去。"可见他做上海政协副主席，心里是很开心的。

父亲做江苏省人民代表的时候，他是经常写东西的，但是我们家里，现在一点都没有留下了。抄家之后，他唯一藏了一套毛主席著作，那时候还是老式的，黄纸的。结果我大哥结婚，送给我大哥。唐翔千事迹展览中，这部书就在其间。

大哥（唐翔千）的事迹展在无锡机电学校办。父亲也有一个展览在那里，那是个很大的机电教学基地。这个学校大哥捐了很多钱，有两三千万左右。

（本文由唐君远之女唐新璎口述，上海爱建集团整理并提供）

（唐新璎简介：父唐君远，三女。1930年10月1日出生于无锡。毕业于上海外国语学院。曾担任中国侨联委员（第三届），上海市第三、四、五届侨联常委，市妇联执委，第五、六、七、八、十届区政协委员，第十一届区人大代表，第一、二、三、四届区侨联副主席。曾获区三八红旗手，市、区侨联先进个人等荣誉。）

爱国老人唐君远

马韫芳

我会名誉会长唐君远，是一位可敬可爱的老人。

由于工作的关系，我在建国初期就认识君老。在几十年的风风雨雨的时代里，君老表现得很平静。对于重大政治事件，他的态度从不过分，而总是实实在在拥护人民政府各项政策，有时候对政府的工作提些十分中肯的意见。因此,君老得到人们的尊敬,在工商界中享有很高的威信。

“四人帮”垮台以后,我与君老接触比较多。君老不计较过去的得失,相反表现出前所未有的爱国热情。他的子女多数在国外,都很有作为。君老要他们来上海访问,了解当时上海百废待兴的情况。君老的大儿子唐翔千是香港著名的实业家,他受了君老的影响,率先到上海来投资,于 1981 与上海市纺织工业局合资办了联合毛纺织厂,它是上海第一家合资企业。几年来发展很快,从一家厂逐渐发展到 6 个厂,从而成了第一家中外合资控股集团公司——上海联合纺织实业股份有限公司。随着形势的发展,今年上半年联纺股票上市,它是上海中外合资企业中第一家发行的股票,成绩斐然。1990 年 4 月,中央提出开发开放浦东重要决策,有一次沪港经济发展协会组织部分沪港合资企业的负责人,乘船去黄浦江参观正在建造中的南浦大桥。君老不顾年迈,欣然同往。当他看到雄伟的南浦大桥东西两座桥墩已高高矗立于江面,又听到有关部门介绍了浦东开发的规划,喜上眉梢,马上对他的女儿唐新璎说:“叫你大阿哥(指唐翔千)早点来浦东投资。”唐翔千的上海联合纺织实业股份有限公司,于 1992 年 8 月份与香港其他朋友们一起投资了中外合资浦东国联工业储运有限公司。这家公司地处浦东外高桥保税区,总投资 2 980 万美元,占地面积 85 000 平方米,合资期限 50 年。此后,他的子女对支持祖国建设更为热情,事业正在蓬蓬勃勃地发展,没有辜负他的一片爱国热忱。而君老自己却朴实无华,喜悦都放在心里。最使我深深记得的是,他的子女待他极为孝顺,希望他去香港颐养天年。有一次子女好不容易动员他去香港住一个时期,而他没住到一个月就回来了。我去机场接他,他由翔千先生护送回来。他十分高兴地对我说:“上海才是我真正的家!”子女都奈何他不得。他在上海每日半天去工商联上班,参加各种会议,看看报纸文件,使自己跟上形势。

君老为人朴素谦和,十分关心别人。按理说君老年事已高,生活讲究一些也是应该的,但他自奉甚俭,吃得简单,穿得朴素,经常穿的是一套的卡中山装,一双布鞋。他出席各种重要宴会,看到工作人员忙于安排席次，他总是开玩笑地说："有得吃蛮好了，我坐在哪里都可以，不必麻烦。"去北京开会，到外地旅游，对安排房间，他总是说很好，从不挑拣，也没有多余的想法，因此他总是乐呵呵的，不自寻烦恼。他十分关心别人，对困难的亲朋故友，总是慷慨解囊，对有些群众团体的活动经费，也是尽可能地支持。

1991 年，君老九十大寿，子女们了解他的心情，送他的生日礼物——唐君远奖学金，他十分高兴。因为他喜欢孩子，关心孩子们的成长。在这两年里，他身体已开始衰弱，很多会议都不出席，但只要学校里的学生请他去，他总是前往。看到孩子们他就笑容满面，鼓励他们好好念书，长大成才。孩子们自己制作的礼物，他也特别喜爱，摆在家里时时欣赏。唐君远奖学金颁发以来，取得校长、老师、学生们的一致好评，对这几所学校的教学质量都起了促进作用。又实行了"跟踪奖"，凡成绩突出者，考取大学后，再给以高额奖金，目的是培养尖端人才。这一决定也引起很好的反响。奖学金还要继续办下去，办出更好的成绩来，以告慰君老。

唐君远给大家留下的是一个慈祥的爱国老人的形象，大家永远思念他。

（作者为沪港经济发展协会副总干事。原载《无锡文史资料》第 28 辑，1993 年 11 月）

唐君远先生其人其事

王昌范

"君老"是人们对于唐君远先生的尊称。唐君远是早期上海市工商联的老领导，曾任上海市工商联副主委、全国工商联常委、全国政协委员、市政协副主席。在工商联，人们都亲切地称呼他为"君老"。

君老是怎样一位长者？人们现在或许了解不多，但是在上海许多名校，如大同中学、向明中学等学校的优秀学生得到过"唐君远奖学金"资助的，或得过奖的学生，一定知道这样一位人物。

与工商联结下不解之缘

唐君远，又名增源，1901年生于江苏无锡，年轻时就读上海南洋公学，南洋公学是交通大学的前身。后来，他转学东吴大学，他在这所学校学的是化学专业。唐君远父亲叫唐骧廷，早期在无锡开设丽新布厂，与无锡荣家荣宗敬、荣德生是同时代的企业家。唐君远在家排行老二，有兄妹多人。唐君远因父亲的丽新布厂开工而离开东吴大学，从考工员、考工主任，一直做到厂长。后来独当一面，企业越做越大，开设无锡协新毛纺厂、丽新印染纺织公司，成为上海和无锡两地“丽新”系的掌门人。

新中国成立后，唐君远将无锡和上海两地丽新、协新企业公私合营，当时公私合营企业私方人员按照政策规定，可以享受定息，但他放弃定息，上缴国家。1956年，他被上海市人民政府任命为上海市毛麻纺织工业公司经理。1961年，在上海市工商业联合会会员代表大会上当选为副主任委员。从那时起，唐君远就在市工商联香港路59号上下班，按现在的说法，叫驻会副主委。他的办公室在香港路59号5楼，与工商联结下长达30多年的情缘。

不蛀呢绒的创始者

说丽新厂、协新厂，人们不一定有概念，毕竟是半个多世纪前的事，但是，人们都知道，将呢绒、毛麻、棉布的面料制作成的服装，这是生活必需品。呢绒服装穿在身上，洋装笔挺，形象是好的。可是头痛的是毛纺织品制成服装，有一个致命的弱点，就是会被虫蛀。怎样克服虫蛀这个问题，那就要归功于一个人，他就是唐君远。

20世纪40年代，国产呢绒最难解决的问题就是被虫蛀。唐君远一直想解决这个问题，他是学化工的，知道羊毛织物被蛀的原因，他组织技术人员研究，并从瑞士嘉基颜料厂买来专利产品，这个专利产品叫“灭蠹”，即羊毛不蛀粉。他亲自和技术人员一起反复试验，证明蛀虫不吃已经投放“灭蠹”的呢绒。

唐君远是一个有战略眼光的经营者，立即与瑞士嘉基颜料厂签订为期7年的包销合同，在中国由协新独家使用。他一方面组织生产，另一方面利用媒体大力宣传，一时呢绒市场都知道有不蛀的呢绒，比英国货、东洋货还灵，这个不蛀呢绒只有协新毛纺织厂才能生产。有幅老照片证明了当时的场景，照片上的画面，上行写着“协新毛纺织染公司荣誉出品”，下行写着“协新不蛀呢绒”。

上海有一条专门经营呢绒的街，叫“棋盘街”，位于今延安东路北侧，江西中路至山东中路之间。协新不蛀呢绒一炮打响，棋盘街的批发字号争先恐后经销，一家叫联益公司的甚至提出要包销。不蛀呢绒不但在国内热销，个别品种还销往印度和东南亚各国。这是协新毛纺织品在那个时代给人们的印象。

孙廷芳先生对君老的回忆

君老是谦谦君子，他淡泊名利、顾全大局，从不计较个人得失。那个年代，上海市工商联副主任委员孙廷芳先生经常与君老一起参加会议，他写过一篇叫《一位爱国、爱人民、爱事业的慈祥老人》的文章，记述了君老一些生活细节，写得很生动，很接地气，很有情趣。文中写道：

君老对生活很是俭朴，除了应酬，他总是在工商联用午餐，与同仁一样一客工作饭，吃得挺有味的。有一次刘靖基老先生对他说：“您回家去吃罢，何必这样做人家（沪语，指节约）？”君老笑着，用筷子点点饭菜说：“质量可以，也很方便，何必往返忙碌呢？”我望着君老，心中万分感动。

1980 年以后，孙廷芳兼上海生化药厂的顾问，同时入驻市工商联办公，为贯彻党的统战政策和工商联的发展，不遗余力。君老此时已 80 岁高龄，还是每天准时上下班。有一次，君老问秘书：“昨日下午我外出开会，正副主任委员会议开得如何？你把记录拿来给我看看。”秘书说：“我还未整理好，明天我送上来给您吧！”君老马上回答：“当日事，当日毕，否则要误事的。”对初来工作的秘书来说，可能感到君老的要求很高，但知道君老脾性的人，都习惯他的个性。他为人极慈祥，但对工作是绝不马虎的。

1988 年 4 月，全国政协七届一次会议开幕，其子唐翔千先生当选为全国政协常委。会议期间，孙孚凌常委、唐翔千常委和孙廷芳常委在大会主席台上、政协会徽下，拍摄了一张照片。唐翔千站在居中，孙孚凌在左，孙廷芳站在右边，摄得很好。回上海将照片放大后，孙廷芳把照片给君老看，他端详了一会儿，忽然说："你们站错位子了。"孙廷芳听后吓了一跳，接着他又说："您应站在中间，因为您先进政协的门。"他的话引得大家笑了起来。君老就是这样诙谐、乐观，爱开玩笑，使得大家在工作中感到精神饱满。

君老为人俭朴谦和，十分关心别人。按理说君老年事已高，生活讲究一些也是应该的，但他吃得简单、穿得朴素，经常穿的是一套卡其布的中山装，一双布鞋。他出席各种重要宴会，看到工作人员忙于安排席次，他总是开玩笑地说："有得吃蛮好了，我坐在哪里都可以，不必麻烦。"到北京开会，到外地旅游，对安排房间，他总是说好，从不挑拣，也没有多余的想法，因此，他总是乐呵呵的。他十分关心别人，对困难的亲朋故友总是慷慨解囊，对有些群众团体的活动经费，他也是尽可能地予以支持。

这是孙廷芳先生对于君老印象。

持家兴业为人之道

1985 年，协新毛纺织染厂举行建厂 50 周年庆祝大会，年已 85 岁的唐君远接到邀请，欣然赴无锡参加，老先生看到厂的规模比新中国成立前扩大了 10 倍，整个工厂像一座花园一样，他感到无限喜悦。他在喷泉池前摄影留念，还在有关人员的陪同下，参观了新建的染整车间，历一个小时而毫无倦容。他意味深长地说："我就是喜爱跑车间，年轻时能跑上几小时不累。"陪同人员怕他劳累，经劝说后，他才休息。

在无锡，人们都知道唐氏家族是五世其昌。笔者曾多次参加唐氏家族举办的活动，深知其世代相传的优良传统。受君老教诲，唐翔千先生总结了家族的优良传统，概括成文字，在此选录几节，或许对于现在的人们有所启发。

勤俭定能兴家，奢侈足以败业。自奉必须俭约，家用宜紧，切不可铺张浪费。人有困难，设法帮助，多做善事。特别对教育事业，更宜大力赞助，尊敬师长，培养后代，提高素质。人无信不立，与朋友交言而有信。严于律己，宽以待人，坦诚相见，亲切随和，尊重别人，才能得别人尊敬。先外祖父曾书孝悌忠信礼义廉耻八德，浅释是修身为人之本，应时时对照自己，切实贯彻。

这是唐氏家族的道德修养观，凝聚着君老的义利观、道德观。唐翔千先生还总结经营之道：

创业以办实业为主。有预见性，凡事应领先一步，不能随波逐流，落后于形势。着手之前，宜深入调查研究，全面规划，充分准备，切勿草率从事。要注重人才，组织班底，用人不疑，量才录用，发挥各个人之积极作用，搞好团结合作。筹资力求充裕，妥善安排，留有余地，具有意外急需应变能力，切忌大手大脚。遇事沉着应付，公正严明，不可急躁冒进。善待职工，发扬民主集中，根据实事求是精神，办理职工福利，切不可浮靡浪费。职工如有困难，设法协助解决，俾使安心工作，福利共享，发扬爱厂如家精神。利之所在，取之以道，遵守法纪，要从长远利益打算，切不可只顾目前，唯利是图。

可以看出，君老对家族传授的经营之道。唐翔千先生受父亲的影响，对于工作态度也概括出下面这些经典之语。

对工作应积极负责，有革新精神，有主观能动性，不受传统拘束，因循坐误。工作不能只局限于本位，应有全局观念，思想更不可固步自封，要有理想，有远见，但须切合实际。遇事早作准备，行动迅速，既要有深入调查研究的精神，又要有雷厉风行的工作作风。切不可自高自大，要善于听取别人意见，团结合作。处事坦诚公正，才能保持平衡。追求知识，力求精进，不可浅尝辄止，更忌一曝十寒。凡是多作思考，遇有困难，要有耐心和坚持克服的信心。多检查自身缺点，勤奋工作。功成不自满，困难不消极。为人若此，则无往而不利焉。

（原载《联合时报》2019 年 7 月 19 日）

（九）源字辈

1. 唐谷源

唐谷源，字肇农，父滋镇，母陈慈云。行二，长子。清光绪十八年壬辰七月二十一日（1892 年 9 月 11 日）生于无锡，卒于 1922 年壬戌九月初四日（1922 年 10 月 23 日），享年 30 岁，安葬于无锡东大池湾。国学生，上海东吴大学肄业。1912 年当选为江苏省议会议员。曾任庆丰厂总稽察，益源堆栈经理，利农砖瓦厂经理。配偶：浦淑稽，生于清光绪十九年癸巳五月二十一日（1893 年 7 月 4 日），卒于 1973 年 8 月 11 日，享年 80 岁。子二人：瑞千，祥千。女二人：振夏，再明。

（《毗陵唐氏家谱——无锡东门支景溪公分支续本》，2007 年印行）

2. 唐汉源

唐汉源，字经国，号秉文，唐渠镇三子，生于清光绪二十二年（1896 年）丙申八月初七日戌时，卒于 1966 年 9 月 6 日，享年 71 岁。三品封典户部员外郎。曾在北大街开设九大〈余〉绸布行，被选为无锡县绸布业公会理事长，县商会常务理事。无锡道南中学创始人之一，道南中学董事会成员。原配王氏，生于清光绪二十一年（1895 年）乙未十月初八日，卒于民国十五年（1926 年）丙寅正月初七日，享年 31 岁。子三人：钧千、镒千、栩千，钧千出嗣炜源。女四人：霞青、贻青、泳青、云青。继配廉氏，生于清光绪三十四年（1908 年）戊申六月初十日，卒于 1995 年 1 月 6 日，享年 88 岁。子二人：广千、抚千。女五人：绮、枫、沂、汾、炜。

（《毗陵唐氏家谱——无锡东门支景溪公分支续本》，2007 年印行）

3. 唐燮源

唐燮源，字斌安，父殿镇，母钱保瑾，长子。1899 年 9 月 19 日（农历 8 月 15 日）生于无锡，1977 年 12 月 6 日去世，享年 78 岁，葬于无锡青龙山公墓。毕业于无锡强实中学。21岁为无锡丽华布厂上海批发处负责人。23岁时任丽新染织厂股份有限公司上海分公司经理。1951年起接替父亲任丽新总公司经理。1955年公私合营后任副经理、上海棉纺工业公司顾问。38岁起兼任无锡协新毛纺织厂上海分公司经理,直到公私合营。1963年11月退休。配偶:王丽璋,1899年12月7日(农历十一月五日)生于无锡,毕业于无锡私塾,1995年3月10日去世,享年96岁,葬于无锡青龙山公墓。子二人:寿千(君远子来嗣)、鹏千。女二人:纫秋(润秋)、咏秋。

(《毗陵唐氏家谱——无锡东门支景溪公分支续本》,2007年印行)

4. 唐煜源

唐煜源,字晔如,父滋镇(保谦),母陈慈云.第四子。清光绪三十四年八月初二(1908年8月28日)生于无锡,1986年11月11日卒于美国纽约,安葬于美国纽约州 Hartsdale Ferncliff 公墓。经历:无锡益源〈堆〉栈及福源〈堆〉栈经理,利农砖瓦厂经理,庆丰棉纺厂经理,上海保丰纱厂共同创办人及经理,元丰毛纺厂创办人及总经理,兆丰棉纺厂创办人及总经理,晋丰毛纺厂创办人及总经理,长丰棉纺厂创办人及总经理,香港南海纱厂共同创办人,巴西圣保罗 Tefia 毛纺厂创办人及总裁。在巴西圣保罗独资创办面积24 000公顷——巴西最大的小麦种植场。杰出成就:1982年投资上海爱建公司,任董事。捐资上海龙华寺,修建三圣殿,有石碑以为纪念。为中国福利会孤儿捐款,为上海交通大学捐款,在无锡为大学捐款。原配:葛文慧,生于清光绪三十一年正月十四(1905年2月17日),1935年11月28曰(农历十一月初三)卒于无锡,安葬于无锡东大池。继配:项亚男,1915年11月10曰生于浙江宁波,上海圣心女子学校毕业,2005年11月23日卒于美国纽约,葬地同煜源。子三人:兆千,凯千,椿千。女三人:启麟,启熊,启凤。(唐鹤千)

有关唐晔如先生的见闻

顾纪德

我第一次听到晔如先生是1937年秋。当时战事已起,父亲送婶母一家和我由无锡去上海避难,午夜时被阻在清阳江汽车渡口。司机下车探知堵车已一个小时,父亲再下车了解,原来是晔如先生不依先后次序排队,硬使横抢先所致。当时锡沪公路白天有日军飞机扫射轰炸,一些主要桥梁已毁,故大都在傍晚到黎明这段时间赶路。清阳江汽车渡口是进出上海的要隘,日机天天来炸,来往的汽车都想尽快渡江后好继续赶路,晔如先生要抢先,引起公愤,由此僵持不下。幸好经父亲一再劝说后各让一步,汽车渡口才恢复通行。

第二次听到晔如先生是他送我妈妈、姐姐和弟、妹由无锡去江阴。那时从无锡去上海已无车可雇,并时有敌机沿公路侦察扫射,故锡沪公路已无法通行。由无锡四散出去避难的,大都全家用木船走水路往四乡亲友处暂住。因父亲与晔如先生以及唐纪云先生、唐淞源先生、唐瑞千先生等私交都很好,加以星海先生又有"务必护送建章先生家属赴沪"的嘱咐,因此晔如先生毅然独自一人驾汽车送我妈妈等到江阴,我妈妈和姐弟等才得以过长江经南通至上海。他个性刚强,敢担当,我们全家都感激他。

特别能证实晔如先生个性的是,抗战开始时从日军占领区抢运协新毛纺厂大批整匹呢绒毛料一事。唐纪云先生自退出庆丰后,改与子侄辈进军毛纺业,上海协新毛纺厂就是由唐纪云先生为主带领众子侄们创办的,其中晔如先生投入甚多。抗战开始时,上海公共租界和闸北、宝山、江湾一带最先被日军占领,协新毛纺厂正处在占领区内,眼看厂房、设备以及大批毛条、毛料即将付之东流,晔如先生竟敢独自驾车,把最值钱的整匹毛料绒一车车日夜抢运回英租界愚园路家中。

星海先生和晔如先生两位亲兄弟,按各自的禀性、各自在庆丰厂中的权力和地位,确难和平相处,更不可能同心协力。待1936年唐保谦先生过世后,兄弟间矛盾渐趋公开。

1937年10月1日,日军飞机轰炸无锡。在无锡庆丰部分设备物资抢运上海另建保丰纱厂过程中,在大量资金外汇转移过程中,晔如先生都认为星海先生有"私吞"行为,为此要求召开董事会,清算账目,撤换董事长。

1940年4月5日,晔如先生与唐纪云先生带头,联合唐淞源、唐瑞千、唐宝昌、唐凤岱、华俊民(华艺珊之子)、蔡松如(蔡缄三之后)等董事,在上海保丰厂召开"紧急董事会",蔡松如为会议主席,记录是唐淞源。原定下午两点开会,等至两点半星海先生仍未到会,直至三点才与薛汇东先生(薛南溟之子)到场,兄弟俩见面就吵。星海先生讲他自己是董事长,薛是经理,"我们俩没有到会,你们怎么能讨论问题?"晔如先生回话:"我们多数董事都已来了,难道还不能开会?"星海先生当即直斥说:"我们没到,就是不能开会!"原因是当初发起创办企业是唐保谦与蔡缄三俩亲家,借的是薛南溟老前辈的名望,所以没有薛家,就不会有庆丰,只有唐星海、薛汇东才是企业的核心。晔如先生眼见难以取胜,竟拔出手枪,往桌子上一拍说:"今天我们就是已经开了会了,你敢拿我怎样?"各董事生怕发生意外,纷纷劝说晔如先生。晔如先生眼见大势已去,气愤地收起手枪,申明"从今以后我绝不参加由你主持的董事会"。随后拂袖而去,这一次是星海先生利用薛家的优势战胜了亲弟弟晔如先生。

1943年5月,南京汪伪政府实业部发出通知,要原庆丰纺织漂染公司派代表前去接收产权,恢复生产。晔如先生抢先组织了以唐纪云、蔡漱岑、华俊民、唐淞源为主体的股东管理委员会,正式出面接收了庆丰纺织漂染公司,并通过活动由实业部出面,指定唐晔如为经理,兼任厂长,宣布解散原管理委员会。对此,星海先生当然不甘心,待到1943年9月汪伪政府"改组"后,通过关系正式呈上申诉状,俩兄弟的官司从无锡法院一直打到南京法院。

正当兄弟俩相争得不可开交时,日本大康纱厂经理大和藤六抛出了他们蓄谋炮制的备忘录,要庆丰"偿还"日方在庆丰的"复旧费",累计为112万余元日币,合当时的中储券623万余元。面对偌大的数目，晔如先生以及唐纪云、唐淞源等其他董事们不知如何应对，星海先生乘机直接回到庆丰，要求召开董事会。在会上，他理直气壮地提出：多年来，庆丰都是事无大小由董事会议决，像接回庆丰这样的人事竟然不经董事会研究，几个人就擅自成立“庆丰厂管理委员会”去接回工厂，由政府实业部指定经理和厂长是无效的；强调只有董事会才有权推举经理，再委托经理，任命厂长。被日商扰得六神无主的晔如先生只好知难而退，交出了大权，这是星海先生第二次战胜了亲弟弟晔如先生。

争吵最厉害的一次是在上海北京路 444 号庆丰总公司。星海先生的办公室设在二楼，我父亲等各部门主管在底层工作。一天，晔如先生上二楼找星海先生，过了一段时间，突然巡捕房汽车开到总公司门口，许多荷枪实弹的中外巡捕直冲二楼星海先生办公室。原来两兄弟为分家又发生争吵，晔如先生情急中拔出手枪指向星海先生。当时办公室中就他们两人，在双方僵持不下时，星海先生悄悄按下秘密装在自己写字台边直通老闸巡捕房的防盗警铃，巡捕房以为有劫匪，所以立马飞驰而来，待到现场知道是家庭纠纷，不归巡捕房管，即撤回。怎样收场呢？最后还是我父亲出面，凭着对保谦先生承诺的毕生全力支持星海先生、晔如先生和庆丰厂，他表示自己衷心敬重两兄弟，祝愿庆丰厂、保丰厂更上一层楼，边说边劝边拉，才将晔如先生劝离总公司。从此，晔如先生再未来过总公司。

分家后，晔如先生致力于元丰毛纺厂和兆丰纱厂。元丰毛纺厂创建于 1940 年，厂址在上海安远路 807 号，占地 7 亩多，有英式纺锭 1 000 枚、毛织机 20 台、职工 110 名，1940 年 10 月开工，生产精纺、粗纺呢绒。晔如先生是竭力要与星海先生一争高低的，所以倾注了不少心血，最后将元丰毛纺厂发展成具有精梳、毛纺、织、染的全能厂，与协新、寅丰、章华并列为上海四大毛纺全能厂。

兆丰纱厂设在杨树浦东大名路高阳路口。与元丰毛纺厂相比，名声不如元丰。晔如先生的总公司设在北京路、河南路口的国华大楼内，与庆丰总公司相距不到 200 米，虽近在咫尺，但已不相往来了。

我的姐夫张文炎，是 1945 年抗战胜利后由父亲推荐给晔如先生的。那是胜利后短期内百业欣欣向荣的时期，姐夫原在无锡的私人银行工作，晔如先生那边要人手，所以就介绍过去，被指定专门负责兆丰纱厂与上海棉纱布交易市场的棉纱交易工作，这是直接关系到棉纱销售收入的要职。姐夫办事一贯很仔细认真，加上我父亲的关系，所以有很长一段时间和晔如先生相处得比较好。姐夫天天跑交易所，当天是否抛售棉纱，什么价位可抛售，都是由晔如先生事前设定好的。但市场价格说变就变，而且是瞬息万变的，终于有一天，晔如先生对姐夫当天售出棉纱的结果不同意、不认可。这意味着当天的交易全得由姐夫负责，而姐夫认为是奉命执行。为此，晔如先生不但要辞退姐夫，而且要索赔全部损失。姐夫无奈赶回无锡，请求妈妈将情况转告父亲，劝说父亲出面向晔如先生求情，记得父亲当天就和姐夫去了上海。事后父亲讲，他和姐夫直接去愚园路 838 弄 32 号晔如先生家，当着晔如的面将姐夫训斥了一阵，再代为求情。晔如先生看在父亲面上同意让姐夫回去工作，但必须赔偿损失，即便是无力一次赔清，也得按月从工资中扣还。从此姐夫就被贬至兆丰纱厂做工人的工资账，按月扣款达数年之久。从此事的经过，也可见晔如先生的为人和处事做派。

解放后，姐夫继续在兆丰纱厂工作。公私合营后，兆丰纱厂并入羊毛衫厂，姐夫亦随之进入羊毛衫厂，一直工作至退休。

1949 年全国解放前夕，晔如先生的资产先从大陆转移到香港，后再由香港移居南美巴西圣保罗，除创设特菲亚毛纺厂外，并拥有 2 400 公顷的大农场。

唐晔如先生上海愚园路 838 弄 30～32 号住宅，系新古典主义双联式花园住宅，已定为上海市长宁区文物保护建筑。

（原载顾纪瑞、顾征：《无锡堰桥顾氏家族与庆丰纱厂》，广陵出版社，2015 年）

5. 唐淞源

唐淞源，字映江，父圻镇，母蔡文娟（黛蕴）。行三，次子。1908 年农历十月初四（1908 年 11 月 27 日）生于无锡，2002 年 8 月 8 日（农历六月三十日）卒于上海，享年 84 岁，安葬于无锡钱桥陈漕唐家山。东南大学商学院肄业(因父双目失明而停学)。曾任庆丰纱厂董事、总稽核,九丰面粉厂董事,协丰面粉厂董事,元丰毛纺厂副经理、副厂长,上海佛教居士林长,名誉林长,上海市佛教协会副会长。1984年,被评为上海市静安区先进个人,连续4年被评为“积极为四化服务作出显著成绩者”。配偶:王汝琛,1909年农历五月廿六日(1909年7月3日)生于无锡,毕业于南京师范学院附中,1991年农历正月初四日(1991年2月18日)卒于上海,享年82岁,与淞源合葬。子五人:乘千、晋千、运千、齐千、嘉千。女一人:绚千。乘千出嗣溥源。

(《毗陵唐氏家谱——无锡东门支景溪公分支续本》,2007年印行)

唐淞源传略

唐齐千

唐淞源,字松原,号映江。生于1908年十月初四,卒于2002年六月三十。唐淞源在上海东南大学商学院读书时,因父亲申伯双目失明而停学,回锡侍候父亲,并帮助二伯保谦经营实业。先后任九丰面粉厂、庆丰纺织厂董事、总稽核,协丰面粉厂总经理,元丰毛纺织厂副经理,公私合营后任元丰毛纺织厂副厂长,负责供销。他工作认真负责,精益求精。针对当时产品全部外销,生产工序多、周期长,资金周转慢,银行贷款利息负担大,资金经常发生困难的情况,提出改进建议。把原定每5天销售一次,改为每天销售,并与纺织品出口公司及服装公司取得共识,从而加速外汇周转,减少服装厂停工待料、港口船舶等待货物等造成的损失,同时提高了工厂生产的计划性,减少了物资积压。由此而增加的销售工作量则由自己承担,不惜加班加点完成。这样,仅利息支出一项,每年就可减少4.5万元,由银行常欠户变为常存户,受到人民银行欢迎,很快这一经验就在上海市全行业中推广。

唐淞源热心于海外亲友的联络工作。国家改革开放后不久,他就邀请和接待了大批亲友归国探亲与参观访问。他笃信佛教，热心公益与慈善事业，任上海佛教协会副会长、佛教居士林林长，除了自己屡次赞助公益、教育及佛教事业外，劝说堂兄弟唐熊源、唐晔如等多名亲友捐款佛教事业及教育事业。如唐熊源于1980年捐助65万元，重点修葺普陀山被“文革”毁坏殆尽的寺庙，开普陀山重建之先河；并捐助静安区民建工商联职业补助教育基金20万元。又如唐晔如于1983年捐助龙华寺建立三圣殿10万元。

唐淞源于1972年退休后，任静安区华山街道联络组负责人，协助街道工厂改进经营管理，解决生产技术问题、安置和培训待业青年。1984年被评为静安地区工作先进个人，并连续4年被评为“积极为四化服务作出显著成绩者”。

唐淞源与中国佛教协会会长赵朴初居士私交甚笃，赵朴初特地亲书“寒山大士”五言长诗馈赠，每来上海必相叙畅谈。

唐淞源是工商界爱国人士，曾任上海静安区政协委员、居士林名誉林长、上海市佛教咨议委员会名誉主席，在上海市佛教界享有较高声望，也是上海佛教居士界爱国爱教的模范。长期以来，为上海佛教的振兴与发展，为社会慈善、公益事业作出了重要贡献。

上海市佛教协会在按佛教仪式举行的唐淞源遗体告别会上，概括地总结了他的生平：“是续佛慧命、虔诚护法的一生；是慈悲朴实、热心社会公益事业的一生；是爱国爱教、兢业于佛教居士界自身建设的一生。”

唐淞源妻王汝琛，生于1909年五月廿六，卒于1991年正月初四。她温良贤惠，相夫教子，妯娌邻里，有口皆碑。有子五人：乘千、晋千、运千、齐千、嘉千；女一人：绚千。孙辈及重孙辈27人。

6. 唐焕源

唐焕源，字蔚文，父殿镇，母钱保瑾，行六，三子。宣统二年（1910年）庚戌十一月初九申时出生于无锡市，卒于1998年2月26日（农历戊寅年正月三十），享年88岁。葬于无锡青城公墓。毕业于无锡辅仁中学。创办上海中国火柴厂、郑州中国火柴厂、联合实业制革厂、中国棉麻公司等企业。曾任中国农工银行上海分行发行科主任，丽新染织厂副厂长，汉口分公司经理。配偶程学端，宣统三年(1911年)辛亥三月二十二日寅时出生于无锡，师范毕业。子七人：森千、鸿千、英千、嵩千、龙千、禄千、象千。女四人：新敏、新华、新璐、新玲。

(《毗陵唐氏家谱——无锡东门支景溪公分支续本》，2007年印行)

7. 唐熊源

唐熊源，父鎣镇(纪云)，母余宝葆(幼芾)。行一，长子。宣统二年十一月二十五日(1910年12月26日)生于无锡，1983年8月3日卒于美国纽约，享年73岁，安葬于纽约 Hartsdale Ferncliff 公墓。美国麻省罗威尔纺织学院毕业。曾任无锡申新棉纺三厂副总经理，无锡及上海协新毛纺厂副经理，无锡鑫泰砖厂经理，上海和丰有限公司总经理、董事，上海申新集团财务董事，美国麻省 Framingham 唐氏实业公司主席。配偶荣茂仪，无锡纺织大王荣德生之五女，宣统二年农历二月二十四日(1910年4月3日)生于无锡，1983年9月24日卒于美国纽约，享年73岁，与熊源合葬。子四人：仁千、义千、礼千、饶千。女一人：芙生。

(《毗陵唐氏家谱——无锡东门支景溪公分支续本》，2007年印行)

8. 唐鑫源

唐鑫源生平

唐鹤千

唐鑫源，字伟章，父鎣镇(纪云)，母余幼芾(宝葆)。行二，次子。

1914年11月24日生于无锡，2001年1月12日9时35分卒于美国，安葬于 Mount Auburn Cemetery, Cambridge, MA. U. S. A.

1933上海光华大学毕业(年龄为班内最小)。1936～1939赴美就读于罗威尔大学与麻省理工学院，师事当代纤维化工大师欧尔奈及施乃兹，获得硕士学位。后在北卡罗莱纳大学受业于闻名欧美的尼尔逊教授，修得纺织工程硕士学位。1950～1954入美国威斯康辛大学化学工程系,分别在学识方面受业于罗兰拉盖兹教授以及在研究工作方面受业于阿赖夫休津教授,获得化学工程博士学位。1954～1956 在威斯康辛大学从事博士后聚合物研究。

1939 自美返国后,先就职于棉业统制委员会掺水掺杂取缔所任秘书,后协助家业,任职上海协新毛纺织染厂厂长,研制成不蛀呢绒。兼任南通大学及上海市立工业专科学校纺织课程教授。后又于工业界集资开办中国纺织染工程学院,任副院长。1945 抗日胜利后应聘于中国纺织建设公司,任棉毛麻绢总工程师,负责 15 家工厂。1947 在浙江杭州与长兄熊源及荣氏三兄弟创办浙江麻袋厂并实际负责经营。

1946～1949 身负中国 25%出口纺织品重任,同时兼管四所高等院校的教学工作。1950～1954 年为东南亚和南美洲多家纺织和塑料公司担任研究顾问。1956～1960 任职威斯康辛蒂卡塑料公司总工程师,因发表两篇高温方面的学术报告,受到代顿空军飞弹部门的重视。

1960～1962 被聘请去美国俄亥俄州代顿空军飞弹部门任资深总工程师,从事高温材料研究。1962～1994 成为第一位进入太空总署的华裔美籍人氏,1990 年后经美国联邦政府从 514 名科学家和专门人才中遴选一人,并经国会通过提名,被聘为休斯顿约翰逊太空总署总工程师,专职非金属材料实验室工作,后升任最高阶级首席总工程师,并获得美国最高文职级别 Senior Executive Service Corp I. 供职至 1994 年退休。

杰出成就:研究出 Beta 纤维,可承受华氏 1 550 度高温,防火,防水,防尘,防晒,用作宇宙飞行服表层材料,用途广泛,誉满全球。又克服宇宙飞行服关节活动的障碍,并设计出防太空辐射的纯金质涂料的护罩头盔以及可吸收 1 400 cc 尿液(常人一次排尿量的 5～7 倍)的纸尿片(这一技术后来转移到民间婴儿一次性尿布和老年人用尿布的制造中),以及太空维生系统的水管衔接闸环设计。从水星号、双子星号、阿波罗号太空飞船到太空站,倾注了全部心血,对宇宙飞行服不断改进,迄今为止所设计的宇宙飞行服仍为零故障。由此被尊称为宇宙飞行服之父，并已设计完成21世纪的轻便宇宙飞行服。

在太空总署的34年中完成1 500余项研究工作，为太空总署获得20项专利权，共得178个奖状.其中有最为可贵的太空总署特颁“特殊工程成就奖”及“太空实践奖”。1989年全美庆祝登月20周年纪念时，被邀请至科罗拉多泉接受荣誉，姓名被刻上太空科技名人堂石碑上，是进入该堂的第六人，获奖金25 000美圆(为美国政府最高金额奖赏)。1993年全美庆祝登陆月球25周年前夕，获得美国德州政府颁发海军荣誉上将衔，此为历史上民防保卫之最高荣誉，30余年来太空总署获此荣誉者仅有二人。

1993年退休时美国太空总署举办荣退活动，赠与最高荣誉奖章，同事制作题为“唐鑫源博士天纵才赋的大型墙报”，总括34年呕心沥血的研究成果。退休后，太空总署仍发给通行证并保留办公室。2001年1月12曰辞世后，太空总署下半旗哀悼；1月21日安息礼拜，太空总署特派高级人士前来致祭并赠美国国旗。

配偶邓美烈，1912年5月1曰生于无锡，锡邑士绅邓栽岑长女，上海中西女子中学毕业，1932年10月1日结婚。子二人：智千，信千。女一人：伟美。

美国“太空衣之父”唐鑫源

唐齐千

唐鑫源，字伟章，唐纪云次子。生于公元1914年十月初七。早年就读于无锡唐氏益友小学、辅仁中学、上海圣约翰大学。1936年赴美留学，先后在罗威尔大学及北卡罗莱纳州理工大学攻读纺织工程，获双硕士学位。回国后，任协新毛纺厂厂长，南通纺织工学院兼职教授，上海市立工业专科学校教授，中国纺织染工业专科学校副校长(后改为中国纺织染工程学院副院长)。1950年赴美继续深造，入威斯康辛大学攻读化学工程，获化学博士学位。后供职于美国空军导弹部门，从事高温材料研究。1962年调至美太空总署，任试验室主任,后又由美总统任命为太空总署总工程师。在总署先后工作了34年,功绩辉煌。

唐鑫源调入太空总署不久,就研究发明出可用于太空衣服表层的防火材料,取名β,为目前人造纤维中最耐热的材料,可承受1 550°F高温(现已广泛应用于消防服装及大型商场、体育场等公共设施的屋顶建筑),克服了太空衣关节活动的技术障碍,并设计出防太空辐射的纯金质涂料的护罩头盔以及可吸收1 400 cc(常人一次排尿量的5~7倍)的纸尿片(后转移为民间婴儿一次性尿布和老年人用尿布)。从水星号、双子星号、阿波罗号太空飞船到太空站,唐鑫源倾注了全部心血,对太空衣不断改进。迄今为止,他设计的太空衣仍为零故障。

唐鑫源的众多研究成果,仅专利就有1 000多项,因而获得了难以计数的奖励。其中包括太空总署颁予的最高荣誉"特殊工程成就"奖章和太空基金会的"太空技术名人堂"奖牌。他曾在一周内得到4个奖,即重返太空杰出贡献、太空衣关节活动设计、新头盔护罩设计及太空维生系统的水管衔接闸环设计。

唐鑫源的光辉业绩为中国人争光,他经常想到:"在太空总署,只有我一个中国人,一定要做得不比美国人差","只有拼命做"。他在退休前,已设计出了下一世纪用的轻便太空衣。

正是由于唐鑫源对人类宇航事业作出的杰出贡献,太空总署一直不同意他退休,直到1993年他患前列腺癌,经过8周放射线治疗后,在家人劝说下,才又提出退休申请。总署由于其累积未休病假已超过2 000小时,让他请长期病假,休养后再上班。唐鑫源则不愿坐领干薪,最后于1994年7月,在人类登月25周年前夕光荣退休。总署专门为他举办了荣退活动,赠予最高荣誉奖章,同事们专门制作了题为"个人贡献:唐鑫源博士的天纵才赋"的大型壁报。总括了他34年的研究成果。太空总署破例地保留了他的办公室,发给"退休总工程师"通行证,他仍经常去总署义务指导工作。

退休后,唐鑫源得以回国,去无锡老家和桂林、长江三峡游览祖国的大好河山,与亲戚相聚。他还想整理多年积累的十几箱资料,但没有如愿,最终因病于 2001 年 1 月逝世,享年 88 岁。

唐鑫源妻邓美烈,生于 1912 年五月初一。子二:智千、信千;女一:伟美。

9. 唐森源

唐森源,父蓥镇(纪云),母余幼茀(宝葆),行三,第三子。民国七年(1918)生于无锡。1935～1939 上海圣约翰大学医学院,理学士。1939～1942 上海圣约翰大学医学院,医学博士。1947～1948 美国密苏里州,圣路易市,华盛顿大学医学院,外科学系研究员。

经历:1941～1942 上海同仁、广仁医院实习医师。1942～1944 上海宏仁医院住院外科医师。1944～1945 上海宏仁医院住院外科总医师。1945～1946 上海宏仁医院驻院总医师。1946～1948 上海圣约翰大学医学院,外科学系助教。1946～1948 上海宏仁医院、福民医院特约医师。1949～1955 台湾国防部军医署中校医官,台湾国防医学院外科学系讲师,主治医师。1956～1978 台湾新丰化工股份有限公司创办人,董事长,总经理。1964～1978 台湾恒新股份有限公司董事长,总经理。1968～1978 台湾卫星印刷厂董事长。

配偶:原配华思中,生于民国八年(1919 年)九月十三,卒于 1959 年十二月廿一,葬于台湾省台北县中和乡圆通寺。曾就读上海培成女子中学、东吴大学。子女:子二人:津千(宏生),鼎千。女一人:仪方。继配郭淑能,已于 1992 年离婚。1935 年生于台湾省台南市,曾就读台南市女子学校(日本占领台湾时)。子女:子一人:伟千(坚伟)。

(唐鹤千)

10. 唐宏源

唐宏源,字希曾,唐殿镇五子。1920 年六月初九出生于江苏无锡,小时候就读于无锡城中唐氏小学(今崇安小学),1938 年于无锡辅仁中学高中部以优异成绩毕业,随即考入上海沪江大学化学系,1942 年夏在该校毕业。1942 年 8 月至 1944 年底,任职于上海壬午应用化学研究所,担任研究员工作。

锐意创新立业。唐宏源自小头角峥嵘,聪明颖慧,立志实业救国,以发展生产、振兴民族工商业为己任,锐意进取。成年以后,与家族合作,精心营运,开拓创新,大展宏图,创办了不少企、事业,业务鼎盛、蒸蒸日上。从1945年至1978年30多年间,他先后在无锡和上海丽新纺织印染总公司负责采购和进出口业务,同时兼任上海丽新纺织二厂厂长职务,建树颇丰,业绩斐然。1979年起,唐宏源到香港和加拿大温尼伯投资创办了不少实业,一直到现在,先后担任香港南联实业有限公司执行董事,南联和记企业有限公司常务董事,新南企业有限公司常务董事,并曾担任香港佳联有限公司董事长、加拿大PROSPERITY KNITWEAR CO. LTD.董事长、香港东亚太平毛纺织有限公司董事、香港南联地产控股有限公司执行董事以及兼任其他公司董事,共计20余家董事职务。唐宏源热爱祖国,热爱家乡,十分关心和支持家乡的建设事业。从上世纪80年代起,他先后在家乡无锡投资创办无锡中萃食品有限公司(以生产中萃方便面闻名)并担任副董事长、南洋彩印包装有限公司并担任董事长、太平针织有限公司(专业生产丝、棉、毛、羊绒等针织服装)、佳福国际贸易中心有限公司(佳福大厦)董事长。为建设"太湖明珠"无锡作出了很大贡献。

热心社会公益。唐宏源一贯热心社会公益事业。他以个人和唐氏家族名义为祖国和家乡的教育发展作出了无偿的大额捐赠。90年代,为扩建无锡市唐氏小学(今更名为崇安小学),他和唐翔千一起赞助建设费120万港元。1993年,他会同香港苏浙同乡会周忠继先生出资100万港元赞助母校无锡市二中建立"辅仁计算机中心",涵盖全市10所中小学,对无锡市计算机教育的发展起了促进作用。1994年,无锡辅仁—二中校友会筹建民办辅仁中学,他获悉后慨然捐助20万港元,缓解了该校建设初期的经费困难问题。2000年,民办辅仁中学新校舍落成,他又捐赠10万元,用于添置图书读物。同时担任无锡辅仁教育集团名誉董事长。辅仁教育集团成立之日,唐宏源亲自到校揭碑祝贺,表达了拳拳赤子饮水思源的情结。1998年初夏,南京、无锡、江阴等沿江地区发生洪涝灾害,唐宏源闻讯后慷慨捐赠中萃面20万包,支持抗洪救灾前线军民,泽被桑梓。唐宏源在上海工作期间,曾先后担任上海唐氏教育基金会会长、上海市卢湾区工商联常委、主任委员、上海市卢湾区政协委员、人大代表、科协副主任、侨联副主任等职。唐宏源娶同邑名门淑女华云芳为妻，琴瑟和鸣，德业齐芳。子三：衡千、龄千、明千；女三：新琪、新丽、新瑜，均术业有成。（何莘耕）

11. 唐奎源

唐奎源，字增吾，父蓥镇（纪云），母余幼茀（宝葆），行五，第四子。1928年农历八月初八（公历9月21日）生于无锡。1982年10月27日卒于美国波士顿。

学历：1955年美国威斯康星大学化学工程学学士，1956年美国威斯康星大学化学工程学硕士，1964年美国威斯康星大学化学工程学博士。

经历：1956～1959年美国可口可乐公司属下Aqua-Chem公司热力、热传导及流体设计，1959～1964年美国Koppers公司与美国森林厅合作阻燃材料研究工程师，1964～1982年美国杜邦化学公司研究开发高级顾问，1981～1982年美国杜邦化学公司知识产权及对中国贸易特别顾问工程师，联合国中国工业发展机构顾问。

杰出成就：美国杜邦化学公司有史以来发明及获得专利最多的人之一。发明产品中包括高强纤维Kevlar。在1970年代后期及1980年代初，当联合国工业发展机构（UNIDO）再进入中国时，被委任为美国化学聚合物技术小组领导，在中国时就聚合过程技术及弹性物质技术作学术讲座。1982年得美国太空署（NASA）颁赠终生成就奖。于1977～1978年列名在“东方名人录”以及“美国男女科学名人录”中。1978～1979年任美国化学工程师学会德拉华分会会长，美国化学协会及塑料工程协会会员。

配偶：梁国湖，1936年1月生于杭州。学历：1958年美国洛克福大学医学化学技术学士。1980～1982年美国费城Tample大学生理学及管理研究员。1982～1984年美国德拉华大学医疗咨询硕士。经历：1958～1971年在美国威斯康星德拉华及得克萨斯州数家医院之化验室内服务。1971～1984年美国德拉华大学医学院医疗化学，病理学及化验室管理副教授。1984～1990年美国杜邦儿童医院医务化验室主任。1990～2002年美国德拉华州威尔明顿 Paul C. Yates 公司财务副总裁。1991～2005年美国德拉华大学学生保健中心医疗化验室科学家及管理顾问。曾获1979年德拉华州医疗技术协会该年度最佳技术人员奖，1982年联合国对中国北京及上海医院医疗发展奖，2003年美国病理学学会颁给终生成就荣誉奖等。

子二人：雄千，1960年8月生；松千，1961年12月12日生。女一人：金千，1959年4月22日生。

（唐鹤千）

12. 唐发源

唐发源，字岷春，别号瀫园，父明镇，母华采惠。行二，次子。光绪三十一年农历乙巳十一月二十六日（1905年12月22日）子时生于无锡，1989年9月23日卒于上海，享年84岁，安葬于常熟虞山宝岩。获上海圣约翰大学文科学士学位。曾任江苏省建设厅科长，实业部专门委员，上海元丰毛纺织厂经理，上海兆丰纱厂经理。长于中国古文诗词，遗作有《瀫园存稿》。配偶：杨祖枚，同邑光绪甲午举人杨建纶长女，光绪二十九年农历癸卯九月初八日（1903年10月27日）未时生于无锡，1989年4月16日卒于上海，享年86岁，与发源合葬于常熟虞山宝岩。无锡启明女子中学肄业。子二人：鹤千、鹭千。女四人：令渊、令方、令诠、令颐。

（唐鹤千）

（十）千字辈

1. 唐耆千

唐耆千，字建华，父毓源，母李引璋。次子。出嗣恩源。清光绪三十三年戊申十二月二十九日（1909年1月20日）生于无锡，1999年7月25日卒于北京，享年90岁，安葬于上海闵行。

1932年，获上海交通大学电机工程学士学位。1932～1949年先后任上海铁路局主任工程师，主管上海、南京、杭州长江三角洲铁路通讯，交通部桂林广西电政管理局无线电工程师，中国战时军事部门主任无线电工程师，航空委员会通讯器材修造厂副厂长，还在南京空军参谋学校任教，先后担任中国政府简任官，获空军中校衔和陆军中将衔。

抗日战争爆发前夕转入部队负责将上海地区主要通讯设备和相关人员撤退到中国内地，因安全和无损失地完成撤退而立功。抗日战争期间转战于桂林、贵阳和成都等地，时任战时国内军事无线通信技术主管，曾多次被授予荣誉勋章，包括由总统亲授的二级勋章。1945年日本投降后与黄耀武将军同赴济南，负责接收日军华北战区的军事技术设备，期间又为中国空军赴上海接收日军上海战区的战争技术物资。1947年首先提出武器探测器的技术原理，为以后发展的机场安检设备的原型，为此受到当时美国空军顾问团、美国大使馆和美国大公司高层赴美高薪工作的邀请，但遭其婉言谢绝。后于1948年因留恋中国内地又回绝了空军司令要其赴台湾担任要职的邀请，并在后来将刚从美国运来的重要军事物资转交解放军。

1949年后服务于民用工业，转入民用部门从事科研工作。50年代在北京纺织部任工程师职，负责检查全国有关纺织厂的技术安全工作。任上海毛麻纺织科技研究所顾问工程师，被定为“国家二级工程师”，个人档案存放于北京国务院。先后完成大量科研项目，如：50年代末提出50门全自动保密无线电话的设计；1960年后在上海毛麻纺织科技研究所时期完成的科研项目有：1. 轻便携带式静电测量仪（1979 年电机工程学会宣读论文第 177 号）；2. 106～1015 Ω 高稳定度高精度十进制高绝缘测量仪；3. 电子变阻器（1979 年电机工程学会宣读论文第 46 号）。

1965 年 4 月后在国毛五厂完成的科研项目：1. 晶体管非接触式微距离测量仪（1966 年《电子技术》第 8 期登载，上海市生产技术局存档）；2. 自拈纺机线性自动加速电子控制系统；3. 在电网电压大幅升降时不用测速发电机的电子稳速系统设计（1978 年纺织学会宣读论文），4. 50 VA、100 VA 交流稳频电源（1979 年电机工程学会宣读论文第 281 号）；5. 参加《英汉纺织词汇》的编写工作。

1980 年 2 月退休后在上海毛麻纺织科技研究所协助完成的科研项目：1. NFY-Ⅱ型纱疵分级（仪）工具的研制，1984 年 4 月 4 日通过鉴定；2. QSQ-Ⅰ型多信道多功能电容式电子清纱器的研制，1983 年 12 月通过鉴定；3. 1983 年 12 月发表论文《当前国内常用几种电容式电子清纱器检测头子功能分析》。在纺织部工作多年，1992 年 2 月，上海市纺织局颁发荣誉证书，对他从事专业技术工作 30 年，为发展纺织工作、科学技术进步作出的贡献给予书面表彰。

配偶：沈蕴华，清宣统二年庚戌五月十三日（1910 年 6 月 19 日）生于湖州，1990 年 10 月 11 日卒于加拿大多伦多市，享年 80 岁，安葬地同耆千。子一人：正宙。女四人：正懿（早卒），正毅，正静，正丽。（《毗陵唐氏家谱》）

2. 唐翔千

唐翔千，父增源，母王文杏。行一，长子。1923 年 6 月 8 日生于无锡。1944 年毕业于上海大同大学，获文学士学位，1950 年获美国伊利诺斯州立大学经济学硕士学位。历任香港太平绅士，香港棉纺织同业公会主席（1976～1980），香港总商会副主席（1982～1984），香港工业总会主席（1980～1984），香港中文大学校董（1978～1995），香港沪港经济发展协会主席，香港中文大学新亚书院董事会主席（1985～1995），香港基本法咨询委员会执行委员，香港特区政府筹委会委员，香港特区政府推选委员会委员，中国人民政治协商会议委员

(第6届),中国人民政治协商会议常务委员(第7、8及9届)。配偶唐尤淑圻,1927年9月28日出生于苏州市。曾就读于天津南开中学和上海交通大学财会系。历任香港太平绅士,香港各界妇女协进会副主席,九龙妇女福利会主席,仁济医院顾问局主席。在江南大学设立唐尤淑圻研究生奖学金。子三人:英年、圣年、庆年。女一人:英敏。

立身香港 心系祖国
——记无锡籍著名实业家唐翔千

邬鸣飞 严卫民

春节了,该回家了!

尽管现在中国人的节日多了,但旧历春节,仍是至高无上的节日。1992年2月2日,大年三十,当节日气氛洒满了上海大街小巷的时候,当市民们提着大包小包年货匆匆赶往家中的时候,唐翔千也从香港飞抵上海了。

上海,是唐翔千魂牵梦绕的地方。这里有他年迈的父亲,有他情同手足的弟弟、妹妹,有他青少年时代的好友知己。在香港,尽管忙,但一静下来,他就惦记着他们。特别是92岁高龄的老父亲,原来有母亲悉心照料,1985年母亲不幸患病去世后,现在全由小妹妹唐新璎在侍奉。前一段时期父亲的身体很不好,肺炎并发症,发了21天高烧,刚刚抢救过来,不知现在怎么样了,小妹也一定很累了!

怀揣一颗忐忑不安的心,带着儿媳对公公、孙子对爷爷的问候,唐翔千丢开繁忙的事务,赶在春节之前回到了上海,回到了父亲的身边——

从无锡到香港……

唐翔千1923年出生于江苏省无锡城区一个纺织世家。祖父唐骧廷创建了丽新棉纺织厂,父亲唐君远23岁时出任丽新厂厂长,26岁担任协新毛纺织厂经理,发明了闻名海内外的“不蛀呢绒”。

一生创业的唐君远老先生深知知识和技术的重要,先后把10个子女送进了学堂。他对孩子们说:“我不给你们家产,只供你们读书,学到知识后,你们自个儿去创事业吧!”直到今天,唐翔千还记得这句父训。

也许是遗传因子和家庭熏陶的双重影响,长子唐翔千浑身有一股韧劲,一股敢于探索、勇于闯荡的精神。1945 年,他以优异成绩获上海大同大学文学学士学位。同年,他走进了中国实业银行,干了两年。

那时,他父亲已是上海滩上有名的纺织实业家,但唐翔千从不以此骄傲自负,仍然认真当他自己的银行办事员。“父亲是父亲,我是我,我不能沾他的光!”话中充满着年轻人的自立和自强的信念。日复一日,他记帐、出纳、轧帐,忙得不亦乐乎。别人看到他太忙,想帮他,他总是婉言谢绝:“还是我自己来吧!”由于他工作认真踏实,人缘又好,不久便被提升为出纳科副科长。

1947 年,唐翔千在父亲的鼓励下,决意“到外面的世界去看看”。他先到英国念了一年书,后转道美国,到伊利诺州立大学攻读经济学。

1950 年,一艘海轮载着获得硕士学位的唐翔千到了香港。

他选择了香港,因为那是一座让创业者显露魄力、才华和机智的舞台。它发出成功的诱惑,也提出失败的警告。正是这个富有风险的环境,吸引着年轻的唐翔千踏上这块土地。为了熟悉它,唐翔千先在香港的中国实业银行当了三年见习主任。当他手中有了一点积蓄后,便开始了独立创业。

搞什么?房地产?那是很好的买卖呀,但他没兴趣。搞金融吧,大学里读了不少金融的书,又在银行里干过好几年,但他仍然给否定了。办工厂,搞实业!对,祖辈和父辈都是纺织实业家,我也应该继承父业,办个纺织厂!

依山傍海的香港,当时还很荒凉。空旷的沙滩上,只有三三两两的渔民和一些海鸟。办厂初期,困难实在太多了。但他不气馁,东奔西走,找了几个股东支持,自己当经理,开了一家小型织布厂,先打好基础,亲作亲为,不畏辛苦。不久,他又酝酿起办棉纺厂,并且找了上海、无锡纺织界的一批“老哥们”。他们都曾是唐君远的朋友，自然也十分愿意帮助唐翔千。大家这个出主意，那个想办法，七手八脚撑起了厂房，一家中等规模的中南纺织厂办起来了。

为了更好地发挥工厂优势，唐翔千又联络了香港名流安子介、周文轩、周忠继等开设的公司，形成了纺纱、漂染、织布、针织、制衣以及贸易“一条龙”。一群志同道合的朋友，在异域他乡真诚地手拉手，创造着香港纺织业的明天。

多么相似啊！当年唐翔千的祖辈、父辈走的也是“结盟之路”。那是 1934 年初，当时任无锡丽新染织厂总经理的唐骧廷和协理程敬堂、厂长唐君远等，看到全国精纺呢绒奇缺，投产成本又比较低，就集无锡纺织工商界 15 人，发起创建了无锡协新毛纺织染股份有限公司，由唐君远出任经理，唐熊源为协理兼厂长。当年 2 月“两唐”即赴上海，向英商购置了 1 800 锭羊毛细纺锭，向德商购买织呢机 40 台，并进口了全套染整机和羊毛原料。1935 年 2 月试车生产，成为中国第一家自纺、自织、自染、自整理的全能精纺呢绒企业，产品大受全国各地西装商店的青睐，工厂第二年就增资 35 万元。

唐翔千香港“结盟”，其创业劲头、办事效率丝毫不亚于无锡“结盟”的父亲。50 年代的香港，既无原料又无市场。唐翔千一面到国外购进原料，一面寻找市场。发达国家的纺织业已很兴旺，产品进不去，他就专找一些纺织业比较落后的国家和地区。经过一次次苦口婆心的游说和推销，他们的纺织产品进了孟加拉，进了印尼。接着，朝鲜战争爆发，需要大量布匹、服装，他乘机挤了进去。后来，产品又远销英国，事业从小到大，产品从少到多，唐翔千和他的合作伙伴们在世界纺织业激烈的竞争中，在香港这块弹丸之地不仅生存了下来，而且生产兴旺，生意越发红火。

1969 年，在原先“结盟”基础上发展起来的南联实业公司注册成立，成为香港最大的纺织集团。担任公司常务董事的唐翔千为了腾出更多的精力发展“南联”业务，就把他私人拥有的半岛针织厂交给他人打理。

唐翔千办企业，除了重视市场销售外，还十分注重工人的素质。

他认为，人的素质直接影响到产品的质量。没有高质量的工人，很难拿出高质量的产品。在办厂初期，他尽量多用上海工人。“因为上海工人技术素质好，拼搏意识强，办事效率也高。”唐翔千不止一次地夸道。后来，香港人和广东人也进了厂。对所有上岗工人，工厂都要进行严格的培训，合格者才被正式录用。

“父亲办工厂很忙，太忙了！”美国留学归来的大儿子唐英年说。这位温文尔雅的年轻实业家，如今是香港半岛针织集团董事、总经理，任过香港立法局议员。他说，父亲常常早上六点起床，晚上要忙到十一二点才就寝。小时候，我们弟妹几个睡得比父亲早，起得比他晚，时常好几天看不到他。有人问唐英年，你父亲有什么特别的嗜好？他两手一摊，笑着说：“这个问题不好回答。”但他又说：“依我看，父亲的嗜好第一是企业，第二是企业，第三还是企业！”

“哥哥的口袋里可以不装钱，因为他从来不知道游玩。”唐翔千的一位弟弟说。

“我在香港时，没有看见大哥搓过一次麻将，整天忙着企业里的事情。”妹妹唐新璎说。

“有一次，上海海外联谊会举行庆祝活动，唐先生只来一天，第二天就飞回去了。”沪港经济发展协会副总干事马韫芳说。

在唐翔千含辛茹苦办企业的历程中，有一个人始终伴随着他，支持着他。这就是他的贤妻尤淑圻。他俩在香港经人介绍认识，两情相笃结为秦晋之好。从此，唐翔千全神贯注办企业，尤淑圻全力主内。尽管她也常埋怨丈夫“只有事业没有老婆”，但最懂得丈夫心思的她仍然身体力行，把一个六口之家安排得妥妥贴贴。四个儿女也受到良好教育，一个个出洋留学。长子英年1976年获得美国耶鲁大学心理学硕士学位。孩子长成后，唐太太致力于社会公益事业，曾任香港保良局总理、仁济医院董事会主席、九龙妇女会主席，1979年成为香港太平绅士。

唐翔千在香港崛起，以自己艰辛的努力，先办了染厂、织布厂，后来又办了纺织厂、针织厂、制衣厂和毛纺厂。目前，他除了担任南联实业有限公司执行常务董事之外，还分别担任中南纺织有限公司的执行首席常务董事。他，成了全港纺织界办厂最多最全的“全能冠军”。由于信誉鹊起，唐翔千还先后被推举担任香港棉纺同业公会主席、香港工业总会主席和香港总商会副主席等职。

1982 年，香港政府为表彰唐翔千在繁荣香港经济和教育所作的贡献，特地委他为太平绅士。1983 年，60 岁的唐翔千又被颁授荣誉性 OBE 勋衔。

这就是唐翔千，一个赤手空拳闯荡香港而成就卓著的实业家！

美哉，新疆

“人生，有许许多多难忘的第一次”，唐翔千感慨道。而这许许多多的“第一次”中，又凝聚了唐翔千多少艰辛和一往情深的追求呢！

离开大陆很久了，但时间和地域隔不断唐翔千的思念。悠悠两地情，他热爱香港，同时也关注着大陆的局势，关心着大陆的经济发展. 以一种超越生意人的眼光，勾划着自己到大陆发展事业的蓝图。

1973 年，唐翔千组织香港棉纺业同业公会代表团访问大陆，从广州、杭州、上海一直到北京，并与中国纺织品进出口公司谈了进口大陆棉花的事情。当时虽仅是一个意向，但回到香港后唐翔千把这事一直放在心上。不久，大陆棉花样品寄来了，唐翔千马上组织试用，结果发现大陆棉的长度、白度都相当不错，只是杂质多了些。把试用结果反馈回大陆后，唐翔千还不放心，自己亲自赴湖北等产棉区实地考察，叮嘱当地要把棉花分拣好。

第二年，唐翔千就开始用上了湖北、山东、陕西和江苏等地出产的棉花，成为香港纺织业使用大陆棉花的第一人。这在当时美棉一统天下的香港，唐翔千的举动需要破除多大的观念阻力呀。为了用好大陆棉花，唐翔千专门改进了生产工艺，以适应大陆棉花的特点。

从那时起，唐翔千属下的纺织厂每年要进口大陆棉花三四千吨，占用棉量的 30％以上。后来有几年大陆棉花减产，中国纺织品进出口公司专门请示国务院，特批每年仍向唐翔千出口 3 000 吨。

唐翔千不避风险，率先使用大陆棉花的爱国之举，为大陆和香港纺织界人士所赞叹。他用大陆棉花成功地制成各种纺织品，也无形中为大陆棉花做了广告。到了 1983 年，香港纺织业厂商开始普遍使用大陆棉花。唐翔千为自己大胆的尝试获得成功而兴奋,更为大陆棉花出口又多了一渠道而高兴。

第一个吃螃蟹的人是最勇敢的。但在勇敢的背后,是这位实业家永不消退的爱国热忱。唐翔千的长子唐英年对一件事记忆犹新:当年他在国外念书时,父亲对他的一个严格要求是,写家信必须用中文。唐翔千说:“中国人当然用中文,不然祖国的文字也要忘了!”拳拳爱国之心渗透于每一件细小的事情之中。

古人云:忠孝难以两全。而唐翔千却达到了两全。父亲唐君远老先生对他最大的期望,就是为祖国发展多做点事。而对倍受尊敬的父亲,唐翔千立下宏愿:把晚年的精力倾注于发展与大陆的合作关系,为大陆再创几个“第一”。他对几个子女说:“你们现在都已自立了,我没什么牵挂了。我要多为在大陆的事业操心。”

大陆的改革开放,如春风吹遍海内外。怀着对祖国的一片真情以及发展事业的壮志,唐翔千开始了在大陆各地奔波,就象当年只身去香港一般,他又一次开始创业。毕竟,香港太小了,进口原料开支增大,劳力缺少,生产成本不断上升。有的厂商难以为继,不得不卖厂房拆设备远走他乡。而唐翔千却把发展事业的下一个目标放到了广阔的大陆。“大陆有许多优势,外国人都想去,我们为什么不去!”

机遇,总是青睐锲而不舍的追求者。当1979年唐翔千第一次去新疆时,他又何曾料到在那么偏远的地方,会创立出新的“第一”呢?

改革开放后,大陆欣欣向荣。唐翔千每年都要去北京三四次,考察情况,寻找投资机遇。有一回在中国纺织品进出口公司,与诸多老朋友相见,格外亲热。谈话间,公司总经理王明俊忽然提出:“唐先生有没有兴趣到新疆去看看?”新疆?唐翔千马上想到的是,那是很远很远的,是古时充军发配的地方。但新疆有羊!当时,唐翔千的一些厂已在制作国际流行的羊绒衫。而羊绒原料是从日本买进的。他想,既然羊毛出在新疆,我没有理由转个弯子,从日本人手里买新疆的羊绒,何不一竿子到底呢!

1979年1月,唐翔千再赴北京,准备飞往新疆实地考察。出师不利,第一天有雾,航班取消。第二天又在机场从早晨等到下午3时才起飞。坐在飞机上，他脑子里想到的几乎都是难事。那么远，交通又不便，投资的事似乎还很遥远。

1 月的乌鲁木齐真冷，零下 30 度的气温。没有像样的宾馆，小车里开不出空调，直冻得脚趾疼。可与之反差强烈的是，新疆的领导和普通群众对他的到来十分热情。

10 年后，唐翔千回忆起这次初到新疆的经历，仍然感慨道："这趟新疆之行没有白费！"在天山，他看到了广阔的牧场和大片未开垦的处女地；在石河子纺织厂，他又遇见了来自江浙一带的故乡人。老乡相见更是亲热。工人们围着他用江浙方言打听上海怎样、无锡如何。心急的老乡更是催促说："你为何不来这里办厂？我们可以一起帮你！"

美哉，新疆！唐翔千发出了内心的感慨。

是热情真诚的感染，是实业家慧眼独具的判断。离开新疆后，唐翔千的投资设想开始变得比较具体和实在了。此后一年多时间里，他又五次飞往新疆，把投资意向一步步落到实处。毕竟是全国第一批"三资"企业，法规不全，一切都靠双方的互相协商来解决。当时在中国进出口委员会担任领导工作的汪道涵和江泽民鼎力促成此事，新疆自治区更是当作一件大事来做。1981 年，天山毛纺织品有限公司正式成立，唐翔千任董事长。他在合资协议上签了字，签下了他事业上辉煌的一笔。

但是，建厂初期艰难的程度令人难以想象。水、电、煤气一无所有，乌鲁木齐市有关各方全力以赴排管、排线；唐翔千另外补贴 1 000 多万元，加上乌鲁木齐市拨出资金 2 000 万元，一起进行基础设施的建设。他嫌自己住的宾馆离工地太远，宁愿住进附近设备较差的八层楼饭店，直接关心工程的进度。举行公司成立典礼时，连条路都没有，是临时用压路机压出来的一条通道。艰苦的工作似乎并不适合年事已高的唐翔千，但正如儿子唐英年说的那样："投资办厂是我父亲的嗜好，他不知什么是辛苦。"

在一片处女地上白手起家，唐翔千的投资热心没有被辜负，天山毛纺织品有限公司一天天壮大起来。其间虽经历过初期的亏损，但不久便走出困境,年年跃升新台阶,成为大陆两万多家合资企业中的佼佼者。

唐翔千的设想实现了,天山毛纺织品有限公司以当地盛产的优质山羊绒、细二羊毛为原料,引进日本的成套技术设备和管理办法,生产羊绒纱、羊毛纱、羊绒衫和羊毛衫产品销到国际市场后很受欢迎,公司的年营业额已突破3亿元人民币,年创汇数千万美元。1987年到1991年,先后有4年荣登全国合资企业"十佳"榜首。最近,这家合资公司的产品又经西班牙国际贸易领导协会评选,获得1992年纺织界国际金奖。

尽管唐翔千的企业很多,但每年他都要亲自去新疆三四次,看看天山毛纺织品有限公司,而每次去都给他带来欣慰。那里,如今已成为一个繁忙的工业区,从最早的一家毛纺厂,又发展出三家针织厂和六七家附属厂。用唐翔千自己的话来说:"若囿于香港,这番事业是无法实现的。"为褒扬唐翔千先生对新疆的贡献,乌鲁木齐市授予他荣誉市民称号。

唐翔千在谈到"天山"的成功经验时总结了三点:一是要有一往无前的精神和丰富的经验;二是要找到一个有好原料的地方;三是要提高管理水平,使产量和质量有保证。所以唐翔千直到现在回顾"天山"的成就,还庆幸地说:"我找对了这个对象。"在他的关心和督促下,天山毛纺织品有限公司的产品质量稳步提高,如今已被日本、美国和意大利等世界著名的也是最挑剔的商业机构确定为免检产品。

"天山"的成功,鼓舞了唐翔千投资大陆的热情和信心。从那时起,他一连在大陆兴办了18家企业,总投资超过5 000万美元。在上海等地又创下了合资企业"第一家"的纪录。唐翔千虽是搞纺织出身的,但他不断开拓自己事业。他在广东合资兴办了两家电子产品企业,其中生产敷铜板的那家产品70%出口。

唐翔千在大陆兴办的十多家企业,都曾有过经营初期的亏损和较大的风险,但是具有丰富经验的他,总是临危不乱,不断改善经营管理,促使企业在两三年后就进入良性循环的轨道。对此,唐翔千说:"一个精明的实业家,应有广阔的气魄,远大的眼光。当形势有利时,能把握时机,积极拓展自己的业务;当‘波谷’来临时,不乱方寸,适当调整,积蓄力量,等待和创造新的机遇。”

深谋远虑的唐翔千,在成功的喜悦中仍保持着实业家应有的冷静。近几年他又几度赴新疆,准备在塔城市办一家毛条厂和一家精纺厂,在乌鲁木齐市再办一家染色厂。据估计,仅这3家企业的投资就要2 000万美元,他的设想是在新疆形成从原料到粗纺、精纺、染色和制衣的成套体系。

唐翔千在大陆投下了几千万美元,并准备再投下几千万,他把在大陆企业已经得到的赢利,都重新投入到扩大再生产中。

这是实业家的气度!

这就是唐翔千,一颗爱国心重于“生意经”的实业家!

沪港架起一座“桥”

唐翔千一次次北上,自然忘不了他的第二故乡——上海。

这是中国的经济中心,也是国际大都会。早在1937年,唐翔千的祖父、父亲因不愿同日本侵略者“合作”办厂,就避难来到上海,在租界办起两家小规模的丽新厂和协新厂。

唐翔千对上海也太熟悉了。他生在无锡,长在上海黄浦江畔,那里有繁华的南京路和美丽的外滩,站在外滩可以饱览黄浦江的风光;那一条条纵横交错的马路,人来人往,好不热闹,就是显得有点拥挤。还有那一爿爿别有风味的小吃店,唐翔千更是难以忘怀,他在中国企业银行做事时,下班后经常与好友去光顾。

他难忘上海,更因为父母在上海。他是出名的孝子。“父母把我们拉扯成人,我们当然要尽份孝心。”无论是在美国念书还是在香港,他都念念不忘双亲,经常暗暗祈祷他们健康长寿。逢年过节,他更是或打电话,或叫儿子甚或自己来上海,看望两位老人。

不幸的是,他母亲1972年患了肠癌。唐翔千急得寝食不安,亲自飞抵上海,一星期里跑了许多部门,终于让母亲住进了瑞金医院,马上动手术。癌细胞稍有一点转移。医生告诉他:你母亲最多只能再活5年。他不信。他要让母亲长寿。他安排母亲继续在国内治病,结果,又整整活了12年。

在十年动乱结束后，唐翔千毫不犹豫地赶往上海考察，酝酿办合资企业。他找到过去的几位好友，打听上海的投资环境，得到的回答是："你来吧，上海的'气候'现在好了。"

此刻，另一个人也在考虑让唐翔千来沪办厂，这就是他的父亲唐君远。粉碎"四人帮"后，唐老先生作为上海市工商界代表团成员去香港参观访问，并积极鼓励大儿子到上海合资建厂："现在政府和人民把我们看作自己人，我们就要当好这个自己人。"担任了上海市政协副主席的唐君远还深情地对儿子说："翔千，你来投资吧，我们唐家要为祖国四化建设作点贡献，引进点设备，做出成绩。万一蚀本了，就算是孝敬我了。"从香港回来后，唐老又一次对小女儿说："新璎，叫你大哥回来为上海做点事情。"

父子俩想到一块了。1980 年 10 月，唐翔千与上海市纺织工业局谈判，半年后在浦东办起了上海第一家沪港合资企业——上海联合毛纺织有限公司。唐翔千不愧为有远见卓识的企业家，他热爱上海，特别醉心于浦东，早在 10 年前他就看中浦东必将是一块大有作为的宝地。这浦东第一家总投资 600 万美元的合资公司，原是陈旧的上海麻纺织厂，合资后立即转产兔羊毛织品，打入国际市场。与天山毛纺织品有限公司一样的先进设备，从意大利、联邦德国和日本源源运来，同时引进了一系列先进技术。

开张了，运转了。但出师不利。由于内外销售渠道不畅，生产成本又高，公司第一年赔了 80 万元。

气馁吗？退缩吗？不！不！"办企业头一年亏损，是常有的事！"唐翔千显得非常沉着。"一定要把第一家合资企业办好。"上海市政府领导牵挂"联毛"。"联毛"厂长端木锡华，曾经担任过 7 000 多人的上海国棉二十一厂厂长，此刻也立下军令状："说什么也要扭亏为盈，创出一条路来。"

要扭亏，首先要降低生产成本，而其中的关键便是取得国产原料。当时的兔毛，全由外贸部门收购，需要兔毛就得付外汇，这不仅价格高，而且质量也不尽如人意。"联毛"经过反复酝酿，走了一着妙棋：到外贸部门收购不了的地方建立稳定的原料基地。

一切从头开始，他们迅速引进优种长毛兔，在上海川沙县、江西上饶、浙江永康等地，与当地合作创办兔毛基地，并与新疆、内蒙古等地建立长期协作关系。没多久，原料价格下降了，质量也得到了保证。加上技术、设备的优势，“联毛”纺出了高比例的兔毛纱，兔毛含量达40～70%，为一些同类厂的一倍以上。一批批毛感强、华丽、轻软的“联合”牌兔毛衫出厂了、出口了，换来了可观的外汇，迎来了“联毛”的春天。

有人在开始时曾对“联毛”建立原料基地自己加工提出过异议，但有关领导部门经过调查后认为，“联毛”的成品出口远比原毛出口上算，应该支持。

初战告捷，唐翔千、端木锡华等并没有因此陶醉。他们形成这样的共识：“要闯荡国际市场，关键还在于产品质量。”唐翔千一次次飞抵上海，一次次告诫厂里：“少做无特色的大路货，不要把‘联毛’的产品弄到国外地摊上出售。要多拿出款式新颖、质量一流的产品，到国际市场上争雄。”在唐翔千他们的统筹下，“联毛”每月推出几十个新品种供客户挑选，以小批量、高质量、交货快的特色，赢来了海内外顾客。与此同时，他们还充分发挥合资企业的优势.频频参加各种国际性交易会、博览会，不断拓展外销渠道。

从1982年下半年起，“联毛”开始向上爬坡。1983年至1989年间，全厂利润、创汇逐年以32%以上的速度递增。公司连年荣获“上海市出口创汇先进企业”；1987年夺得上海市名牌产品荣誉；1989年全国评选“十佳”合资企业，“联毛”又是榜上有名。

公司起飞后，唐翔千又与沪方商定，把大部分利润用于扩大再生产。于是，“联毛”又在上海办起了闵行时装厂、闵行制衣厂、百乐毛纺厂。开业以来，全公司累计销售金额7.6亿元，利润9 100多万元。“联毛”，成为沪港合作的一颗“明珠”。

看到“联毛”脱颖而出，当时担任上海市长的江泽民十分高兴。他在庆祝“联毛”成立五周年大会上发表了热情洋溢的讲话：“为了保护投资者、经营者的合法权益，政府在税收、银行贷款、土地使用费等方面给予‘三资’企业以优惠待遇。这些优惠政策加速了‘联毛’公司的发展。当然，唐翔千先生的真诚合作态度，也是'联毛'成功的一个重要因素。"他称赞道："'联毛'的成功，不仅从实践上证明了我国政府所制定的对外开放政策的正确，也为上海利用外资工作提供了有益的经验。"

专程来沪参加庆祝活动的唐翔千，则把"联毛"的兴旺归于"政府对中外合资企业的支持；合资双方的团结一致；互相尊重对方的利益"。当唐翔千先生听到江泽民市长要求"各有关部门还要进一步关心'联毛'公司及其他合资企业的成长发展，要尽可能地为它们提供必要的帮助"时，他心里一阵激动，情不自禁地带头鼓起掌来。

频繁的港沪往来，使唐翔千又萌生一念：港沪远隔千里，而经济唇齿相依。如果共同建立一个经济联络组织，定能推动两地的进一步合作。他的想法，与上海的刘靖基、张承宗等不谋而合。上海与香港之间的关系的确非同一般。上海利用外资总额中，香港占有很大比重。两地实业家该有一个联谊咨询团体。

1985 年春天，两地的沪港经济发展协会在上海和香港同时成立。沪方由刘靖基任会长，港方由唐翔千任会长。双方 90 多名理事，都是当地经济界知名人士。从此，两地实业家们有了一个共同的温暖的"家"。上海"沪港"协会设在锦江饭店，香港许多人士一出虹桥国际机场，都一路直奔这个"家"，说一声"我来报到啦！"上海许多企业家到香港，也首先找沪港经济发展协会有限公司"安家"。

这两个协会，更是两地经济界人士联络之"桥"，友谊之"桥"。沪港经济协会还担负着培训上海厂长、经理的任务。他们通常先在当地培训三个月，然后再送往香港进行强化训练，提高其经营管理水平。1985 年第一期培训的 30 多人，目前个个精明能干。

他们还曾接受水电部委托，在上海举行两次座谈会，介绍香港英商康士登和荷登两家公司在隧道、地铁工程方面的施工设计和经验。上海隧道公司工程技术人员听了介绍后深受启发，说可以在隧道二、三期工程中借鉴香港的经验。应邀到会的康士登公司企业发展部经理摩根先生高兴地说："这次来上海不虚此行，不仅取得了相互了解。而且今后联系可以找'沪港'协会，谈判也有对象了。"

协会所属的“沪港合资企业咨询小组”，单是1991年就组织了八次活动，其中有三次专题讨论“合资企业的经济效益”问题。提高企业经济效益的“两个法宝”是提高产品质量和加强经营管理，于是他们请来经济效益比较显著的华安集装箱储运公司、上海三菱电梯有限公司等企业，系统介绍这两方面的经验。针对有的合资企业产品质量差，咨询小组就进行“集体会诊”。当时唐翔千、叶仲午、刘浩清等先生正巧在沪，于是也当了一回“会诊医生”。唐先生又一次联系“联毛”的实际，语重心长地说：“合资企业要发展得更好，关键在于产品质量。但这个问题往往在产品供不应求情况下，易于疏忽。如果在质量上有‘差不多’的观念，必然会影响企业生产，有损企业信誉。”一席话，说得与会者连连点头。

这就是唐翔千，一个身体力行的企业家！

一脉相承两代人

出任中国人民政治协商会议全国委员会常务委员的唐翔千先生又在酝酿新的杰作了。

1989年11月，他为了祝贺父亲九秩华诞，根据父亲“发展教育、振兴中华”的心愿，特地捐款人民币50万元，在上海设立了“唐君远奖学金”，专门奖励六所学校的师生。许多同学激动地说，勤奋学习是学生的天职，现在对德、智、体、美、劳成绩优秀者发给奖学金，这不是物质上的奖励，更重要的是精神鼓励。第二年夏天，来自上海大同中学、二中、育才中学、师专和十一中的221名学生和82名教师，首次荣获“唐君远奖学金”。下一年又有283名学生和110名教师获奖。大同中学初三学生张润禾同学获奖后说：“在老师和奖学金的双重促进下，我坚定了努力学习的信念，获得了全国初中数学通讯赛特等奖、全国初中数学联合竞赛一等奖。”

看到同学们如此好学上进，唐翔千笑了，唐君远也欣慰地笑了。

唐翔千热心祖国教育事业岂仅这一桩。为培养高级人才，他曾捐资19万美元，在中国纺织大学设立“唐翔千教育基金会”；捐资人民币400万元，在上海科大建造“联合图书馆”。1989年底，上海市副市长谢丽娟向唐翔千夫妇颁发了市政府荣誉奖状，感谢他们对上海教育事业的支持。1990年大年初二，谢副市长又代表市政府发给年过九旬的唐君远老先生一块奖牌，上面写着四个烫金大字："乐育英才"。

创办企业，儿子继承了父亲的衣钵；投资大陆，儿子听从了父亲的教诲；培养人才，父子又是如此配合默契……唐君远与唐翔千，爱国爱乡一脉相承的父子，一对同心协力的父子，一对情深似海的父子！

1992年2月3日，大年三十下午，唐翔千在上海新锦江宾馆咖啡厅，又一次谈起了他的过去、他的父亲。这次他上海，看到病中的父亲已奇迹般地脱离危险，正在康复之中，心头一宽，下午欣然接受了记者的采访。"父亲的言传身教，对我一生的影响太大了。"唐翔千深情地说。他稍稍控制了一下感情，话锋一转，又兴致勃勃地谈起了他的经历、他的企业。从新疆的"天山"谈到上海的"联毛"，从广东的东莞电子厂谈到香港的"南联"，从他创办数十家企业的昨天，谈到今天和明天。"我还要不断投资，改良我在香港和大陆的企业，提高效益。"末了，他诙谐地说："看来，我这一辈子注定要与企业打交道了！"

这就是唐翔千，一个献身企业，爱香港、爱故乡的著名实业家！

1992年4月，中华人民共和国国务院港澳办公室和新华社香港分社聘请翔千先生为香港事务顾问。

（原载《无锡文史资料》第33期，1997年1月）

一生何求
——访香港爱国实业家唐翔千

《联合时报》记者　潘　真

"我常常问自己我到底算有钞票还是呒钞票？我有介多的利润，我有钞票咯；我赚了钞票还银行，多下来的利润发展生产，我又呒钞票嘞……"唐翔千先生慢悠悠地说着。

这位83岁的老人，一口浓重无锡腔的上海话，一张与世无争的笑脸，普通的棉T恤、布鞋，像极了弄堂里颐养天年的老伯伯。然而，他的日常生活却是奔波于香港、深圳、东莞、上海等地，照料名下的企业和基金会。他的身价,以百亿计。

隔离了多少年,终于沟通

中国改革开放前,唐翔千的事业只在香港。忆起27年前回内地投资,老人动了感情,断断续续地吐出一桩桩传奇往事——

"张承宗,老资格的共产党干部,1979年作为上海统战部长访问香港……"有些港人一听"统战"二字,马上联想到国民党的"中统"、"军统",统战部是否特工机构啊?当时有香港人在上海,路过南京西路722号门口。甚至会加快脚步,惟恐被统战部拉进去。张部长访港的消息一经传播,唐翔千家里的电话就应接不暇了——问得最多的是:"他们来有啥目的?"也有人关照:"到时候不要叫我去参加活动噢!"

刚刚落实政策的刘靖基、唐君远、陈元钦、刘念智、郭秀珍……张部长把上海最大的原工商业者都带去了。香港的亲友们在机场翘首以待,直到接着了人,方才相信这事是真的。眼看一辆大巴要把团员们全体接去宾馆,有亲属提出:"不是说探亲么?探亲应该住家里啊!"张部长当机立断:"好,在这里有家的就住家里,但所有的活动要保证准时到场。"多年未曾团聚的亲友,别提有多高兴了。

在港10天,团员们参观了很多工厂,还有集装箱货柜码头,闻所未闻的新鲜事太多了,大家都痛感闭关得太久了。那些天,总有人在悄悄打量张部长,结果他们发觉这共产党干部非但没有想象中那么可怕,反倒是相当的面善,便打消了顾虑。张部长却悄悄对唐翔千们说:"我是冒了大风险的,党内有好多不同意见哦!"作为此行的港方邀请者之一,唐翔千则赞叹:"访问团来一趟,影响的确蛮大的!"

几个月后,唐翔千带了一个香港工商界团回访上海。据说当时的市委书记彭冲有言:"我们走出去,是少数人做多数人的工作;请他们进来,是多数人做少数人的工作。"彭书记在锦江饭店九楼宴请访问团,特意动用了饭店珍藏的整套古董餐具。唐翔千看着团员们频频碰杯,心里紧张啊,他知道那是乾隆年制的瓷器,平时轻易不拿出来的,可千万别打碎了呀!

在上海活动了一个星期,港商们的感觉相比几个月前完全不一样了。

唐翔千说:“隔离了多少年后,终于沟通了!这是开创性的工作!”

从此以后,沪港工商界就常来常往了。唐翔千当年就在新疆投资创办了天山毛纺织厂。两年后又在上海投资建成联合毛纺织有限公司,成为中国改革开放的先行者之一。1986年,他卸任香港工商总会主席,旋即被增补为六届全国政协委员,一年后当上全国政协常委。

其实,早在1973年,唐翔千就组织过香港纺织界代表团到内地访问,翌年即成为首位使用国产棉的厂商,一举打破了香港棉花市场由美国垄断的局面。正是在那一年,他结识了当时的外国投资委员会常务副主任汪道涵,并深得汪的赏识、鼓励和支持。

到了20世纪80年代,随着中英关于香港问题会谈的进展,香港有识之士的心跟祖国贴得更近了。当然,也有一些人对香港的前途忧心忡忡。1984年6月,唐翔千率香港工商界访京团北上。22日上午,刚从厦门视察回京的邓小平在人民大会堂会见了访京团一行。邓小平坐在沙发上,面带轻松的笑意,饶有兴趣地倾听唐翔千的发言。之后,唐翔千代表全体团员,请邓小平讲几句。掌声中,邓小平欣然告诉在座的各位:“中国人有两个传统:一是不信邪,在什么样的大风大浪面前都稳如泰山,从不害怕;二是中国人从来说话算数,我们说对香港的政策50年不变就是不变,没有什么好担心的。”

大西北,我早就参与建设了

“我回来投资办企业、引进先进设备,为国家做点事情,是受父亲的嘱托和影响。”唐翔千记得,党的十一届三中全会以后,父亲唐君远担任了上海市政协副主席。有一天,面对他这个在香港实业界地位显赫的长子,父亲开口了:“翔千,你来投资吧,我们唐家要为祖国四化作点贡献。”父亲慈祥地看着儿子,“万一蚀本了,就算是你孝敬我了。”他永远忘不了那惓惓的眼神。

于是,他在深圳做成第一批补偿贸易,在新疆建成国内第十家合资经营的天山毛纺织厂,在上海办起第一家沪港合资企业上海联合毛纺织有限公司。这三个“第一”，是父亲晚年最引以为自豪的。

1980年8月30日，“联合毛纺”在上海协议签字，君老应汪道涵市长之邀参加仪式。当市政府大楼打开正门迎接贵宾时，他激动得不能自已。怎能不激动呢？想当年，上海工商界发起劳军运动，在劳军的光荣榜上赫然写着“唐君远”。认购人民胜利折实公债、国家建设公债、抗美援朝捐献飞机，哪一样少得了他？光是他负责经营的丽新、协新厂就捐献了4架飞机，为上海工商界树立了一个好榜样。1959年，他新任全国政协委员，道出一番肺腑之言：“党对我关怀，把我看成自己人，我一定要当好这个自己人，士为知己者死嘛！”现在，轮到长子来接这个班了。朱镕基在上海当市长的时候，唐翔千向他提出要搞电子工业。朱市长问：“您已60出头，身体吃得消吗？”他竟然豪情万丈地答：“不是我吃得消吃不消的问题，而是我们国家太需要电子工业了！”就这样，六旬老将重披战袍，去开拓新的疆域。从香港到东莞、深圳、上海，创办于上世纪80年代中期的美维科技集团正在向“中国第一，世界一流”的目标迈进。

听说国家号召沿海地区支援大西北，唐翔千笑得爽啊，“大西北，我早就参与建设了！”而且，在内地投资赚的钱，他从没拿回过香港，都放在这里扩大再生产了。

上海的“美维”有100亩地，55亩建了培训中心，剩下的45亩造厂房。理由是“以人为本”。《美维科技集团人才培养观念和实践》小册子中写着：“人是企业最宝贵的财富”、“创造各种发展机会”、“要用人之长，把人才放在合适的位置”、“只要你有本事，就可以为你提供舞台，可以为你提供资金和其它条件”……“美维”每年花费700万元培训新进员工，可是培训合格的员工一个个被竞争对手挖走。心痛之余，唐翔千大度地说：“算了，总归是为社会培养人才。”

“老太爷”的90大寿贺礼

1987年，君老86大寿。七个儿子、三个女儿第一次一个不缺地聚拢在上海，聚拢在父亲膝下。“老太爷”发话了：“我不要礼物。我想要一笔资金，设立一个奖学金，奖励学业优秀的学生。”众儿女听了，先是吃惊，继而会心。“老太爷的意思”当场就落实了：1万元人民币的寿礼，在大同中学设立了"唐君远奖学金"。选择大同中学，是因为长子唐翔千当年毕业于大同大学。唐家子女献给了父亲一份最有意义的寿礼！

5年后，君老逝世，他不多的遗产被子女们捐了出来，充实次年扩大并更名的"上海唐氏教育基金会"。薪火传到了唐翔千手中。此前，他在上海已有两笔数目不小的捐赠——400万元人民币给上海科大造"联合图书馆"，100万美元、100万港元给中纺大与美国伊利诺伊大学交流，但具体操作上不尽如人意。于是，他提议设立基金会，自己请人打理捐款。这一提议，得到了唐氏家族成员的支持。

唐翔千撰于1998年的《持家兴业为人之道》一文中，处处可见君老遗风："唐氏世代以勤俭为治家创业之本，余继承先辈遗训，兢兢业业，不敢稍有陨越，始得有今日之事业基础。……勤俭定能兴家，奢侈足以败业，自奉必须俭约，家用宜紧，切不可铺张浪费。人有困难，设法帮助，多做善事。特别对教育事业，更宜大力赞助……"

2005年再次扩大并更名的"上海唐君远教育基金会"，已积累起1亿元人民币。这一旨在"爱国重教，培育英才"的善举，一做就是20年。基金会的业务范围，从最初的1所学校，发展到今天的24所；捐助的项目，从单纯的奖学金，发展到奖学金、奖教金、大学生专项奖、助学金、学科竞赛奖和教学设施等。20年来，基金会几乎向每个学校都捐赠了图书，还向一些学校捐赠了计算机房、数字化视频教室、创新实验室等。

大学生专项奖，是基金会的一个创新。1992年开始设立的这个奖项，目的是为国家培养拔尖优异人才。在设奖学校中，凡得到唐氏奖考取北大、清华和上海重点大学的学生，被列为获奖者，每年进行跟踪评审，发放奖学金。迄今，已跟踪了499名大学生(包括76名硕士生、9名博士生)，其中已踏上工作岗位的196人，分布在国家机关、学术科研机构、金融单位、新闻单位、外资企业，大多成为单位的骨干力量，不乏出类拔萃的佼佼者。

2005年开始，基金会在上海音乐学院附中设立了"国际国内重大音乐比赛援助基金"，帮助有才能的学生参加高级别赛事，为国争光。基金设立不久,附中的选手就囊括了罗马尼亚布加勒斯特国际青少年小提琴比赛的前三名。

有一次听基金会的工作人员汇报贫困生状况,理事长唐翔千惊讶得叫起来:“还有迭种事体?!”于是,基金会改变了以往“撒胡椒面”的做法,把钱集中起来,资助最穷的学生。在杨浦高级中学和松江二中,基金会专门为贫困生办了“杨浦班”和“松江班”,学费全免,让品学兼优的穷学生安心完成学业。最近,还向唐先生故乡无锡发展,资助一些品学兼但家境贫困的学生。

一批批沐浴过基金会恩泽的学子走向了社会。他们自称“唐氏人”,梦想着有机会反哺。那年在网上聊天室,分布于世界各地的“唐氏人”聊着聊着,聊出了一个“唐氏教育基金同学会助学计划”。唐先生知道了,马上表示按 1∶1 的比例增资助学,意在充分肯定唐氏学子们饮水思源、回报社会的义举。春节前夕,第一批捐助款终于发放到了 2 名学生手中。

反哺的心愿、又继续在“唐氏同学会助学计划”的受助学生中传递。一封感谢信这样写道:“我不是月亮——它只会等待别人来照亮自己,自己却永远不会发光。而我愿做一颗火种,在被点燃之后便能去点燃新的火种,把光与热一代代传递下去。”

一掷千金与俭朴家风

在唐氏家族中,但凡儿女有了出息,长辈们总要归功于家风。唐翔千在不同场合跟记者说过同样的话:“一个家庭你只要看他的家庭作风怎么样,作风好,他的后辈也不会差到哪里去。所以身教重于言传。”

那么,为基金会一掷千金的唐家人,又是怎样过日子、怎样言传身教的呢?

上世纪 30 年代后期,唐君远的毛纺厂几乎垄断了当时无锡的毛纺织工业。唐翔千儿时,家里已是富甲一方。可他想来想去,从小到大就没有过过一天富家公子的生活。倒是经常被教育“一个铜板掰成两个用”、“创业容易守业难”。及至自己成为亿万富翁,偶尔请父亲在锦江饭店喝咖啡,当时一杯咖啡 8 块钱,君老问了价居然嫌贵,

"这个价钱,我可以喝10杯咪!"

原来,他是在淮海路上哈尔滨食品厂门市部喝咖啡的,一杯只要8角钱。儿子把在香港难得乘坐的一辆"劳斯莱斯"送给上海市工商联接待外宾用,身为工商联副会长的父亲却从来没坐过那辆名车。

改革开放后,在统战部的帮助下,唐翔千把父亲接到香港安度晚年。好不容易出去了,可只过了十几天"老太爷"就吵着要回上海。无奈,唐翔千只好送他回来。统战部联络处处长马韫芳去接机,看见当儿子的斜背着个军用包,搀着"老太爷"走出来。刚进关,"老太爷"就大声叫道:"上海才是我真正的家!"

在香港,马处长还发现癌症痊愈不久的"老太太"在儿子公司里打工,工种是拆纱头,边拆边乐,"我在家里呒没事体做,来这里消遣消遣,翔千给我工资咯!"后来,"老太太"也回到上海,终老于此。唐翔千本人的节俭是出了名的。他的西装是在上海定做的。从金龙绸布店买了面料,一下子做三套,因为穿的人是大老板,穿出去别人都不相信才千余块一套。他在厂里吃午饭,一条鱼吃了半条,关照厨师留着晚上热热再吃。他和基金会工作人员外出吃饭,10人一桌,必须控制在千元以下。他独自在外,一客排骨年糕就可打发一顿饭。10元一双的布鞋,他一买好几双,出国时也穿,老外羡慕不已,打听哪里有卖,他笑答"中国专卖"。

有一阵,香港太太喜欢来上海,到长乐路、茂名路一带置唐装。做工精良、镶了点皮草的唐装标价20万元,太太们爱不释手,唐太太却从不问津。她穿着寻常的衣衫出席重要活动,因为本人气质上佳、身材不错。总让人觉得眼睛一亮,似乎件件是名牌。只有熟悉的朋友知道,"唐太的衣裳,蹩脚咯。"

唐家现在又把巨鹿路上的一幢洋房捐了出来,装修整饬后将作为基金会的永久会址。唐翔千的妹妹唐新璎在基金会当副秘书长,把一点点微薄的津贴攒起来,每隔一两年就捐给基金会。这就是唐家门的做派。

如今说到唐翔千,前面得多加一个身份了——香港财政司司长唐英年之父。"财长"是怎样炼成的?

唐英年在美国上大学时，暑假回香港，每天搭公共交通去父亲公司里打工，在厂里与一般员工一视同仁，按劳取酬。英年四兄妹在成长过程中，父母耳提面命最多的一句话是：做任何事都要脚踏实地。以至英年在香港竞选第二任议员时，把唐妈妈的照片印在竞选广告上，旁白：妈妈跟我说做人要脚踏实地……

言及家务事，点点滴滴皆温馨，唐翔千先生的眉宇间漾着笑意。人生至此，夫复何求！

（成稿于 2006 年 6 月）

3. 唐寿千

唐寿千，父增源（君远），母王文杏。行二，出嗣斌安。生于 1925 年农历五月十二日，卒于 2005 年农历五月十八日，享年 80 岁，葬于无锡青龙山。历任无锡协新毛纺厂厂长，无锡市人民代表大会常务委员会副主任，上海工商联副主任，徐汇区政协副主席等职。

配偶：袁隽卿，生于 1923 年农历元月三日宁波，卒于 1983 年农历十二月二日，享年 60 岁，与寿千同葬于无锡青龙山。子二人：易年，丰年。女一人，音。

（《毗陵唐氏家谱——无锡东门支景溪公分支续本》，2007 年印行）

4. 唐骥千

唐骥千，父炳源，母温金美。长子。1927 年 4 月 17 日生于无锡。1949 年获麻省理工学院化学工程学士学位，1951 年获哈佛商学院硕士学位，1993 年获香港理工大学荣誉工商管理博士学位。

自 1987 年 4 月起，任香港联亚集团有限公司名誉董事长；1998.6～1999.4，任董事长及首席执行官；1997.1～1998.6；名誉董事长；1987.1～1997.1，董事长及首席执行长。

1964～1970，任香港南海纺织有限公司董事长，1971～1991，董事会主席及董事、总经理。

其他有关职位（选择部分）：

1984.4～1986.6，香港总商会主席；1978～1980，香港管理专业协会理事会董事；1972～1985，香港中文大学岭南工商管理学院顾问委员会委员；1975～1977 以及 1984.4～1990.6，香港贸易发展局理事会成员；1985.4～1987.3，香港工业总会理事会理事；1972～1985，美国总商会副会长及理事；1972～1976，香港理工学院董事会董事；1995.6～2002.12，香港理工大学顾问委员会首届委员；1976.12～1978.12，公益金董事；1987.4～1993.4，香港科技大学校董；1994.2～2002.1，香港科技大学顾问委员会首届委员；1991 起，香港纺织业联会有限公司名誉主席；1984.11～1986.6，香港政府港口事务委员会委员；1984.10～1990.4，香港政府工业发展委员会委员；1972～1983 以及 1985.4～1987.3，香港政府纺织业咨询委员会委员；1984～1996，港日经济合作委员会委员；1984～1996，港美经济合作委员会委员；1986.2～1989.8，香港政府自由贸易委员会委员；1988～1996，香港菲律宾商务理事会委员；1992.1～1997.6，香港政府临时机场管理局董事会成员；1992.1～1997.6，香港政府英国国籍计划督导委员会委员。

在海外担任的一些职务：

1972 以后，MIT 合作发展委员会委员；1984～1991 年，檀香山东西基金中心董事；1986～1991 年，McGraw—Hill 公司亚洲咨询理事会理事；1986～1992 年，法国 Lafarge Coppee 国际咨询理事会理事；1986～1997 年，亚洲摄取国际理事会纽约分会理事；1990～1991 年，RJR Nabisco Inc. 公司国际顾问理事会理事；1989 年 11 月～2005 年 1 月，台湾基金会董事；1991～1997 年，纽约曼哈顿银行国际顾问委员会委员；1991～2001 年 2 月，亚洲管理学院董事；1995～1997 年，纽约产业干预委员会国际理事；1996～2002 年，哈佛商学院董事会成员；1999 以后，哈佛亚种中心顾问委员会委员；1984～1990 年，还担任香港汇丰银行董事；1984～1986，东方海外控股公司董事，新加坡新达投资私人有限公司董事；1989.3～1999.7 Pacific Rim 投资有限公司董事长及董事。

曾获褒奖：1978 年，英女皇御颁 OBE 勋衔；1986 年，英女皇御颁 CBE 勋衔；1987 年，日皇御颁勋三等瑞宝章。

原配：黄月梅，1925 年 6 月 18 日生于中国，1948 年 9 月 18 日结婚至1998年。继配:潘静筠,1945年6月30日生于香港,1999年2月14日结婚。

子一人:裕年。女二人:美荫、文英。

(《毗陵唐氏家谱——无锡东门支景溪公分支续本》,2007年印行)

5. 唐乘千

唐乘千(1928.7.29～　),字道宏,号衍生。生于无锡,唐淞源长子。毕业于上海市立工业专科学校纺织系。先后任泰国曼谷纱厂、华侨纱厂工程师,德仁纱厂厂长,澳门针织厂经理,香港亚非纺织公司董事,毛里求斯毛纺染厂、国际及联合毛衫厂执行董事,台湾协星实业有限公司总经理。

唐乘千终身从事纺织业的生产经营,早在20世纪70年代末,就曾率先赴广东与国内合作。在泰国与鹤千,在港、台、毛里求斯与翔千等均合作融洽。为人敦厚朴实,尊重长辈,爱护兄弟姐妹,尽力提挈后辈。与海内外源字辈、千字辈家族广为联系。对在美国定居的姨夫顾毓琇博士、姨母王婉靖女士及海外其他亲友时有探访,嘘寒问暖。在香港、台湾时,资助有困难的亲友办厂经营,不时探望年老多病的叔、婶,获得家族的一致好评。

唐乘千先后资助并全力负担兄弟、侄儿的留学费用,包括二弟晋千去美国任访问学者进修医学,幼弟嘉千在美国密歇根大学攻读硕士,侄儿锦明在美进修、工作,健明在加拿大工作、生活,以及伟明在美国休斯敦大学攻读硕士等。

唐乘千退休后在加拿大温哥华定居,并每年回国探亲,以尽孝思。

唐乘千妻徐蔼华(安妮),生于1936年6月14日,全力支持并与丈夫一起创业经营,帮助弟妹。子三人:正明、达明、嘉明。

6. 唐仁千

唐仁千,父熊源,母荣茂仪。长子。1929年3月21日生于无锡。

获美国印地安纳大学化学学士学位和弗吉尼亚理工大学化学硕

士学位。曾任香港联合纺织公司总经理，台北台申有限公司主席兼总经理，台北台湾金属制品公司主席兼总经理，美国纽约 Luckytex 有限公司总经理，美国纽约 Wagner 学院副教授。为 MENSA 会员。

配偶：李粹华，1933 年 8 月 4 日生于上海。子一人：锡年，女一人：美恩。

（《毗陵唐氏家谱——无锡东门支景溪公分支续本》，2007 年印行）

7. 唐运千

唐运千（1931.12.20～　），唐淞源三子，出生于无锡后西溪。上海沪江大学化学系毕业，1964 中国科学院研究生毕业。专长地球海洋有机化学研究，九三学社社员，杭州国家海洋局第二海洋研究所研究员。

先后在中国科学院大连化学物理研究所和山西煤炭化学研究所从事石油和煤炭化学研究达 28 年。1981 年调入第二海洋研究所从事海洋有机地球化学研究，兼任中国科学院有机地球化学国家重点实验室学术委员，全国有机地球化学学会理事，全国泥炭专业委员会委员和浙江省化学学会理事。

唐运千有众多研究成果，其中："从褐煤制取褐煤蜡"、"褐煤蜡精制浅色蜡"和"褐煤蜡石腊系新中温腊料试验"分别获得 1977 年全国科技大会奖、1978 年全国机械学会奖和 1979 年山西省科学大会二等奖；"南极西北海域表层沉积物的有机地球化学"获 1988 年国家海洋局科技进步一等奖和 1989 年国家科技进步二等奖；"长江口沉积物中各类有机化合物"和"南海柱状样中生物标记化合物"分别获得海洋局科技进步三等奖，"沉积物中的腐植物质"（英文版）、"浙江远海沉积物中某些类脂物"和"南极长城湾及其附近沉积物中甾烷和萜烷化合物"分别获浙江省优秀论文二等奖，"南海沉积物中有机质研究"（英文版）获海洋局科技进步奖。主要著述还有"冲绳海槽二万年以来沉积物中烯酮化合物与古温度研究"、"南极布兰斯菲尔德海峡沉积物的 C5～C15 烃类物"（中、英文版）、"长江口海域中有机物质研究"（英文版），"南海浮游有孔虫的氨基酸研究"、"褐煤蜡树脂中多环芳烃组成研究"等 150 余篇。

唐运千个人事迹被英国剑桥传记中心列入1992～1993世界名人录、美国传记研究会1994世界名人录。

唐运千妻王玉芳，生于1935年十月十五，卒于1996年12月21日；继配周倩，生于1941年6月19日。子健明，孙女一人。

8. 唐齐千

唐齐千(1933.2.～　)上海大学经济管理学院教授，中国民主建国会会员。1953年毕业于交通大学机械制造系；1957年研究生毕业于哈尔滨工业大学机器制造企业组织与计划专业。先后任教于哈工大、吉林工大、杭州电子工业学院、上海工业大学、上海大学，并在天津拖拉机制造厂、天津市机床研究所劳动与工作过，历任教研室主任、系主任。兼任国家机械工业委员会高校工业管理工程专业教学指导委员会委员，中国电子企协厂长研究会顾问、指导组成员，上海市七届、八届政协常委、八届政协经济委员会副主任，民建上海大学总支部主委，华东地区地方工科院校管理工程学科协作会顾问，浙江省未来研究会顾问，《现代企业经营》杂志编委会主任。

唐齐千在高校工作40余年，长期从事管理科学与技术经济学的理论研究与实践，撰写了大量有理论指导和实际应用价值的论著。专著有《产品设计与效益》、《谈判艺术与礼仪》等；译著有《工程项目管理》、《制造成本估算》等；主编《企业管理与技术经济》(普通高等教育规定教材)、《企业公共关系概论》等，主审《工业企业设备管理》、《期货交易》等。撰写了《论决策的全过程》、《论科学技术、经济、社会的协调发展》、《重视知识经济、发展第四产业》等论文300多篇。主持和参加的科研项目有《上海新兴技术产业发展及其与传统产业结合》、《上海市高新技术开发区研究》、《关于率先建立现代企业制度的若干问题》和《增强流通功能，拓展国内市场》等，分别获得上海市社会科学成果三等奖、上海市科技进步二等奖、上海市决策咨询研究成果三等奖及二等奖。

唐齐千不仅尽力于高等教育，也贯注高层次复合型经营管理人才的继续教育。1981年在天津市领导的大力支持下，负责“高级技术经济研究班”的教学工作，注重理论与实际的结合，取得较大成效，被于光远誉为“临时研究所”。

在上海七届、八届政协期间，积极参政议政，先后向朱镕基、徐匡迪等市长当面直陈或书面提出意见、建议，并蒙采纳。如“外贸收购制”改为“代理制”不能一刀切；“抓506个局长廉政建设的同时，还要抓业绩考核，不能打一枪换一个地方”；“先提高中小学教师社会地位，增加工资，从而整顿好教师队伍，提高教师素质，培养好下一代”；“科技、经济与社会协调发展”；“重视知识经济、发展第四产业”；……在近30个提案中，有7个被评为优秀提案，为有关部门采纳和推荐。在上海市政府研究室的《决策咨询》杂志上，发表了10多篇建议论文。

唐齐千在1998年退休以后仍关心国家大事，继续担任市政协经济委员会委员，参加课题调研和建言献策。1999年11月受无锡市市长邀请，至无锡出席《无锡市实施科教兴市战略研讨会》，对无锡市的长期发展规划、产业政策的制订以及重视和发展科技教育事业、加速发展知识产业、迎接新世挑战等提出了看法与建议。唐齐千妻金祖芬毕业于清华大学自动化系，副教授。

子二人：志明、伟明。孙女、孙儿各一人，清钰、纪盛(Andrew)。

（唐齐千自撰，原载《无锡望族与名人传记》）

9. 唐凯千

唐凯千，唐煜源(晔如)次子，唐滋镇(保谦)之孙，生于1946年4月23日。1949年他3岁时，随父母到香港，一年后迁巴西圣保罗市。他敏而好学，博闻强记，掌握英、法、西班牙等多国语种，留学美国，获康奈尔大学经济学士学位，后入法国巴黎大学攻读哲学，获政治学博士学位，回美后在美国大学任教，后转巴西大学研究法律，任里约热内卢大学兼职教授，讲授《发展经济学》。

唐凯千自幼受家庭熏陶，善于经营实业，投资开发海洋石油，任巴西海洋石油公司集团(这个集团拥有7个海洋石油开采和运输专业公司)董事长，拥有巴西最大供应船公司——匹特罗公司。他与欧洲合资创办深海钻井公司，与挪威合资兴办多用工作船、海上旅馆及马道雷士技术公司，与法国合资创设海洋石油技术公司、直升飞机运输公司和进出口贸易公司。

他关心教育，捐款给他的母校美国康奈尔大学，设立“唐氏基金会”，奖助清贫学生。

唐凯千对浩淼太湖之畔的故乡无锡，时刻眷念，不忘自己的根在中国。1982 年，他随奉 75 岁高龄的父亲唐晔如和慈母项亚南回国探亲，对祖国和家乡无限热爱。之后多次回国、回家乡无锡访问，与中国国家海洋石油公司达成协议，联合开发石油资源。并多次主动热情接待赴巴西的中国冶金、石油、金融、贸易代表团，热心中巴经济贸易合作，为中巴贸易穿针引线，从 1979 年至 1986 年的 7 年间，已达成贸易 15 亿美元。

1986 年，唐凯千联络巴西经济界名人和热心中巴贸易的实业家，在巴西成立巴中工商总会，他担任总会会长。

1987 年，他第六次访问祖国，又与上海海洋石油公司和南海西部石油总公司（总部在广东湛江）等单位密切合作，协力开发海洋石油，同时合资筹设炼油厂，提炼石油；合资在巴西筹建炼铁厂，把所产生铁返销中国供炼钢之用；并准备引进巴西宝石，与中国合作制造宝石装饰工艺品。

2004 年 10 月 14 日，唐凯千应无锡海外联谊会邀请，率领巴西纺织化工贸易访问团一行 16 人来锡访问，与无锡 20 多家企业洽谈经贸合作。并被授聘为无锡海外经贸会名誉会长，还代表巴西巴中工商总会与无锡市商会签订了友好商会协议。唐凯千为繁荣中巴经济，极尽辛劳，并为此作出了卓越贡献。

唐凯千生子二：有年、嘉年，全家住巴西里约热内卢。

（何莘耕）

10. 唐照千

唐照千，父增源（君远），母王文杏，第四子。出嗣浚源，嗣母唐碧霞。1932 年 9 月 18 日生于无锡，卒于 1984 年 11 月 1 日，享年 52 岁，葬于无锡。毕业于上海交通大学机械工程系。

历任西安交通大学教授，校务委员会委员，工程力学研究所所长，国务院学位委员会委员。第六届全国人大代表。为了纪念他在科研与教学上的杰出成就，西安交大设立了“唐照千奖学金”，用于资助优秀学生出国深造。配偶黄锦心，1935 年 9 月 26 日出生于温州，毕业于南京药学院药学系，药剂师。子一人：政年。

（《毗陵唐氏家谱——无锡东门支景溪公分支续本》，2007 年印行）

一代力学大师唐照千

沈亚鹏　徐　晖

唐照千（1932～1984），江苏无锡人，固体力学、振动工程和实验力学专家，西安交通大学力学学科创始人和奠基人之一，国家首批博士生导师，《应用力学学报》创刊人。曾任国务院学位委员会学科评议组成员，中国力学学会理事，固体力学委员会振动组副组长，中国仪器仪表委员会理事、试验机委员会委员，陕西力学学会理事，陕西生物医学工程学会理事。

唐照千是力学试验和振动测量的大师，1959 年研制的频谱仪被用到 70 年代，1962 年主持国家科委在西安交大建立的“振动测试基地”，研制了机械式、电动式和压电晶体式振动台，涡流测振仪获 1979 年校科研成果一等奖。也是 60 年代初成名的国内年轻一代力学家，固体力学造诣深厚，精于理论分析，出版俄文译著 3 部，在《力学学报》、《SCIENTIA SINICA》等期刊发表圆锥（柱）壳体振动和稳定性论文 8 篇，学术影响深远。他还是 80 年代初国内断裂动力学研究的引领者，在《力学学报》、《J. Applied physics》、《固体力学学报》和国际会议发表论文 9 篇，进入当时世界先进水平行列，“断裂动力学理论和实践研究”获 1979 年陕西省科技成果一等奖。他还是国内时序分析研究和力学应用的开拓者，80 年代初编制多功能建模程序，大力推广免费使用，所主持的国家科委“六五”重点课题《时间序列建模分析》被鉴定为“工程应用上居国内领先地位”。

拳拳报国心，悠悠爱校情

唐照千 1932 年 9 月 18 日出生于江苏无锡，其家庭系当地名门望族，祖辈以振兴工商实业享誉乡梓，父兄均系杰出实业家和著名爱国人士。父亲唐君远曾任全国政协委员、江苏省人大代表、上海市政协副主席、上海工商联副主任委员、上海市爱国建设公司董事长。长兄唐翔千曾任香港工商总会副会长、纺织业协会主席，上海东亚毛纺厂经理，并曾在内地投资开办天山毛纺厂等。长嫂曾任香港妇女会会长。二兄唐尧千为美国明尼苏达大学高能物理教授。

无锡唐家书香氤氲，庭训甚严，素来看重品德教育和文化陶养，其爱国敬业、勇于任事、求精务实、造福社会、实业报国的优良家风深深镌刻在唐照千心中，影响了他的一生。唐照千幼年起即以父兄为榜样，志存高远，有志于成为一个有真才实学、报效国家的栋梁之才。

青少年时期，唐照千学习刻苦，勤奋上进，是上海圣芳济中学的高材生。1950 年高分考入交通大学动力机械系汽车专业。大学期间，他憧憬祖国建设美好未来，对高深学问和新事物具有强烈的好奇心，注重知识的全面学习和融会贯通，尤其对数学、物理、动力机械专业知识、电工电子技术等着力甚多。他还特别注意在课程实验、课外实践方面狠下工夫，为日后从事力学理论分析和实验研究打下坚实基础，并具备了堪称一流的动手能力。1953 年 7 月以优异成绩毕业留校在机械零件教研室任教。

1956 年，24 岁的唐照千成为首批西迁教师中的一员，随交通大学主体部分由上海迁往西安，在交通大学(西安)应用力学教研室任助教。1957 年 2 月至 1959 年 1 月，由于良好的学术素质被选拔为杜庆华教授的助手，任职清华大学工程力学研究班辅导教师。1959～1984 年，唐照千历任西安交通大学应用力学专业讲师(1959 年 2 月)、副教授(1979 年 3 月)、教授(1980 年 2 月)和博士生导师(1981 年 11 月)。1959 年和 1982 年两次获校先进工作者称号。

1966 年初，正当唐照千意气风发，雄心满满，准备在壳体振动和稳定性研究取得突破性进展的基础上，冲击更高科学目标之际，“文化大革命”的风暴将他卷入到人生的谷底。“文革”初期唐照千获莫须有重罪，蒙受巨大不白之冤，给他带来 12 年的人生磨难，经历无数次的批判、惩罚，乃至承受四年半的牢狱之灾，身心受到极大的摧残和伤害。党的十一届三中全会的春风给唐照千带来了新的生命活力,1979年6月他罹获的冤假错案获得彻底平反,名誉得到完全恢复。

唐照千虽在“文革”中受到不公正对待,但他爱国之心不变,报国之情如故,视科学事业高于一切,完全把个人得失置之度外。1973年5月获释出狱,校领导前往征求意见时,他表示:“过去的事不谈了,只要求有一个工作条件,快些开展工作。”他不顾体质虚弱,只休息了一星期,就一头扎进了他自己建立并工作了多年的实验室,埋头读书,修理仪器,做自己的实验,偶尔在他人的伴随下外出参加一些学术活动。杜庆华院士回忆说:“记得七十年代中期,他被推荐参加《机械工程手册》振动篇的审阅工作,当时他的境遇并未得到初步改善,但他还是非常认真地从事了所分担的工作。”钱令希院士也曾感慨道:“唐照千同志平时话语不多,他不是善于词令的人,但他的心却如火,对国家、对交大、对同志、对朋友无不如此。使我感触最深的是:近年来我和他多次交往中,明知道他在十年动乱期间吃过很多苦头,但他却从未在我面前流露半句,真是硬汉子啊!”他光明磊落,心地仁厚,团结同志,即使对“文革”中伤害过自己的同事仍持宽容态度,遇事向前看,以大局为重。1980年唐照千赴美前夕,不少人根据其家庭背景和本人坎坷经历,猜测他可能一去不返,从此定居国外。而他坦承表示,美国是资本主义国家,我比别人更了解,祖国再穷总是我的母亲,我不会只为个人安逸、舒适而留居国外。

在国外期间,他十分重视收集新型测试仪器的信息,恳切地说:“我们国家过去在订购仪器方面吃亏太多,一家订购某一种仪器,大家就盲目地竞相仿效,往往造成很大的浪费,我回去后一定要设法改变这种状况。”

访美期间,他把大哥送给他买汽车的钱全部用于购买国内稀缺的书籍资料,以及电子器件、磁带等,用于科研急需。当美国的二嫂问他是否打算留下来时,他说“我是国家派出来进修的,当然要回去”,谢绝了兄嫂挽留,如期返校。

在美期间他为造纸公司解决了纸张折皱问题。他将节余的

9 000 多美元科研经费全部用于资助一位力学副教授出国进修。

1982 年 9 月唐照千结束访美回到西安，有同志关切地询问，你是继续定居下来呢，还是打算调回上海和家人团聚？唐照千毫不迟疑地说："科学研究和家庭生活二者不可兼得，哪里有条件工作就在哪里！现在回去上海亲友很多，应酬也多，不能集中精力做事。"他谢绝了上海有关单位的优厚待遇，再次选择单身一人在西安。

1983 年唐照千作为西安交大赴香港理工学院访问团成员，在港与久别的亲人团聚。父亲、哥哥都希望留下来，或继续出国深造，而他的回答却是："在国内有我的事业，我们这一代在祖国长大，对祖国是有感情的，总希望自己的国家搞好。我们有能力走自己的道路，完全可以赶上世界先进水平！"

高远的志向，杰出的成就

唐照千青年时代就已取得令人刮目的突出成绩。1962 年 30 岁发表了第一篇学术论文《圆柱壳自由振动的简化计算方法》。随后的 4 年中，在《力学学报》等学术刊物上接连发表了一系列壳体的理论分析和实验研究的论文，一举成为我国一位知名青年力学家，受到力学前辈名家的广泛关注，给予很高评价。"文革"后，针对国际力学前沿领域之一的断裂动力学，他刻苦学习钻研，抓紧开展研究，发表了具有创新思想的《裂纹快建扩展的瞬态振动和响应计算模型》论文。尽管天不假年，他的学术生涯并不很长，但在所研究的领域都取得了堪称一流的成果。

唐照千在力学领域的主要成就与贡献有：(1)提出解析求解壳体振动和稳定问题的分解法，克服精确求解时数学计算繁复、难以实现的困难。(2)提出裂纹扩展的瞬态振动模型，正确描述裂纹开裂、止裂全过程中速度变化规律。(3)提倡将时间序列分析法用于振动模态分析，促进该法在结构动力学中的应用。(4)研制各种振动传感器和测试设备，结合科研实际积极推广振动测试技术。兹分述如下：

1. 关于解析求解壳体振动和稳定问题的分解法

上世纪五六十年代，各国在航空、航天技术方面的激烈竞争促使力学学科迅猛发展。作为航空、航天器主要承载结构的壳体(圆柱壳、圆锥壳),其力学行为的研究受到国内外众多学者的重视,虽然各国学者对壳体的静力问题进行不少工作,但对动力学问题,特别是圆锥壳,即使是简单的线性振动问题,却还很少加以研究。一些学者分别取幂函数和三角函数为振型函数,采用 Rayleigh 法和伽辽金法等直接法求解固有频率。但已有工作的计算结果互有出入,因当时未有实验研究和较精确的理论分析,无法做进一步的评论。

唐照千开始从 Donnell 型壳体振动方程组出发,采用幂级数解法,得到了圆锥壳振动的通解,但由于计算繁复,在缺乏快速计算机的条件下难以求得固有频率和振型的精确值。1962 年唐照千提出了分解法的简化计算方案,考虑到 Donnell 方程组中已忽略了纵向和周向位移对曲率变化和扭率的影响,因而可将锥壳的振动问题分别按无矩理论(薄膜理论)和力矩理论(相当于薄板弯曲理论)计算,由“并联弹簧”概念将两种结果综合起来,就得到锥壳的固有频率值,使计算大为简化。当按两种理论分别算出的振型函数完全相同且满足全部边界条件时,所得的解是精确的。若得到的振型大致相似,如圆锥壳两种理论的解都是幂级数形式,两振型亦大致相似,就能获得良好精度的近似解。

利用分解法,唐照千求得了圆柱壳、圆锥壳的固有振动特性与侧向均压、均布液压和轴压下圆锥壳屈曲临界载荷等一系列精确解和良好的近似解。

为了更严谨讨论分解法的精度,首先将描述特征值问题的偏微方程组演化为一高阶微分方程,然后分解成一组微分方程,唐照千推出由分解法获得精确解的充分必要条件。并由变分原理证明,由分解法得到的近似解,其值必低于精确值。

新的理论和方法必须经受实践检验。唐照千对由不同制作方法、不同锥顶半角和不同结构型式的 20 个钢制的完整锥壳和截项锥壳试件,采用三种实验方法精准测量各阶固有频率,测定试件沿母线各点的振动位移,观察振动型式特点。可靠的实验结果显示,初始缺陷对节线位置和振型有一定影响,而对固有频率的影响则较小。测得的频率与计算值相比,对于小锥度的截顶壳体,按相当圆柱壳用分解法已很精确。对于封顶锥壳,分解法得出的结果,就最低频率而言,可以认为是足够精确的,而高阶频率则偏低。实验观察到的沿母线方向振型随周向波数和锥顶半角变化的现象可供直接法选取振型函数时参用。

同样为了累积失稳临界值数据以验证理论的准确性以及观察圆锥壳在沿母线加压和轴向加压两种情况下失稳挠曲形式异同之处作为理论计算时参考。唐照千设计制作了15个两种锥顶半角的截顶锥壳试件。为了尽可能减少初始缺陷对临界载荷的影响,试件是将厚无缝钢管锻成圆锥型管坯后精车而成。试件端部的特殊设计和夹具装置保证试件沿母线加载。实验结果显示,沿母线加载时,圆锥壳失稳情况(临界值数据,失稳波形)与圆柱壳完全相似。实验数据与按小挠度理论计算临界力值相比偏低很多,所以认为用相当圆柱壳概念进行计算是合理的。沿轴线加载时端部产生局部弯曲作用,弯矩对波形的影响很大,使菱形变成椭圆波。实验中大多数壳体无论沿母线加载或轴向加载都首先在小端处失稳。

上述实验工作,尤其是难度较高的锥壳失稳试验,不仅在当时,即使是现在,都对壳体的研究有重要的参考价值。

2. 关于裂纹扩展的瞬态振动模型

直到上世纪60年代,关于裂纹快速扩展的研究都是假设裂纹以等速扩展,且速度为已知的条件下作数学理论分析。1976年,Keegstra用动态有限元法计算DCB试件在加载点位移固定情况下的裂纹快速扩展,求出扩展速度和长度,但其裂纹速度变化甚大,远非常数。在实验研究方面,包括唐照千在内几位学者都对裂纹扩展速度进行测量,结果表明裂纹扩展速度不是常数,即使有些工作还未测出扩展的全过程。从大量的实验观察可以认为至少在裂纹扩展量不大和存在止裂阶段情况下,裂纹扩展速度为常数的假设与实际不符。

在按严格的数学理论难以解析求解裂纹扩展全过程的状况下,唐照千提出将裂纹快速扩展——过程作为一种瞬态振动问题求解。通过能量等效的原则与断裂力学基本概念(断裂准则等)相联系。计算模型的主要假设是:在裂纹快速扩展过程中,断裂能的消耗用等效阻尼能来表达。经过近似处理最后归结为求解有阻尼的单自由度非线性系统在初位移下的瞬态响应计算问题。以DCB试件为例，裂纹扩展速度的计算结果与已有的实验数据都较好地符合。证明所提出的计算模型是正确、可信的。范天佑教授在其专著《断裂动力学引论》第六章中介绍了瞬态振动模型。

精确测量裂纹扩展速度是断裂动力学研究的又一难点。唐照千提出一种测量裂纹扩展的涡流检测法。其原理是裂纹扩展使试体表面涡流场改变，随之引起传感线圈中阻抗变化，由此可测知裂纹扩展量。该法能直接记录裂纹扩展量的时间历程曲线（扩展全过程），且灵敏度高、抗干扰性能优良和动态特性好，尤其是使用很简便。在DCB试件上测得的裂纹扩展过程中的速度变化规律是建立正确的断裂动力学模型的重要参照。

提出的裂纹快速扩展的瞬态振动模型和涡流检测法成功观测裂纹扩展全过程，引起了国内外断裂力学学术界的充分重视。

以上述研究成果为主的“断裂动力学理论和实践研究”项目获1979年陕西省科技成果一等奖。

3. 关于时间序列分析法用于振动模态分析

唐照千在美国访问期间（1980～1982年），考察并研究了时间序列分析方法在结构分析中的应用。他提出古老的振动理论不应受到牛顿力学的传统分析方法的束缚。要发展结构运动的统计学方程的研究。由于时序分析是统计数学中已发展得较为成熟的一个分支，基本概念和方法都较完备。时序分析法和振动分析之间又有不少对应的概念和运算方法，且时序分析法将振动响应的测量数据看成一个系统，由响应的测量数据建立系统的数学模型，并不需要对系统做过多的假设，也不一定需要激振信号。在一定程度上避免常用的模态分析方法难以处理如“在线”信号处理、信号短等问题，显示出时序分析法在振动研究中的优势。但要在工程振动分析中大力推广时间序列法面临的难题是编制科学、高效、可靠的计算程序。

1984年在第二届国际模态会议（IMAC）上，唐照千宣读的论文《时间序列分析法应用于振动分析的计算机程序设计》是解决上述问题的技术总结。文中在简述时间序列法主要概念及列出时序分析法各数学模型的特征参数与单自由度振动系统中振动特性之间的关系后，提出了计算机程序设计的思路和方案。即根据工程实际常遇的振动情况，将其分为三类——周期性的、随机性的和混和型的，对它们分别采用 AR 和 ARMA 模型，通过最佳模型阶次的搜索，确定最合适的模型，算出模型参数后，就可利用时序分型模型和单自由度振动系统二者参数间的关系计算频率和阻尼等模态特性。算例表明所编制的多功能的时间序列建模程序 TSAPMA 是有效的，该程序在国内获得广为引用，加速了在工程振动分析中应用时序分析法的进程。有关的《对随机减量技术的数学表示》论文在《应用力学学报》发表。

4. 关于研制各种振动测试设备，积极推广振动测试技术

上世纪 50 年代未到 60 年代初，国内对振动测试技术还很生疏。唐照千凭借很强的理论基础和广博的知识，以及在电子仪器、实验技术、计算机应用等方面的优异才能。从 1958 年开始研制多种原理的振动传感器和测量仪表。1959 年研制成功的频谱分析仪，一直被应用到 70 年代。从 1962 年开始他领导了国家科委在西安交通大学建立的振动测试基点的工作，研制一整套包括机械式、电动式、压电晶体式振动台，计划建立从低频到高频的整套振动标准设备，后因文化大革命这项工作被迫中断。他协助西北机器厂研制的振动台一直是国内航空部、核工业部各研究所用作环境试验的主要设备。1978 年研制成功涡流式测振仪，并及时应用于平顶山电站大型发电机组振动测试，取得成功。在机械工业出版社 1978 年出版的《机械工程手册》中编写了《振动测试》一章。可以说唐照千不仅是西安交大，而且是西北地区乃至是国内振动测试技术的奠基人。

唐照千生前非常重视振动测试技术，曾说过，力学理论研究工作者和实验工作者不应当分家。正是这一指导思想贯穿他一生的研究工作，无论是壳体的振动和稳定分析，还是断裂动力学研究，对提出的新思路和新方法，他都认真地设计新颖的试验方案、制作新的测试装置，确保试验结果的可靠和精准。如锥壳振动试验时，采用三种方

案：电磁铁激振和电容式传感器测振的方案、电动式激振器推动和电磁式或电容式传感器测振的方案以及电动振动台作惯性激振和电阻丝片作传感元件方案，以便相互校核结果。锥壳稳定试验时，独特的小端端部开槽设计和特制的夹具确保试件沿母线加压，使得研究锥壳在沿轴向加压和沿母线加压下发生不同的失稳形式成为可能。与其他裂纹快速扩展测量方法相比，独立自主研制的涡流传感器使用简便能更精确地测量裂纹扩展的整个时间历程。而发表在《Journal of Applied physics》上的论文"应用激光显微散斑技术测量裂纹尖端附近的位移场"中的精湛实验研究体现了唐照千理论和实验研究的完美结合。

在我国一些著名科学家心目中，唐照千"才华出众，聪颖过人，不仅头脑清晰，有很强的理论基础和广博知识面，而且有出色的动手能力和实践能力，在电子仪器、实验技术、计算机应用等方面都有很好修养，连国外同行都认为像他这样全面发展的人才国外也是不多的"（钱令希院士语）。的确，作为新中国成长起来的力学界后起之秀，唐照千素以才思敏捷、思维缜密、治学严谨、兼长理论与实践著称。他力学理论知识渊博，振动与光学实验技术精湛，解决实际问题能力强。其研究横跨板壳理论、断裂力学、振动力学、实验力学、流体力学、时间序列分析应用和测试仪器仪表研制等多个领域，并取得公认的突出科研业绩，为我国力学学科的发展作出了重要贡献，在国内外享有学术声誉。

唐照千的学术思想、特色和科研历程可简述如下：

(1) 唐照千热爱祖国的科学技术事业，对力学怀着敬畏和执着之情，从1953年留校开始，30年来对力学科研殚精竭力、孜孜不倦、一以贯之。科研成为他生活的基本需要，一有时间就呆在实验室，琢磨各种力学问题，思考力学、研究力学、实践力学是他人生的乐趣。即使在"文革"中也不轻言放弃。这种高度的事业责任感和持之以恒的精神是他取得成就的动力之源。

(2) 唐照千对力学研究的前沿方向和课题具有敏锐的眼光和实干精神，科研选题与时俱进。他的科研历程和成就轨迹十分清晰，大体可分五个阶段：

1953～1956年，初上教师岗位，认真过好教学关，埋头读书，汲取知识营养，打好专业基础，锻炼动手能力，积聚能量、蓄势待发。

1957～1960年，值此中国高校力学专业教育兴起时期，唐照千担任清华大学工程力学研究班辅导教师，以高度的责任心和良好的业务能力，受到杜庆华先生的高度评价："我曾深感他是青年中很有前途的一位"；钱令希院士赞叹他是"力学班辅导教师中的佼佼者"。1960年与杜庆华教授共同完成中苏合作项目"塑性基本规律之研究"，在应用力学教研组为1960年元旦和五一献礼所完成的"4301""4302""4303"等项目中起主要作用，该批项目达到国内先进水平。他发挥俄语特长，独立翻译了［苏］别列诺夫著作《机器强度计算：持久性计算方法》（机械工业出版社，1957），与周承倜合作翻译了［苏］卡恰诺夫著作《塑性理论基础》（高等教育出版社，1959），参与翻译了《机器制造者手册》（机械工业出版社，1958、1959）。《塑性理论基础》一书在国内力学界产生较大的影响，推进了固体力学学科的发展。

1960～1966年，正值国内高校力学专业由初办走向正规发展时期，教师的首要任务仍是提高教学质量、出版配套教材。唐照千是当时为数不多的专心致力于科研并取得突出成果的青年教师之一，在搞好课程教学的同时，注重并积极开展力学问题研究。1962至1966年，在《力学学报》、《SCIENTIASINICA》、《高等学校自然科学学报》和《西安交通大学学报》等期刊上发表了关于壳体振动和稳定性的系列研究论文。《圆锥形（及圆柱形）壳体的振动型式和固有频率》一文和其他相关论文在板壳振动理论方面获得突破性的进展，为一些著名检索刊物摘引，在同行中引起震动，而当时他年仅34岁。1965年与西北机器厂合作的科研成果受到四机部通报表扬。还在《西安交通大学学报》发表了关于气动力学的论文《斜激波后物体壁面振动时的气动力分布》。

1966～1978年，唐照千历经磨难，学术研究停滞12年，难有建树。

1978～1984年，青春焕发，大有作为。"十年动乱严重破坏了他的正常生活和治学要求。但他只要一息尚存就自强不已,但愿为祖国和人民多做一些工作"(杜庆华院士语)。我国科学春天的阳光激发了唐照千的巨大潜能,他牢记使命和责任,为国为校勤奋工作,智慧和才能得到充分施展,很快获得一批居国内前列的科研成果。

从 1977 年开始,唐照千致力于断裂动力学的研究,1979～1983 年在《力学学报》、《固体力学学报》、《西安交通大学学报》等期刊发表了 6 篇关于结构裂纹扩展问题的动力学分析、数值计算和实验研究的论文,奠定了他在断裂动力学研究方面的国内领先地位。他在美国高访期间进行了随机振动下裂纹扩展和含裂纹壳体模态分析的研究,两篇论文在美国第九届应用力学会议上宣读,引起与会学者的重视,在《J. Applied physics》上发表的应用激光显微散斑技术测量裂纹尖端位移场的论文也受到多国力学家的好评。

唐照千积极倡导时间序列分析方法应用于力学,编制多功能建模程序首先应用于裂纹扩展速度的预估。1982 年 9 月他在全国机械阻抗和模态识别会议上介绍国外力学发展情况时说:"我带回各种时序分析的程序,谁要用都可以来拿;带回来就是为了推广使用,不用就失去了意义。"无条件地把他带回来的资料借给同行,坦诚无私地与大家交流,表现出爱国知识分子的优秀品质。钱令希院士评价唐照千这一阶段的工作时说:"他对新鲜事物有很强的敏感性,在美国进修期间,他意识到统计学中时间序列分析法可以移植到结构动力学中来成为十分有效的工具,因此积极地向国内推荐这一方法,在他的推动下,国内振动界在时域分析的研究领域开展了一些工作。我深信国内从事时域研究的同志是不会忘记他的功绩的。"

唐照千生前倡导、组织并与黄文虎、黄敦朴联合主编出版了《振动与冲击手册》全集:第一卷(1988),第二卷(1990),第三卷(1992)(国防工业出版社)。

(3) 唐照千的科研手段全面、多样,动手能力超群,提倡并努力做到理论分析、数值计算与实验研究的紧密结合。他不但理论基础扎实,知识面广,而且在实验力学方面有独到之处,能独立改进、设计和制造测试仪器仪表,是一个理论、实验和工程技术水平都高的复合型人才。其特色有:善于提出简化模型使壳体振动分析的复杂理论问题变得深入浅出、事半功倍;巧妙、高效的数值计算技术在无计算机时代能快速得到较为精确的结果;善于利用现有仪表或研制专用仪器仪表做出超水平的实验。

(4) 提倡并努力做到理论研究和工程应用紧密结合,是唐照千学风的一个重要特点。杜庆华院士在列举了唐照千的诸多贡献后说:"从这些工作中可以看到,照千同志基础扎实,学思敏捷,善于动手。他所独特的优良学风、基础理论与工程应用密切结合,既重视理论分析又擅长进行合理的实验综合研究,造就了他成为我国力学界未曾多得的优秀人才。"钱令希院士的评价是:"他善于应用各方面的知识去解决一些重大问题,而不是仅仅停留在理论探讨或细枝末节上,这一特色贯穿在他的一生的工作中。他曾一再表示,研究工作不能光为了出几篇论文,更重要的在于真正解决一些生产中的关键问题,直到他在病床弥留之际,他还一直在念叨着与贝季瑶教授合作,从事磨床的机械结构动力学的研究。"上世纪 80 年代初唐照千赴美访问,短短两年中取得 6 项科研成果:包括薄膜拉伸失稳研究(解决了美国一家造纸厂的质量问题),印刷质量检查分析仪(为提高造纸质量而研制),印刷机滚筒接触应力分析研究(提高印刷质量)和研制薄膜湿度扩展记录仪等,显示了他一贯践行理论与实际紧密结合,善于解决实际问题的卓越才能。

(5) 唐照千对我国力学和西安交大的一项重要贡献是创办《应用力学学报》。钱令希院士回忆道:"他也曾为创办应用力学学报而辛勤奔波,一个基本思想是:必须创办一份能真正解决实际问题并沟通力学与工程界的学术刊物,这种以国民经济利益为重和求实的学术思想值得大大发扬。"在学校支持下,经国家科委批准,他和他的同事们创办了国家级学术刊物《应用力学学报》,旨在主要反映现代力学在工程实际中的应用,及时交流运用近代力学理论、计算方法和实验技术在解决工程实际问题中取得的新成果。唐照千先生看到了 1984 年刊物的诞生,可惜未能看到它的成长。可告慰先生的是,《应用力学学报》传承和发扬了他的学术理想,28 年来蓬勃发展,影响与日俱增。

改革开放新时期，唐照千当选第六届全国人大代表、西安交大校务委员会委员、学位评定委员会委员，被教育部、陕西省批准为西安交大学术领导人之一，任应用力学实验室主任、工程力学研究所所长、振动力学教研室主任等学术行政职务，郑州机械研究所顾问，上海交大兼职教授等，《固体力学学报》、《应用数学与力学学报》等期刊编委。

1980 年 4 至 9 月，应肖之隽教授邀请，唐照千赴美，为美国明尼苏达大学宇宙空间力学系 Honorary fellow。1980 年 9 月至 1982 年 9 月为威斯康星大学力学系访问学者。1982 年夏参加全美第九届应用力学年会。

生命不息，奋斗不已

在潜心科学研究的同时，唐照千十分重视教学，精心培育力学人才，是一位深受学子爱戴的优秀教师。先后为本科生讲授“机械设计基础”、“弹塑性理论”、“弹性体振动”、“振动测量技术”和“随机振动”，为研究生开设“时间序列分析”等课程。他授课取精用弘、深入浅出，紧密结合科研实践，学生受益良多。他曾指导多届应用力学专业毕业论文，涉及汽轮机叶片振动、缸体热应力、机械式和电动式振动台、壳体振动和稳定性等诸多课题。他编写了“弹性体振动”、“振动测量技术”和“振动和冲击理论基础”等多种讲义。唐照千早在 28 岁就开始指导研究生，分别就壳体转盘振动和壳体冲击问题展开深入研究。1978 年恢复研究生招生后，更是殚精竭虑，不惜倾全部心血扶掖新人，招收了多名硕士研究生。悉心培养的博士生陈宜亨在结构材料、功能材料的断裂损伤等领域成绩卓异，成为西安交大教授和博士生导师，曾任建筑工程与力学学院院长、机械结构强度与振动国家重点实验室主任，并当选第九、第十届全国人大代表。陈宜亨的学术成就与唐先生的指导、学风和学术影响密切相关。

1982 年 9 月唐照千回国时已届天命之年，他孤身一人在西安拼命工作，与时间赛跑，带领团队拼搏在学术制高点上。他参加了国家科委“六五”规划并承担重点科研项目，着手筹备由西安交大主办的

1986年振动国际学术会议，并抓紧创办《应用力学学报》，筹建工程力学研究所，要做的工作实在太多太多。学校拟提名他出任副校长。可惜天妒英才，多年辛苦，积劳成疾，身体终于出现了可怕的"断裂"，他不得不与肆虐的晚期肺癌展开拼死的抗争。在住院手术期间，他忍受剧烈病痛，仍坚持指导学科建设，进行科学研究，面授博士生，修改书稿，抓紧一切时间工作，用同事的话说，"仍然雄心勃勃要办好几件有影响的事"。

应用力学教研室的一位老师回忆当时的情景说："他的肺部手术之后，身体有所好转，又以全部的精力投入事业。他是《振动与冲击手册》的主编，坚持亲自拟提纲，承担了最难写的两部分。他爱人讲，为了画一张图，他花了整整两个小时，累得满头大汗。"即使在眼睛失明之后，他还坚持通过口述，由妻子代笔完成书稿和论文，并坚定地表示："我答应的事情一定要尽快完成！"

1984年11月1日，唐照千不幸病逝于上海华东医院，终年52岁。壮志未酬，痛失栋梁，为人们留下无限遗憾，也造成了西安交大力学学科和中国力学界难以弥补的重大损失。噩耗传来，从学界前辈、教坛同事到各届学生，凡是认识或听说过唐照千的人莫不感到无比惋惜，为之深深悲哀。正如钱令希先生所言："为我们失去一位才华出众的人才而感到惋惜，为我们交大失去一根栋梁而感到痛心，为自己失去一位益友而感到悲恸。但是我深信，唐照千同志的许多优良品质将永远留在我们中间。"

西安交通大学隆重举办了沉痛悼念唐照千教授的活动，全国人大常委会、全国政协、中央统战部、教育部，陕西省和上海市有关党政部门，以及西安交通大学、上海交通大学、浙江大学、中国科学院力学所等送了花圈，陆定一、钱伟长、钱令希、胡海昌、杜庆华、周承倜、朱物华、罗祖道、何友声、郭秀珍、刘靖基、刘念智、陶钟等以各种方式表示沉重哀悼。

为纪念唐照千对西安交通大学力学学科和专业发展作出的卓越贡献，阐发他的学术思想和研究成果以飨后人，工程力学系编成《唐照千论文集》，于1986年5月出版。杜庆华院士作序表示："这本文集不但记录了照千同志的工作，而且也表达了我们的无限哀思。”

1987 年 4 月，西安交大在唐翔千先生捐赠 100 万港币基础上设立“唐照千奖学金”，奖励力学和 9 个相关专业德才兼备、成果突出、贡献重要的研究生和本科生，促进力学教育和青年力学人才成长，鼓励广大青年学生继承发扬唐照千爱国爱校、追求真理、科学报国的高尚情操，严谨治学、重视实践、求实创新的优良学风，勤奋钻研、献身科学的拼搏精神。“唐照千奖学金”实施 23 年来，先后有 672 人(博士生 233，硕士生 310，本科生 129)获奖，其中，特等奖 71 人(金质奖章)，优等奖 314 人(银质奖章)，新生奖 247 人，本科生特别奖 40 人。

唐照千奖学金是西安交通大学最著名的校级奖学金之一，声誉极佳，影响广泛，激励效果十分显著，历届学生都以能够获此殊荣而深感自豪。调查表明，一大批获得过唐照千奖学金的学生毕业以后能以唐先生为榜样，在自己的岗位上以最佳的方式来报效祖国、服务社会。

据不完全统计，截止 2009 年底，历届获奖学生中已知有超过 50 人成为大学教授、科研院所研究员，不少人担任博士生导师，走上学校或院系领导岗位，有的成为重点实验室主任、企业老总、研究机构负责人等。作为获奖者们的典型代表，已有王铁军、卢天健、席光、陈常青、黄佐华等获得国家杰出青年基金；陈常青、龚云帆、张哲峰获得国家百篇优秀博士论文奖，并有 6 人获该项提名奖；李录贤、田晓耕、魏进家、吴成军、张家忠、江峰等入选教育部跨/新世纪人才；张哲峰、师红辉入选中科院“百人计划”；马利锋、李群、钱征华、张哲峰等分别入选德国洪堡学者或日本学术振兴会(JSPS)学者。作为唐照千精神风范的传人，他们已经成长为中国科学技术发展的栋梁之才。

(原文载《西安交大校史文化》网：此系特约稿，两位作者分别是：沈亚鹏，上海人，西安交通大学航天航空学院教授、博士生导师，唐照千的同事和朋友，与他合作从事壳体理论和断裂动力学研究近 20 年；徐晖，武汉人，西安交通大学航天航空学院教授、博士生导师，唐照千任振动力学教研室主任时为行政秘书，长期从事振动力学和流体控制的研究。)

（十一）年字辈

1. 唐英年

唐英年，父翔千，母尤淑圻。长子。1952 年 9 月 6 日出生于香港。1971 年获美国密歇根大学心理学文学士，曾就读耶鲁大学硕士，但未完成。香港理工大学荣誉工商管理博士。

曾任香港工业总会主席、立法会议员（1991 年至 1998 年）、香港总商会理事会成员、赛马会董事、城市规划委员会成员、大学教育资助委员会成员、电子纺织服务业推广策略小组成员、城市大学校董会成员、香港贸易发展局理事会成员。2000 年获委任为建造业检讨委员会主席。2001 年出任临时建造业统筹委员会主席。2002 年 7 月任香港工商及科技局局长。现任香港特区政府财政司司长、太平绅士。1989 年获颁香港青年工业家奖、1993 年获世界经济论坛选为明日全球领袖、2000 年获颁金紫荆星章。

配偶：郭妤浅，生于香港。子一人：嘉盛。女三人：嘉敏、嘉仪、嘉慧。

（《毗陵唐氏家谱——无锡东门支景溪公分支续本》，2007 年印行）

香港财政司司长唐英年

羊　政

唐英年，祖籍江苏无锡，1952 年生于上海，后去香港，是祖籍无锡羊尖严家桥唐景溪的第六代子孙。

唐英年 16 岁到美国密歇根州读高中，1976 年于耶鲁大学获心理学硕士学位后返回香港。回港后帮助父亲主持香港半岛针织公司业务，他从最基层做起，一步一步成为企业的主帅，将半岛针织公司发展成为在英国和中国大陆都有生产基地的跨国公司。他以青年企业家特有的眼光，创立了“美维科技集团”，并担任该集团主席。1989年，唐英年获香港青年工业家奖，1993年，被世界经济论坛评为“明日全球领袖”，1995年，他出任香港工业总会主席，2000年获香港特别行政区金紫荆星章。在担任公职方面，唐英年于1991年被委任为立法局议员，1995年又再次连任1996年11月当选力香港特别行政区第一届政府推选委员会委员，1996年12月至1998年4月任香港特别行政区临时立法会议员，1997年任香港特别行政区第一届行政会议成员，2002年6月起任香港特别行政区第二届行政会议成员，并出任第二届政府工商和科技局局长。2003年8月，任香港特别行政区财政司司长。他以透明、务实、进取的态度，表明了作为特区第三任财政司长的心迹。他说：“香港正面对史无前例的挑战……我深深感受到财政司长这职位在这关键时刻所肩负的重大责任，以及香港市民对特区政府的期望。”他表示将竭尽所能，与社会各界更紧密地合作，共同努力，克服目前的经济困境，建立一个繁荣、和谐、彼此关怀的社会。与唐英年有过接触的人都称他“脾气好、没架子、非常亲切、容易相处”。在每个场合，他总是笑容满面，透出儒雅之气，带给人们十足的信心和力量。

唐英年持有美国密歇根大学文学学士、耶鲁大学心理学硕士学位及香港理工大学荣誉工商管理博士学位。有4个子女。

（原载《无锡史志》2003年第9期专辑《羊尖古镇》）

2. 唐建年

唐建年，父猛千，母王国魁。嗣于唐澄千。1953年10月5日（农历八月廿八日）出生于无锡。曾就读于市二十五中学、市职工大学（电子自动化专业）。曾任职佳富国际贸易中心公司，太平针织公司副总经理。担任社会公职职务：省政协八、九届委员；无锡市侨联常委；市海外联谊会、市海外交流协会理事；市工商联执委；辅仁教育集团董事。

配偶：程凤珍，1953年12月16日出生于无锡。就读于市二十五中学，就职于无锡市无线电材料厂、市电容器四厂、中外合资中萃食品有限公司。女儿：鹂盛，1980年1月24日出生于无锡。

(《毗陵唐氏家谱——无锡东门支景溪公分支续本》,2007 年印行)

大潮浪花
——记无锡太平针织有限公司副总经理唐建年

吴金海

在"无锡推进 CEPA 暨现代服务业发展说明会"上,应邀出席会议的香港特区财政司司长唐英年正在发表重要讲话。坐在主席台下面第一排的 20 多位来宾全是唐氏亲属,其中一位面目清秀、戴眼镜的中年人听得那么聚精会神并正在疾书记录,似乎唯恐有所遗漏,因为他深感身为中国知名的民族工商业者唐氏后裔的历史重任。他就是唐英年先生的堂弟——江苏省政协委员、无锡佳福国际贸易公司、无锡太平针织有限公司董事、副总经理唐建年。

浪花是大潮所织

1953 年,唐建年出生在无锡知名民族工商业者唐氏家族。"勤奋学习、踏实工作、谦虚谨慎、真诚待人、回报社会"的家风从小就在他心灵中刻上了深深的烙印。在他求学的年代里,天资聪明的他一直是班级中的优秀生。他把父亲教他的"少壮不努力,老大徒伤悲"的格言写成小条幅贴在自己的床头,不断激励自己好好学习。在 20 世纪 60 年代我国特有的政治气氛下,他还经常会受到老师的表扬。当过他初中班主任的李老师说:其中一个重要的原因,他懂得关心集体、帮助同学。例如他会把父亲给的零花钱为一些经济困难的学生买些文具用品。有位同学被自行车撞伤,他就主动背同学去医院。

当然在那个年代里,唐建年同样遭受到好多不公正的待遇甚至心灵伤害。作为一个积极向上、充满对理想追求的青年人,曾几次想向共青团组织倾吐申请入团的心声,但想到曾被一个团员青年上过的"阶级斗争教育课",他只能把对理想的追求痛苦地压制在心底。70 年代初,他曾有过一次上职工大学的机会,又是由于家庭出身的关系被取消了,渴望知识的美梦破灭了。"知子莫如父",身处逆境中的父亲从他彷徨、迷茫的眼光中看到他对前途和生活失望的苦痛,拍着他的肩膀,用十分坚定和信任的口气说:“受不了气,成不了果。坎坷可以当浪涛,以冲洗灵魂。”父亲的教诲,字字重千斤,从父亲深沉且又坚毅的目光中,他明白这是父亲对他鼓励和深切的期望,他必须有重新振作起来,正确认识人生的真谛,勇敢追求美好的理想。他在日记里这样写道:“坎坷浪涛万千里,涌起浪花更艳丽。”表示出他能面对坎坷、接受磨练的勇气和敢当勇立潮头浪花的信心。他脚踏实地地前进在人生的道路上:他拉过板车,师傅夸奖他是吃苦耐劳的好小伙,他自己说是锻炼锻炼,为以后走南闯北炼副铁脚板。他当过晒线工、染色工、电焊工、机修工、仪器仪表工、电工……,在不同的岗位上做一行爱一行专一行,都作出过显著成绩。如在当仪器仪表工时,他为工厂节能引进电子控制技术,改造了旧设备,使全厂的节能工作名列无锡市纺工系统的前茅,得到无锡市科委的表彰。中共党的十一届三中全会以后,他重新获得了学习深造的机会,1980 年如愿以偿地进入了无锡市职工大学电子自动控制系学习。他象一块投入知识海洋的海绵,尽情地汲取现代科学知识。

大潮为浪花所聚

党的十一届三中全会春风,在神州大地上掀起了改革开放的大潮。特别是各地外向型经济的发展成为一股势不可挡的潮流。也正是这股潮流,把唐建年推上浪尖,成为一朵艳丽的浪花。

当年唐建年工作的无锡市第三毛纺厂也进入了中外合资的行列,更名为中外合资无锡锡华毛纺有限公司。合资不到一年,因外商没有业务而使公司陷入经营困境。数百万美元的澳毛堆积在库里,引进的新设备停在车间里,干部职工的心犹如被搁上了火炉。一位纺工局的老领导去公司商量工作时发现了唐建年,他知道无锡知名的唐氏家族在海外仍是纺织界的领军人物,通过唐建年或许能找到企业发展的生路。于是一个电话就把他从电工班调到经营部。唐建年回忆说:当时,公司领导把企业的生存希望象押宝一样押到我身上了,领导表示:“公司唯一的小汽车,你要用立即可以用,如要副手你可以立即向人事部要。一句话,只要你工作需要,公司上下全力支持你们。”一点没有思想准备、一点没有市场经验的他,此时只感到组织上的信任和重托使他激动得难以言表。这是一次重大的考验,这是一次人生道路上的挑战,他毅然决然地接下了这副重担。在长辈们的指点下,他雄心勃勃地向国际毛纺织市场进军了。唐建年说:“在刚接上手的一个月里,我没有睡好一个囫囵觉,做梦也在想单子、单子……大暴雨中赶火车,深更半夜赶飞机,大雪纷飞中站在人家公司门口等开门……目的只有一个,快点谈成业务,尽早拿到订单,让公司正常运转起来。”功夫不负苦心人,当香港南联集团第一张12万美元的订单拿到手的时候,公司领导特地给他发来了贺电表示感谢,同时立即召开员工动员大会,热热闹闹地组织开工,全公司上下都喜悦无比,从厂办到车间,到处在讲“公司有希望了……”接着第二张、第三张订单来了;香港半岛针织公司来订单了,香港新南公司、香港三利针织公司、深圳丰顺公司、新疆天山毛纺公司、上海联毛公司……都有订单来了,海内外唐氏企业有订单来了,不是唐氏企业但通过唐氏族企业介绍的公司也有订单来了,产品销路从香港发展到东南亚,再直闯欧美市场。经过一年半的拼搏,无锡锡华毛纺有限公司非但救活了,而且一跃成为全市纺织系统的创汇大户。他也因此获得无锡市纺工局的嘉奖。

大潮为浪花所聚,又为浪花的跳跃铺开了万里舞台。唐建年这个纺织世家的后裔,在被外向型经济的大潮推向了浪尖后,国际纺织市场便成了他遗传基因得到充分发挥的新舞台,他的勤奋、务实和工作实绩得到了唐氏家族的赞誉。1990年,香港知名实业家唐宏源先生在无锡家乡投资太平针织有限公司时,他作为外方代表担任了董事、副总经理。在一个全新的舞台上,他还是象当年拉板车那样踏实,象做电工那样钻研,象跑供销那样勤奋。为了适应新的工作,他不断强化自己的学习,经济管理学、经济法、国际贸易实务、国际商报等书籍都占了他案头的重要位置。同时,从学习中努力提高自己的创新思维。白天要操劳公司事务,晚上就成了看书学习的最宝贵的时间了。好几次,贤惠的妻子为他做的夜宵凉了得重新热了再吃。为了了解公司新产品在市场上反响,他走遍上海南京路上的每家销售店而不歇脚,连续步行4个半小时。在他与同事们的共同努力下,公司的业务量不断翻番，股东对企业不断增资，现在已是原来的3倍。世界知名的日本丸红公司挤进来做新股东，产品市场也从香港、日本扩展到欧美地区。目前，他们已在锡山区开发区置地，一个新的太平服装有限公司将在无锡纺织城里诞生。随着改革开放的大潮不断涌起，唐氏家族来家乡投资的企业发展到7家，唐建年所负的责任也越来越重。他还被唐宏源先生推荐兼任无锡佳福国际贸易中心的董事、副总经理。

朋友们夸唐建年事业有成了，真了不起。他却谦虚地答道：不，我还是我，仅是一朵小小的浪花而已。

涌起浪花更艳丽

如果说当年唐建年在他的日记中写下的“坎坷浪涛万千里，涌起浪花更艳丽”，仅仅是一个涉世不深、血气方刚的小青年涂在纸上的豪言壮语而已，那么，今天作为几个公司的主要负责人和担任江苏省政协委员的他，真正以他所负的社会重任和他的聪明才智和勤奋工作，使“涌起浪花更艳丽”。

1998年，唐建年被推荐担任江苏省政协委员，他清楚地意识到自己所承担的社会责任更加重了，必须要将工作思路放到为全省推进“两个率先”、构建和谐社会的高度上来。因而他积极参与省、市政协和统战部组织的各种会议和考察活动，学习党和政府的方针政策，了解和把握经济政治动态，政协工作的简报也成了他的必读材料。在平时的工作中更加做有心人，听取基层单位的意见和呼声。担任江苏省政协委员以来，仅以他个人书写的提案就有10多份，在今年的省政协会议上，他一次就提交了3份提案。江苏省对外贸易经济合作厅在他的第413号提案的答复的开头就这样写的：唐建年委员：您在省政协第九届三次会上提出的“CEPA与江苏经济发展”的提案得到了省领导的高度重视。张卫国副省长还对此作出批示。您的提案十分重要，对我们进一步以CEPA实施为契机，深化与港澳的经贸合作，有很好的指导作用。为了写好这一提案，他多次请教过香港的老前辈唐宏源、唐翔千先生，把香港特区财政司司长唐英年在无锡推进CEPA暨现代服务业发展说明会发表的重要讲话记录反复研究多遍。同时还走访了市、区外经局和好几家港资企业，向老总们征求意见，经过深思熟虑才写出了这份提案。他说："当我看到省外贸厅对413号提案的答复时，内心充满了无比的高兴，因为我看到了苏港两地合作繁荣的新起点和新希望。"他提交的另外两份提案是《关于我省民营企业在发展中的问题与对策》、《探讨我省可再生能源的利用》，都得到省经贸委的重视并作了明确的答复。

如今唐建年，对如何更好地发挥省政协委员的作用已有一个新的工作构想。他说经济发展和交流应该是双向双赢的，因此除了要继续在做好招商引资工作以外，下一步要多考虑如何将我省、市更多的企业和产品推向国际市场。去年10月份，他主动联系了巴西中国工商总会会长唐凯千先生组织巴西纺织化工访问团，将20多家大企业的老总请到江苏和无锡访问考察，无锡庆丰集团、江苏三房巷集团等一批企业已与他们挂上了钩。今年6月，他又去巴西等国作了考察，一个进一步与巴西等南美洲国家合作交流的项目已在具体酝酿之中。

"猛进如潮"，这是孙中山先生当年在观海塘大潮后的挥毫题词。如今建设有中国特色的社会主义现代化强国、使中华民族屹立于世界民族之林的大潮奔腾激荡，唐建年同志这朵小小的"浪花"，正以"猛进如潮"的精神，务实、勤奋的工作，让"浪花"折射出大潮的光芒。

3. 唐裕年

唐裕年，父骥千，母黄月梅。长子。1949年7月6日生于美国麻省波士顿。1966～1970.6，就读于美国康奈尔大学电机工程专业，获学士学位。1970～1972.6，就读于美国麻省理工学院史隆管理学院，获硕士学位。1972年为美国乔治亚州哥顿堡美国陆军少尉。1973～1977年在美国银行工作，1973～1975年为美国旧金山总行亚洲及澳大利亚部副出纳员，1975～1977年，任台北分行副经理。1977～1986年任香港Capital Management Services Ltd.执行董事。1979～1986年，任香港南海纺织有限公司常务董事。1986～1988.9，为香港Venture Investment Trust共同创办人及董事，共同管理2200万美元之香港风险投资信托基金，1988.10～1992.9，任雷文管理顾问(香港)有限公司执行董事。1992.9～　史宾沙管理顾问有限公司,1998.10起,任亚洲区主席,1994.10～1998.9,任南亚及东南亚地区董事总经理,1992.9～1994.9,香港地区董事总经理及东南亚地区经理,1995～2003,四次被推举为全球董事会董事。

担任的其他有关职位还有(选择部分):1989～1992,香港康奈尔校友会大使入学倡导志工纲主席,1990～1991,香港康奈尔校友会会长,1992～1995,康奈尔大学校友会国际委员会主席;1994起,校董,1996～2003,审计委员会副主席。1986～1988,香港MIT校友会会长,1994起,史隆管理学院评估委员会委员,2001.7～2003.6,MIT校友会副会长,2004.7起,麻省理工学院公司委员。

2002.4起,任香港政府大学资助委员会委员。1993～1999,任香港科技大学校董,1995～1999,招聘委员会委员暨常务理事,1999～2003.3,顾问委员会委员。

1997起任德国商会(前德国商业协会)委员会委员,1999～2001.1任会长。1997起,任亚洲协会香港中心顾问委员会委员。1996.2～2000.3担任香港德勤印刷有限公司董事会主席。2000起,担任新加坡CEI Contract Manufacturing有限公司董事,1993～1999年以及2002.4～2004.9,担任联亚集团有限公司董事。

配偶:郭燕语,1956年12月17日生于美国纽约Troy,1979年4月7日结婚。子一人:庆盛,生于1984年12月2日,康奈尔大学2007级。女一人:月仪,生于1982年5月8日,斯坦福大学2004级毕业。

(《毗陵唐氏家谱——无锡东门支景溪公分支续本》,2007年印行)

4. 唐庆年

唐庆年,父:翔千,母:尤淑圻。行四,三子。1961年4月7日出生于香港。

先后获美国Rensselaer,Ploytechic Institute理学士、纽约大学工商管理硕士学位。

曾为IBM公司芯片设计工程师,美维科技集团常务董事。

先后任香港线路板协会荣誉会长、香港出口商会主席、香港贸易发展局电子及电器业咨询委员成员、香港标准及检定中心的副主席、职业训练局电子业及电讯业训练委员会主席、香港生产力促进局理事会委员。被授勋为太平绅士。

配偶:欧婉蕙,1963 年 7 月 22 日出生于香港,曾获美国 Colgate 大学学士,纽约大学酒店管理硕士学位。子二人:君盛、旭盛。

(《毗陵唐氏家谱——无锡东门支景溪公分支续本》,2007 年印行)

采访迅达科技企业(香港)有限公司董事总经理唐庆年

唐庆年,唐翔千之子,唐英年胞弟。1993 年从美国回港加入家族公司美维,之后又在家族纺织王国以外,另辟电子业务战线。“这些年来,无锡的空气、路况、环境都变得很好,是个很适宜居住的城市。无锡要实现经济国际化的目标,要选择引入更多有发展潜力、绿色环保企业型企业。”唐庆年说,希望无锡能成为一个更为活跃、魅力十足的城市。

管理经验:方式不同目的相同

唐家是纺织世家,五代均是中国纺织巨子,唐庆年父亲唐翔千上世纪 60 年代在港创办了中南纺织厂、南联实业及半岛针织厂,是当时本港最大规模的纺织工厂之一。1991 年,唐庆年从美国回港,另辟电子业务市场。2007 年 2 月,公司成功在香港上市,成为全国领先的印刷线路板生产商。

唐庆年笑着说,因为同家族企业所从事的行业不同,在企业传承上,他同父亲的矛盾并不是很多,不过在管理理念上还是有些不一样。“我的管理理念可能带有更多西方的味道,父亲的理念则比较传统。比如,在公司里,父亲喜欢与人面对面地交流一些问题,并且是单独交流;而我则更喜欢召开圆桌会议,讲究团队的力量,通过看数字、看报告来发现企业面临的问题。我们虽然方式不同,但都是为了企业发展好。”

发展建议:高科技、低污染行业

唐庆年认为线路板行业并不是很适合无锡,他建议无锡引入更多高科技、低污染行业,这也更契合城市未来的发展方向。“这几年,无锡政府花了大力气整治环境,同五六年前相比,城市环境发生了巨大改变,这对未来发展很重要。”唐庆年说,转型如今在大陆很流行,日新月异的城市变化让人欣喜。

(《无锡商报》2012 年 7 月 3 日,采访记者　吴旻旻、蒋荣)

（十二）唐氏企业部分合伙人及高级职员

蔡缄三先生事略

蔡漱岑　孙伯亮

蔡缄三，名文鑫，字缄三，亦作兼三，1868年生于无锡。先世业儒，曾祖莲塘，附贡生，官内中书。祖父晋康，秀才，官候选道，任布政司经历。父仪庭，附贡生，官浙江盐运副使，会办嘉兴纲盐局，早卒，年仅36岁。先生幼读经书，县试列前茅，院试未中。1892年由顺直赈捐案内报捐监生，授按经历。1906年在陕甘赈捐奖案内报捐道员。盖封建时代，商为四民之末，有此虚衔，亦可借以自重了。

先生终身从事实业，先后创办耀明电灯厂、九丰面粉厂、庆丰纱厂，以及协助周舜卿办理信成商业银行。

1890年，管理家传几代的复生堆栈，并与亲友合伙开设茧行、丝行和在上海合资设立缫丝厂，但缫丝厂经营很不顺利，旋即收歇。

1901年，与唐子良（唐保谦之父）等合资开设永源生米行。翌年，永源生米行为包办糟粮，亏蚀巨万。1904年，先生与唐保谦均以股东身分，同进永源生任职，先生分管筹划经济和进货销货，唐保谦主持内部管理及人事安排。两人协力同心，企业亦蒸蒸日上。此后承办漕运，又获厚利，从而奠定了日后创办九丰、庆丰两厂的基础。

同年冬，邑人周舜卿自沪返锡，约先生组织锡金商会。先是商部奏准，右参议王丹揆（清穆）赴江浙两省考察商务，在上海设立总商会。通饬各省、县一律筹设分会。1905年，锡金商会正式成立，公推周任总理，华艺三为坐办，先生以总务佐之。

1906年秋，周舜卿邀先生同赴日本，考察工商业与储蓄银行事宜。回国后，协助周氏集资创建我国第一家商办银行，即信成商业储蓄银行，设总行于上海，周为总理，沈缦云为协理，先生则返锡筹设分行。1907年，信成银行无锡分行成立，先生任经理。1908年，慈禧、光绪相继去世，全国市场突呈恐慌。信成银行因传说有载振（清皇族）的股份，发生挤兑，无锡分行亦稍有影响。特别是当时丝蚕价格下跌，而无锡分行的贷款，以受押丝茧为多，约计百万余元，一时无法收回，资金周转困难，幸平时社会信誉尚好，各方面关系亦颇融洽，在分向苏、沪借得现款45万元以后，渡过了难关。

1909年，商会改选，先生任协理。是年夏，孙鹤卿邀同先生与薛南溟、单绍闻等人合资开办耀明电灯公司，筹备处设在信成银行分行内。1910年，耀明电灯公司送电开灯，是为无锡地方有电灯之始。薛任董事长，孙任经理，先生与单绍闻分任董监事。

同年，先生与同邑夏子坪、孙鹤卿、唐锡九、唐保谦、宁钰庭、唐慕潮等合资创办九丰机制面粉厂，日产面粉2 500包。董事会互推先生为总理，夏氏为协理，孙、唐为董事。先是上海袁保生、李征五等曾来锡合议筹设粉厂，商定沪锡各半投资，但沪方股款迟迟不交，故锡方另行组厂。九丰投资九股，每股一万元，先生认两股，余均一股。翌年，董事唐保谦与夏子坪意见不合，发生龃龉，经先生等调停，夏辞去协理，退就董事，协理一职由唐保谦继任。九丰厂筹建时，未辟原料仓库，唐保谦私人在九丰厂隔壁开设益源堆栈，所有九丰厂小麦原料，均由益源栈堆存，甚至小麦进机，亦由益源栈装卸工搬运，所收费用，由益源栈栈主与工人分拆。益源有此优越条件，不需对外营业，每年亦可得数万元收入。先生对此，从不过问，终身无异言。

1912年，先生应农商部之邀，与荣德生、华艺三等人同赴北京，出席第一次全国工商会议。会议内容主要为全力振兴工商实业，招致旅外侨民向祖国投资，并筹设商标局，切实维护商品信誉。

1913年，巴拿马运河开辟工竣，决定于1915年举行巴拿马万国产品博览会，预邀各国工商界代表出席，并选送产品前往展览。先生受江苏省民政长公署之聘，担任巴拿马赛会出品协会名誉经理。1915年，农商部组织巴拿马赛会参观团，先生又被指派为团员，因撰《无锡实业志》一书，准备去会场分发，后以欧战爆发，公私冗集，未及出国。

自信成银行闭歇，周舜卿开设的裕昌丝厂亦因无款周转而搁浅。周氏商请先生投资，先生慨然允诺，并介绍钱遂之进厂整顿，至是三载，信成清理既有头绪，裕昌亦已有力自存，先生乃自请退股，不居其功。

1917年，因世界大战关系，粉销旺盛，大有供不应求之势。九丰遂即扩建新厂，添置机器，加磨子11部，其他平筛、圆筛亦相应增加，动力改用马达，至此新老厂每日出粉总数达8 000包。面粉厂的生产过程，自小麦进机直至打包，不用人工操作，仅由少数工人巡回或做清洁工作。原来动力修理，由老练工人负责，故平时不设技术人员和工程师。以后才由唐星海推荐罗庆范来厂当工程师，迨罗庆范离去，再由先生之子蔡漱岑继任。

1918年，先生与唐保谦招股创办庆丰纺织厂。原定资本100万元，经向各方招募，仅收到80万元，由薛南溟、孙鹤卿、华绎之等任董事，唐保谦任总理，先生任协理。置纱锭12 000枚，布机150台，自置电机发电，年产纱12 000件，商标"双鱼"。

由于先生声誉日隆，各个时期的政府当局曾多次委以公职或予以嘉奖。如清末曾任金匮县积谷经董；辛亥革命以后任江苏省都督府庶务部长；1918年北京政府颁给四等嘉禾章，并邀请担任全国实业会议代表；1920年北京政府晋给三等嘉禾章，先后受聘为农商部咨议顾问；1921年任劝办实业专使使署咨议；1930年应南京政府之邀，出席全国工商会议，同时由江苏省民政厅委为无锡县款产管理委员会委员；1931年由江苏省政府聘为粮食管理委员会委员兼管理科主任等。

先生生平十分热心地方公益，历任本邑救火联合会会长，普济堂董事，粮食储栈业公会会长，棉纺织厂联合会主席，苏浙皖内地面粉厂联合会主席，南通、崇明、太仓、苏州、常州、江阴内地纺织厂联合会主席，救济院副院长，平民习艺所董事等。为了发展地方教育事业，适应社会需要，先生早年就主持蔡氏义塾（即后来的蔡氏小学）。1909年前后在商会任职期间，又创办商业半日学校和簿记学校，此后曾长期担任无锡国学专修学校校董。1927年，先生出资在鼋头渚购地建屋数楹,颜曰“退庐”,嘱寺僧代管,供游客憩息或病人休养,不收费用。

1936年,先生之子漱岑、稚岑与陶君武、陶君石等在苏州创办太和面粉厂,先生出资赞助之。是年10月,唐保谦病卒,先生颇伤感,自是血压更高,翌年春,忽患中风,艰于言语。初秋赴沪就医,适逢抗战军兴,遂住沪寓。此后病情转剧,医治无效,于11月11日逝世,享年七十。

(原载《无锡文史资料》第15辑,1986年11月)

蔡君兼三墓志铭

唐文治

君姓蔡氏,讳文鑫,字兼三,又字缄三。其先世在南宋时自汴迁杭。九传至讳烙字烈山者,徙无锡芙蓉湖。是为始迁无锡之祖。又六传至讳元锐、元铎字北濠、北湖者,在明嘉靖时遇寇内逼,卫父救兄,同时靖难,忠孝闻于世。又九传至讳琦字莲塘者,君曾祖也。讳蕊字晋康者,君祖也。讳凤沼字仪庭者,君考也。仪庭公娶杨太淑人,生子三,君居长。幼聪颖,天性谦和,循循矩矱。十六岁而仪庭公卒。君念宋范文正、欧阳文忠,皆孤子,益发愤于学。而祖母丁太淑人,母杨太淑人,督训綦严。顾以先人创业艰巨,惧堂构弗胜,弃儒就贾。

君既业商,慨然曰:居今之世,一商战场也。国家地方事业,胥在于斯。先知先觉者胜,可无远大之识乎哉!清光绪之季,余备官商部,奏设各省商会。岁甲辰,朝命部参议王清穆丹揆驻上海,缘督商务。无锡商会首报成立,周君舜卿、华君艺三与君理其事。君以为,抵制外货,杜塞漏卮,非舍短取长,不足以树根本。爰于是年冬,游历东瀛,考察实业,觇厥政要。归国后,大展经纶。己酉,偕同志集股,创设九丰面粉公司于邑之蓉湖庄。庚申,又偕余宗弟保谦创设庆丰纺织公司。丙子,复设太和面粉公司于苏州。二十年来,人第见吾邑商业蒸蒸日甚,而不知金融变动之交,君辄默运机智,殚精擘画,有以定其倾而剂其平也。

国步玄黄，中原震扰，小民因干戈外侮尤亟。君蹙然曰：居今之世，强为善而已矣。于是壹秉亚圣训，乐善不倦。历任红卍字会会长，溥济堂主任董事，浦[溥]仁慈善会及平民习艺所董事等职。于桑梓公益，则任积谷经董、平粜局总董、救火联合会长、商团公会会董等职，而其平生注意者尤在赈济。庚午豫陕旱灾，辛未吉安兵灾，癸酉济宁旱灾，甲戌溧阳旱灾，乙亥济宁河决灾，君念灾害频仍，必当以人工弭天地之憾，辄醵集巨赀，往施急赈，而不愿张其名。昔虞舜大德，与人为善，厥孚交如。君其能默体斯旨与。

呜呼！自吾国懋迁失策，商政庯窳，商情涣散，无可讳言。比时稍稍振兴，而论内地商业者，佥谓大江南北，应推无锡、南通。然南通人才无锡邑之众，至于善举，锡邑更不居人后。标光所至，屡传口碑。所以培养元气而陶淑国性者，君赞助之力为多。呜呼！韩子有言，沿而不止，必达于海。锡邑商市，既树厥基，后进之士，其孰不步君后尘，奋袂而起哉。君自奉约，待人诚，恒以人伦教育，引为己任。尝定义庄轮管法，以每岁所入，助族子大学生以下学费，于淘沙巷建蔡氏两等小学，于河塘泾建筑孝友宗祠、丁太淑人节孝祠。于八十余年中坠之宗谱，与乃弟文森网罗旧闻，悉心采辑，孝友之风，乡里观感。辛酉，余创设无锡国学专修学校。邑绅孙君鹤卿任经济校董。孙君殁，君与保谦力助之。余困于学制尝谓：斲丧道德，即系斲丧土地；限制人才，即系限制国力。心灰意沮，君劝慰之，笑语余曰：君不忆科举时代，父兄为子弟负考篚耶，其忍耐肩重非一与？余谢曰：此克己良箴也。每值春秋佳日，宾朋咸集，君亦能饮，乙夜薄醉，君辄繙余近著，携数种归，分教子弟，岁以为常。

丁丑春，君患中风证，旋小愈。秋，国难骤作，君避居沪滨。其冬，余走江汉，涉衡湘，达桂林。越戌[戊]寅夏，辗转由香港回沪，甫闻君噩耗，不觉有陨之如泻也。君于清同治戊辰九月朔日生，民国二十六年十一月十一日卒，享年七十。先以振捐奖案特保候选道。民国时，黎总统给予四等嘉禾章，晋给三等嘉禾章，农商部顾问官。胞弟文森、文淼，皆优才学。配王夫人先卒。子五，演存配唐氏；奎光、宝光均幼殇；守存配沈氏；治存配华氏，举能丕承先志，光大门闾。女一，兆麒，殇。孙五，孙女六。

君既殁之八月，其弟文森，率侄守存、治存来曰：吾兄懿行，君知之最稔，铭幽之文，非君莫属。兹演存淹留本邑，特命守存、治存稽首以请。呜呼，余虽不能文，顾君高谊，且于实业、善举两端，宜大书之，以谂当世。爰为铭曰：

伦常毁弃造作孽，江海沸腾普天血。飞鸟以凶蔀其屋，极目焦土冤魂哭，艽狐猘犬厌人肉，白骨累累填沟壑。君心隐怛頞恒蹙，超澈死生急屣脱。渺沆精诚叩阊阖，吁求销散烽烟恶。上帝哀矜万方民，命君骑鹤拯苍生。灵兮归来泰阶平，云旗晻霭风凄清。惠山嵘嵘湖汤汤，善气盘郁感巫阳。粒我乃屯千斯仓，醴泉甘露储仁浆。仙璈抗坠芙蓉乡，钧天乐返神凄怆。呜呼！我与君交三十年，合志同声无间然。君重我文谓可传，我作君文涕泪涟。特揭仁言铭此阡，继志述事期后贤。

（录自《无锡文献征存录初编》，台北市无锡同乡会编印：《无锡文献丛刊》第八辑，1987 年 12 月）

季父敬堂公事略

程景溪

公讳祖庆，字敬堂，苏南无锡人。曾祖讳光迪，字廷吁。祖讳世芳，字益青。考讳登瀛，字轫云。累代营木材业，有声皖、赣、苏诸省。妣方太君，同邑木商泰兴公女，乡党称贤母。

公于清光绪庚子年，奉父命习商业。辛亥投资九余绸庄，锐意经营，不数载，睥睨其同业。续盱衡大势，宜趋重工业，与友筹创丽华织布厂。民国五年丙辰成立，己未增设二厂。时洋布倾销华市，其制造过程，染织整理尽用机器，优于我国旧法，公谋设厂仿造。九年庚申，集资创设丽新股份有限公司，公与唐骧廷先生以发起人被推为经理人，由是专注于工业。丽新自辛酉开工至庚午凡十年，迭遭兵燹、政变、财窘、年歉诸困厄，屡濒于危。卒赖公等殚心竭力，奠定基础。辛亥后，陆续增辟纺纱、印花、发电等工场，首创全国唯一棉纺织印染整理全能生产之新型工业，每昼夜可产布四千匹，广销国内外各地，有口皆碑。丽华于癸酉年增设第三厂，改组为股份有限公司，公兼任经理，业务亦蒸蒸日上。丁丑，倭寇犯华。冬，无锡沦陷。其先，丽华第一厂失慎，至是第二厂被焚，第三厂及丽新全厂货物机械悉遭劫掠摧残。公于城陷前仓猝离乡，远徙汉皋。旋由粤港辗转至上海孤岛，详悉情状，痛忿填膺。于时，股东、职工多避徙沪上，因谋诸众，在沪另创昌兴纺织印染厂，以资延续，筚路蓝缕，一如丽新初创时。乙酉，抗战告捷。无锡厂经修整后正式复工，与沪厂配合生产，公兼筹并顾，心力交瘁。己丑，新中国诞生，工业体制多改革，凡公措置，悉合机宜。庚寅夏，公患高血压症，仍视事，将昌兴组织并归丽新范围。

明年六月，终于沪寓，享年六十有七。配陆夫人，无锡陆伯度公女，温恭贤淑称佳偶，先公二年殁。侧室杜氏。子男五人：长日永，娶吴蕙芬；次日赞，娶顾琦英；三日安，庶出，娶卫蒨怡；四日强，娶张璩英；五日敏，庶出。女五人：长学明，适窦凤梧；次学端，适唐蔚文；三学恂，适王效文；皆陆夫人出。四学贞、五学娴，均庶出。孙与淦、与仁、与旦、与宪、与鼎、与国六人；孙女青莲、青萍、青蟾、青青、青姻、青艾、青翰、青梅、青琪、青照十人。壬辰某月日葬公于无锡钱桥乡苏庆沟之独龙岗。

程氏受姓于周伯苻。至晋，新安郡守元谭公有惠政，因居皖歙之篁墩。其后，陈将军灵洗公以武功显，子孙众多，散处各地。唐尚书湘公迁婺源，开婺源系派，公之先世实湘公后裔。今家无锡者，自考轫云公始也。轫云公惇行孝友，明古谊，识诗书，少罹衰祚，长遇忧患。尝避兵烽，孑身徙行至苏南，颠沛流离，而能岸然自拔。清同光间，设木肆于虞锡两地。晚岁移家籍锡。有子四，公居季，实生于虞之乌墩乡，而长成于锡邑。以轫云公之蓄厚流长，故子弟皆克承其绪，蜚声工商学各界。而公更侈大前烈，开觉后嗣，为民族工业界有数之人才。斯诚明德之后必有贤达者欤。

公生负英气，识胆过人。幼年习闻庭训，深知立身处世之艰难。故淬厉奋发之际，操秉益矜，读书能通大意，好史传策议等籍，于古今兴废成败、人间臧否，每多精议。尝为文论李广、程不识。公以李不知将兵，安望封侯？必如程之严阵伍，申纪律，处不败之地，方为良将，阅者韪之。年十六习绸布业，宵旰作苦不推诿。冬令布销畅旺，整理匹头每至更深方止。折叠收拾，首面蒙粉埃，手指冻痛欲裂，人皆不堪，而公视若固然。学期既满，有戚设肆，招之往，旧居停坚不许行。两肆互争，经排解始息。其早岁即见重于人也如此。公夙具大志，不以所习为厌足，业余常从人补习数理化等课，并进体操会，凡所以濬智识、锻体力者，无不研习。时满清政治窳败，外患频仍，甲午之役，丧师辱国，有志者相率从戎，谋覆清室而挽国运。公闻风而起，慨然有澄清天下之思。会南京陆军小学招生，即往应试，获取第一。摒挡欲行，为家人所觉，以母在劝止，致不果。公既不得遂其志，乃委身于商场，冀有所遣。旋进九余为职员，勤恳逾恒，能以余力分人劳，股东深器之。值营业衰落屡折，阅有拆股他去者，咸邀公抵缺。公鉴与事者多英彦，可共患难，遂毅然加入，竭意整顿。公任采办之职，常赴沪杭各埠，店资短绌，不能大量进货，归则自挟包裹，舟车上下，寒暑跋涉，不以为苦。无何清亡，民国代兴，商业受时局变迁，物价齐降。各店存货充斥，为保本计，均不愿轻于售出。公独具灼见，尽所存贬价出售，藉广招徕，而以低价吸收新货。如是推陈出新，反复为之，果获奇赢，同业无不折服。

公既商战称雄，人窥其长袖善舞，谓将乐止乎市廛。讵公兼有所瞩。当首次欧战时，外货输华者日少，国内工业素受外货之凌抑，至是始得发展。公筹之熟，先办丽华，规模由隘而广，设备由人力而用电力，月有获，岁有功，改进增设，胥赖规划。公廻翔工商两界，鞅掌业烦，常人当之殆已不胜，顾游刃恢恢，整暇如常。友好闻讯者，争欲投资于丽华。公与骧廷先生遍谢不遑，遂告于众曰：言工业，我厂犹沧海一勺耳。苟诸君乐愿合股者，吾拟设一巨型厂，范围盖十倍于丽华，产布则以能敌舶来品为标的，假以年数，当为诸君竟其功。众信公可任，踊跃认股，不数月集得三十万金，于是乃有丽新之组织。时创办大工厂者，风起云涌，其资本来源，非官绅银团，即巨贾与洋商有连者，常人鲜能问鼎。惟有公等赫然特起，跻列乎众大之间。揆诸理势，实为异军突起，以故创始之艰难，什百倍于他厂。抑有甚者，夫棉纺织印染整理工业，莫便于纺纱织布，而莫艰于印染整理。更难在首任其艰。当民国己未、庚申之季，外商来华设纺织厂者踵相接，国人效之，犹有则可师，有途可循，有他山可借助。唯印染整理工业，外商亦以机械繁复，生产杂遝，不敢轻易尝试。而公等一无凭藉，第见洋布之充斥华市，漏卮莫堵，毅然独任其至艰，此所谓豪杰之士，无文王而兴者也。

丽新开创之特殊既若此，而经历之巇巇，尤非臆想所能及。民国十三年甲子，工厂生产伊始，因累岁兴建购办，支出之数早超过收额。迭向股东请益，股额增至五十万金。在股东已各尽其财，而公司犹不敷周转。逋欠张罗，计穷力竭。乃齐卢之变作，潢池弄兵，殃及无辜。岁阑，齐军败退至锡，日夜焚掠，丽新发行所被付一炬，工厂停顿，损失达十万金。乙丑、丙寅，又有直奉之变，丁卯北伐军东下，干戈泱漭，岁无宁日。公司重遭横逆，犹舴艋小舟，泛荡于惊风骇浪之中，全赖同舟之共济，而经理人负责尤重，不啻草舟之舵工篙师，稍一失手，危乎殆哉。又况兵乱之际，沧桑屡易，实祲相寻，农村时告歉收，商市倍形萧条，变化倏忽，险象环生。唯公志坚金石，气吞云梦，与共事者推诚相向，刚柔相济，苦心擘划，竭力支持，终得脱离险境，步入康庄。庚午后，基业渐固，公安不忘危，逐谋设备之扩充，生产之精进，并添设分销处，推广营业，留心度支，务使有裕而不竭。修订各项规章，俾众依循，考勤惰，明赏罚。凡例行之事，巨纤毕张。丽新之名由是大彰，远道赴锡参观者不绝。厂内职工多至数千人，依附而生者殆万计。公循厂长意，建立学校、医疗所、合作社等，以利职工家属若子弟，观者更赞美不置。又与唐君远先生等合创协新毛纺织染公司，公任常务董事，亦颇加赞襄。洎后，丽新厂陷于倭敌之手，倭商有垂涎者，浼人传合营之说，利诱不就，继以威胁，公绝不为动。倭恚憾，举厂内设备大加破坏。公忍痛另办昌兴，冀树太康一旅，为他日恢复之本。凡参与发起者，率易称谓，公向以字行，因改用如楷二字，虑倭之寻衅故也。昌兴于解放后一年并归丽新，公之夙愿始偿，而公之精力亦消耗尽矣。终厥一生，服务工商界，前后达五十年，由学徒荐升至数公司重要负责人，其间盘根错节，历尽艰虞，要非寻常所能任，被誉为工商界雄士，名实相副。而其奋发图强之精神，至老不衰，虽并世贤者，亦不能远过也。

公为人刚毅大方，慷爽行侠，行止必度于义，不为矫伪姑息以阿世俗。苟弗义者虽势豪强横，绝不为屈。曾以正义讽劝锡绸布业某会董。某为气折洋商，藉租界势力，诬控丽华厂名影射其牌号。公亲往应讯，侃侃辩问，官无以难。昌兴出品沿用丽新商标，遭重庆政府之禁运。公据理力争，卒准运。其他为群众申辩之事，凡所论列，尽合法理，亦靡不得直。性孝友仁慈。习业之初，店规严，数月不得归省，比见家人，失声大哭。父母皆诧怪，以为不胜操苦。公陈：无他，为思亲耳。以是益钟爱之。考殁，谨字方太君，故其仲兄字之曰：敬堂有由来也。太君以耄寿终，公与诸兄姊哀毁异常，岁时飨祀瞻拜辄泣下。长兄菊村、仲兄颂嘉两公之丧，公旅外，闻耗遄归经纪。迨华氏姊殁于湘垣，为诸甥策划，得归其柩。遇幼辈，教诫提携，无微不至。戚友赖其举火者，常十数家。至于敬宗睦族，热心社会之举，尤公所乐为。尝助修篁墩宗庙、婺源祠墓，并独资刊印程氏人物志，助族人归柩于乡，懿行美德，人皆钦之。在锡主持绸布业公会，悉力革新会务，谋同业福利。任无锡染织业公会主席者十数年，舆论翕然。曾节约公款，置会基于东新路，并为苏常虞锡四县染织业联合会奔走税务得直，集合同道，共同创万源染织厂以资纪念。主持无锡商会若干年，对外折冲，不畏强御。任苏省商联会常务委员及公断委员，论决是非，悉中肯綮。他如商团、红十字会、救熄会，凡与桑梓公益有关者，莫不参赞。至沪加入第六区棉纺织工业同业公会，负责税则研究，条分缕析，建树宏多。解放后，联合苏南各纱厂成立苏南棉纺织工业同业公会，被选为第一届主任委员。苏南当局知公老于工业，特聘为协商委员会委员，旋荐任行署政务委员。命下，公疾已亟。

公处事凭实干，其才又足为济，故所就常出人上。每遇患难，不灰不怠，运其智力相周旋，愈出而愈新，非特从者不能必知，即知者亦不能必到也。貌威重，方颐广额，须眉如画，乍看皆畏惮，久而安之，既而思之弥永。僚属受其奖掖、譽泽者，咸感奋用命。盖公胸无城府，彰善规过，一本所见，初无恩怨系于心也。能文，刚劲厚实，一如其人。尝作叔兄贻孙先生七十寿序，读者莫不惊异。陆夫人殁，撰悼文，情见于词。与友好书札，大抵情文并茂，畅达可诵。所著《浮生追忆录》，自一岁至二十六岁俱备，厥后，事冗不暇记。勋侍公久，耳聆目接较亲切，爰集其事，续至公殁之年。

初，吾家以木号为食。嗣伯父菊村公鉴于木业将衰，不宜株守，谋改营。时公方办丽华，乃举赀付之。数十年来，家中备饩粥，毕婚嫁，营丧葬，悉给于是。而男子以时就业，多得公提携。起先绪于将废，从而光大之，实公之赖。故公之丧，号啕啜泣，如失擎柱。矧公与勋谊，则叔侄恩兼师弟，其为哀痛，曷有涯矣。故于论次始终所不敢废，谨述公之经历如上。至于公之德业，在国家、社会、团体者，后当有传，此弗著。仅取其大端，弗敢妄，弗敢略，以奉铭公葬者，并以待史氏之访焉。

公元一九五一年，岁次辛卯孟冬，期服侄日勋拉泪谨述。

程敬堂参加九余绸庄经过

程景溪

1906年（光绪卅二年丙午），公廿二岁，农历正月辞去人和职务，进九余绸庄。终岁不辞劳瘁，暇则助人料理会计之务。人或誉之，无得色，谓：“做事唯力所视，行有余力，则以学问。吾非有助于人，实借此自求进取也。”是年八月廿九日，公成婚，夫人陆氏，邑观前街陆。

1907年（光绪卅三年丁未），公廿三岁，在店除酬应主顾，兼司发、染绸缎等务。同时蒋君镜海，亦以能称。两人者，皆克尽厥职，为股东所器重，门售业务，倚公等如左右手。

1908年（光绪卅四年戊申），公廿四岁，任事益勤奋，为股东唐君骧廷、邹君颂丹、邹君季皋交谊密洽。诸君刮目相待，公亦茛勤，不以寻常自处，惟店务则以经理墨守常法，绝鲜开展。是年七月十六日，公长女学明生。

1909年（宣统元年己酉），公廿五岁，任职如归，因家中兄弟四房，子女渐繁，合爨不便，乃分炊，按月由总管处拨贴每房伙食费若干，年给米十石。冬十二月廿五日，公儿春喜生，未旬即殇。

1910年(宣统二年庚戌)，公廿六岁，仍任九余伙友。是冬，该店因营业不振，部分股东拆股去。股东邹君季皋谋远适，深以店务难继为虑，濒行与唐君骧廷计议，邀公与蒋君入股。公不以店本已亏而馁，毅然允之。遂筹银币千元，投资店内，蒋君亦出五百元，并合唐、邹两姓原有股本四千元，仅有资本五千五百元。公等乃改组新局，由唐君司账务，蒋君司发售，公司办货，合力经纪。是为公主持商店之始。

1911年(宣统三年辛亥)，公廿七岁，以办货经常往来沪、杭各埠。店内资金短绌，不能大量批货，舟车上下，辄自挟包裹而行，寒暑跋涉，不以为苦。是年孙中山先生策动革命，各地风鹤频惊，人心皇杌，商市因而萧条。八月，武昌起义，举国响应，锡邑志士，密议城北，商团为助，九月举义。公尝参加商团，故安顿家室后，即戎装佩刀而赴，昼夜出巡，备著辛劳。冬十一月十四日，民国元年元旦日，南京政府成立，中山先生任临时大总统，商民悬灯志庆。十二月廿七日，宣统退位，清朝亡。

1912年(民国元年壬子)，公廿八岁，九余因隔岁时局变迁，营业衰落，资本折阅殆尽，本年赖挪款掉度，内外合作，至年终结账，尽收上年桑榆所失，而公办货之得宜，亦为致赢之一端。

1913年(民国二年癸丑)，公廿九岁，九余营业因改用新方针，蒸蒸直上，声誉鹊起，隐执同业之牛耳。先是公察知外部绸纺俱贱，邑各绸庄存货充盈，成本俱较市价为贵，多存者为保本计，皆待价而沽，不愿轻进低价货。爰与众谋，曷若趁此机会，推陈接新，将存货贬本出售，借广招徕；一面以低价易新新货，如是反复为之，抱定薄利多卖主义，无息币，无滞物，不出半载，必可独树一帜，为同业开新纪录。众然之，果近悦远来，门庭若市，不出公之所料。及后，同业起而效法，已步公之后尘。故当时九余价廉物美之称，以及公之智烛先机，同业间无不推服。迄今老辈，犹津津乐道，以为在民初即开竞买竞卖之风，实属难能可贵。是年六月初七日，公次女学端生。九月初二日，公大兄菊村以木业经营困难，将先人所遗森裕丰木行结束，已则出，就他行经理。

1914年（民国三年甲寅），公卅岁，店中营业顺利，有盈无亏。时绸布同业置公所于南尖，曰锦云公所，同业遇调整价目等事，辄集商于此。各号代表与议者，皆称会友，主席称会董。会董除主持会议外，兼理日常事务。有吴某者，任会董有年，跋扈自私，不理众口。众以吴与地方绅士通声气，莫敢犯批鳞之谏。某次，吴又有欺凌同业事，众大哗，吴不为动。事闻于公，公亦会友之一，以公所为同业组织，一切应以公意为依归，决不容一二人包办垄断。于是以书讽吴，劝改省，免起纠纷。吴不从，公乃露其事于报端，直笔予以批评。吴图摭词强辩，究以理屈，经一再驳诘，后即默尔而息，寻即辞职不问同业事。而公鲠直敢言之名，遂布于锡商界。

（以上两件均摘自《程敬堂资料》，无锡市档案史志馆藏档案，案卷号：F002-1965-001-0096-0226）

邹颂丹简介

邹颂丹（1879～1959）实业家。又名呈桂。城内东河头巷人。自幼酷爱算术，早年师从钱史才、顾鸣皋等名儒学习四书五经、历代诗词。1899年中秀才。受上海信成商业储蓄银行总经理周舜卿资助，赴日学习银行业务，回国后任职信成。随后历任长春大清银行协理、南京大清银行、南京中国银行、黑龙江官银号、上海蒙藏银行、中国农工银行经理。长期与唐骧廷、程敬堂等人合资经营绸布庄，创办丽华布厂、丽新染织厂、丽新纺织印染股份有限公司，多年担任董事长。同时合伙创办九纶绸庄，并投资申新三厂、庆丰纺织厂等企业。曾任上海粉麦交易所理事、光华火油公司监察、上海工业银行常务理事等职。（朱昱鹏）

范谷泉简介

范谷泉(1898～1978),工商业者。又名寿康。无锡北塘张成弄人。早年就学于无锡竢实小学、江阴南菁中学。1919年毕业于交通部上海工业专门学校(交通大学前身)电机科。即任无锡公益工商中学教务主任,郑州豫丰纱厂副工程师。随后任无锡庆丰纺织厂工程师、厂长。任职期间,主持自发电工作,使该厂用电成本大为降低。还负责勘察设计,装置了从广勤路庆丰纺织厂至蓉湖庄九丰面粉厂之间的通电线路,将每月节余电能10万千瓦时供九丰面粉厂使用。抗日战争时期,任贵阳电厂厂长兼工程师。抗战胜利后,担任上海保丰纺织厂总工程师、厂长,后复任无锡庆丰纺织厂厂长,曾先后兼任庆丰纺织养成所教员和纺织电机艺徒训练班负责人,教授电气工程技术。1949年4月无锡解放后继任无锡庆丰纺织厂厂长,后为公私合营无锡庆丰纺织厂第一副厂长、厂长。先后当选市、省人大代表,并历任无锡市工商业联合会第一、二、三届主任委员,江苏省工商联副主任委员,无锡市副市长,无锡市政协副主席等职。在担任无锡市工商联主任委员期间,带动无锡市工商业者申请实行公私合营,为推动全市资本主义工商业和手工业的社会主义改造作出了贡献。

张佩苍简介

张佩苍先生,现任丽新纺织印染公司厂长。本邑洛社人,现年51岁,系苏州工专、北平高级工专毕业。民国十年进丽新厂,任染整部工程师,对染织整理布匹,皆具心得。该厂产布素以染色著誉,实有赖张君之贡献为多。张君为人诚朴勤恒,每日工作与员工同进退,口讲手授,未尝自矜。工余孜孜矻矻,好学不倦,凡有关纺织诸问题,辄喜覃研。尝游历东瀛,参观纺织厂数十处,尽得其奥秘而归。民国二十六年我邑沦陷,丽新被迫停业,张君改任上海昌兴印染厂厂长。迨丽新复工,迁擢今职,统管纺织、印染、整理各工场,群情翕服,公司依畀亦殷。论者以该厂组织严密,产品多端,每谓非张君经验宏富,学兼众长,殆难统驭得宜云。

(原文载《无锡工商大集·人物介绍》,江苏省工业协会编印,1948年)

李永锡简介

李永锡(1913～2008),工商业者。无锡人。1930年辅仁中学肄业,进丽新纺织印染厂工作,并参加美国I·C·S函授学校学习。1933年毕业后赴英国孟德斯鸠工业学院纺织机械系学习。1936年学成回国,任丽新厂保全科长。1938年3月到上海昌兴印染厂搞建厂设计工作,后任该厂机电技师。1943年任丽新厂所属华新机电制造厂厂长。1951年后任丽新厂计划处处长、副厂长兼总工程师。1958年参加全国群英会并获奖章。1966～1978年,在国棉三厂基层劳动,后任科研所副所长。1980年当选无锡市副市长。1983年任市民建副主委,市政协副主席。1984年任市工商联主任委员。第三届全国人大代表,第五至七届全国政协委员,第二届江苏省政协委员。

朱文沅简介

朱文沅(1899～1972),名若汀,无锡严家桥人。上海南洋公学毕业。先后在常州戚墅堰机车车辆厂、河北南口京绥铁路工作。1934年被唐氏聘为庆丰厂总务主任。无锡沦陷后回严家桥,创办严家桥初级中学。1942年,受唐氏委托,回锡重建被日寇严重毁坏的协新毛纺织染厂,出任厂长,直至解放初,并在新生路镇巷8号成立协新办事处。

朱文沅和协新毛纺厂

协新毛纺厂创办于民国二十四年间,设厂址于无锡丽新路底五河浜，占地70余亩，建屋凡300余间。举凡纺、织、染暨整理各部门，悉属自备机器，规模宏大，叹为观止。

民国二十六年抗战军兴，大部机器不幸毁于兵燹，局部房屋亦遭回禄，时在敌寇铁蹄蹂躏之下，无法恢复。胜利以后，即经主其事者悉心规划，加紧修葺，现已渐复旧观，仅细纺部之机械，因一时物力缺乏，尚有待于来日。

经理唐君远君，常川驻沪，兼理上海协新毛织厂事（上海厂址设江宁路400弄82号）；协理唐熊源君，兼任上海协新厂长，所有无锡厂务，系由朱文沅先生负责综理。

朱氏祖居邑之胶东乡，现居城内镇巷8号，1924年毕业于国立交通大学，得机械科工业机械学士位。战前曾任工商中学教员、县立初中教务主任及私立无锡中学校长有年。沦陷期间，鉴于城区各校尽在敌寇管制之下，不忍坐视莘莘学子蒙受奴化教育，乃于我地下工作人员掩护下，于胶东乡创设严镇中学。斯时，有志青年奔相就读，门墙桃李，遍及京沪，其造福于桑梓实非浅鲜。而"朱老师"之称呼，亦几乎无人不知。朱氏秉性沉默，寡言语，务实际，待人接物和蔼可亲。间遇横逆之来，悉能忍受而无怨色，是故一般相知友好及其门弟子暨现在之协新厂职工，莫不敬而爱之。

朱氏除专力于协新厂外，兼膺县参议会副议长及商会理事等职，为人群而服务，沐雨栉风，恒无暇晷，要非体质强健，曷能胜任！时人有以"标准体格"相誉者，朱氏面有得色，辄归功于平时注重体育所致。或有叩以毛织业之前途，则曰："毛织物不仅经久耐用，且美观大方，至若不褪色、不皱、不蛀，尤其余事。是故各界人士，无论长服短装，莫不乐于选用，故对毛织厂之前途深抱乐观。惟因限于原料，有关精细出品，仍须有赖于舶来品之供给，此则殊抱遗憾耳。"

总之，协新为国内民营毛织厂至巨擘，兼以主其事者均属经验宏富之士，果能不断改良，前途发展，当无限量。

（原载《无锡工商大集·人物介绍》，江苏省工业协会编印，1948年）

家族篇

唐氏家族与《毗陵唐氏家谱》

唐齐千

无锡唐氏家族为4 000多年前唐尧后裔。史称帝尧禅位于舜，并以女妻之。其子孙繁衍于大河南北，以山东定陶、河北唐县为著。在辽金侵入、宋室南渡时，族人多随之迁移至江浙定居者，尤以苏、常人物超群。至明嘉靖年间，七世祖顺元（号荆川，武进人）率军御倭寇于长江崇明岛外，屡建战功（见明史列传唐顺元传。《昆陵唐氏家谱》内也有其传记多篇并墓志铭，本志后面也有简介），族人在常州建祠奉祀。

《毗陵唐氏家谱》（昆陵为常州别称）于20世纪30年代，由同属十九世的唐肯（企林）主编，发源（岷春）、淞源（映江）襄助，历时10余年，于1948年告成。1966年经"文革"动乱，绝大部分家谱被毁。文革末期，淞源曾屡次去有关部门要求发还，执事为其精神感动，一日通知已找到，可前去领取。当携归后才发觉系苏州唐氏家谱（唐伯虎之后），立即将原件送还。告知对苏州唐氏来讲无异至宝，并表达日夕企求《昆陵唐氏家谱》的心情。执事者答允一经获得，立即通知。最终先后得到家谱5部，分送慕汾、君远、岷春及常州玉虬。当时曾集议应否续编而未决。

《昆陵唐氏家谱》凡三大本，每本500多页。从第一世祖华甫公开始，到第二十世（至1948年）为止。包括溧阳分支、无锡东门支、南门支、西门支、惠山支以及陕西乾县步家巷支等。除家谱外，还有众多的志、传、碑、表状、事略、序、跋、诗、文、词、赋以及诰命、敕中、飨文、著文等，内容丰富。明荆川公的传、铭、论即近2万字。其中，第十世祖献赤公始迁无锡东门，十七世祖子良公始迁石皮巷。

1982年，淞源与发源鉴于子良公后裔在国外者甚多，为了加强联系，完成了《无锡石皮巷支唐氏家族简编》，载有唐氏家族 355 人。国内外后裔人手一册。以利于国外后裔回国探亲、讲学、洽谈与旅游。1986 年，唐凯千为纪念其父晔如（煜源），编印了中英文对照的石皮巷支的唐氏家谱。1989 年 9 月，发源逝世后，其子鹤千函告淞源："香港宏源叔及各房兄弟一致认为必须将原有《毘陵唐氏家谱》集资重版，以传后世。"乃由淞源发起并为序。由君远（增源）总成，宏源、翔千、化千、骥千、鹤千、仁千、乘千等共襄盛举，纷纷出钱出力，而得于 1990 年再版《毘陵唐氏家谱》，编送海内外唐氏子孙。

综观 4 000 多年来，唐氏家族久盛不衰（赵云声主编，中共中央党校出版社于 1995 年 3 月出版的《中国工商界四大家族》一书中，把唐氏家族称为"五世其昌的工商望族"），主要是由于唐氏家教遗风代代相传，这里可归纳为："对国忠，持家俭，立心诚，处事敬，助人乐，修业勤，奉告孝，启后慈，择交严，御下恕。"或者是："爱国爱家，中华骨气；奋发图强，艰苦创业；勤俭朴素，和睦处事；助人为乐，赈灾济世。"

本志提供自洪培（子良）公以下至年字辈的唐氏家族系列表，第十六世后是根据陆润庠的一幅对联："勋培镇国千年盛，积德传家百世昌"进行排序。

由于时间仓促，2002 年 10 月 27 日接到举行无锡名人家传研讨会的通知，11 月 2 日赴锡参加会议后，才分别告知在沪本家兄弟姐妹，开始编集和撰写传略。由于截稿日期为 12 月末，难免草率和挂一漏万，只能列入唐顺元、唐立元、唐洪培、唐浩镇、唐济镇、唐明镇、唐蓥镇简介及唐保谦、唐圻镇、唐星海、唐淞源、唐鑫源、唐乘千、唐运千、唐齐千等传略。望以后能进一步组织力量，请宏源叔、翔千哥牵头，以便会同福培（竹山）公一支，编辑出版唐氏家传专集，并续家谱，补上新世纪出生的唐氏子孙。

撰写传略也是为了纪念先父淞源公。2002 年 8 月 8 日先父谢世，9 月 9 日姨父顾毓琇先生（无锡人，为江泽民的老师）于美国俄克拉哈马市去世；10 月 23 日姑夫李禹言先生又逝世。在姑夫的追悼会后，哲千、欢千两位姐姐告知：几位长辈先后走了，我们商议，千字辈应当加强联系，成立联谊会，并责成我办此事，这样正好请大家讨论、提供和修改这些稿件。同时，不由想起，前在王安电脑公司担任人事部经理的芙生姐（熊源叔、茂仪婶之女，茂仪婶为荣德生之五女），在20世纪80年代参加无锡荣氏海外子孙回国代表团后和我们讲的一席话：我们千字辈的海外兄弟姐妹组成回国代表团，其人数肯定比荣家还多。遗憾的是芙生姐不久去世，未能如愿组织大家归国欢聚。且先把唐氏家族传略和《名门望族志》这些事情做起来，以慰先辈在天之灵吧！

唐齐千　2000年11月20日

唐顺之传

顾宪成

唐顺之字应德，武进人。生而颖异，潜心圣贤之学，弱冠举省试第一。杨公一清奇其才，将以魁廷试，遣客索所封策，不应也。授兵部主事，丁内艰。起补吏部主事，寻改翰林编修。时永嘉当国，遂称疾求去，勅令以主事致仕。既而简官僚，起补春坊司谏。时上齐居决事不受朝贺，顺之因元旦疏请正东官朝礼，上怒甚。徐得罢归，杜门谢客，砥节益严。日从山中游，或趺坐竟日，冬不炉，夏不扇，行不舆，卧不裍，衣不帛，食不肉，备尝苦淡。曰：不如是不足以拔除欲根，彻底澄净。年垂五十，恍然有悟。曰：此心天机活发，自寂自感，不容人力，吾顺此天机而已。障天机者，莫如欲，欲根洗尽，机不握而自运矣。四方学者翕然尊师之，亦惟使之精析义利而征其实，于辞受进退之间不为玄谈，假以利器也。葳庚戌虏薄都城，人情汹汹。屡欲奋身勤王，幸寻解严。已而倭入，犯东南，骚动蹂躏特甚，惨不忍言，历五六岁无能一创。顺之愤懑废食，时时揣一编袖中，或窃视之，乃七大傅，自留侯、郧侯以至李忠定皆在焉，尽古今所称大经略也。会有以旁材荐者，起兵部主事，敕视刹镇旁务。条上十七事，著为令。寻视浙直师，计以集倭之策，遏诸陆孰与海？擎其归孰与至？因自定海、历蛟门、至江阴，出没怒涛，具得险要，会□应援悉授成尽。未几，贼舟蔽洋而至，大破之，斩首百三十余级，溺死无算，余贼奔三沙，无一登陆者。捷闻，赐金帛，升太仆少卿。寻擢抚淮阳，每事必躬亲，驱驰南北，迄无宁晷，竟以是病。犹然冒霜雪，穷海燸，既调度兵食，又苦心账贷。行至泰州，自度不起，进诸将士曰：死国，吾志也。良死舟中，幸矣。诸君其各努力。复语其族子一麐曰：吾死不恨，第山中尚少十年工夫耳。无一语及私，遂卒。顺之才高意历，包络今古，游王山阴、罗吉水、赵平凉、王晋江间，务各取其所长，切磨助法。与慈舟、翠峰、金道人辈为方外交。其于书无所不读，读辄穷其奥。至于甲兵、钱谷、象纬、历算、击剑挽强，凡稍习其说者，必折节下焉。既得其说，辄以全力赴之，所得卒超初说之上，盖异人也。晚而应召，赍志以没，闻者悲之。所著有《荆川文集》，所辑有《诸儒文要》及《语要》儒编、左编、右编、文编、稗编，批选朱子集、左氏始末、周秦文、六大家文略。子鹤征，辛未进士。孙效纯，己丑进士，选庶吉士，简拔有志操，未几卒。(《郡志传》)

唐顺之、唐立之简介

唐齐千

唐顺之，字应德，号荆川，谥襄文。武进人。生于明正德丁卯（公元1507年）十月初五，卒于嘉靖庚申（公元1560年）四月初一。生而颖贤，少有圣贤之志。嘉靖戊子乡试第六名，己丑会试第一名，廷试二甲第一名。仕至督抚凤阳军处，都察院右佥都御史。博学宏才，集军事家、文学家、科学家（擅长算数）于一身。嘉靖间，倭寇侵扰，于沿海登陆劫掠，并侵入内地。公亲自督师征剿，从扬州至海滨，沿长江辗转数百里，最后倭寇全军覆灭，而公亦积劳成疾，卒于舟次，以身殉国。扬州、常州、无锡、太仓等地均建专祠，常州祠保留至今。公墓在武进怀德南乡陈渡桥左，为省级重点保护文物。

唐立之，字应礼，号歉庵。生于嘉靖己丑（公元1529年）六月廿四，卒于万历庚子（公元1610年）十二月初五。父瑶（湖广永州府知府）、兄荆川均贵显，而立之从不以势凌人、以权取利。为人任侠，好打不平，助弱援急。族中堂妹夫万某去世，留下妻儿，为其族人某甲欺压，并图强占其妻为妾。立之为其向县令请命，先是万某曾有数百金寄放某甲处，独立无知，某甲愿以其半为酬，立之厉色叱之，使万某家属终得完璧，而立之分文未取。立之元事兄荆川如父、师。荆川为抵御倭寇，广纳人才，良莠不齐，立之助其甄别。某人持长枪至，自夸无敌。立之挺枪而起，其人应枪而倒，自是徒有虚名者为之却步。妻毛氏温睿贤惠，对立之不善经营、日用不给、田地荒废亦毫无怨言，以其私蓄复置田土，均分给子孙。

（原载赵永良、蔡增基主编：《无锡望族与名人传记》，黑龙江人民出版社，2003年11月）

无锡唐氏家族简表[①]

(表一)

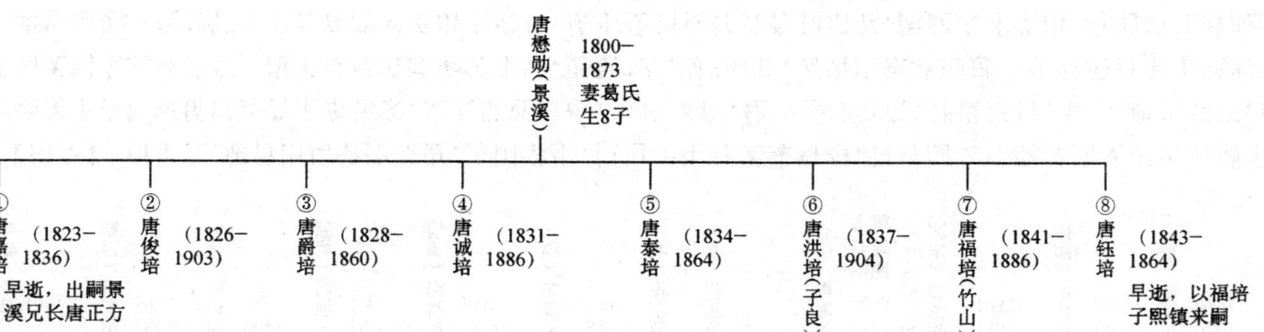

【简介】 严家桥唐氏,祖籍常州武进,明末清初因避战乱迁居无锡。咸丰十年,唐懋勋又因避战祸落户严家桥。(唐懋勋已是第16世祖。以下是17世“培”字辈,18世“镇”字辈,19世“源”字辈,20世“千”字辈,21世“年”字辈,22世“盛”字辈。但由于历史原因,“千”字辈以后家族分散在海内外,因此许多后辈子孙并未按照家谱排名。“盛”字以后,尚有“积德传家百世昌”七个字可用作23世到29世排行之用。)唐懋勋善于经商,原在无锡开设唐时长布庄。生8子,有的从政,有的经商,有的务农,有的早逝;其中跟随唐懋勋一起在严家桥经营春源布庄的仅六子唐洪培(子良)和七子唐福培(竹山)二人。

---

① 本表以唐懋勋(16世祖)到严家桥落户的一支开始,到第四代“源”字辈及部分“千”字辈(20世)为主;本表根据有关资料编制。由于年代久远,又加家族分散,有些材料较难核对。不确之处,待以后修改。——原注

（表二）

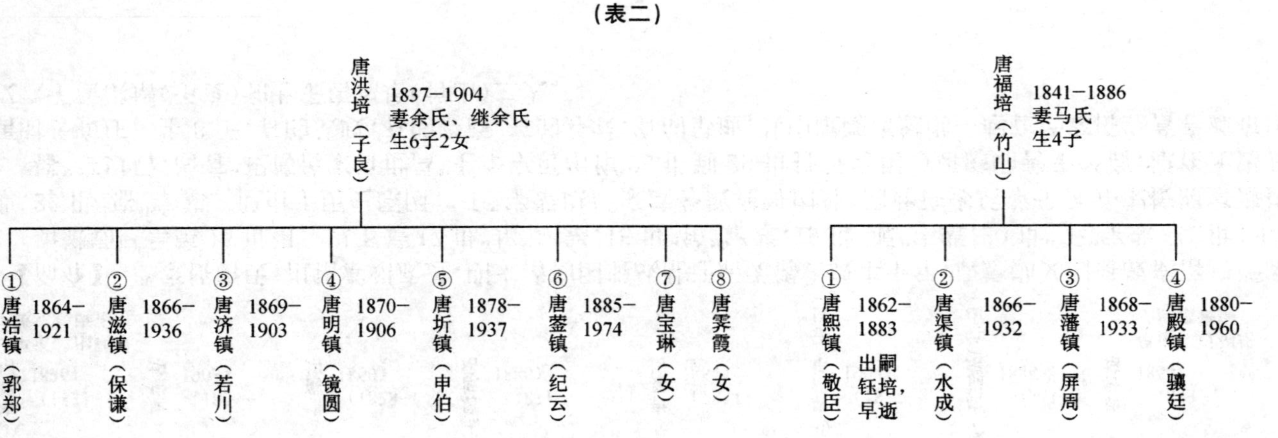

【简介】 唐子良、唐竹山均幼读经史，为国学生，但迫于生计无缘科举，只好随父经商成为父亲得力助手。唐懋勋父子在严家桥以经营土布起家，又大量置田达 6 000 多亩，建造仓厅宅院，开设茧行、木行、典当等等，逐步成为无锡东北乡首富。唐子良兄弟继承父业后，更是“人、财”两旺，为唐氏家族的进一步发展打下了坚实基础。唐懋勋第三代“镇”字辈都在严家桥出生成长，从小受到良好教育和培养，因此人才辈出，有的历任政府要职，有的成为商界红人，更有的顺应时代潮流，从经商到办企业，走上资本主义经营道路，成为中国第一代民族资产阶级代表人物。

（表三）

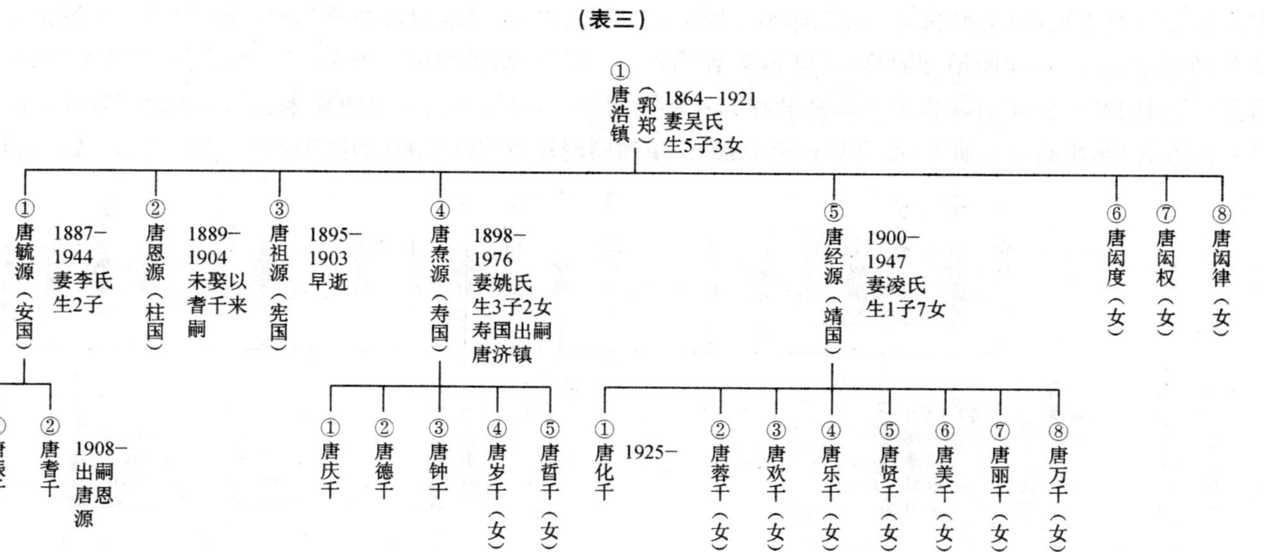

【简介】 唐郛郑是唐子良的长子。“镇”字各房共有“源”字辈男儿约 33 人，是唐懋勋的第四代子孙，大多和父辈一起创业。唐郛郑子女都在北京读书，其中安国曾在总统府秘书厅任事；寿国留学美国，后任中央实业部主事，商务印书馆编审；靖国毕业于北大，曾任江苏省长公署咨议。唐氏“千”字辈大多在海外读书、工作。唐耆千曾任交通部广西电政管理局工程师，上海毛麻纺织科技研究所顾问工程师；唐庆千在英国留学后又去美国深造获文理科双硕士，法学博士，任美国律师；唐化千大学毕业后现在台湾经营船舶运输，是台湾航运集团巨首。

（表四）

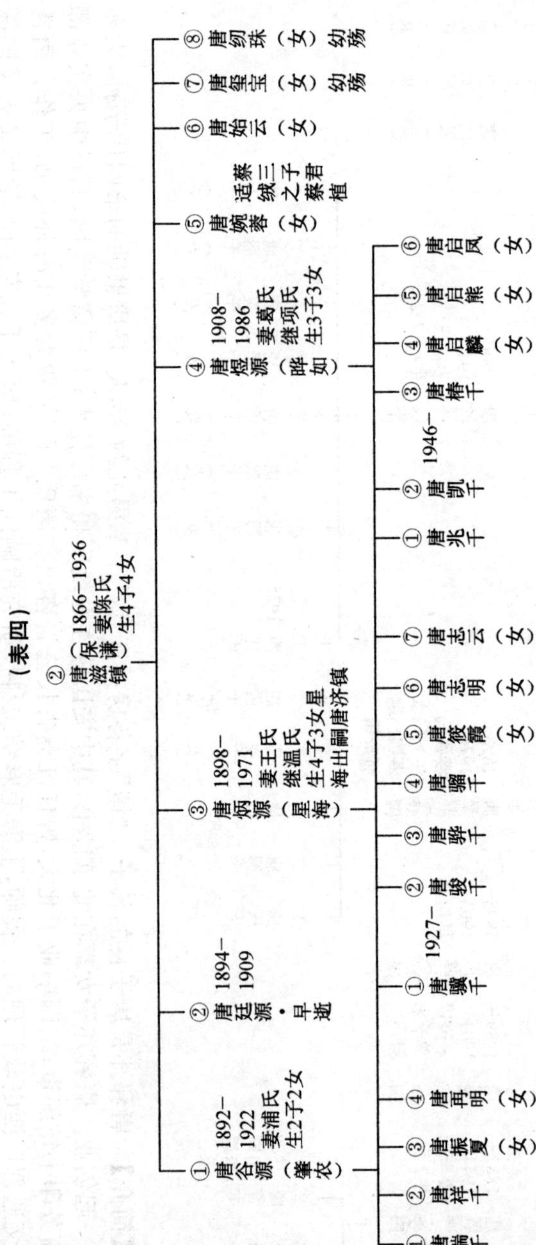

【简介】 唐保谦于20世纪顺应时代潮流，从农村到城市，从经商到投资企业，从地主到资本家，是我国著名的早期实业家。其子女“源”字辈都在严家桥生养长大，从小学习经营和管理。唐星海从美国学成回国后，更是如虎添翼，成为新一代企业管理专家。唐氏家族一代胜于一代，从无锡到上海，从海内到海外；“千”字辈唐瑞千曾任无锡庆丰厂长；唐骥千继父业成为香港著名纺织企业家；唐骝千成为巴西—橡胶园主；唐凯千投资巴西海洋石油开采，成为实力最雄厚的巴西海洋集团董事长。

（表五）

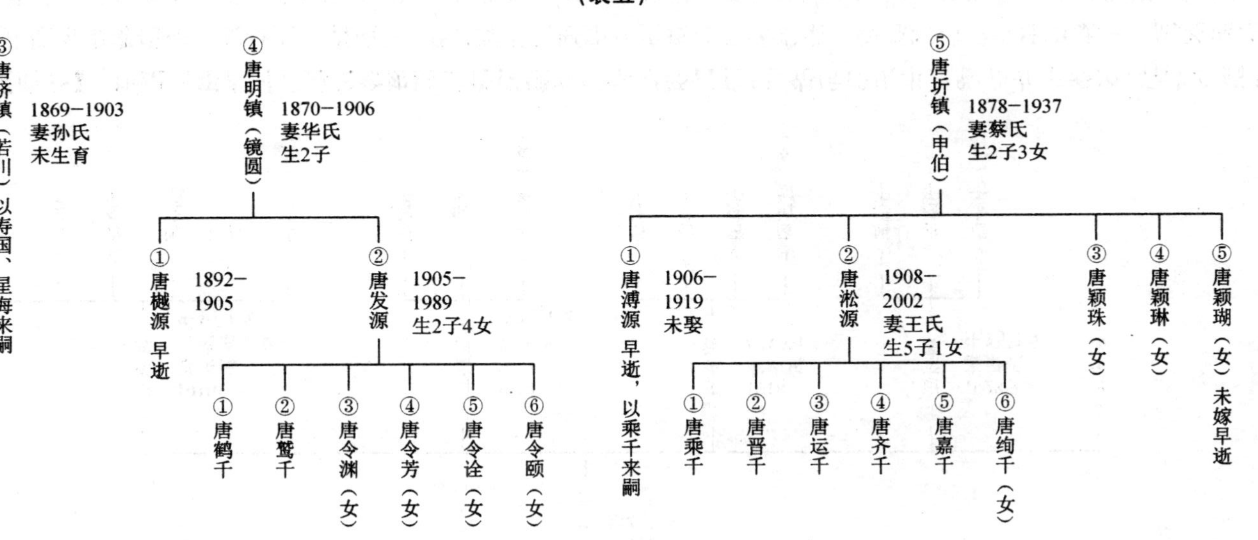

【简介】 唐若川光绪甲午举人，在京从政；唐镜圆也在乡试中被挑取誉录赴京做官；唐申伯是国学生、分部员外郎，曾任江苏省议会议员，无锡著名慈善家、佛教界领袖，同时也是严家桥莲社的发起人及首任社长。唐淞源年青时就担任九丰、庆丰董事；抗战时在沪与堂兄唐晔如合办元丰毛纺厂、肇新纱厂等；解放后任上海元丰毛纺厂副厂长，中国佛教协会理事，上海市佛教居士林林长等职。唐晋千留学美国后去台湾任主任医师、教授。唐运千曾任浙江海洋研究所研究员。

(表六)

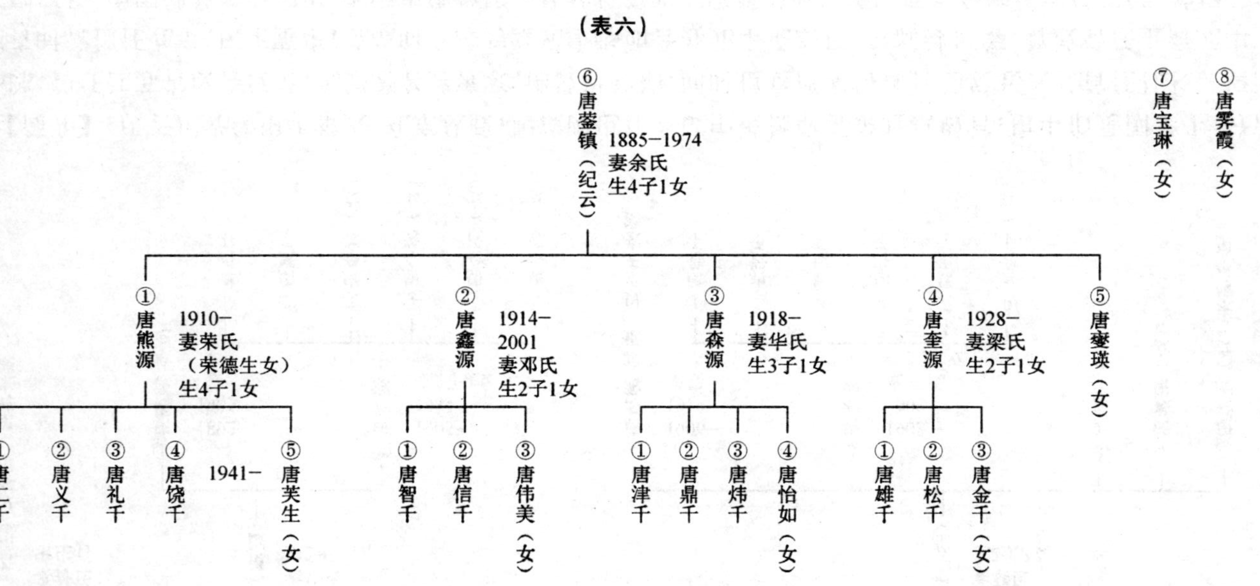

【简介】 唐纪云年青时就遵父命协助二哥保谦办厂学习经营管理,先后任庆丰总管和九丰经理,后决心搞毛纺织并把希望寄托在子女身上。唐熊源、唐鑫源不负厚望在美攻读毛纺织染。熊源归国后曾任申新三厂副经理,后与唐君远父子合作创办无锡协新毛纺织厂;鑫源在美深造后回国曾任行政院中国纺织建设公司总工程师,后又去美国成为研究太空服专家,曾任美国宇航中心材料室主任;森源是医学博士、著名医师;奎源也去国外留学。

（表七）

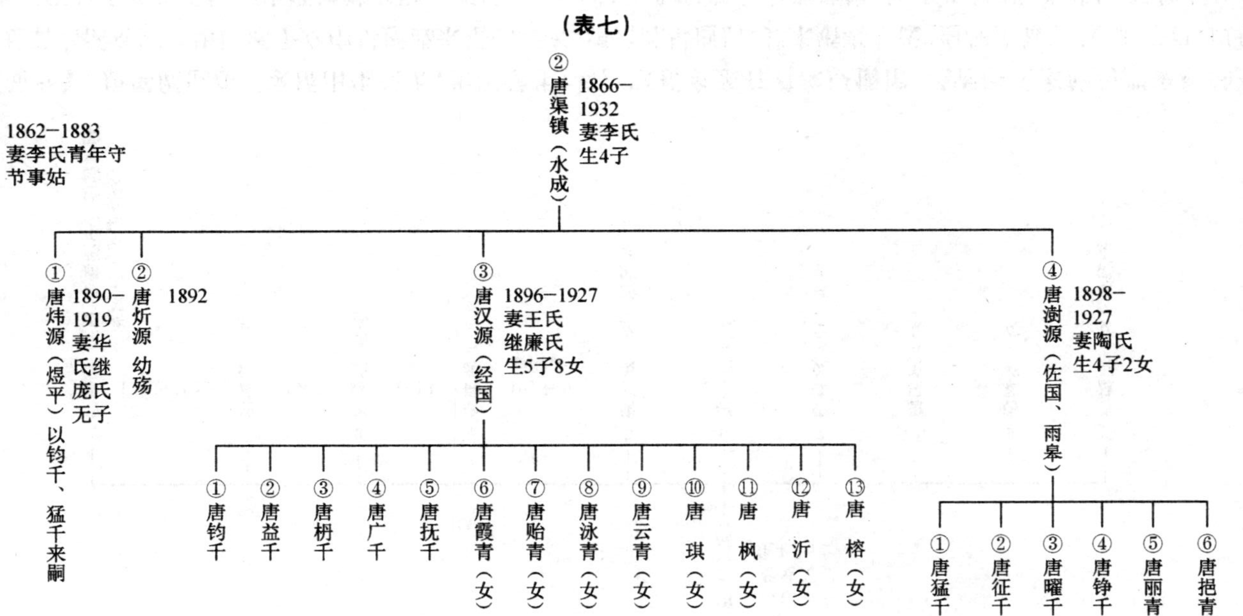

【简介】 唐熙镇从小过继给叔父钰培，钰培、熙镇均早逝。唐水成也在严家桥出生成长，为国学生，19 世纪末到无锡经商成为商界名人，曾任无锡县红十字会会长，又是丽新纺织漂染公司董事长。唐煜平无子，以唐经国长子钧千、唐雨皋长子猛千来嗣。唐经国曾在北大街开设九大绸布行，被选为无锡县绸布业公会理事长，县商会常务理事。唐雨皋曾任丽新纺织厂厂长。

（表八）

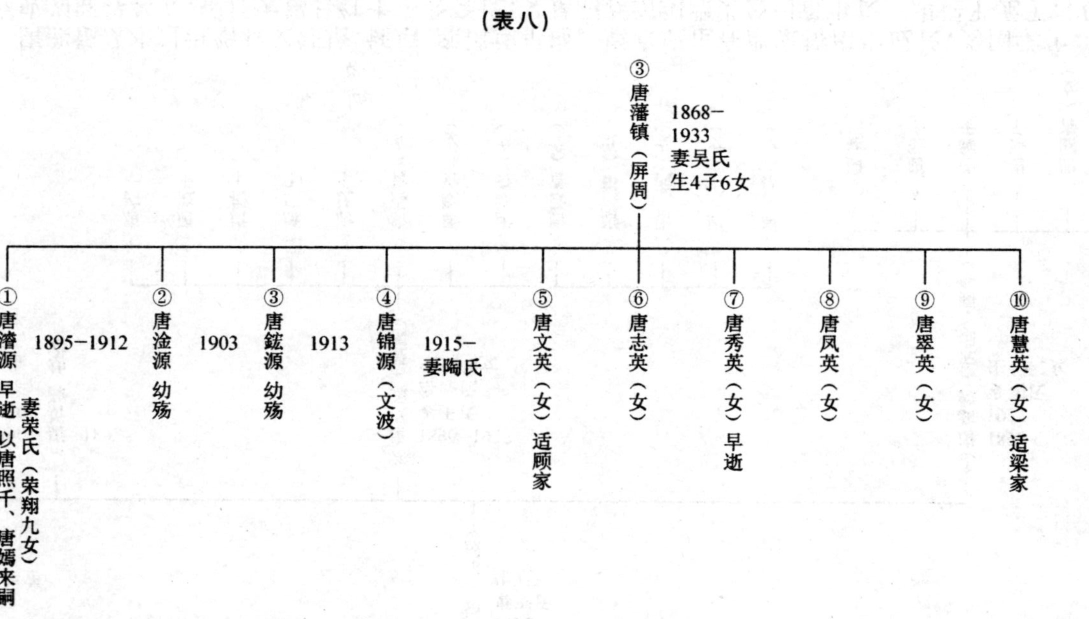

【简介】 唐屏周也在严家桥出生长大，为国学生，与严家桥乡亲有着深厚情谊，经管唐氏家族与严家桥的事务，又是著名活动家。唐屏周子女中早逝或未婚的较多，唐濬源早逝后，其未婚妻荣氏"抱牌位做亲"立志守贞，以唐君远之子唐照千及荣氏侄女唐嫣过继来嗣。唐照千后来曾任西安交大力学教授，博士生导师，为我国著名力学专家。唐文波曾任上海协新毛纺织厂科长。唐屏周的 6 个女儿中有 3 人未出嫁，由唐四小姐主持唐氏家族事务。

(表九)之一

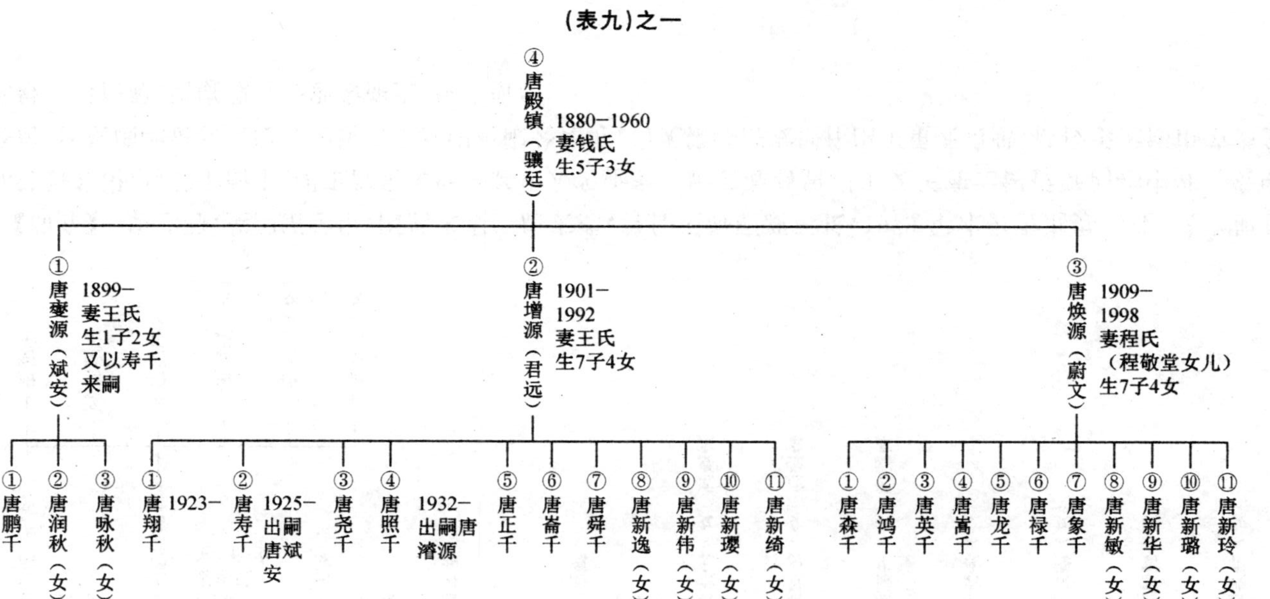

【简介】 唐骧廷也是我国第一代民族资产阶级代表人物。精国学,善经营,是我国最早的实业家之一。唐斌安为丽新董事。唐君远大学毕业后随父辈创业。年青时就襄助父亲管理企业,任丽新厂长,协新经理。解放后留在上海,曾任江苏省人大代表、全国政协委员,上海市政协副主席,上海市工商联副主席及上海毛麻纺织公司经理等职。改革开放后还担任上海市爱建公司监事长。唐翔千是香港知名实业家、纺织专家,近年大量投资上海、新疆等地。唐寿千曾任无锡协新厂长,无锡市政协委员。唐尧千是美国核物理学博士,明尼苏达大学教授。

（表九）之二

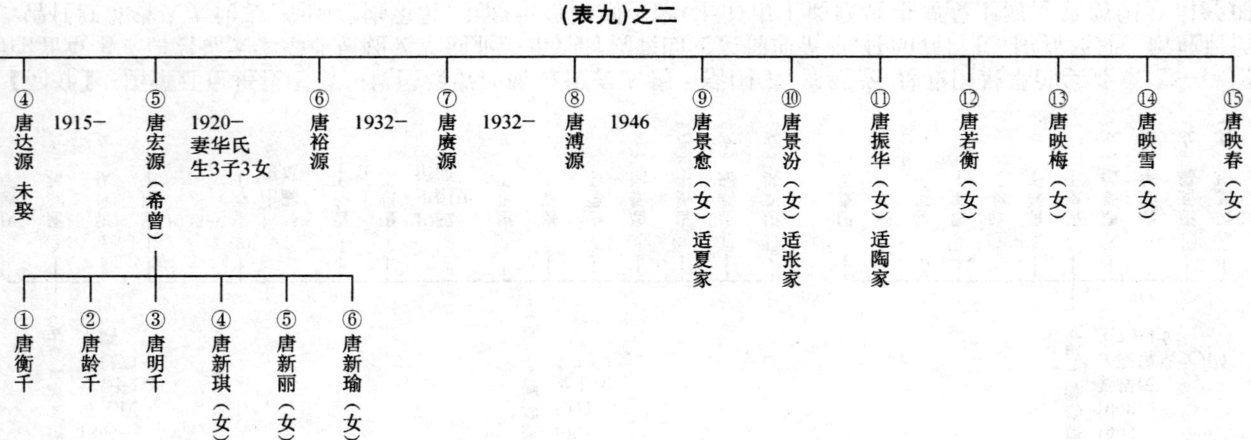

【简介】　唐达源，英国留学生，因病未娶。唐宏源，曾任上海丽新厂长，1979 年才去香港办实业，又去加拿大办针织公司，与其子衡千、明千都是海外著名华人实业家。唐宏源与唐明千父子在无锡投资创办中外合资中萃公司、佳福国际贸易大厦及无锡太平针织有限公司等，为无锡经济发展作出了重要贡献，被授予无锡市荣誉公民称号。唐裕源、唐赓源等分别为徐氏、杨氏所出。

宗伯子良公积善传家记

唐文治

宗伯讳洪培，子良其字，系出毗陵，迁居无锡。公以积德善行闻于当世，有子六。曰浩镇、曰滋镇、曰济镇、曰明镇、曰圻镇、曰鎏镇。浩镇、滋镇、圻镇皆与文治友善如亲昆季。今岁庚午，距公之殁已二十有六年矣。浩镇亦已先殁。滋镇、圻镇勤勤恳恳以家传相属。文治谓：公已有碑铭，不如作传家记为宜。圻镇曰：善。吾之所望于子者，将专记先人之嘉言懿行，为子孙训也。越月，复遣其子淞源，来申前请。文治爰详叩公门内之行与其施于外者。淞源曰：尝闻诸伯叔父及吾父言。吾祖既继志述事，偕诸昆季建祠于惠麓，复以常郡宗祠飨室，毁于洪杨，仅存前厅，湫隘不足以妥先灵。爰议集巨资以兴复之。会有以道远梗其议者。公慨然曰：常郡祠乃吾阖族宗祠也。先灵失所，几二十年。瞻仰之余，怆然流涕。当推木本水源之谊，与常郡族人共之，何忍以道远为辞乎。乃不惮跋涉，亲董其事，逾年告成。迄今常郡族人称道弗衰云。文治告之曰：万物本乎天，人本乎祖。《论语》载有子言孝弟，曾子言慎终追远。盖孝弟人伦之本也，追远尤孝弟之本也。故曰：君子务本，本立而道生。而《礼记》亦曰：伤其亲是伤其本。伤其本，枝从而亡。自古一家之福，未有不基于敦本者也。而一家之祸，未有不始于忘本者也。是公之善行足为子孙法者，一也。淞源曰：唯唯。又闻吾祖又兴复贞节祠于惠麓。初，乡人以孝贞女唐素，工绘事，力贫终身，以所得养其老父。及殁，爰奉祀之。并以贞女唐秀凤配。祠亦毁于洪杨。吾祖访故址于瓦砾中，而基地已为他姓所得。辗转商赎，始克有成。遂复旧观，复以节妇太姑母及张贞女兰贞祔祀焉。太姑母者，吾祖之胞妹，守节至数十年。而兰贞者，太姑母之夫妹，因其兄早亡，愿代子职，守贞不字者也。文治告之曰:《易》言苦节不可,贞。又言甘节,吉。自来贞节女士,多有以苦节为甘者。盖其至情,天性之所发,实伦纪之大坊,晚近之模范也。是公之善行足为子孙法者,二也。淞源曰:唯唯。又闻吾祖奉曾祖景溪公遗命,商昆季辈兴立义庄,以赡族人。首以私田拨庄产以为倡,并觅庄址,殚精擘画,躬亲厥劳。今日之得有义庄,繄维吾祖之赐。文治告之曰:孝友,睦姻,任恤,详于《周礼》。宋范文正本经意创设义庄,风行后世。然如公之立志不渝,始终曲成其事,则锡类之仁,尤有不可及者。此公之善行足为子孙法者,三也。淞源曰:唯唯。又闻吾祖居恒屏绝虚名,有推崇之者,退然弗敢居。独于育婴一事,则慨然任堂董无稍让。莅堂之日,即慎选耐苦能任事者。细察哺婴之情状,常曰,呱呱者得长成与否,权实操于乳妇。吾不忍见一孩颠连而憔悴也。乃悬规章以缘督之;设奖金以诱掖之;亲验婴孩肥瘠以劝惩之。先时来堂就养者女孩多而男不仅见。迨吾祖任堂董,乞养男孩者先后计十余名,今各成家立业矣。文治告之曰:慈者,人生之本性也。故《老子》曰:天将杀之,惟慈可以卫之。矧育婴堂都系弃子,口不能言语,生不能知其姓名。苟有饥寒,谁与噢咻之?苟有啼笑,谁与爱怜之?天下之苦孰有大于是者?公独于乳者为育婴之命脉,此所谓以慈卫之者也。是公之善行足为子孙法者,四也。淞源曰:唯唯。又闻吾祖尝于邑东北乡严家桥创设施棺会,盖悯穷乡僻壤之贫乏无告者死无以为殓也。每岁督匠趸造施槥若干具,集若干会而成一具之费。劝乡人与一会或半会不等,每会仅制钱百,不足由己任之。又尝闻靖江江畔有义塚为水激荡,将有沉陷之虞。乃命四先伯镜远公偕同里廉茂苑先生诣靖,筹为迁徙计。廉先生亦仁人也,相与图成之。及迁徙既蒇事,原江岸随即陆沉,盖千钧一发有如斯者。又尝于邑东郊见败棺累累,暴露风雨,触目伤心,乃就原地购基以瘗埋之。其地字号曰玄,题名玄公墓,不曰义塚,公之也,且为死者地也。迨任同仁堂董事,对于义塚尤拳拳不去怀。每值冬令,必令人虆梩覆土于其上,以合古人掩骼埋胔之意焉。文治告之曰:圣人之道,使万物各得其所而已。义庄、育婴使生者得其所也;掩埋、义塚使死者得其所也。盖生顺而死宁者,万物一体之心也。往者张杨园先生纂丧葬杂录,亦尝立公葬会。公与之不谋而合矣。此公之善行足为子孙法者，五也。淞源曰：唯唯。又闻者，家经庚申乱，生产将日蹙。吾祖与诸昆季徐图家业，爰随曾祖，在邑中开设时长布肆，由伯祖履卿公经理之。而吾祖则主乡间分肆事。时有纪纲友某，性谲诈，曾祖尝戒伯祖与吾祖曰，此人有才无德，宜权衡以处之。曾祖殁后，某益骄恣。伯祖恶之，罢去。而吾祖则贷以金，令别为业。又折阅衔伯祖以匿税诬控于官，同业八家咸波及。盖布货律须纳税，而商家例有佣金，向于售货时分项要会，一以贡国库，一以维商业。顾某以此入伯祖罪，纠邑之豪猾吏联名诬控，文致以售其奸。狱既成，吾祖知伯祖讷于言，含冤无以辨。慨然曰，兄老矣，同业危矣。若不出当其冲，将内无以对兄，外无以对同业，即上无以对吾父。擎涕就道，诉讼由邑而郡，而抚而督，盘根错节，历五年得曾忠襄公平反。吾祖之精力已瘁，而伯祖与同业未尝少累也。厥后某老且贫，不能自存。吾祖恻隐为怀，复赠多金以活之。所谓以德报怨者，非耶？文治闻之肃然作而叹曰：有是哉，仁人君子之心也。古人为其亲以身犯难者有之矣，若为其兄犯难委曲求全一至于此者，则未之闻也。吾不知其苦心孤诣而当时历境之艰辛为何如也。《书》曰：孝乎惟孝，友于兄弟。《孟子》曰：亲亲而仁民，仁民而爱物。公惟推孝友之谊以及于宗族，及于乡党，及于民胞，及于物与。故其积善余庆自天祐之，至于终身而下及于子孙也。抑文治尝闻邑中人言，公于修桥筑路诸公益无不为，于赈救各省饥民诸善举无不与。而尤有阴德为人所不知者：每值水旱凶荒，及旧谷既没，民生穷蹙之时，辄访饥饿不能出户者，叩其门予以钱若干缗。或讶其无因而至，其曰吾昔日贷君钱，君岂忘之乎，或乘其不觉置钱于室隅即匆匆去。其心之厚，于仁如此，何怪其家道之寖炽寖昌而未有艾耶？往者先大夫有言：君子之泽，五世而斩。故累传数世，往往败亡者多而兴盛者少，惟行善乃可以维持之。今考公之德行，洵足以传诸无穷。然而未之知者，后之人宜勿替而引之也。淞源既退，谨斋祓濡笔为记，以念滋镇、圻镇、鋆镇诸昆季。俾载之家乘而不忘。凡我同宗，窃愿相与共勉之焉。

（撰于 1930 年）

唐氏孝友乐善图序

唐文治

天地何以恒久，天下国家何以长存，善气而已矣。善气之在人间世，扶舆旁薄，终古不息，得之者昌，失之者亡，上下数千年未有或爽者，而必自家庭孝友始。甲申孟秋，宗侄淞源以先德孝友乐善图见示，盖武进同宗企林君所绘者也。共分八事。曰燕翼钟祥。孟宗人行善始于子良公，溯厥大本不容偶忘者也。曰愉色候门。盖吾弟申伯，值子良公晚归，必倚门拱望，待其至而敬扶持之也。曰同心尚义。盖申伯长兄郛郑，仲兄保谦，季弟纪云，皆好善成性，遇邻县及各省水旱凶荒，辄绕室旁皇，相对饮泣，相誓救济，必使沟瘠获苏而后已。曰协力赡灾。当辛、壬、癸、甲等岁，豫陕县、鲁济宁暨苏泰兴、靖江、溧阳等处告灾，保谦、申伯两弟亟联合溥仁慈善会、红卐字会诸绅耆，选干员分赴各地施赈。而敝乡太仓、崇明两县同遭灾祲，文治请于保谦、申伯两弟一体赈恤，至今口碑载道。曰独修圩岸。吾邑天下市界泾、孔家等圩，因岁久有崩溃势。又天下市黄梅夹山干河水道淤塞。申伯弟延请施君襄臣、蒋君欧荪分别筑堤疏浚，乐利所及数千户，咸庆安堵。曰菩提养寿。申伯弟晚年静参释典，既于邑之东北乡创建莲社，以为一人守戒则天地间多一善人，广种福田兼自修慧业，功德无涯矣。曰眉寿双清。曰青箱传业。申伯弟化行门内，弟妇蔡夫人调理赞襄，同心施予，上则相夫以施惠，下则教子以义方，戚党交称，无愧贤母。而淞源侄曲体亲心，致谨于温凊定省之余，视听于无声无形之际，识者方诸秦氏双孝子，殆无间然。以上皆企林君所传神而文治窃有进焉者。《周易·家人》卦传曰：父父子子，兄兄弟弟，夫夫妇妇，而家道正，正家而天下定。孟子言良知良能，达之天下。又言大舜善与人同，君子莫大乎与人为善。盖自古圣贤之志，不徒以孝弟修之一身，必欲推暨之于天下。古语曰：百善孝为先。则必体道以为善可知矣。吾宗自子良公后，孝友乐善相传弗替。惟望淞源侄以此志益修于一身，达于一乡，并达于一国。久之善理善机善气充周于寰宇，庶几如《孝经》所谓：天下和平，灾害不生，祸乱不作。《易传》所谓：保合太和，各正性命。文治既兢兢自省，窃以之勉淞源，勉同宗，并勉一国之国民，行将拭目而望，太平之期不远也。

（撰于1944年）

无锡族伯子良公隐行善事三则

唐文治

一　对于育婴事业恺恻慈祥，以为呱呱者得长成与否，权实操于乳母。特悬规章以缘督之，设奖金以诱掖之，亲验婴孩肥瘠以劝惩之。

一　于邑东北乡严家桥创设施棺会。又于邑东郊购基地创立义塚。

一　每值岁寒凶荒，有饥饿不能出户者，叩其门予以钱若干缗。或讶其无因而至，则曰吾昔日贷君钱，君岂忘之乎？或乘其不觉置钱于室隅即匆匆去。或探知贫户他出，叩门访之。其家为烹茶款待时，即以钱置于茶几内，即扬声曰：请不必烹茶，吾别有事去矣，有钱在茶几内为小宝宝买糕之资。遂即匆匆出门去，然终不言真姓名。故其后嗣如星海等均发达无限，天心佑善，洵不诬也。

（撰于 1947 年）

宗兄郛郑墓志铭

唐文治

君讳浩镇，字郛郑，世居江苏无锡县。封翁子良先生之长子也。子良先生勤俭起家，长厚恺悌，乡党有善人之目，君特能以积善世其家焉。天性孝友，幼颖慧超侪辈，年十八补博士弟子员，旋食廪饩，入江阴南菁书院肄业，古训是式，益精于勤。光绪癸巳登贤书。丙申援例纳赀为郎中，分工部。甲辰考入商部，旋调邮传部借备员外郎，任邮政司司长。寻保实录馆，撰著称旨获赏，御书福寿字，江绸袍褂，一时以为荣焉。君既秉庭训，常以行善为志。丙申直省水灾，任施赈事。庚子拳乱，随两宫西狩，又施赈于陕省。辛丑旋都，会长沙张文达、元和陆文端两公创办五城施医局，延君为提调。君夙通医理，遇重症亲为切脉，施医施药，都人士交口称诵之。甲寅泗阳、涟水灾，君又施赈于江北，冒雪走穷乡，夜露宿，当事者叹为坚苦卓绝，他人莫能及。丙辰黑龙江告灾，君四出募捐，又施赈于黑省，率长子毓源以行。当是时隆冬，冰雪没踝，凛凛然堕指裂肤。交通梗塞，君勇往趋事，不避艰险，但冀灾黎得生，身非所惜，而病根自此伏矣。丁巳北数省水灾，君又施赈于静海、沧县等邑。归而告余，舟触翁仲，遇遭无舍，几瓦碎，不得免。幸值他小舟登焉。又触大树巅，游鱼巢其上，风荡舟簸。遥闻于邑声，棹近有老妪伏屋脊饮泣，手一绳坚不能释。饮以米汤，稍能言。问其故，则曰吾持吾子吾妇尸也，若释手则漂流去矣。亟救之归。呜呼！天时人事之交迫，浸成巨灾。百姓惨苦之状，当道者乌能知之？即知之又乌能走穷陬僻壤，出九死以拯之耶？言已不觉泪交于睫也。戊午湘省兵灾，君又施赈于长沙。上海红十字会沈君敦和主其事。君冒炎暑，奔走其间，兼及宝庆、衡阳、醴陵、岳州等处，至冬，赈告毕而功竣。综君前后施赈计六次，凡五省，历数十州县,全活不下数十万人。然其博施济众之怀,迄未能遂。有如韩子所谓:竟死不伸,孰劝为善者何哉?《传》曰:明德之后,必有达人。君之所以种德于子孙者,盖未有艾,天之报施善人,岂终无凭乎?君少怀壮志,屈郎官居司曹,偶有建白,人或以为迂,恒郁郁不自得。辛亥政体改变,前黄陂总统与有戚谊,将大用之矣。君退然若不胜,相从于文字之役。丁巳夏,京师变起,仓卒印玺不知所往。君愤曰:若不得,我当以身殉之。追踪之沪,遂得完璧以归。呜呼!富贵利达,人所争趋。势利之交,何地蔑有。如君之至诚,真所谓肝胆可托者。乃道与时违,虽怀抱经纶,终不获一展其志。纵览大局之沧胥,蒿目闾阎之困苦,俯仰身世,惟以实业为韬晦计。然内自忧伤而病益不能支矣。己未冬,患中风症,医治罔效,遂不起。同志之士佥曰:惜哉,不复见善人矣。君以同治甲子正月二十七日生,迄于辛酉七月二十一日卒。曾祖考讳应龙,祖考讳懋勋,考讳洪培即子良先生,以君贵封赠如例。德配吴夫人。子五,长毓源,次恩源、祖源早殇,次焘源、经源。女三,闳度、闳权、闳律。孙男五,振千、耆千、庆千、德千、钟千。孙女一。毓源等将以某年某月某日葬君于某乡之某阡。铭曰:阊阖梦兮我欲呼之醒,曜灵晦兮我欲使之晨。下士闻而大笑兮,黄河庸俟圣人而清。惟愤世而疾邪兮,二竖乃投间以乘心,趯百迴兮起舞鸡鸣。恨赤手不能挽颓波兮,一木不能支大厦之倾。呜呼!惟我知君兮介于石,贞铭以千秋兮,道困而不失其所亨。

(撰于 1921 年)

宗嫂吴太夫人七秩寿序

唐文治

自来一家兴盛之繇，必有人焉至诚行善于外，又有人焉辅相主持于内，夫然后能积厚而流光。《周易》晋卦之后，次以家人。晋之二爻曰：受兹介福，于其王母。家人之二爻曰：在中馈，贞，吉。夫受介福者，即在中馈而备贞吉之德者也。《诗·大雅·既醉》之七章曰：其胤维何，天被尔禄。其八章曰：厘尔女士，从以孙子。夫被天禄而从孙子者，必女士而有贤智之行者也。吾锡石薇巷唐氏之兴也，厥维我子良宗伯，孳孳积善于先，潜德聿彰，乡闾交诵。我郛郑兄继志述事于后，行庆施惠，遐暨五方，而辅相主持之者实维宗嫂吴太夫人。岁在癸酉陬月之吉，为太夫人七旬设帨之辰，其哲嗣毓源、焘源、经源来乞寿言。余曰：是受介福而膺王母之瑞者也，是被天禄而厘女士之福者也。繄维太夫人延陵华胄，为雨三公长媛，幼事父母，孝行萎乎天性。织纴组紃，女红之事靡不娴习。有斋淑女，笾豆静嘉，煦植弟妹，有逾成人。甲申岁来归，郛郑兄祥女升堂，六姻交贺，鸣鸡戒旦，夏靖冬温，罔不循内则，以崇孝敬。维时伯母余太夫人，体羸善病。太夫人汤药亲尝，先意承旨，勉诸糜粥之间，行之杖履之际。余太夫人曰：幸哉，得贤妇也。郛郑兄肄业南菁，博学敦行。癸巳岁登贤书，奋迹天衢，飞声文苑，援例为郎官，观政工部。嗣应商部试获选，历官农工商部郎中，调补邮传部科长，遂挈眷京师。廉俸微薄，朝齑暮盐，稍虞不给。太夫人黾勉有无，井臼亲操，持以勤俭，家政井然。庚子之变，海波沸腾，赤眚兆于中天，黄巾遍乎禁闼。郛兄随扈长安，太夫人审机观变，携子女南旋。间关数千里风尘，两阅月卒安抵里门，举家无恙。戚鄙群钦以为天佑之，吉无不利，抑知太夫人之胆识，有鉴于未形也。辛亥政变，郛郑兄解组旋里，与保谦二弟暨同邑诸君子经营实业，规办工厂。太夫人以通商惠工,方今急务。矧林林总总,恃以为生者,实繁有徒。溥乐利而弭乱源,繄工厂是赖,亟出资以助其成。项城既败,黄陂继起,与郛郑兄为文字交。敦劝出山,遂勉膺公府秘书兼掌辑瑞。旋因彼此知己之感,议订婚姻。郛郑兄谋诸太夫人,遂许可焉。复辟构衅,郛郑兄以保全印玺,南北奔驰,始完赵璧。太夫人喟然相语曰:宦途险巇若斯,君盘根错节,亦云瘁矣,盍退休乎?郛郑兄憬然遂不复出。余之初识郛郑兄也,实由元和陆文端公之绍介。继乃同官商部,乡党僚友盛称郛郑兄行诣纯粹,笃实兼称。太夫人俭以居室,仁以宅心,有古名媛风。登其堂则子弟恂恂,童仆秩秩。间与郛郑兄杯酒纵谈,太夫人设馔虽俭约,未尝不精洁,然后知其内助之贤,非虚誉也。而郛郑兄历办赈务,乐善好施,尤以太夫人辅助之力为多。甲寅以泗阳、涟水灾,赈于江北。丙辰黑龙江灾,赈于黑省。丁巳北数省大浸,又赈于静海、沧州等邑。而龙江之役,穹阔数千里,塞外苦寒,朔风砭肌骨。郛郑兄颠踣饥渴中风几殆。未事之先,太夫人心动摇摇如悬旌,亟命毓源裹粮持药追踪出关,助理代劳,疗治获愈。至诚通于神明,岂非然欤?戊午岁余发起湘省兵灾赈,敦请郛郑兄赴长沙、宝庆、衡阳、醴陵、岳州等处督理赈务。每见其府报往还,慰藉之辞溢于楮墨间。益叹太夫人卷耳之思,当仆痡马瘏,未尝一日去诸怀也。平居教子女毓源、闳度等,常以祖德宗功,稼穑艰难,谆谆勖勉。每谓有财不俭用贫时悔,少壮不勤学老时悔。有经石薇巷甲第者,屡道太夫人慈祥恺悌,威仪整肃,言语谦恭,传誉不绝口。余维迩来女界中师范首推聂氏崇德老人,曾文正公之季女也,年八十有一矣,尝著廉俭救国论,与自订年谱行于世。读者缅怀曾氏家风,辄为向往不置。今吾唐氏得太夫人懿行淑德,福禄绵长,与之媲美,洵无间然。加以陔兰洁养,畹蕙欢承,堉水融融,孙枝奕奕,一时华堂跄济,鞠跽捧觞,讵非德门之盛事哉!而余更愿毓源昆季与闳度姊妹辈,上体太夫人慈善之怀,炎仁闻于乡邑,广闿泽于闾阎,沃膏培根,博施济众。太夫人顾而乐之。则他日者献期颐之颂,赓戬谷之诗,余又当执笔以侍矣。

(撰于1933年)

宗弟保谦家传

唐文治

岁躔丙子冬十月二十六日，宗弟保谦君以疾卒于里第。余往哭诸寝门之外，旋闻缙绅父老嗟叹不置。而穷乡茆屋，鳏寡茕独，颠连无告之氓，奔走巷哭。佥曰：善人逝矣，吾辈焉所依？益叹君积德之厚，有以感人于无穷也。越数日，宗侄炳源、煜源、侄孙瑞千等属谢君幼庵来请文。余乃和泪而为之传曰：君姓唐氏，讳滋镇，字保谦。余尝志乃兄郛郑墓，具详其家世。考子良先生，积善久长，荫庇无极。君先意承志，蒸蒸色养，而事之巨细足以代父之劳者。有若营建仓厅，有若创立义庄，兢兢黾黾，聊虑固护，必达敬宗收族之愿。以肯堂构处烦剧，时恒数月不得归家。书中未尝敢言劳瘁。呜呼！可谓孝也已。夫五行百产之精，值兹天演，物竞纷纭，轧茁道在，人代天工。吾锡地居冲要，吸太湖之巨浸，占沪渎之上游，飞轮辐辏，樯帆林立，农而食之，工而成之，商而通之，人各任其能，竭其力，以得其欲，则劝业乐事者莫工厂若。君纵目潮流，高掌远蹠，匡扶实业，挽回利权，惟日不足。有若三里桥永源生米肆。有若蓉湖庄益源堆栈、九丰面粉厂。有若周三浜锦丰丝厂、庆丰纺织厂。有若北塘福源堆栈。有若庆丰第二工场及漂染所。有若利农砖瓦厂。其后先引缀，毅力恢宏，有如此者。叔世浇漓，万方多难，比年饥馑，荐臻灾祲迭发。说者谓：倾囊救济，毋宁效西国多营工厂为根本之图。余以而赋与工二者并行则不悖，偏废则有害。医之疗病，标本兼治，能散财发粟则立时活千万人，而谓筹厂兴工可不日成之乎？君与乃兄郛郑先生，乃弟申伯、纪云，皆乐善不倦。有若辛卯本邑严家桥及王庄等区赈灾。有若甲寅江北泗阳、涟水等县水灾。有若乙卯天津水灾。有若丙辰黑龙江水灾。有若乙未湖北夏口、孝感、黄陂、汉川、天门五县等灾。有若庚午豫陕旱灾。有若甲戌溧阳旱灾。有若乙亥鲁西河决浸灌苏北水灾。无岁不灾,君无岁不赈。吾锡溥仁慈善会爰请君为常务委员主任其事。君慨然博济,退然不敢居功。迄今陕县甘棠庙中旧灾黎之感德碑岿乎屹立者,父老过之犹潸焉出涕也。宣圣有言:礼,与其奢也,宁俭;丧,与其易也,宁戚。近代浇淳散朴,踵事增华,习俗相沿,恬不为怪。君曰:嘻,劳民伤财,莫此为甚。爰诏其子若孙曰:世之困厄乏绝者夥矣,宁损一己之有余以赡他人之不足。余垂老矣,生勿称庆,死勿縻丧,作为家箴,汝曹其志之。往岁君七十揽揆,蠲家庆之赀以赡灾眚。继复诏其子若孙曰:余仰维祖若考遗志,特提慈善基金,将岁息之半永充义举。属纩之前,真泠数四。鸣呼。其可风也已。余原籍娄东西乡湖川桥,地居下隰,昏垫靡怙,君屡振之,鸿嗷得奠安宅。壬申岁,沪战事起,太仓浏河杨林万姓荡析。余亲赴沪偕同乡设救济所,驰归求援于君。君曰:兄能自筹若干乎?时余捐赀已罄,姑应曰,约千金耳。君曰,吾与兄合成万金,庶几集事。余急起三揖以谢,于是灾民得庆更生。癸酉岁,崇明水灾,君复捐万金以赈,颂声载道,有请立生祠纪念者,君坚不许。无锡国学专修学校自校董孙君鹤卿逝世,飘摇风雨。君慨然曰:方今圣道陵夷,可使学子失所乎?遂董厥事,而校基固。鸣呼,凡人有志者无力,有力者未必宏胞与之怀。若君之见义勇为且暗然不求人知,岂非厚于仁者耶?孔子曰:善人吾不得而见之矣。明德之后,宜有达人。子炳源、煜源卓荦倜才,善继善述。孙瑞千等五人披华启秀,必能世其家,行见其寖昌而寖炽也。至其他嘉言懿行,备详于钱君基博所撰墓志,不重赘云。

(撰于1936年)

唐保谦先生墓志铭

钱基博

先生讳滋镇，字保谦，无锡唐氏。父子良公，富好行其德，有六丈夫子，而先生次仲兄郛郑先生，弟若川先生，昭章丽藻，竞爽一门，先后乡举，高步京辇。而子良公老成耆德，典型邑里，废著鬻财，壹委重先生。先生顺承厥指，恢宏所业，心计目营，躬执烦苦。岁歉无蹶，时绌能赢。久之，遂富于其旧，而辑睦弟昆，弗竞弗盈。子良公能安其任，兄弟莫疑其专，内谐外附，人尤以为难。子良公之谢宾客也，先生绍休前绪，殖货考工，不堕益旧。郛郑先生仕宦京朝久，能知四国之为，既奉朝命，以赴日本察。其听承父之业，成兄之志，意气弥厉，虽纤俭习事，其意渊然，以天下为量。凡所经营，曰益源、福源两堆栈；曰九丰面粉厂；曰锦丰丝厂；曰庆丰纺织漂染整理第一、第二两厂；曰利农砖瓦厂。其言利匪以自饶，乐思自效。工贾弘此远谟，而为国家塞漏卮，为邑里兴大利。先是南通张君謇振实业乡里，有大效，声绩播海内。先生知略成就，差与颉颃，而名声不昭于时。然张以巍科官京朝，久执政柄，有气力凭藉可自振。而先生困于资地，勤勤恳恳，独尽心力于人，声施之所，不事先几而运。及其章效大著，利泽及人，则与张何以异？又张声生势张，卒以丰豢招人不谅，而名高毁丛，士论之所深惜。何如先生质直好义，无识不识，咸以善人誉之。其于张氏度长挈短，未知孰为后先也。传不云乎：靡不有初，鲜克有终。先生可谓能终矣。先生长者，竺厚跬步，以礼自绳检，鞠躬伛偻，容庄而色和，气专而善下，与人言若惟恐伤之。家故高资，徸以开拓，极侈而丰，顾澹泊自甘，未尝奉身以侈。而济人急难必逾所望，挥霍巨亿，若己无与。凡有募施，皆出己赀。尤尽心于救荒，自邑里以推之，大江南北，楚豫陕直，远而至于黑龙。蠲助辄巨万，滂仁旷义，泽满天下。

而不欲尸其名，每假普[溥]仁慈善会以纾焉。尝运赈陕西，灾黎衔感，树碑昭德，迄今巍立陕县之甘棠庙者是也。其他博施宏济，事以百计。诏于诸子皆能自立，勤生节用，何赖吾有。与其遗子以产，孰如及人以仁，处分所有，充作善举，死丧有救，孤寡有养，寒衣贫粮，咸曰有程。年七十有一，岁次丙子，其冬十月二十二日感微疾，五日大渐。遗令勿发讣，勿开丧，徒饰观听，奚补孝敬，国奢昭俭，毋违吾意。遂号佛而逝。是为中华民国之二十五年十二月九日时加酉。子孙崩摧，族价哀慕，邑里闻者，莫不钦敬，匹士行善者未有若斯之著称也。先生以前清同治五年丙寅八月十八日辰时生，配陈夫人先二年卒。基博尝昭其懿德，为撰唐室陈夫人传者也。子谷源、廷源、炳源、煜源。谷源、廷源早世不禄，而炳源出继若川先生为之后。女婉容、始云，蔡演存、王昌源其婿也。玺宝、润珠殇。孙瑞千、祥千、骥千、骏千、骅千。女孙振华、新桂、筱霞、美珍、佩珍。曾孙大年，曾孙女丽娟、丽芬。将詹吉是岁冬十二月十六日以葬先生而合夫人之兆。基博辱在故旧，服习仁闻，谨次行事，以志玄石，系之铭曰：上德不德，何有尸名。大利弗利，岂曰自赢。弗歉于约，何矜于盈。虽则不盈，以泽其牟裔，而罔弗荣隆庞之封，胡卜弗享绵融之祐。有嗣必英，更千万岁，以护此佳城。无锡钱基博撰文，同邑曹铨书丹，武进吴敬恒篆盖。

（撰于1936年）

无锡八团体追悼唐保谦先生祭文

陆修祜

维中华民国二十有六年一月二十四日，无锡县商会、国学专修学校、红卍字会、溥仁慈善会、棉纺织业同业公会、油厂业同业公会、米豆业同业公会、储栈业同业公会等同人，谨具清酌庶馐，致祭于唐公保谦之灵曰：

呜呼我公，当代耆英；荆川衍脉，崧岳降神。克孝克悌，克俭克勤；上承祖德，下启后昆。劳而不伐，和而可亲；兴学振滞，匡困资贫。摅厥绪余，业懋经纶；宏其胞与，泽被苍生。胡天不弔，丧我善人？

呜呼我公，海禁既弛，万物棣通；欧风美雨，灌输来东。陶猗射策，管晏丰功；天演物竞，人代天工。公曰懋哉，民生可奠，民权可崇。盖藏讵匮，杼柚讵空；迺盍朋簪，迺解缗囊。发轫之始，蓉湖之庄；高掌远蹠，殷轸翱翔。匪曰利图，汉帜孔张；巍巍崔构，栉比林望。贻我来辫，有粟盈仓；缫三盆手，终日七襄。飞梭轧茁，黄标万箱；饶益我氓，以食以裳。

呜呼我公，比岁以来，水旱荐臻；大浸稽天，怀山襄陵。海枯石烂，如惔如焚；重以戈铤，欃枪耿明。鸱鸮毁室，地棘天荆；畴弥其憾，畴持其盈。公之家督，载粮遄行；公之昆季，同德同心。公益肫肫，壹秉精诚。北走幽蓟，南极荆湘；秦关天险，邹鲁圣乡。哀鸿遍野，义粟琼浆；去思碑碣，丰屹甘棠。邻封告急，视民如殇；解衣恐后，指囷莫遑。哀哀我民，泪绠孑遗；苏喘敛魂，万口一碑。

呜呼我公，伊古造士，教育为先；文章道德，细大不捐。七情十义，耕耨心田；誉髦斯士，华实相宜。公之兴学，克贯终始；广厦千间，大庇寒士。思乐泮水，鼓箧而至；文经武纬，左图右史。棫朴菁莪，楩楠杞梓；栽植之功，惟公是恃。学子喁喁，涕泄曷止。

呜呼我公，为善必昌，作善降祥。公之福器，足媲汾阳；公之德量，江海罗藏。公之后裔，天衢腾骧；丕承堂构，为龙为光。云礽百世，继述无疆。维公晚年，息影皈道；普渡慈航，纤尘却扫。蓬瀛渺渺，大罗九天；云旂逶迤，阊阖神仙。脱屣沧桑，愉穆万年。

呜呼我公，音容已邈，精灵常存。凡我百业，异苔同岑；芷兰入室，金石联盟。老成凋谢，留示典型；模之范之，孰敢不承？今日追悼，痛彻肺肝。师师僚友，泪眼相看；白马素车，虞殡心酸。絮絮陈词，同深怆恍；呜呼哀哉，伏维尚飨！

（原载无锡国学专修学校《国专月刊》第5卷第1号，1937年1月）

唐室陈夫人家传

钱基博

夫人无锡陈氏，父志初公以朴学敦行有闻乡邑。夫人生长典训，年二十嫔于唐，以有保谦先生之室。逮事君舅子良公、姑余太夫人为顺妇，质明赞见，喜谓宜家。凡阃以内事无洪琐，一挈以付。保谦先生兄弟次季，而夫人稚妇得爱，承以婉谨，雍睦诸姒，无遽言矜色，劬以身任，食则相让。视其状若无能，然事事精办，仰给俯取，晨作而宵不辍，亦既劳止。而姒娣婉娩，安其劬苦；舅姑老病，安其侍养；扶持敬事逾廿六年。孝事有终，葬祭以礼。保谦先生靡愆厥衷，而厘我女士骨，夫人之归，美焉。保谦先生恢张前绪，既丰且硕，通商惠工，不以自利。其创制显庸以底于成者，曰益源、福源两堆栈；曰锦丰丝厂；曰九丰面粉厂；曰庆丰纺织一、二两厂；曰利农砖瓦厂。皆烛照几先，柱以一力，富者委财，贫者受役，劝业乐事，人各任其能竭其力，以得所欲。指挥若定，自上下下，待以举火何止数千？而曰：吾不以家为恤，五十年于此者，夫人之相我也。吾家人内外且数十，夫人躬躬其间，无所触迕，即亦无所表襮。自其嫔余，凡经纪四丧，五娶，二嫁，以至宾祭，患难流离，疾病医药，无岁蔑有，若不躬与其事，然事亦无不举者，夫人不矜于盈。保谦先生既大其室，子妇顺承，以供指使，夫人又劬勤积疢。噫，甚矣，惫老自佚，谁其非之？而夫人习于作苦，勉役如故，窗棂桌椅躬亲拂拭，刮垢磨光，蕲无染尘。曰家之盛衰，觇于室之整洁，不肯以自暇逸。勤生节用，子献新衣，贮笥勿御。而章身俭陋，补绽重复，食且蔬笋，不喜肉食，节啬有余，用施价故，犹曰未已。岁之告灾，夫人恫瘝如疾被体，谓吾饱暖，岂解饥寒，无衣无食，彼则何辜？庶减吾膳，以食饥者，均甘共苦，毋自饶乐。躬纫絮襖，以播灾地，寒者衣之。鞠躬伛偻，容瘁而色和，气专而善下，语人煦妪，若恐伤之。诏所生曰：奉己周旋贵于和，尔其御下，不必有大施厚恩。意隆于物，情溢于词。而教督子女有慈有威，诲诫谆谆，自一步一趋，至植身接物，无不委曲详尽，师道母道，殆以身兼。又喜道往时贫苦事，使知衣食之不易。自其诸子以逮孙曾，所遇即益华腆，终不敢弛于淫非，辟赖夫人之身教夙焉。夫人以今岁甲戌十月二十五日卒，为中华人民造国之二十三年十二月一日，距生于前清同治六年丁卯十月初九日，享年六十八岁。子四，曰谷源，先卒，妇浦。廷源，卒未有室。炳源，出继其叔若川先生后，妇王，继温。煜源，妇葛。女四，曰婉容，适蔡。始云，适王。玺宝、润珠殇。孙瑞千，妇张。次祥千、骥千、骅千、骏千。孙女振华、新桂、筱霞、筱美。曾孙大年。曾孙女丽娟、丽芬。二子翼翼，诜诜孙曾，将承徽音，以答母劬，而天不佑，仁殒其复。我以此思，哀哀可知已。遂以属基博，为之传。

论曰：昔曾子固校刘向《列女传》而序之曰：后世自问学之士多徇于外物，而不安守其室。家既不见可法，故竞于邪侈。岂独无相成之道哉？士之苟于自恕，顾利冒耻而不知反己者，往往以家自累故也。於戏，世变亦已亟矣。今之高门名媛，日竞亡等之欲，酣戏佚乐，以挟其夫，子虽欲不为贪夫败类而不得者，吾见亦众矣。其始只以媚内而徇燕婉之私，其祸极于败国以长贪墨之风。故曰：国家败，由官邪也。官之失德，闺行侈也。女德无极，妇怒无终，自古难之，而今殆甚。观于夫人之约己以厚施，勤生以安劬，劳心苦思以型于家，可以厉世之淫乐，以诩娇贵盛饰，以为容说揄长袂、蹑利屣，惰不事事而自命贵妇人者。中华民国二十有四年一月二十八日。无锡钱基博撰，同邑曹铨书。

（撰于 1935 年）

唐母陈夫人墓志铭

唐文治

唐母陈夫人，余宗弟保谦之妇也。民国二十三年甲戌十月二十五日以中风疾卒。族党姻戚奔走吊哭，填咽怆恍。余夙闻夫人贤，将纪其懿行，会其子炳源、煜源持状稽颡来请铭。曰：吾母为外王父志初公长女，婉娩淑顺，奉庭训惟谨。年二十来嫔吾父，时先王父母尝在，侍奉晨昏，兰陔洁养，盘匜瀡随瀡，佐馂温脍，晋接诸尊长妯娌，靡不欢洽。迨先王父弃养，先王母常患气逆症，吾母亲尝汤药，须臾不敢离，衣不敢解，发不敢栉。及先王母逝世，辟踊哀毁，一如遭先王父之丧。吾母之孝行如此。又曰：吾父之经营商业也，权舆于本邑三里桥永源生米肆之设。既在蓉湖有益源堆栈之设，在周三浜有锦丰丝厂之设。又先后集股有九丰面粉厂、庆丰纺织厂之设，复有漂染整理厂、利农砖瓦厂、福源堆栈之设。吾父兢兢于民生日用衣食之经。间内事固赖吾母主持之，而间外事亦赖吾母翊赞之。吾家旧居湫隘，卜筑于真应道巷。凡揆度监造，丹青土木，分吾父之劳者不一，而料理丧葬婚嫁，罔不井然秩然。吾母之佐助吾父者如此。又曰：吾母生子女众多，鞠育顾复不假婢媪，衣履胥手制。尝患十指疔，拘挛不能伸，而忍痛哺乳不倦。不孝煜源幼善病，提携噢咻，祷卜医疗，几忘寝食。不孝等寖长，吾母与吾父谋延师授读，尸饔之暇，勤纺织，工针黹，篝灯督课，祁寒暑雨不稍息。忆自胜衣就傅，负笈各校，资遣美洲，吾母分劳于吾父者不啻恒河沙数。吾母之慈惠恩勤如此。又曰：吾母性乐善，解衣衣人，推食食人。遇年老孤寡，赒之必力而不令人知。吾父屡为色喜，曰此吾之志也。乙卯、丙辰、己未，天津、黑龙江、湖北水灾，庚午豫陕旱灾，吾父号呼捐赈，吾母并殚私蓄，汇解灾区。尝诏不孝等曰：吾等饱暖，应知天之予我者厚，悯彼痛苦，怒焉如伤。惟有损己之有余以弥人之不足。吾父命不孝等书绅以志。吾母之积善又如此。语毕惨怛不胜。余叹曰:懿欤,夫人之贤也!忆昔《礼》、《经》所载妇学之教曰:德容言功,而其节目之详,著于内则。自鸣鸡诫旦以至佩兰者醴,自书记简谅以至方物出谋,各有一定之准绳,而实践之者盖鲜。史称万石君子孙胜,冠者在侧,虽燕必冠,申申如也,僮仆訢訢如也。近曾文正述其父之孝行,乃祖患痿痹,乃父听于无声,常先得其意。久而诸孙、孙妇,内外长幼,式化训习,孝德之感人若此。易家人卦曰:在中馈,贞、吉。孔圣赞之曰:夫夫妇妇而家道正,正家而天下定。今保谦弟推刑于之化,而夫人善持室家之壶,可劝美一乡之风俗矣。夫人生于同治六年十月九日,享有寿六十有八。子四,长谷源,省议会议员,次廷源,均先卒。三炳源,留学美国麻省理工专科,现任庆丰公司经理,简任全国棉业统制会委员。四煜源,襄理庆丰公司事务。女四,长适蔡,次适王。三、四均幼殇。孙五,瑞千、祥千、骥千、骅千、骏千。孙妇四。曾孙一、曾孙女二。将以乙亥年某月葬于某里之原。余嘉炳源昆季之孝思,爰为铭曰:夫人之德,和睦温恭。一门斋洁,萧萧雍雍。夫人之教,以勤以俭。福禄滂兴,聿维好善。四方多难,饥馑荐臻。鸿嗸安宅,夫人之仁。倾囷虚廪,下施穷民。蔀屋腾欢,夫人之恩。皇天无私,惟德是辅。家道久长,坤元协助。山川纡郁,佳气絪缊。子孙贤孝,永言斯文。

(撰于 1934 年)

保谦公孝善型图总序

唐文治

甲申之岁，族侄淞源请题唐氏孝友乐善图。余既为之序，阐扬明德。今岁孟冬，族侄晔如以乃考保谦公孝善遗型图属为总序。保谦公与余为昆季行，平生天性孝友，乐善不倦。兹者晔如侄浼族兄企林君绘其善行，为图十帧。曰家训垂后。盖保谦公平生私淑湘乡曾文正，以尚礼义，蓄道德为立身处世之本。其所次昭示晔如昆季者也。曰内助辅仁。弟妇陈夫人，慈仁勤俭，与保谦公黾勉同心，孳孳为善。隆冬必手制棉衣百数十袭分送慈善机关。闺闼之仁，由家庭而推诸社会者，吾于弟夫人见之。曰建仓赡族。保谦秉子良公遗泽，擘画营建邑东北严家桥仓储。岁值凶荒必栉风沐雨策骑下乡，盖所以继志述事，昕夕不遑者也。曰广厦储材。保谦本宣圣益者三友之义，尝斥巨赀建筑益友学社，与申伯弟协力主其事。二十年中作育人材于斯为盛。至今晔如昆季追念先德，年费巨赀，在大学设有保谦公奖学金额，以惠寒酸。益见保谦公誉髦斯士，德泽孔长也。曰辟宇宏善。保谦、申伯、纪云昆弟，乐善好施，斥赀恢扩普[溥]仁慈善会屋宇，广结善缘，至今口碑载道。曰规复名迹。黄埠墩为锡邑名胜，原名小金山。民十二毁于火，至今湖光山色焕然一新，盖晔如昆季将保谦公六十寿赀，移以重建者也。曰助修专祠。曰谊笃友于。曰力兴实业。曰苫块诵经。皆保谦公至情之所推也。余一一恭阅之，叹曰：盛哉，保谦公积善无涯涘矣！夫天地之间，善气而已矣。善气充积，则子弟饮之无不聪明而端悫者。若饮不善之气，则乖戾随之矣。一家如是，一乡如是，一国亦如是。圣贤之世，亲亲仁民，仁民爱物，俾各得其所。其善气之弥纶岂不大哉？吾族自子良公孳孳为善，其善气之滂薄，周浃于家庭之间，饮其泽者，靡不秉其彝训，遑遑汲汲以行善为当务之急。兹者晔如侄秉承先志，属企林宗兄绘为斯图，并各附以小记。观乎此者，孝弟为善之心，有不油然而生者哉！方今民生憔悴，屋乌靡止，凡属无告穷民无异倒悬，不啻环侍于吾前，呼号求救。故士君子生今世，实为善大好良机，惟善缘善因，稍纵即逝。孔子曰：见善如不及，此之谓也。晔如侄缵修前绪，聆善言，发善行，夙兴夜寐，懋慎罔懈。夫处虞舜之大德，不过取人为善、与人为善两端。孟子之赞舜曰：闻一善，见一善，行若决江河，沛然莫之能御。舜，人也。我，亦人也。有为者亦若是，为善而已。《中庸》曰：天之生人，因材而笃。深望晔如侄益栽培善果，孳孳无倦。锡类推恩吾族，咸守保谦公之遗训，饮保谦公之善气，他日者，位禄名寿随之。《诗》曰：宜尔子孙，振振兮。又曰：复周公之宇，俾炽而昌。今当太平复宇之时，正太和保合之会。余故乐为之序，忻喜之意，为何如耶？

（撰于 1944 年）

宗弟申伯墓志铭

唐文治

君讳圻镇，字申伯，江苏无锡人。考子良先生积善有阴德，每当岁暮，侦乡里中贫不能举火者，叩其门诡称还逋，投一二十金而去。后有知者询之，则坚称无其事云。生子六，君居其第五，自幼孝弟谨信，达圣门训。及长，守子良先生家风，而其天性之笃，恻隐之诚，尤有大过人者。终其身恒以乐善赈恤为怀，无一日倦怠。每值各省水旱兵戈之灾，偶有所闻，若身历其境，辄中夜不寐，展转筹维，思拯同胞于沟壑之中。伯兄郛郑、仲兄保谦、季弟纪云皆善士，君每与商榷赈务。而比年以来，偏灾迭告，甲赈未竟，乙赈丙赈继之际，困难万急之时，君辄绕屋彷徨。甚至兄弟对泣，相誓必尽心竭力而后已。于时庚午豫有旱灾。辛未泰兴、靖江水灾，江西吉安兵灾，兴化水灾。癸酉山东济宁旱灾。甲戌溧阳旱灾。乙亥济宁、崇明两处水灾。乞赈者踵相接。君与本邑溥仁慈善会、红卐字会诸耆绅董其成。尝慨然曰：吾辈力薄，但得施粥数盂，衣数袭，俾灾民苟延残喘，幸遇丰稔，数十万生灵不赖兹复活乎？今年春始豫省陕县灾赈，君首为之倡，诸会友助之，推张子振、蓝仲和两君往主其事。维时君病已不支，易箦之前夕，适张、蓝两君归。君叹曰：吾一息尚存，幸闻豫赈告成，死可瞑目。呜呼，仁人之言足以感天地而泣鬼神矣。君子之救民也，如慈母伏其将死之子。宋朱子官同安散赈诗谓：若知赤子原无罪，合有人间父母心。千古良箴，君真能深体斯意者矣。其对于桑梓之谊尤诚且挚。庚午、壬申两岁，锡邑水潦旱虐极备极无。君与保谦君赓续施济。先是天上市界泾、孔家等圩岸有崩溃状，绵亘里许。君属施君襄臣改筑巩固，独任其资。迨甲戌初夏稍露旱象，君以天下市梅夹山地居高原，夙称贫瘠，乃与蒋君欧荪谋浚彼地干河黄泥坝，督促蒇事，逾月讫工。灌溉所及,虽大旱亦丰稔,数千户被其泽。而君切诫施蒋二君勿使人知。尝曰:凡人行善若制衣,然宜为里勿为表,君子暗然恶其著也。其他如修武进荆川公祠,办理益友、惠黎二学校,掩埋暴骨,诸公益不胜枚举。尝一任省议员及本邑怀下市市董,凡所献替必以民生为重,乡里称颂,迄今弗衰。下逮农夫贩妇踵其门者,恒切戒子弟:予值必宽,权度斗量必公必平,毋侵渔小利以朘削乡民。呜呼人者,天地之心也。造物生人,本以弥两间之缺憾。君抱己饥己溺之愿,披揽流民图,常恨不捐顶縻踵于其间。曰:吾幸此时未为灾民,否则亦若是矣。故其劳心焦思发于天命之本性,自然之良知,非常人所能形容。《诗》曰:瘨我饥馑,民卒流亡。又曰:乱离瘼矣,奚其适归?吾读《变雅》之篇,未尝不掩卷零涕。兹者天之方侪,殆靡有底。嗟彼穷黎,憔悴颠阸,胡天夺君之速耶?岂气数之塽黩耶?抑四方多难,先死者转为福耶?呜呼唏矣。君生于清光绪四年戊寅十一月朔日。卒于民国二十六年丁丑三月十三日,享寿六十。德配蔡夫人,贤明有德。子二:溥源早卒;淞源有孝行,当君病笃,奔走祈祷几不欲生。克昌厥后,维是之赖。女三:颖芝适蔡,颖林适李,颖瑚早卒。孙五:乘千、晋千、运千、齐千、祚千。孙女一:绚千。将于今年某月某日葬于某乡某新阡。纪云弟呜咽来请曰:吾兄平生,君知之最稔,非君孰为之铭?余闻而怆然曰:哀哀吁天吾民族,知臧瘝在曷云淑。嗷鸿中泽率啄粟,瞻乌爰止依谁屋?维君合众补不足,奈何脱屣弃惸独。山鬼野叫沴氛恶,百万灾黎同一哭。吾闻天道不远复,后必有贤继君躅。

(撰于1937年)

弟妇蔡太夫人七十寿序

唐文治

岁躔乙酉三月，忻逢弟妇蔡太夫人七秩寿辰。哲嗣淞源将合乡党戚友，略具酒醴笙簧，以博莱舞之欢。太夫人曰：止。今兹何时？吾方恤纬之不暇，讵可铺张称庆耶？于是淞源兢兢遵母命，谋征文字以娱之。来问序于余。余不禁肃然曰，此善人之用心也。古来闺阁中之懿行，曰仁，曰孝，曰节。仁，非徒恻隐而已，凡善行当征诸实。节，非徒贞操而已，凡俭德俱括其中。《汉书》载延叔坚：仁人之于孝，犹手足之有腹心，枝叶之有根本也。故凡百善行皆以孝德为基础。余夙闻我申伯五弟妇之贤德懿行，谨志而序之，用为家乘光，且俾淞源藉作北堂之庆。按我锡邑唐氏纯孝乐善之风，实肇基先伯子良公，其隐行善事，更仆未易数。先兄郛郑昆仲善继善述，每逢各地或本省岁旱凶荒，辄绕室旁皇，甚至相与对泣，誓必拯救生活之而后快。然而所以拯救之者，实皆赖太夫人之勤俭持家，节衣缩食，有以成其大善之志，而扩其至善之行也。太夫人系出锡邑名门蔡氏，祖晋康公，祖妣丁太淑人，治家以严肃称。考仪庭公，妣杨太淑人，慈祥恺悌，秩然有条理。兄文鑫字兼三，时人推为善士。太夫人孝德根荄于天性，恪禀曲礼内则之训。视无形，听无声，定省温清，靡不悉中于礼。戊戌岁来归我五弟申伯君，壹以事父母者事舅姑，盘匜滫瀡，柔色以温，和妯娌，睦族党，众口交誉，以为我唐氏幸得贤妇也。平居气度宽宏，吉祥止止，从无疾言遽色，深恐不适堂上之意。《小戴礼记》言：事亲之道，乐其心，不违其志。又言：有深爱者必有和气，有和气者必有愉色婉容。太夫人深体斯旨。陔兰洁养，无有非仪。其孝德如此。居恒黎明即起，谓一家皆能早起，庶可保存朝气，彼晏起者皆怠惰之辈也。布衣蔬食，深屏浮华。淞源见其过于淡泊，稍以丰腆为请。则曰:汝外曾祖母模范吾数十年,服膺之矣。昔时朴素家风,尚复形诸梦寐,岂可改易常度乎?其俭德如此。家非素封而好善不倦,见人之急,辄倾廪不辞,韬隐不令人知。申伯弟尝有言曰:凡行善事,譬诸衣服,宜作里弗作表,以作表必先敝也。余叹为知言。太夫人躬体而力行之。固征申伯弟型于之化,益见太夫人慈惠之怀。其仁德如此。申伯弟晚年患目眚数载,起居出入,动须扶持。太夫人委曲侍奉,无形无声之中,俱能悉如其意。丙子夏,申伯弟又患肠癌症,辗转床第历十阅月。申伯弟真泠时执淞源手而唏嘘曰:吾病经寒暑,汝母劳瘁已极,古来贤妇无逾于此矣。汝必善事之。淞源谨受亲命。壹举足壹出言举,不敢忘亲训,夙兴夜寐,孳孳为善。迩来时局元黄,益尽力于救济遐迩,民生披其泽者孔多。造物报施,因果不爽,兰桂芳芬,觥觥绕膝,含饴弄孙,一门融泄,其欢乐有非寻常所能及者。《鲁颂》之诗曰:鲁侯燕喜,令妻寿母。又譬诸徂徕之松,新甫之柏。太夫人近世之松柏也。古语有云,切人不媚。余向不为谀辞,稔知太夫人之贤,敬掇其梗概,叙述如右,藉为太夫人期颐之祝。并颂淞源尔昌尔炽,罔有既极云。

(撰于1945年)

纪云宗弟六十寿序

唐文治

岁躔甲申某月某日，忻逢纪云宗弟暨弟妇余夫人六旬双寿良辰。哲嗣熊源、鑫源、森源、奎源将谋所以为寿者。纪云弟曰：止。今兹百姓颠连，无所底止，方拯救之不暇，吾其敢言寿乎。于是熊源等将以文字作纪念来问序于余。余曰善哉。夫文章寿世，不愈于酒醴笙簧之杂遝乎。且纪云弟，善人也。天地之大，人犹有憾，惟赖有善人以补苴之。文治曩者尝序先德子良公积善传家记，载诸谱牒，昭示来兹。纪云弟实能继志述事勿替，引之请详述之，以谂当世。宣圣言，继善成性，而于为邦即戎，皆归诸善人。至于论善人之道，则曰不践迹，亦不入于室。践迹者，由格致诚正以达于修齐治平，皆止于至善也。子思子言，至诚必先明善，其上者不勉，而中次者择善固执。而学问思辨行五者皆基于是。孟子论孳孳为善，称为舜徒，乐善不倦，跻于天爵，善之为功大矣哉。昔子良公之积善，在建宗祠，表忠节，立义庄，设婴堂，旁逮修桥筑路，靡不为。而其德行之最大者，则在周济隐贫。每届岁杪，辄访饥饿不能举火者，叩其门给钱若干。或讶其无因至前，则曰吾昔贷君钱，君殆忘之耶？或瞰其出门，访其家属，乘烹茶时置钱几下，即匆匆去，人皆未之觉，久始稍稍知之。故其积善余庆，流衍数世。夫事莫大于为善，至为善而深隐其名，不使人传播，则尤人间世绝无而仅有者。方今之世，闾阎之颠踣困苦何如也。《诗》曰：鸿雁于飞，集于中泽。又曰：瞻乌爰止，于谁之屋？文治每读之未尝不怦然心动，谓系行善绝好机会。今纪云弟仰承先人遗训，往往当仁不让，见义勇为，立人达人，孜孜不倦。二十九年岁歉兵荒，茆檐蔀屋，粒食维艰。弟乃偕溥仁慈善会诸君，举办平粜。又因持久不易，爰偕诸同志，协力同心，相与维持。迄今已逾四载。又任无锡孤儿院院长，收养兼资。又补助溥[普]仁医院，施诊给药，岁以为常。又任辅仁中学校董，创办需费极巨。弟佛时仔肩，成人有德，小子有造，菁菁者莪，育才尤众。兴办实业，高掌远蹠，翕受敷施。与保谦二弟暨蔡君缄三创办九丰面粉公司于邑之蓉湖庄。又创办庆丰纺织漂染整理公司于周山浜。又创办协新毛纺织公司于邑之五河浜。扩充利源，灌输达于各省，然而退然敛抑不自居功。此皆善因善果根于善心者也。余夫人忠厚慈祥，治家有法，训子有方。《易》家人卦所谓中馈贞吉，洵无间然。又征之《诗》曰：宜尔子孙，振振兮。又曰：俾尔昌而炽，俾尔寿而臧。敬为纪云弟伉俪祝，且为熊源昆季勉焉。

（撰于 1944 年）

唐纪云先生暨德配余太夫人花甲双寿序文

杨锺钰　荣宗铨

《鲁颂·閟宫》之篇，颂鲁僖公曰：周公之孙，春秋匪懈，孝孙有庆，俾尔昌而炽，俾尔寿而富。又曰：鲁侯燕喜，令妻寿母，既多受祉，黄发儿齿。此美僖公继志述事之孝，致子孙昌炽，黄发齐眉，寿富多祉也。鲁论孔子曰：仁者寿。中庸孔子称舜之大孝，曰：为得其名位禄寿，所见惟仁惟孝，实为多福多寿之左券。与鲁颂美僖公之孝飨，因而致大寿臧，其义一也。民国甲申正月毂旦，为我良友唐纪云先生暨德配余太夫人花甲双庆寿辰。先生动而端悫事。令尊子良公，愉色婉容，服老奉养，以纯孝闻。子良公历聘名师，课诸子研习经史。先生年最幼，读书聪颖，与令兄傅[郛]郑、保谦、若川、申伯诸先德，互相师友，以品学相切劘，怡怡如也。子良公钜德深仁，睦媚任恤，族戚州乡靡不受赐。又筹款购粮，赈淮海饥荒，活人无算。因以赈灾恤民为唐氏家法，先生敬识不敢忘，曾被推为孤儿院长，教养兼施，成就卓著。旋任辅仁中学校长，需费浩繁，不稍推诿。又每岁助普仁医院施诊施药费，以惠贫寒。时海禁大开，每岁漏卮无算，先生协助保谦先生等，经营实业，煞费苦心，迭创九丰面粉厂、庆丰纺织厂。又与族兄骧廷先生等，创办协新毛织厂，以挽权利而阜民生。未几偕保谦、申伯诸先生，创办溥仁慈善会，拯救乡邦鳏寡茕独之人。又协助红卍字会，迭赈各省兵荒水旱，义声播于海内。事变后溥会善业停废。辛壬癸甲诸岁，吾锡粮价奇昂，平民粮食维艰。先生与旅沪诸公及子侄等，筹集巨款，于溥会创办四穷平粜，购面粉，购米稻，减价平售，嘉惠桑梓。而粮价逐步飞涨，平粜万难停止。先生盛德倡募，源源接济，乐善不倦，屡续平粜，于今六次。万数孤惸，咸庆更生。先生恪承先志，赈灾恤民，其效如此。今花甲双庆，精神矍铄。余太夫人温恭慈惠，福寿齐眉，有梁孟鲍桓之风，哲嗣熊源昆玉，孝亲敬长，华鄂交辉，诸生绳绳，门庭雍睦。曾文正公家训曰：惟孝友之家，能昌盛十代八代。论者谓唐氏孝义慈祥，积德深厚，簪缨百世，左券可操，皆先生善继善述，惟孝友于之所致也。鲁颂所称孝孙有庆，昌炽寿富，孔圣所称仁者寿，大德必得其禄寿，其谓是也夫。锺钰不文，敬阐明积善余庆之至理，为先生晋介寿之觞，因述拙见以为序。

姻世愚弟杨鍾钰拜撰，时年七十有六。

拜书

姻愚弟荣宗铨拜祝

中华民国三十有三年，岁次甲申正月谷旦

唐镜远(明镇)传略

钱定一

无锡唐氏，今之望族焉。先世于清初由常州迁至无锡，至十六世懋勋公于咸丰十年因避战祸，迁至邑之东乡严家桥。世代长于懋迁，族中子孙，均受良好教育，或留学国外，因此人才辈出。从政者历任政府要职，从事工商企业者，经营蒸蒸日上，富甲一乡，成为新一代工商企业家之代表人物，驰誉海内外。镜远公讳明镇，为辛卯(一八九二年)科顺天乡试，被挑取誊录，充会典馆誊录官，事竣保分省候补盐大使，并加五品衔，诰授奉政大夫，早年在京从政。时其先人在锡经营商业，已经人财两旺，具有坚实基础。其考洪培公尤以积德善行闻于世，凡遇水旱灾情，无论远近，必罄所积以广施博济，但躬其事者，必命其子镜远公亲为之。故江、淮之灾，豫、直之灾，皆命镜远公董其役，且不求人知，亦无有知之者。历年来无赈不与，必求实效，为人所贵。时靖江江畔有义冢，为江水激荡将沉陷，其父又命镜远公偕仁人廉茂苑先生至靖，相与筹画迁徙，工竣之时，江岸即陆沉，真千钧一发之仁举也。后镜远公熟习金融，盱衡时局，以为懋迁货殖，当以上海为中枢，因莅沪任信成银行主任会计，兼掌路局财务，昕夕不遑，任事繁剧，加以积劳成疾，不幸遽于一九〇六年逝世。公精于商务，勇于任事，惜中年萎谢，未能大展雄图，为遗憾耳。距生于清同治九年(一八七〇年)，春秋三十有七。子二人，长樾源，早卒。幼发源，即岷春公，于镜远公逝世前一年出生，甫在襁褓。太夫人华氏，讳采惠，承担上养衰姑，下抚遗孤之责，含辛茹苦，寡居伶仃，其清风亮节，垂三十年之久。太夫人深感来日大难，为节俭计，迁居东乡严家桥，料量米盐，计入为出，竹头木屑，靡不珍惜，衣不重裘，食不兼味，勤劳淑德，懿行可嘉。唐文治撰其八十寿序中，称太夫人之德行曰孝、曰节、曰俭、曰勤，而其训子之真切，则尤出于慈父。旨哉斯言。距生于清同治七年（一八六八年）戊辰，卒于一九五一年辛卯，享年八十四岁。逝后与镜远公合葬于常熟西郊宝岩祖茔。太夫人之训子也，尤可述者。当岷春公幼年，太夫人训之綦严，曰：汝父所遗惟汝，所望于汝者甚大，惟望仰体亲心，勉为贤人君子，否则其毋母我。及岷春公登仕版，又训之曰：仕途易于堕落，而取与一关，尤一生大节所系，务宜清廉自守，义不苟取，庶几无忝所生。岷春公于是出佐政权，退营商业，一介无妄取，风义卓著。余与岷春先生为至交，固知其所受慈训之严，又慕其翩翩隽才，长于诗词，著有《籔园存稿》行世，乃今之君子也。惜岷春先生与其夫人先后作古，能不泫然。今其二子四女均事业有成，可谓兰桂盈阶，欣欣向荣。长女令渊为余女弟。长子鹤千，懋迁泰国。为充实宗谱，鉴于先祖镜远公传记，独付缺如，属撰此文，因搜缀古实，不足述其万一也。乙酉之冬，虞山钱定一敬撰。

（撰于 2005 年）

无锡宗弟妇华太夫人八十寿序

唐文治

粤维岁躔丁亥季夏之月朔日，忻逢宗弟妇华太夫人八秩设帨良辰。宗侄岷春介淞源殷殷然来请序于余。曰：世俗铺张缘饰之司，非高堂所愿，敢请燕许文章以彰壶史。余维乾坤之所以不息，世道之所以常存者，善气绵延而已矣。善气之在天下，正目而视之，不可得而见也。倾耳而听之，不可得而闻也。其善机蕴于一心，扶舆旁薄，蒸为德泽。其善因善果则收效于子孙，寿考富贵，永永而无涯矣。吾族先伯子良公隐行善事，孜孜不倦。邑父老至今称之弗衰。文治于庚午岁曾撰记文以表章之。太夫人熟闻彝训，保合太和。而近岁以来，值东夷内犯，满目疮痍，鸿嗷而鲜戢居，乌啼而瞻靡屋。太夫人愁焉伤之，曰：此正为善时机，其可失乎？于是无食者食之，无衣者衣之，无居者居之，惠泽逮于乡间，恩施达乎遐迩。如文治故乡太仓素称瘠苦，亦荷累加赒恤。其他各省靡论水旱凶荒兵燹疾疫，罔不悉力救援，虚廪不辞。《中庸》云：天地之大，人犹有憾。惟在善人有以弭之，为人生之天职。太夫人其知其义也。抑闻太夫人淑德懿行，其本源盖自有在。太夫人系出锡邑东亭华氏，厥考象贤公次女。妣杨太夫人，阀阅名门，世有积德。太夫人天性温厚而处事果毅，及笄来归宗弟镜远君，上事椿萱，下和妯娌，一门之内，雍雍和也。洎乎暮年，姑余太夫人年高多病。太夫人因避难居乡，必随时拏舟归省，依依色养，十余年如一日。而母氏杨太夫人年事亦高，太夫人孺慕尤殷，迎养居处，昏定晨省，侍奉历二十载。此其孝行根荄天性，有如此者。镜远君谙练金融，盱衡时局，以为懋迁货殖，当以沪上为中枢。维时同乡周舜卿创设信成银行，请君主任会计。君更兼掌路局财务，昕夕不遑。太夫人恪代子职，夙夜罔懈，俾君无内顾忧，戚党咸服其才。

无何，遭不造，乔木遽摧，雁飞戢翼，瑶环瑜珥，兰折其芽。镜远君任事繁剧，加以积忧成疾，不幸遽归道山。太夫人擗踊欲绝，顾念遗孤岷春甫在襁褓，泫然曰：吾上有衰姑，下遗稚子，不得不勉忍须臾矣。于是饮冰茹蘖，垂三十年，其松柏贞操有如此者。《易》节卦称苦节，又称甘节，吉。天道人事由苦而甘，乃必然之理，宜乎岷春侄骅骝发轫，腾达天衢。绍封鲊之家风，洁白华之养志，尤为近世所难能也。溯自镜远君逝世后，其清风高节，无一瓦之覆，一垅之殖，孤苦伶仃，无殊宋之欧母。太夫人感来日大难，深维村居较为简约，敦请于姑余太夫人，迁屋于东乡严镇别业。料量米盐，计入为出，竹头木屑，靡不珍储，衣不重裘，食无兼味。其勤劳俭德，更有如此者。岷春幼颇好弄，太夫人缘督綦严。尝训之曰：汝父所遗惟汝，所望于汝者甚大，惟望汝仰体亲心，勉为贤人君子，否则其毋母我。及岷春登仕版，又训之曰：仕途易于堕落，而取与一关，尤为一身大节所系，务宜清廉自矢，懔先哲四知之戒，义不苟取，庶几无忝所生。岷春鞠躬受训，于是出佐政权，退营商业，一介无妄取。遐迩咸钦家法，盖可以风世矣。综太夫人之德行，曰孝，曰节，曰俭，曰勤。而其训子之真切则尤出于慈，又秉圣经之教，见善如不及，源源施济，如川之流。《鲁颂》之诗曰：复周公之宇，寿母燕喜。际兹复宇之时，正值寿母称觞之日。行见祥和之气，由一家而逮于乡，而推于一国，岂不懿欤？岷春规抚慈范，本属好善之士，其益勉之哉。

（撰于1947年）

宗侄肇农哀词

唐文治

壬戌九月五日，余自国学专修馆讲学归。日未曛，忽友人奔走来告曰，肇农逝矣。余初不知为何病，病又何以遽罹厄。为骇恸不怡者数日。肇农七月造我舍，继遗书者再，言论丰采，历历在目，曾不逾时，竟成永诀。呜呼，吾宗丧一贤子弟，吾邑弱一干济才。天道之惨黩有如是耶？肇农名谷源，宗弟保谦之长君，生而岐嶷，长而知方，性至孝，得祖父母与父母欢。伯叔父行俱笃爱之。初志赴欧美求学，以老人从事实业，辛苦艰巨，愿随侍供奔走，不远离。营业有所得，辄纤悉归公，无私蓄。比又为娱亲计，择蓉湖庄左近爽垲者，辟园为菟裘白华，絜养志恋庭闱。呜呼！讵意工未竟而身已殒耶？往者宗兄郛郑办理灾赈，汲汲皇皇，惟肇农实左右之。甲寅春，肇农随郛兄施放江北泗阳等县春赈。时土匪蜂起，挟利械以抗护，卒出入枪林弹雨中，濒危者数，卒不畏却。丁巳秋，津沽水灾，肇农又随郛兄驰往赈救，计阅数月，间关道路，冲冒霜雪，面目为之黧然。洎己未秋，湖鄂又灾祲告矣。郛兄仍慷慨自任，束装待发，骤患中风症，不能行。肇农禀陈堂上，前往以代，二老韪之。于是驰抵灾区，而夏口，而孝感，而黄陂，而汉川，而天门，水陆辗转，横风惊涛，盘错不可言。赖德性坚定，从容设施，五县之灾情轻重，拨放多寡，率由郛兄旧章，无稍陨越。功蒇后，刊征信录示余，为嗟叹久之。抚今追昔，墨迹犹新。呜呼，其富于才耶，其厚于德耶，其孝而达于仁者耶？辛酉岁，苏省议会改选，肇农以才行名誉，被选为议员。越岁以来，时有建白。本邑高君践四，创办无锡中学，经营校舍，屡呼将伯。肇农为募集多金，热忱伟抱，无乎不见。昔昌黎志李元宾墓，称其才高当世，行出古人。肇农虽不逮元宾，然砥德砺行，要不难底于大成。今乃赍志以终，知保谦弟西河之痛，有不能不蒐于怀者。而宗党乡人之咨嗟痛悼，又恶能已耶？爰撮其生平，以谂来者，并为词以释其哀。曰：彭殇寿夭兮天命靡常，朝菌蟪蛄兮夫胡短长。贾生太息以陈词兮，喟世事之苍黄。既活人以活国兮，讵种德而为殃。幸兰玉兮偕芳，齐肩绕膝而慰高堂。爰撇涕以摅词兮，庶九京愉穆而毋伤。

（撰于 1922 年）

无锡溥源宗侄哀辞

唐文治

宗侄溥源字博泉，申伯弟长子，秉性仁孝聪明，读四子书数遍即能背诵。喜茹素，殆所谓生有自来者耶。每过屠肆闻豕鸣，掩面下泪，人疑其怯。溥源曰，是蠢蠢者，旦夕将宰割，吾闻其声，恻隐之念油然而生，故悲从中来耳。呜呼！刀俎鱼肉，物犹如此，人何以堪？读苏子瞻谏用兵书，不禁潸焉出涕也。春秋祀祭，惠麓群丐毕集。溥源见之，愀然倾囊赒济之。阅数日，犹问某处老弱妇女疾病之丐者，今尚存否？虑其已填沟壑也。同学或有轻侮之者，溥源坦然不校。度量若斯，其过人远矣。自七岁入小学，历高小，入辅仁中学，好学不倦，无间寒暑。值其外王母蔡太夫人病笃，溥源已患伤寒症，讳不使堂上知。时申伯弟觅蔡太夫人七秩征文启，溥源猝然惊曰：外祖母无恙乎，何吾父有不愉色？然外王母爱吾特甚，吾不克一省视，痛何如矣！辗转床褥，竟以不起。距蔡太夫人之殁，仅五日耳。呜呼，可哀也已。溥源以光绪三十二年丙午六月十九日生，于民国八年已未五月二十五日卒。年十四。葬于邑开源乡东大池蔡龙山麓。申伯弟痛其卒也，曰：冢子不可以无嗣。越九年，长孙乘千生，淞源侄之长子也。爰命嗣溥源后。余乃为辞以哀之曰：人道好生兮，乃蕴结于衷藏。胡青年之不淑兮，陨一霎之灵光。神随王母兮，左凤翥而右鸾翔。魂气无不之兮，往来嬴博而凄怆。痛高堂之擘涕兮，于礼永可毋伤。为辞以垂不朽兮，庶穆愉而永康。

（撰于 1943 年）

无锡颖瑚宗侄女哀辞

唐文治

宗弟申伯笃实，至诚君子也。生子女凡五，其最幼之女名曰颖瑚，天性纯孝过常，好学尤笃。甲子岁齐卢之战，颖瑚随亲避兵海上。乙丑，事稍定，颖瑚本在锡邑竞志女学肄业，将开学上课，颖瑚忻然往。父母阻之。颖瑚曰：亲弗忧，儿每当三日通一函，以报平安。遂挈一女媪同行，果通禀问不爽期。逾年申伯挈眷归，患目翳，渐不能见物。颖瑚每晨以舌舐之，寒暑靡间，然卒无效。恨不能搔首而问天也。颖瑚体素健，丁卯二月十七日夜半，猝患急性肠结症，不及治，遽卒。阖家痛惜，泣不成声。同学及诸婢媪亦均哭泣不止。其诚以待人，宽以御下，于斯可见矣。申伯不忍其卒也，命其兄淞源之第三子运千为之奉祀弗替。盖通权达礼，宜也。夫以颖瑚之勤学不倦，锲而不舍，充其所造何可限量，而竟至于此朝菌晦朔之感，可胜恸哉！颖瑚以民国二年癸丑正月初八生，以民国十六年丁卯二月十八日卒，存年十五岁。葬于邑开原乡东大池长兄博泉君茔之旁。特为辞以哀之曰：至诚之道，端在不息。泰山之雷，可以穿石。人道精诚，始终贯彻。八年劬学，族党艳传。三日禀问，洵无间然。造化惨黩，遽夺其年。呜呼！天地一瞬，何论彭殇。载诸谱牒，百祀流芳。

（撰于1943年）

（本编凡唐文治撰文，均录自唐文治：《茹经堂文集》第四编卷八，《民国丛书》第五编第九十五卷，上海书店，1989年版）

后 记

编纂《唐氏家族无锡创业史料》,20年前便有酝酿,并进行相关资料收集。此事由当时的无锡市档案馆提出,并得到当时无锡市政府分管档案工作的副市长麻建国先生的支持。后来因为种种原因,该项计划被搁置。

2020年,此书的编纂与出版工作迎来了契机。一是上海唐君远文化研究会、江南大学等筹备举行"纪念唐君远创业百年暨诞辰120周年研讨会",与会人员认为很有必要编纂出版唐氏家族在无锡的创业史料;二是江南大学刘大禹教授领衔获得2020年度教育部哲学社会科学重大课题攻关项目《荣氏家族与无锡民族工商业资料收集、整理与研究》,研究人员在收集整理荣氏家族资料时,高度重视其它家族在无锡的创业史料。编纂出版《唐氏家族无锡创业史料》,将其列为教育部重大项目的子项目之一。

经过收录、挖掘、梳理,收集到了唐氏家族无锡创业的历史资料有数百万字之多,其中包括企业档案、政府档案、公私文书、报章纪事、家谱年表、统计报表等第一手资料,以及唐家企业厂史资料、唐氏家乡资料编录、唐氏后人回忆口述、媒体记者访谈等重要资料,以及相关学者、研究者所作资料整理、考订、研究的论文文章。在梳理、辨析的基础上,形成这本70余万字的史料选编,交付凤凰出版社正式出版。

这本史料选编分为五个部分:概述篇,实业篇,社会事业篇,人物篇,家族篇。唐氏家族在无锡的创业,形成了两大资本系统,即以庆丰纺织厂为主体的唐(保谦)蔡(缄三)集团,和以丽新纺织印染厂、协新毛纺厂为主体的唐(骧廷)程(敬堂)集团。这两个集团的核心人物出自同一个唐氏家族,而两个集团又各自独立、自成系统,就资料的充足程度而言,完全可以分别加以选编;但考虑到初创时期两者相互关联、有诸多共同之处,在无锡统称为两唐集团,把两个集团的资料合编为一辑，有利于反映唐氏家族工商创业的全貌，故本书资料的选编兼容了唐蔡、唐程两大系统。

本书作为资料选编，以收录公司章程、股东会董事会会议记录、各种呈文批文、往来函电等原始资料为主，同时也编入厂史、人物传记、回忆实录、报刊报道等相关资料，以求全面反映唐氏家族和唐家企业创业发展的全貌。但是因为篇幅有限，本书对入选资料作了截取和筛选。一是空间范围设定唐氏在无锡的创业，这是因为，唐氏家族由商而工、出传统而跨入现代，创业历程自无锡而上海而香港而南美、北美、东南亚，无锡创业是其辉煌的起始，其更大的发展有待于更广泛地收集资料，另行编录。二是时间段落截止于1956年(公司合营)，这是因为，唐氏在无锡的企业公私合营之后其性质、管理体制、经营方式都发生了根本性的变化，资料辑录的内容和框架与以往阶段有很大不同，这也有待于另行组织选录编辑。

唐氏创业史料以选编第一手的历史资料为目标，编选过程中得到无锡市档案史志馆的支持，查阅并转录了部分档案资料。但唐家企业早期经营管理相当一部分档案资料保存在上海市档案馆，由于历史档案的数字化加工整理尚未全部完成，也由于档案管理部门对于批量复制档案的限制，这方面的档案检索、查阅未能展开。唐家在锡企业的档案，在企业改制和搬迁中发生散失，本书选编中注意利用一些研究者、民间收藏者搜集、保存的历史资料，弥补了这方面的若干空缺。但还有相当数量的企业档案现在保存在个人手中，开发、整理这部分资料并提供研究使用，将是下一步唐家企业研究的一个重点。此外，无锡市图书馆以收藏民国时期报刊品种数量丰富著称，但前一时期正在进行扫描、编目、开发全文检索系统，不便于查阅利用，所以本编收录不多。目前这一系统已完成开发，并已正式上线，将为相关资料的检索、搜集提供极大方便。为此，对于本书资料收录方面存在的诸多不足和缺失，恳请方家不吝赐教、补正。

本书收录的唐氏创业资料，以工业企业创业为主，因为工业企业特别是纺织企业的治理、管理较为完善，保存的历史资料相对充实，因而书的第二部分“实业篇”占据了较大篇幅；而唐氏的商业经营虽然门类不少、时间也不短，却很少有合同、报表、账册、成文制度保留下来，这就在全书的结构上形成实业部分偏重而其他部分较轻、工业内容较多而商业内容很少的偏差。同样，受收录资料多寡的制约，现有内容相对饱满的庆丰、丽新、协新等厂，资料分类编排在内容、体裁、时间上各有参差。而在“社会事业篇”，因为唐氏一贯的低调，扶贫济困“不求人知”，早期赞助公益、捐资赈灾等仅有片断资料留存下来，由此也带来本书的这一部分尤为薄弱。此外，由于资料转录等方面的原因，本书在文字标点、表格数据、排版格式等方面，虽然加强了校核，但还是难免存在差错。在此也真诚期望各方面的研究者能够就本书的成书框架、编辑体例、编辑工作等，多多予以批评指正。

在本书资料收集和编选过程中，得到了中共无锡市委宣传部、中共无锡市委统战部、锡山区委区人民政府、无锡市档案史志馆、江南大学社会科学处、社会资源处、江南文化研究院、历史研究院、无锡大运河文化带建设研究院的指导和帮助。

本书的资料收录，还利用了无锡市政协学习文史委编印的《无锡文史资料》及文史资料室保存的未刊资料，选录无锡市锡山区、羊尖镇及严家桥村编辑出版的《小镇春秋》《拂尘露珠话辉煌》等资料汇编；江苏省社科院经济研究所原所长、中国近代经济史研究专家顾纪瑞研究员，长期从事无锡庆丰纺织厂的投资、收益、分配、积累研究，他和顾征、顾乃熙将多年收集、抄录的有关资料无私提供；丽新纺织印染厂原副厂长沈自求、民间文史资料收藏研究者顾群涛，编纂出版《丽藻新葩——无锡丽新公司图文史料》一书，也为本书补充了若干资料。无锡市政协文史处陈建良，无锡市档案史志馆江剑萍，无锡市图书馆朱刚、孟明锋，无锡市博物院阎智海、陈如芳等在相关资料的检索、复制中给予帮助。在此一并致以诚挚的谢意。

编者

2023 年 8 月 26 日